尉健行谈工会工作

（上）

中国工人出版社

图书在版编目（CIP）数据

尉健行谈工会工作/尉健行著. —北京：中国工人出版社，2015.4
ISBN 978-7-5008-6118-8

Ⅰ.①尉… Ⅱ.①尉… Ⅲ.①工会工作—中国—文集 Ⅳ.D412.6-53

中国版本图书馆 CIP 数据核字（2015）第 079597 号

尉健行谈工会工作

出 版 人	李庆堂
责任编辑	王学良　刘冠华
责任校对	董春娜
责任印制	栾征宇
出版发行	中国工人出版社（北京市东城区鼓楼外大街 45 号　邮编：100120）
网　　址	http：//www.wp-china.com
电　　话	（010）62005043（总编室）　（010）62005039（出版物流部） （010）82075934（社科文艺分社）
发行热线	（010）62005049　62005042（传真）
经　　销	各地书店
印　　刷	北京新华印刷有限公司
开　　本	635 毫米×927 毫米　1/16
印　　张	61.75
字　　数	630 千字
版　　次	2015 年 4 月第 1 版　2015 年 4 月第 1 次印刷
定　　价	99.00 元（上、下）

本书如有破损、缺页、装订错误，请与本社出版物流部联系更换

目　录

坚定地支持改革创新精神*

（1984年3月5日）

2月27日，全总召开了党员大会，倪志福同志代表党组作了讲话。一个星期以来，全总各级党组织在整党中着重抓了两件事：一是认真学习和讨论了中指委办公室[①]2月27日为报道《浙江省委充分肯定海盐衬衫总厂厂长步鑫生改革创新精神》一文所加的"按语"[②]；二是讨论了倪志福同志在机关党员大会上的讲话。中指委办公室的"按语"发表后，在机关引起了很大震动，展开了热烈讨论，思想十分活跃。大家总的

---

* 1983年至1984年，尉健行同志担任中华全国总工会副主席、书记处书记、党组副书记。这是他在全总机关党员大会上针对如何看待浙江海盐衬衫总厂厂长步鑫生改革创新精神问题的讲话。

① 中指委办公室，指中央整党工作指导委员会办公室。

② "按语"，指中央整党工作指导委员会办公室按："中共浙江省委肯定、支持和提倡海盐衬衫总厂厂长步鑫生的改革创新精神，抓住这个指引人们向上的活榜样，对干部进行十一届三中全会以来党的路线、方针、政策的教育，统一思想，推动经济建设和整党工作。这种做法是完全正确的。整党工作就是要按中央整党决定提出的十六字纲领，抓大事，毋忘四项基本原则，时刻记住翻两番、两个文明建设和三大任务，把自己掌管的业务同党的总路线、总方针紧密地结合起来。整党就是要沿着这条路走。既要鼓起大家改革创新精神，又要整掉党内存在的阴暗面，整掉阴暗面，也是为了鼓干劲，而不是使大家谨小慎微起来，不敢创新。希望各地区、各部门的负责同志认真读一读这篇报道，积极发现、支持和宣传自己那里具有改革创新精神的优秀党员、优秀干部。"

态度是坚决拥护“按语”精神，同时认为我们应该遵照“按语”精神，认真地总结经验教训，把整党进一步引向深入，把工会工作推向前进。

今天我主要讲两个问题：第一个问题是，怎样对照“按语”正确地总结经验教训；第二个问题是，怎样遵照“按语”把整党工作进一步引向深入。

下面我先讲第一个问题，怎样对照“按语”正确地总结经验教训。具体来说，就是怎么样正确总结我们在对待浙江海盐衬衫总厂厂长步鑫生改革创新精神问题上的经验教训。

为了便于说清楚这个问题，我先给大家讲一点情况。在对待步鑫生改革创新的问题上，我们工会系统在三个方面有反映。

一是我们全总的《工运动态》反映过一些情况。年初，我们办公厅的同志，从浙江省总工会生活部反映的情况中得知，浙江海盐衬衫总厂在对待工人劳保福利待遇方面存在不少问题，其中有的是违反国家有关规定的，认为有必要反映一下。在反映之前，打电话向浙江省总进行核实。在电话上又听到该厂在最近还发生过厂长擅自改组工会、免除工会主席职务、开除工会副主席的事，一直没有得到解决，觉得这个问题是严重的。一个厂长怎么可以擅自改组工会、罢免工会主席呢？便编写了一期《工运动态》，将情况作了反映。《动态》的标题是《应当提倡什么样的独创精神》，反映的内容基本上有两个方面：一个是工人劳保福利待遇方面的问题；一个是厂长擅自改组工会、开除工会副主席的问题。这两个方面的内容，我们没有来得及直接核实，但从各方面的情况来看，改组工会、撤销工会主席职务的事是有的，劳保福利待遇有些改变也是有的。当然，是不是我们反映问题的每一句话、每一件事都那么准确，因为没有直接核实，还不好作恰当的结论。但总的说，这两方面的情况是有的。因此，作为一个工会领导机关，通过简报向中央和有关领导部门作必要的反映，也是应该的。如果说对这两个方面的问题应当推敲的话，那就是有关劳保福利方面的问题。有关劳保福利的问题，大致可分为两种类型：一类是，该厂根据集体企业的特点和发展生产的需要，对现行劳保条例的有关规定作了一些更改，这种类型的更改看来是必要的、允许的。因为我们现行的劳保条例，大都是从全民企业的角度出发制定的，集体企业是允许作一些变通的。如果完全按照条例去套用，既不符合当前的实际情况，也是不符合改革要求的。另一类是，无论怎么说，有些具体做法也是不妥当的。至于说改组工会、免除工会主席职务，作为一个厂长从组织原则上讲是不允许的。所以说，对这些情况的反映，总的说来是应该的。当然，对有的问题还应当作具体分析，有些提法还需要作认真推敲。但总的说反映情况是对的。那么，我们《工运动态》的要害问题在哪里呢？要害问题就在标题上。我们《工运动态》的标题是：《应当提倡什么样的独创精神》，这个标题同去年 11 月 16 日新华社发的《一个有独创精神的厂长——步鑫生》一稿的标题则是完全相反的。我们《动态》的内容，虽然仅仅是局限在劳保福利和改组工会等问题上的，但标题却是比较大的，是针对该厂总的方面的，对步鑫生的独创精神是否定的。无论我们同志的主观愿望如何，从标题上给人的印象是这样的。

二是我们工人日报的《情况参考》反映过一些情况，是我们的记者在年初反映的。本来有些问题在《情况参考》上登一登，也是完全应该的。但它反映的内容比《工运动态》要广泛得多，不仅是劳保福利方面的问题和撤销工会主席的问题，还涉及到这个厂经营管理等方面的一些问题，甚至还涉及到步鑫生个人历史上的一些问题，生活作风上的一些问题。应该说，对步鑫生改革创新精神的很多地方是否定的。《情况参考》的标题是《一个有独创精神的厂长的报道失实》。这是关于工人日报《情况参考》反映的情况。

三是浙江省总工会机关报《浙江工人报》在1月16日刊登了一篇文章，标题是《擅自改组工会，随便撤销和开除工会主席》，副标题是"一个有独创精神的厂长"，报道后在干部群众中引起不同反应，读者投书该报，揭露海盐衬衫总厂厂长步鑫生独断专行。这篇报道的内容，主要是围绕撤销工会主席来写的，没有涉及劳保福利问题，更没有涉及经营方针的问题。这个报道的局限性比我们《工运动态》还要大，完全是针对撤销工会主席问题的。但它的发表有这样一个背景，就是对步鑫生到底怎么看，对他的经营管理到底怎么评价，这在浙江省从上到下是早就有争论的，而争论的实质在于是支持这个独创精神，还是否定这个独创精神。在这样一个背景下，发表这篇报道，在客观上就会起到支持这个还是支持那个的作用。另外，正值浙江省委决定成立调查组一起到海盐衬衫总厂进行调查的时候，公开发表这篇报道，正像浙江省委批评的那样，从组织原则上讲是不妥当的。这里还应该讲一下，浙江省总和浙江工人报，对海盐衬衫总厂一些问题的态度和处理，主要是他们自己根据掌握的情况去报道的，具体情况我们是不清楚的，对浙江省从上到下很早就对海盐衬衫总厂有争论的问题，也是事后才听说的。但是，全总作为省总的上级领导机关，我们的《工运动态》和工人日报的《情况参考》，对海盐衬衫总厂情况的反映，这些信息他们都是知道的，这就不能不对他们在处理这个问题上产生一定的影响。对于这一点，我们是应当承担责任的。

上面就是我要向同志们介绍的一些具体情况。以上反映出的问题，对于我们来说是有着一定的代表性的，是很值得我们在统一思想、统一认识的基础上，正确地总结经验教训的。有的同志说，只要是事实，该反映就要反映，该登报就要登报。我们认为，认识到此为止是不行的，是不足以使我们在今后的工作中引以为戒的。这个事实，要看是在什么情况下发生的事实；要看我们采取什么态度，从什么角度去反映这个事实。这是需要我们认真加以研究的。

在对待步鑫生同志改革创新精神上，我们有些什么经验教训呢？我觉得至少有两个方面是值得我们引以为戒的。

第一，离开全局看局部，把局部当全局，就可能出现以局部否定全局的偏差。就海盐衬衫总厂来说，这个厂的全局是什么呢？它是一个集体所有制的工厂，原来只有 100 多人，生产任务不饱满，致使该厂濒临于破产的境地。在这种情况下，厂长步鑫生从集体所有制企业和服装行业的特点出发，带领职工在经营方针和经营管理等方面进行大胆改革，很快打开了局面，使工厂扭亏为盈，面貌发生了巨大变化，为占浙江全省工业企业总数95%的中小企业的发展闯出了一条路子，提供了办厂的经验。这就是它的全局。步鑫生的这种改革创新精神，正是我们“四化”①建设所需要的，是十分可贵的，是应当珍惜和受到支持的。在肯定这个全局的前提下，对于他工作中出现的一些问题和错误，也是需要指出的，是需要帮助他克服的。比如，一个厂长可以随便改组工会、开除工会副主席，那当然是错误的，是应当纠正的。但是，我们不能脱离全局去孤立地看他在局部上发生的问题。我们应当按照中央关于群众组织要“议大事，懂全局，管本行”的原则，正确处理局部和全局的关系。本部门的事要不要抓？要抓。工会主席被罢免了，我们还不反映，还不说话？工人的合法权益受到侵犯我们也应当去管。但是不能离开大目标、大全局，只看到工会自身。不能把眼光仅仅局限在工会的范围内，就事论事地处理问题，这样做是难免要出偏差的。我们的教训正在这里。

第二，离开改革的观点去看待“四化”建设中出现的新情况、新问题，习惯于用现行的规章制度去套，去搞一刀切，就容易挫伤改革者的积极性，影响改革的顺利进行。这也是我们应当引以为戒的一个教训。胡耀邦同志在贵州视察的时候说，一切同新形势、新情况、新任务不相适应的老观念、老办法、老框框都要敢于破除；一切同新形势、新情况、新任务相适

① “四化”，指四个现代化，即工业现代化，农业现代化，国防现代化，科学技术现代化。

应的好办法、好经验都要敢于摸索、采取和推广。我们的教训就在于没有用发展的观点、改革的观点去看问题，从怎么样适应新形势、新任务这个大局去看问题，而只是拘泥于用我们现行的一些规章制度，甚至一些老框框，去观察新事物，去套新情况，这就很难跟得上形势发展的需要。比如，在对待劳保福利方面的一些问题上，我们既要看到现行劳保制度合理的一面、优越的一面，又要看到其中有不少规定确实已经不能适合当前新形势、新情况需要的一面，不能不做具体分析地简单去套用。特别是集体所有制企业，它与全民所有制企业有着许多不同的特点，在经营自主权上要比全民所有制企业大得多。如果不加区别地用现行劳保制度去套，在许多方面是行不通的。我们的有关部门对于现行劳保制度，应当抓紧调查研究，提出一套适合于新形势、新情况需要的改革建议来，这是我们迫切需要抓的一件大事。我们不应当仅仅满足于督促现行制度的贯彻执行。当然，这绝不是说现行的所有劳保制度都可以随意变动，更不是说对于职工的切身利益可以漠不关心，而是说对于一些不适合今天情况的规定，要积极提出改革建议，以更好地保障职工的切身利益和推动生产的顺利进行。

在讨论中，大家也提出了一些问题。比如，有些同志说，将来我们还反映不反映问题？还替不替工人说话？还维护不维护工人的利益？我们说工会要替工人说话，要维护工人利益，这是工会工作方针所确定了的，是工会的一项重要任务。这个方针没有变，这个任务没有改。今后我们仍然要替工人说话，仍然要维护工人的利益。我们过去不是说话多了，而是做得还不够，好多应该维护的，我们没有很好地维护，没有完全起到工会应起的作用。现在的问题是，我们应当怎么样正确地去说话，怎么正确地去维护，这是值得我们很好地去总结的。我们不能因为出了一点问题，就对工会工作方针产生动摇和疑问。还有的同志说，对改革中发生的毛病，还要不要解决？是不是强调了改革，什么都有理了，有些毛病也不需要纠正了？我们认为不是这样。改革是一个大方向，要支持，但是对改革中出现的一些缺点、错误，同样需要认真对待，如果对这些缺点、错误不及时地加以解决，就不能保证改革沿着正确的方向顺利进行。从这个意义上讲，只要是对改革热情扶持，正确指出缺点并帮助改正，就是完全应该的。也有的同志说，改革者怎么干都有理了，对改革者工作中的问题连意见也不能提了？我们说对改革者应该支持，但是支持、肯定改革者，不等于支持改革者的缺点和错误，更不能袒护，这是两回事。步鑫生同志大胆改革、勇于创新的精神是符合党的十一届三中全会路线的，海盐衬衫总厂的改革成果是实实在在的。同志们要冷静地看待这个问题，要相信地方党委的调查。我们不能把这个同志的主流看成是错误，这样就是本末倒置。还有的同志甚至说，步鑫生这样下去将来可能会怎么样怎么样。我们说，对一件事、对一个人，都不能离开一定的时间、地点、条件来估计，事物总是发展变化的。反过来我们要问，你为什么不说这个同志现在虽然还有这样那样的缺点，但他是革新闯将，将来在党组织的领导和帮助下，只要他能够正确地总结经验教训，就会成为一个越来越完备的改革者呢？我们看问题不能带偏见，不能感情用事，要实事求是。在现实生活中，确实有这样的人，优点很突出，敢作敢为，很有成果，但毛病也比较突出，群众议论纷纷。对这样的同志，如果他的主流是对的，方向是对的，我们就要关心他，爱护他，帮助他，这才是正确的态度，而绝不能嫌弃他。

这件事发生后，也使不少同志产生了一些畏难情绪，感到工会工作难干。我们应当承认，要搞好工会工作，使它在国家和社会生活中真正发挥作用，确实不是一件轻而易举的事，工作的难度还是很大的。这就需要我们的思想方法、工作方法、工作作风必须跟上新时期、新形势的需要，不断提高认识能力和思想水平。如果我们不在这些方面下功夫，单凭主观愿望是搞不好工作的。我们整党的目的就在于，通过整党使我们各级党组织和广大党员，克服我们的阴暗面，适应新时期客观发展的需要。这个问题对工会来说是如此，对其他单位也是如此。如果说难的话，工会工作难，那么经济工作又何尝不难呢？你要把一个工厂搞活，难道容易吗？你要把一个地区的经济搞活，那么方便吗？春节期间我跟胡耀邦同志出去，每到一个地方，都看到省委、市委、县委的领导层，一天到晚考虑的是怎么样把经济搞上去，怎么根据自己地区的特点发挥优势，加快经济发展速度，提高人民的生活水平。胡耀邦同志一路上都是强调这个问题，一路上给他们交代任务。比如广西，现在在全国是倒数第 4 位，胡耀邦同志提出，你们能不能达到第 10 位。江苏在 26 个省区发展速度是第 1 位，胡耀邦同志提出，能不能在“七五”期间翻一番。胜利油田工作是很好的，胡耀邦同志提出，你们应该成为第2个大庆，1989年庆祝新中国成立40周年时，产量要达到4000万吨以上，到那时要请你们到天安门上报捷。中央对各地方都有具体要求，各地都在夜以继日地研究和思考这个问题。要完成这些任务都是会遇到很多困难的。要把“四化”搞上去，大到一个省，小到一个县、一个厂都不是容易的。干“四化”，本身就是前所未有的事业。这个难，不光是我们工会难，各行各业要开创新局面，都是要克服很多困难的。这就需要我们振奋精神，开拓前进，以坚韧不拔的毅力和百折不挠的精神去迎接困难和战胜困难，在实践中不断提高我们认识世界和改造世界的能力。我们应该从积极方面总结经验教训，而不是总结了教训，倒使自己泄了一口气。

怎么把我们的思想认识提高到“按语”精神上去呢？“按语”的实质，是指出了一条怎么样搞好整党的正确路子。一是怎么样把整党跟实现党的十二大提出的奋斗目标结合起来、统一起来，不要为整党而整党。这次胡耀邦同志一路上不管到哪里都讲这个问题，指出不要为整党而整党，整党的目的是为了实现我们的大目标。中指委办公室的“按语”，贯穿了这个思想。这对我们全总搞好整党有很大的指导意义。二是怎么样在整党中积极扶持和发扬改革创新精神，又要认真地纠正我们党的阴暗面，把二者结合起来，统一起来，不要通过整党把一些同志搞得谨小慎微。胡耀邦同志一路上强调，要坚持正确的，去掉错误的，可别通过整党把大家搞得谨小慎微了，把那些棱角都搞掉了，把那些锐气搞掉了。过去历史上是有这个教训的，这样就使整党从消极方面走了过场。这句话的意义是很深刻的。我们要在整党中认真贯彻“按语”中提出的指导思想。以上是我要讲的第一个问题。

第二个问题，怎样遵照“按语”把我们的整党进一步引向深入？

前一段，我们按照整党四个方面的任务，分四个单元进行了学习。通过边学边议，摆了全总党组存在的问题。党组初步归纳了大家的意见，并在全体党员大会上对同志们摆出的问题作了初步分析。与此同时，大家根据机关整党指导小组办公室所拟的复习提纲，对整党学习文件进行了复习。在边整边改方面，对有的问题已经动手解决，还有一些问题正在研究拟定整改方案。目前，各单位都在为转入对照检查阶段抓紧进行准备工作。而各项准备工作中的首要工作，就是要千方百计地把整党学习进一步引向深入。通过学习，要抓住几个主要问题，甚至一两个问题，有针对性地进行讨论，把我们的认识提高一步，以保证下一阶段对照检查的质量。同时，也使我们的整改能够围绕着一个中心内容来展开。那么，怎么才能把我们的整党学习引向深入呢？党组认为，中指委办公室的“按语”精神，为我们指出了方向，提供了把整党学习引向深入的思想武器。我们应当把中指委办公室的“按语”作为整党学习的一个重要内容，认真地抓下去，举一反三，切实抓出效果来。这也就是我们今天开会的主题。从这个星期开始，我们要紧密联系实际，在这方面继续深入进行讨论。

我们大家主观上都是愿意同党中央保持一致的，都是拥护党中央、拥护党的十一届三中全会以来的路线、方针、政策的。这是很可贵的，是最基本的。但是如果我们仅仅停留在这个水平上，那是很不够的。倘若我们在具体工作上，指导思想不够端正，工作方法、工作作风有问题，认识不提高，跟不上新形势发展的要求，虽然主观上是紧跟党中央的，主观上是想坚决执行中央的路线、方针、政策的，但是客观上还会自觉不自觉地干出一些背离中央路线、方针、政策的事情来，干出一些和大目标扣不紧的事情来。这个问题，是很值得我们大家深思的。我们搞《工运动态》的同志，搞《情况参考》的同志，都是很好的同志。这些同志整理简报完全是一片热心，他们积极为基层反映问题，向中央反映情况，这个心情和动机都是很好的，是无可非议的。但如果我们的指导思想不够端正，老框框没有完全打破，工作方法、工作作风还没有很好地适应现在的情况，包括我自己在内，也是会出问题的。从这个意义上来说，认真总结这方面经验教训的意义就更深刻了。

在前一段学习中，大家认为全总对中央是拥护的，对党的十一届三中全会以来的路线、方针、政策的贯彻是坚决的。这一点大家的认识是一致的。但又感到全总结合自己的实际，创造性地、独立负责地执行中央的指示和开展工作不够。我们能不能再继续深挖一下，究竟还有什么问题？我们希望全总各级党组织，对此进一步展开讨论。最近，胡耀邦同志在谈到整党工作时指出，在适当时候，要着重抓一下统一思想的问题。我们全总作为一个工运领导机关，怎么样在统一思想上下功夫，把我们的思想进一步统一到中央的路线、方针、政策上来，进一步端正我们的业务指导思想，跟党中央更紧密地保持一致，这是我们能否开创工会工作新局面的关键。在这方面党组认为，有两个问题是特别需要强调的，也是我们在整党中应当进一步解决的。这两个问题是：怎么样牢固地树立全局观点；怎么样牢固地树立改革观点。

（一）关于牢固地树立全局观点的问题。

要树立全局观点，对我们来说必须处理好这样两个关系：一是要处理好工会工作这个局部和全党、全国这个全局的关系；二是要处理好工会内部各部门、各产业这个局部跟全国工运这个全局的关系。

怎样才能正确处理好工会工作这个局部和全党、全国这个全局的关系呢？我觉得要正确处理这个关系，必须解决以下几个问题：

第一，要懂全局。我们现在全党全国的全局是什么呢？就是党的十二大确定的四个现代化、翻两番、建设两个文明，80 年代乃至 90 年代实现的三大任务。因此，各行各业在确定自己的业务方针时，绝不能离开这个总目标，绝不能违反这个总目标，各个方面的工作都必须服从于、服务于这个总目标。也就是说，我们时时刻刻不能忘记党的总路线、党的总方针。胡耀邦同志一再强调，你搞什么事情，一定不要忘记这个大目标，不要忘记翻两番、搞“四化”，整党也不能离开这个。对此，大家都是拥护的，都是赞成的。问题在于碰到大目标和我们这个小局部发生矛盾的时候，往往容易只注意自己这个局部而忘记了全局。我们要很好地摆一摆这方面存在的问题。不要以为全党有一个总的目标了，党的指导思想的拨乱反正任务已经完成了，各行各业、每个部门的业务指导方针问题也都解决了，指导思想也都端正了。不一定。我们要从严要求自己，认真地对照自己。要真正弄清当两者发生矛盾的时候，怎么样把它们统一起来，使局部服从于和服务于全局。

第二，要关心国家大事。我们是做工会工作的，当然首先要关心工会的事情，了解工会的事情。但要真正把工会工作搞好，只是了解工会的情况是远远不够的。我们还应该关心全党的大事、国家大事。我们的视野要开阔一些，知识面要更广一些，信息要灵通一些，要把我们的工会工作同国家的发展趋势紧密地联系起来。如果我们工会工作者不去了解全党的大事、国家大事，不去了解工业发展的基本状况，不去了解工业发展中存在的问题，不去了解 35 万个工业企业面临的问题，而把我们的工作、把我们的知识仅仅局限于工会本身的业务上，我们就不知道劲往哪儿使，就很难打开工作的局面。如果我们的同志了解情况太少，看到一个问题，不知道这个问题历史上跟其他问题有什么联系，这个问题当时产生在什么环境之中，它在全局中占有什么位置，以及它跟前后左右的关系，便就事论事地去处理，是没有不出错的。胡耀邦同志讲过，一个严重的情况是各个部门的业务学习很少联系到国家的大方针、大政策。他还说，我们有些部门大的政策不学习，不关心，拿 50 年代、60 年代，甚至延安时代的规定来扯皮，来顶撞，这就不叫统一思想了。他特别强调，统一思想，重点要看现在的思想上、政治上是不是同党中央保持一致，现在的思想路线是不是端正。胡耀邦同志在视察的一路上讲了很多。

他说，你们不要把注意力放到过去，要把注意力放到党的十二大提出的奋斗目标上，放到执行党的现行的路线、方针、政策上。这个问题是很值得我们思考的。就工会抓工会，把自己的着眼点只放在工会工作上，只关心与自己的业务直接有关的事，这样是抓不好工会工作的。工会工作从全党全国来说是个局部，但它却是面向全国的，它的接触面是相当广的，而且是与其他方面的工作，如经济工作、政治工作等，相互联系、不可分割的。如果我们不了解全局的情况，我们在一些有关全局的重大问题上，就没有发言权，就不可能充分发挥自己的作用，就不可能干出大的事业来。因此，我们号召每个同志、每个干部都要树立全局观点，关心国家大事。同时，我们还要通过边整边改，积极创造条件来解决这个问题。比如，为了使大家能够及时地了解中央的精神，有些文件从工作需要出发，是不是可以适当扩大一些阅读范围呀。再如，为了使我们的眼界开阔，信息灵通，能不能经常请经委、科委等有关方面的负责同志或专家，给我们作作报告呀。另外，除了用请进来的办法外，我们还可以组织大家到工厂、农村、学校……进行一些参观、访问。总之，在这方面我们是大有文章可做的。同时，我们在这方面也是有很多有利条件的。我们的接触面本来就比较广，再加上有那么多产业工会，他们的工作参加到了几十个产业部门。如果我们能够采取适当方式，把几十个产业部门的动态都掌握了的话，我们就不愁不能了解全局的情况。我们能否通过一定的程序，采取一套办法，在内部沟通沟通情况，使其形成一种例行的制度呢？希望大家动动脑筋来研究一下这个问题。这也是胡耀邦同志很早就倡导的一种工作方法。胡耀邦同志 1979 年在全总干校的讲话中就指出，各级工会的领导层，一定要掌握工业全局的情况。他说，你们的工作方法，头一个就是要了解全国的工业形势和问题。谁给你们这个东西呢？你们同计委挂钩嘛，请经委、计委、建委来作报告嘛。这方面我们工会同志历来胆子不大。你不掌握情况，你不掌握问题，你不掌握全局的情况，你搞什么工会工作？工会工作怎么搞得好呢？只懂得发动群众，不知道全局的东西，这个不行。你们要破这个东西，你们首先自己要破这个东西。你们首先要了解工业全局，了解工业里的问题，放大胆看全局，要把这个问题解决。这个问题解决了，心中就有全局了，否则你们自己也不摸底。我感到胡耀邦同志这个话讲得很清楚，点得很清楚。我们要很好地解决这个问题。

第三，要着眼于全局抓业务。我们工会有好多部门，有搞生产的，有搞劳动保护的，有搞生活的，有搞财务的，有搞宣教的，有搞国际的，都有分工。比如搞生产，我们的生产不同于经委的生产。经委的生产是从整个行政角度组织全国生产的，我们搞的是群众生产，这两个应该说首先是有区别的，不然的话也就无所谓经委和工会了。但是，群众生产它离不开全局的生产。我们的侧重点是要研究解决群众生产中的问题，而为了研究解决群众生产中的问题，就必须了解掌握全局生产的问题，要从全局着眼来处理你这个局部问题。生活部抓的是群众生活，那么，你不能就群众的生活抓生活，更不能把抓生活只限于怎么正确地使用企业的福利基金上。生活，它是一个结果，生活和生产是有联系的。大家都知道，生产决定分配、决定交换、决定消费。因此，你要抓好生活，除了钻研群众生活的业务规律外，还必须关心和了解生产的情况，从发展生产的积极态度去解决生活问题，提高职工的生活水平。前天有个同志提出，说首钢抓经济责任制调动了积极性，改进了管理，发展了生产，增加了上缴利润。在这个基础上，它大大改善了职工的生活。首钢解决的是经济责任制的问题，同时也有一个怎么样抓生活的问题。我们的生活部门同样应当去了解、去研究。不然的话，我们这个业务就框住了。又比如，抓民主管理，这是我们的重要职责。但是，民主管理不是孤立的，很难说这个企业是搞民主管理的，那个企业是搞专业管理的。民主管理和专业管理是矛盾的统一，它是同时存在于一个企业内部的，是互相渗透的。因此，我们要研究民主管理，就不能不去研究专业管理。我们不能只是就职代会怎么开法去研究民主管理，这样的民主管理范围是很狭窄的。如果不了解现在整个企业管理情况，不了解全面质量管理推行情况，不了解系统工程推行情况，不了解有些企业搞计算机管理的情况，不了解企业推行责任制的情况，等等，只是孤立地研究总结民主管理的经验，那样的经验总结出来是不会有很强的生命力的。我们要从整个管理着眼来研究探讨民主管理，只有这样总结出来的经验才是有生命力的，能够推广的，能够得到大家支持的。这里就有一个着眼于全局来抓具体业务的问题。

第四，局部利益要服从全局利益。我们现在正处在一个改革时期，国家经济体制在改革，企业的体制也正在研究改革，各个方面都处于改革阶段。改革过程中，必然会涉及到一些机构、体制、权力、利益关系。有的改革可能会给我们工会带来一些影响，有的改革会给我们工会提出一些新问题。我们要有一个明确的思想，这就是要坚决支持改革，积极参加改革。当局部与全局发生矛盾时，只要对“四化”有利的，我们就要以局部利益服从全局利益。

在处理工会内部各个部门、各个产业这个局部和全国工运这个全局的关系上，也需要解决几个问题：

第一，要完整地、正确地理解工会工作方针。工会十大制定了新时期工会工作的方针，我们必须坚决贯彻执行。在执行中要防止把方针的内容割裂开来、对立起来的现象和强调一个方面而否定另一个方面的做法。这就要求我们，必须完整地、正确地去理解工会工作方针。工会十大制定的新时期工会工作的方针，是一个完整的统一体。就工会本身来说，它是指导我们各部门、各产业和各级工会组织开展工会工作的总方针，它所规定的任务是我们的总任务。我们不能由于自己业务分工的不同，而对这个方针采取不同的理解和态度。更不能因为一个时期强调了某一方面的工作而对这个方针发生疑问或动摇。任何事物的发展总是不平衡的，这就决定了我们在贯彻工作方针和进行实际工作中，不可能采取各项工作齐头并进的做法，而必须具体情况具体分析，找出薄弱环节，抓住工作重点，集中力量加以解决。所以，在一定的时期、一定的阶段、一定的情况下，对方针的执行可以有所侧重，是应该的，是符合事物发展规律的。没有重点就没有政策。采用平推的工作方法往往是很难奏效的。但是，我们一定不能因为有所侧重而忽略或影响了其他，更不能以侧重的一面去代替其他。我们要提倡全面性，力戒片面性，避免用形而上学的观点看问题。

第二，要加强工会内部各部门、各单位之间的配合和协作。我们工会内部有所分工是必要的。然而，各项业务又都是互相联系的。生产保护部侧重抓群众生产和劳动保护，但它脱离不开思想政治教育工作，离不开职工“两个素质”①的提高。国际部是抓国际活动的，它离不开国内工作。生活部是抓职工生活的，它也离不开生产工作。各种业务之间都是互相交叉、互为因果、相辅相成的。一个部门孤立地抓工作，只能发挥一个部门的作用，不能发挥全总整体的作用。假如全总5个部门各自孤立地发挥作用是5分的话，5个部门配合起来，那个力量就不止是5分，而可能是15分了。各个部门的密切协作和配合，绝不是简单的力量的相加，其力量比相加的和要大得多。这同一部机器与它的零件之间的关系是一个道理。比如，我们现在的人手，按单位来讲都不够用，又要下去调查，又要进行整党，人手忙不过来。但从全总总体来看，人还是不少的。这就有个统一组织调配力量和各部门、各单位之间的配合协作问题。在配合的问题上，我感到有这样的情况，有的主管单位不愿让别人来配合，而配合单位也不愿意

① “两个素质”，指思想道德素质和科学文化素质。

出人去协作，这样就形成不了全局，就不能综合发挥力量。这里也有一个局部服从全局的问题。

第三，要处理好条条与块块的关系。在这方面，我们既要注意发挥条条的作用，又要注意综合。光有专业分工，没有综合，形成不了拳头，不能搞集中统一指挥。全总的机构都是按专业设置的，书记处也是按专业分工的，这是必要的。但是，只有分工还不行，在分工的基础上，还必须注意综合，注意协调。要用全局观念、整体观念去指导工作。要互相支持，互相谅解，互相帮助，互相配合。这样才能形成权威，才能实现集中统一指挥。不然，就会像同志们讲的容易“散”。

第四，要提倡多搞点政策研究。不要把我们的注意力只是局限在忙于日常的工作上，局限在近期的安排上，还应该有点战略眼光，有点长远打算，要搞点政策性研究，搞点理论性研究，这样才能提高我们的思想水平和工作水平，开展工作才能胸有成竹。这也是一对局部和全局之间的矛盾关系。这一对局部和全局的矛盾，要求我们一定要正确处理当前和长远的关系。而我们则往往注意战术比较多，注意战略比较少，忙于当前多，考虑长远少。这样工作起来就很被动，就没有后劲，就不容易有大的发展。发展工业得有后劲啊，发展农业得有后劲啊，咱们搞工会工作也得有点后劲，我们不能打盲目战、打消耗战，年复一年工作也干了，却没有明显的发展。我们不仅应该保证一年到底能够完成工作任务，而且还要使我们的思想基础、理论基础、工作基础都要比年初有提高，第二年再干，干的结果，使我们的基础又有所提高。为此，我们必须要有战略观点，要有长远打算，要加强政策理论的研究。

我们讲全党、全国的全局，工会的全局，是新时期、新形势下的全局，是一个不断发展变化的全局，不是停顿的、固定不变的。你了解50年代的全局，适应不了80年代的工作；你了解昨天的全局，适应不了今天的工作；你今天的全局了解了，适应了，如果不继续提高，就跟不上明天发展了的形势。因此，要树立全局观点，就必须不断地学习，不断地改造自己的主观世界，才能适应飞速发展的形势，适应“四化”建设和改革的需要。我们要有紧迫感、责任感，不能慢慢来，应该有点抢时间的精神。

我们强调树立全局观点，绝不等于说不要注意局部。全局和局部是紧密联系、互相依存的。不懂得全局，就搞不好局部；而没有局部，也就不存在全局。但考虑现在的情况，在全局和局部的关系上，有必要突出强调一下牢固地树立全局观念的极端重要性，以引起大家的高度重视。而不能认为强调了全局就是否定了局部。全局是由局部组成的。每一个局部的变化，都可能会对全局发生不同程度的影响，有时甚至是重大影响。因此，为了实现全局的目标必须认真做好各个局部的工作。我们要着眼于整个工业生产，绝不是说就不要抓群众生产了；我们要着眼于整个企业管理，绝不是说就不要民主管理了；我们说要议大事、懂全局，绝不是说就不要抓本行了，等等。如果不抓本行，那还要工会干什么？强调一方面，不等于否定另一方面。我们在贯彻中央关于“议大事，懂全局，管本行”的指示中，必须辩证统一地去理解、去执行。而在当前则特别要强调一下树立全局观念的问题，这是实现党的总任务、总目标所必须解决的一个极其重要的问题。

（二）关于牢固地树立改革观点的问题。

邓小平同志讲过，要搞四个现代化就必须进行一系列改革，没有改革就不可能实现四个现代化。邓小平同志的这个指示是我们党领导“四化”建设的一个极为重要的指导思想。对此，我们要有足够的认识，要有充分的精神准备和清醒的紧迫感。如果说拨乱反正为现代化建设奠定了前提条件，那么改革也就是破旧创新，必然为夺取现代化建设的胜利提供可靠的保证。从现实来看，农业为什么有极大的好转，形势那么好，从根本上说是由于农业进行了巨大的改革。这次我到农村看了看，一个是实行家庭联产承包责任制把“大锅饭”打掉了，把农民积极性大大调动起来了；一个是搞多种经营，使农、林、牧、副、渔各业全面发展起来了；第三个是把社队企业发展起来了。江苏现在产值是 800 多个亿，在 26 个省区中占第 1 位，发展是最快的。靠什么？70％以上是社队企业，这是一个很大的改革。因为实行了一系列的改革，农村发生了巨大的变化。这就说明，要搞“四化”就必须进行改革。在改革问题上，我们在两个方面要注意：一个是怎么积极参加全国以及各条战线的改革；一个是怎么搞好我们工会自身的改革。

关于怎么样积极参加全国以及各条战线改革的问题。我想我们要注意这样一点，即各条战线在改革过程中，必然会产生一些新情况、新问题，暴露一些新的矛盾，或者还可能出现一些缺点、错误。我们对于改革中暴露出来的问题或者错误，要不要注意？要注意。要不要反映？要反映。这些工作都是完全必要的。反映情况中也可能会出现有些分寸掌握不好的问题，这也是难免的。由于我们认识上的局限性，这种情况现在有，将来也会有。对这样一些问题，应该实事求是看待，不应当大惊小怪，不应当苛求责怪反映情况的同志。发生问题，领导和组织上要主动承担责任，帮助他们正确地总结经验教训，改进工作，以便使我们的工作做得更好些。发现问题，反映情况，提出建议，本身也是对改革的一种支持，是保证改革沿着正确的轨道健康发展所必需的。但是，要说明一点，光这样做是很不够的。积极的态度应当是使自己投入到改革中去。就是说，要像胡耀邦同志讲的，应该组织、领导工人阶级站在改革的最前列。这是我们今后应当加强的。我们要自觉地、积极地投身到改革里边去，促进全国的改革不断向前发展。

关于怎么搞好我们工会自身改革的问题。胡耀邦同志有这么一段话，在目前工会工作面临着开创新局面的伟大任务的时刻，要认真研究如何进行改革，包括体制改革、制度改革、工作方法和工作作风的改革。我看这段话都点明白了。工会要适应新时期的需要，工会自身就得改革。从体制到机构、到工作方法和工作作风都得改革。这也是我们面临的一项任务。我们不仅要树立改革观点，还应该有改革的行动。胡耀邦同志还有一句，他讲各条战线都要改革，只有改革的侧重点不同，没有要不要改革的问题，改革才能打开新局面，才能创造新经验，才能较快地提高广大干部的思想水平和领导才能。根据胡耀邦同志的指示，我们要很好地研究我们工会在哪些方面需要改革，从哪里着手进行改革，希望同志们摆一摆，我们的作风怎么改革，包括我们的会议怎么改革，我们的简报怎样改革，我们的工作方法怎么改革。工会也得运用些新的科学的管理方法。如，目标管理在工会工作中也是可以考虑的。再如，用数据说话在工会工作上也是可以采用的。对工作不仅要有质的要求，而且还要有量的规定。全面质量管理，有些思想在工会工作上也不是不可以用的。全面质量管理强调标准，一切工作没有标准就没有要求，就没有目的性，就无法检查落实。这样一些问题，看来是属于经济方面的，但有些在工会工作中也是可以参照的。我们工会工作，是有自己的光荣传统和优良作风的，50 年代的好传统、好作风是应该继续发扬的。但是，50 年代的工作内容和方法，毕竟是 50 年代的，现在的工作对象变了，任务变了，环境变了，时代变了，我们的工作方法、工作作风和工作内容都应该相应地改变，不加区别地照搬 50 年代的经验是行不通的。所以，在继承好作风、好方法的同时，怎样破除老框框、老办法，积极创造我们的新经验，这是我们当前面临的一个重要任务，也是我们进行改革的一个重大课题。

总之，下一步我们要紧密联系实际，围绕以上两个观点，通过认真学习中指委办公室的“按语”，理清我们存在的问题，进一步把整党学习引向深入。我们提出树立这两个观点，从根本上讲，就是要进一步认真学习和深刻领会党的十一届三中全会以来的路线、方针、政策，提高我们同党中央在思想上、政治上保持一致的自觉性。希望大家在学习中，要进一步摆我们在这方面存在的问题。首先要摆全总党组存在什么问题，同时要摆我这个部门、我这个单位以及个人存在什么问题。不仅要摆，还要找原因；不仅要找原因，还要提出措施，不能一般地泛泛议论。我们还要布置一些学习文件，我们要一面学，一面摆。通过边学边议，切实找出我们存在的主要问题，为转入对照检查阶段做好充分准备。

整顿基层工会组织，建设“职工之家”*

（1984年4月9日）

我们这次会议的主题，是研究、部署在全国范围内整顿基层工会组织和建设“职工之家”工作。

一

为什么我们现在要提出整顿基层工会组织呢？工会十大遵照党的十二大精神，制定了新时期工会工作的方针，提出了工会工作各个方面的任务。这些任务靠谁去组织实现呢？先要靠各级工会组织，靠32万名工会干部。因此，工会组织和广大工会干部的素质怎么样，在很大程度上就决定了我们的工作成果，就决定了我们能否真正打开工会工作的新局面。我们现实情况怎么样呢？工会九大以来，经过恢复发展，各级工会组织都有了很大的加强，工会干部队伍也有了明显的扩大和提高，并涌现出一大批先进的工会组织和优秀的工会工作者，从而保证了工会方针任务的贯彻落实。

同时，必须看到，由于我们还没有来得及集中精力着重抓工会的整顿和建设，长期以来“四人帮”①给工会组织造成的

---

* 这是尉健行同志在全国工会组织工作会议上的讲话。

① “四人帮”，指王洪文、张春桥、江青、姚文元4人在“文化大革命”期间所组成的帮派。

破坏，不少方面还没有完全恢复。我们的工会组织，不论是在班子“四化”[①]方面、干部素质方面，还是组织体制、工作秩序、业务制度、班组建设、工作方法和工作作风等方面，都存在着不少问题，还有一些欠账。很多方面还不适应新形势下对我们工会提出的新的要求。以阜新市为例，它是工会工作搞得好的先进单位，但据他们估计，在基层工会中工作比较好的大概占全部的55%，作用不大的占20%，不起作用的占10%。这就是说，在这样一个工会工作搞得好的城市，工作好的基层工会组织也只占15%左右。这就严肃地向我们提出了要完成工会十大提出的方针任务，必须加强工会自身建设的问题。但最关键、最重要的是抓好基层工会组织的整顿和建设问题。

工会的基层组织是我们工会组织的细胞，是我们开展各项工作的基础。我们一切方针、政策、任务归根到底都要通过全国几十万个基层工会组织去贯彻落实。基层工会战斗力的强弱，对于整个工会工作的开展影响极大。我们必须花相当大的精力，用相当长的时间，扎扎实实地做些笨工作，把基层工会组织整顿好、建设好。这是我们工会的一项基本建设。这个问题不解决，任何任务都是难以很好完成的。这是我们实现党的总目标，贯彻落实工会十大确定的方针任务的重要保证。

全总书记处在讨论1984年工作任务时，明确提出要把工会自身建设，特别是基层工会组织的建设，提到一个突出的位

① “四化”，指干部的革命化、年轻化、知识化和专业化。

置。通过整顿，把工会基层组织办成“职工之家”。在全总十届二次主席团会议上，我们提出来，上半年全总和各地工会要围绕这个问题，搞些调查研究，提出整顿的方案，做好准备，争取下半年在全国铺开。主席团会议以后，全总组织了70多个人去锦州、吉林等地搞蹲点调查，有些省市工会也围绕这个问题作了一些调查和试点。几个月来调查和总结汇集起来的情况说明，整顿基层工会组织不仅是必要的，而且也是可行的。一些地方已经摸索和积累了不少这方面的经验。

同志们都听了锦州市工会加强自身建设、开展建设“职工之家”活动的经验介绍。他们的经验和工作说明，只要领导班子精神振奋，有一股子改革创新、开拓前进的精神，并且善于积极争取各级党组织的领导和关心，取得行政和各个方面的支持和配合，围绕党的总目标和工会十大提出的方针任务，制定明确的目标和要求，广泛开展工会组织之间的竞赛，不仅可以在比较短的时间内，大大加强工会的自身建设，而且可以较快地在一个城市范围内打开工作的新局面。我们很多同志到锦州后回来说，在那里那种畏难、埋怨、无所作为的情绪一扫而光，出现了一派欣欣向荣、奋发向上的新气象，感到很受教育。我们要求全国的各级工会都要认真地学习锦州的经验。首先全总机关要认认真真地学习。锦州的经验是多方面的，就整顿基层工会组织这一点来说，他们的经验也是十分可贵的，很值得我们学习和借鉴。其他各地方工会在这方面也都提供了不少可供学习的经验。

我们召开这次会议，就是想请大家在听取和讨论锦州等地经验的基础上，按照全总1984年工会工作要点和第二次主席团会议的要求，集思广益，共同制定一个基层工会组织整顿的方案，以便从下半年开始，在全国普遍推行这项工作。

二

下面着重讲一讲对基层工会组织整顿的要求和在整顿建设中应该明确和注意的几个问题。

一、对基层工会组织整顿的要求和目标

我们要求用3年左右的时间，对全国43万个基层工会组织普遍进行一次整顿，逐步地把它们办成名副其实的“职工之家”。这是我们的要求和目标。工会组织本来应该是“职工之家”，但现在的实际情况是，有相当一大部分的基层工会组织名不副实，没有成为“职工之家”。因此，需要进一步整顿和建设，使它们真正建设成为名副其实的“职工之家”。为什么我们要采用“职工之家”这个称号？这要从工会九大以来中央的历次指示谈起。邓小平同志在工会九大致词中有这样一段话，他说：“工会组织都必须密切联系群众，使广大工人都感到工会确实是工人自己的组织，是工人信得过的、能替工人说话和办事的组织，是不会对工人说瞎话、拿工人的会费做官当老爷、替少数人谋私利的组织。工会要为工人的民主权利奋斗，反对形形色色的官僚主义，它本身就必须是民主的模范。工会要教育工人艰苦奋斗、大公无私、严守纪律、服从调动、爱厂如家，工会干部自己就必须在所有这些方面都成为模范。只要工会这样做了，工会就会在工人群众中享有很高的威信，可

以为四个现代化作出重大的贡献。”[①]中央书记处去年“3·14指示”[②]中也有这样一段话：工会的性质和任务应当是在党的领导下，代表工人阶级利益、为工人阶级办事的群众组织。新中国成立以后，在“左”的思想指导下，工会工作受到了很大的干扰，长期强调党的领导（这是应当的），但忽视了工会是工人阶级群众组织的特点，在一定程度上，工会变成了行政机关，脱离了工人群众。这种状况必须改变。今后工会工作一定要从自己是党领导下的群众组织这个特点出发，切切实实地为职工办事，办些具体的好事，把职工的积极性调动起来；一定要维护职工的根本利益，勇敢地扶持正气，压制邪气，在社会和国家生活中起积极作用；一定要面向工厂、面向工人，紧密联系群众，反映职工的呼声和要求，真正成为“职工之家”、“职工之友”。中央这些指示，为我们工会搞好自身建设，提出了明确的指导思想。“职工之家”这个称号，形象、生动地体现了中国工会的性质、宗旨，体现了职工群众与工会组织的血肉相连、亲密无间的关系，表达了职工群众对我们各级工会组织的依赖和要求。因此，我们认为把“职工之家”这个称号，作为工会自身建设的目标和要求，是十分适宜的。

整顿工会组织有了目标，有了要求，还必须有一定的标准来体现这个目标、要求。制定“职工之家”的标准，既要考虑当

---

① 《邓小平文选》第二卷第138页，人民出版社1994年10月第2版。

② “3·14指示”，指1983年3月14日中央书记处举行的第47次会议，讨论全国总工会十大的工作报告提纲和《全国总工会第十届执委会主席团（常委会）组成的初步设想》后，形成的《会议纪要》。

前工会的实际情况,又要考虑绝大多数基层工会组织经过三年左右的积极努力,有可能达到的程度。也就是说既要不脱离现实的基础,又不停留在现在的状况,而是立足于经过三年的积极努力工作,使绝大多数基层工会组织都可以达到的水平。任何一种标准都不是固定不变的,它要随条件的变化、形势的发展,根据需要和可能不断地发展变化。“职工之家”的标准也是如此。但是在一定时期内应该有一个相对稳定的标准,作为我们考核工作的依据。我们就要按照这样一个指导思想来制定“职工之家”标准。建设“职工之家”,我们着眼于大多数,着眼于43万个基层工会组织的整顿和提高,不在于去选拔几个典型、标兵、模范。“职工之家”不是一个荣誉称号,而是工会基层组织是否符合工会十大要求的一个标志。它也不是一个什么很高的标准,它只能是一个切合新形势要求的合格的标准。对于那些达到合格标准的基层工会,或经过整顿陆陆续续达到了这个标准的单位,应该继续往更高的标准努力,把自己进一步建设成为先进的和模范的基层工会组织或“职工之家”。首先,43万个基层工会都要按这个合格的标准整顿一次,对于已经达到这个标准的基层组织要往更高的标准去奔。这是两个层次。对“职工之家”这个称号应该全面、正确地去理解。为什么要讲这个问题呢?“职工之家”这个词很形象,“职工之家”4个字从词汇上讲,从我们一般习惯上沿用“家”这个称号来讲,往往容易理解成为只是替工人谋点福利,帮工人解决点困难,或把工会变成一个工人业余活动的场所。当然,基层工会是要做这些事情的,但又不仅仅是这些事情。中央指示中讲的“职工之家”的含义是全面的。“职工之家”的标准、称号，应该全面体现我们社会主义国家工会的性质和宗旨，全面地体现工会十大的方针和任务，全面地体现工会基层工作条例的要求，要善于正确地处理国家、集体和个人三者利益的关系，正确处理当前和长远、生产和生活、物质文明建设和精神文明建设、全局和局部、教育和维护、维护工人阶级根本利益和当前利益的关系。根据这个精神，我们制定了“6条标准”①。这“6条标准”比较概括，对每一条标准究竟怎样理解，每一条标准究竟怎么考核，将来还要搞一套细则。既然是一个标准，就不仅要明确内容和范围，还要规定应该达到的程度。标准应该把范围和程度统一起来。靠6条概括的提法，要把范围和程度都说得明明白白，也是办不到的。这就需要我们有一套细则，去进一步阐述和补充。这些都要求同志们一起研究。有些细则、有些标准的分寸怎样掌握，我估计这次会议上也不一定有什么结论。那没关系，大家

---

① “6条标准”，指1984年4月13日《全国总工会关于整顿工会基层组织，开展建设“职工之家”活动的试行为法》中提出的建成“职工之家”的“6条标准”：1. 建设一个符合“四化”要求、密切联系群众的领导班子和一支热心为群众服务的工会积极分子队伍。2. 教育和动员职工站在改革的前列，努力促进技术进步，开展社会主义劳动竞赛，提高经济效益和社会效益，保证完成国家交给的各项任务。3. 组织和动员职工学习政治、文化、科学技术和经营管理知识，提高思想政治素质和科学文化素质，在建设一支有理想、有道德、有文化、守纪律的职工队伍中发挥应有的作用。4. 推进企业事业民主管理，承担起职工代表大会工作机构的任务，在办好社会主义企业事业中充分发挥作用。5. 保障职工福利，维护职工合法权益，为职工说话、办事，为职工“排难解愁”。6. 健全工会组织，加强小组建设，不断完善工会民主生活和民主制度，做民主的模范。

回去可以搞试点，在试点中再去逐步摸索，共同来统一认识，形成一套标准和细则，这是一个实践、认识、再实践、再认识的过程。

我们有了目标，制定了标准，还有一个方法问题。我们的任务，是在3年左右时间把43万个基层工会组织建设成“职工之家”。方法就是整顿，用整顿的方法去达到这个目标。对于整顿，有些同志也有一些不同的理解和看法，是提整顿好，还是建设好？整顿这个词，含义还是很广泛的，它的内容也是发展变化的。不同时期、不同的情况，它的内容和含义可以有所变化、有所侧重。比如企业整顿就有3种情况，有一种是恢复性整顿，这种整顿带有治乱性质，把过去“四人帮”搞乱的东西恢复起来。当恢复性整顿告一段落以后，下一步就应该是搞建设性整顿、提高性整顿。也有些企业往往是两种整顿交叉进行的，既有恢复性整顿的内容，也有建设性、提高性整顿的内容。但不管是哪种类型，用的词汇都是整顿。从这个意义上讲，整顿的含义是广泛的、发展变化的。有的同志说搞了那么多年整顿，现在又整顿，是不是说明我们过去没干工作或是白干了？不是这个意思。整顿中有建设，整顿中有改革，整顿中有发展。不同的企业，不同的时期，可以有层次不同的内容和要求。

搞整顿跟搞竞赛、搞评比奖励不一样。如果一定时候评一评，哪些单位可以成为“职工之家”，那样的话，选上的只能是少数，有些差距大的基层组织一看要评比，反正怎么干也评不上，就会把自己置身于活动之外。基层工会组织整顿，43

万个基层工会组织毫无例外，都要整顿，都要根据“6条标准”进行工作、自检和申请上级验收。达不到标准不能发给“职工之家”合格证，因为它说明你这个单位还不合乎工会十大对基层工会组织的基本要求。这就是说把工作着眼于大多数，其作用也就超出了一般评选先进的活动。至于说达到标准验收合格以后再进一步提高，将来授予什么称号，采取什么办法，可以在今后实践中再来总结经验，制定方案。

上面是我要讲的第一方面的内容，就是我们工会组织为什么要整顿，怎样来整顿。

二、整顿中必须注意的几个问题

(一)整顿必须紧紧围绕大目标进行。

当前摆在全国人民面前压倒一切的中心任务，就是要坚定不移地实现党的十二大所提出的宏伟奋斗目标，加快全国社会主义现代化建设的步伐。我们整顿基层工会组织根本的目的就在于更好地实现党的十二大提出的这个大目标。离开这个大目标，就整顿抓整顿，就工会工作抓工会工作，我们的整顿就会陷入盲目性，就会迷失方向。这是我们这次搞基层整顿中首先应该明确的一个指导思想。

中央领导同志指出，我们群众组织要议大事、懂全局、管本行。什么是我们全党、全国的大事和全局呢？就是实现十二大确定的目标，具体来说就是翻两番，两个文明建设，80年代乃至90年代实现的三大任务，也就是一、二、三。我们就是要着眼于这个大目标、这个全局，来整顿和建设我们基层工会组织。要牢固地树立全局观点，正确地处理好局部和全局的关系，使局部服从于全局、服务于全局。在我们整顿基层工会组织过程中，必然涉及到标准问题、组织体制问题、工会业务建设问题、工作秩序问题、工作方法和工作作风问题等。在处理这些问题时，都必须着眼于是否有利于实现这个大目标，是否有利于全局，不能只停留在工会这个圈圈里来看这个问题是这样办好还是那样办好。我们工会干部要特别注意不要单纯地就工会业务来处理工会业务。看不到大目标，看不到全局，把局部看作全局，甚至用局部去否定全局，必然要走偏方向，这是很值得我们注意的。对一个问题怎么处理，我们首先要看是不是对“四化”有利、对全局有利，不要只看是不是对工会有利、对我们这个部门有利，局部利益要服从全局利益。同样不可忽视的是，整顿既要围绕大目标，工作又应该有工会自己的特色；要照顾全局，又要管好本行，但工作要具体落到工会整顿的成果上。

对于一个基层工会组织，不仅要懂得全党、全国的大局，还要认真考虑、了解整个企业的大局，使基层工会组织的整顿和建设，服从于企业的全面整顿和建设，有利于实现企业的中心任务。我们不能离开企业的主要矛盾、企业的中心任务，孤立地抓工会自己的整顿。只有紧紧围绕大目标，紧紧围绕一个企业、事业单位的中心工作开展整顿，才能够得到各个方面的重视和支持，也才能够收到事半功倍的效果。

我们强调并围绕大目标，强调要树立全局观点，去开展基层工会组织的整顿工作。真正做到这一点，还必须提倡工会干部要关心国家大事，要开阔视野，要增长知识，要掌握信息，以便能够及时地了解和适应不断发展的新形势。视野不开阔，工作面很窄，老是在自己抓的业务圈子里面转，看不到全局，看不到周围情况的发展变化，就不可能把自己的工作跟大目标紧紧地扣起来，也不可能有全局的观点。我们搞群众生产，如果不了解整个经济情况，不了解整个企业生产发展的趋势和矛盾，群众生产就搞不好，竞赛也搞不好。不了解新的技术革命带来新的特点和要求，就很难去处理现在的有些经济问题和工作问题。如果老是孤立地在一个小圈子里工作，不了解外面的情况，信息不灵通，外面变化了的形势和情况我们很少了解，虽然你主观上想要围绕党的十二大的奋斗目标，想树立全局观点，在实际工作中照样还会偏离这个方向。工会工作怎么能够站得高一点，看得远一点，信息灵一点，知识面广一点，这对于我们全面正确地考察问题、处理工作十分重要。最近，全总机关在整党的边整边改中，抓了一件事，就是经常办一些讲座，请一些专家、领导干部到工会来作一些报告，让大家知道些国际、国内技术发展情况，工业上有什么问题，经济管理上存在些什么矛盾，经济体制改革的进展情况，为机关干部扩大视野、增长知识创造一些条件。

国民经济年总产值到2000年翻两番，这是一项十分艰巨而又紧迫的任务。我们工会要围绕大目标进行整顿，必须要有紧迫感、责任感。这个整顿不是按部就班地整顿，慢吞吞地整顿。要像锦州市工会那样，有那么一股劲，有那样的精神状态，勇于争上游、奔一流。这样的进取精神，各级工会组织都需要，特别是我们全总机关应该很好地学习。好多同志到下面去都有体会，现在各种工作都很紧张，地方党组织、政府、企业任务相当繁重，工作相当紧张。

企业处理工作，急如星火。如果我们的基层工会组织没有这样的心情，没有这样的精神，就很难适应企业的工作。如果企业在一段时间内动员组织职工起来抓攻关，解决生产关键问题，晚上灯火通明，而我们工会组织冷冷清清，房间都是黑的，这就很难得到党委支持、行政支持，群众也不会拥护。有的同志讲，工会是软任务，不是硬任务，没有具体指标考核。工会的性质和工作内容，固然与生产行政部门有所不同，但紧迫感、责任感应该是一致的，心情应该一样，精神状态应该一样。为什么有人说我们工会“可有可无”呢？这要从两方面来想一想。一方面是有些同志对我们工会的性质、任务不了解，产生误解。另一方面，要检查我们自己做得究竟怎么样？为什么给人这样的印象，很值得我们深思。这和我们有些单位的精神状态有关系，与我们的工作分不开，不能只埋怨别人，要靠我们自己争气。不要一到工会，工作的节奏就放慢了，与生产行政部门时间概念不一样，两种节奏、两种步伐，这就不行了。我们要把自己置于国家的战略目标之中，不要把自己置于战略目标之外。这个问题，锦州市工会的经验很有启发。

整顿的方法不难摸索，关键在于用什么样的精神状态去抓整顿。对一些单位来说，主要不是缺少方法，而是缺少一点精神。锦州工会班子勇于争上游、奔一流，那种进取精神、改革创新的精神，是十分难能可贵的。他们这种精神状态，是与我们大目标、“四化”的要求紧紧扣住的。我们围绕大目标整顿工会，要学习锦州市工会领导班子积极为“四化”刻苦努力工作的拼搏精神，只有这样才能和“四化”要求统一起来。

（二）要在开创工会工作新局面中整顿。

整顿是一种手段、一种方法。整顿的本身并不是目的，不能为整顿而整顿。整顿的目的在于开创工会工作新局面。看整顿的好坏和效果，最终要看是否推动了工作，打开了局面，而不能只看建立了多少制度，搞了多少原始记录，不讲实效。如果经过整顿，制度也有了，整顿要干的事都干了，但就是企业的经济效益上不去，工会工作的局面打不开，这样的整顿就是走过场、搞了形式主义，这不是我们需要的整顿。要把整顿同当前的工作统一起来、结合起来，而不是搞“两张皮”，不能离开当前的工作，孤立地去抓基层整顿。我们要把各项工作都纳入整顿的轨道，纳入整顿的六项标准，以整顿的办法去抓好诸如领导班子、各项业务和职代会等工作。这样不仅推动了工作，而且也才能建立各种适应需要的业务秩序。否则建立起来的业务和秩序，看起来很好，但不符合实际需要，不受群众欢迎，也就不能巩固。整顿与当前打开工作局面，是一回事，整顿是推动当前工作的一种很好的手段和方法，而不是当前工作之外又加了一项任务，变成一种额外的负担。把当前工作纳入整顿轨道，可以抓得更顺手、更得当。当然，也不能说抓工作就是整顿。整顿可以促进工作，但整顿本身也有它自己一定的任务、方法和要求。结合工作还要扎扎实实地搞基础工作建设、思想建设、业务建设和组织建设，使我们各单位的工作，通过整顿不仅各项任务完成了，而且工作基础更厚实了，更完整了。我们不能打消耗仗，光干工作，不注意抓建设，年底算账，思想水平、组织水平、业务水平都没有什么提高。组织建设、制度建设、业务建设、思想建设，都不能离开当前的工作去抓，但也不等于抓了工作就有了建设，工作和自身建设不可分离，哪一项工作里面都有自身建设。搞每项工作，都要善于通过工作去抓建设。两方面要统一起来，不能偏废。

（三）要在改革中抓整顿。

有的同志说，现在抓整顿，是否适宜？管理体制还在变，承包办法在变，各方面都在进行改革。在这样不断改革变化中间，抓整顿的标准怎样掌握？今天搞了，明天又改了，是不是等改革明确以后再搞？我们就是要面对当前形势来搞整顿，就是要在改革中搞整顿，要适应改革的形势去搞整顿，使整顿适应改革要求，并且通过整顿去促进改革，而不能期望有朝一日，有一个模式定下来了，然后我们再按照这个模式去搞整顿。整顿，是在动态中整顿，不是在静态中整顿。现在实际情况是，我们国家面临着改革的大好形势，很多方面都在进行改革，很多方面正在研究准备改革。中央最近开了很多有关这方面的会议，报纸上也发表了很多这方面的材料，都说明了这个问题。

工会自身也要改革。工会不改革没有出路，打不开工作局面。中央书记处去年“3·14指示”中有一段话：“在目前，工会工作面临着开创新局面的伟大任务，必须研究如何进行改革，包括体制改革、制度改革、工作方法和工作作风的改革，不必等待，现在就应抓紧进行。”在整顿中要坚决贯彻中央指示精神。整顿标准中有一项，要把生产搞上去，提高经济效益。我们怎样抓好群众生产？怎样组织好劳动竞赛？也有一个改革问题，不能按老一套办法。现在竞赛的内容变了，由过去只注意产值，转到注意经济效益，转到既注意价值，又要考虑使用价值，正确地把价值同使用价值统一起来去抓经济效益。这是我们抓竞赛面临的一个新问题。竞赛的形式、指标、内容、方法都要变。不能停留在总产值完成多少，不能停留在年初开门红，一季度月月红，上半年时间过半、任务过半，国庆节献礼，到年底提前完成全年任务，光抓这些不行了。竞赛的组织范围也变了，过去竞赛主要组织生产工人，第一线的工人，现在的竞赛涉及到科研技术人员和管理人员，要把这些同志都组织起来。过去竞赛抓生产领域，抓生产车间多，现在不仅抓生产，还要抓流通，还要抓科研、设计、试制。不从科研、设计抓起，生产就没有后劲。竞赛的内容、对象、范围等的变化，要求我们在搞群众生产上，需要相应进行一系列改革，墨守成规、照搬老一套，满足不了新形势的要求。

为群众谋福利，维护职工利益，替职工说话、办事，这是工会很重要的一项职责。现在我们不是替职工说话多了，而是替职工说话少；不是替职工办事多了，而是替职工办事少；不是维护多了，而是维护太少。我们要很好地重视这项职责，开展这方面的工作。但问题在于怎样正确理解职工的利益，怎样替职工说话，正确反映职工的意见。如果没有改革精神，没有全局观点，你主观愿望是好的，效果可能适得其反。在这里我引用中央领导同志最近的一段讲话："有些干部不是代表先进意识，而是代表少数落后工人和少数落后农民的意识，只听他们的呼声。”“对有些企业搞包干，确有 7%至 8%的人反对包干，嫌工作紧张，说累得连腰都直不起来。那是些懒人，又要工资高，又不想干活。我们有些干部就听 7%至 8%的人的意见。有的干部讲苦乐不均，有的工会工作者也这么说。这就叫代表懒人的意识。结果，什么改革，什么改‘大锅饭’，都不敢干了。这不是真正的群众观点，真正的群众观点就应当真正代表最广大人民群众的使国家富强、使人民富裕的要求，为之而奋斗。”这段话很值得我们深思。代表工人说话该说的就要说，问题是怎么说，该维护工人的利益还是要维护，但要正确地维护。如果我们认识跟不上形势的发展，脑瓜里没有一个“四化”大目标，看问题不同大目标联系起来，不考虑怎样对“四化”有利，仍然按老框框办事，就难免要犯错误。

要树立改革的观点，用改革的精神去搞基层工会的整顿。不从发展去看问题，不从全局去看问题，花了很大力，搞了一套看来很完整的东西，但却背离了“四化”要求。我们应该坚决避免这种做法。不能把整顿理解为简单地把原来的东西捡起来。整顿基层工会组织要贯彻改革精神，在整顿中进行改革，在改革中进行整顿。对现行的规章制度，要用改革的观点、全面的观点，辩证地看待。不要认为现行制度是完美无缺的，一成不变的。但是对现行制度的改革要有领导、有计划、有组织地进行，要一切经过试验。有的可以搞试点，有的要经过有关部门批准，有的要待客观条件成熟后再改革。不能因为强调了改革，对改革中出现的问题，该反映的也不反映，该纠正的也不积极去纠正了。

（四）整顿的方法、步骤必须从实际出发，因地制宜，灵活多样。

我们现在有40多万个基层组织，有全民所有制，有集体所有制；有大型企业，有中、小型企业；有工业部门，也有文教部门；有的有专职工会干部，有的没有专职工会干部。基层组织类型很多，情况复杂，工作基础也不一样。有的抓整顿是属于治乱性质、恢复性质，有的是恢复性整顿同建设性整顿交叉的，有的整顿属于建设、改革、提高性的，所以整顿的内容、要求也不一样。基于这种情况，我们在整顿基层工会时，对不同类型的应有不同的步骤和要求，实行分类指导，不搞一刀切。要按不同类型的基层工会抓些典型，用典型说话，用典型分类指导。

不同类型的基层工会验收的标准怎么掌握可以探讨，是不是几十万个基层工会都按一个标准去套，同志们可以研究。整顿的具体办法和实施细则，可以因地制宜。全总制定的东西可以粗一些，原则一些，让各地再去具体化。一些办法可以先试行，经过实践，再进一步修订。不同的基层工会有不同的情况和不同的矛盾，整顿中既要全面贯彻“6条标准”，也要提倡结合基层组织的具体情况抓自己的主要矛盾，有所侧重，不要面面俱到平均使用力量。整顿合格后，首先由本单位召开会员代表大会或职代会进行自检，然后再申报验收，由直接主管的工会领导机关进行验收。要注意实效，不搞繁琐哲学。具体办法有待在实践中摸索、总结。

从锦州市工会的经验来看，搞基层工会组织整顿，建设“职工之家”，广泛开展单位之间的竞赛是个好办法。在工会组织系统内部开展竞赛，可以大大调动积极性，把长期的目标和短期的要求结合起来，一步步去提高，一步步去发展，这一步给下一步打基础，给以后达到“职工之家”标准创造条件，使每个基层工会都有奔头，都有一定的压力。锦州市工会的这个经验很值得学习。

整顿基层工会组织，建设“职工之家”，要用数据说话。锦州市工会提出对工作不仅有质的要求，而且还要有量的规定，这是把工作搞实的一个科学的办法。我们不能停在一般的号召，提出一些笼统的难以衡量考核的要求上，要善于利用单项或综合数据来反映我们的工作进程，揭示工作中的差距和矛盾，促使各方面对整顿基层工会组织给予关注和重视。

整顿要坚持标准，保证质量，防止走过场。合格就是合格，不合格就是不合格。不要规定百分比，也不要追求百分比。我们的着眼点在于通过整顿，真正做些扎扎实实的笨工作，使工作基础真正有所提高，工会素质真正有所改善，不在其名，不在抢进度。整顿是一项扎实细致的笨工作。班子得一个一个调整，业务得一项一项加强，班组得一个一个建设，没有什么捷径可走。工会的基础工作搞不上去，即使某一个时期，在某一个问题上搞出点成绩，终究不能持久巩固，终究是打不开工作局面的。从这个意义上讲，搞整顿不能急功近利，不能降低标准，自己骗自己。要有点战略眼光，要有点长远打算。工作投进去了，一时不见得能看出多大效果，但长了毕竟是会有成效的。3 年整顿看起来很长，但任务很紧迫，要求我们坚持下去，一抓到底，不能稍懈。首先，我们全总机关要坚持始终，作出样子来。

（五）整顿要积极争取各级党组织的领导和关怀，积极争取各方面的支持和协助。

在制定标准时有的同志建议，标准中要求完成的工作，只能是工会自己能说了算的，力所能及的，不要涉及需要有其他单位配合、支持的那些部分。这样执行起来固然要简单一些，但必然会把我们工会工作捆在一个很狭小的圈子里。如果按照这个圈子来整顿，你就是整顿好了，也完不成工会十大的任务，建设不成“职工之家”。所以我们主张，还是严格按照工会十大的方针、任务，按照工会章程的要求，按照建设“职工之家”的全面要求，来制定我们的标准。不能把我们的工作缩到很小的圈子里。

工会整顿不能关起门来搞。我们必须积极地取得各级党委的领导和关心，取得行政和各方面的支持。像锦州那样，紧密围绕一个地方、一个企业的中心，把工作做到点子上去，以取得各级党委的领导和重视，各级行政的支持和配合。

整顿基层工会还要紧密配合整党和企业整顿进行。要注意将整顿工会的一些基本要求和整顿企业的任务结合起来，一起纳入整顿企业的总体规划中，依靠广大职工实现整顿工会组织的要求。

基层工会组织搞整顿，需要上级工会组织的关心、指导和支持。我们强调工会自身建设的重点是搞好基层工会组织的建设，但不等于说，各级工会领导机关就不要整顿了。各级工会领导机关也有一个整顿的问题。各级工会领导机关都要面向基层，深入实际，转变作风，为基层服务，去帮助基层搞好整顿，同时抓好自身建设。锦州在这方面的经验是很有特色的。各级工会领导机关都要认真学习。我们全总机关首先要学习，带头搞好自身建设。

搞好工会组织的整顿，还需要舆论机关的支持和配合。《工人日报》应该积极地关心、报道、支持有关基层工会组织整顿方面的经验、典型和新闻。我们各个省的工人报或工人杂志都应该很好地反映这方面的情况，总结这方面的经验，推动这方面的工作。

全总、各全国产业工会、省总和各级工会领导机关的各个业务部门都应该关心、支持并积极参与基层工会组织的整顿，不要把基层工会组织的整顿，看成仅仅是一个组织建设，仅仅是组织部门的事。这次整顿是全面的整顿，不仅是领导班子、会员的整顿，还包括群众生产、群众生活、劳动保护、女职工福利等等方面的整顿。各个部门要善于抓住这个机会，利用这个机会，去开展自己的工作。

基层工会组织要建设成“职工之家”，一个很重要的问题，就是工会干部要成为“职工之友”。你很难想象，工会干部不争当“职工之友”，而工会本身却是“职工之家”。因此，工会干部是不是“职工之友”，应该作为我们整顿的一个重要内容。在这个问题上，我们最近要大力宣传锦州化工研究院工会副主席聂荣本同志的先进事迹。我们要在全总机关召开大会，介绍聂荣本同志的事迹。全总准备发布一个关于号召全国职工学习聂荣本同志的决定。郝建秀同志很关心这件事，昨天来电话，确定后天下午接见聂荣本同志。聂荣本同志是我们争做职工贴心人、争当“职工之友”的典范。我们要通过宣传他的事迹，来带动各级工会干部开展一个向他学习，人人争当“职工之友”的活动。我们要把工会干部争当“职工之友”和工会组织建设“职工之家”的活动结合起来，从而更好地推动基层工会组织的整顿。

充分认识工会领导干部加强学习的重要性*

（1993年10月30日）

这里，我想就工会领导干部学习和运用邓小平同志建设有中国特色社会主义理论的问题讲几点意见。

第一，充分认识工会领导干部加强学习的重要性。我们的执委会是工会代表大会闭幕后全国工会工作的最高领导集体。我们这个领导集体，特别是全总领导班子成员，能否用党的基本理论和基本路线统揽全局，指导和推动各项工会工作，将对整个工人运动和工会工作产生重大影响。我们要担负起代表大会赋予的重任，领导全国各级工会实现工会十二大提出的方针任务，首先必须努力学习和掌握邓小平同志建设有中国特色社会主义的理论，提高我们的理论素养和领导水平。

建设有中国特色社会主义理论是对毛泽东思想的继承和发展，是当代中国的马克思主义。能不能切实按照党的十四大的要求，坚持用这一理论武装全党，直接关系到社会主义现代化事业的兴衰成败，关系到我们党和国家的前途命运。《邓

---

* 1992年10月尉健行同志当选中共第十四届中央政治局委员、中央书记处书记、中央纪律检查委员会书记。1993年10月当选中华全国总工会第十二届执委会主席。这是他在全总十二届一次执委会第二次全体会议上的讲话。

小平文选》第三卷即将出版发行，这是党和国家政治生活中的一件大事。它的出版为落实党的十四大提出的要用邓小平同志建设有中国特色社会主义理论武装全党的战略任务，提供了最好的教材和最有力的武器。各级工会领导干部要高度重视和认真学习，并加强对学习的领导。

江泽民同志最近指出，领导班子和领导干部，不论工作多忙，一定要挤出必要的时间学习建设有中国特色社会主义的理论，而且应该学得更深透更系统一些，领会得更准确更全面一些，用以指导自己的行动更自觉一些，运用这一理论研究新情况、解决新问题的水平更高一些。这是一个坚强的领导集体和一个合格的、有作为的领导干部必备的条件。各级工会特别是全总新一届领导班子和领导干部，必须认真按照这一要求去做。

第二，努力掌握解放思想、实事求是这一党的基本理论的精髓。邓小平同志建设有中国特色社会主义的理论，是一个博大精深的科学体系，内容非常丰富。学习这一理论，最重要的是掌握和运用好解放思想、实事求是这个精髓，把贯穿和体现在这一理论中的辩证唯物主义和历史唯物主义学到手。要学习邓小平同志那样热爱人民、尊重群众的实践和创造，时刻关注广大人民的利益和愿望，自觉地把人民拥护不拥护、赞成不赞成、高兴不高兴、答应不答应作为我们想问题、办事情、作决策的根本出发点和归宿，善于用群众的经验引导群众前进；学习邓小平同志那样唯物而辩证地把握“一个中心、两个基本点”之间的本质联系，正确认识和处理改革与发展、速度与效益、计划与市场、物质文明与精神文明、改革开放与反对腐败等问题间的相互关系。只有真正掌握了马克思主义的世界观、方法论，掌握了解放思想、实事求是这个精髓，我们才能掌握工作的主动权，把工作真正做好。

我们学习和掌握这一理论的精髓，就是要努力达到解放思想和实事求是的统一，认识和实践的统一，主观和客观的统一，革命热情和求实精神、科学态度的统一，并学以致用，不断提高我们的工作能力和理论政策水平。要做到这几个方面的统一，任务是相当艰巨的。要完成这个任务，就必须下苦功夫学习和掌握这一理论的精髓，不仅用于指导工会工作，而且用于指导自己主观世界的改造。

第三，坚持理论联系实际，解决工会面临的新情况新问题。毛泽东同志曾经说过："对于马克思主义的理论，要能够精通它、应用它，精通的目的全在于应用。"①学习离不开实践。我们学习邓小平同志建设有中国特色社会主义的理论，就是要运用它去分析我们面临的现实情况，研究当前工会工作中遇到的矛盾，回答和解决新形势下工人运动和工会工作面临的理论与实践问题。工会十二大提出了明确的方针任务，但要贯彻落实下去，将会遇到大量新的矛盾和问题，需要我们去处理和回答。我们必须坚持不懈地结合实际，在探索中学好邓小平同志建设有中国特色社会主义的理论，并以这一理论去指导和正确处理各种问题，努力把学习理论和运用

① 《毛泽东选集》第三卷第 815 页，人民出版社 1991 年 6 月第 2 版。

理论指导工作与解决问题完满地结合起来，在实践中不断提高学习和运用理论的自觉性。

从当前情况来看，需要我们注意研究和处理好的问题很多。例如：

关于处理好局部和全局的关系问题。邓小平同志始终强调党的干部要着眼于大局，顾全大局，一切从大局出发。工会十二大以后，各级工会要按照邓小平同志的指示精神，认真贯彻落实大会提出的方针任务，并努力把它同全党的全局性工作结合起来，统一起来。当前，各地各部门正在贯彻落实中央的一系列重要决策，深化各方面改革，加强宏观调控，推动国民经济持续、快速、健康发展；正在加紧建立社会主义市场经济体制；正在开展反腐败斗争，推动党风和廉政建设；正在狠抓社会治安的综合治理，打击各种犯罪活动，保证改革和建设的顺利进行。工会十二大确定的方针任务，既是今后一个时期推动工人运动和工会工作发展的内在要求，也是总的形势任务和各条战线对工会工作的客观要求。因此，要贯彻好工会十二大精神，必须着眼全局，把报告提出的要求和任务，渗透到党的方方面面的工作任务中去，在推进全党的全局性工作的过程中，去实现工会的方针任务。也就是说，工会十二大精神的贯彻和工会工作的开展，必须紧密结合、围绕并服务于这些全局性工作。只有从全局着眼，自觉地把工会工作放到加快改革开放步伐，加快经济发展，建立社会主义市场经济体制这个大局中去考虑和把握，善于用全局指导局部，以局部保证全局，工会工作才有充沛的活力，才能得到各级党委和政府的关心与支持。就工会十二大提出的各项任务来说，也有个统筹兼顾、处理好各方面工作关系的问题。既要全面安排，又要从实际出发突出重点，抓住打开工作局面的要领。

关于不等不靠大胆地开展工作的问题。工会十二大提出了明确的方针任务和政策主张，绝不等于什么问题都解决了，要把它贯彻落实下去，会碰到各种各样的新情况、新问题。各级工会领导机关特别是全总，应该努力为大家创造条件和解决问题，这对领导机关来说是责无旁贷的，全总新一届领导班子要在宏观、源头的参与和代表维护等方面努力做得更好。但是，地区间、行业间、部门间差异很大，改革开放进程中的新情况、新问题层出不穷。认识来源于实践，但又往往落后于实践。法律法规、政策和制度的形成，需要有一个从实践到理论的转化过程。滞后情况往往难以避免，但是大量的现实问题又不能久拖不决。这就要求我们在贯彻工会十二大精神的过程中，必须发扬不等不靠的精神，努力深入实际，学习新知识，研究新情况，善于学习和运用邓小平同志建设有中国特色社会主义的理论，来研究和处理各种新矛盾，总结新经验，大胆地、创造性地开展工作。

关于在建立社会主义市场经济体制的过程中，如何更好地发挥工会组织作用的问题。即将召开的党的十四届三中全会，要对建立社会主义市场经济体制的若干问题作出决定。这是一项前无古人的创造性事业，其中许多工作都需要工会的参与。比如，转换国有企业经营机制、建立现代企业制度等问题，涉及建立科学的企业内部组织管理制度，形成激励和约束相结合的机制等问题;培育和发展市场体系,涉及改革劳动制度,逐步形成劳动就业市场等问题;建立合理的个人收入分配和社会保障制度等问题;本世纪末初步建立社会主义市场经济法律体系问题,等等。积极参与和正确处理这些问题,迫切要求我们在探索中更好地学习建设有中国特色社会主义理论,并以这一理论为指导正确地解决这些问题。这也是贯彻落实即将召开的三中全会精神对我们提出的要求。我们要着眼于改革,积极探索新的历史条件下的工会工作规律。注意借鉴外国工会对我们有益的经验。建立社会主义市场经济体制,涉及到经济基础和上层建筑的各个方面,需要解决许多极其复杂的问题。在很大程度上可以说,我们这一届执委会面临的任务就在于,适应从计划经济向社会主义市场经济过渡过程中的形势和要求,不断加强学习,深化改革,推动工会工作上新台阶。

关于处理好继承和创新的关系问题。面对新的形势任务,我们必须以党的基本理论为指导,正确处理继承和创新的关系。我们既要坚持马克思主义的基本理论,又要敢于解放思想,坚持改革,正确对待和善于处理改革开放中出现的各种新情况、新问题;既要破除不适应社会主义市场经济要求的陈旧观念,又要坚持我们的优良传统,在继承的基础上不断创新。从工会工作来说,对党领导下的中国工人运动和工会工作的方针、原则和基本经验,对我们多年来形成的好传统、好作风,必须坚持,必须继续发扬,反对以任何形式出现的错误观点。同时,我们要解放思想、实事求是,积极主动地去适应建立社会主义市场经济体制的要求，不断创新，不能把思想和工作停留在过去的水平上。有些必须坚持的方针、原则，在贯彻过程中也要适应新情况，从方式、方法、途径、范围等方面进行改革和创新。

上面所讲的只是几个方面的例子。随着形势的发展，将会越来越多地遇到需要我们研究处理的问题。在这种情况下，我们应该比任何时候都更加迫切地感受到学习理论的重要性和紧迫性，应该更加认真地研读邓小平同志的原著，掌握其精神实质，提高贯彻党的基本理论和基本路线的自觉性和坚定性，结合实际工作，提高解决复杂问题的能力。

《邓小平文选》第三卷结尾有这样两句话："从现在起到下世纪中叶，将是很要紧的时期，我们要埋头苦干。我们肩膀上的担子重，责任大啊！"①邓小平同志的这两句话，语重心长，催人奋进，凝聚着老一辈无产阶级革命家对后辈的殷切期望和谆谆嘱托。我们这届执委会，一定要以邓小平同志这两句话自勉，刻苦学习建设有中国特色社会主义的理论，不断提高理论素质，积极探索有中国特色社会主义工会工作的新路子，为开创工会工作新局面作出新的贡献。

---

① 《邓小平文选》第三卷第 383 页，人民出版社 1993 年 10 月第 1 版。

始终把工会工作放到党和国家工作大局中去把握*

（1993 年 12 月 23 日）

工会十二大以后，我国社会政治生活中发生了两件大事，一是《邓小平文选》第三卷出版发行，党中央作出学习文选的重要决定；二是召开了党的十四届三中全会，通过了《中共中央关于建立社会主义市场经济体制若干问题的决定》。这两件大事，对工会工作将产生重大而深远的影响。

党的十四届三中全会是在我国加快改革开放和现代化建设步伐的新形势下，召开的一次非常重要的会议。三中全会的《决定》，遵循邓小平同志建设有中国特色社会主义理论，从我国的基本国情出发，勾画了社会主义市场经济体制的基本框架，强调了在建立新经济体制的过程中，必须始终坚持“三个有利于”①的根本标准和注意把握的几个原则，明确了国有企业改革的方向和建立现代企业制度的基本要求，阐明了培

* 这是尉健行同志在全总十二届二次主席团会议上的讲话。

① “三个有利于”，指判断各方面工作是非得失的标准，应该主要看是否有利于发展社会主义社会的生产力、有利于增强社会主义国家的综合国力、有利于提高人民的生活水平。这是邓小平首先提出的。参见邓小平《在武昌、深圳、珠海、上海等地的谈话要点》(《邓小平文选》第三卷，人民出版社 1993 年 10 月第 1 版，第 372 页)。

育和发展统一开放的市场体系的目标和重点，确立了转变政府职能和建立健全宏观经济调控体系的重要内容，提出了建立以按劳分配为主体，效率优先、兼顾公平的收入分配和多层次社会保障制度的主要任务，等等。这一《决定》，把党的十四大确定的建立社会主义市场经济体制的目标和基本原则系统化、具体化，是建立社会主义市场经济体制的宏伟蓝图，是我们在 90 年代进行经济体制改革的行动纲领。

学习贯彻三中全会《决定》，必须以邓小平同志建设有中国特色社会主义理论为指导，当前重要的是要学好《邓小平文选》第三卷。认真学好文选，才能更好地加深对《决定》的理解，进一步增强贯彻《决定》的自觉性和坚定性。

学习《邓小平文选》第三卷，贯彻三中全会《决定》，要和贯彻落实工会十二大精神统一起来，努力从全局的高度来认识和把握工会工作，并在推动全局发展中去实现工会的方针任务。

要把工会工作放到全局中去把握，还必须进一步认清国内国际形势。当前世界正处在大变动的历史时期，国际形势的发展变化，从总体上看对我有利。国内形势总的看是好的。在邓小平同志 1992 年年初的重要谈话和党的十四大精神指引下，一年多来，各方面工作都打开了新局面。现在，我国经济发展，政治稳定，民族团结，社会进步。国民生产总值连续两年保持 13%左右的高速增长，农业收成较好，工业发展迅速，国内市场繁荣，居民收入增加，人民生活继续改善。中央采取的宏观调控措施取得积极成效，金融秩序好转，固定资产投资规模过快增长的势头有所减缓，生产资料价格趋于平稳，整个国民经济运行继续向健康的方向发展。国际上对中国经济前景普遍看好，外商来华投资十分踊跃。这一切都为我们加快发展准备了有利条件。当然，形势越好，我们越要保持清醒的头脑，善于及时发现和解决前进中出现的新问题，特别是带有倾向性的问题。我们必须看到，在我国经济发展中还存在不少矛盾和困难，这些问题只有通过深化改革和发展经济才能逐步得到解决。纵观国内外形势，在相当长的一个时期内，我国面临着一个不可多得的改革和发展的良好机遇。各级工会一定要增强机遇意识和全局观念，在推动全局发展中尽到工会的责任。

如何放到全局中把握和做好工会工作，我想应该注意这样一些问题：

第一，关于坚持以经济建设为中心，把推动经济发展放到工会工作中心地位的问题

这是一个处理好全局与局部关系的问题。坚持党的基本路线不动摇，关键是坚持以经济建设为中心不动摇。邓小平同志视察南方时明确指出："抓住时机，发展自己，关键是发展经济。"①"发展才是硬道理。"②深化改革，扩大开放，加快发展，把经济建设搞上去，不断把我国综合国力和人民生活水平推上新的台阶，这是硬道理，是全局，是关键。因此，不能离开经济建设这个中心讲工会工作，不能离开发展讲保障，不能离

① 《邓小平文选》第三卷第 375 页，人民出版社 1993 年 10 月第 1 版。
② 《邓小平文选》第三卷第 377 页，人民出版社 1993 年 10 月第 1 版。

开改革讲维护。工会一定要明确，只有发展才能从根本上维护职工权益的道理。1994 年是贯彻落实三中全会《决定》，经济体制改革进入攻坚的关键一年，各级工会要积极探索新形势下群众性经济技术工作的新路子，努力为发展经济作出应有的贡献。在推动企业抓好结构调整、技术改造、产品开发和提高管理水平的过程中，工会要发挥自己的优势，开展适应社会主义市场经济要求的劳动竞赛、“双增双节”①、合理化建议、技术革新、技术协作等活动，发动职工为企业兴旺发达献计出力，特别是要千方百计地帮助和推动亏损企业扭亏增盈。县以上各级工会都要从实际出发，尽可能帮助一两个亏损企业走出困境，并同各方通力合作，努力抓出实效。

企业发展必须着眼于转换经营机制，进行管理制度改革和实行技术改造，同时也要加强建设，包括基础工作建设和管理业务制度的建设。企业没有扎扎实实的基础工作和健全的管理业务工作，即便是有了好的经营机制，也很难发挥好的机制的作用。现在有些企业管理松散，原始记录、计量工作、操作规程、质量和工艺标准、消耗定额等基础工作薄弱，没有严格的规范，或有规范而不严格执行，这样生产怎么能搞上去，队伍怎么能带好。班组是企业的细胞，企业管理要从班组抓起。工会要推动企业依靠职工加强班组管理，搞好班组建设，加强企业管理，使职工的积极性得到充分发挥，使每个班组充满生机，为企业发展奠定坚实的基础。

---

① “双增双节”，指增产节约、增收节支。

第二,关于积极参与改革、推动改革,转换国有企业经营机制和建立现代企业制度的问题

改革是发展的必由之路,只有坚持改革,才能保持国民经济持续、快速、健康发展。到本世纪末只有实现经济体制改革的目标,才能保证实现小康的经济发展目标。最近,国务院召开一系列重要会议对许多改革作出部署,以实现经济体制改革的整体推进和重点突破。面对明年繁重复杂的改革任务,工会一定要团结和动员广大职工坚定地站在改革的前列,积极支持、参与和推动改革,重点是搞好国有企业转换经营机制和建立现代企业制度。

转换国有企业经营机制和建立现代企业制度,是建立社会主义市场经济体制的基础,是国有企业改革的方向,是下一步攻坚的重点,也是我们工会工作的重点。现代企业制度指的是适应市场经济要求,产权清晰、权责明确、政企分开、管理科学的企业体制和运行机制,其本质和核心问题是,要使企业真正成为法人实体和市场竞争主体。现在的问题是,发展社会主义市场经济,建立现代企业制度,原有的利益格局已经并将继续发生很大变化。将来,国有大中型企业有的要转为国家独资公司,多数要改组为有限责任公司,部分要改组为股份有限公司,等等。三中全会《决定》提出现代企业制度有五个基本特征,其中第五个特征是建立科学的企业领导体制和组织管理制度。这个问题需要我们着重加以研究。现在对这个问题有各种认识,这也是正常的。社会主义企业应该建立什么样的领导体制和组织管理制度,这不是一个技术问题。问题的关键是如何把认识统一到邓小平同志建设有中国特色社会主义理论上来，统一到三中全会的《决定》精神上来，统一到江泽民、胡锦涛同志在工会十二大的讲话和祝词精神上来。《邓小平文选》第三卷《关于政治体制改革问题》一文中深刻指出："城市经济体制改革也要权力下放，下放给企业，下放给基层，同时广泛调动工人和知识分子的积极性，让他们参与管理，实现管理民主化。"①江泽民同志在党的十三届四中全会上重申："要全心全意依靠工人阶级。离开他们的积极性、创造性和主人翁责任感，一切都无从谈起。"②胡锦涛同志代表党中央、国务院在工会十二大的祝词中明确指出："党和国家的性质，工人阶级的历史地位和作用，决定了我们任何时候、任何情况下都必须全心全意依靠工人阶级。""发展社会主义市场经济，并不改变国家的性质和工人阶级在国家生活中的领导地位，各级党委和政府仍然必须旗帜鲜明地、毫不动摇地坚持全心全意依靠工人阶级的方针。"③三中全会《决定》在转换国有企业经营机制，建立现代企业制度，改革和完善企业领导体制的规定中，也再次重申了全心全意依靠工人阶级的根本方针。因此，我们认为，在社会主义中国，贯彻全心全意依靠工人阶级的根本方针不能变。不管国有企业经营机制如何转变，只要企业公有制的主体地位不变，职工的企业主人翁地位就不能变，职工通过职代会和其他形式对企业实行民主管理、民主参与和民主监督的权利就不能变，企业工会代表和维护职工合法权益、

① 《邓小平文选》第三卷第 180 页，人民出版社 1993 年 10 月第 1 版。

② 《江泽民文选》第一卷第 59 页，人民出版社 2006 年 8 月第 1 版。

③ 胡锦涛：《我国工人阶级的伟大使命——在中国工会第十二次全国代表大会上的祝词》(1993 年 10 月 24 日)，《人民日报》1993 年 10 月 25 日。

依照法律和工会章程独立自主地开展工作的权利就不能变。

要真正解决好这些重大的原则问题，不断探索更加有效的实现形式，办法就是通过实践。这是前无古人的创造性事业，没有现成的经验可以借鉴，需要我们依靠广大职工，调动各方面积极性，在实践中大胆去闯，去创造新的经验，打开新的局面。建立以公有制为主体的现代企业制度，1994 年主要是搞好试点。关于选择 100 家国有大中型企业进行建立现代企业制度的试点工作，各级工会都要积极参与。我们已经同中央和国家有关部门通过气，准备同中组部、经贸委、体改委等一起搞调查研究。各级工会要主动与同级党政有关部门联系，力求同步调查研究，同步讨论问题和参与起草试点意见，主动提出政策建议，积极推动试点工作的健康发展。我们不能等到试点意见出来以后才去参与。我们不到实际工作中去调查，就没有真正的发言权和参与权。

所有全民所有制工业企业和城镇集体所有制企业，要继续贯彻《中华人民共和国全民所有制工业企业法》、《全民所有制工业企业转换经营机制条例》和《中华人民共和国城镇集体所有制企业条例》，搞好经营机制转换，为建立现代企业制度创造条件。

第三，关于稳定劳动关系，维护职工合法权益，保持社会政治稳定的问题

改革和发展需要稳定的社会政治环境。在稳定中推进改革和建设，以改革和建设来实现社会的长期稳定，这是我们必须遵循的重要原则。社会政治稳定，重要的是企业劳动关系的稳定。建立和发展社会主义市场经济，必然会引起劳动关系的深刻变化。如何稳定劳动关系，维护职工合法权益，是工会的重要社会责任，也是工会面临的紧迫的现实课题。在这个问题上，工会有自己的优势和特点，也肩负着重要的责任，应该发挥重要的作用。首先是要做到信息灵。工会与职工群众休戚相关，职工想的、说的、做的，工会应该知道得最多最快，要主动向党和政府反映职工的意愿和要求。尤其是对突发事件的苗头，要及时掌握，及时反映，把工作做在前面，把问题解决在萌芽状态，防止酿成突发性事件。一旦发生这类事件，工会要在党政的支持下，敢于和善于处理问题。对职工的合理要求，要帮助争取，对一时难以解决的问题，要耐心解释，对不合理的要求，要说服教育。要警惕个别人借机闹事，保持工人阶级队伍的团结和工会组织的统一。要进一步加强工会在劳动争议调解、仲裁组织中的工作。总之，我们要努力建立协调稳定的劳动关系，以保证社会政治的稳定，充分发挥工会的桥梁纽带和社会支柱作用。

现在，稳定劳动关系，维护职工合法权益，要做的工作很多，我想着重强调以下四点。

一是关心困难职工生活。维护职工的经济利益，是当前不可忽视的重大问题。企业富余职工和破产企业职工的安置、职业介绍，生活困难职工的救济和基本生活保障，社会保障制度、住房制度和物价改革过程中的职工承受能力问题，有些单位拖欠职工工资和退休职工拿不到退休金问题等，都要积极协同各方，按照国家有关规定妥善处理，务求落实。

二是重视安全生产。当前部分企业特别是一些外商投资企业重大人身伤亡事故频繁发生，引起广大职工和社会各界的强烈不满。发生在深圳的“11·19”[①]和福州马尾的“12·13”[②]特大火灾事故，就是突出表现。这充分暴露了少数外商投资企业违犯我国法律法规，漠视安全生产，只顾赚钱，置工人死活于不顾的严重问题，也反映了一些企业基础工作的薄弱和管理的落后。维护职工合法权益，首先要保护职工生命和财产的安全。工会对此必须予以高度重视，要责无旁贷地做好群众性劳动保护监督检查工作，对忽视安全生产、造成重大人身伤亡事故的领导者和责任者，要提请政府或有关部门依法追究其行政责任和法律责任。同时支持和推动政府加强劳动保护的行政监督，帮助和督促企业搞好专业管理，建立健全各项规章制度，真正做到防患于未然。

三是维护企业特别是外商投资企业和私营企业职工的合法权益。在这些企业中，严重侵犯职工合法权益甚至侵犯职工人身权利、侮辱职工人格等问题一再发生，我们必须给予极大的关注。工会支持国家实行对外开放的基本国策，尊重投资者的合法利益，共谋企业发展。但是投资者必须依法管理和经营，不能允许侵犯我国法律所赋予职工的公民权利、人身权利、劳动权利和经济利益，更不能允许侮辱职工人格、危害职工生命和健康的行为。要防止有关部门不依法办事，对外

① “11·19”，指 1993 年 11 月 19 日发生在广东省深圳市龙岗区葵涌镇致丽工艺玩具厂的特大火灾事故，造成 84 人死亡。

② “12·13”，指 1993 年 12 月 13 日发生在福建省福州市马尾经济技术开发区高福纺织有限公司的特大火灾事故，造成 61 人死亡。

商无原则迁就。各级工会要认真贯彻这次主席团会议通过的关于加强外商投资企业工会工作的决议，把制止侵权行为和加快组建工会步伐结合起来，进一步加强在这些企业中的工会工作，推动这些企业的健康发展。

四是加快组建乡镇企业工会的试点步伐。现在，全国乡镇企业已有2000多万家，从业人员超过1亿人，其中有40多万家已具相当规模，从业人员2500多万，这些企业已具备组建工会的条件。现实的情况是，组建工会的还不到2万家，会员也只有260多万。工会十二大以后，根据胡锦涛同志的指示，全总主动与农业部协商，中办又组织了两家的协调，在一些重要的问题上，取得了一致的认识。中办印发了协调会纪要，指出：随着乡镇企业的迅猛崛起，在乡镇企业组建工会势在必行。目前，乡镇企业组建工会还处在试点阶段，在原来基础上可有所扩大，但不搞一刀切。沿海地区乡镇企业比较发达，条件比较成熟，在试点的基础上可逐步推广；中部地区乡镇企业组建工会处于起步阶段，可扩大试点；西部地区乡镇企业要抓紧试点。1. 可根据不同地区的不同情况继续积极进行试点；2. 在乡镇企业中的外商投资企业特别是“三来一补”①企业，要加快建立工会；3. 由全总和农业部联合组成调查组对不同地区组建工会的试点进行综合分析，形成报告，进

① “三来”，通常指来料加工、来件装配、来样（来图）生产，规范全称是对外加工装配，即由外商提供原材料、零配件、图样，经中方企业加工装配生产，产品交外商返销，中方企业收取工缴费；“一补”，指补偿贸易，即由外商提供或中方企业利用国外出口信贷进口机器、设备和技术，由中方企业进行生产，以返销其产品方式分期偿还外商机器、设备和技术价款或贷款本息的交易形式。

一步达成共识;4. 在调查的基础上,进一步完善在乡镇企业组建工会试点的条件。各地工会应根据这个协商一致的意见,抓好乡镇企业组建工会的工作。

第四,关于加强立法参与和政策参与,充分发挥工会民主渠道和社会调节作用的问题

社会主义市场经济必须要以法律为规范。在发展社会主义市场经济的过程中,适应劳动关系、经济关系和社会利益关系的调整,工会必须更好地发挥民主渠道和社会调节作用,大力加强立法参与和政策参与。

在本世纪末初步建立起社会主义市场经济的法律体系,经济立法的任务异常艰巨、繁重。随着市场经济体制的建立和完善,政府、企业和职工三方利益关系日益清晰,工会作为职工利益重要代表者的身份更加明确。工会代表职工参与国家和社会事务的管理,参与国家和政府的重大决策和立法活动,参加企事业单位的民主管理和民主监督,这是党对工会的重托,是职工对工会的要求,是法律赋予工会的权力,也与国际惯例相符。各级工会要努力提高自身的法律意识和水平,积极主动、理直气壮地履行好参与的职责。就稳定企业劳动关系来说,也必须以法律作保障,依法规范,依法调节。我们要按照三中全会《决定》提出的重视职工切身利益的要求,认真研究依法建立协调稳定的企业劳动关系和合理的社会保障、社会福利制度等方面的问题。在参与涉及职工切身利益的各项改革上,我们要支持和协助政府与企业行政,使改革方案努力体现民主决策、职工总体受益、充分考虑职工实际承受能力和保障职工基本生活的原则，以取得广大职工的支持和拥护，使各项改革建立在广泛而深厚的群众基础之上。今后，工会立法参与和政策参与的重要内容是就业、工资和保障等涉及职工切身利益的重大问题。一是劳动权利方面的立法，如劳动法、劳动保护法、职业病防治法、最低工资标准等；二是民主管理权利方面的立法，如公司法等；三是社会保障、住房和物价等方面改革的立法，如社会保障法、社会救济法等。全总要积极参与全国人大立法，参与党和政府涉及职工利益的各种政策法规的制定，在宏观上、源头上加强参与，从总体上代表维护职工的合法权益。宏观和微观是相对的。各级工会都有自己的宏观参与问题。涉及本地区、本行业、本单位的全局性以及与职工利益密切相关的重大问题就是各自的宏观参与问题。地方工会要积极参与地方人大和党政制定有关地方性法规、条例、政策和制度。基层工会要积极参与企事业单位各项改革措施和方案的制定。总之，全总有全总的参与，各地方有各地方总工会的参与，基层也有基层工会的参与。只有参与进去，才能发挥工会的作用，才能从宏观上实现对职工权益的代表和维护。

搞好工会的宏观参与，要从两个方面来努力。一个是要创造工会参与的外部环境，建议各级人大、政府在制定有关法律法规和重大改革方案时，要提前告诉工会，使工会有时间进行比较深入的调查研究，更好地听取职工群众的意见。工会和政府之间的通气、协商以至召开联席（联系）会议等，应逐步形成制度，保持经常性参与渠道的畅通。当然，从工会来说要关心全局，主动联系，力求在调查研究和起草时就能同步参与进去。另一个是要提高工会参政议政的能力，关键是提高工会干部的素质，学习我们不太熟悉的经济、法律、企业管理等知识，尤其是有关市场经济的各种基本知识。这方面的知识不够，即使有了渠道、有了条件，也参不到点子上。有的同志说这是工会的“内功”，工会要练好这个“内功”。这是很有道理的。

第五，关于加强职工队伍建设的问题

我国经济的发展正在转到依靠科技进步和提高劳动者素质的轨道上来。工会要把提高职工素质、加强职工队伍建设作为一项长期战略任务来抓。工会坚持两手抓、两手都要硬的方针，就是要在大力发展社会主义市场经济、建设物质文明的同时，努力搞好精神文明建设，坚持用邓小平同志建设有中国特色社会主义理论武装广大职工，使之成为亿万职工的强大思想武器。要加强职工思想政治工作，加强爱国主义、集体主义、社会主义教育，引导职工自觉抵制和反对拜金主义、极端个人主义和腐朽生活方式。当前尤其要加强职业道德、社会公德和法制观念教育，培养敬业精神，教育职工爱厂爱岗、遵守劳动纪律。要重视发挥工会各级各类学校、文化宫、俱乐部、报刊、电教等各种宣传教育阵地的作用，在职工中普及社会主义市场经济基本知识，增强职工的改革意识、竞争意识和市场经济意识，搞好职业培训和技能培训，使职工群众在改革和建设的实践中经受锻炼，不断提高对发展市场经济的适应能力和竞争能力，成为一支充分展现工人阶级优秀品质的“四有”①职工队伍。

① “四有”，指有理想、有道德、有文化、有纪律。

坚持两手抓、两手都要硬的方针，一个重要内容就是要动员和依靠职工在反腐倡廉、加强社会治安综合治理、净化社会风气中作出应有的贡献。要发挥和保护广大职工反腐败的积极性，同时也要引导职工群众尽到责任，认真行使好监督权。监督要有党政系统自上而下的专业监督，也要有群众自下而上的监督。没有群众的监督，专业监督也是很难搞好的。实践证明，企业不管开展什么工作，不依靠职工群众都是搞不好的，企业的廉政建设没有群众的参与和监督同样也是不行的。

新的形势和任务，对明年的工会工作提出了很高的要求，需要我们加强学习，立足全局，把握重点，开拓创新。对如何做好 1994 年的工作，这次主席团会议讨论的工作要点已作出具体安排，总的要求是，议大事，抓重点，办实事，上水平。各级工会一定要适应发展社会主义市场经济的要求，搞好自身改革，加强理论建设、思想建设、作风建设和组织建设。要少说空话，多办实事，深入基层，深入群众，加强调查研究，掌握新情况，解决新问题，创造性地开展工作。

在改革、发展、稳定中要全心全意依靠工人阶级*

(1994年5月)

党的十四大明确提出了建立社会主义市场经济体制的改革目标,十四届三中全会通过了《中共中央关于建立社会主义市场经济体制若干问题的决定》,这标志着我国经济体制改革进入全面推进和重点突破相结合的攻坚阶段。今年是我国加快建立新经济体制、全面深化改革的关键一年。全国上下正以邓小平同志建设有中国特色社会主义理论和党的基本路线为指导,全面贯彻党的十四大和十四届三中全会精神,各项工作紧紧围绕党和国家今年工作的基本方针,自觉服从和服务于"抓住机遇,深化改革,扩大开放,促进发展,保持稳定"这个大局蓬勃展开。工人阶级作为国家的领导阶级,作为先进生产力和生产关系的代表,在改革、发展和稳定中,处于十分重要的地位。全心全意依靠工人阶级,把握好改革、发展和稳定的关系,在当前和今后都具有十分重要的意义。

---

* 这是尉健行同志在《求是》杂志1994年第9期上发表的署名文章。

一

当前，国内经济发展，政治稳定，民族团结，社会进步，各项事业充满勃勃生机，形势很好；国际形势总的说对我国发展有利。形势越好，越要抓住机遇，用好机遇，保持清醒，充分看到面临的挑战和存在的问题，居安思危，更加兢兢业业地工作，努力发展自己，推动两个文明建设的全面发展。我国改革和建设十几年的实践告诉我们，改革是动力，发展是目的，稳定是保证，要正确处理好改革、发展、稳定三者关系，使其相互促进，协调发展，必须全心全意依靠工人阶级。舍此，一切都无从谈起。

改革是工人阶级和人民群众自己的事业。我国工人阶级对改革表现出极大的政治热情，以高度的主人翁责任感始终站在改革这一强国之路的最前列，识大体，顾大局，积极支持各项改革措施的出台，主动参与和推进各项改革，创造的辉煌业绩永载史册。据全国总工会对工人阶级队伍状况的调查，广大职工对我国十几年改革的成果作出了很好的评价，积极支持和赞成进一步深化改革，扩大开放，当一些改革涉及职工利益时，广大职工表示只要对改革大局有利，只要经济上能承受就坚决支持。广大职工所表现出来的正确认识和对待改革中出现的各种新事物、新问题，敢于迎着困难前进的主人翁精神，勇于奉献、善于创造的时代风貌，有力地保证了改革的顺利进行，用自己的实际行动证明工人阶级是改革的主人、主体，不愧为改革的强大动力。深化改革的今天，更好地发挥这一强大动力的作用,是全党和全社会十分重要的任务。

工人阶级是推动我国经济发展的主力军。邓小平同志指出:“抓住时机,发展自己,关键是发展经济。”[①]发展是硬道理,是大局,是关键。在我国革命和建设的各个时期,工人阶级为民族的解放和国家的富强都作出了巨大的贡献。在改革开放和现代化建设的新形势下,工人阶级又为推动社会主义物质文明和精神文明的建设立下了不朽功勋。全国职工的劳动创造约占国民生产总值的70%、国家财政收入的90%以上。广大职工面向市场,立足本职,开发新产品,提高产品质量,着力于劳动生产率和经济效益的不断提高,把社会主义劳动竞赛、合理化建议、发明创造、技术革新和技术协作等活动,推向市场领域,成绩显著。我国经济发展所取得的巨大成就,凝聚着工人阶级的勤劳、智慧和汗水,工人阶级在社会主义现代化建设中的主力军作用得到了充分显示。工人阶级用自身的先进思想影响和带动整个社会,推动社会主义精神文明建设,其广泛影响和主导力量不言而喻。保持国民经济持续、快速、健康地发展,更加呼唤对主力军和主导力量的保护、引导和调动。

工人阶级是维护社会稳定的中流砥柱。社会政治稳定,重要的是工人阶级队伍的稳定,这是社会稳定的前提和基础。我国工人阶级十分珍视安定团结的政治局面,无论是在错综复杂的社会矛盾面前,还是在风云变幻的国际形势下,工人阶

① 《邓小平文选》第三卷第375页,人民出版社1993年10月第1版。

级始终紧紧团结在党中央周围，不仅保持了自身队伍的稳定，而且为社会政治的稳定作出了巨大努力，有力地维护了社会政治的稳定。深化改革、扩大开放、促进发展，都必须在稳定的社会政治环境下进行。“工人阶级靠得住”，依靠工人阶级巩固和发展安定团结的政治局面，努力做到在稳定中推进改革和发展，以改革和发展确保社会的长期稳定，这是时代的要求，也是工人阶级肩负的历史责任。

我们党和国家的性质以及改革、发展、稳定的历史性任务，决定了我们在任何时候、任何情况下，都必须旗帜鲜明、毫不动摇地坚持党的全心全意依靠工人阶级的根本指导方针。一个国家是什么性质，就是要看这个国家的人民在国家处于什么地位，人与人之间是一种什么关系。我们的党是工人阶级的先锋队，工人阶级是党的阶级基础；我们的国家是工人阶级领导的、以工农联盟为基础的人民民主专政的社会主义国家，工人阶级是国家的领导阶级。工人阶级只有在党的领导下才能实现自己的历史使命，而党也只有紧紧依靠工人阶级，才能巩固和加强自己的领导地位，带领全国人民努力实现建设有中国特色社会主义的伟大事业。发展社会主义市场经济的难点在于，如何把市场经济与社会主义基本制度紧紧地联系和结合在一起。这是前无古人的伟大事业，没有现成的经验可以借鉴，需要在党中央的领导下，全心全意依靠工人阶级和人民群众，在实践中大胆探索，勇于实践，不断创新。在这个历史进程中，其必然的走势是，社会主义公有制占主导地位，多种经济成分共同发展；按劳分配为主要形式，多种分配方式长期并存;允许一部分地区和一部分人先富起来,最终实现共同富裕;国家对整个国民经济掌握和实施有效的宏观调控。因此,在发展社会主义市场经济的过程中,我们的社会主义制度没有变,国家的性质没有变,工人阶级是国家的领导阶级没有变,工人阶级是党的阶级基础没有变,工人阶级的主人翁地位没有变。社会主义市场经济的主体是企业,而企业的主体是职工。市场是企业发展的外部动力,职工的积极性、智慧和创造力是企业活力的源泉。这就是说,工人阶级积极性发挥的程度,直接影响着改革开放的成败和生产力的解放与发展程度,关系着社会主义市场经济的命运。所以,发展社会主义市场经济,必须高度重视依靠职工群众,充分调动职工群众的积极性,以此来推动改革、促进发展、维护稳定。这既是改革、发展、稳定大局的要求,也是社会主义制度的本质和优势所在。

二

在改革、发展、稳定的大局中,如何全心全意依靠工人阶级,是一个理论性、政策性和实践性很强的课题,也是广大职工群众十分关注的热点问题。在这方面,我们有不少法律法规和政策作依据,也有不少成功的做法和经验可供借鉴和学习。当前,应特别强调以下几个方面的问题:

第一,必须从抓认识问题入手,进一步提高对全心全意依靠工人阶级问题重要性的认识。依靠谁的问题,是革命和建设的首要问题,也是改革、发展、稳定的首要问题。在这个问题上，并不是所有的人都已经认识清楚了。毋庸讳言，随着形势的发展，依靠谁来深化改革、促进发展和保持稳定，出现了许多值得重视的新情况、新问题。因此，在这个问题上，必须首先解决好认识问题，特别是党政领导干部的认识问题，要从维护党的性质、我国的国体政体、落实党的根本指导方针的高度，来认识全心全意依靠工人阶级的极端重要性。要通过多种形式和渠道，广泛宣传工人阶级的先进思想、优秀品质及其取得的伟大成就和作出的巨大贡献，努力在全社会形成尊重和依靠工人阶级的强大舆论和浓郁氛围。鉴于领导干部中不少同志是新走上领导岗位的，对党的群众工作、群众路线不够熟悉，各级党组织需要对党的干部特别是年轻领导干部，进行依靠工人阶级和群众路线的再教育。在党校、行政干校和干部培训教学中，应按照《中共中央关于加强和改善党对工会、共青团、妇联工作领导的通知》的要求，增设有关工人阶级、工人运动和党的群众工作的课程，为保证这一根本指导方针的贯彻落实打下良好的思想基础。

第二，必须在劳动立法和改革措施上充分体现和保障职工的主人翁地位。党的全心全意依靠工人阶级的根本指导方针，必须在我国的劳动立法、经济法规和改革措施上加以充分体现。否则，依靠工人阶级就会成为一句空话。我国劳动法律法规很不健全，远不能适应向社会主义市场经济转变中调节日益复杂化的劳动关系的要求，应尽快制定《劳动法》、《社会保险法》、《劳动保护法》、《劳动合同法》和《工时法》等一系列重要法律法规。在这些涉及职工切身利益的重要法律法规和政策措施出台前，应通过各种渠道和形式，充分听取广大职工群众的意见和建议，使法律法规和政策措施建立在深厚的群众基础之上。要通过劳动立法和改革措施，保障广大职工随着经济的发展，不断提高物质文化生活水平，不断改善劳动条件和工作环境，不断创造职业培训的机会，更有效地进入决策机构，参与国家和社会经济事务的管理。当前要特别加强群众性的执法监督，形成有效的群众监督机制。各级党政部门都应自觉接受广大职工和人民群众的监督，使各项工作置于群众的监督之下。领导干部要经常深入群众、深入基层，关心职工的疾苦，倾听群众呼声，以来自职工群众的“第一信号”作为决策的主要依据。在涉及职工切身利益的各项改革中，要坚持科学民主决策、职工总体受益、充分考虑职工综合承受能力和保障职工基本生活的原则。这既是“改革为了人民”的要求，又是全心全意依靠工人阶级的具体体现。

第三，必须依靠职工转换国有企业经营机制，推进现代企业制度的建立，使职工的主人翁地位和权利在企业切实得到落实。转换国有企业经营机制，特别是建立现代企业制度，是社会主义企业制度的创新，是社会化大生产和发展社会主义市场经济的必然要求。有中国特色的现代企业制度的一个重要特征，是建立科学的企业领导体制和组织管理制度。国有企业转机建制没有也不会改变职工在企业的主人翁地位。职工失去了在企业的主人翁地位，企业也就丧失了社会主义性质。坚持和完善以职工代表大会为基本形式的民主管理制度，不断探索职工民主管理和民主监督的新的实现形式，是依靠职工转机建制的重要内容，是社会主义企业的本质属性。

今年，国务院有关部门将组织一批国有大中型企业，按照《中华人民共和国公司法》要求，进行建立现代企业制度的试点，以探索公有制与市场经济相结合的有效途径，进一步解放和发展生产力。党的十四届三中全会明确提出："工会与职工代表大会要组织职工参加企业的民主管理，维护职工的合法权益。"[①]因此，国有和集体所有制企业，不论是实行承包制、股份制，还是进行公司化改造和发展企业集团，都必须实行职工民主管理。根据《公司法》规定，国有独资企业、两个以上国有企业或者两个以上国有投资主体设立的有限责任公司，依照《中华人民共和国宪法》和有关法律的规定，通过职工代表大会和其他形式，实行民主管理。职代会的职权原则上应执行《中华人民共和国全民所有制工业企业法》的规定，并适应公司制的要求研究解决新的问题。这类企业建立董事会、监事会和股东大会时，应由企业全体职工或职代会选举一定数量的职工代表参加。在公有制和非公有制企业，特别是外商投资企业和私营企业，要建立协商谈判、签订集体合同制度，由工会代表职工与企业就劳动报酬、工作时间、休息休假、劳动保护、保险福利及女职工特殊保护等劳动权益问题进行平等协商谈判，签订集体合同，规范双方的行为，推动双方的合作，建立稳定协调的劳动关系，使依靠工人阶级的方针在企业落到实处。

---

① 《中共中央关于建立社会主义市场经济体制若干问题的决定》，《人民日报》1993 年 11 月 17 日。

第四，切实保障和维护职工的合法权益，为职工办实事、办好事。在继续维护职工的政治权利和民主权利的同时，重视维护职工的物质利益和劳动权利，是当前不可忽视的重大问题，对于我们把握好改革、发展、稳定的大局有着直接的作用和影响。党的十四届三中全会决定指出，要尊重群众首创精神，维护群众合法权益。今年改革和发展的任务很重，许多改革措施已经或将要出台，力度大，涉及面广。要在加快体制转换过程中保持国民经济持续、快速、健康地发展，又要保持社会的稳定，殊非易事。这就要求我们在推进各项改革、开展各项工作、处理各种矛盾关系中，十分注意了解职工的思想情绪，主动帮助职工解决实际困难，切实维护职工的合法权益，以取得职工群众最大程度的支持和参与。当前，各地在亏损企业扭亏增盈，企业富余职工和破产企业职工的安置、职业介绍，生活困难职工的救济和基本生活保障，社会保险制度、住房制度和物价改革过程中的职工承受能力，以及一些单位拖欠职工工资和退休金等方面出现了一些问题，政府有关部门和企业应认真按照国家有关规定妥善解决。要效率优先兼顾公平，改革分配制度，做到责、权、利相结合，国家、集体、个人利益相统一，职工劳动所得同劳动成果相联系，真正体现按劳分配原则。社会保险制度改革要加快步伐，建立职工合法权益的保障机制。应制定职工基本生活保障标准，建立最低工资制度和正常的工资增长机制。

第五，全心全意依靠工人阶级，必须充分发挥工会组织的作用。工会作为工人阶级的群众组织，是党联系职工群众的桥梁和纽带，是国家政权的社会支柱。随着社会主义市场经济的发展，国家、企业和职工三方利益格局将逐步形成。工会作为劳动关系和经济矛盾的产物，其职工利益代表者和维护者的身份更加鲜明，民主渠道和社会调节作用更加突出，将肩负着更艰巨的任务和发挥更重要的作用。因此，各级党委应按照中央精神，加强和改善对工会工作的领导，把工会工作摆上重要的议事日程，重视和加强工会领导班子的建设，帮助工会进一步疏通参政议政的渠道。在建立现代企业制度的改革试点过程中，政府有关部门要根据法律法规和中央的指示精神，吸收工会全过程、全方位参与有关试点工作，包括参与工作机构，参与起草文件，共同进行试点和跟踪调查等。政府与工会要通过座谈会或联席（联系）会议等形式，加强沟通与联系。要明确工会在政府和企业面前代表职工利益的身份和地位，支持工会依法维护职工合法权益，调节劳动关系，组织职工开展活动。要推动各地制定《工会法》实施细则，进一步明确工会的权利和义务。要支持帮助工会组织加强自身改革和建设，在组织体制、运行机制和活动方式等方面进行积极探索，加快群众化、民主化进程，充分发挥工会组织的作用。

三

发展社会主义市场经济，是中国工人阶级和全国各族人民的伟大创造性事业。全国职工要充分认识自己肩负的历史重任，在改革、发展和稳定的大局中，继承和发扬工人阶级的光荣传统，进一步发挥主人翁精神和主力军作用，作出新的更大的贡献。

工人阶级要继续发扬艰苦创业精神，以解放和发展生产力为己任，为加快经济发展作出最大的努力。要以高度的主人翁责任感，充分发挥积极性、主动性和创造性，立足本职，学赶先进，争创一流。要通过广泛开展劳动竞赛、合理化建议、技术革新、技术协作和发明创造活动，努力提高产品质量，提供优质服务，提高劳动生产率和经济效益，推动亏损企业扭亏增盈，为国民经济上新台阶建功立业。

工人阶级要积极支持改革，自觉地站在改革的最前列，把社会主义的改革事业不断推向前进。我们正在进行的改革是人类历史上最辉煌的事业。工人阶级要履行作为改革的主人、主体的光荣职责，积极投身改革，为改革的顺利进行献计献策；要支持党和政府采取的一系列重要改革政策和措施，主动参与各项改革的实践；要正确认识改革中的利益得失，处理好个人利益与集体利益、局部利益与整体利益、眼前利益与长远利益的关系，自觉做到个人利益服从集体利益、局部利益服从整体利益、眼前利益服从长远利益。要清醒地认识到，经济体制改革越是深化，利益格局越是调整，市场作用越是扩大，我们工人阶级越要讲理想、讲纪律、讲团结、讲大局，越要发扬工人阶级的优良传统和同舟共济、顾全大局的精神，越要坚持共同发展、共同富裕的道路。

工人阶级要做稳定的模范，在维护社会政治稳定中充分发挥作用。对于中国这样一个人口众多、经济相对不发达的国家来说，没有稳定的政治局面，什么事情也搞不成。工人阶级要树立法制观念，珍惜和维护安定团结的政治局面，巩固和加强工人阶级队伍的团结和统一。要进一步明确全心全意依靠工人阶级，是依靠工人阶级整体，主要是依靠产业工人、知识分子和管理者。他们之间的根本利益是一致的。产业工人需要有文化、有知识、有技术；知识分子需要有实践经验，与工人相结合；管理者需要有文化、有知识、有技术，也需要有实践经验，还需要有经营管理才能和群众观念。因此，产业工人、知识分子和管理者之间要加强团结协作，特别要处理好领导者和被领导者之间的关系。要坚决反对各种分裂工人阶级队伍的行为。要积极参与社会治安的综合治理，坚决同各种违法犯罪行为和消极腐败现象进行斗争。

工人阶级要进一步加强精神文明建设，努力提高自身的素质。社会主义市场经济的发展，对职工的整体素质提出了更高的要求。必须坚持两手抓、两手都要硬的方针。广大职工要认真学习邓小平同志建设有中国特色社会主义理论，学习市场经济知识和科学文化知识，加强社会公德教育和职业道德教育，不断提高职工队伍的文化技术素质和思想政治素质，增强竞争能力。要积极倡导在发展社会主义市场经济过程中坚持正确的人生观和文明健康的生活方式，以工人阶级的先进思想与模范行动影响和带动全社会，促进社会主义精神文明建设，推动社会的全面进步。

坚持用邓小平理论
武装头脑和指导工会工作*

（1994年6月26日）

我就深入学习邓小平同志建设有中国特色社会主义理论，坚持用这一理论武装头脑和指导职工民主管理与工会各项工作的问题，讲几点意见。

一、深入学习邓小平同志建设有中国特色社会主义理论

当前，我国改革开放和社会主义现代化建设正处在关键时期。在党的十四大和十四届三中全会精神指引下，改革开放大步前进，经济持续、快速、健康发展，各民族团结和睦，社会政治稳定，各项事业充满生机。现在世界格局向多极化发展，扩大了我国在处理国际事务中的回旋余地。总的来看，国际国内形势对我们推进改革和建设都比较有利，确实是一个难得的好机会。

飞速发展的形势，出现了许多前所未有的新情况、新问题。带着现实问题学习邓小平同志的理论，既是提高运用理论武器正确把握大局、妥善解决实际问题能力的极好机会，又是新的形势任务对我们提出的紧迫要求。有了理论上的清醒

---

* 这是尉健行同志在全总十二届三次主席团会议上的讲话。

和坚定，才能保持政治上的清醒和坚定，贯彻执行党的基本路线才能更加自觉和全面。新形势下的职工民主管理和工会各项工作，能否打开新局面，在很大程度上取决于各级工会干部特别是领导干部的马克思主义理论水平，尤其是对邓小平同志的理论学习、理解、掌握和运用的程度。要真正做到用邓小平同志的理论武装头脑和指导工作，我们的认识必须进一步提高，学习必须不断深入，运用理论指导实践必须不懈努力，我们还必须做大量艰苦细致的工作。对此，各级工会干部务必有清醒而深刻的认识。

邓小平同志是建设有中国特色社会主义理论这一当代马克思主义的创立者。邓小平同志的理论是一个博大精深的理论体系。《邓小平文选》第三卷的出版发行，为我们深入学习和掌握这一理论提供了最好的教材和最有力的武器。认真学习《邓小平文选》第三卷，是各级工会组织和广大工会干部面临的重要任务，对于我们进一步学习和掌握邓小平同志的理论，更好地贯彻执行党的基本路线和全心全意依靠工人阶级的根本指导方针，团结和动员广大职工把有中国特色社会主义伟大事业和中国工人运动与工会工作不断推向前进，具有重要的现实意义和深远的历史意义。学习《邓小平文选》第三卷，还要结合工会工作的实际，认真学习刚刚出版发行的《邓小平论工人阶级与工会》。该书汇集了邓小平同志关于工人阶级与工会的一系列重要论述，是指导新时期工人运动和工会工作的强大思想武器。

邓小平同志在长期革命和建设的伟大实践中，始终关注中国工人阶级和中国人民的前途命运，特别是在领导改革开放和社会主义现代化建设事业的过程中，对新时期工人阶级与工会工作作了极为深刻的论述，这些论述是建设有中国特色社会主义理论的重要组成部分。学习邓小平同志的理论，要精心研读原著，紧紧抓住建设有中国特色社会主义理论这个主题，围绕党的基本路线这条主线，深刻领会解放思想、实事求是这个精髓，全面把握邓小平同志理论的科学体系，努力掌握贯穿在这个理论体系中的辩证唯物主义和历史唯物主义的世界观和方法论，从而进一步加深对邓小平同志关于工人阶级和工会工作一系列重要思想的理解和把握。

邓小平同志关于工人阶级和工会工作的重要论述，内容十分丰富，思想非常深刻。在学习中要结合《中共中央关于学习〈邓小平文选〉第三卷的决定》提出的统一要求，紧密联系工人运动和工会工作，着重理解和把握以下五个问题。

第一，高度评价工人阶级的历史地位作用。例如：关于工人阶级要在党中央领导下，同心同德，一往无前，为实现伟大的历史使命——在本世纪内把我国建设成现代化的伟大的社会主义强国而努力奋斗；关于工人阶级是久经考验的立场坚定的革命领导阶级，工人阶级靠得住；关于工人阶级是同社会化大生产相联系，觉悟最高，纪律性最强，能在现时代的经济进步和社会政治进步中起领导作用；关于工人阶级要努力掌握现代化的技术和管理知识，在改革中起大公无私的模范先锋作用；关于工人阶级要发扬艰苦奋斗的光荣传统，为实现四个现代化作出优异贡献；关于工人阶级必须依靠本阶级的群众力量和全体劳动人民的群众力量，才能实现自己的历史使命；关于科学技术是第一生产力，知识分子是工人阶级的一部分等。

第二，突出强调全心全意依靠工人阶级的指导思想。例如：关于依靠工人阶级必须成为党的指导思想，必须贯彻到各个部门中去；关于必须从思想上认识工人阶级的作用，不依靠工人阶级就不可能走向社会主义；关于必须把工人的最大多数组织到工会中去；关于必须用高度的热忱去关怀工人阶级的各个方面等。

第三，切实加强职工民主管理工作。例如：关于为了实现四个现代化，我们所有的企业必须毫无例外地实行民主管理，使集中领导和民主管理结合起来；关于职工代表大会是扩大企业民主、吸引职工群众参加企业管理、克服官僚主义的良好形式，是正确处理人民内部矛盾的有效方法之一；关于厂矿企业的管理方向要扩大民主，就是要求扩大群众监督；关于企业必须实行管理民主化，并具体体现到工会、职工代表会等组织形式之中；关于调动广大人民的积极性，让工人和知识分子参与管理等。

第四，充分肯定工会组织的性质、地位和作用。例如：关于工会必须密切联系职工群众，使广大工人都感到工会确实是工人自己的组织，能替工人说话和办事的组织；关于实现四个现代化是新时期工会的基本任务，工会工作必须为经济建设这个中心服务；关于工会必须重视工人的劳保和福利，要努力保障工人的福利；关于工会要为工人的民主权利奋斗，本身就必须是民主的模范；关于工会要教育全体会员发扬艰苦奋斗的光荣传统，为革命和建设事业作出新的贡献；关于工会不是可有可无的组织,忽视工会工作就说不上依靠工人阶级等。

第五,正确处理加强党的领导与工会独立自主开展工作的关系。例如:关于群众团体要尊重党的领导;关于群众团体应该依照党的全面工作来布置自己的工作,绝不能提出与党的方针相违反的工作方针;关于党委应尊重工会的独立性,但应加强领导;关于党对群众团体的领导,只能经过群众团体的党团,不能随便包办,直接干涉内部生活;关于既要防止脱离党的政治领导的倾向,又要防止党包办一切的倾向等。

邓小平同志论工人阶级与工会以及与工人阶级和工会有关的重要思想,在邓小平同志的其他著作中都有重要阐述。所以,学习邓小平同志关于工人阶级与工会的重要思想,必须同全面学习邓小平同志建设有中国特色社会主义理论结合起来,深刻领会和把握这个理论的科学体系。学习邓小平同志的理论,必须密切结合形势任务和工会工作,发扬理论联系实际的学风,把学习理论与研究解决现实问题结合起来,做到学以致用,针对现实问题努力寻求正确答案。

带着现实问题学习理论的课题很多,从工会来说,集中体现在江泽民同志在工会十二大上向我们提出的积极探索有中国特色社会主义工会工作的新路子,努力开创工会工作新局面的要求上。要实现党中央的要求,就必须进一步认清发展社会主义市场经济给工会带来的新情况和新问题,积极探索向社会主义市场经济转变过程中工会工作的基本思路。比如,如何正确认识工会工作面临的新形势和新任务,特别是改革、发展和稳定对工会工作提出的新要求,努力使工会工作紧紧围绕经济建设这个中心来开展，把改革、发展、稳定和维护职工利益统一起来；还比如，经济关系、劳动关系急剧变化，职工队伍发展壮大和结构的复杂化与利益多元化，特别是劳动关系的企业化、市场化、契约化，工会如何从源头参与和代表职工调节劳动关系，更好地发挥民主渠道和社会调节作用；再比如，工会密切联系职工、宣传教育职工和团结组织职工的任务更加繁重，组织职工以主人翁身份更加有效地参与国家和社会事务管理，参加各类企事业单位的民主管理和民主监督，工会如何适应发展社会主义市场经济的要求，加快群众化、民主化进程，努力为职工说话办事，维护职工队伍的团结和工会组织的统一，等等。所有这些新情况、新问题的正确解决，要求我们必须刻苦学习邓小平同志的理论并以此武装头脑和指导工作。为此，各级工会组织和广大工会干部必须深刻认识学好邓小平同志理论的极端重要性、紧迫性和长期性，切实摆上工会工作的重要议事日程，作为一项战略任务，坚持不懈地长期抓下去。

二、工会工作必须善于放到大局中去认识和把握

深刻理解、正确把握全党全国工作大局，进一步增强为改革、发展和稳定作贡献的历史责任感，是工会工作面临的重大课题。时刻胸怀大局，牢牢把握大局，善于从大局出发思考问题、分析问题和解决问题，善于把工会工作放到大局中去认识和把握，自觉地服从和服务于大局，这是做好新时期工会工作的指导思想，是总要领和总要求。党中央之所以反复强调要正确把握大局，正是因为它事关重大、意义深远。务必请同志们深刻认识、高度重视。

抓住机遇，深化改革，扩大开放，促进发展，保持稳定，是党中央确定的全党全国工作的大局。对大局的这种精辟概括和高度凝练，是党中央在邓小平同志建设有中国特色社会主义理论指导下，认真分析国际国内形势和现实生活中各种矛盾的基础上提出来的。它反映了在我国改革开放和现代化建设进入新的发展阶段坚持党的基本路线的根本要求，体现了全国各族人民的整体利益、根本利益和长远利益，是我们党十几年来在领导社会主义现代化建设中对客观规律认识的深化。现在讲的大局，有着十分明确而具体的20字内容。实现和维护这个大局，是全党的头等大事，也是工会的首要任务。各级工会都必须紧紧围绕这个大局开展工作，全力维护和推动这个大局的实现。

把工会工作放到大局中去认识和把握，首先要正确认识和处理好改革、发展、稳定的辩证关系。改革、发展和稳定互相联系、互相促进，既包括了社会主义物质文明建设的内容，也包括了社会主义精神文明建设的内容。只有把物质文明和精神文明建设都搞好了，才是有中国特色的社会主义，任何时候任何情况下，发展物质文明都不应以削弱甚至牺牲精神文明建设作为代价。能否正确认识和处理好这三者之间的关系，关系到我国经济能否持续、快速、健康地发展，关系到有中国特色社会主义事业能否取得全面进步和最终成功。因此，我们必须用邓小平同志有关改革、发展和稳定的论述教育广大工会干部和职工群众，提高认识，统一思想，自觉坚持以改革为动力，以发展为目的，以维护社会政治稳定为前提和条件，使三者有机结合、相互促进、辩证统一，努力做到在稳定中推进改革和发展，以改革和发展确保社会的长期稳定。

把工会工作放到大局中去认识和把握，就必须紧紧围绕经济建设中心开展工作。邓小平同志指出："中国的主要目标是发展，是摆脱落后，使国家的力量增强起来，人民的生活逐步得到改善。"①他还指出，要一心一意搞建设，只有发展生产才能改善生活。因此，发展是硬道理，是中心任务。我们必须坚决扭住不放，毫不动摇。无论是深化改革还是保持稳定，都是为了促进我国经济持续、快速、健康地发展，进而不断提高人民的物质文化生活水平。从维护职工利益来说，发展就是对工人阶级根本利益和长远利益的代表和维护。工会围绕发展要做的工作很多，但不管哪项工作，其根本目的只有一个，这就是引导好、保护好、发挥好广大职工的积极性，推动生产力的发展和促进社会的全面进步。当前，各级工会要积极围绕推动企业改革、发展和扭亏增盈，广泛深入地开展劳动竞赛、合理化建议、技术革新、技术协作、发明创造和"双增双节"活动，把广大职工的积极性、智慧和创造力引导到提高产品质量、劳动生产率和经济效益上来，为加快经济发展贡献力量。与此同时，要进一步加强职工思想政治工作，组织职工学习科学文化知识，不断提高职工队伍素质。要重视教育和科研单位的工会工作，充分调动和发挥广大教职工和科技人员的积极性，努力推动我国经济发展走上依靠科技进步和提高劳动者素质的轨道。

---

① 《邓小平文选》第三卷第 244 页，人民出版社 1993 年 10 月第 1 版。

把工会工作放到大局中去认识和把握，就必须动员职工支持改革，投身改革。改革是推动经济发展的强大动力，是强国富民的必由之路。只有通过改革才能建立起社会主义市场经济体制的基本框架，才能为我国经济的持续、快速、健康发展提供体制上的保障，才能解放和发展生产力，给广大人民群众带来更多的利益。无论是保持我国经济发展的良好势头，还是解决我们面临的困难和问题，根本出路都在于深化改革。改革是否成功，既影响发展的进程，也影响社会的稳定。工会工作服从和服务于大局，就要动员和团结广大职工以改革为己任，坚定不移地支持改革，积极主动地投身改革，不断把改革推向前进。

把工会工作放到大局中去认识和把握，就必须团结和动员广大职工充分发挥维护社会稳定的中流砥柱作用。中国必须稳定，不稳定将一事无成。邓小平同志深刻指出："中国的最高利益就是稳定。"①"中国要摆脱贫困，实现四个现代化，最关键的问题是需要稳定。"②"中国一定要坚持改革开放，这是解决中国问题的希望。但是要改革，就一定要有稳定的政治环境。"③邓小平同志这些既坚定又辩证的论断告诉我们，稳定压倒一切，稳定不是权宜之计，而是整个社会主义初级阶段必须时刻关注的一个大问题。这就是说，稳定是国家的最高利益，也是工人阶级和全国人民的共同意愿。工会工作服从和服务于大局，就是要团结和依靠广大职工，自觉做维护稳

① 《邓小平文选》第三卷第 313 页，人民出版社 1993 年 10 月第 1 版。
② 《邓小平文选》第三卷第 348 页，人民出版社 1993 年 10 月第 1 版。
③ 《邓小平文选》第三卷第 284 页，人民出版社 1993 年 10 月第 1 版。

定的模范，以工人阶级的团结和工会组织的统一，维护全社会的安定团结，为改革和发展创造良好的社会环境。

把工会工作放到大局中去认识和把握，就必须积极参与解决影响改革、发展、稳定的突出问题。我们一方面要充分看到好的形势、好的前景，更加坚定信心；另一方面对困难和风险要有足够的估计。要有忧患意识，善于从政治上考虑问题。我国以建立社会主义市场经济体制为目标的改革，已发展到攻坚阶段，触及到各个领域中的深层次矛盾，特别是新旧体制和新旧机制的交替，不可避免地会带来一些困难和问题。当前，涉及职工切身利益和事关稳定的问题很多，集中在就业、分配、保障等方面。在就业上，要帮助企业妥善安置富余人员，努力扩大就业门路，同时要帮助职工提高素质，转变就业观念，为择业和竞争上岗创造条件；在分配上，要支持政府（行政）实行按劳分配为主体、效率优先兼顾公平的原则，鼓励诚实劳动，依法保护合法收入，调节过高收入，取缔非法收入，严厉打击非法暴富者；在社会保障上，要推动政府（行政）加速养老、失业、医疗等保险社会化进程。要更多地关心亏损企业、停产半停产企业和困难职工与离退休职工的生活，深入扎实地实施送温暖工程①，广泛开展职工互助互济活动和职工互助合作保险，努力为职工多办实事好事，千方百计地帮助职工

① 送温暖工程，指从 1992 年元旦、春节开始，全国总工会提出并开展的“进万家门、知万家情、解万家难、暖万家心”的送温暖活动，1994 年又根据形势发展和职工群众的意愿，拓展为送温暖工程，其主旨在于推动送温暖活动不断向经常化、制度化、社会化的方向发展，以更大的力度帮扶困难职工和困难职工群体。

排忧解难。现在，一些外商投资企业侵犯职工合法权益，不顾生产安全强令职工违章作业的问题比较突出，我们必须高度重视。各级工会要按照中办、国办转发全总《关于外商投资企业劳动关系和组建工会情况的报告》的通知要求，加快外商投资企业工会的组建步伐，加大调节劳动关系的力度，加强企业劳动保护的监督检查工作，建立稳定、协调的企业劳动关系，为扩大开放创造良好的投资环境。我们欢迎外商来中国投资，尊重外商的合法利益，与外商合作共事，共谋企业发展；同时，坚决维护职工的合法权益，对严重侵犯职工合法权益、阻挠组建工会和强令职工违章作业的不法行为，要进行坚决斗争。在解决上述问题的同时，还要教育职工发扬工人阶级识大体、顾大局的优良传统，在维护国家整体利益的同时，努力实现国家、集体和个人利益的统一。

三、全心全意依靠工人阶级，积极推进国有企业转换经营机制和建立现代企业制度

建立社会主义市场经济体制，是建设有中国特色社会主义的一项艰巨复杂的系统工程。以公有制为主体的现代企业制度是社会主义市场经济体制的基础。建立现代企业制度，是发展社会化大生产和市场经济的必然要求，是我国国有企业改革的方向，是当前改革的重点，也是工会工作的重点。我们必须同党政一道，紧紧依靠全体职工，解放思想，实事求是，大胆探索，努力把国有企业转机建制的工作推向前进。

在发展社会主义市场经济和国有企业转机建制的过程中，我们不可避免地会遇到许多新情况、新问题，其中一个突出问题就是如何更好地贯彻落实党的全心全意依靠工人阶级根本指导方针。依靠谁的问题，是革命和建设的首要问题，也是改革、发展和稳定的首要问题。全心全意依靠工人阶级，事关党和国家全局，影响和决定着当今中国的一系列社会政治经济问题。毛泽东同志之所以始终关注这个问题，正是因为它的重要，居革命和建设问题之首。邓小平同志继承和发展了毛泽东思想，把全心全意依靠工人阶级提到党的指导思想的高度来认识，使之成为建设有中国特色社会主义理论的重要组成部分。江泽民同志反复强调要全心全意依靠工人阶级，不依靠工人阶级我们将一事无成。我们的党是工人阶级的先锋队，工人阶级是先进生产力和生产关系的代表，是党的阶级基础和力量源泉；我们的国家是工人阶级领导的、以工农联盟为基础的人民民主专政的社会主义国家，工人阶级是国家的领导阶级。离开了工人阶级，党就失去了生命的源泉，国家就会改变性质。依靠谁的问题事关重大，任何时候任何情况下都容不得有丝毫的含糊。

依靠谁的问题与职工的主人翁地位紧紧相连、密不可分。在社会主义的中国，全心全意依靠工人阶级的实质是坚持工人阶级当家作主。社会主义制度的建立，解决了生产资料归谁所有，实现了劳动者与生产资料的紧密结合，职工群众成为支配生产资料与劳动成果的主人，同时也成为国家和企业的主人。生产资料归谁所有，决定着人们在生产过程中的地位及其相互关系，决定着产品分配的原则，决定着生产关系的性质，从而也影响和决定着社会生产力发展和社会进步的水平，因而是一个关系到社会发展和国家命运的根本性问题。在我国,党的领导是职工当家作主的保证,职工当家作主又是党的领导的体现。共产党的领导说到底是领导人民更好地当家作主。广大职工在国家和企业中的主人翁地位,标志着工人阶级作为国家领导阶级的领导地位,影响和关联着我们党的执政地位。

在发展社会主义市场经济、推进国有企业转机建制的过程中,工人阶级仍然是最基本最强大的社会动力。现在有的人认为,职工主人翁地位只是一种政治口号,是计划经济的产物,国有企业实行现代企业制度以后,职工只是国家的主人,而不是企业的主人了。这是对发展社会主义市场经济、国有企业转机建制的极大误解。应该说,职工的主人翁地位是一个重大的政治问题,同时又涉及对生产资料的支配和劳动成果的分配,有它经济上具体的含义,其实质是所有制。在社会主义条件下,职工是国家的主人是不容置疑的。在计划经济条件下,单一的公有制经济决定了职工是国家的主人同时也是企业的主人。在以公有制为主体、多种经济成分共同发展的今天,虽然带来了一些新的变化,但绝不能说以公有制为主体的企业职工就不是企业的主人了。社会主义市场经济是与社会主义基本制度紧密联系在一起的。邓小平同志曾明确指出:“一个公有制占主体,一个共同富裕,这是我们所必须坚持的社会主义的根本原则。”[①]寻求公有制与市场经济相结合的

① 《邓小平文选》第三卷第 111 页,人民出版社 1993 年 10 月第 1 版。

有效途径,发挥公有制经济的主导作用,是国有企业转机建制的目的。国有企业转机建制,进行公司化改造,理顺产权关系,明确产权责任,国家授权专门机构管理国有资产,确保国有资产的保值增值,这并不改变国有资产全民所有的性质。不能认为国有资产经营管理形式的这种变化是国有资产所有制性质的改变,从而否认职工在企业中的主人翁地位,抹杀社会主义现代企业制度与资本主义的根本区别,把职工当作雇佣劳动者。问题的关键在于职工还是不是生产资料的主人。邓小平同志深刻指出,人民要当国家的主人,当生产资料的主人,也要成为劳动成果如何支配的主人。坚持以公有制为主体,就是坚持了职工是生产资料的主人,就是坚持了职工是国家和企业的主人翁地位。因此,坚持公有制为主体和坚持职工的主人翁地位,是息息相关的。我们必须明确,以公有制为主体的企业,不论实行什么样的经营管理制度,职工的国家和企业的主人翁地位都没有变,而且必须从制度上更加切实保障。这是以公有制为主体的企业建立现代企业制度的一个重要标志,具有鲜明的中国特色。以非公有制为主体的企业职工,同样是我国工人阶级的重要组成部分,受我国法律保护,他们的国家主人翁身份和社会地位,不会因为在非公有制企业里劳动和工作而改变,不同于资本主义条件下的雇佣劳动者,其合法权益必须依法得到尊重和维护。

依靠职工推进国有企业改革,必须注意处理好职工代表大会与股东大会的关系。国有企业实行股份制、公司化改造后,出现了股东会、董事会、监事会。有人称之为“新三会”,把企业的党委会、工会和职代会称作“老三会”，并提出用所谓的“新三会”代替“老三会”。这是不对的。党组织是企业的政治核心，工会是职工自愿结合的工人阶级群众组织，企业职工代表大会是职工行使民主管理权利的机构，它们的作用是其他组织无法替代的。职工代表大会与股东大会除了主体、性质、权力、作用和组织原则不同之外，职工和股东与企业的关系也是不一样的。企业股东特别是社会股东往往是相对变化不定的，而职工则是相对固定的。股东对企业更多的是关注产权关系问题，特别是资产受益问题，而职工对企业不仅关注国有资产的保值增值，而且关注劳动关系和企业的发展，与企业结成命运共同体。企业的振兴和发展，主要取决于本企业职工。如果只讲股东的发言权，而不尊重职工当家作主的权利，就不可能理顺企业的劳动关系，也就无法搞好企业。我们建立现代企业制度，需要吸收和借鉴外国包括一些发达国家搞市场经济的成功做法，像企业里要有股东会、董事会、监事会等。但是在吸收和借鉴的过程中，必须从我国的国情出发，对一些涉及社会主义企业性质的基本原则，要旗帜鲜明地、毫不动摇地加以坚持。同时，又要解放思想，大胆创新，不断改进工作。在支持股东会、董事会、监事会依法行使职权的过程中，工会组织必须更加密切同职工群众的联系，加快自身的改革和建设；职工代表大会要更好地落实职权，不断探索职工民主管理新的实现形式。职工民主管理既是工会组织职工行使当家作主权利的具体体现，又是办好企业的内在要求。在改革过程中，职工民主管理的内容、领域、实现的形式和方式方法都会有所变化。总的趋势应该是，随着改革的深化和企业的发展，职工民主管理工作必然会得到进一步加强。我们必须努力学习社会主义市场经济的理论和基本知识，熟悉新事物，在实践中勇于探讨和摸索，不断总结和创造新经验。

依靠职工推进国有企业改革，必须同步加强建设企业的支持保证系统和监督制约系统。这是国有企业转机建制的重要任务。工会和职工代表大会是这两个系统中的重要组成部分，在这两个方面都肩负着重要的责任，必须发挥应有的作用。在社会主义企业，工会和职工代表大会与行政的支持合作关系是基本的方面。但其监督制约的作用决不容忽视。这种监督制约在本质意义上讲是更高层次的支持与合作。一个企业只有支持系统，缺少或者削弱监督系统，是一种不健全的企业管理系统；只有自上而下的监督，没有自下而上的监督，也是一种不完整的企业监督机制。职工代表大会在支持和监督企业方面都有大量工作要做，其监督制约作用显得更为突出，当前更应着力加强。按照邓小平同志的思想，企业职工代表大会，更重要的是要发挥党领导下的群众监督作用。企业转机建制，自主权进一步扩大，企业自我约束机制的加强就显得尤为重要。企业要合法经营，干部要廉洁自律。自律要靠自觉，也需要组织监督和群众监督。企业中各种组织之间的相互制约是重要的，但是最大量、最经常、最具体、往往也是最有效的莫过于群众监督。因为职工群众最了解情况，也不讲情面。因此，我们必须把专业监督和职工群众监督结合起来，把自上而下的监督与自下而上的监督结合起来。要注意发挥职工代表大会在企业廉政勤政建设方面的监督作用。

依靠职工推进国有企业改革，必须切实加强企业管理，正确处理好专业管理与民主管理的关系。企业科学管理是专业管理和民主管理的有机结合与统一，两者相互依存，相互促进，缺一不可。专业管理离开民主管理，就失去深厚的群众基础；反之，没有健全的专业管理，民主管理也很难发挥应有的作用。所以，在企业转机建制过程中，我们要重视和加强职工民主管理，同时又要重视和加强企业的专业管理，包括加强企业的基础工作，搞好各项规章制度和技术业务建设。企业无论实行哪一种经营管理制度，承包制也好，公司制也好，将来还可能发展出各种各样的制度，但都必须搞好这两种管理。现在有些企业不仅民主管理不健全，而且专业管理薄弱，基础工作不健全。实践证明，没有科学严格的专业管理，基础工作不健全，产品质量、安全生产等都将失去保证。在这种情况下，不出事是侥幸的。班组管理是专业管理和民主管理的结合点，是企业两个文明建设的前沿阵地。加强企业管理，必须以强有力的班组管理作基础。如果企业的班组管理被削弱，企业的一切管理都无从谈起。为此，我们必须努力搞好专业管理和民主管理的有机结合，切实做到同步建设，同步加强。

当前，我们要同党政一起，继续认真贯彻落实《中华人民共和国全民所有制工业企业法》、《中华人民共和国工会法》、《中华人民共和国公司法》等法律法规，落实好职代会各项职权。要结合各自实际，认真传达贯彻这次主席团会议和全国职工民主管理工作会议精神，把民主管理作为工会的一项重点工作，稳步推向前进。

四、工会要做贯彻执行党的群众路线的模范

人民群众是我们党的力量源泉和胜利之本。我们党在长期斗争中创造和发展起来的一切为了群众，一切依靠群众，从群众中来，到群众中去的群众路线，是中国共产党的优良传统和政治优势。在新形势下，更好地继承和发扬党的这一优良传统，更加自觉地贯彻党的群众路线，有着特殊重要的现实意义。江泽民同志最近指出，深化改革、促进发展、保持稳定，是人民群众的根本利益所在，也只有紧紧依靠人民群众才能实现。越是关键时刻，越要发挥我们党密切联系群众的优势。只要有了群众的拥护和支持，大局就能够得到维护，我们的各项事业就能够搞好。各级工会干部必须深刻认识新形势下贯彻执行好党的群众路线的极端重要性，自觉做贯彻执行党的群众路线的模范。党的群众路线不是一般的工作方法，而是实现党的思想路线、政治路线和组织路线的根本工作路线。“一切为了群众”，是我们党的宗旨，是我们一切工作的出发点和归宿。全心全意为人民服务，尊重职工权益和维护职工利益，是这个宗旨的体现和要求；“一切依靠群众”，是我们党一切活动的根本方针，阐明了党的依靠力量，工人阶级正是这个依靠力量的中坚；“从群众中来，到群众中去”，是我们党的根本领导方法，既是实现党的领导的正确途径，又是不断加强党与人民群众密切联系的保证。在我国革命和建设的整个历史进程中，我们所取得的一切成就，都是人民群众创造出来的，都是我们党相信群众、依靠群众、走群众路线的结果。

工会是职工自愿结合的工人阶级群众组织，是职工群众利益的代表，是党联系职工群众的桥梁和纽带。工会的性质、作用决定了工会必须更好地贯彻执行党的群众路线，时刻与职工群众保持密切的联系。这是工会工作的生命线，是工会赖以生存和发展的根本。离开职工群众，失去了职工群众的信任、拥戴与支持，工会就失去了存在的前提，丧失了安身立命的基础。职工要求组织和参加工会的目的简单而明确，就是要工会作为他们利益的代表者和维护者，能为他们说话办事。如果工会不能密切联系群众，不能代表维护职工的利益，不能为职工说话办事，不仅与工会的性质相悖，而且从根本上脱离了职工群众，发挥党密切联系职工群众的桥梁纽带作用也就无从谈起。邓小平同志深刻指出："工会组织都必须密切联系群众，使广大工人都感到工会确实是工人自己的组织，是工人信得过的、能替工人说话和办事的组织"①。在过去很长一段时期内，由于种种历史原因，往往忽视利益的差异性，使工会难以充分体现群众组织的特点。如果说在计划经济条件下这个问题还显得不太突出，那么在发展社会主义市场经济的今天，由于利益格局的调整和利益的多元化，这个问题就显得很突出了。在根本利益一致的前提下，工会应该也必须更多地从职工群众方面考虑和提出问题，处理问题的方式方法和侧重点也应该与党政有所不同。

工会要做贯彻执行党的群众路线的模范，必须加强工会

---

① 《邓小平文选》第二卷第138页，人民出版社1994年10月第2版。

自身的改革和建设。工会自身改革和建设的关键是更加密切与职工群众的联系，实现工会组织的群众化、民主化。我们必须从坚持马克思主义的群众观和民主观、认真贯彻党的群众路线的高度和切实体现工会组织性质的角度，充分认识工会组织群众化、民主化的极端重要性。我们必须深刻认识：工会组织的群众化、民主化，是工会密切联系群众的前提，是工会服务全局的保证，是工会自身改革和建设的根本目标。我们必须在实现工会组织的群众化、民主化上下功夫。推进工会组织的群众化、民主化，必须改革工会的组织体制、运行机制和活动方式。在这方面我们要做的工作很多。比如，努力使工会工作面向基层和职工群众，上级为下级服务，工会为职工服务，时刻不脱离职工群众；坚持工会领导班子按照工会章程，由会员群众民主选举，时刻接受会员群众的监督；根据职工意愿确定工会工作内容，把党的要求和职工群众的要求创造性地结合起来；依靠会员群众办工会，各项活动依靠会员群众特别是工会积极分子来开展；采取团结吸引、说服诱导、民主讨论和自我教育的方法，团结和带领职工前进；时刻把职工群众的冷暖放在心上，关心职工的疾苦，及时向党政真实地反映职工的呼声，积极提出建议，努力为职工说话办事，与职工群众心连心；坚持自下而上的运行机制，更好地遵循民主的原则等，最终达到邓小平同志强调的“工会组织都必须密切联系群众”①和“工会要为工人的民主权利奋斗，反对形形色色

① 《邓小平文选》第二卷第138页，人民出版社1994年10月第2版。

的官僚主义，它本身就必须是民主的模范”①的根本要求。新的形势任务，向工会群众化、民主化建设提出了更高的要求，也为工会群众化、民主化建设提供了良好的环境。

工会要做贯彻执行党的群众路线的模范，必须把自觉接受党的领导和密切与职工群众的联系结合与统一起来。工会工作一方面要时刻不脱离党的领导，一方面要时刻不脱离职工群众。这两个方面哪个方面把握得不好，工会工作都将铸成历史大错。要主动接受党对工会工作的领导，充分发挥工会中党组织、党员干部和党员的作用。要密切与职工群众的联系。这是党对工会工作的要求，也是广大职工群众的意愿。从中国工会的历史和现实情况看，工会工作所取得的每一个成绩，都是把党的要求和职工群众的意愿创造性地结合与统一起来的结果。工会密切联系职工群众，把广大职工更好地团结在党的周围，这是关系到党对工人运动领导权的重大问题，万万不可掉以轻心。

理论上的坚定、思想上的统一、行动上的一致，是我们事业成功的根本保证。让我们紧密地团结在以江泽民同志为核心的党中央周围，立足全局，面向21世纪，以高度的历史责任感和使命感，坚持不懈地学习邓小平同志建设有中国特色社会主义理论，进一步解放思想，大胆探索，勇于创新，紧紧依靠和充分调动广大职工的积极性、智慧和创造力，脚踏实地地工作，在推动深化改革、促进发展、保持稳定的历史进程中，努力

① 《邓小平文选》第二卷第138页，人民出版社1994年10月第2版。

把工会工作不断推向前进。这是历史赋予我们的责任，我们应当为之而努力奋斗！

认真贯彻江泽民同志重要批示精神*

（1994 年 8 月 8 日）

江泽民同志批示：健行同志，这件具体事由福建省去处理。但对保护职工合法权益问题，应统盘解决，要有明确的法制。不能允许资本主义原始积累阶段的一套办法还在中国重演，特别是台商、港商，既要欢迎他们来投资，但也要他们严格遵守中国的法制。

尉健行同志批示：请丁华①同志会同书记处同志遵照江泽民同志的批示精神，进一步研究和部署加快外商投资企业组建工会进度，按《中华人民共和国劳动法》及其他法规正确有效地开展工会工作问题。这要作为当前一项重点工作来抓。

---

* 这是尉健行同志在“厦门市一台资企业 1700 多名员工为要求缩短工时、提高待遇集体罢工”的《快报》上，对认真贯彻江泽民同志重要批示精神的批语。

① 丁华，指张丁华，时任中华全国总工会副主席、书记处第一书记、党组书记。

贯彻实施《劳动法》是加强工会建设很好的机遇*

（1994 年 8 月 31 日）

实行市场经济改革以来，各方面都发生了很多变化，出现了一系列新情况新问题。我们必须用改革的精神来认识问题，不断丰富、加强、完善自己，认真研究和解决在工会自身改革和建设中遇到的新矛盾、新问题，以适应新形势发展的需要。

丁华同志对这个问题很重视，正在研究工会在建立社会主义市场经济体制过程中的改革和工作思路。这是大势所趋。谁早认识、早动手，谁就早主动。工会工作改革的面相当宽，领域很广。包括法规建设、办经济事业、机关后勤工作等都要改革，大家都在考虑，但作为工会领导机关，就不能设想一下子全部铺开。既要有一个总体设想，又要善于抓住某个领域有所突破来带动全盘。不能抛开工作业务单纯从理论上提出问题，那样容易片面性，认识往往也是空的，还容易引起争论，耽误时机。从哪里入手呢？这就有个领导艺术问题。改革要结合实际，要从解决当前实际问题入手。抓的问题又

* 这是尉健行同志在全总机关学习贯彻《劳动法》座谈会上讲话的主要部分。

不是零零散散的，而应是涉及全局的突出问题，既能引起大家的重视，又涉及到方方面面。

我在思考，现在贯彻实施《中华人民共和国劳动法》是加强工会建设很好的机遇。工会很主要的工作是维护劳动者的合法权益，贯彻《劳动法》不是一项具体的业务，涉及到工会的主体工作。《劳动法》明年1月1日开始施行，中央很重视，大家呼声也很高。这个问题不抓，我们就失职。反过来如果我们抓得好，把贯彻实施《劳动法》看作是改革和加强工会建设的一个机会，情况可能就会不同了。《劳动法》中好多规定涉及工会的基本问题。工会维护职工利益，就必须认真学习贯彻《劳动法》，学会依法处理维护职工利益过程中的各种矛盾。比如，工会实现两个维护，通过贯彻《劳动法》就很现实；又比如，工会参加劳动仲裁，就不能简单地站在职工一边，也要站在企业方面考虑问题，国有企业也不是厂长个人的，他在某种意义上是代表国家利益的，如何处理这个关系也很现实；再比如，企业工会代表维护职工的利益，那么包括不包括厂长？有人讲工会就是代表弱者工人，厂长作为会员要维护，作为厂长不能维护，这实际上是不认为厂长是代表国家的。我们不赞成工会只代表劳动者这个劳动关系中的弱者的提法，我们的厂长和资本主义企业的老板不同。当然工会大量日常工作是维护职工利益的，这与这种提法是两回事。贯彻《劳动法》，这些问题都是很现实的了。

我们将来依据《劳动法》签订的集体合同好不好，这涉及到两个维护，不仅要使职工满意，而且使厂长也感到合情合理。合同的内容要包括两个维护，涉及到我们工会干部的业务、法律、理论和政策等方面的知识和水平，关系到我们能否密切联系职工群众。所以，搞好《劳动法》的学习宣传贯彻，包括工会自身的改革在内全可以带动起来。从贯彻《劳动法》开展工作，解决实际矛盾来推动改革，认识容易被人们接受，接受了也容易巩固，然后提高到理论高度认识。我们抓好这项工作意义很大，如果我们作为一项中心任务来抓，由这个问题入手来推动工会的改革和建设，使政府感到工会的作用，职工也离不开工会，这样的工会就是一个了不起的工会。我们这样抓工会改革就不是泛泛的，而是从抓贯彻《劳动法》入手，从解决实际问题入手。这就是说，工会的改革，不是一般的改革，而是要全面改革；工会的改革不是泛泛地抓、从观念抓，而是要从某一个方面但又是涉及比较广的问题入手，是通过抓某一项重要工作和改革结合起来，来带动全盘工作的。

制定《劳动法》不易，贯彻《劳动法》更难。《劳动法》不是一下子能全面贯彻的。首先我们要有一个贯彻《劳动法》的工作规划，看今年首先抓什么工作。工作中我们不要怕工作多、矛盾多，值得担心的倒是一个部门没有工作做。如果我们每天工作很多，又有个积极态度去对待，如果出现这种局面，那就有希望了。这个过程就是锻炼提高，这就逼着我们去学习，去提高，去解决问题。要解决问题就要学习，就要调查研究，逼着我们工会干部去学习经济、学习法律，不懂和不熟悉的东西慢慢就掌握了。所以，学习贯彻《劳动法》要有个规划，今年、明年、后年怎么办？

依据《劳动法》加快工会组建步伐，要有个要求，不能一般性的要求，要压任务。这项工作基层部人力不够，全国总工会要动员起来。因为日常工作天天在做，“开门七件事”，这些事情当然都要做，但干了不一定有多大影响。今年能否把外商投资企业工会组建工作好好抓一下，要维护职工的合法权益，就要把工会组建起来。这项工作工会狠狠抓了，工会的威信就提高了，工会作为就大了。如果我们只是“开门七件事”，到年末算账，水平没有提高。这如同部队打仗一样，年年打仗，年末算账，兵源、武器与往年一样，那部队的实力就没有提高，如果武器、兵源、作战技术比年初提高了，这就是部队的战斗力增强了，不是打的消耗战，而是提高了。

国有企业搞集体合同，有两个问题要研究。一是搞集体合同要有个必要条件；二是到本世纪末才初步建立起社会主义市场经济体制，集体合同是等条件具备了才搞，还是适应现在的条件就搞？不要等条件具备了才搞，这就要有个路数。如果我们在合同中，完成什么样的生产任务，达到什么样的水平，职工工资、劳动保护、安全卫生、宿舍等等达到什么样的水平，都有具体的规定，尽管还是低层次、不完备的，但这些问题都是工人关心的问题。这就有一个是等条件具备了再搞，还是在实践中不断充实的问题。国有企业是否在公司制后才搞，要把产权搞清楚了才能搞？这些问题都要逐步研究，提高认识。不要认为只有搞公司制了产权才清楚了，也不要认为搞清产权关系就是搞公司制了。工会将来也要硬气一点，你违反法律我就不执行。由于多方面的原因，有些企业工会往往是可有可无的，需要你就办一办。事实上，一个企业不是党委书记或者是一个厂长一句话就可以改变局面的。我担心，搞不好贯彻《劳动法》也可能走过场。法过去我们制定得不少，但也有的不起什么作用。集体合同也有，但厂长一句话就可以否了，这种合同没有用，这样的工会没有作用。

所以，贯彻《劳动法》不要从一开始，从观念上、工作上由于我们工作没搞好，使本来法定应该由工会干的工作，推到劳动部门去，这样就被动了，使有些工作慢慢转移到行政部门去了。你们法律部搞一个法律监督处是可以办到的。当然这个问题要研究，但有的问题是一下子办不到的。法律部门的工作机构问题，工作应先干起来，作用发挥了，再解决这个问题就好办了。现在就怕没有事干，没有任务，人很多，到时减都减不下来。

《劳动法》我们应该如获至宝，不能不抓。要改变工会工作的状况，就得按照《劳动法》规定的那样去干。工会改革要实现群众化、民主化。工会的主要危险是脱离职工群众，有些工会干部接受不了，实际上是对这个问题的认识有些不清。什么叫脱离职工群众？我们有些工会干部辛辛苦苦，对职工的姓名、家庭情况都了解得很清楚，但这不等于替职工群众说话办事了。如果在职工群众最需要我们的问题上，比如企业要解雇他、企业拖欠他的工资、企业不给他缴纳各种社会保险、企业的劳动保护条件很差等劳动关系问题上，我们工会不能替职工说话办事，尽管我们很辛苦，但职工群众仍然会感到工会不起作用，其结果必然还是要脱离他们。我们只有清醒地认识到这个主要危险问题，并从工会的组织体制、运行机制、活动方式和工作作风等方面，实行有效的转变，才能进一步密切与职工群众的联系。我们要自我找“麻烦”，一个年轻干部开始工作时不是感到压力很大，而是舒舒服服地干工作，那就不会有什么提高。如果每天都感到狼狈不堪，又有个积极态度，那这个干部就锻炼出来了。我们的提法是“以任务带水平”。

贯彻《劳动法》中的一个重要和关键问题是集体合同。集体合同过去我们不太熟悉，这就逼着你要学习。否则，我们只是“开门七件事”，没有作为，职工不认可。劳动关系在解放初期叫劳资关系。调整劳动关系，两个方面的问题都要考虑，包括要求职工干什么，说工会是代表劳动者，好像把厂长放到资本家那一边。我们是公开讲两个维护的，事实上没有一个国家和地区的工会是只搞一个维护的。最近接待阿塞拜疆工会代表团，他们的工会就不主张罢工，他们说罢工再罢下去，政府和工会全完蛋了。

民主管理要与集体合同衔接好。民主管理和集体合同不完全是一回事。民主管理与工会工作也不能画等号。当然，民主管理与集体合同是统一的，但又不完全是一回事。

作为一种认识可以探讨，但作为方针只能有一个，不能有两个。方针我赞成还是要讲两个维护，不能只讲一个维护。我不赞成工会只代表劳动者利益，只代表厂长个人作为一个职工的利益，我们既要考虑眼前利益又要考虑长远利益。工会要站得高一点，我们要站在依法调节的高度，集体合同要站在全局的高度调节。

社会主义市场经济是与社会主义基本制度结合在一起的。学习国外的东西不能简单地照抄、照搬。因为资本主义国家的市场经济是与资本主义制度结合在一起的,所以要有分析地加以借鉴。比如,国外企业是没有单独给党委书记开工资的,如果照搬,党委书记就要从企业里弄出去了。所以,我们要分析,我们应该学习借鉴外国的有益经验,但不能简单地照抄、照搬。

有人不主张搞按劳分配,如果社会主义是按资分配怎么解决贫富问题!有人反对搞以公有制为主体,如果公有制没有了,那又怎么样解决贫富悬殊、实现共同富裕!我们必须坚持以公有制为主体,以国有企业为主导,否则就不是社会主义,否则就没有一定的物质基础来保证实现社会主义。所以,集体合同中如果不说任务是不行的。我们的政策的着眼点,是要调动一切可以调动的积极性,团结一切可以团结的力量,坚持改革、发展、稳定的辩证统一关系。对人的问题要慎重,劳动关系问题涉及千千万万人的利益。改革要与基本制度结合在一起,不能什么都与国际接轨,有些可以接轨,而社会经济制度是接不了轨的。

总之,工会“开门七件事”都要干,但一定要有重点,外商投资企业建工会和贯彻《劳动法》就是重点。如果人力不够,产业工会的力量也可以组织起来。重点问题就是要集中一定力量,要总结一点这方面的经验。今年工会工作标准很多,但很重要的一个问题就是看外商投资企业组建工会工作抓得怎么样。我们要有点压力，对基层部要有点压力，基层部不抓好这项工作，也是失职，我们不能含含糊糊。每个省也要有个检查组，工会组织力量去检查，一般性号召不行，不能作为一般性工作，要作为一项重点工作来抓。对此，工会工作应建立什么样的领导体系，这就是工会自身的建设和改革问题。

希望蛇口和深圳工会工作能为全国提供经验*

（1994 年 11 月 7 日至 9 日）

当前工会抓什么东西能把各方面的工作带动起来？经过研究，我们认为抓住贯彻实施《中华人民共和国劳动法》这个环节，是一个很好的契机。通过这个来带动工会各方面的工作，来推进工会的自身改革和建设，把工会工作提高到一个新水平，推向一个新阶段。我们在北京议论的时候，大家总的来说认识是一致的，同意这个看法。但是这样的看法究竟有没有把握，符不符合实际，如果要这样做的话，又怎么操作，缺乏感性的东西。所以我很想到蛇口来，实地听一听、看一看，验证一下这个路子对不对，了解一下如果要这样搞还要注意些什么问题。我就是带着这样一个任务来的。

蛇口是外商投资企业比较集中的地方。所以，我这两天就把更多的时间放在与蛇口工业区党政工和外商投资企业负责人的座谈上。经过两天的了解，我感到，蛇口这个地方搞外商投资企业工会工作时间比较长，确实积累了很多很好的经

---

* 这是尉健行同志在深圳蛇口工业区 3 天考察期间关于工会工作讲话的要点。

验,基础工作抓得不错。一是蛇口工业区党委、行政、工会的班子协调,工作配合得很好。这里的工作,工会单枪匹马是搞不好的。对工会工作,党委很支持,行政配合得很好。二是蛇口工业区工会从主席到每个干部真干事,踏踏实实地做了不少工作。我们一边谈一边议论,很有启发。从这几天的情况看,抓住贯彻实施《劳动法》,带动工会各个方面的工作,把工作往前推进一步,这个思路看来是可以成立的。

这次到深圳来,对我是很有帮助的。我也提出希望蛇口、深圳在这方面的工作能早走一步,给全国提供一些经验。我这次来也考虑,前些天来广东中间有事回去了,这次还来不来,后来考虑不来不行,这一课不补我总感到不放心,所以我还是来了。从这几天的情况看,来得很有必要、很值得,对我来说学到了很多东西,验证了很多东西。这样,考虑一些问题比过去更有点底了。

当前,工会要处理的事情和矛盾很多。在这种情况下,抓住一个什么样的主要矛盾,从这个工作着手,然后带动其他工作?工会需要处理的事情,都要一件件处理好,这是必须的。但如果工作没有重点,平推着干,这个工作就很难见到成效。所以,一定时期要根据一定的形势、任务、特点,抓住主要矛盾、主要任务,来带动工会各个方面的工作,推进我们工会的自身改革和建设,把工会工作推上一个新的水平。当前一个关键问题,就是怎么样贯彻实施《劳动法》,或者说通过贯彻实施《劳动法》来推动我们工会各方面的工作,促进工会的改革和建设。

《劳动法》的根本立法宗旨就是维护劳动者的合法权益。《劳动法》回答的问题确实是我们工会基本职责需要解决的问题。因为工会是社会经济矛盾的产物,更具体一点说是劳动关系矛盾的产物。我们工会之所以存在,就是要替职工说话办事,要使工人感到工会确实在替自己说话,代表自己的利益,维护自己的利益,要不然工会没有存在的必要。

总的讲,《劳动法》提出的保护劳动者合法权益的要求和标准,这是必须达到的。但是面对现实达到这些要求还有一个过程。我们既要创造条件去贯彻实施《劳动法》,又要通过《劳动法》的贯彻实施去促进这些条件的形成。要从实际出发,不能简单地拘泥于某些规定,既要积极采取措施去实现这些规定,又要从实际出发,有一个逐步创造条件的过程。《劳动法》的贯彻实施是一个不断实践、不断提高的过程。我们就是要一边贯彻,一边促进,一边实施,一边提高。

现在的形势更需要工会,需要我们到这些矛盾中来,去解决遇到的困难,同时,我们自身一些不适应的矛盾也会暴露出来。我们说抓住贯彻实施《劳动法》带动工会各项工作,就是要研究这些问题。应当看到,不是说一贯彻实施《劳动法》对我们都是有利的条件,也会有好多困难,又会产生很多新的矛盾。这也是个机遇。一个组织没有矛盾,没有这些任务压着你,逼着你去处理、去解决矛盾,咱们这个队伍成长不起来。我们怎么来抓这个机遇,就是这么两个方面。总体讲,这个机遇是有利于促进我们的工作,逼着我们去改革,去提高我们的素质,更好地发挥工会的作用。要让工会改变面貌,发挥自己的作用，按照我们现在这套规矩，平推着干，不可能出现新的局面。在思想认识上、作风上、素质上没有一番大的改变，工会要真正得到职工的信赖，使他们感到确实是自己的组织，恐怕没有那么容易。要善于抓住贯彻实施《劳动法》的机遇，带动工会各项工作，促进工会自身的改革和建设，把工会工作提高到一个新水平，更好地发挥工会的作用。这个问题说起来容易，但要真正达到这个要求可不简单，我看没有几年的艰苦努力，是改变不了这种状况的。

现在的关键是，我们贯彻《劳动法》的工作能不能一步一步往前走，不一定很快，但每年都要有一个进步，否则，《劳动法》就挂起来了。有的国家，劳动法律颁布以后根本实行不了，不是没有先例的。《劳动法》是新中国成立以后的第一部维护劳动者合法权益的专门法律，贯彻这部法律，我们要把困难和问题估计得多一点，把问题看得重一点，分析问题全面一点。这样，我们的思想准备、工作准备就能够充分一点，打起仗来就更有把握一些。我们不要回避矛盾，矛盾有些是思想认识上的，有些是客观矛盾在认识上的反映，你不去正确地处理和解决客观上的矛盾，休想在认识上就一下子统一。认识和实践是相互影响的。贯彻《劳动法》要根据当地的实际情况，具体问题具体分析。人的问题是很复杂的，一切都要从实际出发，这就看我们的思想、法律、政策水平，看我们的知识面，看我们的工作作风，等等。贯彻《劳动法》的具体工作是大量的、复杂的，不会是那么简单，也不会像查字典那样容易。否则，还要我们工会干部干什么，搞几个计算机和几本字典就把问题都处理了。

《劳动法》要求我们工会代表劳动者与企业经营者平等协商，签订集体合同，这样的规定是必要的。作为劳动者总要有一个组织更多地代表、反映、维护他们的利益。在这点上，工会是责无旁贷的。在这方面是大有文章可做的，我们在维护、代表上做得还不够。要在更好地代表、维护劳动者合法权益的同时，始终坚持两个维护的统一。在维护全国人民总体利益的同时，更好地表达和维护职工群众的具体利益。我们是一个社会主义国家，我们搞的市场经济是与社会主义基本制度紧紧联系在一起的。不同所有制，劳动关系的性质是不同的。资本主义的劳动关系是建立在私有制基础上的，劳动关系实质上是劳资关系。我们不能把资本主义处理劳资关系那一套办法照搬过来。我们是以公有制为主体的社会主义国家。在以公有制为主体的社会和企业里，工人、技术人员和企业的管理人员都是工人阶级的组成部分，工会要更好地维护劳动者的合法权益，更多地了解、反映、代表劳动者的意愿，否则就不叫工会。但也不能认为企业的经营管理者就不关心工人的利益。所以我们既要充分反映工人的利益和要求，也要很好地考虑和听取企业经营者的意见，对他们从国家利益出发的意见必须尊重，应该理直气壮地予以支持，坚持两个维护的统一。

根本的问题还是劳动关系是由所有制性质所决定的。因为我们国家的所有制没有变，所以劳动关系有没有变的一面，不能将劳动关系看成劳资关系；但我们的经济体制又发生了很大变化，所以劳动关系又在变，就不能简单地照搬老一套协调劳动关系的方式方法，而是需要改革，很好地处理国家、集体、个人的关系，企业经营者、技术人员、知识分子同工人的关系，但也不能说过去的办法都不适用。劳动关系大量的是经济关系、利益关系，但又不能忽视我们社会主义国家的劳动关系还有同志式关系，还要讲奉献。我们的集体合同要考虑这种经济利益，要维护这种经济利益。但在开展工作时，我们还要进行社会主义教育，进行理想、道德、价值观教育，还要发扬奉献精神、主人翁精神，不能变成雇佣者和被雇佣者的关系。

工会组建光是有道义上的要求是不够的，看来还不能解决根本问题，还得有制约性的条件和措施。现在有了《劳动法》，制约的条件比过去更多了，更有法律保障了。比如，辞退职工应听取工会的意见，过去还是你们这里的一种创造，是你们摸索出来的，现在法律上已经把它固定下来了。当然，具体的一些规定，蛇口跟其他地方不一样，但这种指导思想，这种内外各个方面都来创造条件促进工会组建，对其他地方也是适用的。要创造一种客观环境和气氛，组建工会和不组建工会就是不一样。我们不仅要靠法律的手段来督促组建工会，还可以采取各种方式来启发工人自觉地要求组建工会，把两个积极性都调动起来。我们工会可以锻炼培养一批很有才干的干部，这样的干部不仅仅是靠任命来做工作的，而是能够跟群众“滚”在一起，息息相通，能够了解群众的疾苦、呼声，善于发动和依靠职工群众来开展工作，这才是真正的工会活动家，真正具备工会干部应有的素质。要加快工会组建工作，当然要立法，要有些规定，但还得靠工作，事在人为。这就是要善于利用《中华人民共和国工会法》、《中华人民共和国劳动法》等有关法律法规，善于用深圳的条件，还有蛇口工业区的特殊条件，去充分挖掘，挖掘以后又善于利用，要发挥工会干部这种主观能动性。

在蛇口营造了这么个氛围，就是有工会和没有工会，对投资者也好，对工人也好，就是不一样。你们讲的用外在因素、客观条件去制约、激励内在因素，去发动启发群众，说的都是这个问题。当然蛇口有蛇口的特点，但这套思路，这种充分发挥主观能动性，从工会组织的特点出发开展工作，对各级工会来讲没有什么例外。为什么有的地方组建工会步伐不快，原因可以很多，但仅靠中央有个指示，靠国务院有个规定，靠总工会有个什么文件是不够的，就要看我们的工作。学习蛇口经验，不能仅看你们这里的 6 条、8 条，而是要看你们制订和运用这 6 条、8 条的工作思路、出发点和考虑问题的一套路子，这样就有学头了。别的地方可能有 5 条，跟你们的 6 条、8 条都不一样，但那 5 条在他们那里就管用。所以，学经验要学精神和思路，要千方百计地运用你那里的条件去促进工作。要从《劳动法》的条款里挖掘潜力，有好多条款都是可以拿来制约的，这就看我们的工作。

你们这套思路、这种处理问题的思想方法是好的。工会组建是个前提。工会都没有还有什么作用的发挥？首先得把工会组建起来，然后我们再接着讲工会怎么开展工作、发挥作用。工会要善于利用各种条件，作为一个地区来讲，还需要党政一起来统一认识、统一步调。你们这里大家能够统一步调，这就是更高层次的一条经验。加快工会组建步伐，关键是当地党委、政府有关部门要统一认识。工会要有自己的具体方法，同时还要善于依靠党委。组建工会光靠法律的规定、道义上的号召和要求是不够的，还得有行政的和其他方面的一些措施相配套。当然，工会本身要有一套做好群众工作的路子。

通过贯彻实施《劳动法》怎么样加快我们工会自身的改革？你们讲的好多问题实际上都打破了我们原来的一套。你们现在这个体制，大家都羡慕，尽管说有利有弊，但从当前情况来看还是利多弊少。别的地区能不能参照这个办法，尽管它不叫工业区委员会，但能不能针对外商投资企业成立一个工会组织机构，把基层工会的一些矛盾承担上来，让基层工会来开展一些日常活动，反过来推进工会组建。没有专门机构来抓，你要提高工会组建率，难啊！搞工会也像搞企业一样，你不下一番苦功夫，是搞不上去的。

工会作为劳动者的代表跟资方谈判，怎么去谈，谈什么，要掌握什么分寸？这些都要我们去考虑。从这些方面讲，我们工会干部是有很大压力的，这也是个锻炼。我们要用任务来带我们的工作水平。任务压下来了，不懂就学，不会就在干中摸索。我相信，多数工会干部干几年就成长起来了。工会干部是联系群众的，群众也愿意跟我们谈心，一般的活动也搞得很活跃，当然这都必要。但这还是不够的，工会要在紧要关头维护职工的合法权益。如果老板不合理地解雇我们的职工，这个时候我们无能为力，只能到职工家里说些好话、同情的话，甚至同他们一起掉眼泪，那工人怎么想呢？你是个好朋友，是个好人，但并不是个好的工会干部。所以我们工会干部的工作必须紧紧围绕维护职工基本的劳动权益来开展。

工会工作能不能提高？怎么提高？首先领导干部要先提高。要抓住集体合同，从这里着手来带动。抓集体合同很难，但抓好了可以带动各方面的工作，可以带动劳动合同、劳动标准、劳动争议调处等。你们现在有好的基础，签订劳动合同的比例很高，最低工资标准有，工作时间要求基本可以办到，安全卫生、劳动保护多数企业问题不大，社会保险有一套办法，劳动争议调解委员会60％也成立起来了，调处劳动争议也积累了一些经验，《劳动法》的单项规定你们都搞过，集体合同是把这些东西串起来，在总体上提高。你们现在要做这个工作，当然比单项要难了，但你们已经有那么多单项基础。重点是抓基层，你们要指导，真正把压力放在基层，搞好了，工作就搞上去了，工会干部也就成长起来了。怎么样加强基层工会工作，让他们不要依赖，抓集体合同是逐步扭转这个局面的好办法。

你们采取多种形式参与企业管理，有的参加董事会，有的列席董事会，有的参加管委会，有的参加监事会，有的参加党委会，等等，这些都很好。要多方面去探索工会参与管理的途径，不断积累经验。现代企业制度试点的企业也好，外商投资企业也好，国有企业也好，现在都有一个有利的条件，就是都应该按照《劳动法》的要求办事。如果我们建立的这种制度、那种制度，违背《劳动法》规定的，就说明这个制度还不完善。

抓《劳动法》有利于我们摸索总结建立现代企业制度的一些办法，探索在现代企业制度里工会处于什么地位，应该承担什么职责，需要建立什么样的机构，保存怎么样的形式等。这些都要按照《劳动法》的要求去进一步探索，哪些是吻合的，哪些是矛盾的，吻合的就坚持，矛盾的就加以改进。

贯彻实施《劳动法》，签订集体合同，根本目的是推进改革开放，促进经济发展，维护社会稳定。对全局来说，贯彻实施《劳动法》和工会工作都是局部工作。局部工作搞好了，有利于推动全局。但局部工作无论如何要服从全局工作。我们要把贯彻实施《劳动法》放到全局中来看，不能仅仅看作是一项具体的业务工作。它是业务工作，但又不是孤立的业务工作，是我们服务于全局工作的一种手段。

集体合同跟个人劳动合同是两回事，不能互相代替。有些涉及职工集体的事，在劳动合同中是反映不出来的。工人权益，不仅仅是维护他们的劳动权益，还要维护他们的政治权利，主人翁的权利，参与国家社会政治活动的权利，参与社会文化生活方面的权利等。我们国家颁布《劳动法》的用意就是从各方面保护劳动者的权利，更好地来调解、处理出现的新问题。它的根本目的就是要有利于推动我们国家的法制建设，尽快发展经济，保持社会的稳定。尽管国有企业跟外商投资企业在调整劳动关系方面有许多方面不同，但贯彻实施《劳动法》的根本目的还是一致的。在外商投资企业，我们既要维护劳动者的合法权益，又要与投资者合作共事，共谋企业发展。

希望蛇口工会和外商投资企业在贯彻实施《劳动法》方面

创造一些经验。你们的基础比较好，如果能在贯彻实施《劳动法》方面较早地取得和积累一些经验，对其他地方是有借鉴作用的。怎么样去积累经验？一方面要选择有基础的、在学习宣传贯彻《劳动法》方面抓得比较好的工会和企业，特别是你们对《劳动法》的理解都不错，处理劳动关系方面这些年也积累了一些经验，在此基础上加强调查研究和各方面的工作，再继续跨前一步。另一方面，建议你们有条件的企业，通过抓集体合同来创造新的经验。集体合同是对贯彻实施《劳动法》中有关劳动标准的一个综合反映。签订集体合同的方法，是工会、企业调整劳动关系的一种重要手段。抓集体合同也需要一个过程，在实践中不断充实、发展、完善。建议你们不同的企业，从不同的起点上去抓，去发展，这样你们可以比较早的或者在更深的层次上，去发现、研究和解决贯彻实施《劳动法》中的问题，比较早地拿出研究成果。这样，不仅是对你们，对全国总工会也是一个帮助。我倒愿意，全国总工会把你们这里作为一个点，经常来调查研究一些问题，希望大家一起配合，在贯彻实施《劳动法》方面作出更好的成绩。

通过贯彻《劳动法》来带动工会各项工作*

（1994 年 11 月 22 日）

最近全国总工会准备召开十二届二次执委会，研究部署明年的工作。这次执委会，我们初步考虑的主题就是，组织和动员各级工会，集中力量贯彻《中华人民共和国劳动法》，而且通过贯彻《劳动法》来带动工会的各项工作，来推进工会自身的改革和建设。有这么一个设想，部署这样一项工作，就涉及到对《劳动法》中一些问题的领会，涉及到贯彻《劳动法》中间的政策、分寸等等，我们都没有把握，所以要请劳动部领导同志帮助我们一起来研究，在一些方面帮我们把把关。

我们工会的同志很早有这样一个感受，就是搞社会主义市场经济以后，工会原来一套工作格局、工作路数不适应了，工会自身的一套工作秩序也不适应了。总的感到是要改革，要按照社会主义市场经济体制的要求来改革工会工作，加强工会的建设，把工会工作提高到一个新水平。这种认识比较早就有，丁华同志他们过去就议论过、设想过，想按照这样的

---

* 这是尉健行同志就工会如何更好地贯彻实施《劳动法》与劳动部领导同志座谈时讲话的要点。

路子来提出工会改革的一个方案。但这个问题比较大，社会主义市场经济体制涉及方方面面，而且有些问题现在也不太清楚。所以，一方面大家在酝酿考虑，努力在这个方面要作出回答；另一方面，这个问题一下子也很难有具体的设想。今年颁布《劳动法》以后，在学习、宣传《劳动法》的过程中，我们逐步感到工会要围绕社会主义市场经济体制来进行改革，这个当然必要。但在当前来讲最现实、最迫切的还是要围绕贯彻《劳动法》的需要，来改革和建设工会工作，这样就更现实一点，更有针对性。所以全总召开主席会议时，主席、副主席和书记处的领导同志大家议论过几次，明确了在当前要把抓住贯彻《劳动法》作为一个机遇或作为一个突破口，来推动工会各方面的工作，推动工会自身的改革和建设，把工会工作提高到一个新水平。有这样一个设想以后，大家也分头到各地做了一些调查研究，听取了一些建议，在一些问题上做了一些探讨和议论。但这些问题我们都没有把握，有的也是从工会这个角度上来考虑的，究竟怎么全面来看，怎么摆布，不是太有把握，所以今天请劳动部领导同志、劳动部有关部门领导同志来，想谈谈我们一些大体设想，请你们提提意见，帮助我们出出主意，看这个文章怎么做。

我们当时确定抓住贯彻《劳动法》作为突破口，主要考虑是这样的。

第一，《劳动法》的根本立法宗旨是维护劳动者的合法权益，更好地调节劳动关系，而这个宗旨确实是我们工会的基本职能。工会之所以存在，是因为它是社会经济矛盾的产物，更具体地讲也可以说是劳动关系矛盾的产物。它之所以存在，根本点就在于作为一个组织，要对劳动者有一个保护他们利益、为他们说话办事的职能。所以，从这个意义上来讲，《劳动法》需要解决的问题，实际上也是工会所以存在的必要性，跟工会存在的这个基本职能都是一致的。实际上我们现在做的工作，不管是做这个那个，加快外商投资企业工会组建步伐，什么送温暖工程，什么组织劳动竞赛，等等，内容可以多种多样，但绝大部分都跟《劳动法》有关系。当然工会工作也不等于说就是贯彻《劳动法》，《劳动法》也不能代替整个工会工作，但是工会的基本职能在《劳动法》中都体现了。所以，从这个意义上来讲，抓住《劳动法》的贯彻，就不是抓住某一个局部问题、一项具体业务问题，可说是带动了、抓住了工会工作的基本内容。所以，通过贯彻《劳动法》容易带动工会各项工作，这是一个想法。

第二，现在我们工会在企业里碰到一个问题，就是在企业各种体制改革以后，有的是股份制，有的是有限责任公司，等等，企业组织形式多种多样。多种多样的企业组织形式，怎么样建立现代企业制度，工会在现代企业制度里处在什么地位，应该有什么权利，应该尽什么责任，是个什么角色，等等。现在应该说从理论到实践认识也不一致，有些方面也有争议。我们想应该按照邓小平同志的理论，通过实践，大家去摸索，统一认识，这个当然是总的要求。但另一点，我们也感到搞现代企业制度试点也好，研究企业工会的地位作用也好，应该说现在已经有个法律依据，这就是《劳动法》。《劳动法》它虽然是以维护劳动者的根本利益为宗旨，但它涉及到的问题好多，也涉及到工会在企业中的地位、性质、作用、职能。当然有些问题还需要摸索，但是《劳动法》作为国家一部基本法，已经明确的若干问题，应该作为我们将来探讨现代企业制度和认识工会地位作用的基本依据。所以，我们认为贯彻《劳动法》也有利于进一步探索工会改革的路子。《劳动法》不仅对当前发挥工会作用，而且对今后工会的地位作用实际上也指出了方向。

第三，我们考虑在新的形势下工会要改革，要加强建设，不管从我们的体制、机构、业务、制度、作风以及我们人员的素质，都需要改革和加强，这个大家都承认。但是从哪些方面去改革，从哪些方面去提高，这个当然需要更好地探讨，但是有一个很现实的问题，就是《劳动法》要求我们做到的我们必须做到，如果跟《劳动法》要求不吻合的，从制度上、业务上、体制上、机构上那就得改革。我们的工作不适应《劳动法》要求的，说明我们素质得提高。因此，工会的改革、建设要做的事很多，但是按《劳动法》的要求来提出这方面的问题，提出任务，就更有现实意义，更有针对性。所以，我们说抓住《劳动法》的贯彻，有助于明确工会改革和建设的方向和要求。现在中央已经明确，明年的改革重点是放在国有企业特别是国有大中型企业上，国有大中型企业要站稳，要转变经营机制，建立现代企业制度。四中全会的精神，要加强党的基层组织建设。加强党的基层组织建设有两个领域，一个是农村，一个是城市，城市主要就是企业。从这个意义上讲，贯彻《劳动法》也跟中央四中全会这样一个精神，跟中央明年改革的重点也是一致的。所以，工会通过抓《劳动法》来开展工作，也有利于进一步贯彻四中全会精神，有利于围绕明年中央改革工作的重点放到企业这样一个要求。鉴于这方面的考虑，我们想工会工作在相当一段时间内，我们总的一个指导思想是，抓住贯彻《劳动法》这样一个机遇来推进工会各个方面的工作，促进工会自身的改革和建设，进一步发挥工会的作用。我们现在考虑，就是想在这样一个问题上来做文章。当然这个工作不是短期的，不是说明年1月1号贯彻《劳动法》前抓学习、宣传那一阶段，也不是说明年一年能解决的，贯彻《劳动法》要有相当长的过程。因此，我们要有这样一个指导思想、指导方针，也可以说是相当长一个阶段工会要坚持这样一个方针、指导思想。

这是我讲的一个方面的情况，请你们考虑这个路数行不行。当然贯彻《劳动法》这是个全局性的工作，从国家来讲政府部门、劳动部都是主要的，从基层来讲企业行政也是相当主要的，而且要依靠广大职工，但对工会来讲贯彻《劳动法》是责无旁贷的，是处于一个很关键的位置，也应该发挥我们的作用，尽到我们的责任。所以要把贯彻《劳动法》同推动我们的工会工作结合起来，统一起来。当然我讲了，不是《劳动法》可以代替工会全部工作，工会只要贯彻《劳动法》就行了，工会的工作比《劳动法》规定的工作还要多。但是《劳动法》是部基本法，它跟工会的基本职能是一致的。所以从这个意义上讲，抓住贯彻实施《劳动法》不是抓住一个局部，抓住某一项局部业务，而是抓住了要害，抓住了关键，能够带动工会工作全局，这是我们一个想法。

第二个想法，我们到各地也作了一些了解，有几个问题想请你们帮助研究一下，看怎么拿定主意，怎么处理。

第一个问题，就是我们在基层座谈中间比较多地涉及到怎么贯彻《劳动法》，怎么全面地辩证地来看待分析问题，怎么样从我们国家的实际出发来贯彻《劳动法》。《劳动法》是维护劳动者利益的。从共性和国际方面讲劳动法则，是有很多方面是相似的。从这个意义上讲，应该参照国际上有关这方面的理论、政策、规定等。但另一方面，《劳动法》它又是受各个国家的性质、所有制体制的影响，有不同的所有制，就有不同的劳动关系，有不同的经济体制，也有不同的劳动关系矛盾处理的形式、内容和方法。所以，就有一个共性和个性的关系，还有一个继承和创新的关系问题。一个是从国际上来看，他国的一些做法哪个应该选哪个不应该选。一个是从历史上讲，好的应该继承，应该发展，坚持哪些东西，应该改革什么，就这个问题在座谈中间涉及比较多。比如说，我们的国有企业是公有制企业，是全民所有制，这个所有制决定我们是社会主义性质的企业。从这个意义上讲，工人阶级在企业中的主人翁地位不能变。另外，所有制是全民所有制的，因此国家、企业、职工这三者利益根本上是一致的。那么从工会来讲，就要坚持两个维护，就要维护劳动者的合法权益，还要维护全国人民的总体利益，还是要坚持我们过去历来提出的两个维护的方针，这些问题看来是一些原则的提法，但到贯彻《劳动法》中间就会有很多具体的实际问题。比如签订集体合同问题，现在看来我们主张集体合同不仅要明确劳动者应该有的权利,而且还要明确劳动者的义务,把权利和义务统一起来。我们在座谈中间多数同志还是主张这样的,但也有的同志说,《劳动法》没有讲集体合同要明确劳动者的义务,只规定劳动者的权利,签订集体合同的时候,关于职工应该完成企业的任务、技术经济指标等,好像不应该列到集体合同条文里边去。多数同志认为要从我们的国情出发,应该列进去,而且我们过去也有双保合同这样一些经验,尽管那是在计划经济条件下,但成功的、传统的经验是应该总结和吸收的。当然要根据《劳动法》的要求充实新的内容和方式,把集体合同搞得更全面一点,我们是倾向于后面这一种意见的。集体合同应该包括两方面,把权利和义务统一起来,不能只是讲权利不讲义务。但《劳动法》没有这一个规定,《劳动法》中集体合同没有义务。有的同志坚持,说虽然文字没有,但是《劳动法》有个"等"字,"等"字就包括这个。另外,比如说工会代表劳动者一方,跟企业签订集体合同这是完全必要的,因为劳动者确实要一个组织来更好地反映他们的要求、利益,代表他们说话,那么从这个意义上讲,工会应该更多地从这方面体察工人的情况,提出要求,坚持原则,等等。那么,对方是企业经营者,但我们国有企业经营者不是资方,他还是工人阶级的一部分,他还是工会会员,从这个意义上讲,在谈判的时候还是对等的,没有上下或谁领导谁的问题,谈判是要据理力争的,当然从处理问题、考虑问题的思想方法来讲,工会也不能说我们就反映职工的利益,不考虑国家的情况,不考虑企业的情况。从思想方法、观念上讲还应该全面地考虑问题。但作为我们工会工作的侧重点来讲，确实应该更好地代表劳动者来提出要求，反映问题。这些问题在国有企业、私有企业不一样，跟其他国家也不一样。又比如说调节劳动关系，大量是经济利益关系，这是对的。在计划经济条件下，忽视经济利益这是不合适的，应该按照《劳动法》的要求，充分考虑双方的经济利益，这是必须坚持的。但另一方面我们也要考虑，作为社会主义国家来讲，我们也不能把劳动关系只强调是经济利益关系，也还有一个同志式的关系，还有发扬主人翁的精神，发扬奉献的精神，不能把我们企业的劳动关系完全看成是给一份工资干一份活这种雇佣关系。我们在企业座谈中间大家也都提出，认为这两方面是必须坚持的。这个问题例子很多，总的看就是劳动关系它既受所有制的影响，又受经济体制的影响，既有不变的地方又有变的地方。从所有制来讲国有企业它是不变的，因为所有制没变。因此有些我们多年来形成行之有效的工作基本方针、原则不能变的。但是经济体制又变了，又不能固守原来这一套，还得改革，还得变。所以，哪些变哪些不变，哪些要坚持哪些要创新，这个确实需要辩证地、全面地来看待。不然的话，搞不好就容易有片面性，把劳动关系完全变成劳资关系，这个也不行，把劳动关系看作像过去那样一个完全利益一致情况下去做文章也不行。包括在私营企业和外商投资企业，劳动关系跟国有企业又不一样，但又不同于资本主义国家的关系。我在深圳和蛇口调查，在外商投资企业里面，资方和我们工会也是有共同利益的地方，因为还要合作共事、共谋企业发展，这个方面是一致的。但另一方面企业主必定又是资本家，在处理问题上、在有些方面和国有企业又不一样，这一类问题举不胜举。就是说在贯彻《劳动法》中间涉及到继承、创新、坚持、改革，涉及到党的工作、工会工作、行政工作。工会处理劳动关系方面，怎样对待这些问题，的确需要更好研究，正确处理。有的一开始虽然不能事无巨细都说清楚，但基本方针、原则还是得搞清楚，要不然工会工作容易走偏。还是一个变跟不变，有的要变有的不能变这个关系。

第二个问题，我们在调查研究中间谈到，贯彻《劳动法》是个过程，总的要坚持按《劳动法》办事，坚持《劳动法》提出来的劳动标准，这个不能打折扣，不是可以执行可以不执行，必须坚持执行《劳动法》的标准。只有按《劳动法》的要求，按《劳动法》的标准办事，劳动者的利益才能得到保证，生产也才能得到发展。因为维护了劳动者的利益，也是维护了国家的利益、社会的利益，有利于社会生产力的发展。从这个意义上讲，《劳动法》提出工时方面、工资方面、劳保方面等等一系列劳动标准，都必须严格执行，不能动摇，而且要积极创造条件达到《劳动法》要求的标准，这个是主导方面、主要方面。不管是企业也好，工会也好，职工也好，大家都应该有这个指导思想。但另一方面，从我们国家现在的情况看，各方面要达到《劳动法》提出的各种劳动标准，也要有一个过程，而且这么大的一个中国，不同的行业、不同的地区、不同的部门，在不同情况下也还有一些特殊情况，对这样问题怎样从实际出发，实事求是地处理，既要坚持标准，又要允许有一个过程；既要按法办事，又还得从实际出发，具体问题具体处理，使这两个方面统一起来，这是贯彻《劳动法》大家比较关心的问题。比如说加班加点，《劳动法》规定加班加点 1 个月不能超过 36 小时，这样要求是很好的，这反映了工人根本的利益和长远的利益。但另外一方面，咱们有好多企业由于行业不一样，这个问题有许多具体情况。在广东好多外商投资企业，做衣服的季节性很强，订单一来就猛加班，订单没有就一两个月没事。加班的时候还有这样一个心情，老板想加班，工人也愿意加班，在旺季不加点班，不多拿点加班费，这一年就收入少了。在这种情况下，工会不让加班，他还不认为你是维护他的利益，而是不让他多赚钱。但是漫无止境地加班，这确实要干预，我们不能够迁就。工人那种利益观念，为多赚几个钱拼死拼活也得干，这个也不行。所以在座谈中间，国有企业也好，外商投资企业也好，大家赞成《劳动法》这种规定的用意和出发点，大家认为都应该按这个要求逐步去达到，但是希望有个过程。另外，某些行业要有点区别，有的地方讲加班加点总的不超过，但在某一阶段是不是可以超过，这种要求我感到尽管和《劳动法》是不吻合的，但是反映了实际矛盾心情，一开始允许它有一个适应过程，我感到这个问题是值得研究的。比如安全卫生问题，老实说现在我们在广东看好一点，因为它都是外商投资企业、新企业或轻工企业，设备也简单，工艺也简单。反过来咱们有的国有企业、大企业、冶炼企业等，不符合安全条件的地方，满厂皆是，如果说从明年 1 月 1 日开始一切要达到劳动安全标准，那好多车间、工段都要停产，但是一下子又解决不了怎么办？

还得干活，还不能老是这样迁就下去。既要按《劳动法》的标准把问题摆开，大家共同努力逐步去解决，但又不能要求《劳动法》一颁布一切都要按标准办，也不能设想《劳动法》一颁布一切条件都具备，也不能要求一切条件具备后才去贯彻《劳动法》。对这个问题又得坚持标准，又得从实际出发。这个问题从现在看来，有些问题还需要做点灵活处置，加班加点问题、安全卫生标准问题、休假等等好多问题，我的考虑，可以从各地具体情况出发，但是又得有一个原则。在深圳开座谈会，我说你这个企业，明明是两班的任务你就招一班工人，天天加班，我说过是不允许的，明明是剥削中国工人嘛！我想这样工会就应该抵制。有的已经配备了两班，有的配备了三班，还得加点班，这种情况倒要从实际出发，实事求是地考虑，还得允许加点班，但又不能无休无止地加班。我在北京开座谈会时也谈过，有时搞公路建立交桥，北京市又提出号召，国庆节前要把立交桥交工，工人没有白天黑夜地抢，不知道加班多少天，我说作为工会你怎么办？你把加班压下来不行，大家都热火朝天地对待一个政治任务，我们都搞惯了政治任务。你说不加班“十一”以前立交桥不能交工，那对北京来说事情就大了。我们工会就不要去干预了。国庆节还有几天就快到了，你说咱们还要提不让加班，这是不行的。我看主导方面坚决按《劳动法》办，坚持《劳动法》的标准，不能退让。实际工作中要有一个过程，一步一步来。所以，从全国来看，全国企业都达到《劳动法》标准，相当难，要好几年，要一步一步来实现。从政府劳动行政部门、企业行政、工会、职工大家一起按《劳动法》目标来奋斗，努力在多少年内达到。当然《劳动法》标准要逐步提高，达到这个标准，又会有新标准。《劳动法》很好，《劳动法》实际上是社会主义现代化建设在某一个领域的一些目标、规范，是推动生产力发展的一个手段，一个法规。第二个问题比较多，这是我们工会碰到的现实问题。原则提法是严格按《劳动法》办事，某些具体问题要从实际出发。

第三个问题，我们到各地调查对《劳动法》看法，工人是很拥护的，企业经理开座谈会都说得不错，说得很好，但底下有不少说法。党政领导有的没深接触，都说拥护，稍接触一下矛盾，他们就打问号。最近劳动部有一个通知，对《劳动法》有要求，我们下面的党政领导说，这怎么行，在这里要是办不到要乱的。一动真的，党政领导干部顾虑很多。这个问题怎么会产生？我的看法是《劳动法》本身有利于维护劳动者利益，有利于发展经济，有利于维护社会稳定。但也有一个问题，如处理不当，分寸掌握不当，也有可能会带来这样那样的消极因素，这是可能的。咱们认识有片面性，不按政策办事也会带来一些问题，在这里包含既要以积极态度去争取办到，又要实事求是，允许有个过程，要掌握分寸，掌握不好，容易出问题。《劳动法》对我们工会来讲是一个大法，概括了工会基本职能，在某些方面带全局性，但工会工作在整个国家工作中又是个局部。贯彻《劳动法》尽管对工会是很重要的，但在全党全国大局中，《劳动法》还是个局部。因此，在贯彻《劳动法》中要注意处理好局部和全局的关系，服从服务于全国改革、发展、稳定的大局。《劳动法》同大局是一致的，处理中要时刻注意服从服务于大局。当然现在没有这方面的问题，现在是学习宣传《劳动法》，但在贯彻《劳动法》中当然要注意，这是一个领导艺术、领导水平、人员素质问题，这个问题需要提出来。我们感到在贯彻《劳动法》中，这几个问题需要明确。这些问题我们不太有把握，很想听听你们的意见。一个是怎么辩证、全面看，从中国实际出发贯彻《劳动法》；一个是既要坚持贯彻《劳动法》要求，又要从实际出发逐步达到；第三，贯彻《劳动法》要以服从服务于改革、发展、稳定为前提，这个认识问题讲得比较简单，问题很多，要是摆开来，好多具体问题都涉及到。

还有一个问题，贯彻《劳动法》内容好多，坚持《劳动法》标准，要成立劳动争议调解委员会，要处理劳动争议，要立法配套，要调节劳动关系，要加强职代会，要签订集体合同，等等。这些工作很多，都应该做，但在贯彻《劳动法》过程中也有要抓一个能牵动全局，抓住它能暴露各方面矛盾，推动各方面工作，使《劳动法》能全面贯彻执行的问题。我们考虑，可不可以从抓集体合同开始，以抓签订集体合同来带动、促进《劳动法》的贯彻。当然集体合同是最终结果。现在搞集体合同难度很大，但反过来不抓这个东西，单项去抓，很可能这个抓一抓，那个抓一抓，看不到综合结果。我想这个提法是我在座谈会上讲的，是否在企业搞集体合同的试点，从试点中看《劳动法》的利害，看看贯彻《劳动法》中的矛盾和分量，这样有助于进一步带动工会各方面工作。这个观点好多企业工会主席都接受，说这是个好办法。有的同志包括北京市最近抓了不少工作。一次碰到市总工会主席，他说感到通过抓《劳动法》，这是抓住了要害。他们作了一些摸底调查工作，同意从抓集体合同来带动贯彻《劳动法》各个方面的工作。但抓集体合同，我们感到也有一个从低级到高级的过程，你能一下子把集体合同抓得这么完整、周到、确切？集体合同可以从那些低级条件先抓，有些一下子说不清的可先不抓。然后，在开展过程中慢慢地、逐步地充实完善集体合同。充实完善集体合同的过程，实际上也是不断全面地、更好地提高贯彻《劳动法》的过程。我感到总要抓住一个主要的东西，抓住集体合同这个环节能把《劳动法》这些单项工作都能带起来，并且能看到每个单项工作的缺陷、漏洞，如果一项一项去抓很难抓。

这些思路不太有把握，先发个言，向你们介绍一下我们这个阶段的想法，有什么问题，请帮我们把把关，出出主意。制定《劳动法》，劳动部门作了很大贡献，这个阶段是学习、宣传，各地劳动行政部门做了大量工作，工会也配合，但不如你们。这个问题，各级工会关键是认识问题。我们有些工会组织没有认识到《劳动法》在当前维护劳动者地位及推动工会工作中的作用，有的工会主席没意识到这个，有的满足于工会热热闹闹地过日子，哪年都好过日子，今天这个大会，明天表彰，后天旅游，365 天热热闹闹，丰富多彩过去了，没少干，年终总结都很忙。工会不能停留在这个上，工会关键要真正在维护劳动者利益上起到作用。我在广东讲，工会关键要改变面貌，工人对我们工会不是那么亲切，没有感到那么有必要、离不开。工人认为工会是共产党要求办的，有企业就有工会，有工会我就参加，没亲切感受到离开工会就得不到保护，离不离开工会一个样。因此，怎样通过贯彻《劳动法》使工人确确实实感到工会是工人自己的组织，离不开工会维护自己的利益。工人如果没有这个感受，遇有风吹草动，工会的作用很难讲。不要认为工会干部能同工人混在一起，同工人交朋友，也愿意在生活上同工人打成一片，这很好，但这些不够。这种情况，工人只能认为这个工会干部不错，这个老王是个好人、贴心人。但当工人的劳动权益受侵犯时，你这个老王没办法说话了，帮不了忙，你这个老王是个好人、好朋友，但不是好的工会干部。一个工会干部的要害，是在维护劳动者权益上。咱们工会这一套工作程序，依法保障劳动者利益没好好运转起来，这个问题虽然也抓了，但认识就是不深。这是因为不了解《劳动法》的贯彻是同工会休戚相关，是生命线。因此，我们想在全总执委会上围绕这个问题做文章。明年工会工作，也可以说今后相当一个时期，工会工作要紧紧围绕《劳动法》的贯彻来开展，工会各方面工作要通过贯彻《劳动法》来带动，工会自身改革和建设要通过贯彻《劳动法》来推动，真正使工会工作提高到一个新水平，发挥工会应该发挥的作用。我们想搞一个工会贯彻《劳动法》的决定，请大家看一看，提点意见。一开始不知从哪里讲起，只给大家把我们的思路讲讲。目的是使大家了解我们的心情，帮我们出出点子。

我们为什么提出抓集体合同制度，因为《劳动法》它有一系列的标准、内容、要求。《劳动法》一抓什么，二抓什么，三抓什么，这是一种抓法；还有一种抓法，就是要抓住它的要害，这个要害抓住了，就能带动其他。从分析《劳动法》的内容来看，真正能牵动全局的、能够反映一些共性问题的，还是集体合同。《劳动法》中单项的标准，反映不了所有的劳动关系和劳动标准。集体合同是能反映整体的。为什么强调抓集体合同，是从这个意义上提出来的。但问题是工作有个过程。劳动部领导说的我赞成，就是说，《劳动法》刚刚贯彻，它还有一个逐步建立业务的过程。如从整个业务来讲，作为城市讲，首先是要把个人劳动合同订起来；从工会讲，首先要把工会建起来。你工会都没有，还说什么维护职工利益？把工会建起来，抓住工会组建率，把劳动合同建起来，把劳动标准贯彻、监督工作搞起来，把企业劳动争议的调解工作、调解组织建起来。当然，还有职代会、民主管理这些问题。因此，抓集体合同能够带动解决好些矛盾，集体合同是各项工作的最后的成果。通过它去带动单项，但这个工作又要在单项工作的基础上才能形成集体合同。

在程序上要从实际出发。集体合同作为一个制度，外商投资企业要抓，国有企业也要抓，但外商投资企业要放在第一位。国有企业可考虑试点，大城市条件比较好一点的，搞一批国有企业的试点。这个东西说神秘也不神秘，过去，咱们的双保合同，20 世纪 50 年代就有了，那时是说，企业今年要盖多少房，哪年进厂的工人应该有房住，今年奖金怎么分配，等等。现在这方面的内容更多了，反过来，职工也应该完成今年的经济指标、生产任务、遵守规章制度等等。这两方面也不是对立的。从这个意义上讲，这个工作也不是过去没搞过。另外，集体合同容易触动矛盾，就看你的指标、条件规定得怎么样。如果标准过高了，也会诱发矛盾，那是订集体合同掌握的分寸问题。另外，我们也不要求集体合同一搞就很齐全，各种指标都很全，各种劳动标准都规定得很细，有多少规定多少，有多少条件，解决多少条件。由低级到高级，由不完整到完整，也是一个逐步发展、不断提高的过程。但是，有一个好处，抓集体合同，可以发现这方面不足，那方面的劳动法规也还有薄弱环节，在维护劳动者权益方面还没有保障；另外，也有利于当前国有企业职工代表大会、民主管理制度的巩固。如不从这个方面去带动，单纯抓职代会，单纯就民主管理抓民主管理，说明你的民主管理工作做得就不够。抓住它，就不是为搞民主管理而搞民主管理了，它是为维护劳动者利益，职工感到它是一种需要，工会也感到这个不抓不行。把职代会、民主管理跟维护劳动者利益、贯彻《劳动法》统一起来的一个标志、一个办法，就是抓集体合同。你搞集体合同就必须开职代会，你搞集体合同开职代会就必须搞一些新的民主管理的内容。

从发展方面来看，集体合同不仅在外商投资企业，在国有企业将来也是要抓的。我的看法是，国有企业和外商投资企业没什么原则上的差别，老实说，如果讲工作基础、思想基础条件，国有企业可能比外商投资企业搞起来条件还要好一些。当前，考虑到外商投资企业侵犯职工合法权益的问题比较突出，可以先在外商投资企业搞。同时，在进行现代企业制度试点的企业也可以搞。现代企业制度如果违背了《劳动法》，就不叫现代企业制度。现代企业制度的一套东西，职工的主人翁地位不能得到保障，利益得不到维护，说明这个制度是有缺陷的。对于一些有争议的问题，不要泛泛地去争论，大家都按《劳动法》办事，在《劳动法》的基础上取得统一认识。因此，我主张抓集体合同。因为抓集体合同可以带动好多方面的工作。但另一方面，集体合同又是工作的结果。如果工会都没有，个人劳动合同都没订起来，劳动标准都没有，现在就订集体合同也不行。订集体合同也还要有一定的条件。所以，明年看来，作为一种战略，要明确抓《劳动法》，抓维护劳动权益，抓集体合同。但什么时候抓什么，一定要从实际出发。明年看来还不到把主要精力放在抓集体合同上。明年从工会讲，第一个，比如说，外商投资企业组建率要达到80%。第二个，组建了外商投资企业工会以后，职工签订劳动合同的比率要高一点。要多少，像蛇口现在已达到98%了吧，不签订劳动合同，《劳动法》没办法贯彻。另外，签订劳动合同，工会要参与，不能让企业主跟工人一签就行，工会要监督。第三个，企业的劳动争议调解委员会，明年应该建立起来，达到多少比率。第四个，外商投资企业应该逐步推行集体合同，明年在国有企业，大城市选择一部分企业搞试点。工作要分步做，但从战略上考虑，《劳动法》一项一项单项抓是不行的。你必须像抓蛇一样，抓七寸，一抓就抓住了。过去讲纲举目张，强调的是抓纲。集体合同很要害的，是它把个性与共性的矛盾结合起来了，而且是真正发挥一级组织的作用、职工代表大会的作用、工会的作用，而不是单兵教练。从这个意义上讲，应该放到这样的日程上。当然，要达到这些要求，要有一个过程，明年做准备，做好试点。

以贯彻实施《劳动法》为契机和突破口*

（1994年12月12日）

这次执委会议以邓小平同志建设有中国特色社会主义理论和党的基本路线为指导，认真学习贯彻党的十四大，十四届三中、四中全会和中央经济工作会议精神，紧紧把握全党全国工作的大局，围绕以贯彻实施《中华人民共和国劳动法》为契机和突破口，带动工会各项工作，推动自身改革和建设，在改革、发展、稳定中更好地发挥作用这个主题，审议通过了《全国总工会关于贯彻实施〈劳动法〉的决定》，总结了今年的工作，研究确定了明年的任务。

这次执委会议期间，胡锦涛同志代表党中央作了非常重要的讲话，要求我们全面加强工会建设，在深化改革、扩大开放、促进发展、维护稳定中发挥更大的作用。胡锦涛同志站在全党全国大局的高度，深刻分析了国际国内形势和我们面临的任务，明确提出要善于在改革开放的新形势下认识自己、加强自己、提高自己，全面加强工会的思想建设、组织建设、作风建设，努力把中国工会建设成为中国共产党领导的、用建设有

* 这是尉健行同志在全总十二届二次执委会议上的讲话。

中国特色社会主义理论武装的、能够带领职工群众为实现党的任务英勇奋斗的、思想上政治上组织上坚强的、深受广大职工信赖的工人阶级群众组织。这为我们搞好工会改革和建设,做好今后的工作,明确了目标,指明了方向。胡锦涛同志的重要讲话,充分体现了党中央对工会工作的高度重视和寄予的深切期望。各级工会一定要认真学习、深刻理解和坚决贯彻,按照党中央的要求,努力把工会建设好,团结和动员全国职工,在改革、发展、稳定中充分发挥主力军作用。

下面,我想围绕会议主题讲几点意见。

一、关于当前的形势和工会面临的任务

当前的国际国内形势,正如胡锦涛同志所深刻分析的那样,对我们推进改革开放和社会主义现代化建设非常有利。从国际形势看,我国同周边国家的友好互利关系继续巩固和发展,同发展中国家的团结合作不断加强,同西方国家的关系得到恢复和发展。可以说,当前是新中国成立以来我们外交回旋余地最广阔、同周边关系最为有利、市场前景最具有吸引力的时期。这些都为我们进一步深化改革、扩大开放、加快发展提供了难得的历史性机遇。国内形势总的来看也是好的。1992年邓小平同志视察南方的重要谈话和党的十四大以后,我国的改革和建设进入了一个新的发展阶段。我国政治稳定,民族团结,经济持续、快速、健康发展,建立社会主义市场经济体制的改革迈出了决定性的步伐,各项事业都取得了新的进展。在好的形势下我们也要看到前进中存在的困难和问题,时刻保持清醒的头脑。

党的十四届四中全会，是在我国改革开放和社会主义现代化建设发展的关键时刻召开的一次非常重要的会议。会议作出的《中共中央关于加强党的建设几个重大问题的决定》，是以江泽民同志为核心的党中央抓住有全局意义和长远意义的重大问题，作出的重要决定，对于在新的形势下加强党的建设，提高党的领导水平和执政水平，推进改革开放和社会主义现代化建设事业，保证国家的长治久安必将产生重大而深远的影响。为了做好明年的经济工作，刚刚结束的中央经济工作会议，明确提出明年经济工作总的指导思想是：坚持邓小平同志建设有中国特色社会主义理论和党的基本路线，全面贯彻党的十四大和十四届三中、四中全会精神，继续把握“抓住机遇、深化改革、扩大开放、促进发展、保持稳定”的全党全国工作大局，进一步处理好改革、发展、稳定的关系，加快建立社会主义市场经济体制，实现国民经济持续、快速、健康发展和社会全面进步。根据这样的指导思想，提出了明年经济工作的主要任务和必须正确认识与把握的问题，强调要认清形势，统一思想，做好明年的经济工作，把改革开放和社会主义现代化建设事业不断推向前进。

工会是党领导下的工人阶级群众组织。工会的性质和肩负的任务，决定了必须遵循党的基本理论和基本路线，紧紧围绕党的中心任务开展工作。这就要求我们必须自觉地把工会工作放到全党全国的大局中去认识和把握，善于从全局来认识问题，研究和开展工作，积极主动地为大局服务。形势认识得越清楚，与党的中心任务贴得越紧，工会工作就越有生气和作为。

关于明年党的中心任务，总的来说，就是坚持以党的基本理论和基本路线为指导，以经济建设为中心，推进建立社会主义市场经济体制，推进社会主义精神文明建设，推进社会主义民主与法制建设。党的四中全会和中央经济工作会议提出，明年要以国有企业改革为重点，协调配套地推进建立社会主义市场经济体制的各项改革；加强和改善宏观调控，抑制通货膨胀，确保国民经济持续、快速、健康发展；坚持两手抓，两手都要硬，维护社会稳定；全面加强党的建设，提高党的领导水平和执政水平。要完成这些任务，必须正确处理改革、发展、稳定的关系，继续把握好全党全国工作的大局。

我们工会服务于党的中心任务的主要手段是维护。通过维护职工合法权益，保护和调动广大职工的积极性，积极完成党和政府提出的各项任务。维护是工会的基本职责，指的是在维护全国人民总体利益的同时，更好地表达和维护职工群众的具体利益。多年来，各级工会为此做了大量工作，取得了很大成绩，也积累了丰富的经验。随着社会主义市场经济的发展，国家、企业、职工三方利益格局加速形成，劳动关系日趋多元化、复杂化。在新形势下，如何调整劳动关系，维护职工合法权益，我们工会还缺乏经验，工作还跟不上，群众也不满意。要害是不适应发展社会主义市场经济过程中调整日益复杂化的劳动关系的需要。这是我们多年来致力研究和解决的问题。今年颁布的《劳动法》，是发展社会主义市场经济的产物，是几十年来这方面工作经验的结晶，其根本立法宗旨是调整劳动关系，维护劳动者的合法权益。它明确规定了在发展社会主义市场经济过程中，工会在调整劳动关系、维护劳动者合法权益中的地位、权利、渠道和方法，并提供了法律保障，可以说多年来使我们困惑的很多问题都得到了明确的解答。因此，各级工会一定要抓住贯彻实施《劳动法》这个难得的机遇，认真学习《劳动法》，正确掌握《劳动法》，大力贯彻实施《劳动法》，努力在维护职工合法权益方面使工会工作有一个突破性进展，增强工会的吸引力和凝聚力，进一步发挥党密切联系职工群众的桥梁纽带作用，更好地为全党全国的大局服务。

因此，面对新的形势任务，1995 年工会工作的指导思想是：坚持以邓小平同志建设有中国特色社会主义理论和党的基本路线为指导，认真贯彻党的十四大，十四届三中、四中全会和中央经济工作会议精神，继续把握“抓住机遇、深化改革、扩大开放、促进发展、保持稳定”的全党全国工作大局，进一步处理好改革、发展、稳定的关系，以贯彻实施《劳动法》为契机和突破口，带动工会各项工作，推动自身改革和建设，努力把工会工作提高到一个新水平，在改革、发展、稳定中更好地发挥作用。

二、以贯彻实施《劳动法》为契机和突破口，带动工会各项工作，更好地维护职工合法权益

几天来，大家围绕会议主题进行了广泛深入的讨论，在许多问题上取得了共识。这里，我想结合大家讨论的情况，再强调几个问题。

第一，为什么要以贯彻实施《劳动法》为契机和突破口来带动工会各项工作，必须进一步提高认识，统一思想。

随着社会主义市场经济的发展，工会工作面临着一系列新情况新问题，提出了新的更高的要求。在新的形势任务面前，工会要做的工作很多，既要有一个总体安排，又要抓住主要矛盾，突出重点。当前，最现实、最有针对性的是要以贯彻实施《劳动法》为契机和突破口，来带动工会各项工作，更好地维护职工合法权益，调动职工的积极性，团结和动员广大职工群众为改革、发展、稳定作贡献。

其一，《劳动法》的根本立法宗旨是保护劳动者合法权益，这与工会的基本职责是完全一致的。工会是社会经济矛盾的产物，更具体一点讲，也可以说是劳动关系矛盾的产物。工会能否适应社会主义市场经济的发展，关键在于能否适应新形势下劳动关系的变化。工会的存在之所以成为客观必然，其根本原因就在于它作为工人阶级自己的组织，肩负着维护职工合法权益的基本职责。《劳动法》正是规范社会主义市场经济条件下劳动关系的法律，不仅对工会履行基本职责提供了法律保障，而且也为从哪些方面去维护职工合法权益指出了方向。因此，《劳动法》不仅是与工会某项工作有关的专业性法律，而且是一个涉及工会基本职责的重要基本法律。《劳动法》涉及面很广，工会的很多工作都与《劳动法》有关，都可以通过贯彻实施《劳动法》来推进。比如，工会为帮助企业扭亏增盈、走出困境，发动职工搞劳动竞赛、合理化建议等，这种群众性组织生产的办法本身，就是《劳动法》的题中应有之义；就业、工资、工时、社会保险、劳动保护等职工合法权益的保障，更是《劳动法》的主题；今年工会抓的重点工作之一——加快外商投资企业工会组建步伐，这既是《劳动法》的要求，又是贯彻实施《劳动法》所必需的一个组织保证。又比如，职工民主管理和职代会等方面的工作都是《劳动法》所要求的，将来签订的集体合同草案，需要提交职代会或全体职工讨论通过，这就为提高职代会水平提出了更加具体而实在的要求。再比如，工会的职工教育、女职工工作、送温暖工程等，很多方面的具体工作都是《劳动法》有所规范、要求处理的。过去这些工作我们一直在做，今后也要继续做好。现在的问题是，要通过贯彻实施《劳动法》来统揽方方面面的工作，注意适当集中力量，突出重点，并且善于以《劳动法》作为法律保障。所以，把贯彻实施《劳动法》作为当前和今后一个时期工会工作的重点，就是抓住了关键，抓住了工会工作的本质内容，就可以把各方面的工作都带动起来。

其二，《劳动法》为在发展社会主义市场经济过程中探索工会工作新路子提供了法律依据，也有助于解决当前一些有争议的问题。目前，我国的改革正在深化，以国有企业为重点的各项改革正在展开，转换企业经营机制和建立现代企业制度试点的任务很重，国务院有关部门已在全国100家国有企业进行建立现代企业制度的试点，各地也都选择了一批企业进行试点。工会要全过程地参与这些工作，这是毫无疑问和责无旁贷的。现在的问题是，深化企业改革，出现了有限责任公司、股份公司等多种多样的企业组织形式，工会在各种新形式的企业组织里处于什么地位，享有什么权利，应尽什么职责，扮演什么角色等，从理论到实践上认识并不一致，有些方面还有争议。这不奇怪，对这样一些新事物，客观上需要有一个在实践中不断探索、积累经验和形成共识的过程。我们必须坚持以邓小平同志建设有中国特色社会主义理论和党的基本路线为指导，通过实践去积极摸索，统一认识，这是总的要求，也是最重要的要求。同时我们也必须看到，在很多方面《劳动法》不仅已经回答了维护劳动者合法权益的问题，而且涉及到工会在企业中的地位、作用、性质、职能。应该说，《劳动法》为我们探讨深化企业改革和建立现代企业制度中的工会地位、作用，提供了具体的法律依据。这样我们与有关方面研究问题就有了共同语言，就可以在法律的规范和保障下来处理一些矛盾。《劳动法》作为基本法律的规定，不是可以做也可以不做，而是大家都必须严格按照要求去做的。建立现代企业制度必须遵循《劳动法》和有关法律法规，而贯彻实施《劳动法》又有助于推动现代企业制度的建立。凡是违背《劳动法》有关工会地位、作用规定的，都是必须纠正的。贯彻实施《劳动法》有助于推动工会更好地履行《中华人民共和国工会法》赋予的权利、义务，把在现代企业制度试点中工会的地位、作用依法确定下来。不能离开《劳动法》去谈什么现代企业制度中的工会地位和作用。应该说，不仅在建立现代企业制度试点中的企业是如此，在其他企业的各项改革中也应该是如此。所以，从这个意义上讲，《劳动法》的颁布实施，为探索发展社会主义市场经济过程中的工会工作新路子指出了方向，提供了依据。

其三,《劳动法》为推进工会改革和建设提出了具体的目标与要求。工会改革和建设的任务重、工作多、要求高。我们要坚持以邓小平同志建设有中国特色社会主义理论和党的基本路线为指导,抓住当前贯彻党的十四届四中全会精神,加强党的建设的有利时机,推进工会改革和建设。发展社会主义市场经济,对工会组织是一个全新的课题。工会改革不仅要从认识上、理论上提出问题去加以探讨和研究,有一个通盘的规划和安排,而且必须从实际出发,根据实际需要去不断推进。什么方面不适应、不合理,就改什么方面。如果在体制上、机构上、制度上、业务上跟《劳动法》的要求不吻合,那就是最现实的自身改革的内容;如果在方法上、作风上、人员素质上不适应《劳动法》要求的,那就是最现实的加强自身建设的内容。

最后,还要看到,贯彻实施《劳动法》使工会能更好地为当前党的中心任务服务。党的十四届四中全会提出加强党的基层组织建设的工作将在企业深入进行;中央经济工作会议提出深化经济体制改革的工作将重点在国有企业特别是大中型企业扎实展开。这都说明,党的基层组织建设和经济体制改革,企业都是重点。《劳动法》贯彻实施的重点同样在企业,通过调整劳动关系,保护和调动广大职工的积极性,必将推动企业深化改革,有助于推动企业转换经营机制和建立现代企业制度试点,加强内部管理,提高经济效益,推进以养老、失业保险为重点的社会保障体系的建立。这就是说,以贯彻实施《劳动法》为契机和突破口开展工会工作,与当前党的全局性任务也是完全一致的。

当然，我们强调要把贯彻实施《劳动法》作为工会工作重点，并不是说工会工作就只是贯彻实施《劳动法》，而是说要通过抓重点工作把各项工作都带动起来，更不是用抓贯彻实施《劳动法》去代替其他各项工作。因此，必须正确处理好重点工作与一般工作的关系。工会必须通过依法调整劳动关系来更好地维护职工的合法权益，保护和调动职工的积极性，这既是工会的基本职责，又是对工会贯彻实施《劳动法》的基本要求。但工会不仅仅是调整劳动关系的组织，它还是一个社会政治团体，维护职工利益也不仅在劳动权利方面，还要维护职工的政治地位和民主权利，还要组织职工参与管理国家和社会事务，参与企业的民主管理，参加改革和经济建设，维护社会的稳定，等等。因此，必须把贯彻实施《劳动法》同开展工会其他工作结合起来，协调起来，不能孤立地、单打一地去抓。这里需要特别指出的是，必须把贯彻实施《劳动法》与贯彻实施《工会法》结合起来。《劳动法》和《工会法》都是与工会工作关系重大的基本法律，对工会工作来说，这两部基本法律的要求是紧密关联的。贯彻好《劳动法》必将更有助于推动《工会法》的贯彻执行。因此，要把贯彻实施《劳动法》和贯彻实施《工会法》等其他有关法律法规结合起来，既突出重点，又带动各项工作的开展。

总之，鉴于这方方面面的考虑，我们认为，在当前和今后相当长一个时期内，工会必须从思想认识上和工作部署上确立这样一个总体工作思路，就是要站在全局的高度，抓住有利时机，以贯彻实施《劳动法》为突破口来推动工会工作，努力适应发展社会主义市场经济对工会工作的要求，更好地代表和维护职工的合法权益，增强工会的吸引力和凝聚力。这是关系到在新形势下工会如何抓住机遇，提高自己，赢得职工群众的信任，充分发挥党密切联系职工群众的桥梁纽带作用，进一步调动广大职工的积极性，促进改革开放和现代化建设，维护社会稳定的重大问题。对此，各级工会干部特别是领导干部务必有深刻而清醒的认识。

第二，贯彻实施《劳动法》要确立以签订集体合同为重点的工作路子，并做好前期基础性工作。

这是一个如何抓贯彻实施《劳动法》的工作路数问题。贯彻实施《劳动法》既要有总体安排，又要突出重点，抓主要矛盾。贯彻实施《劳动法》，工会要做的工作是多方面的。但是如何从诸多方面的工作中抓住一个能牵动全局的工作，抓住它就能统领各方面的矛盾，能带动各方面的单项工作，推动《劳动法》的全面贯彻执行，这就是要善于抓贯彻实施《劳动法》中的主要矛盾问题。我们考虑，对工会来说，这个重要环节和关键问题就是工会代表职工与企业签订集体合同。

集体合同是依法规范和调整劳动关系的集体协议，是对《劳动法》等法律法规的具体化。集体合同把各个单项劳动标准集纳、综合起来并加以规范，从整体上实现对职工劳动权利的维护，是企业与全体职工间劳动关系的总体规范和调整，是企业调整劳动关系最有效的机制与办法。企业与职工签订的劳动合同、为职工提供的劳动条件和各种待遇等，不能低于集体合同确定的标准，都受集体合同的制约。集体合同应规范劳动关系双方的行为，坚持权利和义务的统一。因此，抓住集体合同这个关键环节，就是抓住了贯彻实施《劳动法》的要害，就可以牵一发而动全身，把工会贯彻实施《劳动法》中的许多方面工作都带动起来。比如，要签订集体合同，就要有工会作为职工一方的代表去协商谈判和签约，没有工会的企业就必须加快组建工会，这就从工作需求上推动着工会的组建工作。又比如，集体合同的草案，要提交职工代表大会或者全体职工讨论通过，这就为职工民主管理提供了更加具体实在的内容，从制度上把职代会与工会维权工作结合起来，使职工更加感到召开职代会是一种与切身利益息息相关的迫切需要。再比如，集体合同是协商谈判的结果，其内容涉及企业生产经营管理的许多方面，只有了解生产经营状况，掌握必需的经济、技术、管理和法律知识，才能代表职工同企业搞好协商谈判和签订集体合同，这就逼着我们的工会干部必须加强学习，努力提高自身素质。同时，推动着企业工会更好地发挥调整劳动关系、维护职工合法权益和代表职工参与管理企业的作用。因此，工会抓住集体合同这个重点，就如同抓住了贯彻实施《劳动法》这个系统工程的总枢纽、总开关。

签订集体合同要分步骤逐步推开。当前我们应当首先在部分外商投资企业和现代企业制度试点的企业以及部分条件较好的国有企业进行试点。集体合同有一个从不完善到完善的发展过程。不要把集体合同看得很神秘，事实上我们过去也搞过集体合同，特别是许多国有企业至今还在实行着的双保(共保)合同,就是一种类似集体合同的形式,已经积累了不少经验。现在的问题是,要依据《劳动法》,借鉴以往的经验,在实践中继续探索,不断积累经验,逐步完善提高,向建立集体合同制度方向发展。对此,全国总工会贯彻实施《劳动法》的决定和明年的工作要点中都提出了明确要求。希望各级工会采取有力措施,切实抓好各类企业的试点。

就大多数企业来说,目前需要做好大量前期基础性工作。一是要继续加强《劳动法》的学习宣传工作,以进一步提高各级工会干部和广大职工的认识,统一思想,并把学习宣传同贯彻实施《劳动法》结合起来,做到互相促进;二是把广大职工在学习宣传《劳动法》中激发出来的积极性,引导到继续开展扭亏增盈、“双增双节”等活动,努力提高企业经济效益,完成中央经济工作会议提出的任务上来;三是关心困难职工的生活,继续开展送温暖工程,配合有关方面解决生活困难职工的生活保障问题;四是已开业的外商投资企业要首先把工会组建起来,使明年的组建工作有突破性进展,同时大力推进乡镇企业工会组建工作,搞好私营企业工会组建的试点工作;五是加强职工民主管理,坚持和完善职工代表大会制度,探索新形势下民主管理新的实现形式和途径;六是进一步建立健全劳动合同制,不断提高劳动合同签订率;七是推动和帮助企业依据《劳动法》等法律法规,清理、整顿企业的规章制度和建立单项劳动标准,对严重影响职工身体健康和生命安全、侮辱职工人格、侵犯女职工特殊权益等违反《劳动法》规定的各种现象,必须坚决促其纠正;八是督促各类企业依法建立健全劳动争议调解委员会，有效地开展劳动争议调处工作，防止并妥善处理各种突发性事件。这些基础性的工作，既是为签订集体合同作的各种准备，又是贯彻实施《劳动法》本身所必须做的工作。

贯彻实施《劳动法》，必然要求认真作些调查研究，要抓一些制度业务建设，要建立一些必要的工作秩序，要搞一些试点和总结经验等方面的工作。问题在于要把这些工作和当前工会的日常工作很好地结合起来、统一起来抓。应该看到，我们当前开展的日常工作，大量都与《劳动法》有关，大量都涉及到维护职工劳动权益。不能设想，一方面我们强调抓《劳动法》的贯彻实施，一方面却又对摆在眼前的调整劳动关系的工作有所放松。我们考核一个地区、一个单位贯彻实施《劳动法》的工作做得如何，既要看贯彻实施《劳动法》的各项业务建设，更要看贯彻实施《劳动法》的实际效果。总之，要看党的四中全会和中央经济工作会议精神，在企业是否得到贯彻落实，是否建立稳定协调的劳动关系，维护了职工合法权益，保护和调动了职工的积极性，促进了企业的改革、发展和稳定。

第三，贯彻实施《劳动法》必须从中国国情出发，全面地、辩证地看待和处理各种矛盾与问题。

发展社会主义市场经济我们需要借鉴外国对我们有用的经验。但是，我国的社会主义市场经济体制是同社会主义基本制度结合在一起的。《劳动法》适应发展社会主义市场经济的要求，总结吸收了 40 多年来我们调整劳动关系的好经验，有其鲜明的中国特色。贯彻实施《劳动法》必须立足于中国的国情。劳动关系的本质和内容取决于各个国家的性质和经济体制。有不同的所有制，就有不同的劳动关系；有不同的经济体制，也就有不同的劳动关系矛盾和不同的处理形式、内容与方法。所以，处理这个问题，就有一个共性与个性的关系，还有一个继承与创新的关系问题。一方面，从国际上的发展变化和经验教训来看，哪些可以借鉴，哪些不能借鉴；另一方面，从中国的国情出发，历史地发展地来看，哪些应当继承、坚持和发展，哪些应当改革。这就是说，贯彻实施《劳动法》，既要借鉴国外先进的经验和做法，更要从中国国情出发，不能简单地照抄照搬，必须坚持以邓小平同志建设有中国特色社会主义理论和党的基本路线为指导，全面地、辩证地理解和贯彻实施《劳动法》。

我国是社会主义国家，以公有制为主体的企业特别是国有企业，从所有制的性质上决定了劳动者与企业形成的是在根本利益一致基础上的劳动关系，不同于资本主义条件下的那种劳资关系。从我们国家的国体和所有制来说，坚持以公有制为主体，在总体上就决定了劳动关系的基本方面没有变；但经济体制从计划经济转向市场经济，由于受经济体制变革的影响，劳动关系又发生了深刻的变化。这就是说，我国的劳动关系涉及的内容，有的要变，有的不能变。一方面，我们不能因为提出《劳动法》参照国际有关惯例，就把两种不同社会制度条件下的劳动关系混淆。另一方面，我们又不能因为强调必须坚持社会主义制度，就继续按老的一套办法办。因此，我们必须学会全面地、辩证地看待、分析和解决问题，既要看到不变的一面，又要看到变化的一面；既要坚持过去行之有效的基本方针、工作准则和传统做法，同时又必须适应发展社会主义市场经济的要求，不断地进行改革和创新。这是我们在贯彻实施《劳动法》的过程中所必须坚持的一个原则要求。

根据这个原则要求，我们贯彻实施《劳动法》，处理和分析各种问题时就可以做到心中有数，少走不必要的弯路。比如，建设有中国特色的社会主义，决定了中国工会必须坚持自觉地接受党的领导和依法独立自主地开展工作的统一；积极推动党的全心全意依靠工人阶级根本指导方针的贯彻落实，坚持在公有制为主体的企业里，职工的企业主人翁地位不能变；工人阶级是一个整体，经营管理者、知识分子和工人都是工人阶级的组成部分；国家、企业和职工三者利益在根本上是一致的，工会既要代表维护职工群众的具体利益，又要维护国家的总体利益，坚持两个维护的统一；既要依法维护职工的合法权益，又要教育职工履行义务，坚持权利与义务的统一，等等。这些原则都不能变。即使在我国的外商投资企业，我们也要本着维护职工合法权益和共谋企业健康发展的方针处理有关矛盾。在劳动关系上，有人认为，现在搞市场经济了，劳动关系就是利益关系。当然，利益关系是劳动关系基本的方面。但是，把劳动关系仅仅归结为利益关系，也是不切合我国国情、不符合我们社会主义企业性质的。我们毕竟是社会主义国家，还要发扬主人翁精神，还要讲奉献精神。《劳动法》提倡劳动者参加社会义务劳动，表彰和奖励劳动模范和先进工作者，就是这种精神的具体体现。再比如，签订集体合同中的权利与义务相统一的问题。有的人认为，既然是维护职工利益，就只能讲权利,《劳动法》没有讲集体合同中要明确劳动者的义务,只规定了劳动者的权利,因此,职工完成生产任务等要求不应写入集体合同。这就把社会主义企业的职工是与企业结成利益共同体,必须尽主人翁责任给忽视了。总之,对于一个问题,我们强调了矛盾的主要方面,这是对的,但我们不能忽视矛盾的次要方面。这确实需要全面地、辩证地来看待和处理问题,要掌握好尺度,掌握好分寸。坚持什么,改革什么,探索什么,发展什么,既要切合我国社会主义的基本制度,又要从发展社会主义市场经济的实际出发。

第四,贯彻实施《劳动法》既要坚持严格按标准办事,又要根据客观实际,创造条件逐步达到标准。

《劳动法》为维护劳动者合法权益提出了一系列标准和要求,这些标准和要求是适应发展社会主义市场经济需要的法律规范,有利于维护劳动者的合法权益,有利于促进经济的发展。贯彻实施《劳动法》,必须坚持标准,依法办事。只有这样,劳动者的合法权益才能得到维护,积极性才能得到保护和调动,也才能推动生产力的解放和发展。因此,《劳动法》提出的工时、工资、劳动保护等一系列标准,都必须严格执行,凡不符合标准的,都要积极创造条件达到标准。无论是企业还是工会与职工,大家都应该有这样的积极态度和负责精神。这是贯彻实施《劳动法》必须坚持的主导方面的工作。但另一方面,我们也要看到,要达到《劳动法》提出的各种劳动标准,有些确实需要一个过程。我们国家这么大,不同的行业、不同的地区、不同的部门,也还有一些特殊的情况。比如,有些企业季节性、生产不均衡带来的加班加点，一时难以避免；有些企业安全卫生标准一时难以达到要求等；各地、各企业也还有其他一些问题要实事求是地予以处理。对这些问题，工会要与企业认真研究。对一时达不到标准的，要采取妥善的临时措施和补救办法，并积极创造条件，限期达到标准。对事关重大的问题，要及时向有关部门报告。但对那些严重威胁职工生命安全的问题，像深圳“11·19”特大火灾事故暴露出来的问题，我们一天都不能允许存在。有的外商投资企业明明长期是两班倒的生产任务，却只招收一班工人天天加班加点，以获取更多的剩余价值。对这种长期的制度性带来的加班加点，也决不能迁就。总之，贯彻实施《劳动法》如何做到既要坚持劳动标准，又要允许有一个过程；既按法办事，又从实际出发，具体问题具体处理；既不能设想《劳动法》一颁布什么问题都能解决，又不能等所有问题都解决了再贯彻实施《劳动法》。这些都是非常具体、现实的问题。对这些问题，我们必须用积极的态度去对待，坚持从实际出发实事求是地去处理，目的都是为了更好地维护职工合法权益，保护和调动职工的积极性，促进生产的发展。《劳动法》的贯彻实施不可能一蹴而就，我们必须坚持用发展的眼光看问题，企业、工会和职工，都要从有利于促进企业发展和维护职工合法权益出发，作长期不懈的努力。

第五，贯彻实施《劳动法》要自觉地服从和服务于全党全国工作的大局。

贯彻实施《劳动法》对工会来讲是件带有全局性的大事。

但在全党全国工作的大局中，工会工作又是个局部，贯彻实施《劳动法》也是个局部工作。局部工作要服从和服务于全局，小道理要服从大道理。贯彻实施《劳动法》，处理各种劳动关系和利益矛盾，都不能离开大局，一个重要的前提就是要有利于改革、发展和稳定。制定《劳动法》就是为了保护劳动者的合法权益，调整劳动关系，建立和维护适应社会主义市场经济的劳动制度，促进经济发展和社会进步。因此，贯彻实施《劳动法》，必将推动企业建立稳定协调的劳动关系，保护和调动广大职工的积极性，有利于推进改革，有利于促进经济发展，有利于维护稳定，也把工会工作与大局紧紧联系和统一在一起。但如果我们的指导思想、工作路子和工作方法不妥，分寸、尺度掌握不当的话，也可能激发一些矛盾，造成一些不稳定的因素。对此，各级工会干部要有很强的责任感，必须始终坚持把贯彻实施《劳动法》放到全党全国工作的大局中来看待和处理，自觉地为实现大局服务。总的要求是：态度要积极，步骤要稳妥，工作要扎实。对此，我们强调要遵守三条要求：一是《劳动法》的贯彻实施，一定要在同级党委领导下，按照当地政府的统一部署，工会与劳动行政部门紧密配合。强调要从实际出发，因地制宜。二是首先抓好统一思想的工作。对《劳动法》、对这次会议确定的总体思路和工作路数，在工会系统内部要上下基本统一认识。在认识未统一以前，不急于把工作铺开，更不急于开展新的重大项目。工作要过细，不搞一刀切，具体铺开时间由各地自己决定。三是凡涉及新的劳动标准，涉及当地停产、破产企业和困难职工等的政策和措施，要由当地党委、政府和有关部门统一发布、部署。这三个方面，务必请同志们高度重视，切实把握。

三、适应贯彻实施《劳动法》的要求，进一步搞好工会改革和建设

贯彻实施《劳动法》，对工会改革和建设提出了新的要求。我们必须按照党的十四届四中全会精神，加强工会改革和建设，从精神状态、思想观念到运行机制、工作方法乃至组织体制和工作格局，都有一个较大的转变。

第一，加强学习，坚持用邓小平同志建设有中国特色社会主义理论武装工会干部的思想。用邓小平同志的理论和党的基本路线武装广大工会干部的思想和指导工会工作，是我们认清形势、统一思想、把握大局、克服困难、做好各项工作的根本保证，是加强工会自身建设的一项长期的战略性任务。要把组织工会干部学习和帮助带动职工群众的学习结合起来，推动广大职工的学习。当前存在的一些思想认识和困惑问题，说到底，还是同没有学透或者没有搞清楚什么是社会主义和怎样建设和发展社会主义这个基本问题有关。因此，各级工会干部一定要认真研读《邓小平文选》一至三卷，作为一个整体来学习，在全面系统地把握理论的科学体系上下功夫，在坚持解放思想、实事求是的科学态度和创造精神上下功夫，在运用理论解决当前重大问题上下功夫，不断提高执行党的基本路线的自觉性和坚定性。要把学习邓小平同志建设有中国特色社会主义理论同学习贯彻党的四中全会和中央经济工作会议精神结合起来，同学习《邓小平论工人阶级与工会》结合起来，同学习、宣传与贯彻实施《劳动法》和解决在贯彻实施《劳动法》的过程中遇到的实际问题结合起来，紧密联系改革开放、现代化建设和工会工作与工会干部的思想实际，不断增强学习的针对性和实效性。

第二，贯彻实施《劳动法》必须有一种好的精神状态。《劳动法》颁布以后，工会上下反映都很好，决心通过贯彻实施《劳动法》把工会工作促上去。但是，我们应该看到，对贯彻实施《劳动法》的重要性和紧迫性，不是所有的工会干部都深刻认识到了的。一些同志不同程度地存在着认识不足和畏难情绪。有的对行使《劳动法》赋予工会的权利缺乏勇气，顾虑较多；有的埋怨有关方面不支持，工作难以开展；有的过分强调客观困难，等等。应当承认，贯彻实施《劳动法》会有许多困难，但越是在这样的情况下，我们越要有知难而进的精神状态，越要积极主动地去推动《劳动法》的贯彻实施。我们必须清醒地看到，过去我们做了许多工作，但在处理劳动关系问题上难以发挥更大的作用。现在的情况就不同了，《劳动法》对职工享有的劳动权益和工会的权利，都作了明确具体的规定。如果我们还不能承担起代表维护职工合法权益的职责，那就是失职，群众就不能原谅我们。对此，各级工会干部必须有强烈的紧迫感，自觉克服各种模糊认识，扫除各种思想障碍，打掉各种畏难情绪，始终保持良好的精神状态和科学求实的工作态度。做任何工作都会有困难，我们的任务就是要解决困难，战胜困难。如果我们在困难面前畏缩不前，那就什么事情也办不成，再好的机遇也无济于事。

第三,改革工会的组织体制和运行机制。工会十二大就提出了搞好工会改革和建设的任务。工会的改革和建设怎么搞?这个问题很大,在理论和实践上很难一下子就有一个明确的回答。《劳动法》的颁布实施,不仅为推动工会改革和建设提供了很好的机遇,而且也提出了具体的要求,使我们找到了一些解决问题的答案。工会改革和建设重点在工会领导机关。贯彻实施《劳动法》主要在企业,这就要求各级工会领导机关要把工作重点放在基层,要加强对基层贯彻实施《劳动法》的组织、指导,及时总结推广经验,搞好对下级工会的服务;抓好外商投资企业工会工作,也要对工会领导机关,尤其是外商投资企业集中地区的工会领导机关,提出建立相应的组织体制和运行机制的要求。贯彻实施《劳动法》是工会带全局性的大事,就需要有关部门把这项工作统管起来;贯彻实施《劳动法》要加快配套有关法律法规,客观要求工会搞好源头参与,加强群众性执法监督网络体系和队伍建设。各级工会要从形势任务的变化和贯彻实施《劳动法》的实际出发,努力适应社会主义市场经济要求,进一步密切与职工群众的联系,实现群众化、民主化,把工会建成职工信赖的"职工之家"。

第四,进一步提高工会干部的素质。能不能行使好《劳动法》赋予工会的权利,承担起工会的职责,在很大程度上取决于工会干部的素质。从整体上看,我们的干部队伍是好的。但从贯彻实施《劳动法》,真正承担起建立稳定协调的劳动关系,依法维护劳动者合法权益的要求看,我们还很不适应。首先是我们的素质有待提高。各级工会要采取有力措施,加强干部培训，组织工会干部学法、懂法、用法，学习政治、经济和企业生产经营管理知识。要让干部在工作实践中锻炼成长，给任务，压担子，严要求，特别是对年轻干部的要求应更严格一些。只有在完成任务的过程中和在紧张工作的环境下，我们的干部才能得到锻炼，工作能力和工作水平才能得到提高。工作多、矛盾多并不可怕，可怕的是工作要求不严、贪图安逸，那才会贻误一批干部，贻误我们的工作，这才是最可怕的。要按照党的十四届四中全会的要求，大胆选拔跨世纪的优秀年轻干部。要加强各级工会领导班子建设，搞好干部交流。各级工会干部都要自觉贯彻党的群众路线，全心全意为职工群众服务，有甘愿为职工吃苦受累的奉献精神，有勤勤恳恳、科学求实的工作态度，有密切联系职工群众的工作作风，努力为职工群众说话办事，不辜负党的重托和广大职工的期望。

贯彻《劳动法》不是靠工会一个系统能抓好的*

（1995年3月9日）

刚才，各位委员反映了当前在企业和职工中存在的问题和困难，我们各级工会组织都有责任遵照自己的职能积极参与解决这些问题。大家反映的一些问题，从一个侧面说明，在发展社会主义市场经济的条件下，我们面临着许多新的情况和新的矛盾，劳动关系比过去更复杂，劳动纠纷跟过去比大量增加。在这种情况下，工会面临的一个突出问题，就是在发展社会主义市场经济的条件下，各级工会如何更好地维护职工权益，更好地发挥工会组织应有的作用。这是这个时期以来大家都在思考和努力探索的一个问题。

去年，国家颁布了新中国成立以来第一部《中华人民共和国劳动法》，并决定从今年1月1日开始施行。这部《劳动法》是我们发展社会主义市场经济的产物，它的根本立法宗旨是维护劳动者的合法权益。这和我们工会的基本职责是完全一致的。《劳动法》不仅为工会维护职工权益提供了强有力的、

* 这是尉健行同志在与出席全国政协八届三次会议工会界委员座谈时讲话的主要部分。

明确的法律方面的保障，也对工会在当前形势下维护职工权益从哪些方面着手，用什么方法去维护作了明确的规定和回答。

去年年末，全总召开十二届二次执委会议，作出了《全国总工会关于贯彻实施〈劳动法〉的决定》。这个《决定》概括起来着重强调了两个问题：一是要求各级工会组织在发展社会主义市场经济的条件下进一步突出维护职能；二是强调各级工会组织要善于充分利用《劳动法》赋予工会的各项权利和方法，尤其是关于签订集体合同这样一个方法，更好地维护职工合法权益。

我最近到云南去了一下，在云南最偏远的和缅甸接壤的县工会，了解县工会干部对全总执委会的《决定》是怎么理解的。一个县的工会主席话不多，但对《决定》的基本精神领会了，我很高兴。只要我们把要领搞清楚了，思想路数、工作路数明确了，就不愁搞不好工作，出不来经验。

要全面贯彻《劳动法》，很好地维护职工的合法权益，不仅要调动工会的积极性，要调动全体职工的积极性，还要调动各个企业负责人的积极性以及政府机关有关部门的积极性。只有这样，《劳动法》才能很好地贯彻，职工的合法权益才能得到切实的维护。

在贯彻《劳动法》的过程中，要全面地辩证地看问题，要有一套科学的思想方法和工作方法，否则很难统一大家的认识、统一大家的步调，把方方面面的积极性都调动起来。

我们要把坚持党的以经济建设为中心的基本路线和维护

职工合法权益两者统一起来。各部门都要以经济建设为中心,没有例外。但是,怎么服从、服务于这个中心,不同的部门、不同的行业可以通过不同的职能,采取不同的方法来实现。作为工会组织,一个主要的手段就是维护职工的合法权益,进而保护和调动广大职工的积极性,并把这种积极性组织和引导到劳动竞赛、扭亏增盈、发展经济这个目标上去,最后实现党的基本路线。我们强调工会维护职工权益的职能,但不是为维护而维护,着眼点还是为了实现党的基本路线,服从和服务于经济建设这个中心。经济得不到发展,维护职工利益也无从谈起。我们强调既要维护职工的具体利益,又要维护全国人民的根本利益,要把两个维护统一起来。工会维护职工权益是依法维护,不是任意性地维护。这个法是指大到宪法,小到企业的各项规章制度。我们不仅仅要维护职工的经济利益,还要维护职工的政治权益,维护职工当家作主的权利、参与管理的权利、民主监督的权利,维护职工的精神文化需求等。

一方面,《劳动法》规定的一系列劳动领域方面应该遵循的标准,我们必须坚持,不能打折扣,否则职工的合法权益就得不到保障;另一方面,要达到《劳动法》规定的标准,还要允许有一个过程。要从实际出发,实事求是地看待和处理当前面临的一些矛盾和问题。比如《劳动法》规定加班加点每月不能超过 36 小时,这个标准总的讲是合理的,必须坚持。但是具体到某一个企业、某一个行业,在一定的时候要具体分析。比如有的外商投资企业突然来了一批服装加工订单,不干订户就跑了，在这种情况下，不能简单按加班加点每月不能超过36小时去卡。如果我们认为只有完全按《劳动法》办事，才叫维护，很可能既得罪了厂长，又脱离了群众。处理不当，不但不利于《劳动法》的贯彻，也不利于维护职工的合法权益，不利于发展生产力。

维护职工合法权益的工作，对于工会来说是个大事，但从全局看还是个局部的事，局部要服从全局。这个全局就是改革、发展、稳定。贯彻《劳动法》，维护职工权益处理得当不得当，效果如何，要看总体上对改革、发展、稳定这个大局是有利还是有妨碍。

贯彻《劳动法》不是孤立地靠工会一个系统能抓好的，需要企业负责人、各行各业的领导同志和全体职工都来参与这件事。

进一步突出工会的维护职能*

（1995年3月24日）

这次主席团会议开得很好。从同志们发言谈到的和我们调查研究了解的情况可以看出，各级工会组织贯彻全总十二届二次执委会议精神是认真的，广大工会干部对会议精神的学习和领会也是好的，工作已经开始铺开。当前的问题是要进一步统一认识，狠抓落实。

一、关于认识问题

二次执委会议提出“以贯彻实施《劳动法》为契机和突破口，带动工会各项工作，推动自身改革和建设，努力把工会工作提高到一个新水平，在改革、发展、稳定中更好地发挥作用”的工作总体思路，大家是赞成的。有几点要特别提出来，以期进一步统一认识。

第一，强调以贯彻实施《中华人民共和国劳动法》为契机和突破口，就是要进一步突出工会的维护职能，理直气壮地代表和维护职工的合法权益。我们强调维护是工会的基本职责，着眼点在于依法维护职工的合法权益，保护和调动职工的积极性，动员广大职工投身改革和现代化建设，完成党和政府

---

* 这是尉健行同志在全总十二届五次主席团会议上的讲话。

提出的各项任务。这个工作思路与工会工作必须坚持党的“一个中心、两个基本点”的基本路线，服从服务于经济建设中心是完全一致的。在我国，各个组织和部门都要坚持以经济建设为中心，但不同的组织和部门服从服务于经济建设中心所履行的职能与运用的手段是不同的，应该各有自己的特色和侧重。从另一方面讲，经济如果上不去，维护这个职能也难以履行。我们强调的工会维护职能实质是两个维护的统一，即维护全国人民的总体利益与维护职工群众具体利益的统一，同时也是维护职工群众的政治权利和维护职工群众经济利益的统一。我们既要突出工会的维护职能，又要很好地履行工会其他各项社会职能。这些职能不是孤立的，而是有内在的联系，是辩证的统一。

第二，强调以贯彻实施《劳动法》为契机和突破口，就是要善于充分运用《劳动法》赋予工会的各项权利和方法，尤其是要善于运用签订集体合同这种权利和方法，真正发挥工会的整体维护作用。我们贯彻二次执委会议精神，当前的重要任务是依据《劳动法》把我们工会工作的大格局先摆好，充分运用《劳动法》已经明确赋予我们的权利和方法，有了这种格局，就不难再去逐步达到诸如实现各项标准等要求。要想从全局上，而不仅是从某一件事情或某一个具体问题上发挥工会维护职工合法权益的作用，发挥职工群众民主监督的作用，就必须下大力气抓好集体合同的签订，发挥集体合同的作用。尽管当前很多企业还不具备签订集体合同的条件，但这个目标必须坚持，不能动摇。

第三，要把贯彻实施《劳动法》看作是一个过程，注意抓好全过程的工作。有的同志感到贯彻二次执委会议精神有困难，一是认为贯彻实施《劳动法》有的条件不具备；二是认为贯彻实施《劳动法》有的标准达不到。我们既要看到当前贯彻实施《劳动法》有的条件还不具备，有的标准还达不到，又要有积极的态度，从现有的条件做起，努力开展工作。从条件来看，我们有些法律法规确实还不配套，还没有《社会保障法》、《集体合同法》等；从机制上看，现代企业制度还没有建立起来，企业还不完全处在社会主义市场经济的条件下；从工作上讲，有的企业的基础工作包括工会的基础工作在内还比较薄弱，还不适应贯彻实施《劳动法》的要求。但是，我们又不能等条件都具备了才去贯彻实施。我们必须看到，贯彻实施《劳动法》是一个过程，要从条件不完全具备到条件比较成熟，有一个逐步提高和完善的过程。我们要积极地从现有的条件抓起，不等不靠。

从劳动标准来看，当前的实际情况是，不少企业是可以达到的，少数企业还可以做得更好一些，但确实还有一些企业一时难以达到标准，有些企业困难还很大。达不到劳动标准的原因是多方面的。有些是属于企业生产管理方面的，比如加班加点、劳动卫生等等，这就要求我们从实际出发，以积极的态度采取措施，逐步达到标准。比如一个车间粉尘浓度远远超出标准，不符合《劳动法》的要求，要达到标准，必须进行技术改造，这就需要大量的资金，但一时又办不到。怎么办？我们既不能等达到标准以后才去贯彻实施《劳动法》，又不能迁就现状，将就着去生产。我们工会应当以积极的态度同车间主任、厂长一起研究，能不能先安装几台排风扇。尽管加了排风扇，粉尘浓度仍然较高，但总比现在状况要好一些。创造条件逐步达到《劳动法》的要求，工作要有一个过程，看来似乎慢一点，但只能从实际出发，坚持积极态度，一步一步地去贯彻实施。从卫生和安全等方面的劳动标准来讲，很多企业是不合格的，严格来讲都应该停产。但我们不能那样做，这样做对国家、对企业、对职工都没有好处。我们的工人是通情达理的。如果我们一下子要求把标准提得很高，口号提得很响，看起来是很积极，开始可能有些工人拥护，最后办不成，工人也骂你，厂长也讨厌你。这些问题都要从实际出发，实事求是地处理。达不到劳动标准，有些是企业暂时的经济困难造成的。比如有的企业不能按时支付工资，有的连最低工资也保证不了，这种情况也很多。亏损企业、破产企业和不少困难企业就是这种情况。

从以上种种情况可以看出，不同的企业由于各种原因，处于贯彻实施《劳动法》的不同阶段和过程。我们必须把贯彻实施《劳动法》作为一个过程来看待。有的企业现在就可以达到劳动标准，有的比标准还可以做得更好一些，有很多企业经过努力短期内可以达到，但也确实有的企业即使经过努力在短期内也达不到标准。这就是说，不同的企业，贯彻实施《劳动法》处在不同的阶段和过程。这种客观现实我们必须看到。这种差别现在有，将来也会有。因为《劳动法》的很多标准本身也有一个发展提高的问题。新的标准有些企业达到了，有些企业可能超过了，但还有的企业可能跟不上。我们必须承认这种差别。但不管这个企业处在贯彻实施《劳动法》什么样的阶段和过程，都应该毫无例外地贯彻实施《劳动法》，都有各自的条件去做好这方面的工作。

有的同志对困难企业贯彻实施《劳动法》存有疑虑，认为这些企业难以推行。这种看法不是没有一定道理。应该看到在这些企业全面贯彻实施《劳动法》确有很多困难。但这些同志有一种误解，好像贯彻实施《劳动法》只是单纯要求达到某几项标准。这些同志把贯彻实施《劳动法》简单地看成是一种“达标”活动，而不是看作是一个工作过程。因此，有的地方贯彻实施《劳动法》的覆盖面不大，往往是把困难企业排除在外。关键问题在于把贯彻实施《劳动法》仅仅看作是达到标准。《劳动法》提出的劳动标准当然应该达到，但是无论是有条件经过努力可以达到标准的，还是需要经过长期努力才能达到标准的企业，都是在贯彻实施《劳动法》，都是在为达到标准而努力。而且贯彻实施《劳动法》也不仅仅是达到几项标准，还有大量其他工作可做。更不要说，我们贯彻实施《劳动法》根本的着眼点是要充分履行工会的维护职能。从这个意义上说，对那些困难企业、困难职工，我们工会更应该下功夫去抓《劳动法》的贯彻实施，去切实维护他们的合法权益。越是困难的企业，职工困难多，工资也发不出来，越是需要我们的帮助，越是需要维护职工的合法权益。如果我们在贯彻实施《劳动法》的过程中，把这些企业置于视野之外，无疑会形成这么一种观念，似乎我们工会只能在条件好的企业去贯彻实施《劳动法》，去签订集体合同，去维护职工的合法权益，而在那些工资都发不出来的企业，在那些有困难的企业，对那些困难的职工，我们工会就无所作为了。恰恰相反，越是发不出工资的企业，我们工会越应该发挥作用。我们强调以贯彻实施《劳动法》为契机和突破口的本来用意，就是要使工会更好地发挥维护职工合法权益的作用，如果我们把这个提法仅停留在达到这个标准、那个标准上去理解，忽略了根本问题，那就不能通过贯彻实施《劳动法》更好地发挥我们的维护作用，反而把我们的维护作用加以限定，变成单纯是要实现这个标准、那个条款了。

我们必须明确，贯彻实施《劳动法》不仅是指的达到几条标准，可以达到标准的就算贯彻，达不到就不算贯彻。工会贯彻实施《劳动法》是要突出工会维护职工合法权益的职能，更有效地发挥自己的作用。因此，哪些职工有困难，我们的工作就要到哪里去开展。我很赞成天津市总工会的做法。天津市总工会看到物价涨了给职工生活带来困难，他们通过搞消费合作社来给职工解决一点困难，这在《劳动法》虽然没有规定，这种办法也不必都搬用，但他们这种时刻想到职工的困难，时刻不忘工会的职责，采取“拾遗补阙”的办法为职工办事的精神值得肯定和学习。这就是把二次执委会议的精神理解了，吃透了。不要把二次执委会议提出的总体思路理解为只是达到《劳动法》规定的某些标准上，而是要以贯彻实施《劳动法》为契机和突破口，进一步发挥工会的维护职能，更好地关心职工群众的疾苦。当前，要特别关心困难企业、困难职工。我们为什么搞送温暖工程？我们解决的问题并不多，但职工很感动、很欢迎。职工感到，在他们有困难的时候，工会想到了，帮助解决了一点问题，搞一点“雪中送炭”。所以，凡是有利于帮助企业和职工解决困难的事，我们都要热心去抓。

总之，贯彻实施《劳动法》是一个过程。不同类型的企业、不同条件的企业都要贯彻实施《劳动法》。不能理解为仅仅是可以达到标准的企业要贯彻。现在尤其要注意达不到标准的，工资都发不出去的企业，更需要贯彻。对不同类型的企业，应该有不同的要求，但都要抓住维护职工合法权益这个基本的要求。将来检查各级工会贯彻二次执委会议情况，就要看这方面的效果，看群众的认可程度。

二、关于抓落实的问题

当前的工作，就是要狠抓二次执委会议精神的贯彻落实。

第一，贯彻二次执委会议决定，各级工会组织都要有工作规划，而且要有具体的、可以考核的目标和要求。不要笼统地说今年的工作要有所加强、有所改进、有所发展。你组建工会多少、百分比是多少，为职工切实解决了哪些困难，都得有个数，看得到、摸得着。今年我们有许多工作要做，但一定要突出重点。重点就是贯彻二次执委会议精神，以贯彻实施《劳动法》为契机和突破口，更好地履行工会的维护职能。我们工会不能只满足于有事干、大家都很忙、没闲着，但就是突出不了重点，那我们的工作就不会有大的效果。所以，今年的工作一定要突出重点，有的工作就是要抓住不放，下大力量，有的工作可以放一放，少干一点。要敢于取舍，有所失才能有所得。我们必须有这样一个指导思想，就是对主要工作一定要抓住不放，一抓到底，狠抓落实，务求抓出成效来。

第二，全总和各级工会组织都要不定期地发表贯彻二次执委会议精神工作情况的通报。通报的内容包括外商投资企业工会的组建率达到多少，私营企业达到多少，乡镇企业达到多少；签订集体合同的企业是多少，外商投资企业签订集体合同的是多少，现代企业制度试点企业签订集体合同的是多少，有条件的企业多少签订了集体合同；企业劳动争议调解委员会的组建率是多少，有多少企业建立了调解委员会，比去年提高多少；送温暖工程开展得怎样，为困难企业和职工解决了多少问题，等等，都要有数。经常发表这样的通报，不只是文字的，而且都要有数据，有比较，以此来相互促进。否则，你也抓、我也抓，你也很好、我也很好，大家都很好，没有一套科学考核的办法是不行的。今后，对工会的工作要具体考核，要有统计，建立一套统计考核的基本制度。

第三，要把贯彻二次执委会议精神和建设“职工之家”活动相结合。“建家”活动作为一种比较成功的、较为科学的手段和方法，什么时期都可以用。既可用于工会的整顿阶段，也可用于当前的工作。问题在于要赋予“建家”活动新的内容和新的要求。在新的形势下，要依据《劳动法》的要求，把“建家”活动进一步充实、改进、提高。这个问题请大家好好研究和解决。我们应该把“建家”活动充实新的内容，把建设“职工之家”活动继续进行下去。

三、关于稳定问题

最后，我想特别讲一下稳定的问题。我们应该看到，当前影响社会稳定的因素明显增加，维护社会稳定的任务相当繁重。贯彻实施《劳动法》有利于维护职工队伍的稳定，促进社会的稳定。但是，在劳动关系、劳动标准等非常敏感的问题上，如果处理不慎也会引发一些不安定的因素。因此，我们要特别注意《劳动法》涉及的不同矛盾，注意职工的难处和情绪，必须着眼于全局，努力使各项工作都自觉地服从服务于改革、发展、稳定的大局。贯彻实施《劳动法》一定要在各级党委的统一领导和部署下稳步进行。这个问题务必请同志们注意。贯彻实施《劳动法》，劳动标准等各地差异较大，地方性较强，又是十分敏感的问题，我们一定要在当地党委的统一领导和部署下进行。我们工会不能抢先，更不能擅自提出和发布什么新的要求和标准。这种敏感问题如果搞得不好，可能激化一些矛盾，为人所用。各级工会组织和广大工会干部千万不要因为我们工作的不力，而发生影响一个地区以至全局稳定的事，不要因为处理问题不当，而使小问题变成大问题。对此，我们头脑必须清醒，并努力承担起我们应有的责任。

工会工作总体思路的基本精神是突出维护职能*

（1995年4月7日）

听了贵州省总、贵阳市总等同志们的发言，我感到大家对贯彻全总十二届二次执委会精神的理解是比较好的，工作也已经有了布置。贯彻实施《中华人民共和国劳动法》大家也做了很多工作。全总十二届二次执委会议提出了以贯彻实施《劳动法》为契机和突破口，带动工会各项工作，推动自身改革和建设，努力把工会工作提高到一个新水平，在改革、发展、稳定中更好地发挥作用的工会工作总体思路，内容很多，有几点同志们要进一步领会和统一认识，并抓好落实。

第一，这个总体思路的基本精神，就是工会要进一步突出维护职能，更加理直气壮地代表和维护职工的合法权益。这是针对发展社会主义市场经济新条件下，工会如何开展工作提出的一个指导思想。大家知道，工会是工人阶级的群众组织。为什么要有一个工会呢？简单地说，就是工人需要有一个组织来保护自己的利益。工会是社会经济矛盾的产物，也可以说是劳动关系矛盾发展到一定阶段的产物。在过去计划

* 这是尉健行同志在贵州考察期间与工会干部座谈时讲话的主要部分。

经济体制下，工资的晋升，包括企业一年给工人发几副手套，老实讲工会无权过问，厂长也没有多少权利，都是由政府统一规定的。劳动关系实际上是国家与职工的关系。现在发展社会主义市场经济以后，企业自主权扩大了，劳动关系矛盾大量变为企业与职工的矛盾。比如职工的录用和解雇，工资标准怎么制定，企业就有权决定。在这种情况下，劳动关系的职工一方，更需要有一个组织来代表和维护他们的利益，这个组织就是工会。现在有些外商投资企业的职工为什么经常受到盘剥、侮辱，原因之一就是没有工会这样一个组织来为他们说话，单靠个人的力量没办法解决问题。所以，我们必须看到在这样一个历史转折时期，工会要适应社会主义市场经济发展的需要，适应社会主义市场经济体制下新的劳动关系的需要，适应解决新的劳动关系矛盾的需要，也就是说，在社会主义市场经济新的形势下，工会要通过调解劳动关系，更好地去代表和维护职工利益。《劳动法》的根本宗旨是维护劳动者的合法权益，并赋予了工会多种权利，比如工会在哪些方面应该参与，在哪些方面应该说话等权利。《劳动法》的颁布实施，实际上指出了工会在发展社会主义市场经济过程中应该怎样去维护职工合法权益，用什么途径、方法去维护职工合法权益。所以，这是一个很好的时机，我们适时提出了以贯彻实施《劳动法》为契机和突破口，带动工会各项工作，推动自身改革和建设，努力把工会工作提高到一个新水平，在改革、发展、稳定中更好地发挥作用这样一个工会工作的总体思路。需要强调的是，工会一方面要突出维护职能，另一方面又要适应发展社会主义市场经济的要求，要和我们几十年来工会工作中一贯坚持的基本原则，形成的好传统、好做法统一起来。

一是突出维护职能要和坚持党的领导统一起来。强调工会要突出维护职能，不是工会就要自行其是，工会突出维护职能与接受党的领导和加强党对工会工作的领导是一致的。工会突出维护职能是为了更好地团结广大职工，调动广大职工的积极性。增强工会的凝聚力，与发挥工会是党联系职工群众的桥梁和纽带作用也是一致的。工会如果缺乏凝聚力，脱离群众，党的领导也就架空了。

二是突出维护职能和工会坚持党的“一个中心、两个基本点”的基本路线，工会工作服从服务于经济建设中心是一致的。工会突出维护职能，着眼点是更好地保护和调动职工群众的积极性，把这种积极性引导和组织到改革开放、经济建设上来，更好地发展经济。不同的部门、不同的行业，服从、服务于经济建设中心有它特有的职能和特有的手段。工会靠什么？就是通过维护手段去实现。也就是说，工会不是为了维护而维护，维护的根本着眼点是调动职工积极性，更好地实现党的基本路线，更好地改革开放，更好地发展经济。离开经济发展也就谈不上维护，两者是统一的。

三是我们讲突出维护是维护全国人民总体利益和维护职工具体利益的统一。工会维护职工利益，不是单指某些职工的具体要求，不是任意性的，而是依法维护，依据国家社会主义的法律法规来维护。因为我们是社会主义国家的工会，不是资本主义国家的工会，两个维护必须统一起来。在社会主义国家，国家利益、企业利益与劳动者的利益在根本上是一致的，厂长与工人在根本利益上也是一致的。厂长与工人由于处于不同的岗位，看问题的着眼点不一样，也有矛盾。但这种矛盾不是根本对立的，可以通过协商很好地得到解决。当前工会要在这些方面做文章，下功夫。

四是突出维护职能既要维护职工的政治权利，又要维护职工的经济利益。从这个意义讲，工会维护的范围要大于《劳动法》确定的范围。职工当家作主的权利，工人阶级参政议政的权利，民主监督、民主管理的权利，等等，都是职工政治上的权益，工会都要维护。《劳动法》更多的是集中在经济权益方面。我们强调贯彻实施《劳动法》要维护职工的经济利益，但在社会主义条件下，又不能什么问题都斤斤计较，还要提倡奉献精神，还要发扬社会主义国家主人翁的积极性。

五是突出维护职能是坚持权利和义务的统一。我们既要维护职工的合法权益，又要通过维护和调动职工的积极性，引导职工更好地投入经济建设，尽到义务。签订集体合同，也不是只要求工厂保证什么、做到什么，还应该根据企业要求、国家要求实现什么、完成什么。这两方面要统一起来。有的说国外《劳动法》没有这一条，就是维护职工权益。这就是两种不同制度下的维护。不同社会制度国家的工会，维护的含义和理解是不能照抄照搬的。在资本主义国家，工会单是维护劳动者的利益，因为他们的国家利益与职工利益从根本上说是一种对立关系。在我们社会主义国家，这种维护是两个维护的统一。

六是突出维护职能要把工会的维护职能同其他社会职能统一起来。不能说工会只要维护职能，其他职能就不要了。比如劳动竞赛还要搞。职工的积极性调动起来后，就要很好地用科学方法组织起来，引导他们去开展劳动竞赛，提合理化建议，把经济建设搞上去。但是，我们光提劳动竞赛是不行的，劳动竞赛是一种手段、方法，它的前提是必须有职工的积极性。怎样才能使职工的主人翁积极性调动起来呢？要保护职工的合法权益。把职工的积极性保护好，调动起来，搞劳动竞赛才能持久，才能更有效。所以，我们要把突出维护职能同履行其他社会职能统一起来。如果突出维护职能没有抓住，就等于二次执委会的基本精神没有抓住。首先要突出，突出时又不搞片面性。

第二，是要善于充分利用《劳动法》赋予工会的各种权利和方法，尤其是要善于运用《劳动法》赋予工会签订集体合同的权利和方法。这是全总二次执委会议强调的第二个方面。工会突出维护职能，如何维护？用什么方法来维护？对此《劳动法》已经有明确规定。当然，我们工会的工作不能仅是靠《劳动法》，但在现在的情况下，如果把《劳动法》赋予我们的权利和方法都用起来，也够我们干一阵子的。《劳动法》已经规定了的，工会可以理直气壮地去工作，不要离开《劳动法》再去找其他什么门道。贯彻《劳动法》，签订劳动合同是维护，建立劳动争议调解委员会也是维护，辞退工人工会要过问也是维护，这些都要搞。但是，我们不能只搞单一的这么一项、那么一项，应该抓整体的总体的维护，这就是集体合同。抓集体合同，也不等于大家都来干这个，要一步一步地实施，有条件的企业可以先搞起来，有的企业现在一时还做不到，可以逐步实行。

第三，贯彻《劳动法》要有一个过程，要善于抓全过程的工作。在这个问题上有的同志认识有些偏颇。现在贯彻《劳动法》大家积极性很高，但要看到这样两点：一是贯彻《劳动法》的条件并不完全具备；二是《劳动法》规定的有些标准不是都能达到的。比如讲条件不完全具备，其一，严格地讲，现在企业并不是完全按照社会主义市场经济应有的机制开展工作的，还处在由计划经济逐步向市场经济过渡的阶段。更明确地讲，现代企业制度还没有建立起来，还正在搞试点，正在建立。从这个意义上讲，我们企业这套机制还不完全符合社会主义市场经济的要求。也就是说，我们这一套机制还不完全适应《劳动法》的要求。其二，围绕《劳动法》配套的法律法规现在还不完整。如社会保障的法律法规还不配套。其三，还要看到，企业管理的工作基础，包括工会的工作基础，也并不完全适应贯彻实施《劳动法》的需要。各个企业的情况不一样，差距也不一样。要讲条件不具备，还可以举出一些。但另一方面也要强调，各个企业都不同程度地具有贯彻实施《劳动法》的条件，这是更重要的一面。贯彻实施《劳动法》有一个过程，条件由不完全具备到逐步成熟，工作由不完善到完善。这个过程也就是我们开展工作的过程。因此，我们强调既要看到条件不完全具备，要努力去创造条件；又要看到所有企业都有条件开步走，从现有条件做起，不等不靠，每个企业都有事情可以做。不能说贯彻实施《劳动法》的条件各个企业都已经具备了，按这种思想认识去指导工作不是实事求是的。但又不能因某些条件不具备就等待，苛求条件齐备了再动手。要有一分条件干一分事，在干的过程中逐步创造条件。条件不完全具备是事实，但不影响我们当前贯彻实施《劳动法》的工作。

还要看到，现实这种情况是，有很多企业一时难以达到《劳动法》规定的某些标准，有的不加班加点做不到，有的劳动保护标准达不到，有的最低工资标准也达不到。这其中有的企业是生产管理条件一时不具备，企业忙闲不均。如有的外商投资企业，或一些服装加工企业，订单往往是一批一批的，来一批就得加班加点，不来就没有活干。如果你不允许它加班加点，就不能接这批订单，不接订单下两个月就没活干。要面对现实，承认现实，不能脱离实际。所以还得允许搞加班，但可以逐步创造条件减少加班时间。还有的企业是经济上有困难，有的停产、半停产，有的亏损，有的倒闭，致使企业工资发不出来，职工医疗费报销不了，最低工资标准也达不到，这是事实。对这些企业只能从实际出发，创造条件逐步去达到标准。所以，贯彻实施《劳动法》要有个过程，我们要善于从全过程来开展工作。企业生产管理上的困难、经济上的困难，克服也需要有个过程，贯彻实施《劳动法》的条件也有个不完全具备到成熟的过程。不承认这个过程是不现实的。有的同志有这样的看法，说一般经济效益比较好、管理基础比较好的企业可以贯彻实施《劳动法》，经济困难的企业没有办法贯彻实施《劳动法》。对于这种认识要分析。有条件的企业应该贯彻实施《劳动法》，这是对的，但是不是困难企业、劳动标准达不到的企业就不必要贯彻实施《劳动法》呢？不是的。贯彻实施《劳动法》要有一个过程，不同的企业处于不同的过程中间。有的企业现在具备条件，做点工作就可以达到标准了，可以签订集体合同了；有的企业条件好，《劳动法》规定的标准早已达到，有些还可以进一步提高，对这样的企业要求应该更高一点；但有不少企业现在达不到标准，还不完全具备条件，处于贯彻实施《劳动法》的初期阶段，这也属于贯彻实施《劳动法》的过程中间，这部分企业也要贯彻实施《劳动法》。不能把贯彻实施《劳动法》等同于达标活动，达到劳动标准就可以贯彻，达不到标准就不能贯彻。另外，《劳动法》不光是那么几条标准，贯彻实施《劳动法》有好多工作要做，比如建立劳动争议调解委员会、辞退职工工会应该过问等等，这些虽不是劳动标准，但这些工作任何企业都有，做好这些工作也是贯彻实施《劳动法》，不要把贯彻实施《劳动法》局限在几项标准上。否则，就把我们的视野限制住了，把相当一部分困难企业和困难企业的职工置于贯彻实施《劳动法》范围之外，这跟二次执委会提出的以贯彻实施《劳动法》为契机和突破口的精神是不一致的。我们讲以贯彻实施《劳动法》为契机，根本问题是通过贯彻实施《劳动法》更好地行使工会的维护职能，通过《劳动法》的实施把这个职能带动起来，要害在这里。因此，不能局限在《劳动法》的几项条款上。

工会发挥维护作用更需要的正是困难企业和困难企业的

职工。贯彻实施《劳动法》不能都是在条件好的企业做文章，有困难的企业更需要我们“雪中送炭”，越是困难企业越需要我们去关心和维护职工的利益。维护职工利益的含义是广泛的。达到最低工资标准是维护，如果发190元达不到，工会跟企业行政一起研究争取100元，这虽然与190元还差一大段，但如果我们不努力，可能100元也没有。有了100元，再过两个月情况好转后发130元、160元、180元，最后工资涨上去了，这就是从实际出发，实事求是。现在有的企业一天干12小时，按《劳动法》规定一般每日加班不得超过1小时难以做到，如果工会做了工作，改进了管理，降为11小时，工会出了力，厂长也尽了力，工人是通情达理的，也会理解。以后大家经过努力再变为10小时、8小时，这就是贯彻实施《劳动法》。只有这样，工会不仅在经营好的企业，而且在困难企业都有工作做，包括在破产企业，职工如何依法安置，如果工会能秉公循法，帮助企业搞好，职工也会满意。全总二次执委会提出以贯彻实施《劳动法》为契机和突破口，这是一个形象的提法，不能因这种提法把我们的认识、视野局限在一些条文和标准上。突出工会维护职能要千方百计代表和维护职工利益，要想职工所想，要解决职工的困难。

不同的企业贯彻实施《劳动法》都有工作可做，都可以履行工会的维护职能。《劳动法》的标准要达到，但达到标准要有个过程。如果简单地把贯彻实施《劳动法》看作就是达标，达不到就认为没工作可做，或者是没有条件也硬要达到，那就会造成矛盾。如果我们实事求是来处理问题，职工能理解，厂长也能支持，我们两个维护也能够统一起来。贯彻实施《劳动法》维护职工利益是长期的，《劳动法》规定的有些标准也会是有变化的。如贵阳市的最低工资标准今年是190元，明年物价上涨了，或是经济发展了，可能是200元。去年通过《劳动法》时，工作时间1周为5天半，现在改为5天，这说明劳动标准也是发展变化的。任何时候企业都可以说是处在贯彻《劳动法》的不同阶段，有些标准几年后有的企业也许达不到，有的现在达到了，过几年也可能又达不到了。因为事物是发展变化的，《劳动法》的标准也不是静止不变的。所以，要把贯彻实施《劳动法》看作是一个过程，要善于抓全过程的工作，不要只抓某个阶段的工作。如果只是在好的企业抓一抓，对能达标的企业抓一抓，这是不够的。尤其是现在情况下，对困难企业和困难职工要花更大的力气，要"雪中送炭"。从这个意义上讲，送温暖工程也是履行工会的维护职能，从广义上讲，也是贯彻实施《劳动法》的内容。尽管《劳动法》里没有写送温暖几个字，但《劳动法》的根本宗旨就是维护职工的合法权益。凡是力所能及的，能够帮助职工解决实际困难的事，都是我们工会分内的事，都是贯彻全总二次执委会议精神应该做的。有的职工过年都有困难，如果年三十饺子也吃不上，是一辈子也忘不了的。天津市总针对一些困难职工的实际情况，今年在送温暖前买了几千袋面粉，让困难职工过年都吃到饺子。这种工作看起来微乎其微，但理解了职工的心理，体现了一片心意，体现了党对职工的关怀。

还应强调，贯彻实施《劳动法》是长期的工作，但又是当前我们的中心工作。因此各级工会工作要突出重点，重点抓贯彻实施《劳动法》。工会要做的工作很多，工会活动也特别多，往往一年活动了365天，大家也没闲着，但有的效果不是那么明显。现在指导思想明确后，工作要突出重点，集中力量贯彻实施《劳动法》，贯彻二次执委会精神，今年一年从头到尾就抓这个事。

这次到贵州接触了一些国有大企业，虽然现在有些困难，但基础还是很好的。很多企业很好地坚持全心全意依靠工人阶级的根本指导方针，发扬党的艰苦奋斗精神，这是我们党领导企业的优良传统。不少企业领导干部虽然处于领导岗位，但心里依然想着工人群众。有了这个，企业遇到困难也容易克服。没有这个，即使企业一时效益好了，但工人把你厂长当老板，不把你看成是一家人，到企业有了困难，领导就没有发言权。困难企业容易闹矛盾，但最容易出事的是企业困难，领导班子又不廉洁奉公，严重脱离群众，甚至违法乱纪。现在有一些糊涂观念和谬论，办企业究竟依靠谁？是单单依靠一个厂长还是依靠包括厂长在内的广大职工？企业的主人是广大职工还是几个股东？有人否定职工在我们社会主义国家中的主人翁地位，认为全心全意依靠工人阶级只是一种政治口号，说现在企业的职工不是主人，过去从来也不是主人。只有把全民所有制企业的财产都分掉，每人一份才是真正的主人，致使一些工人也产生一种失落感。全国人大会议期间，有家报社的记者去采访几个工人代表，他们感到很吃惊，说当了几年的人大代表，记者都是采访企业家，或者其他什么家，怎么采访我们呢？咱们工人算个啥！这说明我们这些年有些舆论、观念、风气，确实在不同程度上与我们的社会主义性质是背离的，也难怪职工群众有意见。办企业要有一个好的领导班子和好的厂长，但离不开职工。过分抬高企业家的地位，强调厂长的作用，把厂长说成一个阶层，主张一个人来决定企业的命运，是不切合实际的。凡是在企业干过的人都知道，哪有厂长一个人能够扭转乾坤的。一个企业里有多少学问？多少门类的科学？即使你是大学毕业甚至具有硕士、博士学位，在企业干一辈子也还有很多东西不熟悉。作为一个厂长，不依靠知识分子、技术人员、管理人员、生产工人，能把一个企业搞好是不可想象的。这是一个基本常识。但这样一个基本常识，现在在有些人的文章里被颠倒了。有些人好像没有在企业干过，完全是拿哪个外国、哪个逻辑来论证的，是想当然的。按这种思路企业是搞不好的，企业家也不可能健康成长。这种观点和理论，对于我们国家来讲，是一个要高度关注的问题。这个问题不是一个简单的工作作风、工作方法问题，而是涉及到要不要坚持党的全心全意依靠工人阶级根本指导方针，涉及到社会主义制度性质的大问题。

有人讲企业是经济组织，不应有党的组织；也有人讲得客气一些，说厂长也是党员，也体现党的领导。这都是十分错误的论调，其要害是削弱党的领导，根本问题在于社会主义国家按什么方式来办企业，是按社会主义的方式办企业，还是按资本主义的方式办企业的问题。如果完全照搬资本主义国家的企业法、公司法，这当然不要党组织，哪有党组织在资本主义国家的企业法里有反映的，哪有资本主义国家企业把党委书记的工资列入企业成本的。用这个办法来搞，推论起来，我们企业党委工作人员的工资也不应该进成本。我们讲要借鉴国外某些做法，这仅是参照借鉴。有些人强调要完全接轨，整个一套制度完全接轨，那样我们国家的性质就变了。因为这不像有些技术标准，比如医学标准、汽车技术标准的接轨，便于通用、竞争。企业法、公司法的很多内容属于生产关系范畴，生产关系完全和资本主义接轨，国家的性质还有什么区别。有的人好像很有道理，一说就是国外怎么样，但根本忽视了我们的市场经济是同社会主义基本制度结合在一起的。不能离开我们的基本制度来谈市场经济。企业的股东会、董事会、监事会和职代会是不同性质的机构，不能相互代替，更代替不了党的委员会。

领导干部收入要申报，接受礼品要申报登记，企业交际费用要定期向职代会报告，这三项制度与企业领导干部都有关系。其中第三项企业交际费用使用情况要定期向职代会报告，与工会有关，工会要抓好这件事。现在企业交际费用的使用情况不一样，有的企业较好，但也确有少数企业的少数领导干部经不起检查，有的严重违法乱纪。建立这项制度的政策杠杆在哪里呢？首先，规定企业交际费用要向职代会报告，并不是企业不能搞交际，企业可以搞交际，也应该搞交际，企业交际的范围、标准，可以不同于党政机关。交际中一顿饭用多少钱，吃得好一点，多请了一个人，职代会审查不要在这方面做文章，所要监督的也不是指这些。现在的问题是，少数企业的少数领导干部借用交际费用的名目实际在搞各种违纪活动。有的企业用这些钱，去迎奉上级领导，陪同市委书记、市长出差一路上住高级宾馆、搞宴会、玩卡拉 OK、洗桑拿浴，转一圈花几万元，甚至十几万元，最后白条子都在企业报销。有的领导干部出国也带一个厂长，买礼品送外国人，到国外花美元，都在企业交际费用中报销。也有的厂长以交际费的名义实际花在个人方面，不该买的东西也买，家属和亲友吃饭、旅游也在企业交际费中报销。以上虽然是少数人，但确实存在。如果长此下去，败坏风气，严重脱离群众，在职工群众中影响很坏。现在有的企业党群关系、干群关系紧张，与这种事情关系很大。为了防止这种情况，必须在企业建立起一种监督制约机制。建立这项制度的着眼点，就是所有干部都必须接受监督，企业也不例外。这实际上是对干部的一种爱护。如果我们企业里没有一套强有力的监督约束机制，企业生产也不可能很好地发展，还可能会有一批干部垮掉，实际上有些干部已经垮掉了。十几年的改革开放确实造就了一大批走有中国特色社会主义道路的优秀人才，但也确实垮掉了一批意志薄弱者。

现在对于在企业建立交际费用向职代会报告制度，多数企业领导认为没什么问题，因为他们本来都是按规矩办事的。但也有的企业领导干部提心吊胆，有的甚至很反感。这其中有的是不了解建立这项制度的用意，有的是自己心虚。但这项制度在企业一定要执行。建立这项制度工会负有重要责任，着眼点是建立这种机制，把这种工作格局建立起来，定期向职代会报告。职代会不要急于审查今天吃了什么东西，哪天吃饭请了哪个，这些问题要放开。当然，个别违法乱纪、确实不像话的，职代会要发挥监督作用。一般情况下，厂长在报告里讲清楚一年交际费用花了多少钱，比去年增加或减少多少，都是企业交际中应该支出的，说清楚就可以了。如果是没问题，大家也不要再提意见了。真正有大的问题，群众中也不会是个别意见，该讲清楚的应讲清楚，但也不要在大会上搞得下不了台。可以会后认真听取各方面的意见，通过审计解决，工会要掌握好分寸。这个问题不在于会场上闹得怎么凶，建立这项制度本身就有威慑作用。有了这样一个制度，哪怕几次在职代会上几句话就打发过去了，但是每个企业领导干部他都要考虑，企业交际费用不是像以前一样随便可以用了。这种机制的威慑作用是无形的，但是是很有效的，甚至它的威慑作用不仅是对企业领导干部，包括有的上级领导干部再到企业占便宜，也得考虑，说不定哪一天审查连自己的名字也审查出来了。这就是一种机制，看起来是文文雅雅的，实际上是厉害的，影响是深远的。将来我们搞廉政建设、反腐败，要逐步从若干个不准过渡到从制度上、机制上解决问题，用科学的办法来强化廉政建设。

贯彻实施《劳动法》的“牛鼻子”就是抓集体合同*

（1995年4月14日至25日）

以贯彻实施《中华人民共和国劳动法》为契机和突破口，不是一项具体业务工作，而是涉及工会整个工作。要看到工会各项具体业务工作都可以统一到贯彻实施《劳动法》工作中去，它们之间是有内在联系的，不是并列的、孤立的。一项工作如果没有需要，就发展不起来。抓贯彻实施《劳动法》的工作，不仅要了解其内在的要求，还要学会一套贯彻实施《劳动法》的思想方法、工作方法。这就是说，不仅要明确工作思路，而且要有贯彻落实这个总体思路的一套清晰的、正确的工作路数。我们不能只停留在对其重要性的认识上，否则也会搞偏了，遇到困难也不会灵活去处理。

贯彻实施《劳动法》要有一个过程。这个过程有两种含义：一是对职工来说不能要求厂长一下子都达到《劳动法》规定的标准；二是对厂长来说也要看到，《劳动法》对职工提出的要求也要有一个过程，即不能因为贯彻实施《劳动法》，就立即

* 这是尉健行同志在两次讨论庆祝“五一”国际劳动节暨全总成立70周年大会讲话稿时谈话的要点。

把企业富余的20%左右的职工都精减掉，因为社会保障体系和配套法律法规尚不健全。所以，工人要体谅厂长，厂长也得体谅职工，这两个方面都有一个适应的过程。在讲效率的同时，还得注意公平、公正问题。

当前贯彻实施《劳动法》，不仅要抓面，而且要抓点。各种类型的点都要抓。要有国有大中型企业，也要有小企业，还要有其他类型的企业。抓点的企业要比别人先走一步。

一个时期只能有一个重点，什么都抓是抓不好的，每个时期都要有重点。今年工作要抓的重点，就是《劳动法》的贯彻实施，贯彻全总二次执委会议精神。另外不要把这个重点与其他工作割裂开来。民主管理、外商投资企业工会组建等都是贯彻实施《劳动法》，本来就有内在的联系，不要把它们对立起来，不能忽视它们之间的内在联系。似乎民主管理、外商投资企业工会组建等是某个具体业务部门的工作，而贯彻实施《劳动法》也是某个具体业务部门的工作，这涉及到机构设置方面的问题。抓民主管理、职代会，要通过集体合同来抓，不能就民主管理抓民主管理，抓集体合同就把民主管理工作带起来了。如果客观上没有搞民主管理的需要，就不会搞下去。建立集体合同制度，就必须有职代会，由职代会通过其草案，就有这个需要。事物的存在很大程度看客观需要，只有上面布置没有客观需要是没有生命力的。抓集体合同，职代会不开就不行，这就有了机制的保证。

当前的问题，一是重点突出不够，二是围绕重点有机联系起来不够，孤立地抓，忽视各项工作之间的联系，缺乏有机联系与配合，机制不行。这两个问题都是领导方法和工作方法问题。如果今年抓一年，能把贯彻全总二次执委会议精神的思想、工作路数统一起来就好办了。当然今年工作仍是抓基础，下一步搞研究要注意这个问题。要通过抓试点来统一认识，坐而论道是说不清的。要实践，又要在实践中不断提高。

贯彻实施《劳动法》要有个过程，要抓全过程，不能把贯彻实施《劳动法》看作是一种达标活动。全总二次执委会议的基本精神就是在发展社会主义市场经济的过程中，工会要大大突出维护职能，而不是仅仅达到《劳动法》规定的某项具体标准。我们要利用贯彻实施《劳动法》的有利时机，进一步突出工会维权工作，但又不能用这个东西捆住我们自己。凡是有利于维护职工合法权益的工作，都是贯彻实施《劳动法》的工作，都是在贯彻落实全总二次执委会议精神，履行工会的维护职能。

要集中力量抓落实。全总也要集中力量抓。抓落实，一方面要明确贯彻实施《劳动法》的工作思路，另一方面还要认真研究贯彻实施《劳动法》的思想方法、领导方法和工作方法问题，这更重要。要看到各项工作之间的内在联系，看到它们之间是相互联系的。比如民主管理，不能像过去那样看开了多少次职代会，而要看它在推动《劳动法》的贯彻实施、推行集体合同制度方面的作用。职代会不能一般地抓，要给予一点活力，使它怎么开得更好。

贯彻实施《劳动法》的“牛鼻子”，就是抓集体合同。抓工作不能坐而论道，没有具体措施。特别是领导机关，不能光原则领导。虽然要提出原则意见，但还要经过大量调查研究，提出具体的指导性意见，不能大而化之。原则与具体是统一的。没有大量调查研究，没有大量的实践和感受，就提不出原则意见，或是光讲大道理。现在我们不是讲最高原则，而是要提出最高原则与具体意见之间的原则。

继承和发扬中国工会的光荣传统*

（1995 年 4 月 30 日）

在庆祝“五一”国际劳动节的时候，我们迎来了中华全国总工会成立 70 周年纪念日。我代表中华全国总工会，向全国广大职工、工会积极分子和工会干部，向离退休的职工和老工会工作者，向前来参加庆祝活动的港澳工会和各国工会代表团的朋友们，表示热烈的欢迎和诚挚的问候！

今天，我们隆重集会庆祝中华全国总工会成立 70 周年，就是要更好地继承和发扬中国工会的光荣传统，在中国共产党的领导下，更加充分地依靠、团结和动员我国工人阶级和全体劳动人民，继往开来，开拓创新，为深化改革、扩大开放、促进发展、保持稳定，为建设有中国特色社会主义的伟大事业，再立新功！

70 年前的“五一”，即 1925 年 5 月 1 日，在中国共产党的领导下，由中华海员工业联合会、全国铁路总工会、汉冶萍总工会和广州工人代表会等工会团体发起，在广州召开第二次全国劳动大会，讨论通过了《中华全国总工会总章》，选举产生了中华全国总工会执行委员会。中华全国总工会的成立，进一步密切了各地工人群众之间的联系，有力地加强了党对全国工人运动的领导，实现了中国工会运动政治上、组织上的团

* 这是尉健行同志在庆祝中华全国总工会成立 70 周年大会上的讲话。

结统一。这对当时即将到来的大革命高潮和整个中国工人运动与工会工作的深入发展,都产生了重大而深远的影响。

中华全国总工会已经走过整整70年的光辉历程。70年来,中华全国总工会和各地方、各产业工会,在中国共产党的领导下,坚持以马克思列宁主义、毛泽东思想和邓小平同志建设有中国特色社会主义的理论为指导,团结和动员中国工人阶级,历经新民主主义革命、社会主义革命和建设、改革开放和社会主义现代化建设的伟大实践,为实现民族解放、国家富强、人民幸福作出了重大贡献,谱写了光辉的篇章。

新民主主义革命时期,中华全国总工会始终是党领导工人运动的得力助手。在震惊中外的"五卅"反帝爱国运动①和长达1年零4个月的省港大罢工②中;在一举收回汉口、九江英租界的反帝斗争③中;在上海工人举行3次武装起义④和推翻北洋军阀在上海的统治的英勇斗争中,中国工会以其坚决

① "五卅"反帝爱国运动,指1925年5月30日,在上海爆发的由中国共产党直接领导的、以工人阶级为主力军的反帝爱国运动,并很快席卷全国。它标志着国民大革命高潮的到来。

② 省港大罢工,指为支援上海"五卅"运动,在中国共产党领导和中华全国总工会直接指挥下,于1925年6月至1926年10月在香港和广州发生的大规模、长时间的罢工。

③ 一举收回汉口、九江英租界的反帝斗争,指1926年年底至1927年年初,随着北伐战争的胜利推进,在中国共产党领导下的中国工人运动以前所未有的声势蓬勃开展起来。日益高涨的群众反帝运动同当时的武汉国民政府外交谈判相结合,迫使英帝国主义不得不将汉口、九江英租界交还中国。这是中国工人阶级斗争的伟大壮举,是中国近百年反帝斗争史上的光辉一页。

④ 上海工人举行3次武装起义,指北伐战争期间,上海工人阶级为配合北伐进军,在中国共产党领导下,分别于1926年10月23日、1927年2月22日、1927年3月21日举行的3次武装起义。

彻底的革命精神和非凡的组织才能,赢得广大工人群众和社会各界人民的信赖。在以后的20多年时间里,无论是在白区还是在苏区,无论是在抗日战争时期还是在人民解放战争中,中国工会始终团结、组织和发动广大工人群众,为配合党领导的武装斗争,推翻“三座大山”,完成反帝反封建的新民主主义革命,建立新中国,进行了艰苦卓绝的斗争,立下了不朽的功勋。正如毛泽东同志所指出的:“没有武装斗争以外的各种形式的斗争相配合,武装斗争就不能取得胜利。”①

中华人民共和国的成立,开创了中国工人阶级和劳动人民当家作主的新纪元,我国工人运动和工会工作从此进入了一个新的发展时期。在迅速医治战争创伤、恢复和发展国民经济,为实现第一个五年计划而奋斗的经济建设中;在抗美援朝、土地革命和镇压反革命等巩固新生人民政权的斗争中;在协助政府接管官僚资本企业、废除封建把头制度、实行工矿企业民主改革,开展“三反”②、“五反”③运动和对资本主义工商业的社会主义改造中;在建立社会主义的基本政治经济制度,开展全面的社会主义建设中;在协助党和政府贯彻调整国民经济的“八字方针”④,克服由于3年自然灾害等原因造成的严

① 《毛泽东选集》第二卷第636页,人民出版社1991年6月第2版。

② “三反”,指1951年年底至1952年10月在国家机关、部队和国营企业等单位中开展的“反对贪污、反对浪费、反对官僚主义”的斗争。

③ “五反”,指1952年在全国资本主义工商业中开展的“反对行贿、反对偷税漏税、反对盗骗国家财产、反对偷工减料和反对盗窃经济情报”的斗争。

④ “八字方针”,指1961年在中国共产党八届九中全会上正式提出对国民经济实行“调整、巩固、充实、提高”的方针。

重困难中，中华全国总工会及其各级工会组织，团结、教育和组织我国各族职工，出色地完成党和国家一系列重大任务，作出了艰苦的努力，创造了辉煌的业绩。正如邓小平同志在中国工会九大上的致词中所指出的那样："全国第六次劳动大会①和工会第七次、第八次全国代表大会②所规定的工人运动的路线、方针、任务是正确的。全国总工会和各级工会组织在党的领导下做了许多很好的工作，对全国的社会主义革命和社会主义建设的胜利发展起了重大的作用。"③

党的十一届三中全会以来，在改革开放和社会主义现代化建设的伟大历史进程中，中华全国总工会和各地方、各产业

---

① 全国第六次劳动大会于 1948 年 8 月 1 日至 22 日在哈尔滨举行。大会号召全国工人阶级紧密团结全国人民，积极支援人民解放军，迅速实现推翻国民党反动统治、建立新中国的历史任务。会议通过了《关于中国职工运动当前任务的决议》，并决定恢复中国工人阶级统一的全国组织中华全国总工会。以前的五次全国劳动大会，先后举行于 1922 年、1925 年、1926 年、1927 年、1929 年。1953 年 4 月 30 日，中华全国总工会第六届执行委员会第三次全体会议决定，把即将召开的"中国第七次全国劳动大会"改称"中国工会第七次全国代表大会"。

② 中国工会第七次全国代表大会于 1953 年 5 月 2 日至 11 日在北京举行。这次大会总结了全国第六次劳动大会以后，特别是中华人民共和国成立以后国民经济恢复时期的全国工会工作的经验，确定了有计划的经济建设时期的工会的任务是团结全国人民，积极地完成国家经济建设计划，为逐步实现国家的工业化和过渡到社会主义社会而斗争。中国工会第八次全国代表大会于 1957 年 12 月 2 日至 12 日在北京举行。这次大会根据中国共产党第八次全国代表大会的精神，总结了中国工会第七次全国代表大会以来的经验教训，确定了中国工人阶级和工会的任务是团结全国人民，勤劳节俭，为实现发展国民经济的第二个五年计划，把我国建设成一个具有现代工业、现代农业和现代科学文化的伟大的社会主义国家而奋斗。

③ 《邓小平文选》第二卷第 134 页，人民出版社 1994 年 10 月第 2 版。

工会，团结和教育广大职工，解放思想，实事求是，积极支持和投身改革，坚持自力更生，艰苦创业，开拓进取，团结奋斗，在改革、发展、稳定中充分发挥工人阶级的主人翁精神和主力军作用，为推动社会主义物质文明和精神文明建设，作出了新的重大贡献。70 年的历史反复证明：我国工人阶级不愧是同社会化大生产相联系的觉悟最高、纪律性最强的阶级，不愧是国家的领导阶级，不愧是推动经济发展和社会进步的强大动力，不愧是革命、建设和改革的主力军。70 年的历史也同样证明：我国工会不愧是中国共产党联系职工群众的桥梁和纽带，不愧是我国职工群众利益的代表者和维护者，不愧是社会主义国家政权的重要社会支柱。

当然，如同我们党 70 多年走过的历程一样，中华全国总工会的 70 年，也经历了曲折发展的过程。新民主主义革命时期，由于王明"左"倾教条主义和右倾错误，给工人运动造成严重破坏，一度使白区的工会组织和工会会员几乎丧失殆尽。新中国成立以后，由于党对工会工作指导思想上出现的"左"的错误，先后发生了对李立三、赖若愚等全总主要领导人的错误批判，特别是 10 年"文化大革命"，使我国工人运动和工会工作遭受了严重挫折。党的十一届三中全会以后，我们党坚持解放思想、实事求是的思想路线，拨乱反正，正本清源，为工会历史上的冤假错案彻底平反，从而摘掉了长期压在工会干部头上的所谓"工团主义"和"经济主义"两顶帽子，澄清了新中国成立以来工会运动的历史是非，极大地调动了广大工会干部做好新时期工会工作的积极性和创造性。

中国工会运动是同党领导的事业紧紧联系在一起的，是同中国工人阶级和广大劳动人民的命运紧紧联系在一起的。中华全国总工会的70年，是动员和组织工人阶级紧紧团结在党的周围，为实现党在各个历史时期的伟大任务而不懈奋斗的70年；是继承和发扬我国工人阶级和工会的光荣传统，为中国革命和建设事业英勇奋斗，作出巨大贡献的70年；是不断加强同世界各国工人阶级和工会的团结合作，为促进世界和平、发展和争取工人权益作出积极贡献的70年；是坚持马克思列宁主义、毛泽东思想和邓小平同志建设有中国特色社会主义理论，从我国国情出发，努力加强自身建设，不断开辟中国工会工作的正确道路和不断开创工会运动新局面的70年。中华全国总工会的70年，集中到一点，就是在中国共产党的领导下，把马克思主义的基本原理同中国工人运动和工会工作的具体实际相结合，坚定不移地走中国工会自己的路。

同志们、朋友们，在庆祝中华全国总工会成立70周年的时候，我们怀着无比崇敬的心情，深切怀念为中国工人运动英勇牺牲的工运领袖和革命先烈；深切怀念为中国工人运动和工会工作作出巨大成绩和贡献的已故老一辈工会领导者；深切怀念国内外一切为中国工人阶级和劳动人民的争取解放而作出贡献的仁人志士！革命先辈的崇高理想和献身精神，永远是鼓舞我们前进的力量。我们一定要继承和发扬革命先烈和老一辈工会工作者的光荣传统，把他们开创的伟大事业不断推向前进！

回顾中国工会70年的光辉历程，我们无比自豪，展望新形势下的工会工作，我们深感任重道远。我们正在进行的改革开放和社会主义现代化建设事业是前无古人的伟大创造性事业。根据党的十四大精神，中国工会十二大认真分析了工会工作面临的形势任务，提出了今后一个时期的方针任务。党的十四届三中、四中全会，中央经济工作会议和八届全国人大三次会议，又对工会工作提出了新的更高的要求。特别是《中华人民共和国工会法》的重新修订和《中华人民共和国劳动法》的颁布实施，既为工会作为职工利益的代表者和维护者提供了良好的机遇和法律保障，同时也使工会肩负着更大的社会责任。全总十二届二次执委会议充分认识到这一点，明确提出了新形势下工会工作的指导思想，这就是：坚持邓小平同志建设有中国特色社会主义理论和党的基本路线，认真贯彻党的十四大，十四届三中、四中全会和中央经济工作会议精神，继续把握“抓住机遇、深化改革、扩大开放、促进发展、保持稳定”的全党全国工作大局，进一步处理好改革、发展、稳定的关系，以贯彻实施《劳动法》为契机和突破口，带动工会各项工作，推动自身改革和建设，努力把工会工作提高到一个新水平，在改革、发展、稳定中更好地发挥作用。可以说，这既是当前和今后一个时期中国工会工作适应发展社会主义市场经济要求，服从服务于全党全国工作大局的总体思路，也是当前和今后一个时期加强工会自身改革和建设的总要求。

维护职工合法权益是工会的基本职责。工会是社会经济矛盾的产物，更具体地说，是劳动关系矛盾的产物，是劳动关系中的一方，即劳动者为维护自身利益需要而建立的组织。

在发展社会主义市场经济，我国经济关系和劳动关系发生深刻变化的情况下，职工群众更需要工会从他们的利益出发，更多地为他们说话办事，更好地维护他们的劳动权利、物质利益和民主权利；党更需要工会组织时刻关心职工群众的疾苦，反映职工群众的意愿、呼声和要求，密切与职工群众的联系，更好地发挥党联系职工群众的桥梁纽带作用；各级政府也更需要工会代表职工更好地协调劳动关系和社会利益，协助政府处理好改革、发展和稳定的关系，发挥国家政权支柱的作用。因此，要依据《劳动法》等法律法规，加大工会协调劳动关系的力度，进一步突出工会的维护职能，更好地保护和调动广大职工群众的积极性，更有力地推动生产力的发展和社会的全面进步。突出工会的维护职能与坚持党的以经济建设为中心是统一的，与工会工作服从服务于经济建设这个中心也是一致的。我们所强调的维护，是两个维护的统一，即维护全国人民总体利益与维护职工群众具体利益的统一，同时也是维护职工群众的政治权利和经济利益的统一。工会履行维护这一基本职责，必须着眼于发展经济这个大局，没有经济的发展就谈不上对职工根本利益和具体利益的维护，也谈不上保护和调动职工群众的积极性。

完成新形势下工会肩负的繁重任务，必须加快工会组织体制、运行机制和活动方式的改革步伐，进一步密切同职工群众的联系，努力实现工会组织的群众化、民主化。工会现有的组织体制、运行机制和活动方式，是在计划经济体制下形成的，已越来越不适应发展社会主义市场经济的需要，特别是调整日益复杂多变劳动关系的需要。因此，工会必须以贯彻实施《劳动法》为契机，积极推动组织体制、运行机制和活动方式的转变。要在贯彻实施《劳动法》的过程中，不断深化工会自身改革和建设；同时又要用工会自身改革和建设的实际效果，来不断促进《劳动法》的贯彻实施。贯彻实施《劳动法》对工会来讲是带全局性的工作，这就需要打破工会部门工作界限，善于运用《劳动法》赋予工会的权利和方法，集中力量在重点工作上有所突破。工会贯彻实施《劳动法》的关键而重要的工作是代表职工就劳动权益、劳动标准等问题同企业平等协商和签订集体合同。这就需要工会学会运用平等协商和签订集体合同等新的机制和新的方式来开展工作，更好地代表和维护职工群众的合法权益。

要紧密结合新时期工会工作的任务和要求，大力加强工会的自身建设，不断提高广大工会干部的素质和工作水平。工会能不能适应发展社会主义市场经济的需要，能不能行使好《工会法》、《劳动法》等法律法规赋予工会的权利，承担起依法协调劳动关系、维护劳动者合法权益的基本职责，在很大程度上取决于广大工会干部的素质。我们工会干部队伍总体上是好的，但要贯彻实施《劳动法》，真正承担起维护职工合法权益的基本职责，还有许多不适应的地方。这就要求我们必须坚持用邓小平同志建设有中国特色社会主义理论和党的基本路线武装工会干部的头脑；各级工会干部必须努力学习社会主义市场经济、法律、现代企业管理和生产技术等方面的知识，不断提高自己的工作能力和解决实际问题的本领；各级工会组织必须加强领导班子建设，积极培养和选拔一大批德才兼备的优秀中青年干部担任各级工会领导职务。总之，我国工会在新时期的自身建设，要达到的总目标，就是要通过全面加强思想建设、组织建设、作风建设，努力把工会建设成为中国共产党领导的、用建设有中国特色社会主义理论武装的、能够带领职工群众为实现党的任务英勇奋斗的、思想上政治上组织上坚强的、深受广大职工信赖的工人阶级群众组织。

同志们、朋友们，完成祖国统一大业，是大势所趋、人心所向。我们坚决支持我国政府关于港澳台问题的政策主张，进一步发展同港澳台工人和工会的友好合作关系，为顺利恢复对香港、澳门行使主权，保持香港、澳门的长期稳定和繁荣，为增进海峡两岸的交往和促进祖国的和平统一，尽到我们工会应有的责任。

我们要继续坚持独立自主、广泛联系的方针，高举“和平、发展、工人权益”的旗帜，积极发展同各国工会的关系和双边交往，巩固和加强同发展中国家特别是周边国家工会的友好合作关系，积极参与并发起举办多边性活动，不断扩大同各个国家和地区工会之间在经济技术、劳工问题和工会业务等方面的交流与合作，为建立在独立、平等、互相尊重、互不干涉内部事务原则基础上的国际工运新秩序，为促进世界和平、发展与人类进步事业而不懈努力。

同志们、朋友们，我们要善于总结历史经验，继承和发扬中国工会的光荣传统，坚持在党的领导下创造性地开展工作，不断开创工会工作的新局面。让我们在邓小平同志建设有中国特色社会主义理论和党的基本路线指导下，紧紧团结在以江泽民同志为核心的党中央周围，动员和组织全国亿万职工，继往开来，艰苦奋斗，开拓前进，为完成党和国家提出的各项任务，为改革开放和社会主义现代化建设，作出新的更大的贡献！

一定的方针和思路必须有一套思想方法和工作方法来保证*

（1995年7月6日）

这次主席团会议讲话稿涉及三个问题，一是如何更好地理解全总十二届二次执委会议思路，二是如何正确地贯彻全总十二届二次执委会议思路，三是在贯彻执行中如何服从大局。这个思路是好的。

第一部分，如何领会二次执委会议思路，要抓住要点，把二次执委会议的主要思路概括出来。当然，“主要危险是脱离群众”这句话怎么表述可以再议，但这个问题是存在的。

第二部分，回答如何贯彻二次执委会议思路，如何在贯彻中辩证地处理各种矛盾，使总体思路正确、健康地贯彻下去，不能偏、急。这有个思想方法、工作方法问题。一定的方针、思路必须有一套思想方法和工作方法来保证，否则会搞歪搞糟。因此，要从实践中提出问题，学会邓小平同志用辩证唯物主义分析处理问题的方法来解决问题，将实践中提出的问题经过提炼概括上升到理论的高度。

从实践上看，有以下几个问题需要处理好：

---

* 这是尉健行同志在讨论全总十二届六次主席团会议讲话稿时谈话的要点。

一是继承与发展问题。二次执委会议提出的总体思路不是凭空产生的，是多年政策、思想和实践发展过来的，不能割断历史。要充分肯定过去好的经验、传统和思想。同时也必须指出，到了发展社会主义市场经济的新形势下，确实有许多新情况新问题，需要我们用新思路来发展、丰富，需要解放思想。这也是个思想方法问题。我们要历史地、发展地看问题，不能否定过去，又不能拘泥于过去。继承与发展这个问题要处理好，处理不好会给人的印象是“回过去”，也不要使赞同新思路的同志心虚。要明确新思路是从过去发展过来的，要理直气壮地坚持。过去也搞维护，但只是提出要求，在执行中间有干扰。现在提维护，其中有些提法变了，但根本的提法则没有变。这是第一个关系。

二是要全面地联系地辩证地看待这一新思路。突出维护，别的还要搞，不能单打一。维护职工利益，还得强调国家利益。维护也不仅限于经济利益，也包括政治方面，不要搞经济主义。还要提倡奉献精神，不是单纯讲经济效益。抓维护可以更好地促进职代会建设，等等。这里面的一系列关系要处理好。不能强调一个新的方面，就要否定旧的东西，不要搞片面性。片面性会把贯彻二次执委会议的积极性引偏。要全面地正确地理解二次执委会议精神。

三是目标与步骤的关系。即完成任务与完成这一任务的过程如何统一起来。比如，如何搞集体合同，现在有的没有条件，可以抓劳动合同，不要一搞就是高标准。目标、标准要实事求是，从实际出发，不搞一刀切。不要认为《中华人民共和国劳动法》的贯彻可以一蹴而就。既不要认为《劳动法》可以解决所有问题，也不要等所有问题解决了才去贯彻《劳动法》。条件不管好坏，都要贯彻《劳动法》。在某种意义上，条件不好的企业、困难企业更需要加大贯彻《劳动法》的力度。

四是重点与一般的关系。重点是抓贯彻实施《劳动法》，但贯彻实施《劳动法》不等于一切，其他工作也要抓。重点抓集体合同，其他也要抓，否则重点也抓不好。现在的问题是重点突出不够。工会领导机关抓《劳动法》和集体合同，有的部门则是负责民主管理。在企业则不能这样抓，其他工作要让一让。要善于抓重点带动一般，不要以一般影响重点。如何把一项具体工作与重点工作统一起来，工会机关目前这套体制解决这个问题可能有难度。

第三部分仍是局部与全局的关系。工会贯彻《劳动法》必须围绕全党全国工作的大局。离开大局再有道理也是没有道理的。工会组织不要自行其是，从组织上讲，就是要服从各级党组织，从各地实际出发，处理好各方面关系。贯彻《劳动法》有利于稳定、有利于大局，但如果各方面关系处理不好，则可能不利于稳定、不利于大局。比如有的企业目前可能暂时不能签订集体合同，可以放一放。

重视研究贯彻实施《劳动法》遇到的各种具体问题*

（1995年7月12日）

（在汇报到某些部门强调签订劳动合同是重点的问题时）劳动部门的重点是抓劳动合同是对的，我们工会的重点是抓集体合同也是对的。工会与劳动部门抓贯彻实施《中华人民共和国劳动法》从根本上讲是一致的，但着力点不一样，所以我们提出抓集体合同，而他们是抓劳动合同。集体合同与劳动合同是相辅相成的，不能简单地说集体合同没有劳动合同就没有基础。集体合同可以进一步促进劳动合同，进一步健全劳动合同，进一步提高和保证劳动合同的质量。不能把二者对立起来，也不能截然分开，不能说必须全部搞完劳动合同再搞集体合同。我们的工作以贯彻实施《劳动法》为契机和突破口，集体合同是一个关键，必须抓住这个“牛鼻子”。但不等于今年全部都搞集体合同，什么工作都不可能齐步走。劳动部门今年全面搞劳动合同，我们是有选择地抓集体合同。

（在汇报到某些部门强调由于没有工资指导线而不主张

---

* 这是尉健行同志在听取北京市总工会贯彻实施《劳动法》情况汇报时讲话的要点。

搞集体合同问题时）搞集体合同不是说一搞就要面面俱到，一搞就大而全，一搞就要把所有敏感的问题首先放到里面去。工资问题要从实际出发，如果现在还不成熟，可不可以放一放，放一放不等于不搞集体合同，也不要说一搞集体合同就那么权威，就那么完善。我们可以把签订集体合同这种格局先搞起来，把机制先建立起来，同时从现在的实际出发作出规定，逐步完善、提高。我们要有这样一个思想方法，用这样一个思想方法处理问题，好多问题就好解决了。我们国家的《劳动法》已经有了，但客观条件并不完善，这不能简单地说哪个企业做得好不好，哪个工会做得好不好，而是社会主义市场经济体制还正在建立，这要有一个过程。劳动部门贯彻实施《劳动法》有他们的角度和重点，他们考虑问题更多的是从劳动管理角度来考虑的，我们是从进一步维护职工合法权益的角度来考虑问题的。两家在这方面的出发点、着力点不太一样。两家要合作，要配合，是配合关系。但可不是说劳动部门搞完了，我们再搞，没有这样的关系。

（在汇报到《劳动法》宣传工作时）前一阶段，我们在《劳动法》的宣传上做了不少工作，但在某些方面，如权责方面，我们的工作跟不上劳动部门的工作。他们确实是在尽力讲、全力讲，宣传工作头头是道。前不久，我看了一个《劳动法》知识竞赛，从头看到底，我一边看、一边想，这一次比赛劳动管理味道太多，工会味道太少，给人的感觉是，不管是题目还是小品，完全是从劳动管理这个角度来提出问题、处理问题，从工会角度来维护职工群众利益的味道太少。为什么？可能有人认为

《劳动法》知识竞赛都是一样。可不一样，侧重点、内容是不一样的。你看，工人碰到问题，没有工会存在，就是劳动部门在解释。我一看节目单，还是劳动部、全国总工会联合举办的。看到底，没有多少工会味道，这说明什么呢？说明我们的工作没做到家。宣传《劳动法》，不能认为劳动部门做了，就能代替我们的工作，代替不了。他们宣传《劳动法》有助于我们的工作，但代替不了我们的工作。

（在汇报到《劳动法》用“可以”签订集体合同，属于选择性用语时）讲得更深一点，法律也不是一成不变的，也得随着形势的发展不断地完善、调整。当时制定法律，对集体合同的认识是不完全一致的。有的顾虑重重，认为搞集体合同，工人就要这个、要那个，影响稳定什么的。当时认识这个问题还是有局限性的。现在我们逐步把工作推进，将来集体合同试点后逐步推开，不光是我们，恐怕劳动部门、其他部门也可以进一步意识到，集体合同不是可以不可以搞，而是必须要搞的。丁华同志说，德国工会认为抓集体合同是工会的生命线。他们的体会比我们深。我们只是提出重点和突破口是集体合同。我们在全总十二届二次执委会议上为什么要提出来以贯彻实施《劳动法》为契机和突破口，强调重点抓集体合同？老实说，更多的还是从其他一般工作的经验、体会，从对《劳动法》的领会、认识，从逻辑推论认识到的，感到必须抓集体合同。你说真正有什么深刻的体验，咱们没有。但别人是干了几十年的，总结出了这句话。这可以进一步证明，咱们必须抓《劳动法》、抓集体合同。这个认识对工会可以，对劳动部门就不合适。

你不能要求、也不能设想劳动部门总结这一条，说集体合同是劳动部门的生命线。他们不会这么讲，你也不应该要求他们这么讲，他们也不应该这么讲。对《劳动法》的不同要求和不同着力点决定了抓的要害不同。我们是从维护方面，劳动部门是从加强劳动管理方面，他们抓劳动合同有道理，我们抓集体合同也有道理。进一步讲，到一定时候，“可以”这个词汇会用“必须”搞集体合同来代替。德国制定劳动法，工会绝不会同意用“可以”二字。为什么？他们的实践表明，它就是生命线，没有这个，工会就不存在了，必要性、权威就没有了。零打碎敲，今天叫你解决这个矛盾，明天处理这个劳动合同不合法，后天去处理这个通风机不成，这样不行。你必须抓住一个纲的东西，把各个方面的工作都带动起来。抓了集体合同，可以促进劳动合同制的贯彻，推进劳动合同的完善。现在法律上讲集体合同用的是“可以”两字，我看最关键的还是扎扎实实地争取主动，把集体合同先搞起来，集体合同的效果有了，大家放心了，就不会再在“可以”的含义上做文章了。我们还是要积极主动地把这方面的工作干好。

（在汇报到集体合同试点企业时）前几天我去了北京重型电机厂，我强调要依靠广大职工搞好企业，要贯彻全心全意依靠工人阶级的思想，抓改革、抓管理都要全心全意依靠工人阶级，依靠广大职工群众。我们强调企业要有一个好的班子，这关系到一个企业的兴衰成败。一个好的班子不光是指业务班子能干一点。有好的班子才能全心全意依靠工人阶级。不能全心全意依靠工人阶级的班子不是好班子。只是能干而不能全心全意依靠工人阶级的所谓“好班子”不是我们需要的。

（在汇报到推进集体合同工作不能搞大轰大嗡时）不要搞形式主义，要踏踏实实地工作。贯彻实施《劳动法》只是工会一家不行，我们不能代替其他部门，有些部门的工作未到位，我们要推动他们，但有些工作我们是主角。工会的基本职责是维护，我们要坚定不移。是不是在认识上还有问题？要不断地统一认识。但也不要工作没做到，调门搞得很高，搞不好会使别人担心，维护到什么地方去了。我们要贯彻这个意图。集体合同搞起来以后，有利于调动职工的积极性，有利于生产，各方面都满意，然后着重地讲，这就是维护。工会要把维护的思想观念牢固地树立起来，少挂在嘴边上。我们现在讲维护，工会的同志既感到对，又感到有点顾虑。同样，厂长、党委书记听到你工会老讲维护，不知道你怎么干，嘴里不说，心里也会有想法。因此，工会维护的观念、宗旨不能变，要坚定，但维护的调门少唱，多办点实事，不要工作没做到，先把别人吓住了。人就是在有压力的情况下一步步成长起来的，逼着你去想问题、分析问题、解决问题。搞集体合同要稳扎稳打，对工作积极性高的，要因势利导，不要挫伤这些同志的积极性，也不要把集体合同的声誉搞坏。

（在汇报到对集体合同的认识上还存在着“党政工关系很好，一搞集体合同容易出现矛盾”的思想时）一个班子三个人相处挺好的，没什么问题，这个不是标准。这涉及一个班子的标准问题。有的同志简单地认为这个班子团结、平安无事就好，那个班子有矛盾就认为不好。这是从现象上看问题。班子好不好,根本上要看坚持不坚持党的基本路线,坚持不坚持改革开放政策,在发展生产力方面作了多大贡献。要看效果,不要看现象。单看现象,好多问题就出来了。说班子要平安无事,那好,人越多越难平安无事,一大批常委,这意见、那意见就出来了。三个人、两个人的班子,书记跟厂长容易闹矛盾。一个人的班子好,没矛盾。没矛盾不是我们配班子的一个目的,我们配班子的目的是为了把工作做好。

没有矛盾可能有两种情况:一种是大家都能按党的路线、方针、政策统一认识,统一工作格局,真的没有矛盾,这种没矛盾就对了;另一种是互相放弃原则、平安无事,牺牲党、国家和职工的利益,掩盖着群众中的不满情绪,这种没矛盾隐藏着一种危险。所以不能完全靠有没有矛盾为标准考核一个班子的好坏。这是第一。第二,有没有矛盾,不能靠个人的作为、资历,还要靠一个人的品格。一个企业现在“很好”,可能“好”在平安无事,“好”在牺牲了职工利益,工会主席也不吱声,唯唯诺诺,党委怎么说,我就怎么办,这当然没矛盾。但群众有怨言,有不满情绪,到一定时候,矛盾暴露出来,什么都完了。靠几个人不错是靠不住的,这种不错要分析,有的不错是错的,无非是说大家一致对外嘛,这根本是不对的。有的人会说,本来好好的,你工会一搞集体合同就把这个班子搞出了矛盾,可能会怪罪工会。这都是可能的。因为现在有的人的观念、认识是不全面的。不能说班子的标准是团结,团结是很重要的一个方面,但这不是一个目的,团结归根结底是为了搞好工作。

（在汇报到工会干部素质问题时）干部素质问题不光是咱们工会的问题。我接触到的地方工会的干部还是生气勃勃的，尽管有的事情很琐碎，有的东西还没有完全抓住要害，但很有活力，不是呆板的，不是坐在办公室喝茶的，都是活跃分子。这些同志有个特点，都活跃在基层，有这样一个底子，学起来也快，因为他们不是墨守成规的人，不是不接触实际的人。事实也证明，我们的工会干部只要任务压上去，就会接受得很快。我感到，咱们工会系统的干部比有的系统的干部更有生气。至于说工会作用多大，这不是哪个人的事，是我们整个工作指导方针的问题。按照全总十二届二次执委会议提出的这个路子干起来，还是会有作为的。人的潜力是很大的，只要有决心学习，就会有发展。人一辈子可以念好几个大学。工会干部的年龄不是很大的，文化程度一般也可以，还可以学习。人就怕没有压力，没有要求，这是主要问题。如果我们天天感到时间不够，天天感到还欠点什么，天天感到很狼狈，我们又有一个积极态度去学习，去解决问题，那我们就会天天有进步。如果老是保持这种状态，一年两年下来，一般都会有较大的进步。

（在汇报到工会主席兼职问题时）工会主席兼职问题恐怕是个实际问题，处理这个问题要慎重，尤其是外商投资企业。从一种机制来讲，从建立一种正常的体制来讲，兼职是不合适的。但从现实情况来看，好多企业都这样。现在如果不让他兼，当然也可以换其他人，可换的那个人的角色、地位、作用可能还不如这个人。所以，要从实际出发，不要急于一步到位。

这种情况，从体制上讲不合适，但从现实开展工作来讲，也还有有利的一面。因此，这个问题恐怕还要权衡，还是要坚持从实际出发。咱们还是首先把工会工作格局搞起来，把工作搞起来，一个工会主席的角色是不是合理，这个问题现在能妥当处理当然很好，如果不能妥当处理也不急于解决，首先是把工作搞起来，有了一定的工作基础以后再说。我在其他地方也看到这个问题，这是一种现象，反映也是很多的。比如说，党委书记兼工会主席，在体制上讲也不合适，但也不一定要急于换。党委书记兼着工会主席，只要他也很重视工会工作，也未尝不可。从现实情况讲，作为党委书记和工会主席，各种观点、意见差别不是很大，不一定把党委书记限制住，工会主席一定搞成副书记职位，也可以做党委书记。这个问题可以以后再说。我看不要同时解决各种问题，现在的要害是贯彻实施《劳动法》，把工会的一套业务、工作、秩序建立起来，把集体合同搞起来，然后再进一步考虑人选、体制。我看这样比较好，不一定什么都同步搞，不一定一步都到位，现在首先要看是否有利于贯彻实施《劳动法》，是否有利于建立工会工作格局，是否有利于工会业务工作的开展，是否有利于工会工作。如果有利，即使是兼职在体制上不太得当，眼下也不要紧。

（在汇报到某些部门强调兼职工会主席不适于代表一方签订集体合同问题时）我们看问题、处理问题的思想方法，还是要具体问题具体分析。我们始终强调《劳动法》的标准要坚持，《劳动法》要贯彻，但贯彻实施《劳动法》是个过程，你不能什么事情都理想化，什么东西都非得这样办、那样办。我到海淀区，海淀区的人大主任是兼管人事的副书记，这个体制从党内组织原则来讲，从人大来讲，不合适。人大主任兼副书记，管组织、管干部。但是从海淀区的状况，考虑到历史背景、干部等情况，目前这样的兼职有利于工作，有利于团结。你说组织部或是人大拿着法老说不行、不行，话是有道理，要指出这样兼是不尽合理的，但又要承认从海淀区的实际出发，从目前的情况出发，这样兼从总体来讲也有好处。你说这样的问题怎么处理？有些部门也是这样。就说集体合同，你不能拿一、二、三、四、五、六、七、八、九、十条中的一、二条去卡着它。你认为工会主席身份不合理，是不合理，但现在他兼着，另外九条干得也不错，你为什么为了一条把九条都卡掉，你为什么不承认那九条，宁可先保留一条不合理，让他先干起来。哪里有一种制度是十全十美的，哪里有一种制度是包罗万象的，什么问题都可以按它来处理，总是要有例外的，例外就要按例外走，否则就会搞形而上学。要有制度，也还要有例外，如果光有制度没有例外，到一定时候就是走向极端，搞“极左”，就又会来个变动，搞反对旧的传统，反对繁琐制度，反对管卡压，反对用制度压人，因为1%而把99%都干掉。如果这样干几年后，生产也下来了，成本也提高了，工厂也不行了，又提出来还得有制度，搞来搞去又走向一个极端，搞得制度绝对化，搞得很繁琐，什么都有制度，什么都有手续，凡是不符合条款的都不行。这样不成。首先要有制度，但制度不是万能的；要有规范，但任何一种规范都有利有弊。比如，党政一肩挑，你可能说出十条优点，也可以找出九条不足。又比如你把两个单位合在一起，可以说十种好处，什么精简机构呀，减少业务上的矛盾，统一领导呀，也可以讲出八条缺点，什么容易只注意当前、不注意长远呀，缺少制约，矛盾不容易暴露呀，等等。那么这十条好处、八条缺点怎么看？还是要看当时的主要形势，全面的情况，决定哪个有利哪个没利。我认为要看效果，他现在能迈第二步，还是让他迈第二步，不能说迈出的第二步有点歪，连第一步也不让迈。要我说，宁可第二步有点歪，但不管怎么说是迈了两步。所以，我认为这个问题不是绝对的。咱们一方面注意这个问题，但又不要急于一下子解决这问题，要解决当前最亟须解决的问题，先把工作格局搞起来，把工作进行起来，把业务搞起来，把机制运行起来，把规矩搞起来，然后有条件再把工会主席的身份规范化。处理这个问题不能一刀切，而应从工作需要出发。只要这种处理能更好地工作，就不要去责怪。还是要看总体、看效果，看终极的效果，看长远的效果。业务部门容易提出一些意见，主要是从他管辖的范围来看待问题，不容易更全面地来考虑问题。

（在汇报到中小企业工会主席协商谈判中存在敢不敢平等协商的问题时）下面是有这个问题。蛇口的工会工作搞得不错，但从蛇口一个企业的工会工作来看，考核是不健全的。因为好多企业工会该干的工作是由工业区工会工作来代替的。它那里企业工会干部好多也是兼职的，集体合同的工作也在做，但许多工作是工业区工会搞的。有的企业罢工，企业工会也挡不了，浩浩荡荡地开来了，游行了，工业区工会主席到马路上把工人说服回去，但企业工会是没有办法的。他们这么做是从实际出发的。小企业尤其外商投资企业不能像对国有企业这样要求，组织有多么健全，工会主席有多高的水平，必须尽到什么责任，等等。咱们可以这么教育、这么宣传，但你要注意，他一下子做不到。因此，把这些企业的工会主席应该做到、但目前又难以做到的工作由上一级工会来配合他干，将来可能就是这种体制。我在蛇口跟工会主席讲过，这是一个问题，他也承认。当然，这种问题在蛇口目前来讲，这么做是必要的，也是有益的。今后怎么发展也不好说，也可能这种体制是过渡，也可能将来会放权于基层工会，由基层工会来回答。但从现在情况看，也不能说太远了，大概在近期，近几年内，这样的企业就恐怕会有相当部分的工会工作、工会职责，或者有些矛盾适当的要提到上一级工会来处理，把有些处理问题的权收到上一级工会来。这里面就有一个体制问题。比如说北京市有几千个企业，就得靠产业工会，有的地方就得成立外商投资企业工会，看起来是行业性的，实际上是好多个厂工会主席来干，只有他们来搞，反响才大、威信才高，也只有他们来搞，发言权比较大，才会增强企业工会的发言权，但又不是完全靠基层、靠上级。有的地区不大，他们搞了外商投资企业工会，叫联合工会或叫办事机构，几个人一天到晚跟外商投资企业打交道，跟厂长也熟，实际上是代替了基层厂工会主席跟厂长打交道，我看这很有必要。现在想让外商投资企业都能有一批素质高、有发言权、敢于维权的工会干部，这办不到。办不到的事，就另走一条路，从另一角度去考虑，要解放思想，不能用抓国有企业工会的办法去抓这些企业。比如西城区不一定要有多大的机构，哪怕几个人，跟厂子很熟的，有什么矛盾，可以交给他们去办。这是可以研究的。还有乡镇企业，就是你怎么能够抓住它们。不能拿抓国有企业的那套办法来抓外商投资企业、乡镇企业，这得有点灵活性。按这样的思路，我们说贯彻实施《劳动法》，咱们的体制、机构、业务不适应，这话也不是空的。怎么解决这个问题？这得有套人马，那么人怎么增加？又增加不得。反过来说，咱们现在这种工作体制，拿总工会来说，要精简，把人腾出来，搞产业工会、行业工会，把产业工会的力量加强，总工会现在的体制就应该这么办。

（在汇报到建立乡镇级工会时）这个思路很好，咱们就按这个思路干。现在当务之急是把乡镇、街道这一级工会建起来，这样做要比一个一个建乡镇、街道的企业工会要快。现在，我们的工作还没到位。对这些企业，我们不要求齐全，着眼点是看工会的业务搞起来了没有，工会的权力有没有，由谁来行使。要从实际出发，下面没那么大的力量。现在搞纪律检查也是这样，你说，纪委能不能监督党委？那怎么办？我们现在采取这种方法，上级纪委来监督下一级，你有困难，你把矛盾上交。我们是公开化的，纪委系统可以矛盾上交，你办不了，你捂着干吗。你本来就是个局长，纪委应该办的，但是局长上面还有市长啊、书记啊，办不下去。你说这种体制对不对？不对。但是，从现实情况看是不是需要？还需要。如果你把文章都做在这里，说把市纪委加强，把市纪委规格提高，提高了又怎么样？你能把市纪委提到和市委一样高？这是不行的。这不是咱们党的组织原则。不能走这条路，我们就走另外一条路。咱们建工会也是这样，不要单纯走国有企业工会那条路，有健全的组织，麻雀虽小五脏俱全，尤其是大的企业。正规不正规、健全不健全恐怕是另外一个概念，但是工会工作一定要健全。现在看这么多中小企业，而且你要求企业工会这么齐全，它有极大的困难。这些困难，有些可能是勉强的理由，但有的也是实际的。对这方面的反映也很多。说你看你们工会怎么搞的，还要我们撑腰。另外，你怎么齐全它的功能也不可能健全。抓贯彻实施《劳动法》，从全总到各级工会是不适应的，素质是不够的，怎么能设想成千上万个乡镇企业、外商投资企业的工会一成立，工会主席就马上会干，而且他们还老在变，你培训也培训不过来，培训他3个月，他明天就变了，你搞不过来。还是要抓上一级工会，抓这些有一支固定队伍的层次，这个思路是合适的。市总可以从这个角度试一试，不是单个企业试点，在这个领域的上一级工会，搞一批中小企业通用性集体合同试点。

（在汇报到集体合同的内容中是否要有经济指标问题时）贯彻实施《劳动法》不要搞绝对主义、主观主义。中国的《劳动法》要参照国际的有关惯例。有人强调国际法，他也有根据。但是资本主义国家没有我们永远照搬的东西。我还是主张把权利和义务统一起来办。集体合同不能只有权利没有义务，这不行。我们强调的是在维护权益的同时，也要有义务存在。至于集体合同中权利、义务的一些提法、分量可以研究。但把它绝对化，说国外没有经济指标，我们也不要经济指标，我认为这是不行的，这在理论上也站不住脚。你凭什么理由？无非国外没有。为什么国外没有，我们就非得没有呢?！这个是不对的。我们应该学习国外经验，但不能完全照搬过来，因为国家的制度不一样。接轨的东西，我看就是这样，一些标准可以接，但是有些东西是不能接的。老实说，标准是管理范畴的问题，有属于生产组织方面的东西可以接轨，但管理也有阶级关系、生产关系方面的内容，不完全是生产力。不同国家有不同性质的生产关系，不是什么都能照抄照搬的。不要把管理跟技术等同起来看，认为技术可以全搬，管理也可以全搬。管理是不能照搬的。要照搬的话，哪个资本主义国家企业里还有党委？没有！哪个资本主义国家说企业成本里还有党委书记工资？我说没有。党委也不要，党的工作人员工资也不进成本，这么学能行吗？咱们是共产党领导，从中央到各级组织都是国家预算包的，企业里党委书记、纪委书记、组织部长，从来工资都是打入成本，这是天经地义的，他是企业管理人员的一部分。如果完全照搬国外那一套，那还叫什么社会主义！我讲的意思就是这个，管理方面的问题，不是都能学的，不同性质的国家有不同的制度、不同的管理办法。《劳动法》不仅是一个生产力的标准问题，它涉及到生产力，还涉及大量的生产关系，经营者和工人的关系。这种关系在资本主义国家是剥削和被剥削的关系，是老板和工人的阶级关系，咱们这里是经营者和工人的关系，是同志的关系，是根本利益一致前提下的一种关系。这两种生产关系完全不一样。我们把这两种关系也等同起来，去学他们的劳动法，这不是等于把两种不同性质的劳动关系混同起来了吗？我看这样学是不行的。咱们一定要把自己的共保合同很好地继承和总结经验，但又不要沿用，不要照抄，应该是又有联系，又有区别，又有继承，又有发展，简单地照抄不行，简单地照搬不行，全盘否定也不行。我讲这些问题，意思都是说要从实际出发，谁也不要作结论，谁也不要板着面孔吓唬人，谁也不要迷信他就是标准，他就是真理，我们也不要说自己就是标准，就是真理，都需要在实践中去探讨。另外，我国境内的外商投资企业也要和资本主义国家的相区别，它毕竟是在我们社会主义国家的外商投资企业，工会与老板的关系，也不同于资本主义国家工会同老板的关系。这些问题都需要研究。

（在汇报到某些部门强调签订集体合同的一个前提条件必须是产权关系清晰时）产权关系的真正清晰，在一定意义上也就是社会主义市场经济体制的完善，如果这么推论，《劳动法》的贯彻就有问题了，劳动合同也有问题了。如果这么推论，是否只有到了社会主义市场经济体制完善了，产权关系清晰了才能贯彻实施《劳动法》。咱们一面进入社会主义市场经济，一面进行有关工作，包括贯彻实施《劳动法》，包括签订集体合同。今天的集体合同内容与2000年的绝对不会是完全一样的，但不能因为不一样，就要等到2000年。同样，劳动部贯彻实施《劳动法》，他们也要做工作，也要有步骤。现在讲贯彻实施《劳动法》缺乏条件，这很正常，即客观条件、主要是社会主义市场经济体制还不完善。这是共性的问题，不光对我们工会组织，对劳动部也是一样的，不光是对集体合同，对劳动合同也一样。不完善、不完备告诉我们，工作不能要求太完整、太齐全，要因陋就简，一步一步去完善。

（在汇报到工会主席与厂长平等协商，存在着地位不平等的认识问题时）这是封建意识。签订集体合同的双方法律地位是平等的，不存在什么官大官小，正职、副职的问题。大企业和小企业订合同，这平等不平等？首钢跟乡镇企业订合同，你是厂长，他也是厂长，那级别差大了。但合同双方的地位是平等的，这里不讲级别。至于党委书记往往个人说了算，工会主席的命运不在自己手里，这是一个现实问题，是干部管理体制问题，是另外一个问题。谈判应该作为一种制度，作为一种机制，作为一种工作秩序，作为一种法规，这要统一认识。工会主席能不能作为一名代表，敢不敢代表职工维护职工利益，来按原则谈判，这恐怕也有一个体制问题，这种关系今后也要改善，但这不是一个简单的问题。所以，在现行的干部体制下，我们要考虑能不能采取一些补救措施。比如，小企业建立行业工会。总之，是不能等到条件都具备了再干，等条件具备，等到哪年？拿工人来说，厂长说什么时候开除你就开除你，哪有什么平等啊，那肯定是不平等的条件，工人照样得签，你反抗，明天就不要你了，你低头，低三下四还可以干两年，赚点钱回家。现在咱们要干的事多了，都不是一下子能解决的，咱们就处在这样一种环境下，又有条件又没条件的环境下干工作，就要抓住有条件的部分作为契机和突破口，又要看到没有条件的部分，克服各种困难，实事求是地提出我们的要求和步骤，不要想得那么美满。现在工会不实实在在地抓《劳动法》的贯彻实施，只摆条件，那会寸步难行。但就在这种条件下，有的地方干得也不错，但也有的地方牢骚太盛。就说纪委吧，这样的体制下可以讲出十条我不能干事、不能办案的理由。一个县的纪委书记办六七个案件，走在大街上看到的都是抵触的、有意见的眼光，相当困难。如果这么摆、这么看，纪委就停摆了。但从另一方面讲，咱们党对反腐败还是坚决的，相信大多数党组织对反腐败是拥护的、支持的。所以，原则上要求纪检干部还是要讲一点奉献精神、牺牲精神。你要强调困难，都可以趴下，想趴下可以讲出八条理由，你要干也可以想出很多办法。所以，还要在各行各业讲这个问题，条件就是这样，讲共性是一样的，还得强调既要看到有利条件，又要看到困难，看到主观能动性。你要摆客观条件也都对，一个工会主席，你怎么能干过厂长呢？所以也对。有的搞好了，也可能干过厂长，这也有。纪委书记好像能耐不太大，但纪委书记也可以把大案搞下来。在现在这种条件下，没有哪个系统、哪个岗位都是平安无事，条件都创造好了，只要张张嘴就能干。你看计划生育比我们哪行都难，但计划生育也在干，逐步都在前进。搞生产，咱们认为这是最好干的，大家也重视，条件也好。咱们在座的也有干过厂长的，任务完不成，指标上不去，出了事故，那也是很难受的。没有一个行业轻松愉快，干才能出成效，咱们工会的工作更是如此。

（在汇报到签订集体合同要重在建立一种机制问题时）要抓住贯彻实施《劳动法》的时机，把工会工作搞上去。如果时机抓不住，有法也难说。集体合同不是一种方法，而是一个机制，要把这个机制建立起来，其他方面不动也不行。比如我们抓民主管理，全总比较重视，去年在石家庄专门召开民主管理会，这都是很好的。但是就民主管理抓民主管理，不建立一种机制，它总是让人感到不那么认可。先把集体合同搞起来，把机制建起来，让你民主管理没有不行，职代会不开不行。这也是一门学问。抓《劳动法》不是一个单项的任务，它是抓住了一个环节，这个环节开动起来后，使人非转不可。机制不是人，今天想起就抓一抓，明天忘了就不抓。这个机制建立起来后必然会动起来。比如人一发烧，白血球自然就增多了，这种机制不要你去布置。工作也是这样，把机制建起来，你不用老是开民主生活会，他自己就着急了。所以，我们不能就民主管理抓民主管理，而是可以通过抓集体合同这种机制来带动民主管理，而且这还能使民主管理的内容更加充实、具体。你要开职代会，也不能光听那几句，要审议集体合同草案，厂长要保证报告工作啊、监督啊，等等，就都有了。这就是说，在认识上要明确抓机制。现在反腐败，咱们近些年抓了 38 个问题，今年抓三项制度。当然，这三项制度还是低级的。但这种制度体现着一种机制。比如向职代会报告业务招待费使用情况的制度，你报告就得听取群众的意见，这就是民主监督的问题。我在贵州讲，向职代会报告交际费问题，要注意首先把制度建起来，职代会有这个内容，厂长得报告一下。我说，他说三句也行，“今年交际费花了 120 万，比去年多了 10 万，我们认为这是必要的，请同志们审议”。我说，这三句话就成了，你不用要求他，哪个礼拜天，哪个领导来，请客花了多少钱，等等，要求这么细。因为你还没发现大问题。这就是说首先得把工作格局立起来，把这种机制建立起来，然后明年再充实内容，慢慢来，你不要机制还没建起来，厂长站在你面前，他本来就战战兢兢，提心吊胆，一报告给抓住了，这下好了，一传十、十传百，谁还敢搞？然后论调就来了，这样搞影响开放，影响订货，等等，给你干扰住了。所以，明年再多讲一点，后年再讲一讲，慢慢加码嘛。你别看这个，这个很厉害。这样一搞，每笔账他都要考虑考虑，这样的话，谁知将来怎么审啊。不光厂长考虑，地方的领导也得考虑，我们不能随便拿点东西到企业从厂长交际费里报销，我们也不能随便在企业大吃大喝，免得职代会一审查，还有某某书记在这里吃掉两万，这影响形象。这个制度拿出来，现在不起眼，以后就可以防止犯罪。这就是说从就事论事，从抓单项，抓不完整到抓制度，然后抓整治，抓秩序。道理一样，咱们工会也是如此。去年就是抓住深圳大火，领导也讲话，各单位采取措施才把建工会的问题促上去了。现在抓贯彻实施《劳动法》也是这个问题。所以，集体合同不是一个单项的任务和业务，而是一种机制，这个搞起来，可以带动整体。这种机制建立起来，领导不重视工会也得重视工会，有了这个机制，你工会不干也得干，不用天天事事去谈问题、去动员，而且工会地位也会提高。

（在汇报到困难企业强调主要抓经济指标，没精力顾及集体合同时）这是一个认识问题。无论是哪个产业，也无论是效益好的企业还是困难的企业，都应毫无例外地要贯彻实施《劳动法》，并通过贯彻实施《劳动法》把工会的各项工作都带动起来。特别是困难企业更应该贯彻实施《劳动法》。我们在认识上不要把贯彻实施《劳动法》看作是一个具体的达标活动，而要认识到，贯彻实施《劳动法》实际上是工会要行使维护职能。如果说困难企业可以不贯彻实施《劳动法》，搞个代名词就是困难企业可以不搞维护，困难企业工会可以无所作为。我不怕劳动部门有不同认识，怕咱们工会自己认识不上去，工作跟不上。要把贯彻实施《劳动法》作为工会维护的代名词，通过贯彻实施《劳动法》把维护等工会工作带起来，从这个角度讲不能因企业困难而不维护了。反过来应该说，越是困难的企业，工会越应该关心职工，越应该发挥维护职能，这是根本的道理。至于说困难企业和经营好的企业，在贯彻实施《劳动法》的具体要求上是可以有区别的，这和困难企业要不要贯彻实施《劳动法》是两回事。不能把具体要求上的差别，看成是要不要贯彻实施《劳动法》的差别，要不要维护的差别，要不要签订集体合同的差别，这不是一回事。

在改革、发展、稳定中更好地发挥工会组织的作用*

（1995 年 7 月 22 日）

全总十二届六次主席团会议和全国工会贯彻实施《中华人民共和国劳动法》经验交流会，以邓小平建设有中国特色社会主义理论和党的基本路线为指导，围绕贯彻全总十二届二次执委会议确定的“以贯彻实施《劳动法》为契机和突破口，带动工会各项工作，推动自身改革和建设，努力把工会工作提高到一个新水平，在改革、发展、稳定中更好地发挥作用”的工作总体思路，总结工作，交流经验，明确任务，讨论修改全总提出的贯彻实施《劳动法》的几个试行办法。从现在的情况看，各级工会对二次执委会议确定的总体思路的认识比较一致了，工作也已经铺开，取得了一些成绩和经验。在这里，我再着重强调几个问题。

一、对二次执委会议提出的工作总体思路有待进一步统一认识

全总十二届二次执委会议，站在全局的高度提出的工会工作总体思路，既是当前和今后一个时期工会工作适应发展

---

* 这是尉健行同志在全总十二届六次主席团会议上的讲话。

社会主义市场经济要求，服从服务于全党全国工作大局的客观需要，又是新形势下加强工会自身改革和建设的内在要求。深刻认识、正确理解和认真贯彻这个总体思路，对于我们进一步提高工作水平，在改革、发展、稳定的大局中更好地发挥工会的作用，具有重要意义。这个总体思路的内涵极为丰富，我们应从以下几个方面领会和把握。

以贯彻实施《劳动法》为契机，进一步突出工会的维护职能。《劳动法》进一步确立了工会代表维护劳动者合法权益的地位、作用和权利。抓住贯彻实施《劳动法》这个难得的机遇，就可以把工会的维护职能更加突出出来，把各项工作带动起来。这是把握总体思路必须抓住的基本精神，是新形势下工会开展工作的指导思想、工作方针和工作要求。

要正确地理解维护的含义，更加理直气壮地代表和维护职工的合法权益。我们强调的维护是两个维护的统一，即维护全国人民总体利益与维护职工群众具体利益的统一，同时也是维护职工群众政治权利和经济利益的统一。《劳动法》赋予职工的职责是权利和义务的统一，职工合法权益本身含有两个维护的内容。对工会的基本职责是维护，我们既要在思想观念上坚定和牢固，更要在工作上扎扎实实，积极进取，把它贯穿于工会工作整个过程之中。

工会服务于党的中心任务的主要手段是维护。各行各业都要服从服务于经济建设这个中心，但其服务的手段、方式和途径是不同的。工会围绕中心和服务全局的着力点应放在做好人的工作上，通过依法维护职工的合法权益，进一步保护和调动职工的积极性，并加以正确引导，积极完成党和政府提出的各项任务。这和工会要紧紧围绕经济建设这个中心，服从和服务于改革、发展、稳定的大局是一致的。

加强工会自身的改革和建设，适应调整日趋多元化、复杂化劳动关系的需要。改革的深化和社会主义市场经济的发展，在涉及职工就业、分配、保障等劳动关系的诸多方面正处在急剧的变化和调整之中。在调整劳动关系方面，如果工会不能很好地为职工说话办事，代表维护他们的利益，职工群众就不会认为工会是自己的组织。因此，我们必须以改革的精神认识自己、发展自己、提高自己，努力在依法调整劳动关系、维护职工合法权益方面有一个突破性进展，进一步赢得广大职工的信赖，实现工会组织的群众化、民主化。

要善于运用《劳动法》赋予工会的权利和方法，尤其要抓住平等协商、签订集体合同这个关键环节，发挥工会的整体维护作用。如果我们把《劳动法》赋予工会的权利和方法充分运用起来，就能使工会对职工合法权益从个案和局部维护，更好地向整体维护的方向发展。只有抓住平等协商、签订集体合同这个关键环节，扎实地做好基础性工作，才是抓住了贯彻实施《劳动法》这个系统工程的总枢纽、总开关，才能把工会许多方面的工作都带动起来。

贯彻实施《劳动法》是一个过程，要善于抓全过程的工作。贯彻实施《劳动法》，必须坚持标准，依法办事。但由于各地区、各部门、各企业条件不同，要达到《劳动法》提出的各种劳动标准，有些确实需要一个过程。要实现职工对企业和企业对职工的要求，也都需要有一个过程，这个过程也就是我们开展工作的过程。我们要以积极的态度去创造条件，抓好全过程的工作，推动各种问题的逐步解决。当前尤其要通过贯彻实施《劳动法》，抓好困难企业职工的维护工作。

二、从实际出发，努力掌握科学的思想方法、工作方法和领导艺术

实现一定的方针和工作思路，必须有一套正确的思想方法和工作方法来加以保证。贯彻二次执委会议精神，把握好工会工作总体思路，必须努力掌握科学的思想方法、工作方法和领导艺术，形成适合各自特点的具体工作路数，使工作总体思路真正有效、健康地贯彻落实下去。当前，我们有些工作之所以与这个总体思路还不够合拍，不同的单位、不同的部门可能有不同的原因，但都有一个认识和把握问题的思想方法和工作方法问题。它不仅影响对总体思路的正确理解，也关系到对总体思路的实践。因此，抓二次执委会议总体思路的贯彻，不仅要有统一的思想认识，而且要有一套正确的思想方法和工作方法。如果仅仅停留在对总体思路的一般认识和理解上，而没有相应的贯彻方法和措施，就难以产生实际的工作效果。

从当前实践中反映出来的问题看，有以下几个问题需要我们认真对待和处理：

一是继承与发展的关系。各级工会干部普遍认为，二次执委会议提出的工作总体思路是适应发展社会主义市场经济和贯彻实施《劳动法》需要的。这一总体思路不是凭空产生的。它是在各级工会长期实践所取得的成功经验基础上，总结和提炼出来的。我们必须历史地、发展地看待问题，不能割断历史与否定过去。工会历来是重视维护工作的，而且形成了很多好的传统、经验和思想。但也必须指出，在发展社会主义市场经济的新形势下，经济关系、劳动关系的急剧变化，确实出现了一些新的情况，带来了一些新的问题，发生了一些新的矛盾，这就需要发展，需要改革，需要遵照解放思想、实事求是的思想路线来处理。因此，二次执委会议提出的总体思路，既是对过去的继承，又是适应新形势要求的发展。

二是全面地、辩证地看待各种问题。二次执委会议提出的总体思路有一个鲜明的特点，就是进一步突出了工会的维护职能。其一，我们所强调的维护是维护全国人民总体利益与维护职工具体利益的统一。在社会主义国家，国家利益、企业利益与劳动者的利益在根本上是一致的。离开经济发展、离开国家利益，就谈不上对职工利益的维护。其二，我们所强调的维护是依法维护，即依据国家的法律法规和政策来维护职工的利益。维护职工合法权益本身体现了两个维护的统一。其三，我们所强调的维护是维护职工经济利益与政治权利的统一。实施《劳动法》，不仅要努力达到《劳动法》确定的各项劳动标准，维护职工经济利益方面的权益，而且还包括保障职工当家作主、参政议政等政治上的权利。其四，我们所强调的维护是保障职工行使权利和教育职工履行义务的统一。我们既要维护职工的合法权益，又要教育职工认真履行《劳动法》规定的各项义务，发扬奉献精神、艰苦奋斗精神、集体主义精神等。这两个方面都不可偏废。其五，我们所强调的维护是突出履行工会的维护职能同履行其他社会职能的统一。从根本上讲，工会的每一项社会职能，都体现了工会在维护全国人民总体利益的同时，更好地表达和维护职工群众具体利益这一基本职责的要求。所以，要把突出维护职能同履行其他社会职能统一起来。总体思路的内容是完整的、全面的，不能割裂开来，片面地去理解，不能在强调一个方面时否定或排斥其他方面。不要搞片面性。不能认为在提出一个新的东西的时候就一定要否定过去所有的东西。我们不能把本来相联系、相统一、相促进的事物和工作对立起来、割裂开来、孤立起来去看待和处理，那样就会带来和产生思想上与工作上的偏差。

三是目标与步骤的关系。即明确任务与完成任务的过程的关系。有的同志反映，现在贯彻实施《劳动法》，有些地方和企业的条件尚不完全具备，许多劳动标准难以达到，提出等条件具备了再贯彻；也有的认为，《劳动法》既然颁布了，不管企业条件如何，都要求立即达到标准。这两种观点都是不正确的。我们必须明确，《劳动法》作为我们国家的一部基本法，所有企业都应当执行；《劳动法》提出的标准都必须遵守，任何人也不能修改或降低这个标准。这是毫无疑问的。但我们也必须看到，当前由于《劳动法》的配套法律法规还不健全，社会保障体系尚不完善，有些企业基础设施还比较差，以及困难企业较多，等等，确实给贯彻实施《劳动法》带来许多困难。要让所有的企业马上都能达到《劳动法》提出的标准是不现实的。所以，我们不能把贯彻实施《劳动法》看作是一项简单的达标活动，而必须认识到贯彻实施《劳动法》是一个过程。这不是降低《劳动法》标准，而是坚持从实际出发，立足于现有条件，不等不靠，更有利于早日达到标准要求。比如有的企业签订集体合同的条件尚不成熟，可以先搞单项集体协议，由低级向高级形式逐步发展、不断完善。《劳动法》的贯彻不可能一蹴而就。我们既不能企望《劳动法》一实施就能解决所有的问题，也不能等所有条件都具备了再去贯彻实施《劳动法》。无论是效益好的企业，还是困难的企业，都要贯彻实施《劳动法》。如果说困难的企业可以不贯彻实施《劳动法》，就等于说困难企业可以不维护职工的合法权益。这显然是不对的。越是困难的企业，越是要贯彻《劳动法》。我们必须明确，既要坚持《劳动法》的标准，又要实事求是，一切从实际出发，不搞一刀切。要具体问题具体分析。我们就是在既有条件又不完全具备条件的情况下开展工作的。这是贯彻实施《劳动法》既积极又现实的态度，必须锲而不舍地抓全过程的工作，从点点滴滴工作做起。

四是重点与一般的关系。如何抓住重点工作，使一般工作服从和适应重点工作，同时使重点工作带动一般工作的开展，这是一个非常重要而又基本的工作方法。如果没有重点，四面出击，平均分配力量，肯定是抓不好工作的。反之，重点工作没有其他工作配套，重点工作也是抓不起来的。因此，工会各个部门开展的各项工作都要紧紧围绕重点工作展开，以重点工作来带动。一方面，必须看到重点工作包含各个部门的工作；另一方面，又要善于把各项工作融入重点工作中去开展。当前的问题,一是重点工作突出不够,二是重点工作与其他工作有机的联系不够。实际上,工会的各项业务工作都可以统一到贯彻实施《劳动法》的工作中去,它们之间是统一的、相互促进的、有内在联系的,并不是并列的、孤立的,更不是对立的。以贯彻实施《劳动法》为契机和突破口来开展工作,不是某个部门的一项具体业务工作,而是涉及整个工会工作。我们必须把重点工作与各个部门的各项具体工作有机地联系起来,建立一套相互联系的有效机制。贯彻实施《劳动法》,对于工会来讲,"牛鼻子"就是抓集体合同。通过抓集体合同就有了机制上的保证。比如职工民主管理工作,通过集体合同就可以更好地带动。什么事情没有需要是发展不起来的。因为建立集体合同制度,必须由职代会讨论通过其草案,这样,职代会就不是可开可不开,而是必须开,否则集体合同无法签订,同时,职代会的权利更加明确,内容更加充实,这样职代会就不容易走过场,职工的民主管理工作也就带动起来了。其他很多方面的工作也都可以通过贯彻实施《劳动法》把其联系与带动起来。

五是原则领导与具体指导的关系。各级工会贯彻二次执委会议精神,必须结合各自实际,制定一套具体的工作目标,同时还要有指导工作的具体路数与检查工作的具体措施,包括建立工作目标的量化考核办法,定期或不定期的通报制度,加强调查研究,抓好典型,实行分类指导等。抓工作不能坐而论道,没有具体措施。工会领导机关,不能光原则领导,既要有原则意见,还要提出具体的指导性意见,把原则领导与具体指导结合与统一起来。没有调查研究，没有实践感受，没有典型引路，就提不出原则领导与具体指导的意见，或者提出的意见也是与实际不相符的，解决不了多少实际问题。在全总十二届五次主席团会议上，我们就已经明确提出了这一要求，即各级工会组织都要从实际出发，提出贯彻二次执委会议确定的总体思路的具体工作规划，而且要有明确的可以考核的目标和要求。工作不能笼而统之，大而化之。比如，在外商投资企业、乡镇企业、私营企业、国有民营企业和小型企业比较集中的地方，要重视发挥开发区、工业区和乡镇一级及地方产业工会的作用，加强对这些小企业的具体指导，国外建立“通用性”集体合同的经验，我们也可以研究和借鉴。又比如，工会组建率、集体合同签订率、劳动争议调解委员会组建率、劳动争议调处率、送温暖工程的实施情况等一系列问题，都应该建立一套可以量化与考核的指标，用数据说话，做到心中有数，而且便于严格检查、相互比较、互相促进。

总之，希望我们工会上下对二次执委会议确定的总体思路既要有一个统一的思想认识，又有一套贯彻这个总体思路的正确的思想方法、工作方法和领导艺术。这样我们的工作就一定会打开一个新的局面。

三、树立全局观念，在服务全局中更好地发挥工会的作用

二次执委会议提出的总体思路，对工会来说是非常重要的。但是，工会工作对全党全国工作的大局来讲，又是个局部工作。局部要服从全局。工会工作必须更好地服从服务于全党全国工作的大局，这是广大工会干部，特别是工会领导干部在贯彻二次执委会议总体思路过程中必须时刻把握的重大问题，并在实践中不断树立和坚定我们的全局观念，是我们能否在服务全局中更好地发挥作用的关键。就树立大局观念问题，江泽民同志最近在中央组织部召开的会议上指出："胸无全局者，不足以谋一域。无论负责哪一级、哪一个部门的领导工作，都要时刻胸怀全党全国工作的大局，坚持以大局为重。把本地区、本部门的工作任务，作为实现党的总路线、总任务的必要步骤和环节努力完成好，是党对各级领导干部的基本要求。"①对此，我们必须有清醒而深刻的认识，并自觉地以此指导和规范自己的思想和行动。

我国在整个社会主义初级阶段，社会的主要矛盾仍然是人民群众日益增长的物质文化需要同落后的社会生产之间的矛盾，它制约着、决定着这一历史阶段的一切矛盾。因此，只有集中精力解决这一主要矛盾，把经济搞上去，才能为解决其他矛盾创造条件。邓小平同志正是从解决这一主要矛盾出发，曾先后提出改革压倒一切、发展压倒一切、稳定压倒一切，这样"三个压倒一切"的英明论断，将改革、发展、稳定这个全党全国工作的大局提高到"压倒一切"的高度来认识。以江泽民同志为核心的党中央，从党和国家的全局出发，在建设有中国特色社会主义的伟大实践中，提炼总结出了"抓住机遇、深化改革、扩大开放、促进发展、保持稳定"的方针。这既是对我国改革开放以来实践经验的科学总结，又是当前和今后一个

---

① 江泽民：《论党的建设》第180页，中央文献出版社2001年11月第1版。

时期全党全国工作的大局，也是做好各项工作的基本指导方针，成为我们树立全局观念的核心内容与本质要求。

我们曾多次强调，工会工作是党的全局工作的重要组成部分。工会工作来自全局、来自党的工作的方方面面，工会工作必须再回到全局、回到党的工作的方方面面中去，在实现党的方针任务的过程中去实现工会的方针任务。因此，我们在贯彻实施《劳动法》，处理各种劳动关系和利益矛盾时，必须以有利于改革、发展、稳定这个大局为出发点和归宿。二次执委会议形成的工会工作总体思路，既是对大局的服从服务，又是从工会实际出发，把大局的要求具体化。这个总体思路说到底，就是要进一步突出工会的维护职能，保护和调动好生产力中最积极、最活跃的因素——人的积极性和创造力，更好地为改革、发展、稳定大局服务。我们必须站在全局的高度，来充分认识贯彻好二次执委会议确定的总体思路的重要性，并结合实际狠抓落实，创造性地把工作推向前进。

树立全局观念，在组织上的一个重要问题，就是要明确贯彻实施《劳动法》一定要服从各地党组织的统一领导，在一些重大政策和工作部署上，工会组织不要自行其是。要因地制宜，从各地实际出发，按各地党政的部署开展工作。比如最低工资标准是相当敏感的问题，要按照当地党政的部署办。当然，在讨论这个问题时，我们要搞好调查研究，充分反映职工的意见和要求。这种职工群众十分敏感的问题，搞好了维护了稳定，有利于改革和发展，搞不好也会添乱。《劳动法》的颁布实施是件大好事，贯彻实施好了，必将保护和调动广大职工群众的积极性，更好地完成党和政府提出的各项任务，推动改革、发展、稳定大局的实现，但如果分寸尺度和方法掌握不好，问题处理不当，也可能会激化一些矛盾，带来不安定因素。对此，各级工会干部必须有清醒的认识和高度的历史责任感。

我们相信，在以江泽民同志为核心的党中央领导下，只要广大工会干部牢牢树立全局观念，坚持把贯彻二次执委会议精神的工作始终放到大局中去认识、把握和运作，我们就一定会更好地保护和调动广大职工的积极性，在改革、发展、稳定中更好地发挥工会的作用。

全心全意依靠工人阶级要做到两个“六个必须”*

（1995年12月17日）

我们这次执委会议，以邓小平同志建设有中国特色社会主义理论和党的基本路线为指导，紧紧围绕深入学习贯彻党的十四届五中全会和中央经济工作会议精神，认真总结一年来的工会工作，研究确定明年的工作任务，团结和动员全国职工为实现党的跨世纪宏伟目标而奋斗这一主题，进行了认真的学习、讨论和研究。会议期间，胡锦涛同志代表党中央就工会如何深入学习贯彻落实党的十四届五中全会精神，发表了重要讲话。胡锦涛同志着重要求我们，要认真学习文件，把握精神实质，把思想统一到党的十四届五中全会精神上来，紧紧围绕全党全国工作大局开展工作，充分发挥工会组织的作用；再次强调要坚定不移地贯彻全心全意依靠工人阶级的方针，团结和动员广大职工为实现跨世纪宏伟目标作贡献，任何时候任何情况下，都不能有丝毫的怀疑和动摇；明确指出工会要以贯彻《劳动法》为契机，突出工会的维护职能，强化工会的维护职能，在履行好维护职能的同时，还要认真履行建设、参与、

* 这是尉健行同志在全总十二届三次执委会议上的讲话。

教育等各项职能；明确要求工会组织要按照党的十四届四中全会、五中全会的要求，不断加强自身建设，进一步提高工会干部素质。胡锦涛同志的重要讲话，对我们的工作给予充分肯定，为做好今后的工会工作进一步指明了方向，提出了更高的要求，使大家深受教育和鼓舞。我们一定要认真学习和领会，努力贯彻落实到工会各项工作中去。

一年来，在党中央的领导下，各级工会组织紧紧围绕经济建设这个中心，努力贯彻全总十二届二次执委会议精神，坚持以贯彻实施《中华人民共和国劳动法》为契机和突破口，带动工会各项工作，推动自身改革和建设，努力把工会工作提高到一个新水平，在改革、发展、稳定中更好地发挥作用，全年工作思路清晰，重点突出，成效显著，整个工会工作呈现出良好的发展态势。

面对新的形势，我们肩负着更加繁重、艰巨的任务。党的十四届五中全会，是在我国改革开放和社会主义现代化建设发展的重要时期召开的一次极为重要的会议，在我们党的发展史和我们伟大祖国的振兴史上，都具有重大的现实意义和深远的历史意义。会议审议通过的《中共中央关于国民经济和社会发展“九五”计划和 2010 年远景目标的建议》，以邓小平同志建设有中国特色社会主义理论和党的基本路线为指导，提出了今后 5 年和 15 年国民经济和社会发展的奋斗目标、指导方针、主要任务和重大政策措施，作出了我国现代化建设跨世纪的中长期战略部署。会议提出的 9 条重要方针和 12 个重大关系，深刻阐述了在社会主义市场经济条件下搞现代化建设应当坚持的原则和正确处理的带全局性的关系。刚刚结束的中央经济工作会议，根据五中全会精神，研究和部署了明年的经济工作，明确提出：1996 年经济工作的总体要求是，坚持邓小平同志建设有中国特色社会主义理论和党的基本路线，贯彻“抓住机遇，深化改革，扩大开放，促进发展，保持稳定”的基本方针，正确处理改革、发展、稳定的关系，积极推进经济体制和经济增长方式的转变，认真实施科教兴国战略，继续加强农业基础地位，搞好国有企业改革和发展，加强和改善宏观调控，进一步降低物价上涨幅度，努力提高对外开放水平，促进国民经济持续、快速、健康发展和社会全面进步，为全面实现“九五”计划各项任务奠定良好的基础。会议特别强调，明年和今后的经济工作中，一定要紧紧抓住经济体制和经济增长方式转变这个关键环节。前一个转变的根本要求是深化改革，转变生产关系；后一个转变的根本要求是更好发展，解放和发展生产力，两个转变互相关联，相辅相成。抓住抓好这两个根本性转变，就是抓住了纲，牵住了“牛鼻子”。会议明确指出了明年经济工作中需要着重抓好的几个问题。这就是：继续加强农业基础地位，力争农业生产有新的增长；切实加快国有企业改革步伐，务求取得较大突破和进展；继续加强和改善宏观调控，创造良好的经济环境和经济秩序；努力提高对外开放水平，积极参与国际合作和竞争。明年的经济工作，将以更大的决心、更大的魄力，加快和深化国有企业改革，切实抓紧建立现代企业制度的试点；研究制定国民经济的发展战略和布局，并抓紧组织实施；加快政府职能的转变，推动政企职责分开;积极推进各方面配套改革。这些,既是对全党全国的要求,也是对工会的要求;既是全党全国的任务,也是工会的任务。各级工会干部一定要深刻认识这两大转变的主要内涵、基本要求和重大意义,以及它们的相互关系,认真研究实行这两个根本性转变对工会工作提出的新要求,真正增强自觉性和紧迫感。工会坚定不移地坚持以经济建设为中心,把工会工作放到大局中去认识和把握,服从和服务于大局,当前,就是要紧紧围绕党的五中全会和中央经济工作会议提出的各项任务,明确工会的任务,振奋精神,扎扎实实地做好明年的各项工作,为实现"九五"计划和2010年远景目标而努力。这是摆在我们面前光荣而艰巨的历史任务。

为此,1996年工会工作的指导思想是:坚持以党的基本理论、基本路线和基本方针为指导,深入学习贯彻党的十四届五中全会和中央经济工作会议精神,努力把工会工作总体思路落实到基层,进一步突出维护职能,更好地保护、引导和发挥职工群众的积极性,把广大职工紧密地团结在党的周围,动员和依靠职工努力完成各项任务,为实现跨世纪宏伟目标而奋斗。

关于明年的工会工作,张丁华同志代表全总主席团所作的工作报告和全总1996年工作要点都作了明确的部署,大家也基本赞成。在新的一年里,我们一定要认真学习贯彻党的五中全会和中央经济工作会议精神,努力适应两个根本性转变对工会工作提出的新要求,团结和依靠广大职工为实现"九五"计划和2010年远景目标建功立业;在五中全会精神指导下，继续贯彻全总十二届二次执委会议精神，努力把工会工作总体思路落实到基层；依靠职工群众大力推进和深化国有企业改革，搞好现代企业制度试点，在试点企业率先落实好党的全心全意依靠工人阶级的根本指导方针；围绕履行维护这一基本职责，以《劳动法》的贯彻实施进一步带动各项工作的开展；不断加强自身改革和建设，努力提高工会干部素质。这些工作，请大家结合实际认真加以落实。

下面，我想再强调几个问题。

一、全心全意依靠工人阶级，为实现“九五”计划和2010年远景目标而奋发努力

明年是贯彻落实五中全会精神，实施“九五”计划的第一年。认真做好明年的经济工作，开好局、起好步，具有重大意义。要做好明年和今后工作，就必须旗帜鲜明地、毫不动摇地坚持党的全心全意依靠工人阶级的根本指导方针，团结和依靠广大职工为实现宏伟目标努力奋斗，建功立业。

第一，必须按照党中央的要求，牢固树立全心全意依靠工人阶级的思想。

全心全意依靠工人阶级是我们党一贯坚持的根本指导方针。我们党的三代领导集体，在革命和建设的历史进程中，都反复强调必须毫不动摇地坚持这一方针。一方面说明这一方针的极端重要性，是革命和建设的首要问题；一方面说明坚持和贯彻这一方针的长期性、复杂性和艰巨性。在中国革命即将取得全面胜利的前夕，毛泽东同志在1949年3月召开的党的七届二中全会上就深刻告诫全党：“在城市斗争中，我们依靠谁呢？有些糊涂的同志认为不是依靠工人阶级，而是依靠贫民群众。有些更糊涂的同志认为是依靠资产阶级。”[①]为此，毛泽东同志明确指出：“我们必须全心全意地依靠工人阶级，团结其他劳动群众”[②]。邓小平同志1950年12月《在西南局城市工作会议上的报告提纲》中鲜明地提出：“依靠工人阶级必须成为党的指导思想，必须贯彻到各部门中去。”[③]“必须从思想上认识工人阶级的作用，不依靠工人就无法搞好工业生产，就不可能发展到社会主义。”[④]“要反对有些同志那种利用工人的错误观点，他们在困难时依靠，顺利时就不依靠；需要时依靠，不需要时就不依靠；口头上依靠，思想上并不依靠。”[⑤]江泽民同志在1989年6月召开的党的十三届四中全会上强调指出：“要全心全意依靠工人阶级。离开他们的积极性、创造性和主人翁责任感，一切都无从谈起。”[⑥]同年7月，江泽民同志在与出席全总十一届三次主席团扩大会议的全体同志座谈时再次强调：“必须全心全意依靠工人阶级，是我们党和国家的性质决定的，是几十年来艰苦奋斗的历程决定的。”[⑦]“中国共产党领导全国各族人民进行革命所取得的国家政权，就是工人阶级领导的政权。我们的国家是工人阶级

---

① 《毛泽东选集》第四卷第1427页，人民出版社1991年6月第2版。

② 《毛泽东选集》第四卷第1427—1428页，人民出版社1991年6月第2版。

③ 《邓小平文选》第一卷第176页，人民出版社1994年10月第2版。

④ 《邓小平文选》第一卷第175页，人民出版社1994年10月第2版。

⑤ 《邓小平文选》第一卷第175—176页，人民出版社1994年10月第2版。

⑥ 《江泽民文选》第一卷第59页，人民出版社2006年8月第1版。

⑦ 《江泽民文选》第一卷第64页，人民出版社2006年8月第1版。

领导的国家，不全心全意依靠工人阶级依靠谁!”①中国工会十二大以来的两年间，党的十四届三中、四中、五中全会，江泽民同志在接见中国工会十二大主席团常务主席时的讲话和今年庆祝“五一”国际劳动节暨表彰全国劳模大会上的讲话，胡锦涛同志代表党中央在中国工会十二大上的祝词和在全总十二届二次执委会议以及这次执委会议上的讲话中，都反复强调要全心全意依靠工人阶级。这就充分说明，我们党对这一重要方针的高度重视、坚定不移和一以贯之。

第二，从理论和实践的结合上，深刻认识全心全意依靠工人阶级的极端重要性。

党中央反复强调，我们党所领导的改革开放和社会主义现代化建设的全部活动与整个进程，都必须全心全意依靠工人阶级，在任何时候任何情况下都不能动摇。这是由我们党和国家的性质、工人阶级的历史地位和作用所决定的。从理论上讲，依靠工人阶级是我们党建设有中国特色社会主义理论的重要组成部分，载入《邓小平同志建设有中国特色社会主义理论学习纲要》。工人阶级是我们党的阶级基础，是国家的领导阶级，是先进生产力和生产关系的代表，是改革开放最基本的动力，是两个文明建设的主力军，是维护社会稳定强大而集中的力量。从现实中看，社会主义市场经济体制是同社会主义基本制度结合在一起的。深化国有企业改革，转换经营机制和建立现代企业制度，是寻求公有制与市场经济相结合

① 《江泽民文选》第一卷第 64 页，人民出版社 2006 年 8 月第 1 版。

的有效途径。在这场极其深刻的历史性变革中，我们面临着各种复杂的新情况新问题，一个重大而突出的问题就是如何在新形势下全心全意依靠工人阶级搞好国有企业，加快形成和发展壮大国有经济的新优势。从我们掌握的情况看，不少地方和单位贯彻落实党的这一方针做得是好的。但是，在有的地方和有的单位，削弱、贬低工人阶级地位、作用的问题却不容忽视，有的还相当严重。有的否定国有企业和以公有产权占主导地位的企业职工的主人翁地位，认为股东才是企业的主人，职工只是雇佣劳动者，搞好现代企业的动力不是工人阶级；有的认为企业不需要民主，提出什么企业家个人说了算；有的提出对工人的管理要实行“胡萝卜”加“大棒”，认为只有这样职工的积极性才能得以持久；有的认为企业的主人只能有一个，就是厂长，职工是企业的主人企业就不会有效益；有的严重侵犯职工的合法权益，职工的健康和生命安全都得不到保障，等等。这些糊涂的、错误的、有害的言论和行为，极大地挫伤了职工群众的积极性。我们必须从坚持党的工人阶级先锋队性质，坚持党的全心全意为人民服务的宗旨，坚持社会主义的基本制度，坚持社会主义国家的国体，坚持党的群众路线，坚持改革的社会主义方向和原则等方面，来充分认识依靠工人阶级的重要性。我们必须明确，国有企业、集体企业和公有产权占主导地位的企业职工，既是国家的主人，也是企业的主人；非公有制经济的企业职工，他们同样是国家的主人，其合法权益受国家法律保护。动摇了工人阶级的主人翁地位，就是动摇了党的工人阶级先锋队性质；否定了工人阶级的历史地位和作用，也就是否定了党的领导地位和作用。在社会主义中国，全心全意依靠工人阶级的实质是坚持工人阶级当家作主。在事关大局、事关政治方向、事关根本原则的问题上，我们必须始终保持清醒和坚定，不能有丝毫的含糊和动摇。正如江泽民同志深刻指出的那样：“在深化国有企业改革、建立现代企业制度的过程中，也必须坚持这一点。实践证明，没有广大工人群众支持，企业改革是不可能成功的。”[①]面对新的形势，要完成党的五中全会和中央经济工作会议提出的各项工作任务，必须毫无例外地坚持这一方针。任何对工人阶级地位、作用的贬低和削弱，都是与我们党和国家的性质相悖的，都是违背中央精神的，都是完全错误和十分有害的。

第三，全心全意依靠工人阶级，重在抓落实、见实效。

全心全意依靠工人阶级不能停留在口头上，而应有非常具体实在的内容。对此，江泽民同志在上海、长春召开的企业座谈会上作了深刻阐述。胡锦涛同志在这次会议上再次作了重申和强调。全心全意依靠工人阶级，关键在于狠抓落实。工会一定要在实际工作中，特别是在参与国有企业改革和建立现代企业制度的全过程中，推动企业扎实有效地做到：必须牢固树立依靠职工群众办好企业的思想，建设一个全心全意依靠职工群众推进企业改革和发展的好的领导班子，保障职工的企业主人翁地位；必须坚持和完善以职工代表大会为基本形式的职工民主管理和民主监督制度，不断探索新的实现

① 《江泽民文选》第一卷第451页，人民出版社2006年8月第1版。

途径，实现职工群众对企业的民主管理和对企业领导干部的有效监督；必须切实保障《劳动法》赋予劳动者的合法权益，通过平等协商和签订集体合同，建立稳定协调的劳动关系；必须在企业的董事会和监事会中，有工会组织职工民主选举产生的职工代表，并逐步形成充分发挥职工代表作用的制度；必须尊重和支持工会依法独立自主地开展工作，履行维护的基本职责，保护和调动职工群众的积极性和创造精神，并将其引导到推进企业改革和发展上来；必须重视和加强职工队伍建设，不断提高职工的思想道德和科学文化技术素质。我们必须看到，国有企业改革关系到我国整个经济体制改革和现代化建设事业的进程与成败，与工会组织和广大职工关系极为密切。明年国有企业改革的步伐将明显加快，只有坚定不移地依靠全体职工才能取得较大的突破和进展。为此，建立现代企业制度试点的企业，一定要率先做到这“六个必须”，而且要落实得更快更好一些，努力为其他企业提供经验。以公有产权占主导地位的企业和集体所有制企业，都应按照这“六个必须”去做，而且集体所有制企业在行使职工代表大会职权上，要提出比国有企业更高的要求，把法律赋予职工代表大会作为企业权力机构的职权更好地落到实处。

非公有制企业，特别是外商投资企业和私营企业的经济关系与劳动关系，与国有、集体企业相比，有其自身的特点。但这些企业的职工是以国家主人的身份在其中劳动和工作的，他们的国家主人翁地位没有变。这些企业同样有一个贯彻全心全意依靠工人阶级方针的问题，这就是要把国家法律赋予职工的权利落到实处，也要努力做到“六个必须”：必须依法保障职工参加和组织工会的权利，把广大职工吸引和组织到工会中来；必须落实《劳动法》等有关法律法规赋予职工的各项劳动权利，通过平等协商和签订集体合同，建立起调整劳动关系的有效机制，依法维护职工合法权益，共谋企业健康发展；必须保障职工的国家主人翁地位和权利，通过职工代表大会或会员代表大会、劳资协商会议以及工会代表参加或列席董事会、总经理办公会等多种形式，组织和代表职工民主参与和民主监督；必须关心职工生活，加强劳动安全卫生工作，不断改善职工的工作环境与生活条件，同侵犯职工合法权益的行为作坚决斗争；必须保障工会组织依法独立自主地开展工作，发挥工会在指导和帮助职工签订劳动合同、承担企业劳动争议调解委员会主任职责、参与劳动争议调处、监督企业执行国家有关劳动标准等法律法规方面的作用，保护工会的合法权益不受侵犯；必须重视和加强职工队伍建设，不断提高职工思想道德和科学文化技术素质。

乡镇企业贯彻全心全意依靠工人阶级的指导方针，要从不同类型企业的实际出发，分别参照两个“六个必须”去创造性地开展工作。

各级工会组织要推动全心全意依靠工人阶级方针的贯彻落实，在新的一年里就是要狠抓这两个“六个必须”的落实。我们认为，这两个“六个必须”是贯彻党的这一根本指导方针对工会工作的最基本、也是最重要的要求。

第四，团结和依靠广大职工，为实现党的跨世纪宏伟目标献计出力。

实现党的跨世纪宏伟目标，是中国工人阶级自己的神圣事业。各级工会组织一定要引导广大职工充分认识自己所肩负的历史使命，自觉地继承和发扬工人阶级的光荣传统，进一步激发主人翁积极性，勤奋劳动，扎实工作，在改革、发展、稳定中充分发挥主力军作用。广大职工要自觉地站在改革开放的最前列，积极投身改革，支持党和政府采取的一系列重大改革措施和政策，正确处理国家、集体和个人三者利益关系，自觉做到个人利益服从集体利益，局部利益服从整体利益，眼前利益服从长远利益，为改革的顺利进行贡献力量；要继续发扬艰苦创业精神，学先进、比贡献、创一流、增效益，把积极性和创造精神集中到推动企业改革和发展上来，为实现党的五中全会和中央经济工作会议提出的各项任务努力奋斗；要珍惜安定团结的政治局面，自觉维护工人阶级队伍的团结统一，不管遇到什么样的困难，都要把维护政治和社会稳定作为压倒一切的任务，做维护社会稳定的模范；要进一步加强精神文明建设，以工人阶级的先进思想影响和带动全社会，促进社会主义精神文明建设和社会的全面进步；要努力提高自身素质，适应实行两个具有全局意义的根本性转变的需要。明年，在全国人大审议通过《国民经济和社会发展“九五”计划和 2010 年远景目标纲要》后，我们要认真学习，动员和组织广大职工广泛深入地开展劳动竞赛、合理化建议、技术革新、技术协作、发明创造等活动，进一步激发广大职工的主人翁积极性和创造热情，为实现党的跨世纪宏伟目标建功立业。

二、贯彻党的五中全会精神，切实把工会工作总体思路落到实处

党的五中全会和中央经济工作会议，对工会工作提出了新的更高的要求，使我们深感责任重大，更加看到只有把全总十二届二次执委会议提出的工会工作总体思路，扎实有效地落到实处，才能更好地肩负起工会的责任和充分发挥工会的作用。一年的实践证明，全总十二届二次执委会议提出的工作总体思路，适应社会主义市场经济发展和劳动关系变化的要求，符合中央精神，合乎工会工作实际，赢得职工群众的拥护，得到各级工会组织和广大工会干部的赞同，受到党政领导和社会的支持，产生了积极的效果，也进一步增强了我们继续贯彻这一总体思路的信心。通过实践，许多单位逐步摸索出一些比较行之有效的工作经验，形成了一些较为深刻的体会，为今后工会工作的开展提供了有益的借鉴和启示。

面对新的形势任务，一方面，对全总十二届二次执委会议提出的工会工作总体思路要坚定不移，一以贯之；一方面，要按照中央提出的要求，研究新情况，解决新问题，赋予新的内容，在实践中不断加以丰富和发展。

第一，深刻分析和认识我国劳动关系的变化趋势，进一步增强贯彻全总十二届二次执委会议精神的自觉性。改革开放17年来，我国的经济关系和劳动关系发生了急剧、深刻的变化。以公有制为主体的多种经济成分迅速发展，以按劳分配为主体的多种分配方式长期并存，特别是国有企业改革的深化和非公有制经济的迅速发展，广大职工的劳动权利、经济利

益、政治地位、民主权利等方面，都出现了一系列新情况、新问题。劳动关系伴随着经济关系的变化日趋复杂、多元，各种利益矛盾不断增多，劳动关系问题日益突出。党的五中全会提出的实行经济体制从传统的计划经济体制向社会主义市场经济体制转变，必将推动包括劳动关系在内的生产关系发生更大的变化。在这种经济关系、劳动关系发生深刻变化的新形势下，职工群众更加需要工会从他们的利益出发，敢于和善于为他们说话办事，更好地代表维护他们的合法权益，保护和调动他们的积极性；党更加需要工会时刻关心职工群众的疾苦，重视职工群众的利益，反映职工群众的意愿、呼声和要求，进一步密切与职工群众的联系，更好地发挥党联系职工群众的桥梁纽带作用；政府也更加需要工会更好地协调劳动关系和社会利益，协助政府处理好改革、发展、稳定的关系，维护职工队伍和社会的稳定，发挥国家政权的重要社会支柱作用。与此同时，在当今的国际劳工运动中，要更好地发挥中国工会的作用，也需要国内工会工作的有力支持。因此，在新的形势下，党领导下的工会如果不能更好地发挥上述诸多方面的作用，势必脱离职工群众，其后果将是严重的。

面对这种新的形势，恰逢《劳动法》颁布实施，这既为工会作为职工利益的代表者和维护者，提供了良好的机遇和法律保障，同时也使工会肩负着更大的社会责任。全总十二届二次执委会议正是基于对国际国内形势变化和需要的深入分析，明确提出了新形势下工会工作的总体思路。这就是：坚持邓小平同志建设有中国特色社会主义理论和党的基本路线，认真贯彻党的十四大，十四届三中、四中全会和中央经济工作会议精神，继续把握“抓住机遇、深化改革、扩大开放、促进发展、保持稳定”的全党全国工作大局，进一步处理好改革、发展、稳定的关系，以贯彻实施《劳动法》为契机和突破口，带动工会各项工作，推动自身改革和建设，努力把工会工作提高到一个新水平，在改革、发展、稳定中更好地发挥作用。这既是当前和今后一个时期工会适应发展社会主义市场经济要求，服从服务于全党全国工作大局的总体思路，也是加强工会自身改革和建设的总体要求，还是对社会主义市场经济条件下工会工作新路子的积极探索。面对党的十四届五中全会确定的实行两个具有全局意义的根本性转变，我国经济关系和劳动关系中的深层次矛盾将进一步由隐变显，国家、企业、职工三者利益关系将更加清晰，工会调整劳动关系、维护职工合法权益的任务将更加突出和繁重，调处这些矛盾的难度也将进一步加大。对此，我们必须清醒地看到贯彻全总十二届二次执委会议精神的必要性，进一步增强狠抓落实的自觉性和坚定性。

第二，抓住实质，努力把握全总十二届二次执委会议的基本精神。提出工会工作的总体思路不易，贯彻落实工会工作的总体思路更难。全总十二届二次执委会议确定的这一总体思路，有其丰富的内涵。我们在全总十二届五次、六次、七次主席团会议上都不同程度地作过阐述。结合当前的形势任务，有必要再次加以强调。我们必须看到，这个总体思路的实质，主要集中在以下三个方面：

一是以贯彻实施《劳动法》为契机。善于抓住机遇，顺时而动，乘势而上，是事业成功的关键。八届全国人大八次常委会议审议通过的《劳动法》，是我国第一部保护劳动者合法权益，全面规范劳动关系的基本法律。保护劳动者的合法权益，是《劳动法》的根本立法宗旨，是其最鲜明、最基本的特征。《劳动法》的根本立法宗旨与工会的基本职责是一致的。《劳动法》明确规定“工会代表和维护劳动者的合法权益”，把工会作为劳动者合法权益代表者和维护者的身份和地位，进一步从法律上确定下来，为工会履行自己的基本职责提供了法律依据和保障，其意义重大而深远。全总十二届二次执委会议及时抓住了这个契机，明确提出了工作总体思路，为推动工会工作走向法制化，迈出了坚实的步伐。因此，把握全总十二届二次执委会议提出的工作总体思路的基本精神，就是要增强机遇意识，坚决抓住贯彻实施《劳动法》这个契机，推动工会工作上水平。

二是进一步突出工会的维护职能。这是全总十二届二次执委会议精神，也就是工会工作总体思路最基本、最重要的精神。我们必须明确，工会服务于党的中心任务的主要手段是维护，指的是通过维护职工的合法权益，保护和调动广大职工的积极性，积极完成党和政府提出的各项任务；工会的基本职责是维护，指的是在维护全国人民总体利益的同时，更好地代表和维护职工群众的具体利益。事实上，党中央早已明确和多次强调，工会要在维护全国人民总体利益的同时，更好地表达和维护职工群众的具体利益。江泽民同志在今年庆祝“五一”国际劳动节暨表彰全国劳模和先进工作者大会上关于工会“肩负着职工群众合法权益的代表者和维护者的神圣职责”[1]的深刻阐述，胡锦涛同志在我们这次执委会议上关于工会更应该密切联系广大职工群众，全心全意为职工群众服务，这是工会工作的生命线，否则工会组织也就失去存在的必要的重要论述，都是对工会基本职责最深刻的揭示。履行工会的基本职责与履行工会各项社会职能是统一的。明确了工会的基本职责是维护，我们就会理直气壮地把工会的维护职能突出出来，在认真履行维护职能的同时，注意动员和依靠职工投身改革和建设，搞好立法和决策参与，不断提高职工素质，努力履行建设、参与、教育等各项社会职能，使之相互关联、相互作用和相辅相成。只有这样，才能有利于维护职工的合法权益，有利于保护和调动广大职工的积极性，有利于贯彻党的全心全意依靠工人阶级的根本指导方针，有利于维护改革、发展、稳定的大局。

三是抓住平等协商和签订集体合同这个重点。依法更好地履行工会的基本职责，进一步突出工会的维护职能，就必须抓住主要矛盾，突出重点。《劳动法》赋予工会很多权利和方法，其中最重要的就是工会代表职工，就保护劳动者合法权益与用人单位进行平等协商，签订集体合同。对工会来说，抓住它，就是抓住了贯彻实施《劳动法》的主要矛盾，就是牵住了“牛鼻子”，就会起到“牵一发而动全身”的作用。许多单位在

① 江泽民：《在庆祝“五一”国际劳动节暨表彰全国劳动模范和先进工作者大会上的讲话》，《人民日报》1995 年 4 月 30 日。

推行这一制度的实践中，已经开始体验到这种作用。这是一项难度很大的工作。但无论遇到什么困难，我们都必须锲而不舍地抓下去。当前，要首先着力于把平等协商和签订集体合同这种工作格局、这种工作机制建立起来，然后逐步加以规范、完善和提高。加快签订集体合同步伐的基础是集体合同的质量，这是其生命力之所在。这个质量，首先要着眼于政策性而不是技术性，坚持权利和义务的统一，保证集体合同的方向，使之既有利于维护职工的合法权益，保护和调动职工的积极性，又有利于建立稳定协调的劳动关系，促进企业的发展。

总之，在落实工会工作总体思路上，我们只要善于抓住机遇、用好机遇；切实履行好维护的基本职责，进一步突出维护职能；抓住平等协商和签订集体合同这个“牛鼻子”不放，那么，工会在调整劳动关系，维护职工合法权益，保护和调动职工积极性，实现党的跨世纪宏伟目标的历史进程中，就必将发挥更大的作用。

第三，狠抓落实，力求贯彻工会工作总体思路有新的进展。贯彻工会工作总体思路不是权宜之计，而是一项长期的任务，有一个逐步推进、不断发展和完善的过程。如果说，今年我们的着力点主要是狠抓统一思想认识和形成初步工作格局的话，那么明年的工作，就必须进一步推动这一总体思路的贯彻落实，努力见到成效。为此，明年的工会工作要紧紧围绕党的十四届五中全会和中央经济工作会议精神，抓住重点和难点，采取有力的措施，提出明确的要求，制定切实可行的量化工作目标，从实际出发把工会工作总体思路的要求具体化，努力落实到基层。要建立逐级考核制度，一级抓一级，一级考核一级，力求在以下六个方面取得实实在在的进展。

一是积极参加国有企业改革，推动全心全意依靠工人阶级根本指导方针的贯彻落实。努力推动试点企业率先做到“六个必须”。

二是加快新经济组织的工会组建步伐。外商投资和私营企业的工会组建率，比今年提高5个以上百分点；职工入会率达到应建工会企业职工总数的80％以上。

三是大力推行平等协商和签订集体合同制度。现代企业制度试点企业都要建立平等协商机制，签订集体合同；外商投资企业签订率达到已建会企业总数的30％以上；实行双保（共保）合同的国有企业和集体企业，有30％以上依据《劳动法》过渡到集体合同；私营企业和乡镇企业也要在试点的基础上积极推进。

四是加强送温暖工程的科学管理。建立特困职工档案、扶贫帮困基金会、职工互助基金会等，随时掌握困难职工的人数、姓名、困难情况及其变化，明确相应措施和政策，配合党政努力推动送温暖活动经常化、制度化、社会化。

五是注意维护尚未建立工会的外商投资企业职工的合法权益。凡是这些企业发生严重人身伤亡事故和肆意侵犯职工人身权利行为的，所在地方的工会既不了解情况又未督促检查处理的，要追究工会的责任。

六是基本形成对新经济组织工会的领导体制。外商投资企业、私营企业和乡镇企业工会，不能简单照搬国有企业模式，有些难以承担的任务，要拿到开发区、工业区、市（县、区）、外商投资企业工会联合会、私营企业工会联合会、乡镇和街道一级工会中来承担。

进一步突出工会的维护职能，不是一句口号，而是要体现在实实在在的工作上，让广大职工看得见、摸得着。这“六个进展”，就是明年检验和考核我们在突出维护职能上是否有所进步的主要标志。各级工会都可以借鉴和运用管理经济和科技工作的办法来管理工会工作，从自己的实际出发，把这“六个进展”的要求进一步具体化和量化，制定相应的目标和措施，加强检查考核，确保落实。当然，要求各级工会做好的工作不仅是这六个方面，还有工会宣传教育、女职工、企事业、财务、经审、国际和港澳台工作等。对这些工作，同样应该提出可以检查考核的目标要求。

三、加强工会自身改革和建设，努力把工会工作提高到一个新水平

在实现党的跨世纪宏伟目标的历史进程中，工会组织要更好地肩负起自己的历史责任，推动党的全心全意依靠工人阶级根本指导方针的贯彻落实，实现工会工作总体思路，就必须加强自身改革和建设，努力把工会建设成为中国共产党领导的、用建设有中国特色社会主义理论武装的、能够带领职工群众为实现党的任务英勇奋斗的、思想上政治上组织上坚强的、深受广大职工信赖的工人阶级群众组织。

我们必须看到，工会工作总体思路的提出，对工会自身改革和建设提出了一系列新的要求。贯彻这一总体思路的过程，就是推进工会自身改革和建设，实现工会组织群众化、民主化的过程。工会自身改革和建设，是这一总体思路能否深入贯彻下去的关键。这是一项长期的、艰巨的任务。对此，丁华同志在工作报告中提出了具体要求。在此，我想集中强调两点。

一是加强工会领导班子和干部队伍建设，努力提高工会干部素质。党的十四届五中全会和中央经济工作会议，从思想、政治、组织、作风建设等方面，都对党的高级领导干部提出了要求。这些要求，也是对工会干部特别是党员领导干部的要求。能否在实现党的跨世纪宏伟目标的历史进程中，更好地肩负起工会组织的历史责任，发挥好工会组织的作用，各级工会领导班子和干部队伍建设得好坏，工会干部素质的高低，就成为一个决定性因素。

加强工会领导班子建设，必须高度重视思想政治建设。这就要求我们必须自觉地、刻苦地加强学习，不断丰富和提高自己。要深入学习和掌握马列主义、毛泽东思想，特别是邓小平同志建设有中国特色社会主义理论，认真学习和领会党的十四届五中全会精神，深刻认识社会主义现代化建设的基本规律，正确处理改革和发展中的各种重大关系，增强执行党的基本理论、基本路线、基本方针的自觉性和坚定性。要善于从政治上观察和处理问题，在事关方向、原则、全局的重大问题上，始终保持清醒的头脑和坚定的立场。群众观点是我们党的基本的政治观点，群众路线是我们党的根本工作路线。我们想事情，做工作，想得对不对，做得好不好，要有一个根本的衡量尺度,这就是人民拥护不拥护,人民赞成不赞成,人民高兴不高兴,人民答应不答应。这是由我们党的全心全意为人民服务的宗旨所决定的。我们所做的一切工作和事业,目的都是为了人民群众的利益,都必须真心实意地依靠群众才能做好。真正掌握和实践了群众观点、群众路线,也就能真正掌握和实践了党的实事求是的思想路线和彻底的历史唯物论,也就从根本上懂得了政治。各级工会领导干部要自觉地做到胡锦涛同志所要求的:坚定理想信念,树立全局观念,增强群众观点,注重廉洁自律;就是工会干部想问题、办事情必须从全党全国的大局出发,自觉地维护中央的权威,维护国家的利益,服从整体的需要;就是要坚定不移地推动党的全心全意依靠工人阶级根本指导方针的贯彻落实,维护职工合法权益,同职工群众保持密切联系,真正同群众打成一片,想群众之所想,急群众之所急,努力为职工群众说话办事。这样我们就会一身正气,什么歪风邪气也刮不倒。相反,如果脱离了群众,脑子里没有群众观念、群众利益,就会成为歪风邪气的俘虏。

加强工会领导班子建设,各级工会干部特别是党员领导干部,必须以身作则,廉洁自律,在职工群众中树立良好的形象。凡是要求职工群众做的,自己首先做到;凡是禁止职工群众做的,自己坚决不做。江泽民同志号召全党,要大兴实事求是之风、艰苦创业之风、勤俭节约之风、诚心诚意为人民谋利益之风,坚决扫除形式主义、官僚主义、奢侈浪费、以权谋私等歪风。我们一定要按照江泽民同志的要求,身体力行,把个人的名利看得淡薄一些,把党的利益、人民的利益、他人的利益看得更重一些，兢兢业业地去工作。工会工作当前确实会有很多困难，会遇到许多矛盾，有的甚至会有风险。但越是有困难、越是有矛盾，就越是需要工会干部具有奉献精神和牺牲精神。没有这种精神，我们的工会工作是搞不好的。搞革命、搞改革、搞建设也包括搞工会工作，都会遇到这样那样的困难，确实需要有一点创新精神、奉献精神、牺牲精神。面对新的形势任务，我们更需要发扬这种精神。

二是加强基层工会建设，增强基层工会的活力。工会自身改革和建设的重点在各级工会领导机关，中心环节是增强基层工会活力，目标是实现工会组织的群众化、民主化。要增强基层工会的活力，就必须相应转变工会领导机关的运行机制和活动方式，围绕履行维护职工合法权益的基本职责，打破条条块块分割，做到机构体制适应任务而不是任务适应机构体制，分工适应工作而不是工作适应分工，使各个部门的工作都能主动地与工会中心工作联系起来，自觉地围绕中心工作来开展，有效地以中心工作带动部门工作，形成抓重点工作的合力。工会领导机关必须从文山会海中解放出来，减少自上而下的指令性活动，把工作重心切实放到基层，转变工作作风和工作方法，深入基层和职工群众中去调查研究，积极帮助基层工会解决问题和困难，不断为增强基层工会活力创造条件，努力推动基层工会工作上水平。我们要深刻地认识到，增强基层工会活力，最终是为了增强基层工会的凝聚力。这种凝聚力，也就是工会对职工群众的凝聚力，从根本上讲，就是增强工会作为党联系职工群众桥梁纽带的凝聚力。

全心全意依靠工人阶级是不容动摇的基本政治原则*

（1996年6月27日）

我们这次会议，集中研究了在新的形势任务面前，如何全心全意依靠职工群众搞好企业特别是国有企业的问题。前两天，我们与中央党校、《求是》杂志社联合召开了“全心全意依靠工人阶级的理论与实践研讨会”，从理论和实践的结合上，深入探讨了在新的历史时期贯彻党的这一根本指导方针的极端重要性、现实紧迫性及有效途径。这次主席团会议，大家又集中讨论修改了《全国总工会关于全心全意依靠职工群众搞好企业若干问题的意见》。会议还通报了全总即将表彰的10名全心全意依靠职工群众办好企业的优秀企业党政工领导干部和10名与工人群众相结合把科技成果转化为现实生产力的优秀知识分子。经过大家的共同努力，会议开得很好，达到了预期目的。

下面，我想结合两个会议大家的发言和讨论的情况，讲几点意见。

* 这是尉健行同志在全总十二届十一次主席团会议上的讲话。

一

依靠谁的问题，既是革命的首要问题，也是改革、发展、稳定的首要问题。在改革开放和发展社会主义市场经济的今天，还要不要毫不动摇地坚持党的全心全意依靠工人阶级的根本指导方针；在实行两个具有全局意义的根本性转变，实现党的跨世纪宏伟纲领的新的形势任务面前，工人阶级还是不是主力军和最基本的力量；在深化企业改革，建立现代企业制度过程中，职工还是不是企业的主人，还要不要相信和依靠职工群众搞好企业，等等，这一系列重大问题，关系到我国企业特别是国有企业改革能否坚持正确方向，影响着建设有中国特色社会主义事业的兴衰成败，决定着当今中国一系列经济、政治和社会问题，事关党和国家的前途命运。对此，我们必须有清醒而深刻的认识。

依靠工人阶级问题，我们党的三代领导人都作过许多重要论述。毛泽东同志曾明确提出："工业无产阶级是我们革命的领导力量。"①"中国革命如果没有无产阶级的领导，就必然不能胜利。"②"我们必须全心全意地依靠工人阶级"③。邓小平同志曾深刻指出："必须从思想上认识工人阶级的作用，不依靠工人就无法搞好工业生产，就不可能发展到社会主义。"④

---

① 《毛泽东选集》第一卷第 9 页，人民出版社 1991 年 6 月第 2 版。
② 《毛泽东选集》第二卷第 645 页，人民出版社 1991 年 6 月第 2 版。
③ 《毛泽东选集》第四卷第 1427—1428 页，人民出版社 1991 年 6 月第 2 版。
④ 《邓小平文选》第一卷第 175 页，人民出版社 1994 年 10 月第 2 版。

“依靠工人阶级必须成为党的指导思想，必须贯彻到各部门中去。”[1]江泽民同志最近反复强调：“我们搞社会主义市场经济，实行政企分开，保证企业经营的自主权，建立现代企业制度，这同我们党坚持全心全意为人民服务的根本宗旨、坚持全心全意依靠工人阶级的方针是统一的，不矛盾的。”[2]“我们搞社会主义市场经济以后，绝没有降低职工在企业的主人翁地位，也绝没有改变工人阶级在我们国家的领导地位。中华人民共和国是工人阶级领导的、以工农联盟为基础的人民民主专政的社会主义国家，这是写进《宪法》的。工人阶级是我们国家的主人，也是企业的主人。工人阶级在国家和社会的领导地位和主人翁地位永远不能变。”[3]“这个基本的政治原则，任何时候都不能动摇。离开工人阶级的主人翁作用和积极性、创造性，我们的企业和现代化工业是办不好的。”[4]“全心全意依靠工人阶级，就是要在政治上保证职工群众的主人翁地位，调动广大职工的积极性和创造性，增强企业的凝聚力和向心力；就是要加强民主管理，听取群众意见，在制度上保证职工了解和参与企业的经营管理，实现职工群众对企业领导的有效监督；就是要加强职工队伍建设，提高职工整体素质，

---

① 《邓小平文选》第一卷第 176 页，人民出版社 1994 年 10 月第 2 版。

②③ 江泽民：《在甘肃兰州石油化工机器总厂视察并慰问困难职工时的讲话》(1995 年 12 月 25 日)，中华全国总工会编《全心全意依靠工人阶级》第 20 页，中国工人出版社 1997 年 8 月第 1 版。

④ 江泽民：《在〈冶金部关于冶金工业“八五”发展情况及“九五”发展思路的报告〉上的批示》(1996 年 1 月 10 日)，中华全国总工会编《全心全意依靠工人阶级》第 21—22 页，中国工人出版社 1997 年 8 月第 1 版。

用邓小平同志建设有中国特色社会主义理论和社会主义市场经济的基本知识武装广大职工，加强对广大职工的爱国主义、集体主义、社会主义教育；就是要依法保护职工的合法权益，不断改善生产环境和条件，关心广大职工的生活和福利，目前要更加关心一些困难行业、企业的职工生活。”①重温党的三代领导人这一系列极其重要的论述，对我们在新形势下更好地坚持党的全心全意依靠工人阶级的根本指导方针，具有十分重要的意义。

改革开放和发展社会主义市场经济的过程中，在坚持党的全心全意依靠工人阶级根本指导方针方面，涌现出石家庄第二印染厂、邯郸钢铁公司、上钢一厂、沪昌钢铁公司、吉林油田管理局、武汉钢铁公司、辽宁锦西炼油化工总厂、广西赖氨酸厂、福日电视机有限公司等许多不同类型的先进典型，他们充分发挥党的政治优势，毫不动摇地、真心实意地依靠职工群众深化企业改革、促进企业发展、维护企业稳定，保护、调动和发挥了广大职工的积极性和创造性，使企业赢来勃勃生机，为我们依靠职工群众搞好企业树立了榜样。但是，也要看到，当前在贯彻党的依靠方针方面还存在一些问题，有些问题还比较突出、尖锐和严重。比如，在思想理论上，出现了发展社会主义市场经济不再需要坚持依靠工人阶级，抹杀工人阶级的主人翁地位和主力军作用，否认职工群众是国有企业的主人等模糊观点和错误认识；在舆论宣传上，偏重于宣传所谓的

① 《江泽民文选》第一卷第 451 页，人民出版社 2006 年 8 月第 1 版。

"能人治厂",淡漠对工人阶级和先进人物的宣传;在企业改革中,职工群众的合法权益被侵犯的问题屡屡发生。这些问题虽然是局部的,但必须引起我们的注意。如不予以高度重视和妥善解决,将引起广大职工群众的不满,挫伤职工群众的感情和积极性,势必对我国的改革、发展、稳定大局,对实现"九五"计划和2010年远景目标,带来消极影响和产生严重后果。

为此,我们必须坚定不移地按照党中央的要求,一方面要站在讲政治的高度,不断提高对贯彻党的这一根本指导方针和坚持这一基本政治原则极端重要性和现实紧迫性的认识;一方面要认真研究在改革开放和发展社会主义市场经济条件下贯彻落实全心全意依靠工人阶级方针出现的新情况、新问题,采取切实有效措施,更好地把这一根本指导方针落到实处。

二

面对新的形势任务,如何把党的依靠方针落到实处,其中一个贯穿始终、起决定作用的仍然是认识问题。对全心全意依靠工人阶级,不仅我们党的三代领导集体都有过一系列重要论述,而且我国的宪法和许多法律法规都作出了明确规定,在我们党的若干文件中都作过深刻阐述。研讨会印发的《全心全意依靠工人阶级的理论与法律法规摘编》,可以帮助大家更加系统地学习和理解。这里,我想针对当前反映较多的一些问题,谈点认识和看法。

坚持依靠方针,就必须切实保障职工的企业主人翁地位。

这是当前贯彻落实党的全心全意依靠工人阶级根本指导方针，在思想上必须明确和坚持的一个关键问题。中国工人阶级是国家和企业的主人，本是毫无疑义的问题。为什么在改革开放和发展社会主义市场经济的今天，特别是国有企业转换经营机制、建立现代企业制度的情况下，有人却对职工的企业主人翁地位产生怀疑和动摇，问题的症结就在于国有企业、集体企业和以公有产权占主导地位的企业职工还是不是生产资料和劳动成果支配的主人。我们必须明确，国有企业改革，理顺产权关系，主要在于理顺国有资产的经营责任关系，确保国有资产的保值增值，并不是改变国有资产的所有关系。国有企业的资产属国家所有，即工人阶级和全体劳动人民整体上对生产资料的占有和支配，这是从社会主义制度建立的那天起，就已经确立了的。现在实行政企分开，国家授权国有资产管理部门或国家部委或企业集团经营管理国有资产，这是国有资产经营管理方式的转换，不是所有权的改变。国家放权给企业，是放给包括经营者、劳动者在内的全体职工。企业自主权的加大和企业法人财产权的建立，与计划经济条件下的企业相比，使包括企业经营者、劳动者在内的全体职工与生产资料的结合更加紧密。在深化企业改革的今天，企业拥有全部法人财产权，即对生产资料的占有权、使用权、经营权、处置权，企业成为享有民事权利和承担民事责任的真正法人实体，也就是说，实现了包括经营者、劳动者在内的企业全体职工与生产资料更加紧密的结合。同时，相应带来的就是实现了对劳动成果更为有效的支配。企业职工与生产资料结合得更加紧密和对劳动成果支配得更为有效，理应更加确立和保障职工的企业主人翁地位，而不应该是相反。凡是这种结合搞得好的企业，职工群众的企业主人翁地位就必然进一步得以保障，其积极性也必然得到进一步的调动和发挥，生产力也必然获得进一步的解放与发展，企业经济效益也就必然得到进一步提高。这正是国有企业改革要达到的目的，而且已为许多企业的实践所证明。相反，如果认为这种更加紧密结合的权力只是给了经营者一个人，广大职工只是劳动力或雇佣劳动者，那么，作为企业生产力主体的广大职工群众的积极性必然受到压抑，实现企业生产力解放和经济效益提高的任务也就很难实现。这已为不少事例所证实。因此，企业改革必须按照江泽民同志在上海、长春召开的企业座谈会上的重要讲话等一系列指示精神，努力把握其正确方向，一定要牢固树立依靠职工群众的思想，大胆探索和建立依靠职工群众的机制，始终着眼于广大职工群众积极性和创造精神的充分发挥。不管企业怎样改革，不论企业实行什么样的经营机制，国有企业、集体企业和以公有产权占主导地位的企业，职工的企业主人翁地位没有变也不能变，而且随着改革的深入发展，职工与生产资料结合得越紧密，企业职工的主人翁地位就越加牢固。国有企业、集体企业和以公有产权占主导地位企业的改革，说到底是探索和建立落实职工主人翁地位，进一步实现职工群众当家作主，充分调动和发挥其积极性、创造性的有效机制、措施和办法，以增强企业的生机和活力，推进国有经济在激烈的市场竞争中不断发展壮大。就是外商投资企业和私营企业，广大职工也是以国家主人翁身份在其中劳动和工作，他们不同于资本主义条件下的雇佣劳动者，其合法权益同样必须依法得到尊重和保护。

坚持依靠方针，就是坚持马克思主义的唯物史观。劳动创造世界，人民创造历史，这是马克思主义的基本观点。我国工人阶级作为人民群众的中坚和骨干力量，是社会物质财富和精神财富的主要创造者，是社会实践和认识的主体。那种认为市场经济是“能人经济”，因而只讲“能人”作用，不讲人民群众作用的观点；那种认为扩大企业自主权就是扩大厂长、经理的权力，因而只讲厂长、经理的中心地位，不讲企业党组织的政治核心地位和职工群众的主人翁地位的观点；那种认为企业改革和发展的动力是“能人”和“投资者”，而职工群众只是企业的劳动力，甚至是雇佣劳动者的观点，实际上就是唯心主义历史观的沉渣泛起。改革是社会主义制度的自我完善和发展，是亿万职工群众的根本利益所在，必须依靠工人阶级和人民群众自己的智慧和创造才能实现。职工群众的积极性、智慧和创造力，是企业发展的内在动力和活力源泉。搞好企业必须要有一个好的企业领导班子。企业改革和发展的成功与否，与企业厂长、经理的素质高低、能力大小有着极大的关系。但经营者的努力只有建立在广大职工群众积极性的基础之上，并与广大职工群众的创造精神相结合，才能物化为现实生产力。建设一个好的企业领导班子非常重要，只有有了一个好的企业领导班子，才能全心全意依靠职工群众，努力调动和发挥职工群众的积极性和创造力，真正把企业搞好。

坚持依靠方针，就是坚持和捍卫党的领导地位与执政地位。中国共产党是中国工人阶级的先锋队，是我们事业的领导核心；中国工人阶级是中国共产党的阶级基础，是国家的领导阶级。全心全意依靠工人阶级，保障职工群众的主人翁地位与坚持党的领导和巩固党的执政地位是密不可分的。坚持党的依靠方针，就是坚持党的工人阶级先锋队性质，而要坚持党的工人阶级先锋队性质，就必须巩固工人阶级作为国家领导阶级的地位和充分发挥其作用。因此，坚持职工的国家和企业主人翁地位与坚持党的领导和巩固党的执政地位是统一的、一致的。共产党的领导，说到底是领导工人阶级和人民群众当家作主。动摇和改变了工人阶级在国家与企业的主人翁地位，就是动摇和改变了党的领导地位与执政地位。这已为变幻的国际风云和深刻教训所证明。对此，我们必须始终保持清醒的头脑。

坚持依靠方针，就是坚持社会主义的基本制度。社会主义基本制度的建立，是中国工人阶级和广大劳动人民在中国共产党领导下经过几十年浴血奋战和艰苦奋斗得来的。这种制度来之不易，当然也必须依靠工人阶级和人民群众将其坚持和巩固下去。深化企业改革，建立现代企业制度，一些国有企业实行公司制改组和股份化改造，目的是寻求公有制与市场经济相结合的有效途径，进一步解放和发展生产力，不断巩固和发展壮大社会主义公有经济，进一步保障工人阶级在国家和企业的主人翁地位，带领全国人民走共同富裕的社会主义道路。那种以为国有企业实行公司制、股份制，实际上就是改变了公有制性质的认识;那种认为市场竞争是优胜劣汰,公有制经济在国民经济中是不是占主体地位无足轻重的认识,都是错误的。公有制是我国工人阶级和劳动人民实现按劳分配和走向共同富裕的根本保障。因此,坚持全心全意依靠工人阶级,就是坚持了我国的国体,就是坚持了社会主义的基本制度。

坚持依靠方针,就是坚持党的根本宗旨和群众路线。人民群众是我们改革和建设的力量源泉与胜利之本。我们党的根本宗旨是全心全意为人民服务。我们党在长期斗争中创造和发展起来的"一切为了群众,一切依靠群众,从群众中来,到群众中去"的群众路线,是党的优良传统和政治优势。全心全意依靠工人阶级正是党的根本宗旨和群众路线的重要体现。深化企业改革,提高国有企业的经济效益,是整个经济体制改革的关键和重点。在这一过程中,如何更好地坚持党的群众路线,贯彻好党的依靠方针,始终是我们必须高度重视和认真解决的重大问题。历史和现实反复证明:什么时候党的群众路线和全心全意依靠工人阶级的指导方针贯彻得好,党群关系、干群关系就密切融洽,我们的事业就顺利前进,反之就会受到挫折和失败。国有企业改革的力度、发展的速度和劳动关系稳定的程度,归根到底取决于职工群众的理解、支持和参与的程度。因此,是否坚持党的根本宗旨和群众路线,是否坚持依靠职工群众搞好企业,不仅是一个工作方法和工作路线问题,而是关系到企业改革成败,关系到有中国特色社会主义事业前途命运的重大政治问题。

坚持依靠方针，就是保证跨世纪宏伟纲领的实现。新的历史时期摆在我们面前的历史任务，就是要在党的十四届五中全会精神指引下，为完成《国民经济和社会发展"九五"计划和2010年远景目标纲要》提出的各项任务而努力奋斗。伟大的事业需要伟大的社会力量来推动。实行两个根本性转变，完成"九五"计划和2010年远景目标的历史过程，对于国有企业来讲，既是不断深化改革、转机建制、促进发展和提高经济效益的过程，也是不断深入贯彻落实党的依靠方针，进一步确立职工和企业之间的正确关系，保障劳动者在企业的主人翁地位，充分发挥职工群众主人翁作用的过程。广大职工群众中蕴藏着巨大的改革热情和社会主义现代化建设的积极性。企业的稳定是社会稳定的基础，依靠职工群众自力更生、艰苦创业，是实现跨世纪宏伟纲领的基本保证。改革越深入，触及到深层次的矛盾和问题越多，难度越大，就越需要广大职工群众的理解和支持；就越需要全心全意依靠职工群众，同心同德，群策群力，克服困难，开拓进取。因此，充分尊重职工的主人翁地位，努力维护职工的合法权益，建立稳定协调的劳动关系，切实保护和发挥职工群众的积极性与创造性，既是稳定社会、稳定大局的迫切需要，更是实现跨世纪宏伟纲领的内在要求。

三

在深化国有企业改革、建立现代企业制度的新情况下，按照党中央的指示，旗帜鲜明、毫不动摇地把党的全心全意依靠工人阶级的根本指导方针落到实处，是我们面临的重要任务。在去年召开的全总十二届七次主席团会议和三次执委会议上，我们遵照江泽民同志关于全心全意依靠工人阶级，就是要在政治上保证、制度上落实、素质上提高、权益上维护的要求，从工会组织如何抓落实的角度出发，具体化为两个“六个必须”。这次主席团会议，认真讨论和研究了《全国总工会关于全心全意依靠职工群众搞好企业若干问题的意见》。在工会组织抓落实的内容上，《意见》提出了不少建议，我不再重复，这里只想就各级工会领导同志怎么样去抓落实的问题再强调几点。

抓落实，必须不断加强对党中央关于依靠工人阶级一系列重要指示精神的学习和宣传，努力提高认识。江泽民同志在上海、长春召开的企业座谈会上的讲话等一系列重要指示，为我们贯彻落实党的这一根本指导方针进一步指明了方向。我们要抓住这个极好的时机，站在讲政治的高度，反复学习、深刻领会和大力宣传党中央这些重要指示精神，把思想认识进一步统一起来，以此为武器和动力，推动抓落实过程中出现的各种新情况新问题的解决。面对新的形势任务，各级新闻宣传部门重视和加强了对党的全心全意依靠工人阶级根本指导方针的宣传，取得了积极的效果。实践表明，只要我们坚持不懈地宣传党中央的一系列指示精神，善于总结和宣传贯彻这一方针的各种先进典型经验，始终把工人阶级作为舆论宣传的主角，在社会舞台上充分展示其主人翁风采，广大职工的历史使命感和主人翁精神就会不断得到激励和弘扬，就会使工人阶级的先进思想影响和带动全社会，同时也会进一步提高全社会特别是各级领导干部贯彻落实党的这一方针的自觉性和坚定性,形成依靠职工群众搞好企业的舆论导向和社会氛围。在抓学习、抓宣传、抓认识的过程中,要充分利用和发挥各级工会舆论宣传阵地与队伍的作用,发挥我们的优势,切实加大宣传的力度,以求取得更加实在的效果。

抓落实,必须突出重点、勇于实践,抓住"六个必须"的具体贯彻,用典型引路,积极探索新的实现途径和方法。党中央关于坚持全心全意依靠工人阶级根本指导方针的问题,不仅对其重要性反复加以强调,而且在抓落实的内容上提出了非常具体、明确的要求。当务之急就是结合工会工作实际,在全面落实江泽民同志提出的四个方面要求的过程中,针对本地区、本部门、本企业的实际,抓住"六个必须",推动各个方面特别是企业提出和实施有效的措施。如果我们的工作面铺得太大,分散精力,就难以收到实际效果。因此,抓落实,必须细化为一个一个具体问题,分出主次和轻重缓急,集中力量抓一个解决一个,什么问题职工反映大、要求急,而我们又有可能解决的,就先抓什么问题,以求得扎扎实实的效果。抓好"六个必须"的主要办法就是真抓实干,在实践中加强调查研究,重视抓点带面,适时地把典型经验加以总结、深化和推广,学会以典型说话,用典型引路去打开工作局面,帮助我们找到解决具体问题的途径和方法。抓落实,我们要迎难而进,一方面,推动具体工作到位,在实践中大胆探索;一方面,善于思考,注意总结经验,把实践中的创造上升为理性认识,进一步指导抓落实工作的深入开展。

抓落实,必须善于取得各级党政领导的重视和支持。全心全意依靠工人阶级是党的根本指导方针,贯彻落实这一方针的关键在于各级党政领导,特别是企业领导。同时,各级工会也负有重要责任。实践证明,只要各级工会组织和广大工会干部,以一种主动进取的精神,善于取得各级党政领导的重视和支持,贯彻依靠方针工作中遇到的问题就会逐步得以解决。辽宁省委在新的形势下适时召开工会工作会议,提出全心全意依靠职工群众办企业和充分发挥工会作用的意见,探索从省情出发贯彻落实这一方针的具体途径,明确提出坚持全心全意依靠工人阶级最具体的体现,就是坚持依靠职工群众搞好企业,扩大参与、强化监督是维护职工合法权益最有力的手段;河南省委面对国有企业亏损的情况,在公有制亏损企业探索民主选择企业经营者,收到了积极的效果;广东省人大面对外商投资企业较多,调整劳动关系和维护职工合法权益任务较重的现实,在全国率先推出集体合同条例,使开展平等协商和签订集体合同工作有了省级立法的保障;各省区市涌现出许许多多依靠职工群众搞好企业的先进典型,他们依靠职工,面向市场,有效地推进企业的改革和发展。这些先进典型经验的共同点,都在于党政领导对依靠方针高度重视,有抓落实的具体内容、要求和措施;都在于工会组织积极主动地工作,善于争取和依靠党政领导的重视和支持,并形成工作合力,使这一方针更好地得以落实。

抓落实,必须与贯彻落实工会工作总体思路联系与统一起来。工会推动党的全心全意依靠工人阶级根本指导方针的落实与贯彻工会工作总体思路是统一的、一致的，它们之间是有着内在联系的。在推动这一方针贯彻落实的全过程中，我们的主要手段仍然是维护，这就是通过履行维护的基本职责，更好地保护、调动和发挥职工群众的积极性和创造性，推动深化改革，促进经济发展，维护社会稳定。工会各项工作的开展，都要紧紧围绕经济建设这个中心，立足于全局，有利于稳定，着眼于充分调动包括劳动者、经营者在内的各个方面的积极性，为实现“九五”计划和2010年远景目标而共同努力。这是我们全部工作的出发点和落脚点。抓落实，必须首先从工会自身做起，从工会力所能及的事抓起，逐步推动问题的解决。比如，我们可以在贯彻实施《劳动法》，依法搞好平等协商和签订集体合同，加大调整劳动关系力度方面；在搞好企业职代会制度建设，推动职工民主管理、民主监督方面；在加快新经济组织的工会组建步伐，依法维护职工合法权益方面；在调查研究，就职工关心的问题提出政策建议，参与立法和政策制定方面；在扩大对工人阶级宣传和提高职工素质，充分发挥工会文化宣传教育阵地作用方面；在关心职工生活，搞好送温暖工程方面，等等，开展更加扎实有效的工作，发挥更加积极的作用。这些都是工会工作总体思路的题中应有之义。抓落实，还必须不断提高工会干部特别是领导干部的自身素质，重点抓好各级工会领导班子的思想政治建设和业务素质建设，加强工会自身改革和建设，进一步转变工作作风，更加密切与职工群众的联系，努力把工会建设成为职工信赖的“职工之家”。

充分发挥工会在两个文明建设中的积极作用*

（1996 年 12 月 12 日）

这次会议的主要任务是，坚持以邓小平建设有中国特色社会主义理论和党的基本路线为指导，深入贯彻党的十四届五中、六中全会和中央经济工作会议精神，回顾总结 1996 年的工会工作，研究部署 1997 年的任务。会议期间，胡锦涛同志代表党中央作了十分重要的讲话，对于我们进一步领会党的十四届六中全会和中央经济工作会议精神，明确工会工作的指导思想和工作任务，具有非常重要的指导意义。胡锦涛同志要求我们，深入学习领会党的十四届六中全会和中央经济工作会议精神，进一步把广大工会干部和职工群众的思想统一到党中央的决策上来；紧密结合职工群众和工会工作的实际，把党的十四届六中全会提出的任务落到实处；坚持以经济建设为中心，牢牢把握全党全国工作大局，动员组织广大职工为改革、发展、稳定作贡献；切实维护职工群众的合法权益，更好地体现职工群众的根本利益；适应新形势新任务的要求，下大气力把工会自身建设搞好。

---

* 这是尉健行同志在全总十二届四次执委会议上的讲话。

下面，我想根据胡锦涛同志的要求和会议讨论的情况，着重强调几个问题。

第一，自觉地把工会工作放到全党全国工作的大局中去把握，牢固树立全局观念。

党的十四届六中全会明确指出，要把我们的工作放到建设有中国特色社会主义整个事业的大局中来考察，放到整个世界的大局中来考察。江泽民同志在每次中央全会和这次中央经济工作会议上，都反复强调认清形势的极端重要性。科学地分析和判断国内外形势和发展趋势，是贯彻工会工作总体思路，做好各项工会工作的前提。

当前的国际形势仍然处在深刻而复杂的变动之中，总体上继续趋向缓和，多极化趋势进一步发展。同时，动荡和不稳定因素也有所增加。这种世界政治、经济形势，对于我国在国际事务中发挥积极作用，更好地发展对外贸易与经济合作，推进经济建设和社会发展是有利的。但天下并不太平。特别是西方国家一直没有放松在思想、政治、文化、宗教等方面对我们施加影响和进行渗透，推行"西化"、"分化"战略。面对西方势力的这种图谋，我们在社会主义现代化建设的整个进程中，必须始终保持清醒头脑和高度警惕。

观察和分析国内形势，重要的是认识和把握党中央关于全面推进改革开放和社会主义现代化建设的总体部署。党的十四大以来，以江泽民同志为核心的党中央全面、正确、积极地领会和把握邓小平建设有中国特色社会主义理论和党的基本路线的要求，作出了一系列重大决策，形成了全面推进改革开放和社会主义现代化建设的总体部署。这个总体部署，要求我们毫不动摇地坚持以经济建设为中心，坚持四项基本原则和改革开放，牢牢把握大局；要求我们坚持“两手抓、两手都要硬”，在把物质文明建设搞得更好的同时，把精神文明建设放在更加突出的地位；要求我们正确认识和处理物质文明和精神文明的关系，坚持四项基本原则与改革开放的关系，改革、发展、稳定的关系，加强社会主义现代化建设与加强党的建设的关系，等等。这个总体部署，充分反映了全党全国各族人民的愿望，深刻体现了我们党对建设有中国特色社会主义规律认识的深化。因此，只有深刻领会和把握中央的总体部署，我们才能更好地把握大局、服从大局、服务大局，才能够自觉地围绕全党全国工作的大局开展工作，才能不断提高工作水平，避免和减少思想上和工作上的片面性、绝对化和失误。

当前，我国国民经济持续、快速、健康地向前发展，总的形势是好的。实施“九五”计划第一年开了一个好头。我国既保持了经济的快速增长，又有效地抑制了通货膨胀；社会总供给和总需求趋于平衡，宏观经济环境进一步改善；改革进一步深化，经济和社会协调发展，人民生活继续得到改善。在充分看到总体经济形势好的同时，对当前存在的问题仍不能低估。经济结构性矛盾愈益突出，“大而全、小而全”和重复建设的问题相当严重，农业基础脆弱的状况并没有根本改变，特别是部分国有企业生产经营困难，经济效益不好，下岗待业人员增多，社会生活中还存在不少消极腐败现象，一些地方社会治安和社会风气不好。对这些问题必须高度重视，清醒看到有些问题发展下去的严重性和危害性。

1997年是我们国家历史发展上重要的一年，我国将恢复对香港行使主权，召开党的第十五次全国代表大会。这两件大事，举世瞩目。正确安排和积极做好明年的各项工作，具有非常重要的意义。刚刚结束的中央经济工作会议，确定明年经济工作的总体要求是：坚持以邓小平建设有中国特色社会主义理论为指导，全面贯彻党的基本路线和基本方针，落实十四届五中、六中全会精神，切实推进两个根本性转变，继续实行适度从紧的财政货币政策，降低物价上涨幅度，加强农业基础地位，加快改革特别是国有企业改革步伐，加大结构调整力度，培育新的经济增长点，积极开拓市场，提高对外开放水平，促进国民经济持续、快速、健康发展和社会全面进步。会议提出明年经济工作要做到稳中求进。要继续加强农业基础地位，促进农业持续稳定增长；加快国有企业改革和发展，大力提高企业经济效益；加大经济结构调整力度，下决心解决“大而全、小而全”和低水平重复建设问题；继续保持良好的宏观经济环境，进一步规范和整顿经济秩序；适应对外开放的新形势，努力提高对外贸易和利用外资的水平；继续改善城乡居民物质文化生活，促进经济和社会协调发展。

实现新年度的改革、发展、稳定的目标，任务非常艰巨繁重。特别是经济结构调整力度加大，国有企业改革将迈出较大的步伐，职工劳动就业、工资分配和社会保障等方面将面临许多新的问题，有的还会比较突出。各级工会干部特别是领导干部，要清醒地认识当前面临的形势和任务，增强历史责任感和紧迫感。要立足全局,找准位置,抓住结合点,真抓实干,贯彻工会工作总体思路,履行维护的基本职责,务求取得实实在在的进展,在服务大局中更好地发挥作用。正是基于对形势任务这样一个认识,我们提出 1997 年工会工作的指导思想是:以邓小平建设有中国特色社会主义理论为指导,坚持党的基本路线和基本方针,认真贯彻党的十四届五中、六中全会和中央经济工作会议精神,坚定不移地推动党的全心全意依靠工人阶级根本指导方针的贯彻落实,适应两个根本性转变的要求,以搞好国有企业为重点,进一步贯彻工会工作总体思路,抓落实,求进展,重实效,上水平,更好地保护、调动广大职工的积极性和创造性,充分发挥工人阶级的主力军作用,用两个文明建设的新成绩迎接党的第十五次全国代表大会的胜利召开。这个指导思想的鲜明特点,就是要求各级工会一定要认清形势,正确把握党中央关于全面推进改革开放和社会主义现代化建设的总体部署,紧紧围绕全党全国工作的大局开展工作,自觉做到把握大局、再接再厉、同心同德、开拓前进;一定要坚定不移地推动党的全心全意依靠工人阶级根本指导方针的贯彻落实,发动和依靠职工群众搞好国有企业;一定要一以贯之地贯彻落实新时期工会工作总体思路,在抓落实、求进展、重实效、上水平上下大功夫,在具体工作中,要抓住“六个必须”和“六个进展”不放,一抓到底,抓出成效。

第二,加强精神文明建设,努力建设“四有”职工队伍。

党的十四届六中全会,是我们党在建设有中国特色社会主义事业承前启后、继往开来的重要时期召开的一次非常重要的会议。会议作出的《中共中央关于加强社会主义精神文明建设若干重要问题的决议》，以马克思列宁主义、毛泽东思想和邓小平建设有中国特色社会主义理论为指导，坚持党的基本路线和基本方针，根据全面实现我国国民经济和社会发展"九五"计划和2010年远景目标的要求，在分析社会主义精神文明建设面临的形势，总结以往经验教训的基础上，深刻阐述了新形势下加强社会主义精神文明建设的重要性和紧迫性，明确提出了精神文明建设的指导思想、目标任务、工作方针和重大措施，对社会主义精神文明建设特别是思想道德和文化建设作出了全面部署。江泽民同志的重要讲话，对《决议》的基本精神和社会主义精神文明建设的若干重大问题，作出了深刻而精辟的论述。《决议》和讲话，是今后一个时期指导我国社会主义精神文明建设的纲领性文件。认真学习贯彻《决议》和讲话精神，不断推进社会主义精神文明建设，是当前和今后一个时期的重大战略任务。为此，全总十二届十二次主席团(扩大)会议作出了《全国总工会关于学习贯彻党的十四届六中全会〈决议〉的意见》，要求各级工会要认真学习贯彻六中全会精神，进一步落实工会工作总体思路，更好地维护职工群众的物质利益和精神生活需求，以提高思想道德和科学文化技术素质为重点，努力建设"四有"职工队伍，充分发挥工人阶级在两个文明建设中的主力军作用。

学习贯彻六中全会精神，必须深刻理解、努力掌握六中全会精神实质，不断提高对加强新形势下精神文明建设极端重要性和现实紧迫性的认识；必须深刻理解和努力把握新形势下精神文明建设的指导思想、目标任务、工作方针和重大措施;必须明确认识党对工会的要求,努力尽到我们的责任,坚持不懈地用工人阶级的先进思想和模范行为影响和带动全社会,充分发挥工人阶级在精神文明建设中的主力军作用。实践充分证明,我国工人阶级不仅是物质文明建设的主力军,也是精神文明建设的主力军。依靠主力军,必须建设主力军。加强职工队伍建设,帮助职工提高思想道德和科学文化技术素质,努力建设有理想、有道德、有文化、有纪律的“四有”职工队伍,是工会在精神文明建设中的根本任务。

要坚持不懈地用邓小平建设有中国特色社会主义理论武装广大职工。抓住解放思想、实事求是这个精髓,围绕什么是社会主义、怎样建设社会主义这个基本问题,引导职工正确认识社会发展规律,坚定建设有中国特色社会主义的信念。要深入进行爱国主义、集体主义、社会主义教育和工人阶级历史使命与优良传统教育,引导职工树立共同理想和正确的世界观、人生观、价值观,正确处理国家、集体、个人三者利益关系,自觉抵御拜金主义、享乐主义和个人主义的侵蚀。要组织职工学习社会主义市场经济的基本知识,树立适应社会主义市场经济要求的新思想、新观念。要不断加强社会主义民主法制教育,使职工自觉做到知法、懂法、守法、用法,学会依法规范自身行为和保护自己的利益。

要把广大职工群众最关心的问题,作为当前加强精神文明建设的重要任务来抓。社会主义精神文明建设是一项长期的、复杂的战略性任务,绝非一朝一夕所能完成的,必须脚踏实地，从当前抓起，从具体事抓起，从职工群众最关心、社会反映最强烈、经过努力又可办到的实事做起，抓出看得见、摸得着的实际效果，并以此推动精神文明建设总体水平的提高。

加强职业道德建设是工会抓精神文明建设的重点。要大力开展职业责任、职业道德和职业纪律教育，促进各行各业形成以为人民服务为核心内容的“爱岗敬业、诚实守信、办事公道、服务群众、奉献社会”的良好职业风尚。要教育和引导“窗口”行业的广大职工，弘扬行业文明新风，纠正行业不正之风，进一步促进社会风气的好转。要把创建文明行业、文明“窗口”作为主要抓手，推动精神文明创建活动进到班组，落到岗位，常抓不懈，抓出实实在在的效果。要进一步提高职工的科学文化技术素质，充分发挥知识分子的重要作用，大力开展学理论、学文化、学科学、学技术、学管理、学法律和各种群众性生产经济技术活动，并与推进企业文化建设结合起来，倡导和鼓励职工立足岗位，自学成才。

要注意发挥工会自身优势和优良传统。工会的新闻宣传一定要服从服务于全党全国工作的大局，认真搞好对党的路线、方针、政策和工人阶级特别是劳动模范和先进人物的宣传，坚持正确的舆论导向；工会的出版事业要建立健全管理机制，树立精品意识，为广大职工提供更多更好的精神食粮；工会的各级各类学校要坚持正确的办学方向，以职业教育和文化技术教育为重点，不断提高办学质量和水平；工会的文化宫、俱乐部、图书馆要进一步发挥“学校和乐园”作用，坚持把社会效益放在首位，努力实现社会效益与经济效益的最佳结合;工会的疗休养院等各项事业和经济实体,要坚持“服务——创收——更好地服务”的方向,深化改革,加强管理,不断增强为职工服务的实力。

充分发挥工会在精神文明建设中的作用,重要的是要不断提高工会干部特别是领导干部的素质,努力搞好自身建设。要认真学习马克思列宁主义、毛泽东思想特别是邓小平建设有中国特色社会主义理论,讲学习、讲政治、讲正气,牢固树立正确的世界观、人生观、价值观,学会运用马克思主义的立场、观点和方法分析问题和处理解决问题,不断提高贯彻执行党的基本理论、基本路线和基本方针的自觉性和坚定性;坚持和贯彻民主集中制,自觉维护党中央的权威;建立和完善重大问题民主决策、科学决策的机制;自觉接受党纪国法的监督、社会和舆论的监督、工会经审和审计部门的监督,特别是工会会员和职工群众的监督,做到严格要求,严格管理,严格监督,经受住改革开放的考验,坚决同各种不正之风和消极腐败现象作斗争,在职工群众中和全社会树立起工会干部的良好形象。要高度重视工会干部的培训和教育工作,把它作为提高干部素质的重要途径来抓,有计划、有针对性地培养一批包括理论、政策、经济、法律等方面的工会系统的专门人才。要进一步密切与职工群众的联系,牢固树立为基层、为职工群众服务的思想,始终把职工群众的冷暖挂在心上,坚持把职工群众关注的“热点”和难点作为自己工作的重点,努力做密切联系职工群众的模范。

第三,深入贯彻实施《劳动法》,切实维护职工的合法权益。

改革开放和发展社会主义市场经济以来，我国的经济关系、劳动关系已经和正在发生深刻的变化，以就业、分配、保障为核心内容的劳动关系问题日益突出出来。随着经济结构调整力度的加大和国有企业改革的深化，作为社会经济矛盾产物的工会，如何更加理直气壮地贯彻落实工会工作总体思路，依据《中华人民共和国劳动法》，加大调整劳动关系的力度，切实维护职工的合法权益，更好地保护、调动和发挥职工群众的积极性和创造性，已成为工会在服务大局中能否有所作为的关键，也是我们要进一步研究和解决的问题。

胡锦涛同志在听取全总书记处工作汇报时明确要求我们，要围绕大局，找准位置，抓住结合点，发挥自己的优势，多办一些需要办、应该办、能够办的实事。在这次执委会议上又进一步指出，一切从人民群众的利益出发，全心全意为人民服务，是我们党的根本宗旨。工会是党领导下的工人阶级群众组织，这一性质决定了工会必须代表和维护职工的合法权益。当前，职工的就业、收入、劳动保险和福利等具体利益已由过去的主要是职工与国家的关系，转变为职工与企业的关系，并向市场化、契约化的方向发展。这种情况一方面增强了职工权益的自主性，另一方面也加大了职工权益的风险性。这就对工会维护职工合法权益的工作提出了更高的要求。各级工会组织要在维护全国人民总体利益的同时，更好地代表和维护职工群众的具体利益。要进一步健全和完善职工代表大会制度、民主评议和监督企业领导干部制度、平等协商和签订集体合同制度，切实把《中华人民共和国劳动法》、《中华人民共和国全民所有制工业企业法》、《中华人民共和国工会法》规定的各项职工权益落到实处。胡锦涛同志这些深刻的分析，进一步增强了我们突出维护职能，更好地贯彻落实工会工作总体思路的自觉性和坚定性。

党的十四届五中全会明确指出，实现“九五”计划和2010年远景目标的关键，是实行两个具有全局意义的根本性转变。我们应当看到，从计划经济体制向社会主义市场经济体制转变的实质，是生产关系的变革。这种变革在职工身上的具体体现就是劳动关系的变化和调整，而工会工作总体思路正是为适应调整劳动关系需要这一要害问题而提出的。这就是说，总体思路是为推动经济体制转变服务的。我们还应当看到，经济增长方式从粗放型向集约型转变的实质，是生产力的解放与发展。这种转变的核心是对生产力中最积极、最活跃的因素——人的解放与发展，也就是人的积极性的充分调动和创造精神的充分发挥，而工会工作总体思路又正是通过对职工合法权益的维护，来保护、调动和发挥广大职工的积极性和创造精神，并将其引导到完成党和政府提出的各项任务上来。这就是说，工会工作总体思路又是为推动经济增长方式转变服务的。实践证明，全总十二届二次执委会议确定的工会工作总体思路，是适应大局要求并为大局服务的产物，它反映了改革开放和发展社会主义市场经济的需要，符合党的要求、职工群众的意愿和工会工作的实际，正在赢得广泛的社会共识，是新形势下从工会性质、职能和优势出发服务大局的着力点，是新时期工会工作的新路子。

两年来，各级工会从实际出发，深入贯彻实施《劳动法》，积极推动总体思路的贯彻落实，开展了大量卓有成效的工作，积累了许多有益的经验，当然也存在不少值得重视研究和解决的问题。

要全过程地抓思想认识。在实现党的跨世纪宏伟目标的整个历史进程中，维护始终是工会服务于党的中心任务的基本职责和主要手段。但是，我们也要看到，总体思路贯彻的时间毕竟不长，还有一些认识问题有待进一步解决。不仅社会有关方面对总体思路还不十分了解，需要我们进一步做好工作，求得共识，就是在工会内部，认识问题也不能说完全解决了。有的工会干部对总体思路来自大局、服务大局的本质尚缺乏深刻的理解，看不到它与党和国家工作大局的内在联系与统一，也有的不能从工会自身的性质、职能出发去深刻理解和把握总体思路的实质，因而贯彻起来就显得不够大胆；还有的把突出维护职能与履行建设、参与、教育职能对立起来和割裂开来，看不到突出维护职能与履行其他职能是统一的、一致的；再有的认为在社会主义条件下，国家、企业、工会都在维护职工利益，对工会组织如何从自身特点出发抓住结合点，大胆履行好维护职能，发挥其他组织无法替代的独特作用，把握不住，等等。为此，我们要继续重视和抓好思想的统一和认识的提高，不断增强自信心和坚定性，一以贯之地推动总体思路的贯彻落实。

要以重点工作带动各项工作的开展。善于抓住重点工作，同时用重点工作带动一般工作，是贯彻工会工作总体思路重要而基本的思想方法和工作方法。平等协商、签订集体合同,是企业维护职工合法权益的有效机制和重要渠道。这是把总体思路落实到基层的重点工作,是工会贯彻实施《劳动法》,维护职工合法权益的“牛鼻子”。抓住它,就是抓住了整体维护职工合法权益的关键,可达到以此带动各项工作的目的。两年来,这项工作取得了明显进展。但也要指出,当前各地工作进展尚不平衡。有的对集体合同在工会整体工作中的重要位置尚缺乏深刻的理解和认识;有的集体合同签订率还比较低,还没有形成一定的规模;有的虽在量的方面有所提高,但在平等协商机制的建立、工作格局的形成、集体合同内容的规范、集体合同的履行与作用的发挥等方面还有待加强。如何锲而不舍地抓住这个重点工作不放,抓出成效,切实把各方面的工作带动起来,我们要做的工作还很多。

概括大家实践中的体会和做法,集体合同是否能保证质量,应该把握以下六个环节:一是签订集体合同必须依法经过平等协商(集体谈判);二是集体合同的内容必须依法突出本企业劳动关系的主要问题,并力求量化;三是集体合同草案必须提交职工(代表)大会讨论通过;四是职工劳动合同必须用集体合同规范,其标准不得低于集体合同;五是集体合同的实施必须依法进行检查监督,发现问题及时协商解决;六是集体合同的续签,必须提交职工(代表)大会讨论通过。这“六个环节”抓住了,把握好了,集体合同的质量才能不断提高,集体合同的法律效力和作用也才能充分发挥出来。

外商投资企业、私营企业仍然是签订集体合同的薄弱环节。尽管目前已经有一些企业签订了集体合同，但数量少、进展慢、效果不明显。这类企业职工流动性大，劳动关系不稳定，职工合法权益屡屡遭到侵犯。各级工会首先要依法把这类企业的工会组建起来，进而进行集体谈判和签订集体合同。小企业比较集中的地方，要积极探索和采用外商投资企业和私营企业工会联合会与相应的经营者联合会集体谈判、签订集体合同，也可以试行工会联合会与企业逐个集体谈判、签订集体合同。

为了提高工会干部维护职工合法权益的能力，必须有针对性地加强培训。要组织工会干部和职工代表学习社会主义市场经济的基本知识、企业管理知识，特别是关于工资、工时、保险福利和职业安全卫生等方面的知识，以及劳动法律知识等，使他们能够正确有效地履行好职责，充分表达和维护职工群众的意愿和要求。

要特别重视困难企业和困难职工的问题。这个问题的解决，从根本上说，要靠深化改革、发展经济、健全社会保障制度等来实现，但这需要一个过程。当前，我们的任务是，在经济结构调整和企业深化改革中如何保护好职工的利益，为改革和发展创造一个稳定的社会环境。江泽民同志指出，要积极解决关系群众疾苦的各种实际问题，当前要特别注意关心困难企业职工的生活，及时化解和消除影响稳定的各种因素。各级工会要以高度的历史使命感和责任感，努力把关心、帮助困难企业和困难职工的工作做好，维护职工队伍的稳定。这不仅是经济问题，而且是重大的政治问题。几年来的实践证明，送温暖工程是工会从自身性质和特点出发，围绕全党全国工作大局开展的一项重要工作，不但有利于维护职工的合法权益，而且也有利于密切各级党政及工会组织与职工群众的联系，弘扬中华民族互助友爱的美德，维护社会政治的稳定，是工会履行维护职能，为广大职工服务的有力措施。

新的一年，这一工作务必要有新的进展。一是送温暖活动要搞得更加广泛、更加扎实。要与党政协同行动，重点是使停产、半停产和亏损企业中那些特别困难的职工能及时得到关怀和帮助。二是注重建立工会送温暖工程基金、特困职工档案、领导干部与困难职工联系制度；配合、帮助困难企业扭亏增盈，发动职工献计献策，生产自救；想方设法帮助企业和有关部门建立和实施职工最低工资和基本生活保障制度，切实保障职工的基本生活；推动职工转岗培训和再就业机制的建立，妥善安置富余职工等，不断完善帮困机制，增强帮困能力，扩大帮困规模，实现送温暖活动经常化、制度化、社会化。三是与发展工会企事业特别是建立职工消费合作社、职工互助补充保险、职工建房合作社等各种帮困工作相结合，逐步形成以送温暖工程为基本载体的职工补充保障体系，使之不断发展成为社会基本保障体系的补充。

困难企业更要重视发挥平等协商和签订集体合同对劳动关系的调整和稳定作用。由于种种原因，这类企业签订集体合同确有一定难度。但应该指出，越是基础和条件差的困难企业，劳动关系问题、职工队伍稳定问题越是突出，通过签订集体合同来调整劳动关系，保护和调动职工积极性，共谋企业发展的必要性和重要性也越明显。因此，越是困难的企业，越需要贯彻实施《劳动法》，越需要工会认真履行维护职能。当然，困难企业要达到《劳动法》规定的标准需要有一个过程。这类企业应加大平等协商的力度，通过企业行政与职工群众多协商、多沟通，求得共识，形成合力，共渡难关。这类企业签订集体合同要从实际出发，但是无论如何一定要把执行当地最低工资标准和基本生活保障等内容在合同里明确下来。总之，越是困难的企业，越要重视用平等协商和签订集体合同这一重要机制来调整劳动关系，维护职工合法权益，实现稳定职工队伍、共谋企业发展的目的。

第四，贯彻党的依靠工人阶级的方针，推动职工民主管理和民主监督权利在企业的落实。

职工群众的合法权益，既包括就业、工资、保障等经济方面的内容，也包括民主参与、民主管理和民主监督等政治方面的内容，还包括接受职业技能培训、满足文化生活需求等精神方面的内容。在社会主义社会，职工作为国家和企业的主人，不仅要求经济利益得到维护，而且也要求民主权利和精神文化需求得到落实。职工民主评议、民主监督企业领导干部，就是这种民主权利得以实现的重要方面，是党的全心全意依靠工人阶级根本指导方针在企业贯彻落实的重要实现形式，是职工政治上当家作主的重要体现，也是工会履行维护这一基本职责的重要途径。

刚刚结束的中央经济工作会议，就加快国有企业改革和发展，搞好企业领导班子建设，加强职工代表大会对企业领导干部的民主评议和监督提出了明确要求。江泽民同志在强调抓好国有企业领导班子整顿和建设时，明确指出要加强企业职工代表大会对领导班子的民主评议和监督。李鹏同志提出，企业职工代表大会代表每年要对企业领导班子开展一次民主评议。朱镕基同志也强调，要充分发挥职工代表大会对企业领导班子的民主评议和民主监督作用，要全心全意依靠工人阶级，充分调动职工群众参与民主管理的积极性。江泽民等中央领导同志这些极为重要的讲话，非常中肯、深刻，充分体现了党中央坚定不移地贯彻全心全意依靠工人阶级的根本指导方针，依靠职工群众加强企业领导班子建设，搞好国有企业的决心。这些极为重要的指示，明确提出了搞好职代会民主评议和监督企业领导干部的要求，对广大职工、职工代表大会和工会组织寄予了深切的期望。对此，各级工会要积极响应，坚决照办，作为明年一项重点工作抓紧抓好。

随着社会主义市场经济的发展，企业正在逐步成为自主经营的法人实体和市场竞争主体，企业领导干部的作用越来越明显。应当看到，现在多数国有企业领导班子是好的和比较好的，对此应予以充分肯定。但也要看到，在企业转机建制的过程中，一些企业的监督约束机制还不健全，也确实有一些企业领导人缺乏市场经济意识，不懂经营管理，责任心不强，个别的甚至滥用权力，以权谋私，违法乱纪，肆意挥霍和侵吞国家财产。尽管这些问题发生在少数企业的少数人身上，但后果却十分严重，在社会上和职工中引起强烈反响。解决这一问题，必须加强企业领导班子的建设，其中一个重要方面就是加强对领导班子的监督，建立严格的监督制约机制。这种监督是多方面的，但很重要的一个方面就是群众监督，即通过职工代表大会这种法律赋予的基本形式，对企业领导干部进行民主评议、民主监督。企业的兴衰同广大职工的利益密切相连。职工群众最关心企业的改革和发展，最了解企业和企业领导干部，对企业领导干部廉洁与否、功过是非最有发言权。企业领导干部向职工代表大会述职，接受职工代表的评议和监督，既是对企业领导干部的监督制约，也是对他们的关心和爱护。

应当看到，建立民主评议、监督企业领导干部制度和企业业务招待费使用情况向职代会报告制度等，其着眼点在于通过这些工作的有效开展，把职代会制度进一步建立健全起来，把职代会工作进一步带动起来，更好地充实职工民主管理、民主监督的内容，落实职工政治上当家作主的权利。尽管企业实行职工代表大会制度早已载入《中华人民共和国宪法》，职工代表民主评议、监督企业领导干部在《全民所有制工业企业法》等法律法规中有明文规定，党和国家领导人也反复强调和提倡，但由于多种原因，至今并没有在所有企业普遍建立起来。原来已经建立制度的，由于企业改革改制尤其是实行公司制，领导干部由董事会任命，有的取消了职代会制度，有的认为职代会无权评议、监督公司领导干部，因而这项制度不再坚持。有的即使坚持下来，也由于没有与上级主管部门对干部的考核、管理和使用结合起来，而流于形式，使职工群众积极性受到挫伤。必须看到，实行职工群众民主评议、民主监督企业领导干部的实质，是要充分保障社会主义国家和企业职工当家作主的政治权利，体现职工的主人翁地位，充分调动职工群众的积极性和创造性。这既是党的要求和国家法律法规的规定，也是广大职工的意愿。搞好企业固然需要做很多方面的工作，但最根本的是要全心全意依靠职工群众，调动职工群众的主人翁积极性。正如江泽民同志所深刻指出的那样："没有广大工人群众支持，企业改革是不可能成功的。"[①]实践证明，实行这一制度，有利于加强企业的民主决策和科学管理，有利于企业的勤政廉政建设和干部队伍的健康成长，有利于全心全意依靠工人阶级根本指导方针的进一步贯彻落实。

各级工会要加深对这一问题重要性的理解和认识，切实把它作为重点工作认真抓好。在党委的领导下，按照中央关于"突出抓好国有企业领导班子整顿和建设"的要求，下大决心、用大气力抓好职工代表大会对企业领导干部的民主评议和民主监督工作，着力推动职代会行使好评议、监督权。所有国有、集体和以公有产权占主导地位的企业，都要建立和完善职工代表大会制度，对企业领导干部实行一年一度的民主评议和监督。企业领导干部要向职代会报告业务招待费使用情况，自觉接受职工群众的监督。进行现代企业制度试点的企业，要率先实行。上级主管部门要把职代会的评议意见和建议作为评价、奖惩、任免和使用干部的重要依据。实施民主评议和民主监督，不管是经营状况好的还是经营状况不好的企

① 《江泽民文选》第一卷第451页，人民出版社2006年8月第1版。

业都必须实行，而且越是困难的企业越是要加强群众监督。现在有一种说法，认为企业已经很困难了，还有评议和监督领导干部的必要吗？事实上，恰恰因为企业困难，更需要这种监督。造成企业亏损的原因是多方面的，但确有一些亏损企业，就是由于领导班子特别是经营者的问题造成的。因此，在这类企业更要理直气壮地把这项工作抓好。

依靠职工群众
加强企业领导班子建设*

（1997 年 1 月 16 日）

我就如何进一步提高认识，切实抓好职工代表大会民主评议企业领导干部这一重要工作，讲些意见。

党的十四届六中全会《决议》明确指出，“要加强对党员特别是领导干部的严格要求、严格管理、严格监督”，领导干部要“自觉接受党和人民的监督”。在 1995 年上海、长春召开的企业座谈会上，江泽民同志把“在制度上保证职工了解和参与企业的经营管理，实现职工群众对企业领导的有效监督”①作为全心全意依靠工人阶级的一项重要内容。去年年底召开的中央经济工作会议，对加强国有企业改革和发展，搞好企业领导班子建设，加强职工代表大会对企业领导干部的民主评议和监督进一步提出了要求。江泽民同志明确指出，要突出抓好国有企业领导班子的整顿与建设，下大决心、用大力气对国有企业领导班子进行一次普遍的、认真的考核，加强企业职工代表大会对领导班子的民主评议和监督。李鹏同志提出，搞好

---

* 这是尉健行同志在职工代表大会民主评议企业领导干部全国电视电话会议上的讲话。

① 《江泽民文选》第一卷第 451 页，人民出版社 2006 年 8 月第 1 版。

国有企业，必须建设一个好的领导班子，上级领导机关要加强对企业领导班子的监督和考核，职工代表大会代表每年要对企业领导班子开展一次民主评议。朱镕基同志也强调，各地政府和企业主管部门要有计划、有组织地对企业现有领导班子进行全面考察，充分发挥职工代表大会对企业领导班子的民主评议和民主监督作用，全心全意依靠工人阶级，充分调动职工群众参与民主管理的积极性。党中央的重要决议和中央领导同志的重要讲话，一方面，充分体现了党中央坚定不移、毫不动摇地贯彻全心全意依靠工人阶级根本指导方针的决心，对依靠职工群众加强企业领导班子建设，搞好职工代表大会民主评议和监督企业领导班子的高度重视；另一方面，也深刻揭示了新形势下做好这一工作的极端重要性和现实紧迫性。

随着社会主义市场经济的发展，国有企业改革步步深入，企业自主权逐步扩大，企业正在成为自主经营的法人实体和市场竞争主体，企业领导班子的作用显得更加突出和重要。企业如何按照现代企业制度的要求，建立起决策、执行和监督体系，形成有效的内部监督和自我约束机制；企业领导人如何珍惜和用好党与人民赋予的权力，自觉遵守党纪国法和接受职工群众的监督，对于确保企业改革和发展的顺利进行，具有十分重要的意义。必须看到，现在国有企业领导班子多数是好的和比较好的，对此应予以充分肯定。但是，也必须指出，当前确实有一些企业领导班子成员不称职，有的滥用职权，独断专行，盲目决策，个人说了算，漠视和侵犯职工合法权益；有的甚至以权谋私，违法乱纪，腐化堕落，肆意挥霍和侵吞国家和企业的财产，等等。这些问题尽管只是发生在少数企业和少数人身上，但后果严重，影响很坏。一件件触目惊心的事实，向我们提出了一个十分尖锐的问题，这就是在不断扩大企业自主权的同时，必须加强对权力的制衡，建立起对企业领导干部的监督制约机制，使之随着企业转机建制而同步强化起来。大量事实证明，深化企业改革，搞好国有企业的关键，是建设一个真正依靠职工群众的勤政廉洁的领导班子。而加强企业领导班子建设的一个重要方面，就是加强对领导班子的监督，建立严格的监督制约机制。这种监督和制约应该也必须是多方面的，既包括法律监督、行政监督、党内监督和舆论监督，还应该包括职工群众的监督。而且，需要把自上而下的监督与自下而上的监督紧紧结合与统一起来，只有这样，监督才能发挥更好的效能。职工群众工作和生活在企业，自身利益与企业利益息息相关，对企业的前途和命运最关心；他们与企业领导干部生活、工作在一起，对领导干部的能力大小、功过是非、廉洁与否最熟悉也最有发言权。因此，群众监督是一种最经常、最及时、最有效的监督，是其他各种监督的基础。在企业，职工群众监督的重要途径，是运用职工代表大会这种法定的职工民主管理的基本形式，开展对企业领导干部的民主评议和监督。所以，江泽民同志等中央领导同志在提出加强企业领导班子建设时，突出强调要发挥职工代表大会民主评议和监督企业领导干部的作用，这是非常中肯、非常深刻、非常必要的。应该看到，加强民主评议和监督企业领导干部工作，并建立制度和形成机制，是现代企业制度建设的题中应有之义，是全心全意依靠职工群众搞好企业的重要内容，是职工群众当家作主的重要体现，也是推动企业改革和发展的重要保证。对于企业领导干部来说，这既是职工群众对自身行为的监督和制约，更是职工群众对自己的真正关心和爱护。

应该说，职代会民主评议和监督企业领导干部的工作对于我们并不陌生，而是早已实行了的，是国有企业的优良传统。我国宪法早就明文规定国有企业实行职工代表大会制度，《中华人民共和国全民所有制工业企业法》等法律法规对职代会民主评议和监督企业领导干部也都有具体而明确的规定，党和国家领导人也反复强调和提倡，一些企业在实践中也取得了较好的效果，积累了许多有益的经验。这次电视电话会议介绍的经验就是突出的例证。现在的问题是，这一工作的进展并不平衡，效果还不够明显，与其应该发挥的作用还有一定距离，特别是至今仍有不少企业还没有真正建立起这一制度。有的虽然一度曾经实行过，但由于各种原因，在企业转机建制中，取消了职代会，错误地认为职代会无权评议、监督企业领导干部，因而不再坚持；有的因没有与干部的考核、管理和使用结合起来，而流于形式；有些企业由于职代会的职权未能有效地履行，职代会制度没有很好地坚持，职工群众的主人翁积极性因而受到不同程度的挫伤，对企业的改革、发展、稳定带来不利的影响。必须指出，搞好企业需要做好多方面的工作，但重要的是要贯彻党的全心全意依靠工人阶级的根本指导方针，调动职工群众的积极性和创造性，依靠职工群众搞好企业。尊重职工的主人翁地位，保证职工在企业当家作主，这是社会主义企业的政治优势，也是社会主义企业区别于资本主义企业的一个重要标志。职工群众的国家和企业主人翁地位，依法享有的主人翁权利，在企业内部主要是通过民主管理、民主参与、民主监督的实践，特别是通过职工代表大会这一基本的形式来实现的。因此，贯彻党的全心全意依靠工人阶级的方针，落实职工群众当家作主的权利，必须坚持和完善以职代会为基本形式的职工民主管理制度。实践证明，实行由职代会民主评议企业领导干部的制度，对于进一步建立健全职代会制度，有效地带动职代会工作，更好地充实职工民主管理、民主参与、民主监督的内容，使职工当家作主的权利在企业进一步落实，具有十分重要的作用。可以说，在深化企业改革中，职工代表大会制度不健全，领导干部不能自觉接受职代会民主评议和监督的企业，就是没有全面贯彻企业改革的基本方针。

搞好职代会民主评议和监督企业领导干部的工作，是党中央提出的重要要求。为此，全总十二届四次执委会议作出部署，明确提出要把它作为今年的一项重点工作切实抓好，抓出成效。各级工会一定要认真学习贯彻中央经济工作会议精神，加深对这项工作重要性、紧迫性的理解和认识，统一思想，坚定做好这一工作的信心，推动企业贯彻落实全心全意依靠工人阶级的根本指导方针。推动党的依靠方针的落实和贯彻工会工作总体思路是一致的。我们曾反复强调，在实现党的跨世纪宏伟目标的整个历史进程中，维护始终是工会服务于党的中心任务的基本职责和主要手段。这一维护既包括维护职工就业、工资、保障等经济方面的权益，也包括维护职工民主管理、民主参与和民主监督等政治方面的权益，还包括维护职工精神文化生活方面的权益。企业工会作为职工代表大会的工作机构，依法组织职工代表民主评议和监督企业领导干部，既是社会主义企业职工主人翁地位所决定的，是职工群众的意愿和要求，也是贯彻落实工会工作总体思路，履行维护这一基本职责的重要途径。

做好这一工作，各级工会必须加强领导，抓住当前有利时机，作为一项重点工作，切实纳入重要议事日程。要在不断提高认识的同时，认真总结以往的经验和教训，并与组织、人事部门一起制定好实行这一制度的具体工作目标和规划，采取有力措施，确保这项工作的落实。所有国有、集体和以公有产权占主导地位的企业都应建立和健全职工代表大会制度，实行每年一次对企业领导班子的民主评议和监督。应坚持民主评议与职工代表无记名投票测评相结合，职代会民主评议、测评与上级有关部门对干部的考核相结合。民主评议中职工代表对领导班子和领导干部提出的意见和问题，属于领导班子集体的，应提交企业领导班子生活会逐一研究，提出改进措施；属于领导干部个人的，应通过组织转达给个人，由本人在党内或行政领导班子生活会等场合，采取某种适当的形式和方法，进行认真的自我批评，作出使职工满意的答复。要努力落实职代会民主评议、监督权，同时注意落实好职代会其他职权，包括坚持和完善国有企业业务招待费使用情况向职代会报告制度，集体合同草案经过职代会讨论通过的制度等，以此推动职代会整体工作水平的提高。要搞好对职工代表的培训，使他们既敢于评议和监督，又善于评议和监督，努力提高评议和监督的质量。要坚持抓点带面，搞好分类指导，有针对性地总结推广一批先进典型经验。要注意解决实施中的难点，找出问题的症结，会同有关方面认真加以解决，以更好地指导面上工作的开展。

需要指出的是，对国有企业领导班子进行民主评议和监督，不管是经营状况好的还是不好的企业，都应实行这一制度，而且越是困难的企业，越应全心全意依靠职工群众搞好企业，加强领导班子建设。事实上，有的企业之所以陷入困境，往往与领导班子不能很好地依靠职工搞好企业有关。这类企业更需要加强职工代表大会的民主评议和监督，以此匡正企业领导人的行为，加强企业的廉政勤政建设，推动企业的民主决策和科学决策，调动职工的主人翁积极性，促进全厂上下同舟共济、共渡难关。

实行职代会对企业领导班子民主评议和监督，是一项涉及面广、政策性强的工作。各级工会要在各级党委的统一领导和部署下，与政府有关部门和企业行政密切配合，协调行动，共同推进这一工作的顺利开展。上级主管部门要把职代会民主评议的意见和建议，作为评价、奖惩、任免和使用企业领导干部的重要依据。只有这样，才能提高职代会民主评议和监督的功效，才能真正起到对企业领导班子的监督和制约作用，也才能保护、调动和发挥职工群众的积极性。

学习贯彻邓小平同志关于工人阶级和工会工作的光辉思想*

（1997 年 3 月 3 日）

“两会”召开前夕，我们敬爱的邓小平同志不幸逝世，大家的心情都很沉痛。江泽民同志在悼词中明确指出：邓小平同志遗留给我们最为宝贵的财富，是他创立的建设有中国特色社会主义理论和在这个理论指导下制定的社会主义初级阶段党的基本路线。邓小平同志建设有中国特色社会主义理论，是当代中国的马克思主义，是对毛泽东思想的继承和发展。全党、全军、全国各族人民都要永远用这个理论武装我们自己，用这个理论来指导我们的工作。

邓小平同志在整个一生的革命实践中，对工人阶级和工会工作有过很多深刻的论述。尤其是党的十一届三中全会以来，邓小平同志对新形势下工人阶级的地位作用和工人运动的历史使命，对工会工作的方针等有过一系列全面、系统的阐述。全心全意依靠工人阶级，邓小平同志最早提出必须成为党的指导思想，已成为建设有中国特色社会主义理论的重要

---

* 这是尉健行同志在与出席全国政协八届五次会议工会界委员座谈时讲话的主要部分。

组成部分。我们全国工会工作者继承邓小平同志的遗志，就是要在以江泽民同志为核心的党中央领导下，更高地举起这一理论的伟大旗帜，更好地学习和贯彻邓小平同志有关工人阶级和工会工作的光辉思想，更加努力地做好我们的本职工作，把新时期的工会工作不断推向前进。

邓小平同志关于工人阶级和工会工作的一系列论述中，对工会工作提出非常明确的要求。他深刻指出，工会要努力保障工人福利；要为工人的民主权利奋斗。同时强调，工会应该是一个能替工人说话和办事的组织。实行改革开放，发展社会主义市场经济以来，我国劳动关系发生了很多新的变化。我们提出在当前形势下，各级工会组织在全面履行各项职能时，要更加突出维护这个职能。要依法维护职工的合法权益，把这项工作作为我们工会的基本职责。我们讲维护职工的合法权益，既包括经济方面的利益，也包括政治方面的权益和精神文化生活方面的需求。在维护职工经济利益方面，我们特别强调，当前主要是通过平等协商、签订集体合同这样一个手段，按照《中华人民共和国劳动法》的要求来维护职工的利益。两年来，这项工作有很大发展，而且取得了很好的效果。我们搞维护，要服从和服务于全党和全国工作大局的需要。根据当前的形势，我们更强调各级工会要更好地关心困难企业，维护困难职工的利益。

有的同志认为平等协商、签订集体合同只有在生产正常的情况下才可以这样做，企业碰到困难，好像就谈不上了。实际上，这种手段不仅是生产发展正常、条件好的企业可以用，困难企业也可以用，只是平等协商、集体合同的具体条款可以有所调整，有所侧重。作为一种形式、一种手段来讲，不存在只有生产正常的企业才可以搞集体合同，生产困难的企业就不能搞集体合同。我们不仅要在生产搞得好的企业签订集体合同，更要注意在一些困难企业来开展这方面的工作。当然，具体的形式、内容、侧重点可以有所不同，不要搞一刀切。

强调签订集体合同是一种手段，并不是说维护职工利益只能有这种手段。比如这几年开展的送温暖活动，就是行之有效的一种形式，受到了职工群众和党政欢迎；又比如，在新形势下搞好下岗职工再就业，也是一项维护职工利益很实际的工作；还比如协助政府和有关部门搞好社会保障、社会保险工作，等等。因此，维护职工利益，可以通过集体合同形式，也还有其他多种形式。同时，就一种形式来说，不同的企业在内容上也可以有不同的要求，可以有所侧重。

维护职工的经济利益，实际上也是维护改革、发展、稳定的大局，确保政治稳定、社会安定的一个重要内容。现在影响政治稳定有很多因素，如国际、国内敌对势力渗透等等，但更应注意大量的人民内部矛盾。这些矛盾如果处理不好，也会带来不稳定因素。

我们维护职工的利益，还要维护职工应当有的政治上的权益。具体讲，就是要全心全意依靠工人阶级，维护工人阶级当家作主的权益。这方面要做的工作很多，领域也很广泛。既包括我们工会代表参加政协、参加人大，也包括通过各种形式参与各级政府决策，渠道很多。当前，很重要的一个问题，是要在企业内部怎样充分发挥职工群众当家作主的作用，发挥职代会在企业的民主管理、民主监督的作用，这是当前保障职工政治权益的一个重要方面。这方面大家已经开展的工作很多。今年一个很突出的任务，就是按照中央的决定，广泛开展职工代表大会每年对领导干部开展一次民主评议和民主测评。这一点，中央领导多次讲了，有关政策和决定也贯彻了这个要求，但对这个问题的认识仍有待进一步统一、进一步提高。

我们讲的是职工代表大会每年评议一次企业领导干部，而不是找一些职工代表征求一下意见那样一种评议，不是着眼于部分代表，而是着眼于这样一个制度、这样一个形式——职工代表大会。首先是发挥职工代表大会的民主管理、民主监督的作用，不能避开职工代表大会这个制度。只有职工代表大会发挥作用了，职工代表才能更好地起作用。

在这方面，大家怎样按照邓小平同志一贯的论述去统一思想，还是一个需要不断解决的问题，但这个思路我们要坚定不移地贯彻。现在，很多国有企业还有困难。在这个情况下，如果离开广大职工的支持，要想把企业搞好是不可能的。有人说，为什么提出这样一个办法，是不是对企业领导不信任？不是。我们多次强调，绝大多数企业领导干部是好的，包括现在有困难的企业领导干部，他们在困难情况下兢兢业业，与职工同甘共苦、共渡难关，应当说是很好的。当然，什么时候都会有极少数违法乱纪的。加强对企业领导干部的监督，不只是一个廉政建设问题。任何人都需要监督，企业的领导也不能例外。一个好的同志、好的领导干部难免在工作中有失误，有考虑不周的地方，有职代会这样一个组织，有这样一种形式，不断地给你提出意见，提醒你，对领导干部、对一个同志是爱护，是保护，这样就会使一个好同志工作得更加谨慎。这个道理不仅是对企业，对党政领导、地方党委、地方政府都是这样。凡是没有监督的地方，就可能导致腐败。这是被很多事实和惨痛教训所证明了的，企业也不能例外。

我们工会突出维护职能，既要维护职工的经济权益，又要维护职工的政治权益，我们的着眼点是为了更好地保护和调动职工的积极性，并把这种积极性通过各种方式引导到加快国有企业的改革和发展上来。

我们是社会主义国家的工会，不是为维护而维护，更不是一个行会组织，只从部分人的利益出发，从短期利益出发，我们的根本着眼点是调动职工积极性，搞好社会主义建设。不是说只有工会才关心职工利益，公有制企业的厂长、工会主观上都是维护职工利益的。但因为处境、地位不一样，考虑问题角度也会有所不同，否则还要工会干什么。各级工会要理直气壮地、坚定不移地按照这样一个精神处理我们面临的问题。把职工积极性调动起来，凝聚力增强了，一个行业才能搞好，困难企业才能扭亏为盈。

努力把全心全意依靠工人阶级的方针落实到企业*

（1997年8月30日）

在具有伟大意义的党的第十五次全国代表大会召开前夕，全国总工会在邯郸钢铁集团有限责任公司召开全心全意依靠职工办好企业经验交流会议，目的是进一步学习贯彻江泽民同志关于全心全意依靠工人阶级的一系列重要指示和《中共中央关于进一步加强和改进国有企业党的建设工作的通知》精神，努力把全心全意依靠工人阶级的根本指导方针落实到企业，依靠职工推动企业的改革和发展。这是非常必要、很有意义的。在此，我谨向在全心全意依靠职工办好企业方面作出突出成绩的单位和个人，向出席会议的省部委的领导同志和各位代表与同志们表示敬意和感谢！

这次会议得到了党中央、国务院的高度重视。胡锦涛同志对这次会议作了重要指示，深刻指出要更好地推进改革开放和社会主义现代化建设事业，顺利实现跨世纪的宏伟目标，必须毫不动摇地坚持全心全意依靠工人阶级的方针，尤其是

---

* 这是尉健行同志在全国工会全心全意依靠职工办好企业经验交流会上的讲话。

在深化国有企业改革的进程中，更应该坚定不移地贯彻这一方针。无论是转机建制、资产重组、加强管理、技术改造，还是下岗分流、减员增效、实施再就业工程，都是为了实现工人阶级的根本利益和长远利益，都必须相信和依靠广大职工群众，充分发挥他们的积极性和创造性。要注重研究新形势下贯彻全心全意依靠工人阶级方针遇到的新情况、新问题，积极探索依靠职工办好企业的途径和方法，采取有力措施，保证职工群众对企业管理的民主参与和对企业领导人员的有效监督，保障职工群众的各项合法权益。要通过政治、经济、法律、行政、舆论等手段，使全心全意依靠工人阶级的方针在国家政治、经济和社会生活的各个方面切实得到体现。胡锦涛同志希望各级工会组织紧密结合实际，充分发挥自身的特点和优势，在推动全心全意依靠职工办好企业方面不断作出新的成绩，为促进企业的改革和发展发挥更大的作用。吴邦国同志为会议发来了贺信，强调指出要把全心全意依靠工人阶级的方针贯穿于改革开放和现代化建设的全过程，希望通过这次会议，总结这方面的好经验、好做法，进一步鼓舞士气，增强信心，把广大职工群众的积极性保护好、引导好、发挥好。胡锦涛同志的指示和吴邦国同志的贺信很重要，为我们开好这次会议和做好工作指明了方向，我们要认真学习、深刻领会、努力贯彻。

今年 5 月，江泽民同志在中央党校省部级干部进修班毕业典礼上发表了十分重要的讲话。江泽民同志深刻指出，在社会主义改革开放和现代化建设的新时期，在跨越世纪的新征途上，一定要高举邓小平建设有中国特色社会主义理论的伟大旗帜,用这个理论来指导我们的整个事业和各项工作。这是党从历史和现实中得出的不可动摇的结论。把我们的事业全面推向21世纪,就是要在世纪之交的历史时刻,抓住机遇而不可丧失机遇,开拓进取而不可因循守旧,经济体制改革要有新的突破,政治体制改革要继续推进,精神文明建设要切实加强,这三个方面围绕经济建设这个中心,相互配合,相互促进。江泽民同志的重要讲话,从当代中国前途和命运的高度,为全党全国人民指明了方向,体现了党中央的伟大战略部署,是指导我们各项工作的有力武器。认真学习江泽民同志的这一重要讲话精神,对于统一全党全国各族人民的思想与意志,具有极其重要的现实意义和深远的历史意义。

全心全意依靠工人阶级,是我们党和国家的性质以及工人阶级的历史地位和作用决定的,是我们党一贯坚持的根本指导方针,是邓小平建设有中国特色社会主义理论的重要内容。从会议印发的毛泽东、邓小平和江泽民同志关于全心全意依靠工人阶级的重要论述中可以看出,我们党的三代领导集体,在革命、建设和改革的整个历史进程中,都反复强调必须毫不动摇地坚持这一方针。这一方面说明这一方针的极端重要性、必要性,另一方面也说明坚持和贯彻这一方针的长期性和艰巨性。我们必须按照中央关于讲政治的要求,从坚持社会主义政治方向的高度,从加强党的领导、巩固党的执政地位和保持国家长治久安的高度,充分认识全心全意依靠工人阶级的极端重要性,并认真加以贯彻落实。

实现跨世纪宏伟纲领,实行两个具有全局意义的根本性转变，必须依靠工人阶级和全国各族人民的团结奋斗。党的十三届四中全会以来，江泽民同志就全心全意依靠工人阶级问题作了一系列极为重要的指示，提出在政治上保证、制度上落实、素质上提高、权益上维护四个方面的明确要求，《中华人民共和国劳动法》等法律法规也作出了具体规定，今年1月下发的《中共中央关于进一步加强和改进国有企业党的建设工作的通知》又再一次加以重申。现在的关键，是要进一步统一认识，狠抓落实。

近几年来，各级党委和政府就如何贯彻落实党的这一方针，依靠职工群众办好企业的问题制定了一系列政策措施，各级人大颁布了相关的法律法规，不少省市和部委进行了积极的探索，取得了一定的经验。辽宁、山东、甘肃、河北、山西、安徽、陕西、吉林、武汉、石家庄、邯郸、葫芦岛、鸡西等许多省市委都召开相应会议，专门制定了全心全意依靠工人阶级问题的规定或意见；邯郸钢铁集团有限责任公司、上钢一厂、沪昌钢铁有限公司、胜利石油管理局等许多企业也都研究提出了具体的贯彻措施，总结出很好的经验。这些可贵的经验，既是对以往传统做法的坚持和继承，更是适应发展社会主义市场经济要求的创新和发展，对全国各地、各单位无疑具有重要的借鉴意义。

国有经济是我国国民经济的支柱。加快国有企业改革，是摆在全党面前的重要而又十分艰巨的任务。如何依靠职工群众办好企业，是各级党政领导的重要责任，也是全社会普遍关心的重大问题。工会是职工群众自愿结合的工人阶级群众组织。贯彻党的全心全意依靠工人阶级的方针,工会负有重要责任,起着不可替代的作用。面对新的形势任务,为了更好地贯彻落实江泽民同志强调的贯彻依靠方针四个方面的要求,全总十二届七次主席团会议和全总十二届三次执委会议经过认真研究,从工会角度提出了推动不同类型企业做到两个"六个必须"。实践证明,这两个"六个必须",符合中央的精神,体现了法律的要求,切合企业的实际,实践的效果也是好的。工会推动全心全意依靠职工群众办好国有企业,有必要对"六个必须"加以重申和强调。必须牢固树立依靠职工群众办好企业的思想,建设一个全心全意依靠职工群众推进企业改革和发展的好的领导班子,保障职工的企业主人翁地位;必须坚持和完善以职工代表大会为基本形式的职工民主管理和民主监督制度,不断探索新的实现途径,实现职工群众对企业的民主管理和对企业领导干部的有效监督;必须切实保障《劳动法》赋予劳动者的合法权益,通过平等协商和签订集体合同,建立稳定协调的劳动关系;必须在企业的董事会和监事会中,有工会组织职工民主选举产生的职工代表,并逐步形成充分发挥职工代表作用的制度;必须尊重和支持工会依法独立自主地开展工作,履行维护的基本职责,保护和调动职工群众的积极性和创造精神,并将其引导到推进企业改革和发展上来;必须重视和加强职工队伍建设,不断提高职工的思想道德和科学文化技术素质。应该说,这"六个必须"做到了,将会有力地推动江泽民同志提出的四个方面要求的贯彻落实。

全心全意依靠职工群众办好企业与贯彻工会工作总体思

路，履行工会维护的基本职责，充分发挥工会组织的作用是一致的。必须看到，工会工作总体思路是为贯彻党的全心全意依靠工人阶级方针服务的。坚持党的这一方针的实质是坚持工人阶级当家作主，工会工作总体思路突出维护的一个首要任务，就是确保工人阶级的主人翁地位和当家作主的权利。贯彻党的这一方针有利于充分调动和发挥工人阶级的主人翁积极性，工会工作总体思路也正是运用维护的手段，保护、调动和发挥职工群众的积极性。因此，两者是统一的，是有内在联系的。

当前，国有企业改革已经进入了关键时期。越来越多的企业在改革中不断发展壮大。同时一部分企业也面临着不同程度的困难和问题。为此，我们在贯彻全心全意依靠工人阶级方针的过程中，当前要特别关心困难企业和困难职工的生活，努力帮助他们排忧解难，维护他们的合法权益。同时，要教育和引导广大职工充分认识自己所肩负的历史使命，继承工人阶级的光荣传统，发扬艰苦创业精神，积极投身社会主义改革开放和现代化建设，正确处理国家、集体和个人三者利益关系，自觉维护安定团结的政治局面。

既要维护职工的经济利益，又要维护职工的政治权利和精神文化需求*

（1997 年 8 月 30 日）

适应社会主义市场经济发展的需要，我们确定了工会工作的总体思路。这个总体思路的一个很重要的内容，就是工会要突出维护职能。我们讲维护，既要维护职工经济方面的合法权益，又要维护职工当家作主的政治权利和精神文化需求。因此，我们强调要贯彻全心全意依靠工人阶级的方针，提出要实行职工代表大会评议企业领导干部的制度，等等，这些都是工会工作总体思路的内容，都是工会突出维护职能的需要。这不是说今天讲总体思路，明天又要讲全心全意依靠工人阶级，不能把这些工作对立起来、孤立起来，而是应该把这些工作统一起来，从总体思路总的要求出发，来看待和处理这些方面的工作。

我们强调要突出维护职能，要强调两个方面的维护，但如果没有具体的制度、措施、办法和工作内容，仅仅是强调要搞好维护，就容易把维护变成一个口号。因此，我们一开始就提

---

* 这是尉健行同志在全国工会全心全意依靠职工办好企业经验交流会上即席讲话的要点。

出来，在维护职工的经济权益方面，主要是要认真贯彻《中华人民共和国劳动法》，按照《劳动法》的要求，依法维护职工的合法权益。同时提出来，维护职工的合法权益，在企业里，主要的手段是实行平等协商和签订集体合同，用这个制度来保证职工合法权益的实现。这样就把维护职工合法权益的要求具体化了，有手段了，有抓头了，也就容易落实了。要维护职工政治方面的权益，要维护职工当家作主的民主权利，当前一个很重要的办法就是要不断建立和健全职工代表大会制度。但不是说，我们光是提出来要建立职工代表大会这个制度，如果没有根据当前形势的需要，不断提出和充实职工代表大会的内容，那么这样一种制度，这样一种要求，就不容易得到贯彻，就是贯彻了也不容易见到成效。去年我们提出来，根据当前形势的需要，企业领导干部必须向职工代表大会报告业务招待费的使用情况。这是当前形势的需要，这样也为职工代表大会的召开提供了一定的保证。今年我们提出来，对企业的领导干部，职工代表大会必须每年评议一次，这既是职工的要求，同时也是党中央的决定，是当前干部队伍建设的重要内容。也可能明年我们根据情况还会提出新的要求。只有这样做，职工代表大会才有充实的内容，职工代表大会才有新的需求，这个制度也才能比较好地执行。不然的话，为召开而召开，因为制度规定而召开，有的企业可能做了，有的企业不一定做，做了的企业也会感到，为召开而召开是一种额外的负担。如果我们不断地赋予职工代表大会以新的客观需要的内容，职工代表大会制度就会比较容易地建立、健全、发展。但也要注意，也不要以为今年提这，明年提那，老是在变。这是客观形势的需要。要不然，总体思路突出维护职能、建立职工代表大会制度等都会变成口号。职工代表大会评议企业领导干部也要提出具体要求，不能找几个职工代表来商量商量这就叫评议，必须经职工代表大会的全体职工代表评议。不仅是评议，而且还要搞民主监督。因为当前我们党内外的风气，社会上的风气，有的地方有些不大正常，公开的评议，面对面的评议，不一定说的是真心意见。有的职工代表担心提了意见会遭领导干部打击报复。因此我们强调必须搞民主监督，具体讲就是要搞无记名投票。没有给职工代表这样一个方法，没有这样一个权力，很难全面正确地反映职工的要求和意见。当然，搞好职代会民主评议还有其他一些要求。只有这样才会使职工真正感到，他作为职工代表确实有职责，确实有事干，确实是一种权力。对党政领导来讲，中央有这样一些要求、这样一些部署，而且他们也切身感到，这样做有利于经济发展，有利于干部队伍建设。对职工代表大会来讲，也不是工会今天找你要开职代会了，你不得不开。党委和行政也都自觉地感到开好职工代表大会的必要性。认识不到这一点，这个制度很难坚持。现在不能说，我们这方面的工作都做到了。因此，每年我们都要不断地提出新要求。我们今天提的这个要求，明天提的那个要求，都不是孤立的要求，我们要把这些要求融合到工会工作总体思路中去，要把它联系到我们工会的基本职责是维护，既要在经济上维护，又要在政治上维护，这些东西都是不可分割的，不可缺少的。没有不断地充实这些内容和要求，我们很难实行总体思路，很难履行维护职能，也很难保证职工代表大会制度的顺利贯彻执行。

我们提出这些要求，包括贯彻落实全心全意依靠工人阶级的方针，依靠职工办企业；要建立健全职工代表大会制度，职代会民主评议领导干部制度；要突出维护职能，等等。这些要求，不只是工会自身的要求，不只是工会作为一个组织它本身的需要，我们这些要求是基于党的基本路线的要求，是基于党的全局工作的要求。从工会的角度提出这样那样的建议，提出这样那样的要求，它必然是也应该是能够得到全党的支持，得到各级党委、政府的支持，得到企业党政领导的支持。可以想一想，一个企业没有好的领导班子，企业的改革、发展能搞好吗？而企业的改革、发展是我们全党关心的，是企业党委、行政和大家都关心的问题，在这个问题上大家是一致的，是贯彻党的基本路线，坚持以经济建设为中心的需要，是加快国有企业改革步伐的需要。加强企业党政领导班子建设，实行民主评议、民主监督，我们工会关心，党政领导同样关心。民主评议监督企业领导干部，是加强勤政廉政建设和大力开展反腐败斗争的需要。应该讲，企业领导班子绝大多数是好的，但是确有一些领导干部以权谋私，采取各种方式来损害职工群众的利益，在这个问题上职工意见是相当大的。我们党在当前的形势下不搞好经济建设群众不会赞成，同时，党的腐败问题不解决，群众也不会答应。全党如此，企业也是如此。怎么搞好反腐败？当然需要有专职部门来抓，需要加强党的监督，需要加强法制建设等，要做的工作很多。但是，当前形势下很重要的一条，是要加强群众的监督。不依靠群众的力量，不发挥群众的作用，不进一步发扬民主，让群众来监督领导干部，要把党风搞好，把勤政廉政建设搞好，不可能。有的领导，不怕上级，不怕纪委，他怕群众监督。群众在企业里最了解哪个厂长最注重廉洁。老实说，群众对领导干部的了解比市委、市政府对他们的了解多得多。你这个厂长在厂里干了什么，你的老婆在干什么，你家的房子怎么样等，群众一清二楚。但问题是必须让群众有表达意见的机会，有发言权。怎么办？每年对企业领导干部进行民主评议一次，不仅是让群众讲话，而且要搞民主测评。因为这样，企业的勤政廉政建设、反腐败斗争才能得到更好地发展、坚持。这个问题，难道就仅是我们工会自身的要求吗？这不仅仅是工会提出的要求，也是党的要求。这不是说是工会在找企业的麻烦，这是工会从全党的利益出发，从职工群众的要求和利益出发，在尽自己应尽的责任。因此，这应该得到各级党政的支持，得到企业党政的支持。我们讲职工代表大会制度，这也是推进党的干部队伍廉政建设的重要内容。

党的十四大以来，企业干部职工各个方面的工作都有很大的推进和发展，但是有一个问题，干部怎么做到能上能下？能上没问题，怎么能下，这是个问题。现在有的干部贪污腐败，被查出来了，被抓住了，不下也得下。而有些人，你说他在工作吧，他没成绩，你说他贪污吧，没抓住把柄，但是什么利益他都得到，什么好处他都抢在前面能捞到。像这样的干部怎么能够领导群众致富？像这样的干部群众怎么能够信任？怎么办？通过评议，通过群众测评，如果确实是多数群众不满意，就拿掉。领导干部要提拔时，如果经过民主测评，51％的人不同意提拔，就坚决不提拔，但如果已经作为领导了，51％的人认为不满意，是不是拿下去，这个问题不能简单对待。如果是多数群众不满意，上级组织部门要加强考察，要进一步了解，确实不行就拿掉。但不能简单地只要看到有51％的人不同意就拿掉。当然这一情况要引起上级领导部门的高度重视。51％的人不同意，就不提拔，这个没问题。但不能认为51％的不满意，这个人就一定是个坏人。有可能是他坚持原则，他的做法一时不被人家所理解和认可，但提拔时要慎重，这么多人不满意，你急急忙忙地提拔他了，他也很难开展工作。组织上认可了，群众不认可，这样的领导干部在群众那里是不认账的，要缓用。如果真是好领导，经过一段时间调查，缓一年半年，再给群众做点说服解释和沟通工作，等大家认识统一了，然后再使用也不迟。毛病不少，在群众中没有威信的干部，如果多数人不满意，就要加强考核。确实认为群众有道理的，就坚决拿下。这样有利于干部能上能下。总之，我们现在提出要做的工作，不是单纯从工会组织本身的角度提出的。我们的工会是党领导的工会，我们一切工作的出发点都是以全党的利益为重，工会没有什么自身利益。我们的工会必然会得到各级党政的重视，要坚信这一点。

正因为我们是适应社会主义市场经济需要而提出工会工作总体思路，突出工会的维护职能的，我们的工作已经超越了过去工会工作的范畴。过去的工会，就像有些职工所说的，只是发发电影票,管管俱乐部、疗休养工作等,这些工作做好了,当然也有意义,但这些工作,不是说除了工会就没人代替。我们现在的工作是从全局的需要出发,从全局着眼,我们好多工作都是跟党的工作、当前党和国家的总体工作紧密联系的。因此,工会工作干好干坏已经不是俱乐部管好管坏、电影票发得是否公平的问题了。我们的工作如果有了点问题,党委就要着急,政府就要着急。如果我们维护搞不好,如果我们思想有片面性,单纯强调维护职工的具体利益,不能从全局出发来提出要求,那么就真是添乱了。国有企业那么多困难,怎么正确处理,如果我们不搞好送温暖,如果我们处理职工利益和国家利益、整体利益关系不当,就会影响全局。这个不仅仅是我们工会内部的问题。我们推进民主评议企业领导干部的工作,如果不很好地进行调查,不很好地掌握政策,这个民主评议的工作就不是工会自身选工会小组长那样简单的事情了。不光是企业领导关心,市委、市政府也都关心。我们大量的工作都是跟全局有关的,都是围绕党的中心工作展开的。我们讲工会要服务全局,要围绕党的中心工作和全局,应该说,我们现在的工作做得离这个目标越来越接近了,但还不够。做好了,我们工会工作就会更好地服务全局;反过来,如果工作做得不好,也会影响大局。这就提出了一个新的问题,怎么样提高工会干部的素质,怎么样不断地改革、改进工会工作的体制与机制,改进我们的工作方法和作风。这一点比过去更重要了,关系更大了。在这样的情况下,一方面我们要积极地工作,另一方面,确实要加强工会的自身建设,加强工会自身的改革，不断提高工会干部的素质，来适应工会面临的新形势新任务的需要。

维护职工合法权益是工会的基本职责*

（1997年11月21日）

我在丁华同志汇报的基础上，作一点补充。

我国在改革开放和发展社会主义市场经济的情况下，劳动关系发生了很大变化。在这种情况下，如何依法维护职工的合法权益，是一个突出的问题。因此，按照《中华人民共和国劳动法》、《中华人民共和国工会法》，工会在履行各项社会职能时，进一步突出维护职能，把维护作为工会的基本职责，通过突出维护来带动各项工作的开展。这种维护，是维护全国人民总体利益与维护职工具体利益的统一，维护职工经济利益与维护职工政治地位、民主权利相结合。我们维护的着眼点是保护、调动职工的积极性，并通过合理化建议、劳动竞赛等，把职工的积极性引导到发展生产上来，实现现代化建设的目标，也就是党的目标。

国际自由工联攻击我们的工会是官办工会。敌对势力现在在香港，要成立什么工会来代表工人的利益。

---

* 1997年9月尉健行同志当选中共第十五届中央政治局常委、中央书记处书记、中央纪律检查委员会书记。1998年10月当选中华全国总工会第十三届执委会主席。这是他在中央书记处听取全总工作汇报时的讲话。

我们就是要突出维护。这几年，工会做了一些工作，还要继续做好。第一，明年维护职工合法权益，很重要的是通过职工代表大会民主评议、民主测评企业领导干部。对此，党中央提出了明确的要求，支持职工通过职工代表大会民主评议、民主监督企业领导干部。明年，要在两个问题上进一步做到：一是凡涉及职工切身利益的重大问题，要向职代会报告，让职工参与，并在职代会上通过；二是每年一次职代会民主评议企业领导干部的廉洁自律情况，接受职代会监督。要在职代会上报告业务招待费、廉政建设等情况。中纪委、中组部、国家经贸委、全国总工会要共同配合，做好这项工作。包括企业新产品开发、重大改革方案也要向职工代表大会报告，当然也不要求面面俱到。但上面这两点是必须在职代会上报告的，以接受职代会的民主评议和监督。第二，维护职工的经济利益，要通过平等协商和签订集体合同。这几年做了一些工作，今后还要做。明年要扩大到围绕党的经济工作方针对我们的要求，协助政府做好解困和再就业工作。

在贯彻全心全意依靠工人阶级方针上，不仅要抓工作，还要解决观念上的问题。对职工来讲，要看到随着企业改革深化、技术进步和经济结构调整，人员分流和职工下岗是难以避免的。不能简单地与 50 年代相比。工会的责任就是配合党政做好工作，不能用一种简单的观念来看待这个问题。另外也要强调，不能认为发展社会主义市场经济，什么工会、什么职代会都可以不要了，有一种论调是“新三会”代替“老三会”。在改革过程中，全心全意依靠工人阶级办企业要坚持，职代会要坚持，但内容也要充实。随着企业改革的深化，工会组织必须建立健全。这些方面都要做工作，包括一些企业的党政领导。

深入学习贯彻党的十五大精神*

(1997年12月8日)

我们这次执委会议的主要任务是，认真学习贯彻党的十五大精神，总结1997年的工会工作，研究确定1998年的工作任务，努力把工会工作提高到一个新水平，在党和国家的全局中更好地发挥工会组织的作用。

党中央对这次会议十分重视。会前，中央书记处认真听取了我们的工作汇报，对工会工作作了重要指示。执委会议期间，胡锦涛同志代表党中央到会作了重要讲话，充分肯定了工会一年来的工作，就工会组织如何学习贯彻党的十五大精神，进一步提高工作水平，团结和动员全国亿万职工，把建设有中国特色社会主义伟大事业全面推向21世纪，提出了明确要求。我们要认真学习领会，努力贯彻落实。

党的十五大是我们党历史上具有重大意义的盛会。高举邓小平理论的伟大旗帜是这次大会的灵魂。江泽民同志在会上所作的报告，总结过去，筹划未来，对我国改革开放和社会主义现代化建设跨世纪发展作出了全面部署，是我们党带领全国各族人民迈向新世纪的政治宣言和行动纲领。这个政治

---

* 这是尉健行同志在全总十二届五次执委会议上的讲话。

宣言和行动纲领，符合工人阶级的根本利益，为我国工人运动和工会工作指明了方向。实现十五大提出的伟大任务，是工人阶级和工会组织义不容辞的责任。学习贯彻党的十五大精神，把广大工会干部的思想统一到十五大精神上来，把全国各族职工的力量凝聚到实现十五大确定的各项任务上来，是摆在各级工会组织面前的头等大事。要教育、引导广大职工全面正确地理解十五大精神，自觉行动起来，在实现党的跨世纪宏伟目标的进程中，充分发挥工人阶级的主动性和创造精神，肩负起神圣的历史使命。

学习贯彻十五大精神，最根本的是要高举邓小平理论的伟大旗帜，学好江泽民同志的报告，全面完整准确地领会其精神实质，牢牢把握十五大的主题，充分认识和理解邓小平理论的历史地位、指导作用，充分认识和理解社会主义初级阶段的基本国情，充分认识和理解党的基本纲领的内容、要求和目标。我们要学习理解十五大报告中的新观点、新提法，同时要学习掌握十五大报告中阐述的、多年来一贯坚持的基本观点、基本提法。全局性至关重要。只有全面学习理解和掌握十五大精神，做到全局在胸，才能更好地明确工会工作的方向。同时，要紧密结合工会工作实际，认真把握十五大对我们提出的要求。比如，十五大进一步确立邓小平理论在我们党的指导地位，邓小平理论既是党的行动指南，也是工会工作的行动指南，那么，在我们的实际工作中如何体现，特别是如何用邓小平同志关于工人阶级和工会的一系列重要论述，指导和推进我们的工作。又比如，十五大重申我国处于社会主义初级阶段，工会组织如何从社会主义初级阶段这一基本国情出发，认识和开展各项工作，研究和处理各种矛盾。再比如，十五大制定的党在社会主义初级阶段的基本纲领，对工会组织带来了哪些新情况，提出了哪些新要求。我们必须深刻领会，党的经济纲领提出调整和完善所有制结构，公有制实现形式可以而且应当多样化；股份制是现代企业的一种资本组织形式，资本主义可以用，社会主义也可以用；股份合作制经济是改革中出现的新生事物，劳动者的劳动联合和劳动者的资本联合为主的集体经济，尤其要提倡和鼓励；着眼于搞好整个国有经济，抓好大的，放活小的，对国有企业实行战略性改组；实行鼓励兼并、规范破产，形成企业优胜劣汰的竞争机制；把按劳分配和按生产要素分配结合起来，允许和鼓励资本、技术等生产要素参与收益分配等，将使经济关系、劳动关系进一步发生深刻变化，工会参与建立稳定协调的劳动关系、维护职工合法权益的任务更加突出。党的政治纲领提出继续推进政治体制改革，进一步扩大社会主义民主，健全社会主义法制，依法治国，建设社会主义法治国家；社会主义民主的本质是人民当家作主；工会等群众团体要在管理国家和社会事务中发挥民主参与和民主监督作用，成为党联系广大人民群众的桥梁和纽带；扩大基层民主，坚持和完善以职工代表大会为基本形式的企事业民主管理制度，组织职工参与改革和管理，维护职工合法权益；把党内监督、法律监督、群众监督结合起来，发挥舆论监督的作用，加强对领导干部的监督等，将推动工会工作进一步走上法制化的轨道，使工会在维护职工经济利益的同时，维护职工政治地位和民主权利的任务更加艰巨。党的文化纲领提出培育一代又一代有理想、有道德、有文化、有纪律的公民，在全社会形成共同理想和精神支柱；深入持久地开展以为人民服务为核心、集体主义为原则的社会主义道德教育，加强民主法制教育和纪律教育；大力弘扬爱国主义、集体主义、社会主义和艰苦创业精神；深入持久地开展群众性精神文明创建活动，大力倡导社会公德、职业道德和家庭美德；认真贯彻党的知识分子政策，充分发挥知识分子的积极性和创造性等，将使工会肩负培育“四有”职工队伍，提高广大职工的思想道德和科学文化技术素质，推动社会主义精神文明建设不断发展的任务更加繁重。我们只有在认真学习领会好十五大精神的基础上，深入研究这些新情况、新要求，才能进一步做好工会工作，在全局中更好地发挥作用。

全总十二届二次执委会议以邓小平理论和党的基本路线为指导，提出了工会工作的总体思路。几年来，各级工会认真贯彻总体思路，取得了很大的成绩。实践充分证明，这个总体思路符合邓小平理论的要求，符合党的十五大精神，符合社会主义初级阶段的基本国情，符合广大职工的意愿，符合工会工作的实际，是工会从自身性质、职能和优势出发服务大局的总要求。事物总是不断发展的。十五大的召开，带来全党、全国各族人民第三次思想解放，我国的改革开放和社会主义现代化建设进入了一个新的发展阶段。我们的认识和工作不能停留在原有的水平上，必须研究新情况，适应新任务，按照十五大精神，坚持和发展工会工作总体思路。这就要既注意工作的连续性，更要以十五大精神为指导，认真回顾总结几年来走过的路程，用改革和发展的眼光看待工会工作总体思路，在继续深入贯彻的同时，积极研究和不断充实新的内容。特别是要研究在推进改革开放和社会主义现代化建设的进程中，如何进一步发挥工会在管理国家和社会事务中的民主参与和民主监督作用，更好地通过立法和政策参与实现对职工利益的源头维护；如何进一步依法规范深刻变化的劳动关系，更好地通过平等协商、签订集体合同和职代会民主评议、民主监督企业领导干部，维护职工的经济利益和政治地位；如何进一步从工会自身的优势和条件出发，更好地实施送温暖工程、帮助下岗职工再就业、兴办职工消费合作社等，努力为职工群众办实事，把坚持与发展、继承与创新统一起来。

面对十五大提出的新任务，这次执委会议研究确定的1998年工会工作的指导思想是：高举邓小平理论伟大旗帜，深入学习贯彻党的十五大精神，紧紧围绕改革、发展、稳定的大局，进一步落实全心全意依靠工人阶级的方针，坚持和发展工会工作总体思路，团结动员全国各族职工，同心同德，艰苦奋斗，积极推进两个根本性转变和国有企业改革，为把建设有中国特色社会主义事业全面推向21世纪而建功立业。贯彻这一指导思想，最重要的是毫不动摇地高举邓小平理论的伟大旗帜，坚定不移地贯彻党的十五大精神，旗帜鲜明地落实全心全意依靠工人阶级的方针，一以贯之地坚持和发展工会工作总体思路，创造性地做好各项工会工作，在全局中更好地发挥工会组织的作用。

从这样一个指导思想出发，结合会议讨论的情况，我再着重强调几个问题。

第一，全心全意依靠职工群众，推动国有企业改革和发展

江泽民同志在十五大报告中强调指出："国有企业是我国国民经济的支柱。搞好国有企业改革，对建立社会主义市场经济体制和巩固社会主义制度，具有极为重要的意义。"[①]继续贯彻稳中求进的经济工作方针，确保国有企业改革取得突破性进展，是明年经济工作的大局。对此，各级工会必须有强烈的使命感，切实将其纳为工作重点，努力尽到工会的责任。要坚决支持党中央和国务院采取的突破国有企业改革、改善国有企业经营状况的一系列措施，包括在国有大中型企业中推进现代企业制度，重在转变机制；实施鼓励兼并、规范破产、下岗分流、减员增效和再就业工程；推进国有企业战略性改组，在一些重要行业和关键领域组建一大批企业集团；坚持"三改一加强"[②]的方针，形成新产品和新技术开发机制；采用多种形式充实企业资本金；理顺价格关系，切实减轻企业负担，坚决制止对企业乱集资、乱收费、乱摊派；推进配套改革，加快建立社会保障体系；加强企业领导班子建设，提高企业领导者素质等，用三年时间，使大多数国有亏损企业摆脱困境，大多数国有大中型骨干企业初步建立起现代企业制度。突破国有企业改革，是贯彻十五大精神的重要部署。明年是实现三年目标的关键一年。国有企业改革是一个探索的过程，是

① 《江泽民文选》第二卷第21页，人民出版社2006年8月第1版。

② "三改一加强"，是指国有企业的改组、改革、改造和加强管理。

一项政策性很强的工作。一方面要树立信心，知难而上，积极推进；另一方面要从实际出发，尊重经济规律，尊重群众意愿，防止“刮风”。

搞好国有企业改革，是全党的任务，也是广大职工和工会组织的任务。各级工会必须从工会的性质和特点出发，旗帜鲜明地支持、推进改革，旗帜鲜明地依法维护职工的合法权益，并把两者很好地结合与统一起来。要教育和引导职工深刻认识改革的必要性、重要性，坚定信心，转变观念，不断增强改革意识和大局观念，以主人翁的态度为国有企业的改革和发展献计出力。突破国有企业改革，必须充分发挥我国的政治优势，更加需要全心全意依靠工人阶级。国有企业的重大改革政策和措施，都是对经济关系和劳动关系的重大调整，都涉及广大职工的切身利益。国有企业的重大改革必须发动职工参与，方案必须提交职代会讨论。有的企业破产了、被兼并了、拍卖了，在这个过程中，既不让职工参与，也不提交职代会讨论，而是少数人甚至个别人说了算，不仅极大地挫伤了职工的积极性，而且由此引发了不安定因素。这种情况必须坚决纠正。深化国有企业改革，是工人阶级自己的伟大事业，必须牢固树立依靠职工群众推进国有企业改革的思想，尊重职工的意愿和首创精神，得到大多数职工的理解和支持。我们只有认真落实江泽民同志提出的政治上保证、制度上落实、素质上提高、权益上维护等四个方面的要求，推动企业切实做到“六个必须”，把党的依靠工人阶级的方针贯穿和体现于企业改革和发展的全过程，国有企业的改革才能真正搞好。

第二，重视劳动关系的调整，进一步突出工会的维护职能

江泽民同志在十五大报告中深刻指出："随着改革开放的深入和经济关系的调整，经济和社会生活中的各种矛盾，出现了不少新情况和新变化，其中一些涉及群众切身利益的矛盾比较突出。"[①]这在客观上必然要求工会进一步突出维护职能，更加重视劳动关系的问题，进一步加大参与调整的工作力度。我们要自觉地做到：坚持劳动关系的调整为改革、发展、稳定的大局服务；坚持劳动关系的调整有利于保护、调动和发挥职工群众的积极性、创造性；坚持劳动关系的调整着力强化源头参与和从宏观上维护职工利益；坚持劳动关系的调整依法进行；坚持劳动关系的调整既要维护职工的经济利益又要维护职工的民主权利；坚持劳动关系的调整与直接为职工群众办实事相结合。

调整企业劳动关系最重要的手段和机制，就是依法建立健全平等协商和签订集体合同制度。这不是权宜之计，而是工会一项长期性、基础性的重点工作。改革步伐越快、力度越加大，依法建立平等协商和签订集体合同制度的步伐必须随之加快，工作力度也必须随之加大。当前，要认真总结经验，针对存在的问题，提出继续推进的措施。企业改革过程中有关职工切身利益问题涉及到哪里，平等协商和集体合同的内容就应该相应扩大到哪里，并适时增加新的内容。对这一工作，要在继续抓好进度，扩大集体合同覆盖面的同时，突出抓

---

① 《江泽民文选》第二卷第 32 页，人民出版社 2006 年 8 月第 1 版。

好集体合同的质量、集体合同的履行和检查监督，重在建立协商机制和工作格局，发挥其应有的作用。要继续把握好签订集体合同的“六个环节”，在抓好集体合同兑现上狠下功夫，依法认真处理集体合同违约问题。集体合同的履行情况必须向职工代表大会报告，并认真研究解决履行中遇到的各种问题。积极探索新建企业和小型企业比较集中的地区或行业，实行区域性、行业性平等协商和签订集体合同的做法。需要强调的是，越是亏损企业和困难企业，越需要重视发挥平等协商和签订集体合同对劳动关系的调整作用。有的可以通过签订单项集体合同等形式，逐步规范劳动关系，发动和依靠职工推动企业摆脱困境。要十分重视平等协商和签订集体合同对职业安全卫生工作的规范、调整和监督作用，保护职工的生命安全。当前，劳动保护和安全生产方面的问题较多，重大伤亡事故时有发生，有的已经到了令人不能容忍的程度。对此，必须予以高度重视，采取坚决有效的措施加以遏制。

调整劳动关系，维护职工合法权益，当前要特别重视职工下岗和一些职工的生活困难问题。要妥善处理改革力度、发展速度和职工群众可以承受程度三者之间的关系，及时化解各种矛盾，排除社会不稳定因素。近年来，下岗职工增加，已经成为经济社会生活中需要特别重视的问题。各级工会要同党政和社会各方面一起，把解决下岗职工再就业和生活困难作为一件关系改革、发展和稳定的全局性大事来抓。要从坚持党的全心全意为人民服务宗旨的高度，来认识做好下岗职工工作的重要性；采取积极措施，保证下岗职工在再就业前的基本生活，推动下岗职工再就业；切实解决城市贫困人口的生活困难，推动所有地级以上城市明年都建立起最低生活保障制度；尽快建立统一的企业职工基本养老保险制度；加强职工的职业培训和技术教育，提高再就业技能；广开就业门路，扩大就业规模，帮助职工转变就业观念，积极开展各种生产自救活动。同时，也要推动一些部门和单位改变用工观念，在就业行政和招工办法上为下岗职工再就业创造条件。各级工会干部一定要深入到职工特别是下岗和困难职工中去，关心他们的疾苦，倾听他们的呼声，发现问题及时反映，积极协助党委、行政努力把问题解决在基层，矛盾化解在萌芽状态。要以高度的责任心和深厚的感情，倍加关心特困职工的生活，采取具体有效措施，既不能让这些职工挨饿受冻，更不能让有的特困职工因生活过不下去而发生意外。要大力实施送温暖工程，进一步建立健全特困职工档案、送温暖工程基金、领导干部联系困难户等制度，推动送温暖工程与再就业工程相结合，实现经常化、制度化、社会化。要着力建设工作网络，形成有效机制，充实工作内容，努力为职工群众多办实事，用我们的实际行动为党分忧，为职工群众解难。

第三，实行依法治会，推动工会工作走上法制化的轨道

江泽民同志在十五大报告中指出："进一步扩大社会主义民主，健全社会主义法制，依法治国，建设社会主义法治国家。"①这是我们党领导人民治理国家的基本方略。国家依法

---

① 《江泽民文选》第二卷第28页，人民出版社2006年8月第1版。

治国，工会也必须依法治会。依法治会是工会工作蓬勃发展的必由之路。事实上，工会工作总体思路强调以贯彻实施《中华人民共和国劳动法》为契机和突破口，本身就是在努力推动工会工作走上法制化的轨道。依法治会的内涵主要包括依法开展维护职工和工会权益的工作与依法规范工会自身行为两个基本方面。

实行依法治会，首先要积极参与涉及职工和工会权益的各种立法活动，把搞好立法参与、政策参与作为一项长期性、根本性的重要工作来抓，努力做好源头参与和宏观维护工作。当前，要与各级人大、政府及有关方面密切合作，推动包括《集体合同法》、《中华人民共和国工会法》在内的有关劳动立法及修订进程，逐步建立完备的社会主义劳动法律体系。在推动立法进程的同时，要与人大、政协和政府有关部门一起，进一步加强对《劳动法》、《工会法》等涉及职工利益问题的法律法规的经常性执法监督检查，做到有法必依、违法必究，发现问题及时纠正，维护法律的权威。要进一步组织职工群众开展群众性执法监督，逐步建立和完善群众性执法监督机制。要依法处理好与政府、企业行政等各个方面的关系，切实把工会工作纳入法制化的轨道。

实行依法治会，从工会自身来讲，就是要知法、用法，依法办事。广大工会干部特别是领导干部，要树立依法办事观念，带头学法，模范地执行宪法和法律，自觉接受法律监督、群众监督和工会经审的监督，推动廉政勤政建设。同时要协助党政搞好普法教育，帮助广大职工提高法律意识和法律知识水平，学会运用法律武器来保护自身利益，规范自身行为。

依法建立健全职工代表大会制度，按期召开职代会，认真行使法律赋予的权利，是当前工会依法开展工作的一个重要内容。明年要切实做到两点：一是凡与职工切身利益直接有关的劳动用工、工资分配、保险福利、劳动保护等重大问题，企业必须向职代会报告，提交职代会讨论、通过或决定；二是坚持职代会每年一次对企业领导干部进行民主评议、民主测评，领导干部必须就个人廉洁自律情况和企业业务招待费使用情况等向职代会报告，并接受职工群众监督。

第四，提高职工素质，建设跨世纪的“四有”职工队伍

实施科教兴国战略和可持续发展战略，着力提高全民族的思想道德素质和科学文化素质，使经济建设真正转到依靠科技进步和提高劳动者素质的轨道上来，为经济发展和社会全面进步提供强大的精神动力和智力支持，培育适应社会主义现代化要求的一代又一代有理想、有道德、有文化、有纪律的公民，是党的十五大对全党全国人民提出的重要而紧迫的任务，也是对广大职工和工会组织提出的重要而现实的要求。我国现代化建设的进程，在很大程度上取决于国民素质的提高和人才资源的开发。工会组织在建设跨世纪的“四有”职工队伍的历史进程中，负有重要责任。

建设“四有”职工队伍，首先要坚持用邓小平理论武装广大职工。在进行教育的过程中，要把解决职工的思想问题与实际问题结合起来，针对深化改革中出现的新情况、新问题，有的放矢地开展教育工作，积极引导职工正确处理国家、集体、个人三者利益及眼前利益与长远利益、局部利益与整体利益的关系，用"三个有利于"作为根本标准判断是非得失，正确认识和处理改革中出现的各种矛盾。当前，更加需要在广大职工中大力弘扬爱国主义、集体主义、社会主义和艰苦创业精神，以职业道德建设为重点，与社会公德和家庭美德教育相结合，帮助和引导广大职工树立"爱岗敬业、诚实守信、办事公道、服务群众、奉献社会"的良好职业风尚，从我做起，从本职岗位做起，大力树立行业新风，坚决纠正行业不正之风。知识分子在实施科教兴国战略中担负着重要责任，要为他们施展才华、发挥作用创造条件。要充分发挥工会的教育阵地和教育队伍的优势，组织和吸引在职或离退休的知识分子与技术骨干，到工会各种教育阵地中来从事培训工作，发挥骨干作用，帮助下岗职工提高科学文化技术素质，增强择业能力。同时，配合行政搞好在职职工的岗位培训，不断提高职工的职业技能。要采用各种形式搞好群众自我教育，充分发挥工会积极分子的作用，吸引更多的职工群众参加各种教育活动，增强活动的吸引力、凝聚力。大力宣传先进模范人物的事迹和崇高思想，选树典型，推广经验，完善奖励、保护先进模范人物的措施，用工人阶级的先进思想和模范事迹影响与带动全社会。

第五，适应形势任务要求，努力推进工会改革

完成党的十五大赋予工会的历史任务，更好地发挥工会组织的作用，必须加快推进工会改革步伐，使工会的组织体制、运行机制、活动方式和工会干部的思想观念、自身素质、工作作风等更好地适应新的形势任务的要求。

推进工会改革，必须首先树立改革的思想观念。认真研究我们的思想观念有哪些与变化了的客观实际不相适应的地方，从而进一步解放思想，更新观念。特别应该注意，不能用计划经济条件下形成的某些过时了的观念去看待和处理发展社会主义市场经济过程中出现的新情况新问题。

推进工会改革，必须研究组织体制问题。目前，不少地方的工会组织作了有益的探索。比如，按照进一步突出维护职能的要求，积极探索新的工作体系，形成集中力量抓重点工作的工作格局；调整工会机关部门设置和分工，加强产业工会力量；大胆探索新建企业的工会领导体制，建立健全工会组织网络，成立外商投资企业、乡镇企业、私营企业工会联合会等，都是在推进工会改革方面作出的可贵而有益探索。辽宁省葫芦岛市总工会面对新的形势任务，从自身实际出发，以改革的精神和勇气，在城市工会工作格局上大胆创新，产生了很好的效果。葫芦岛总工会的领导同志能够针对形势变化，一方面积极实践探索，一方面认真思考，他们那种创新的精神，值得我们学习。具体做法不强调大家一律照搬，但这种探索的精神，认真思考的精神，创新的精神，值得各级工会包括我们全国总工会认真地学习，用这样的精神去研究和处理新情况新问题。葫芦岛的经验，我看不是孤立的工会工作经验，当然工会做了很大的努力，但仅靠工会孤军作战，也创造不了葫芦岛经验。葫芦岛党政领导的重视、支持是很重要的一个方面。如果市委的主要领导同志、市委班子的认识不提高，对工会工作不统一到一个较高的水平上，工会工作也搞不好。同时，葫芦岛市能搞到这样，辽宁省委在工会问题的认识上不提高，不统一到一个较高的水平上，葫芦岛市也很难孤军作战。所以，从一定意义上讲，葫芦岛市工会工作的经验是个综合型的经验。不仅仅是一个葫芦岛市工会的经验，而是葫芦岛市党政工的共同经验；不仅仅是一个葫芦岛的经验，而是辽宁省的总体工作在葫芦岛市的反映。当然，葫芦岛市的工作本身要给予充分肯定。所以，我们学习葫芦岛市的经验，不强调学习他们的这个体制、那种做法，这些都要从实际出发。我感到要学习他们那种适应劳动关系深刻变化的新形势，不断地去探索总结经验、摸索一条新的路子的精神。各地工会要从实际出发，学习、借鉴他们的经验，特别是要学习他们主动适应劳动关系变化的新形势，积极进取、敢于创新的精神。实践充分说明，推进工会改革不仅是十分必要的，也是可行的。我们必须进一步加强调查研究，认真探索工会领导机关怎样适应新形势任务的要求，更好地坚持和发展工会工作总体思路，把工会工作的重点切实放到基层。重视企业改制、改组后组织结构发生的变化，探索工会的组织领导形式；针对抓好大企业集团和放开搞活国有小企业后出现的新情况，及时建立健全工会组织，不断加强集团企业的工会组织和小企业工会联合会的建设；在继续加快新建企业工会组建步伐的同时，进一步探索和形成新建企业工会领导体制，指导和帮助新建工会开展工作；加强市县工会和国家机关工会建设等。这些都是我们自身改革和建设面临的艰巨任务。为此，我们要继续作出不懈努力，把工会建设成为职工信赖的“职工之家”。

推进工会改革，必须在工作方法和活动方式上不断改进，不能简单地搬用计划经济条件下形成的某些方式方法，去解决发展社会主义市场经济过程中遇到的新问题。广大工会干部特别是领导干部，要善于学习，勤于思考，勇于实践，敢于处理各种涉及职工切身利益的棘手问题，在实践中不断提高自己的理论政策水平和解决实际问题的能力。要深入基层、深入群众，了解和反映职工的意愿和要求，真正做到想职工所想，急职工所急，帮职工所难。各级工会领导机关都要把主要精力用于调查研究，对上搞好参政议政，对下搞好指导服务，善于用典型示范去打开工作局面，改变单一的开会、评选等工作方式。

认真起草和修改好工会十三大报告*

（1998年5月19日）

工会十三大报告第三稿我看了，觉得写得不错。对第一部分，总体思路的评价要平一点。现在只是探索社会主义工会工作新路子，还不能说已有新路子。它与工会十二大的关系是坚持和发展，这么提可以。“进一步揭示了社会主义初级阶段工会组织存在的客观依据”，这句话本来是自己的话，工会不搞维护就没有存在的必要，但要说揭示了初级阶段工会存在的客观依据就讲满了。还有“明确了社会主义市场经济条件下工会工作的指导思想和基本任务”，这个提法也高了。因为社会主义市场经济是不完善的、不健全的，本身也在探索发展之中，社会主义市场经济条件下工会工作的指导思想和基本任务还不到说已经明确了的时候。所以我认为“客观依据”、“指导思想和基本任务”这些提法高了，说得太满了。最多可以讲是坚持了工会十二大，在坚持中有所发展，是对新路子的探索。这是第一个意见。

第二个意见，这个报告出现总体思路，工会内部还比较清楚，但写得比较简单了，应把第三部分描述总体思路基本内容

* 这是尉健行同志在全总十二届二十八次主席办公会议讨论工会十三大报告稿时讲话的要点。

的话在这里表述一下，因为这个报告不光是让工会干部看的，党政干部也要看。如果不讲全，党政干部就不了解，把后面一段谈总体思路的内容移过来，包括讲维护的实质，坚持两个维护的统一，是在维护经济利益的同时维护政治权利，维护的着眼点不是为维护而维护，而是保护和调动职工的积极性，更好地完成党和政府提出的各项任务，然后再加一句，我们突出维护同时还要履行其他职能，等等。这里的表述应完整，而且对总体思路的评价应平一点。

对邓小平关于工人阶级和工会理论的概括很好，完整、深刻，这是我们工会的职责。昨天中央书记处讨论共青团的报告。邓小平同志对这方面的论述不多，但关于工人阶级和工会的理论相当丰富、相当完整，很有必要整理出来，整理得也很好。

第三部分，坚持和发展工会工作总体思路，这个题目我看值得研究。这一部分实际上是对今后工会工作提的方向。从这个意义上讲，工会工作的发展方向，应该是邓小平理论、党的十五大精神，坚持社会主义初级阶段的基本纲领，不是总体思路。不要把总体思路提得那么高。里面的写法还是比较好的，论述了当前工会工作面临的形势和矛盾，但不要讲用总体思路来指导。里面可以讲到总体思路，用邓小平理论、党的十五大精神来进一步充实总体思路内容，进一步发展。这个标题要改。总的是坚持邓小平理论，贯彻党的十五大精神，可以讲到总体思路，总体思路要贯彻邓小平理论、党的十五大精神，在新的形势下进一步充实、发展。不能倒过来写，以总体思路作为今后工会工作的依据。

第三部分是讲指导思想，讲总的，是单作为一个问题还是作为第二部分的开场白，再分一、二、三、四，这个问题你们可以研究。因为第三部分不是一个单独的问题。第一部分历史回顾、5年总结可以作为一部分，邓小平理论作为第二部分，把第三部分作为任务的一部分，讲了指导思想后再讲具体任务。我还没有想好。其他部分当然还可以研究，但这些题目、主要内容我是同意的。

总的我认为报告写得不错。大家讨论以后再修改，可发下去广泛征求意见，因为时间很短了。还有，送给工会老同志广泛征求意见。在大会前一个月，要向中央书记处作一报告。

有一些具体问题，就是领导班子建设问题，我看可以把这句话放进去，就是在工业比较集中的地方工会主席进班子的问题，可以写进去。北京、四川都进了常委，要广泛宣传。这个问题的要害是开大会前按进班子的标准把候选人提出来，然后在大会上按照标准选好。

站在跨世纪的高度总结过去开创未来*

（1998 年 9 月 6 日）

这次执委会议，认真传达和学习了中央书记处对工会工作的重要指示，讨论通过了提交中国工会第十三次全国代表大会审议的工作报告等重要文件和有关组织人事事项。会议完成了预定的各项任务，为工会十三大的如期召开进一步作了准备。

一

即将召开的中国工会第十三次全国代表大会，是高举邓小平理论伟大旗帜，深入贯彻党的十五大精神，团结动员全国各族职工，为实现我国跨世纪宏伟目标而努力奋斗的一次历史性盛会，是我国各族职工和工会干部政治生活中一件大事，意义重大，影响深远。党中央对开好这次大会非常关心和重视。不久前，中央书记处专门听取了工会十三大筹备工作的汇报，并作了重要指示。

中央书记处充分肯定了工会工作 5 年来取得的成绩，对各级工会组织和广大工会干部的辛勤工作给予了高度评价，

* 这是尉健行同志在全总十二届六次执委会议上的讲话。

并就工会组织高举邓小平理论伟大旗帜，全面贯彻党的十五大精神，团结和动员全国亿万职工，把建设有中国特色社会主义伟大事业全面推向21世纪，提出了明确要求，为我们开好工会十三大和做好工会工作进一步指明了方向。各级工会组织要认真学习，深刻领会，努力贯彻落实。

胡锦涛同志要求我们，加强领导、精心组织、团结一致、扎实工作，把工会十三大开成一个团结、鼓劲、开拓进取的大会。我们要按照中央的要求，把筹备和召开工会十三大的过程，作为深入学习邓小平理论，全面贯彻党的十五大精神，认真落实中央对工会工作的要求，进一步统一思想、振奋精神、开拓进取，努力提高工会工作水平的过程。无论是开好这次代表大会还是做好各项工会工作，领导都是关键。从全总书记处到主席团和执委会，都要切实加强领导，把思想统一到中央的要求上来，集中大家的智慧和力量，把工作报告等文件讨论好、修改好，把大会的各项组织人事工作做深、做细，把各项会务和宣传等工作做实、做好，大家共同努力，真正把这次代表大会开成一个团结鼓劲、开拓进取、圆满胜利的大会。

二

正如中央书记处充分肯定的那样，中国工会第十二次全国代表大会以来的5年间，各级工会认真贯彻党的十四大、十五大精神，按照工会十二大确定的方针任务，坚持和发展工会工作总体思路，围绕大局，开拓创新，各方面的工作都取得了可喜的进展，在推进改革、促进发展、维护稳定中发挥了积极作用。

5年工会工作成绩的取得来自邓小平理论的指引。在全总十二届一次执委会议上，我们集中研究了工会领导干部如何学习运用邓小平理论指导工会工作的问题。大家一致认为，江泽民同志提出，领导班子和领导干部，不论工作多忙，一定要挤出必要的时间学习建设有中国特色社会主义的理论，而且应当学得更深透更系统一些，领会得更准确更全面一些，用以指导自己的行动更自觉一些，运用这一理论研究新情况、解决新问题的水平更高一些。这一要求非常重要。我们这个领导集体特别是全总领导班子成员，能否用邓小平理论和党的基本路线统揽全局，指导和推动各项工会工作，将对整个工人运动和工会工作产生重大影响。5年间，在全总召开的历次主席团、执委会议上，我们都反复强调要坚持用邓小平理论武装头脑和指导工作，把学习邓小平理论作为头等大事来安排，要求各级工会干部充分认识加强学习的重要性，努力掌握解放思想、实事求是这一理论的精髓，坚持理论联系实际，研究新情况，解决新问题，总结新经验，处理好局部和全局、继承和创新等关系，大胆地创造性地开展工作，积极探索有中国特色社会主义工会工作的新路子。实践充分说明，5年来工会工作取得的各项成绩，都是坚持不懈地学习和运用邓小平理论指导的结果。

5年工会工作成绩的取得来自党中央的正确领导。党的领导是工会工作的根本保证，这既是中国工会必须坚持的政治原则，又是有中国特色工会工作的政治优势。以江泽民同志为核心的党中央，高举邓小平理论伟大旗帜，坚持和发展邓小平关于工人阶级和工会的理论，高度重视工会工作，对工人阶级和工会工作作出了一系列极为重要的论述，对新形势下如何全心全意依靠工人阶级和做好工会工作提出了明确的要求。突出强调：我们党所领导的改革开放和社会主义现代化建设的全部活动与整个进程都必须全心全意依靠工人阶级；工人阶级在国家和社会的领导地位和主人翁地位永远不能变，离开工人阶级的积极性、创造性和主人翁责任感，一切都无从谈起；依靠工人阶级是我们党必须坚持的基本政治原则，任何时候都不能有丝毫的含糊和动摇；全心全意依靠工人阶级，就是要在政治上保证，制度上落实，素质上提高，权益上维护；要充分发挥工人阶级在现代化建设中的主动性、积极性、创造性和主力军作用；中国工会在党的领导下，为我国革命、建设和改革作出了重大贡献，肩负着职工群众合法权益代表者和维护者的神圣职责，成为党密切联系职工群众的桥梁和纽带；要积极探索有中国特色社会主义工会工作的新路子，开创工会工作新局面；各级党委要加强和改善对工会工作的领导，支持工会依照法律和自己的章程独立自主地开展工作，等等。党中央这一系列极为重要的指示，为工会工作的开展指明了方向。与此同时，各级党委把工会工作摆上重要议事日程，不断加强和改善对工会工作的领导，各级政府和行政尊重、支持工会工作，为工会工作的开展创造了良好的条件和环境。几年来工会工作的重大进展，就是各级工会在以江泽民同志为核心的党中央领导下，认真贯彻执行党中央对工会工作的重要指示精神，自觉接受党的领导和得到政府（行政）支持的结果。

5年工会工作成绩的取得来自我们自觉适应改革开放和现代化建设形势发展的需要。工会十二大以来的5年，正值我国改革开放步伐最快，经济和社会全面发展的5年。党的十四大向全党和全国各族人民，发出了加快改革开放和现代化建设步伐，夺取有中国特色社会主义事业更大胜利的伟大号召，提出了建立社会主义市场经济体制的重大任务。随后相继召开的党的十四届三中、四中、五中、六中全会，分别作出了关于建立社会主义市场经济体制若干问题的决定、关于加强党的建设几个重大问题的决定、关于制定国民经济和社会发展“九五”计划和2010年远景目标的建议、关于加强社会主义精神文明建设若干重要问题的决议等。党的十五大提出了高举邓小平理论伟大旗帜，把建设有中国特色社会主义事业全面推向21世纪的伟大任务。党中央这一系列重大举措，进一步加快了改革开放和现代化建设的步伐，极大地推动了我国社会主义物质文明和精神文明建设的发展。这种迅速发展的新形势新任务使工会工作面临难得的历史机遇，为工会创造性地开展工作提供了广阔舞台，同时也提出了新的更高的要求。在这个期间，国家立法工作得到进一步加强，特别是《中华人民共和国劳动法》的颁布实施，使工会作为职工利益代表者、维护者的身份更加鲜明、突出。这种新形势和新任务，特别是经济关系和劳动关系的深刻变化，客观上要求工会必须加大调整劳动关系的工作力度，更好地肩负起维护职工合法权益的神圣职责。工会工作总体思路，正是适应形势和大局的需要，并为形势和大局服务的产物。全心全意依靠职工搞好企业工作的深化，新建经济组织工会组建步伐的加快，平等协商和签订集体合同制度的建立，职代会民主评议和民主监督企业领导干部工作的加强，送温暖活动的开展和与再就业相结合，群众性精神文明创建活动的蓬勃发展等，都是形势的呼唤，客观的需要。几年来的实践充分证明，任何事物凡没有需要就不会有发展，没有党的十四大和十五大以来飞速发展的形势任务的呼唤，没有调整劳动关系的客观需要，就不会有5年来工会工作新的实践，当然也难以有新的发展和新的作为。这是几年来我们为什么反复强调要把工会工作放到大局中来认识和把握的重要原因。

5年工会工作成绩的取得来自广大工会干部的开拓创新和广大职工的积极参与。工会十二大以来的5年，是各级工会组织和广大工会干部解放思想，实事求是，抓住机遇，在改革、发展、稳定中发挥积极作用的5年；是立足全局，突出维护，开拓创新，重点工作取得突破性进展的5年；是团结协作，加强调研，求真务实，各项工作全面推进的5年；是不断探索，健全机制，强化自身，工会整体工作上新水平的5年。5年来，广大工会干部，尤其是工作在基层的同志，始终保持着良好的精神状态，知难而进，无私奉献，勇于拼搏，为工会工作的发展付出了艰辛的努力，作出了积极的贡献。正是由于有一支富有责任感、使命感和创造精神的工会干部队伍，工会工作才能有今天的局面，工会组织的吸引力和凝聚力才不断得以增强。广大职工特别是活跃在职工群众中的工会积极分子，把工会作为“职工之家”，把工会干部作为“职工之友”，积极参与和投身工会活动之中，使工会工作建立在深厚的群众基础之上，不断焕发出勃勃生机与活力。5 年的实践再次证明，只要我们各级工会干部始终保持一种良好的精神状态，深深扎根于基层和职工群众之中，认真履行职责，不断保持与职工群众的密切联系，工会在大局中就一定会有更大的作为。

三

以党的十五大为标志，我们进入了高举邓小平理论伟大旗帜，推动建设有中国特色社会主义事业跨世纪发展的关键时期。以建立社会主义市场经济体制为目标、以深化国有企业改革为重点的经济体制改革，已进入攻坚阶段。随着社会主义市场经济体制的建立，所有制结构的调整和完善，公有制实现形式的多样化和非公有制经济的发展，劳动就业结构将发生重大变化，劳动关系必将更加复杂；随着国有企业改革的深化，“抓好大的，放活小的”，对国有企业实行战略性改组，人员流动、职工转岗和重新组合不可避免；随着分配结构和分配方式的完善，在坚持以按劳分配为主体的同时，允许和鼓励资本、技术等生产要素参与收益分配，利益格局将发生新的变化，企业内部投资者、经营者和劳动者之间的利益主体关系也将更加清晰；随着市场机制作用的发挥，劳动力市场的形成和完善，企业的优胜劣汰和劳动就业的竞争将会更加激烈；随着工业化、现代化进程的加快，乡镇企业的不断发展和农民的进城务工，第一产业的劳动力向第二产业、第三产业大量转移，职工队伍将进一步发展壮大；随着社会主义民主政治建设的推进，依法治国基本方略的实施，职工参与管理国家和社会事务的力度将加大，基层企事业单位职工民主参与、民主管理和民主监督工作需要进一步强化；随着科教兴国战略的实施和知识经济的发展，我国经济发展进一步走上依靠科技进步和提高劳动者素质的轨道，对劳动者素质将提出更高的要求。所有这些，都使工会既面临难得的机遇又面临严峻的挑战，特别是巩固、调整、重建、新建工会组织，依法调整劳动关系、维护职工合法权益，加强职工队伍建设、提高职工素质、增强适应能力，以改革精神搞好工会自身建设等方面的任务更加繁重和艰巨，迫切要求广大工会干部特别是领导干部，面向未来，胸怀全局，加强学习，以崭新的精神风貌，抓住历史机遇，迎接时代挑战，肩负新的使命，开创新的局面。

要完成新的历史任务，最重要的是坚持用邓小平理论指导工人运动和工会工作。5 年来工会工作取得的成绩，最根本的是坚持用邓小平理论指导的结果，夺取未来工作的胜利，最根本的仍然是必须坚定不移地以邓小平理论为指导。在我们总结过去 5 年、规划未来 5 年工会工作的时候，再次突出强调这个问题有特别重要的意义。最近，中央发出了《关于在全党深入学习邓小平理论的通知》。这是党中央贯彻落实十五大精神作出的重大部署，是提高全党特别是各级领导干部素质的战略举措。江泽民同志在学习邓小平理论工作会议上发表的重要讲话，站在跨世纪发展的历史高度，高屋建瓴，总揽全局，对学习邓小平理论提出了新的要求。我们要按照党中央的部署和要求，充分认识学习邓小平理论的极端重要性，进一步增强紧迫感和自觉性，努力形成学习的新高潮。实现我国跨世纪的宏伟目标，最重要的就是高举邓小平理论伟大旗帜不动摇，坚持把这一理论作为我们观察世界、发展自己的强大思想武器，作为统揽全局、贯穿各项工作的灵魂。要全面正确地领会和掌握邓小平理论的科学体系与精神实质，紧紧抓住解放思想、实事求是这个精髓，正确认识社会发展规律，深刻理解中国现在处于并将长期处于社会主义初级阶段的科学论断，正确把握基本国情，毫不动摇地贯彻执行党的基本路线和基本纲领。学习邓小平理论，要同学习党的十五大报告紧密结合，把思想和行动统一到党的十五大精神上来，把全国职工的智慧和力量凝聚到实现党的十五大确定的任务上来，在对邓小平理论的科学认识上，在运用邓小平理论解决实际问题的能力上，在改造主观世界的自觉性上，都要有新的提高。要紧密结合工会工作实际，深入学习和运用邓小平关于工人阶级和工会的理论，深刻理解和把握要全心全意依靠工人阶级、工人阶级要为实现社会主义现代化作出优异贡献，工会要自觉接受党的领导、更好地代表和维护职工群众的合法权益这一理论的中心思想，以进一步指导工人运动和工会工作。学习邓小平关于工人阶级和工会的理论，要同学习以江泽民同志为核心的党的第三代领导集体的有关重要论述相结合，学以致用，认真研究新情况、解决新问题，进一步突出工会的维护职能，同时履行好其他社会职能，在服务大局中更好地发挥工会组织的作用。

要完成新的历史任务，必须全面深入地贯彻党的十五大精神。党的十五大已经制定了我国跨世纪的宏伟纲领，绘就了美好蓝图，指明了前进方向，对工会工作提出了新的更高的要求。因此，自觉地把工会工作放到全党全国工作的大局中去认识，紧紧围绕党的中心任务，坚定不移地推动党的全心全意依靠工人阶级方针的贯彻落实，着力保护、调动和发挥广大职工的主人翁积极性和创造性，为实现党的十五大提出的跨世纪宏伟目标而努力奋斗，是对今后5年工会工作的总要求。研究确定今后5年工会工作的指导方针，坚持和发展工会工作总体思路，必须从这样一个总要求和工会组织自身的性质与特点出发，明确今后5年工会工作的任务目标。这就是：团结和动员广大职工为深化改革、促进发展、维护稳定，实现"九五"计划和2010年远景目标建功立业；推动建立维护职工和工会权益的法律体系、劳动关系协调机制、职工民主参与和民主监督制度；关心职工生活，促进下岗职工再就业，在推动各级政府（行政）保障职工基本生活的基础上，逐步建立职工生活补充保障体系；加强职工队伍建设，努力提高职工的思想道德和科学文化技术素质；依法巩固和组建工会，努力提高职工入会率，积极稳妥地发展工会企事业，不断增强工会组织的吸引力和凝聚力，积极探索和逐步形成有中国特色社会主义工会工作的新路子。

要完成新的历史任务，各级工会一定要进一步密切联系职工群众。邓小平同志曾深刻指出，群众是我们力量的源泉，群众路线和群众观点是我们的传家宝；搞现代化建设必须发扬党密切联系群众的优良传统，相信群众，依靠群众，从群众中来，到群众中去，充分走群众路线；必须养成为人民服务、向群众负责、遇事同群众商量和与群众共甘苦的工作作风；只有认真总结群众的经验，集中群众的智慧，才能指出正确的方向，领导群众前进。今天我们重温和坚持邓小平同志这些极为重要的教导，有非常重要的意义。工会作为工人阶级的群众组织，其工作基础和力量源泉都在职工群众之中。只有深深扎根于职工群众之中，心系职工群众，把职工群众关心的热点、难点问题作为工会工作的重点，才能取得职工群众的信赖、拥护和支持，才能在完成新的历史任务的过程中，发挥好工会组织应有的作用。维护职工队伍的稳定，保持中国工人阶级队伍的团结和统一，是我们完成新的历史任务的重要保证。在经济关系、劳动关系发生深刻变化的情况下，进一步密切联系职工群众，有特殊重要的意义。否则，工会就有脱离职工群众的危险。对此，我们务必保持清醒的认识。各级工会干部尤其是领导干部，一定要牢固树立群众观点，始终坚持以人民拥护不拥护、赞成不赞成、高兴不高兴、答应不答应作为最高取舍标准，时刻心系职工群众，关心职工的疾苦，倾听群众的呼声，努力掌握和运用法律的武器，旗帜鲜明地维护职工群众的合法权益，满腔热情、高度负责地为职工群众排忧解难，做好深入细致的思想政治工作，与党政和有关方面一起，千方百计地化解矛盾、解决问题，做职工群众的贴心人。

要完成新的历史任务，广大工会干部特别是领导干部务必加强主观世界的改造，努力保持良好的精神状态和扎实的工作作风。随着形势的发展，新情况、新问题层出不穷，迫切要求我们以一种良好的精神状态和扎实的工作作风去努力学习，不断充实自己，提高认识问题、分析问题和解决问题的能力。要保持良好的精神状态和工作作风，就必须在改造客观世界的同时努力改造自己的主观世界，着重解决党中央在全党深入学习邓小平理论的通知中提出的四个方面的问题。江泽民同志指出，解决这些问题的基本途径，是加强理论学习，掌握思想武器；积极投身人民群众的实践，汲取营养；坚持在严格的党内生活中自觉锤炼自己。精神状态和工作作风都是世界观的反映。希望各级工会领导班子，切实按照中央的要求，以整风的精神开展批评与自我批评，有针对性地解决自身存在的突出问题。要严格自律，自觉接受包括工会经审审计在内的各种监督。对各级工会领导班子和领导干部来说，当前要特别强调：坚定建设有中国特色社会主义的信念，始终同党中央保持思想上政治上的一致，增强抵御各种风险的意识和能力；正确对待自己，正确对待同志，正确对待组织，正确对待群众，领导班子之间相互信任、相互支持、相互谅解；解放思想，实事求是，深入基层和职工群众调查研究，真正掌握第一手材料，努力帮助基层和职工群众解决实际问题。

同志们，今年我国遭受了历史上罕见的特大洪水灾害。长江流域发生了自 1954 年以来又一次全流域性特大洪水，嫩江、松花江出现超历史纪录的特大洪水。在这场严重的自然灾害面前，全党、全军和全国各族人民在以江泽民同志为核心的党中央坚强领导下，紧急动员起来，特别是受到洪水威胁地区的广大干部职工和人民群众，同人民解放军指战员、武警官兵，同心同德，团结奋战，以大无畏的英雄气概，同洪水展开了艰苦卓绝的搏斗，打了一场抗洪抢险的“人民战争”，取得了决定性胜利，有力地保障了全国改革、发展、稳定的大局，极大地鼓舞了全国各族人民全面推进建设有中国特色社会主义伟大事业的热情。正如江泽民同志所指出的，这次抗洪抢险斗争的胜利雄辩地证明，我们的党是伟大光荣正确的党，我们的社会主义制度是无比优越的制度，我们的军队是党和人民完全可以信赖的革命军队，我们的人民是勤劳勇敢的人民。有这样的党、这样的军队、这样的人民，什么历史功业都可以创造出来。在这个过程中，各级工会组织和广大工会干部团结和带领广大职工，以不同的方式支援和投身抗洪抢险的斗争，特别是灾区的广大工会干部表现出不怕困难、顽强拼搏的精神和艰苦奋斗、敢打硬仗的作风，值得我们发扬光大。当前，抗洪救灾工作正在进行。近日中央发出《关于增收节支制止浪费支援抗洪救灾工作的通知》。各级工会组织和广大工会干部，要认真学习、宣传和贯彻中央通知精神，坚决落实江泽民同志在湖北、湖南、江西、黑龙江视察抗洪抢险工作时的重要讲话精神，以对党和人民高度负责的态度，同党政一起发动和依靠广大职工群众，发扬工人阶级自力更生、艰苦奋斗、团结协作、勤俭节约、无私奉献的优良传统，加倍工作，增收节支，坚决制止一切铺张浪费行为，努力把洪涝灾害造成的损失夺回来。遭受洪灾的地区，工会要积极协助党政严防退水期间出现重大险情，切实安排好受灾职工和群众的生活，确保受灾职工和群众安全过冬，确保大灾之后无大疫，确保灾区学生及时上学，组织广大干部职工积极开展生产自救，迅速恢复生产，重建家园，力争实现今年的经济增长目标；没有发生洪灾的地区，工会要积极协助党政采取切实有力的措施，发扬"一方有难、八方支援"的社会主义风尚，大力支援灾区的救灾工作，团结、动员和依靠广大职工，大力弘扬抗洪抢险的伟大精神，以高度的主人翁责任感，确保完成预定的经济增长目标，并力争有更高的增长。

六次执委会议是十二届执行委员会的最后一次全体会议。在工会十二大以来的5年中，各位执行委员相互支持，密切合作，不仅为工会工作的发展作出了积极贡献，而且彼此间也建立了紧密的联系，结下了深厚的友谊，尤其是对我的工作给予了大力支持。在下一届执委会里，有的同志将不再继续担任执行委员。在此，我对离开工会工作岗位和退下来的老同志致以亲切的问候，对大家多年来的辛勤工作表示崇高的敬意，对同志们给予我的支持和帮助表示衷心的感谢。

落实的关键在全总和各级工会领导班子*

（1998年10月24日）

中国工会第十三次全国代表大会胜利闭幕了。新一届执委会和全总领导班子已经产生并开始工作。胡锦涛同志在工会十三大上代表党中央所致的祝词，为我们做好工会工作进一步指明了方向。贯彻中央的指示精神，落实工会十三大提出的方针任务，关键在于我们执委会特别是全总和各级工会领导班子。这里，我想着重就这个问题讲几点意见。

第一，坚持以邓小平理论和党的十五大精神指导工会工作

改革开放以来，工会工作取得了长足发展，最根本的就是靠邓小平理论的指导。做好今后的工会工作，最根本的仍然要靠邓小平理论的指导。邓小平理论是我们的行动指南，只有坚持以邓小平理论为指导，解放思想，实事求是，才能冲破旧的观念和僵化体制的束缚，进行建设有中国特色社会主义的新探索，才能做好新形势下的工会工作，把工会工作自觉放到全党全国工作大局中去认识和把握。我们学习邓小平理

---

* 这是尉健行同志在全总十三届一次执委会议上的讲话。

论，一定要同全面贯彻党的十五大精神结合起来，把全国职工的思想和行动进一步统一到十五大精神上来，把智慧和力量进一步凝聚到实现十五大确定的任务上来。

刚刚闭幕的党的十五届三中全会，贯彻落实党的十五大提出的战略部署，认真总结党的十一届三中全会以来二十年农村改革的基本经验，作出了《关于农业和农村工作若干重大问题的决定》。《决定》指出，农村改革的成功是邓小平理论的伟大胜利。没有邓小平理论，就不可能进行农村改革，也不可能有现在这样一整套党在农村的基本政策，更不可能有今天的巨大成就。农村改革如此，城市改革如此，工会工作同样如此。

学习邓小平理论，要在全面正确地领会和掌握邓小平理论的科学体系与精神实质的基础上，深入学习邓小平关于工人阶级和工会的理论。我们这次代表大会对这一理论作出比较系统的概括。邓小平关于工人阶级和工会的理论，对于指导我国工人运动和工会工作，具有极为重要的现实意义和深远的历史意义。以江泽民同志为核心的党中央高度重视工人运动和工会工作，坚持和发展了邓小平关于工人阶级和工会的理论，特别是在依靠工人阶级的问题上，作出了一系列极为重要的指示。江泽民同志反复强调，全心全意依靠工人阶级是我们党一贯坚持的基本方针，任何时候任何情况下都不能有丝毫的含糊和动摇。胡锦涛同志代表党中央所致的祝词，进一步重申在改革开放和发展社会主义市场经济的整个历史进程中，都要坚定不移地坚持党的全心全意依靠工人阶级的方针；高度评价工人阶级为我国革命、建设和改革事业作出的突出贡献，对面向新世纪的工人阶级提出了殷切期望；充分肯定工会组织为实现党在不同时期的历史任务，推动中国工人运动的发展作出的重要贡献，对做好新形势下的工会工作提出了新的要求；强调各级党委要进一步加强和改善对工会工作的领导，及时研究解决工会工作中遇到的重大问题和实际困难，支持工会依照法律和自己的章程独立自主、创造性地开展工作，防止和纠正随意撤并工会的现象；要求各级政府要更好地支持工会工作，凡涉及职工切身利益的重大改革措施和政策法规的制定，都要认真听取工会和广大职工的意见，切实发挥工会在管理国家和社会事务中的民主参与和民主监督作用。我们学习邓小平关于工人阶级和工会的理论，要同学习以江泽民同志为核心的党的第三代领导集体的有关重要论述相结合，以我国改革开放和现代化建设的实际问题、以我们正在做的事情为中心，着眼于马克思主义理论的运用，着眼于对实际问题的理论思考，着眼于新的实践和新的发展。

中国工会十二大以来，我们运用邓小平理论指导工会工作，在一些重大问题上形成了共识。比如，在工会工作与党和国家全局的关系问题上，强调工会工作是全局工作的一部分，必须在党的领导下，自觉地把工会工作放到大局中去认识和把握，服从和服务于全局。再比如，在工会贯彻党的依靠工人阶级方针的问题上，强调要按照江泽民同志提出的四个方面的要求，推动企业做到“六个必须”。还比如，在两个维护的关系问题上，强调工会的维护是二者的统一，即在维护全国人民总体利益的同时，更好地表达和维护职工群众的具体利益。

在我国，全国人民的总体利益与职工群众的具体利益在根本上是一致的。离开全国人民的总体利益，职工群众的具体利益难以实现；离开维护职工具体利益，会挫伤职工群众的积极性，总体利益也会受到损害。因此，我们不能把二者对立起来，一讲维护总体利益就不敢维护职工的具体利益，一讲维护职工的具体利益就忽视全国人民的总体利益。又比如，在维护职工的经济利益与维护职工政治地位和民主权利的关系上，强调我们是社会主义国家，工会既要维护职工具体的经济利益，又要维护职工当家作主的政治地位和民主权利。只维护经济利益、不维护政治地位和民主权利，或者只维护政治地位和民主权利、不维护经济利益，职工的积极性都难以充分调动起来。把维护职工经济利益与维护职工政治地位和民主权利统一起来，这是我们的一个政治优势。再比如，在突出维护职能与履行好其他社会职能的关系上，《中华人民共和国劳动法》规定工会是职工利益的代表者和维护者，江泽民同志强调维护职工合法权益是工会的神圣职责。因此，我们必须突出工会的维护职能，这样才能抓住主要矛盾，充分体现工会组织的性质和特点。同时，我们还要履行好建设、参与、教育等各项社会职能。工会突出维护职能与坚持党的“一个中心、两个基本点”的基本路线是一致的。任何组织任何单位都要坚持以经济建设为中心，但各自有不同的手段和方式。工会服务于经济建设中心的主要手段，是通过维护职工合法权益，保护、调动和发挥职工积极性，并把这种积极性引导到推进改革、促进发展、维护稳定上来，更好地完成党和政府提出的各项任务，为实现党的十五大提出的跨世纪宏伟目标而奋斗。在具体工作上，我们要立足于我国的基本国情，从实际出发，注意掌握好维护的度。在实现维护的途径上，必须突出重点工作，通过抓平等协商和签订集体合同、坚持和完善职工代表大会制度、立法参与和政策参与、送温暖工程、工会组建等重点工作，带动其他工作的开展。我讲这些的目的，都是希望我们新一届执委会特别是全总领导班子成员，一定要善于在实践基础上进行理论思考。

改革开放的深入和社会主义市场经济的发展，使新情况、新问题层出不穷。比如，随着所有制结构的调整，公有制实现形式的多样化和非公有制经济的发展，劳动关系将更加复杂，巩固和加强工会组织建设的任务更加艰巨；再比如，随着对国有企业实行战略性改组，分配结构和分配方式的完善，劳动力市场的形成和完善，人员流动和职工转岗难以避免，利益格局将发生新的变化；又比如，随着社会主义民主政治建设的推进，依法治国方略的实施，工会组织职工民主参与、民主管理和民主监督的任务将更加繁重；还比如，随着科教兴国战略的实施与知识经济的发展，提高职工素质的任务将更加紧迫，等等。所有这些新情况、新问题，都向工会更好地履行职责、代表和维护职工的合法权益、保护和调动职工的积极性，提出了新的要求。我们一定要以邓小平理论和党的十五大精神为指导，研究这些新情况，解决这些新问题。这次代表大会根据这种要求，确定了今后 5 年工会工作的指导方针，这一指导方针坚持和发展了工会工作总体思路，同时，随着客观形势的发展变化，必将不断地加以充实、丰富和发展。为此，我们必须进一步解放思想，实事求是，转变观念，坚持以“三个有利于”作为辨别是非和权衡利弊的根本标准，勇于实践，锐意进取，善于在新的实践和新的发展的基础上，用改革创新的精神积极探索有中国特色社会主义工会工作的新路子。

第二，落实工会十三大精神，努力做好当前工作

工会十三大高举邓小平理论伟大旗帜，全面贯彻党的十五大精神，提出了今后 5 年工会工作的指导方针和目标任务。落实工会十三大提出的方针任务，当前应认真抓好以下几项工作：

一是弘扬伟大的抗洪精神，团结动员广大职工奋发努力，确保今年改革和发展目标的实现。各级工会要按照江泽民同志在全国抗洪抢险总结表彰大会上的重要讲话精神，同党政一起发动和依靠职工群众，发扬自力更生、艰苦奋斗、团结协作、勤俭节约、无私奉献的优良传统，积极开展生产自救，大力增收节支，努力把洪水灾害造成的损失夺回来；充分运用抗洪抢险斗争中涌现出来的英雄模范事迹，深入开展爱国主义、集体主义和社会主义教育，引导广大职工学先进、比贡献、争一流、创效益，把抗洪精神变为搞好各项工作的强大动力；进一步团结动员广大职工，以高度的主人翁责任感和历史主动精神，立足本职，广泛开展适应社会主义市场经济要求的群众性生产经济技术和安全生产活动，不断提高劳动生产率和经济效益。

二是推进国有企业改革，做好下岗职工基本生活保障和再就业工作。搞好国有企业改革，对于建立社会主义市场经济体制，巩固社会主义制度，具有极为重要的意义。各级工会要积极支持党和政府采取的深化国有企业改革的一系列措施，组织动员职工投身改革，为推进改革贡献智慧和力量。在深化企业改革中，部分职工下岗将难以避免。做好下岗职工基本生活保障和再就业工作，是推进国有企业改革的前提条件。各级工会要认真贯彻党中央、国务院召开的做好国有企业下岗职工基本生活保障和再就业工作会议精神，大力实施送温暖工程和再就业工程，深入到下岗职工中去，关心他们的生活，倾听他们的呼声，满腔热情、认真负责地帮助他们排忧解难，协助党和政府妥善安排下岗职工的生活，帮助下岗职工实现再就业。工会要以高度的责任感切实把特困职工的情况掌握起来，自觉以第一责任者的身份主动做好工作，不让一名特困职工过不下去。要发挥工会的优势，拓宽送温暖工程渠道，推动送温暖工程与帮助下岗职工再就业相结合，逐步建立职工补充保障体系。

当前，基层工会组织减少和工会经费收缴难的问题，是我们面临的两个突出问题。企业不管实行什么样的管理体制和经营机制，决不允许随意撤并或取消工会组织。我们必须采取坚决措施，把那些被随意取消、撤并的工会组织重新恢复和建立起来。必须依法收缴工会经费，任何单位都不能违反《中华人民共和国工会法》的规定。我们要从实际出发，通过法律的、行政的、舆论的等各种手段，努力把工会经费收上来。解决工会面临的一些突出问题，当前一项十分重要的工作，就是要努力推动《工会法》的修改，进一步为工会工作提供法律保障。

三是大力推行平等协商和集体合同制度，维护职工的经济利益。这些年来，平等协商和集体合同作为调整企业劳动关系、维护职工合法权益的重要法律形式，作为工会贯彻《劳动法》的重点工作已经初步推开。现在的问题是，怎么样随着企业改制的步伐和新建经济组织的发展，更好地同步加强起来，扎实做好巩固、重签、新签的工作，不断提高集体合同的质量，使其真正成为企业调整劳动关系的有效机制。这项重点工作，绝不是一事一时的任务。随着改革的深入和社会主义市场经济的发展，这一调整劳动关系、维护职工合法权益机制的重要性必将会进一步突出出来。我们务必继续把这项工作切实作为重点，不断加以推进，大胆探索和推行在小企业中实行区域性、行业性通用集体合同的做法，努力把这项工作推向一个新的水平。

四是坚持和完善职工代表大会制度，维护职工的民主权利。江泽民同志最近强调指出，在农村基层实行民主选举、民主决策、民主管理和民主监督，建立村务公开制度，扩大农村基层民主，保证农民直接行使民主权利，是社会主义民主在农村最广泛的实践，也是充分发挥农民积极性、促进农村两个文明建设、确保农村长治久安的一件带根本性的大事。同样，我们在企事业单位中长期实行的以职工代表大会为基本形式的职工民主管理、民主监督制度，是扩大基层民主，让职工群众参与企业管理和监督，行使当家作主权利的社会主义民主的广泛实践，是把党的全心全意依靠工人阶级的方针在基层落到实处的重要制度，都是我们建设有中国特色社会主义民主政治的重要创造。这一保障职工政治地位和民主权利的基层民主政治制度，必须坚持和不断完善。在开展企业的各项工作中，职工群众的民主管理、民主监督只能加强，不能有任何削弱。越是涉及企业改革、发展和群众切身利益的重大问题，越要通过职工代表大会等形式，认真和充分听取广大职工的意见。目前，不少单位通过职工代表大会等形式，实行厂务公开、民主监督，取得了良好的效果，也积累了有益的经验。推行厂务公开的实质是实行更加有效的群众监督。当前，我们要同纪委等有关方面一起，把它作为一个重要“抓手”，通过实行厂务公开，进一步充实职工代表大会的内容，落实职工民主管理和民主监督的权利，更好地发挥职工代表大会的作用，促进干部廉洁自律，进一步密切干群关系，推动企业改革和发展。

五是维护职工队伍稳定，积极协助党政处理好新形势下的人民内部矛盾。随着改革的深入，经济和社会生活中的各种利益关系难免出现摩擦和碰撞，对职工队伍和社会的稳定带来一定的影响。工会干部特别是领导干部一定要深入职工群众，倾听群众的呼声与要求，努力掌握职工群众的思想脉搏。工会是一个重要的民主渠道，要加大立法参与和政策参与的力度，积极反映职工的意愿和要求，在源头上维护职工的合法权益，同时要进一步畅通工会的信息渠道，健全信息网络，敢于讲真话。积极协助党政正确处理新形势下的人民内部矛盾，切实把问题解决在基层，解决在萌芽状态，维护职工队伍和社会的稳定。各级工会要经过逐步探索和实践，在参政议政、畅通信息渠道和维护稳定等问题上，逐步形成一套比较完善的工作方式和比较健全的规章制度。

当然工会要做的工作远不止这五项。我们要按照工会十三大的要求，坚持从各地的实际出发，确定工作重点，带动其他工作，既要保持工作的连续性，又要适应新的形势任务的要求，大胆开拓创新，不断把工作推向前进。

第三，努力加强工会干部的思想作风建设

完成这次代表大会赋予我们的任务，各级工会干部首先是我们在座的同志，必须努力加强自身的思想作风建设。

要进一步加强学习。江泽民同志多次强调，各级领导干部必须坚持不懈地学习、学习、再学习，并指出学习的问题关系到党和国家工作的全局，关系到改革和建设事业的长远发展。因此，要在我们工会干部首先是领导干部中，进一步形成学习的良好风气，最重要的是学习邓小平理论，学习党的十五大精神，努力做到全面、正确地理解和掌握邓小平理论的科学体系和精神实质，不断提高自己的马克思主义理论素养，以理论上的清醒保证政治上的坚定。要坚持理论联系实际的优良学风，运用邓小平理论所体现的马克思主义的立场、观点和方法，认真研究和解决当前工人运动和工会工作的重大问题。随着改革的深入、经济的发展和科技的日益进步，我们面临的新情况新问题越来越多，如果不更加勤奋地学习，不努力掌握先进的科学技术知识，不善于实现知识的不断更新，就不可能肩负起历史赋予我们的使命，要完成这次代表大会的各项任务也就会成为一句空话。

要保持良好的精神状态。精神状态问题，说到底是世界观、人生观、价值观问题。强调精神状态，对我们领导干部来说，重要的是坚定建设有中国特色社会主义的信念，身体力行共产主义道德。我们一定要不断提高政治敏锐性和鉴别力，坚持党的基本路线不动摇；始终同党中央保持思想上政治上的一致，坚决贯彻执行中央的方针政策和工作部署；增强在复杂形势下抵御各种风险的意识和能力，居安思危，树立长期艰苦奋斗的思想；密切联系职工群众，坚持反腐倡廉，正确行使人民赋予的权力。只要我们大家自觉主动、坚持不懈地这样做了，树立信心，振奋精神，克服畏难情绪，我们就会保持一个更加良好的精神状态，我们的各项工作就会不断前进，工会组织的吸引力、凝聚力、战斗力就会进一步得到增强。

要切实转变工作作风。我们在调查中，深深感触到基层的同志对工会领导机关特别是全总的企盼。这种企盼概括起来是“四多四少”：即多一些理解、谅解和关心，少一些指责、埋怨和不满；多一些立法和政策参与上的服务，少一些具体活动的布置和评比检查；多一些解决职工热点、难点问题的思路、典型、实事和措施，少一些一般性的会议、文件和报表；多一些在工会干部配备、班子建设和重点工作开展等方面与党政领导的沟通，少一些与党政领导“迎来送往”等场面上的一般性来往。应该说，基层企盼我们的这“四多四少”，集中反映了我们转变作风所要解决的问题和努力的方向，其根本之点都在于要进一步密切与职工群众的联系。为此，我们一定要切实转变工作作风，越是困难的地方，越是矛盾集中的地方，工会干部越要到那里去，站到基层与职工群众之中，同他们一起研究分析问题，一起商量解决问题的办法。要进一步兴起深入基层调查研究之风，善于发现基层和职工群众的创造，亲自动手总结，认真帮助提高，努力加以推广，善于用服务的方法推动问题的解决，善于用典型引路打开工作局面。

我们这一届执委会肩负着把有中国特色社会主义工运事业推向新世纪的历史重任。我们一定要在以江泽民同志为核心的党中央领导下，高举邓小平理论伟大旗帜，全面贯彻党的十五大精神，开拓进取，顽强拼搏，努力完成这次代表大会提出的方针任务，不断开创工会工作的新局面，在党和国家的全局中更好地发挥工会组织的作用！

广大职工是企业改革、发展、稳定最广泛最可靠的群众基础和力量源泉*

（1999年1月27日）

1999年，是我国历史上具有特殊意义的一年。在这一年里，我们将迎来中华人民共和国成立50周年，我国政府将恢复对澳门行使主权，我国将继续深化改革，扩大开放，推动社会主义物质文明和精神文明建设的新发展，促进社会的全面进步和保持经济社会的稳定。

当前，世界多极化和经济全球化趋势的深入发展，科学技术日新月异的进步，使这个时代既充满希望，又面临挑战。去年，我们在以江泽民同志为核心的党中央的坚强领导下，顶住了亚洲金融危机的冲击，战胜了百年不遇的特大洪涝灾害，继续保持了国民经济的持续平稳发展和社会政治的稳定，取得了令人鼓舞的成绩。总的形势是好的。今年是实现国有大中型企业改革和脱困目标的关键一年，任务异常艰巨、繁重，摆在我们面前的困难不少，遇到的是一些从未遇到的新课题。面对新的形势任务，各级工会一定要更加自觉地把工会工作放到全党全国工作的大局中去认识和把握，认真贯彻党中央

---

* 这是尉健行同志在全总十三届二次主席团会议上的讲话。

关于“统一思想、坚定信心，抓住机遇、知难而进，团结一致、艰苦奋斗”的工作方针。广大工会干部特别是各级工会领导干部要努力把思想进一步统一到邓小平理论上来，统一到党的十五大、十五届三中全会和中央经济工作会议精神上来，统一到中央的重大决策和部署上来，保持清醒头脑，增强必胜信心；要抓住历史机遇，坚持解放思想、实事求是的思想路线和“三个有利于”的根本标准，增强改革创新意识，迎难而上，勇于进取，进行艰苦不懈的努力，不断开创新的局面；要教育和引导广大职工自觉维护工人阶级队伍的团结和统一，大力弘扬艰苦创业的优良传统，发扬伟大的抗洪精神，充分发挥工人阶级的主力军作用，坚定不移地实现党和政府提出的既定目标。

一

江泽民同志在纪念党的十一届三中全会召开20周年大会上，深刻总结了我们党在领导改革开放和社会主义现代化建设20年来积累的主要历史经验，强调指出，必须把实现和维护最广大人民群众的利益作为改革和建设的根本出发点，党的一切工作和方针政策，都要以是否符合最广大人民群众的利益为最高衡量标准，这是我们观察和处理问题的一个根本原则。20年来的实践充分证明，只有把广大职工群众的切身利益实现好、维护好、发展好，把他们的积极性引导好、保护好、发挥好，企业的改革和发展才能获得最广泛最可靠的群众基础和力量源泉。20年来的实践同样证明，作为代表和维护职工合法权益的工会组织，只有坚持以邓小平理论和党的基本路线为指导，紧紧围绕全党全国工作的大局，适应经济关系和劳动关系的深刻变化，进一步突出维护职能，同时履行好其他各项社会职能，才能充分发挥自身的优势，找准服务大局的着力点，在国家的经济、政治和社会生活中发挥应有的作用。当前，随着经济结构的战略性调整、公有制实现形式的多样化和非公有制经济的发展，劳动关系和职工队伍发生了深刻变化，要求工会组织必须旗帜鲜明地支持改革，教育和动员广大职工认清自己的根本利益和长远利益，坚定不移地投身改革，充分发挥工人阶级的主力军作用，不断把改革推向前进；必须旗帜鲜明地维护职工群众的经济利益，保障职工群众的民主权利，保护和调动职工群众的积极性，努力完成党和政府提出的各项任务。

如何做好今年的工会工作，提交会议讨论的全总 1999 年工作要点作了安排和部署，俊九①同志还要提出具体的要求。完成今年的任务，要处理好重点工作与一般工作的关系，集中力量抓住一些带全局性、关键性的问题不放，努力突破重点和难点，从而带动整体工作上水平。要打开思路，开拓创新，脚踏实地，埋头苦干，各项工作既要有长远目标，又要有阶段性要求，避免年复一年地在同一个水平上重复，务求在几项工作上取得明显进展，使整个工会工作年年有进步，不断上台阶。总之，做好今年的重点工作并带动各项工作的开展，需要各级

① 俊九，指张俊九，时任中华全国总工会副主席、书记处第一书记、党组书记。

工会认真思考和切实把握。

比如,关于做好国有企业下岗职工基本生活保障和再就业工作的问题。这项工作直接关系到广大职工的切身利益,关系到保证改革开放和现代化建设稳定发展的大局。各级工会要始终坚持把协助党政做好国有企业减员增效、下岗职工基本生活保障和再就业工作作为头等大事来抓,推动中央关于确保国有企业下岗职工基本生活和企业离退休人员养老金按时足额发放的各项方针政策落到实处。送温暖是工会一条成功的经验,是我们必须继续抓好的一项重要工作。要认真总结多年来的工作,更好地发挥工会的优势,进一步实施送温暖工程,大力发展职工消费合作社、互助保险、住宅合作社和劳动就业服务业等,为保障下岗职工基本生活和实现再就业,做到"两个确保"①发挥应有的作用。同时也要看到,对解决下岗职工的基本生活和再就业问题,主要是靠党政和社会力量,送温暖只是一种辅助手段,工会从资金和力量上讲都是有限的,我们包揽不了,但可以"雪中送炭"。对于特困职工,工会要以第一责任者的身份做好工作,及时掌握和反映情况,加强动态管理,协同各方做好工作,不使一户特困职工因生活过不下去而发生意外。这一点工会是可以做到的。春节将到,各级工会尤其要重视这项工作,大力开展送温暖活动,帮助困难职工过好春节。

又比如,关于平等协商和签订集体合同的问题。这是工

① "两个确保",指确保企业离退休人员基本养老金按时足额发放、确保国有企业下岗职工基本生活。

会调整劳动关系、维护职工劳动权益的重要法律手段，是工会贯彻《中华人民共和国劳动法》的“牛鼻子”。几年来，经过工会上下的共同努力，这项工作有了较大进展。同时也要看到，还有不少企业尚未签订集体合同，已经签订的也不是那么巩固和健全，出现了一些忽视质量、忽视作用发挥的问题。所以，今年我们要在认真研究工作、总结经验和继续推广的基础上，在建立机制、提高质量和讲求实效上下功夫，使平等协商和集体合同真正起到调整劳动关系、维护职工劳动权益的作用。所有企业都有劳动关系问题，工会要坚持把调整劳动关系作为工作重点，坚持把平等协商和签订集体合同作为调整企业劳动关系的主要手段。所有企业都要建立平等协商和集体合同制度，生产经营状况好的企业需要这样做，生产经营状况不好的企业更需要这样做，只是企业生产经营状况不同，集体合同的重点、内容等可以灵活和有所不同。所有企业都要执行《劳动法》规定的劳动标准，只是企业生产经营状况不同，集体合同确定的具体标准等也可以灵活和有所不同。对生产经营状况不好的企业来说，集体合同的具体标准可能不那么高，这样做表面上看似乎是要求低了，但真正落实了，使集体合同实在有效，比那种脱离企业实际、起不了作用的集体合同要好。各级工会要结合自身实际，注意这“两个坚持、两个灵活”。

再比如，关于加强职工代表大会制度建设的问题。这是贯彻全心全意依靠工人阶级方针，加强基层民主政治建设，保障职工民主权利，依靠职工办好企事业的重要途径。搞好企业仅靠少数人是不行的，必须落实职工民主参与、民主管理和民主监督的权利，建立健全激励机制和自上而下与自下而上相结合的监督制约机制，调动包括经营者、管理者在内的全体职工的积极性。加强职代会制度建设是一个长期的思想建设、业务建设、组织建设的过程，需要我们每年抓住一两个具体题目，逐步地充实和丰富职代会的内容。这几年，我们先后提出企业业务招待费要向职代会报告和职代会每年评议一次企业领导干部等，都收到了比较好的效果。今年，我们要从抓厂务公开来推进企业职代会制度的建设。实行厂务公开是职代会的题中应有之义，是在法律法规和职代会条例规定的范围内提出问题、开展工作的。实行厂务公开应与建立现代企业制度统一与结合起来。厂务公开的要害在公开，关键是真实，实质是监督，基本载体是职代会，目的在于搞好企业的民主政治建设，促进企业的廉政建设，推动企业的改革和发展。

还比如，关于加强工会组织建设的问题。这项工作关系到维护职工队伍的团结统一，关系到工会组织自身的发展和作用的发挥。改革开放以来，我国新经济组织和改制企业大量出现，怎么样做到新经济组织组建到哪里，国有、集体小企业改制到哪里，工会组织就要同步新建、重建到哪里，是我们面临的重大而紧迫的任务。这些企业工会的组织建设和工作任务等与国有大中型企业相比有很大的不同，它们不可能有那么多脱产工会干部，也不可能有那样的地位和发言权。在这种情况下，怎么样更好地维护职工的合法权益，需要我们从实际出发，认真加以研究。从一些地方的经验来看，上一级工会组织出面处理基层工会难以解决的问题，是一个行之有效的办法。因此，我们必须加强这类企业比较集中地方的乡镇、街道、开发区、工业园区等工会组织的建设，搞好小企业工会联合会或联合小企业工会的建设，积极探索新经济组织工会的领导体制。在加强基层工会组织建设的同时，我们要按照中央的要求和部署，抓紧制定工会领导机关机构改革方案，做好准备，积极稳妥地推进这项工作。

总之，我们必须立足全局，从抓具体问题入手，一步一个脚印，通过完成一个个具体的、阶段性的工作任务，来逐步实现总的目标要求。

二

政治路线确定之后，干部就是决定的因素。去年 11 月，党中央下发了《中共中央关于在县级以上党政领导班子、领导干部中深入开展以“讲学习、讲政治、讲正气”为主要内容的党性党风教育的意见》，随后中央又召开了深入开展“三讲”教育电视电话会议，对“三讲”教育作出部署。这是进一步贯彻党的十五大精神，推动深入学习邓小平理论，加强领导班子建设，提高领导干部素质的一项重要举措。各级工会特别是县级以上工会领导班子和处以上工会领导干部，要统一思想，提高认识，按照同级党委的部署，切实将这项工作纳入工会工作的重要议事日程，集中一段时间，以整风的精神扎实深入地搞好“三讲”教育，努力解决存在的突出问题，使各级工会领导班子和领导干部在思想上有明显提高，政治上有明显进步，作风上有明显转变，纪律上有明显增强，更好地担负起工会工作的领导责任。

工会干部讲学习，就是要大兴学习之风，进一步增强学习的自觉性，坚持不懈地学习马克思列宁主义、毛泽东思想特别是邓小平理论，坚持不懈地学习经济、政治、科技、法律、历史、文学等知识，坚持不懈地学习人类文明所创造的所有先进成果。同时，要联系工会工作的实际，学习工会工作新的业务知识，进一步充实和丰富自己，不断提高理论政策水平和解决实际问题的能力。

工会干部讲政治，就是要坚定建设有中国特色社会主义的信念，提高政治敏锐性和政治鉴别力，增强大局观念，同党中央保持高度一致，坚定不移地贯彻中央一系列决策和部署，认真实践全心全意为人民服务的宗旨，进一步密切与职工群众的联系，深入到职工群众尤其是困难职工中去，为职工说话办事，维护职工的合法权益，做职工群众的贴心人。

工会干部讲正气，就是要艰苦奋斗，勇于奉献，廉洁自律，发扬民主，加强团结，认真纠正和防止追逐个人名利、弄虚作假、只图形式不重实效等不良风气，努力改进工作作风，深入实际，扑下身子，怀真感情，做笨工作，不要把精力花在迎来送往上，力戒飘浮，力戒空谈，取信于广大职工，树立工会良好的社会形象，不断提高工会组织的吸引力和凝聚力。

三

改革和发展越是深入，越是需要进一步维护社会政治的稳定。随着改革的深化，新旧体制的转换加快，一些深层次的矛盾和问题凸现出来，不可避免地会出现各种利益关系的摩擦、碰撞和不平衡，特别是涉及职工切身利益的就业、分配、保障等问题日益增多，给职工队伍和社会稳定带来一定的影响。对此，我们绝不可掉以轻心，必须把做好职工队伍和社会稳定的工作放在突出的位置上。

维护职工队伍和社会的稳定是全党的共同责任，要建立责任制，各部门、各单位都要负起责任来，工会组织也责无旁贷。各级工会干部一定要以强烈的政治观念和历史责任感，深入到基层和职工群众中去，切实关心他们的生活，悉心倾听他们的呼声，努力掌握他们的思想脉搏，畅通工会的信息渠道，健全工会的信息网络，敢于报忧和讲真话，为党和政府决策提供依据。要加强调研，进一步加大立法参与和政策参与的力度，积极反映职工群众的意见和要求，时刻把广大职工群众的冷暖放在心上，想问题、定政策、办事情要着眼于广大职工尤其是低收入的职工群众，真心实意地为职工群众排忧解难。要积极协助党政正确处理新形势下的人民内部矛盾，坚持预防为主、教育疏导、依法处理、防止激化的原则。要未雨绸缪，认真分析影响稳定的各种因素，协助党政对可能出现的各种事态作出预测，制定应对方案和措施，采取教育、疏导的方法，发现苗头及时解决，努力把矛盾解决在基层，化解在萌芽状态。要始终保持清醒的头脑，警惕和严防敌对势力利用矛盾挑起事端，破坏职工队伍的团结和统一。要加强职工思想政治工作，教育和引导广大职工正确认识前进中出现的困难和问题，正确处理国家、集体和个人三者利益关系，不断增强改革意识、风险意识和心理承受能力，增强法制观念，更加自觉地维护安定团结的政治局面。

工会当前要抓好的几项重点工作*

（1999 年 1 月 27 日）

一、关于第一责任者

大家认为，对于特困职工，工会应该是第一责任者，但这并不是说工会作为第一职能单位一切问题都要包下来。工会作为群众组织，有它的优势，因为它了解工人的情况，对哪些同志最困难，它比党委和行政了解得更多、更清楚，这方面我们一定要发挥自己的优势，也必须坚持这个优势。对特困职工我们应该首先掌握情况，对有的问题能够解决的应该及时帮助解决；有的问题不是我们能够解决的，我们有责任反映，向行政、向党委提出建议，协调各方面关系，这是我们完全可以做到，也应该做到的。这不是说党委、行政没有责任，但比较起来工会负有第一责任。对于这一点，一方面不要因为有的问题我们不能完全包下来，就感到胆怯；另一方面不要因为我们强调第一责任，就不考虑实际情况，大包大揽，结果又包不下来。出现问题，我们该反映要反映，该经过上级解决要经上级解决。对于个别特困职工，有些涉及政策问题，或其他问题，也需要党委、行政来一起解决。但工会有责任掌握

* 这是尉健行同志在全总十三届二次主席团会议上即席讲话的要点。

情况，反映情况，协调各方面关系。这个责任工会一定要担起来。

最近，党中央讨论全国稳定工作认为，稳定工作不是靠哪一家就能够解决，不能把稳定工作都推到政法部门身上，要全党重视，各级政府部门重视，各个职能部门都有责任保证稳定。从工会角度讲，不能因为我们工作做得不到位而造成某些特困职工产生抵触情绪。如有一个工厂，一位老工人的老伴自杀，引起全厂震动，个把月平息不下来。所以，对于这个问题，我们一定要有清醒的认识。

二、关于集体合同

集体合同制度实行了好几年，但是应该看到，我们还缺乏总结，缺乏经验，而且在推广过程中有的不够重视质量和效益。应该说，平等协商和签订集体合同是工会调整劳动关系重要的法律手段。有些同志讲，集体合同是在生产正常的情况下签订的，困难的时候不适合搞。我认为，企业生产正常的情况下，集体合同订得比较完整，指标比较齐全，考核也比较容易，但这只是一个方面。另一方面，不要单纯考虑集体合同形式上是否完整，内容上是否齐全，关键要看集体合同是否能够调整好劳动关系。经营好的企业劳动关系需要调整，经营不好的企业劳动关系更需要调整。对于经营困难或者亏损企业可能谈不上利润指标，但困难企业也有双方面临的矛盾和需要解决的问题。例如厂方需要解决什么问题，职工需要承担什么责任，应该根据困难企业情况来确定集体合同的内容和重点。要改变只能在生产经营正常的企业签订集体合同的观念,集体合同在不同的企业可以有不同的格式、内容和项目,签订集体合同关键要从调整劳动关系的实质内容和作用上把握。所有企业都要达到劳动标准,按劳动标准办事,这是调整劳动关系很重要的要求。但是劳动标准相同的企业也有不同的实现过程,不是一调整劳动关系,一抓集体合同,就拿最严格的劳动标准来衡量,这实际上是办不到的。我们的目标是达到劳动标准,但这需要一个过程,要从不完善到完善,不能一步登天。例如从安全生产和环境保护的角度讲,根据现有的条件,有很多企业甚至包括一些大企业都要停产,但目前又不允许这些企业停产,又没有大量的资金进行技术改造,那么,只能一步一步来。一方面是要了解当前在劳动保护上存在什么问题和隐患;另一方面要从现实执法上一步步加强,首先搞些小改小革,在管理上下功夫,然后再进行大的技术改造。如果实行《中华人民共和国劳动法》以后,所有劳动标准都要求达到,就会把企业给憋死了。包括我们讲的加班加点,《劳动法》中有标准,应该遵守。但是,有的企业订单比较多的时候,加班加点,拖后一点也是允许的,但不要过分,因为这个标准问题也要从实际出发。要坚持标准,这个目标不能变,但这个标准允许开始达不到。要心中有数,不满足于目前的标准,但可以从这个标准干起。劳动标准有的企业可以搞,有的企业搞不了;有的企业标准搞得很高,谁都知道达不到,可是年年定,最后都实现不了。今年,平等协商和签订集体合同,我们和同志们商量了一下,要作为一个重点来抓。这几年集体合同工作有很大的发展,但应该说集体合同方面存在的问题也不少，要很好地总结我们这几年推行集体合同工作的经验是什么，有哪些成功的东西，有哪些需要注意的问题，当前情况下在各种不同类型企业怎样推进集体合同工作，使集体合同发挥更好的作用，这要作为我们今后工作研究的重点。

三、关于厂务公开

我们党一贯坚持全心全意依靠工人阶级的指导方针。实现这个方针，加强职代会建设，发动职工群众民主管理、民主监督企业，是我们很重要的一项工作。这些年我们企业中的教训是很多的，主要是缺少监督，光靠党委的监督，光靠自上而下的监督，缺少职工群众的监督。为了搞好企业也好，为了保护企业领导干部也好，很有必要加强自下而上的群众监督。现在中央相当重视，大企业在坚持监督方面，很重要的是群众监督，最主要的是对企业领导干部的监督。这是个很大的课题，不是一抓就灵，一抓就见成效。这要从思想认识上、组织制度上、业务上加以重视，不是一号召就能解决的。但是我们也不能因为有困难就不抓，要敢于碰硬，要把工作分阶段来抓，不要以为一抓就非要把工作做得如何如何，这是不可能的。我们总的想法是每年在职代会上有一点动静，一步一步积累起来，最后把民主管理、民主监督制度逐步建立健全起来。

今年在厂务公开上要大做文章，党中央已经讨论同意了，要作为一个重点问题来抓。这是发扬社会主义民主、加强基层民主建设的一个很重要的问题。厂务公开的提法虽然比较新，但是不要把它看作是新的名词，厂务公开就是职代会的一个重要内容，不存在什么新的体制改变问题，也不是什么新的体制改变的要求，还是原来中央确定的职代会职责范围内的事。但是，根据现在的情况，有必要在这个问题上加大一点力度。因为，现在好多企业通常干什么、有什么大事，包括企业要破产、要卖掉，都不跟职工群众商量，都不向职工交底。现在一些企业劳动关系矛盾激化，好多都是由于这些原因。尤其是拍卖、承包不公开、不公正，拍卖给私人或者任意合资、兼并等等，事先不跟职工商量，不向职工交底，不提交职代会讨论。这个教训，很重要的一个问题就是没有发扬民主、没有搞厂务公开。我们抓厂务公开，就是职代会范围内的事，就是如何更进一步丰富职代会职责的事。现在，各地如天津、河北、辽宁、上海等，好多地方都是这样做的，有的进一步发展了，有的内容更丰富、更完善了。所以，今年我们逐步推行厂务公开，把职代会制度建设深入一步，看来完全必要，也是有条件的。我们今年 4 月份打算找个地方，召开一个经验交流会，要全面推开。而且这个会不是由工会一家开，工会为主，请纪委、组织部、经贸委参加，大家一起来研究如何着眼于加强企业建设。这个事情，今年我们要有个明显的转变，要比去年明显加强。整个事情的着眼点是怎样促进职代会制度建设，更好地贯彻全心全意依靠工人阶级的指导方针。因为这个东西，你光笼统地提不行，要有个具体办法，这个办法又不能太多，每年也就是一两个，扎扎实实地抓下去，明年再说明年的要求。所以，这个问题，请大家研究一下。

四、关于新经济组织工会组建

我们在新的经济组织中的工会建设也要尽快抓上去，现在还有相当一部分新建企业还没有把工会组织建立起来，有的建立起来以后也还没有很好地发挥作用。所以，今年要千方百计地把新建企业的工会组建起来。我们要按《中华人民共和国工会法》的要求，全国所有的工会组织都隶属于中华全国总工会，不允许有任何“第二工会”。国内外敌对势力千方百计希望在中国成立所谓“独立工会”。他们企图通过下岗职工联谊会，老干部、退休职工保障促进会等形式来渗透。这个问题很值得我们警惕。实际上，一个地方的工会组织怎样？掌握在谁的手里？一方面我们按法律要求不允许组织中华全国总工会以外的工会，这个法律上不允许。尽管现在联合国通过的两个法律条文，但我们签订这个条约是有一条的，它必须符合我们本国的法律。我国的《工会法》规定，不允许有中华全国总工会以外的工会存在，即使我们执行联合国的这个条约，也不可以搞“第二工会”。但是，关键在于我们的工作，如果在应该建立工会的地方，我们不去建立，别人就要去建立；我们建立的工会不起作用，别人就要去利用这个机会。在这个问题上我们一定要清醒。现在的形势很尖锐，国内外敌对势力看到我们下岗职工那么多，企业困难比较大，他们也要乘机插手。这一点必须看到。当然，我们也不能把现在有些地方自发成立的这个联谊会，那个什么会，统统都看作是国外敌对势力在插手。但是，我们需要警惕他们借助人民内部矛盾做文章，达到他们不可告人的目的。这里关键是，我们中华全国总工会作为工人阶级的统一组织，不能放弃我们的阵地。最近《工人日报》反映深圳的一些外商投资企业野蛮经营，出了事，有的还死了好多人。这个问题很严重，我们已经派人同有关方面进行调查。这里面有些企业可能没有工会；有些地方可能有工会，但是发生这样的问题没有向上反映；有的上级工会也没有站出来说话。如果这样的情况听之任之，别人就会说你中华全国总工会是“官办”工会，就要站出来讲话。所以，发展工会组织是今年的一项重要工作。发展工会组织，也不要把外商投资企业、私营企业工会搞得像国有企业工会那样完整、那样健全，那样根本办不到。首先把工会组建起来，把力所能及的工作开展起来。有些难以解决的问题，上级工会帮助解决，不要把这些矛盾、问题都压给新建企业工会组织，压也压不下去，压也搞不起来。所以，这个问题也请大家作为今年工作的一个重点来抓。

五、关于“三讲”

我们必须立足全局，从大局出发建设好领导班子，建设好干部队伍。各级工会都要在当地党委的统一领导下认真开展“三讲”教育。要认真学习江泽民同志的讲话，要以整风精神，开展批评与自我批评，以解决我们工会干部的作风问题。这也是我们今年的一项重要工作。

我们工会干部更应该廉洁自律。尤其是现在企业困难很大，有的发不出工资，群众困难很多，有些职工生活不下去的情况下，干部作风好不好，是很敏感的事情。在这种情况下，我们工会更应该与职工群众保持密切联系，保持艰苦奋斗作风。

工会与政府机关不一样，群众团体可以办企业。但是我们办企业也要讲效益、讲政策、讲风险，如果搞证券，搞房地产倒卖，这些东西搞不好就会把工会企业赔进去。我们应该把重点放在搞有把握的、旨在为职工群众谋福利的事业上去，使工会的钱发挥好作用。不能因为工会可以办企业，就不加限制地到处去搞投资。搞那些东西，出了问题，谁搞的谁负责。另外，工会可以办企业不等于工会机关可以办企业。中央机关都不可以办企业，工会机关还办企业，就等于中央机关变相地可以办企业。所以，这个概念要搞清楚。工会机关不能办企业。这方面我们要很好地学习，按中央精神认真清理整顿我们办的企业。哪些可以办？哪些不能办？哪些项目应该停下来？这些问题，要早点清理，认真审查。全国性的群众组织，不能等到出了问题再去处理。

六、关于维护社会稳定

1999年我国有许多好事、大事，如澳门回归，也有很多热点问题。国外敌对势力要找各种机会捣乱，从内部搞、外部搞；国内敌对势力也在建党建社，加之我们国内矛盾也比较突出，所以今年稳定工作非常重要。稳定是两个方面的问题：一个是国内外敌对势力的捣乱破坏，处理不好影响稳定；第二个是人民内部矛盾处理不当，也影响稳定。国内外敌对势力破坏捣乱比较突出，人民内部矛盾也比较突出，这两个方面都比较突出。而且，国内外敌对势力千方百计利用人民内部矛盾挑起事端，这是今年我们面临的经济、政治形势的一个很大特点。所以,怎样维护政治稳定是我们考虑一切工作的前提。改革、发展、稳定,稳定压倒一切。这是前提条件。我们处理什么事情都应该想到,这样处理有不有利于我们社会政治稳定。在这个问题上,要加强两个纪律。第一,要如实反映情况,不准压制上报问题。现在普遍存在的问题是报喜不报忧。工会还是掌握一些情况的。但工会的情况往往报不上来,党委不让报,但又没能力解决问题,等到问题搞大了,再向中央报。中央有文件规定,不能压制情况不报。这一点我们工会要保持过去好的传统,及时如实地上报。过去上下沟通较好,这几年这个好传统有些破坏,我们向上报得也不够,这样从全局、大局看是不利于稳定的。问题不是靠捂盖子捂得住的,捂也捂不住,捂一个月、两个月,最后还是报上来了,报上来自己也不去做工作,那怎么办?动点武警、公安机关用催泪弹、高压水龙头,这怎么行呢?大量的都是人民内部矛盾,本来很好解决,变成了敌我矛盾。这是不允许的。有些问题如果事先知道,大家沟通沟通,是可以避免的。有的是事情知道后掉以轻心,不要让上级知道,以为捂一捂就过去了,到后来由小变大,闹得越来越大;也有的是出了问题也不报,弄几辆警车、几根警棍"果断"处理了,以为处理得挺好,后来一了解,怎么解决的?用高压水龙头解决的。怎么能随便动用警力呢?要慎用警力!不要动不动就把武警部队开出来,这是不允许的。第二,企业内部的问题,就要在企业内部解决,公安不要进去。下边没有权力随便动用武警、公安力量,必须上报。人民内部矛盾必须用解决人民内部矛盾的办法,不能简单地用解决敌我矛盾的专政办法。否则不但解决不了问题，而且容易造成矛盾激化。稳定问题很重要。出了问题，工会一方面要协助党委做好思想教育工作、疏导工作；另一方面要及时如实上报情况，今年这方面工作尤其应该注意。要从大局着眼，做好稳定工作。

工会工作要服从服务于改革、发展、稳定大局*

（1999 年 2 月 5 日）

我们经常讲，工会工作要放到全党全国工作的大局中去认识和把握，工会工作要服从服务于全党全国工作的大局。现在的大局是什么呢？全党全国工作的大局就是改革、发展、稳定。

工会维护大局的工作，如果把它分析一下，可分成两个大的方面。首先，是对改革、发展来讲，我们的责任就是要把职工群众激发出来的积极性保护好、调动好、引导好，把这种积极性能够引导到深化改革和发展经济上来，作出更大的成绩，迎接我们新中国成立 50 周年。这是工会服从服务大局首先应该解决好、处理好的问题。工会突出维护，要维护职工的合法权益，并不是为维护而维护。我们搞好维护，着眼点还是在于能够进一步调动、保护好职工群众的生产积极性，并通过劳动竞赛等各个方面的组织工作，把这种积极性引导到发展生产、发展经济上来。研究和考虑今年的工会工作，很重要的一个方面就要从这样一个高度来思考问题、提出问题。这是一

---

* 这是尉健行同志在湖北省调研期间与工会干部座谈时讲话的主要部分。

个方面。

工会维护大局的第二个方面的工作就是要维护稳定。稳定在1999年来讲有它特殊的重要意义。如何确保社会稳定，这是全党全国极为关心的、而且要努力做好的工作。对工会来讲，我们同样面临着这样一个任务。工会要从自己的特点、职能出发，为维护社会稳定作出我们的贡献。当前，影响稳定的因素很多，有国内外敌对势力的破坏，等等。但大量的人民内部矛盾如果处理不当也会影响稳定。人民内部矛盾也很多。各个地方引起事端的原因也是多方面的。有的地方经常发生群体性突发事件是拆迁问题，房子拆掉了，新房子盖起来了，但老百姓还没有地方住，告状、请愿的很大比例是这个事。这也是人民内部矛盾。但就全国来讲，现在影响稳定的是劳动关系矛盾的激化，由于劳动关系矛盾没有处理好，带来不稳定的问题是大量的。所以，怎么样把劳动关系调整好，不使这种矛盾激化，这是今年维护稳定很重要的一个方面。做好这个方面的工作，我们工会确实是责无旁贷的。工会的职能很多，但很重要的还是要正确地调整好劳动关系，维护好职工的合法权益，这是我们工会的一个主要的职能。工会服从服务于大局，就要发挥在这方面职能的作用，把劳动关系调整好，来确保社会的政治稳定。

劳动关系需要调整的方面很多，需要工会着手的工作很多。首先，是做好国有企业下岗职工基本生活保障和再就业工作，这是当前调整劳动关系的一个很突出、很尖锐的问题。这项工作当然工会包不下来，但我们也责无旁贷，必须积极配合党政，发挥工会自己的作用，做好应该做的工作。

工会调整劳动关系的第二项工作，就是实施好送温暖工程的问题。当前，由于各种原因造成一部分职工生活遇到暂时困难，甚至有少数职工的生活特别困难。怎么样通过送温暖工程，能够缓解一些矛盾，不至于造成一些问题的激化。这是工会调整劳动关系可以办到、也可以做得比较好的工作。我们提出对特困职工基本生活问题的解决和处理，工会应该作为“第一责任人”。为什么提出这样的问题呢？因为工会是工人阶级自己的群众组织，这个组织的性质、特点和地位决定了我们最了解职工群众的疾苦、呼声和困难。所以，在这个方面工会应该发挥自己的特点和作用，使那些特困职工不因生活困难问题得不到及时解决而带来一些很不好的后果。对特困职工这些困难谁来掌握？谁来反映？就应该是工会。如果工会连这些情况都不掌握，我们没办法来交代这个事情。当然，我们讲工会承担第一责任，不等于说这样的问题都能够包下来。包括有些特殊困难的职工，搞不好会造成一些悲惨的结果，这样的问题应该说是比较少的，少是少，但问题也很突出，涉及的面也比较宽，因素也比较复杂，就是工会掌握了这个情况也不是说就能够包下来。我们讲的“第一责任人”，应该说首先是掌握情况，对于特困职工的一些困难、一些复杂的矛盾，我们解决不了应该及时向党委、政府（行政）反映，通过各方面的协调来帮助他们解决困难。所以，这方面工会尽管有困难，但我们不能退却，因为我们是工人阶级的群众组织嘛！

工会调整劳动关系的第三项工作，就是在企业怎么样开展好平等协商、签订集体合同的问题。集体合同是调整劳动关系的一个很重要的或者说是主要的一个手段。工会要开展好调整劳动关系的工作，就要进一步搞好平等协商和签订集体合同。这项工作湖北省各个企业是搞得不错的，也积累了很多好的经验，但也需要总结和提高。我们强调要从实际出发，可以有一点灵活性。所谓灵活性就是抓这项工作既要有积极态度，但还要从实际出发，实事求是，要从不同的行业、企业类型出发，既不要拘泥于一个标准、一个格式，但也不是说不坚持原则，不要什么标准或任意降低标准。有的企业标准要高一点，内容要完整一点，有的企业可能内容有点局限，具体标准可能降低一点，但目的都是为了将来使内容更完整一点，标准更高一点。当前，不管对经营好的企业，还是经营困难的企业，在集体合同这个问题上我们都要下功夫。今年我们要很好地总结和系统地研究一下，究竟哪些做法是可取的，应该肯定，哪些地方我们做得不够，应该认真改进。有的要研究怎么样进一步扩大签订集体合同的面，有的要研究怎样进一步提高集体合同的质量，更好地发挥集体合同的作用。

工会调整劳动关系还有一个重要的方面，就是维护职工的民主权利、政治权利，也就是维护工人当家作主的权利。这个问题处理不好，也会激化矛盾。有的企业就是因为一些重大事情不跟职工商量，少数人贸然做决定，临时宣布，造成矛盾激化。这些企业如果事先能够工作做得好一点，能够发挥职代会作用，把问题提请职工代表大会来研究讨论，可能就不至于造成这种情况。所以，当前不光是经济利益上存在一些矛盾，职工政治权益受损也会造成劳动关系矛盾的激化，带来一些不稳定的因素。所以，今年我们提出要从抓厂务公开入手，进一步推进职代会制度建设，这个道理也就在这里。如果有的企业工人蒙在鼓里不知情，什么重大的事情也不让知道，把职工当工具一样，拨弄来拨弄去，职工当然有意见。因此，首先要让职工知情，知情才能监督，知情才能参与管理。职代会建设需要做大量的工作，当前从厂务公开入手，来进一步充实、丰富职代会的内容，看来是一个很好的突破口。现在，人们的认识也比较容易统一。我们今年打算开一次会议，来介绍推广这方面的经验。湖北省也有这方面的经验，我也同意今年逐步试点铺开。因为职代会是一个长时期的思想、业务、组织建设的过程，如果笼统地讲要加强职代会建设，人们无从抓起。大家都赞成，大家都难以动手呀。所以，每一个阶段，都要从职代会的某一个环节抓起，看起来这个任务是局部的，但是抓起来是能够抓得住的。如果一步一步地推进的话，最后会使职代会建设大踏步前进。厂务公开就是从这样一个认识来提出问题的。我们希望今年在这方面也能够推进，并取得明显进步。

工会调整劳动关系还有一个方面的工作，就是要进一步扩大工会组织建设的面，使那些外商投资企业、私营企业、乡镇企业等都能够建立起工会来。如果工会都没有，谈不上调整劳动关系。最近，我们调查发现了一些很惊人的问题。有的不把职工群众的生命死活当一件事来看，任意地处理人，任意地打发人，这跟我们社会主义的国家、社会主义的制度是不相容的。这里面有一个很重要的原因，是企业没有工会组织。当然我们进一步讲，你这个企业没有工会组织，还有地方的工会组织，地方工会组织也应该过问，这方面我们是有缺点的。所以，怎么样加强新经济组织工会组织的建设，并且使它发挥作用，这是调整劳动关系的一个重要前提条件。这个问题今年也需要作为一项重要的工作来抓。

工会问题除了人民内部矛盾的一些劳动关系需要调整好外，还面临着与国内外敌对势力作斗争的问题。国内外敌对势力一直没有放弃与我们的斗争，他们叫嚣要在中国成立“独立工会”，妄图借我国签订联合国两个决议的机会，要在中国成立中华全国总工会以外的什么工会。当然，对这个问题我们是声明了的。一是联合国的这两个决议，现在全国人大还没有通过，就是通过以后也还有一条，就是执行这两个决议必须符合我国的法律法规。我们的《中华人民共和国工会法》明确规定，在中国只能有一个工会，就是中华全国总工会领导的工会。但尽管如此，国内外敌对势力仍然千方百计地利用我们当前面临的一些矛盾和困难，妄图借各种各样的名义来建立一些组织，最后达到建立“独立工会”的目的。有的成立这样那样的组织，这些名字看起来都没有什么，当然我们也不能说这些组织就一定有敌对势力插手。但是我们确实要警惕，敌对势力是不会放弃这个机会的。在这样的情况下，如果我们自己不去扩大工会的组织，就等于是把阵地让给别人了。

所以,今年加强工会的组织建设,是一个很重要的任务,这也是调整劳动关系的一个很重要的前提条件。

总之,工会工作一定要放到全党全国工作大局中去认识和把握,我们开展一切工作的着眼点都应该有利于维护国家的大局。我们要从两个方面来维护大局。这两个方面都是从工会的职能出发提出的。不同的单位、不同的行业都要维护大局,但不同的单位、不同的行业维护大局的渠道、方式是不一样的,要不然就没有必要成立这个单位那个单位了。工厂是个经济组织,它维护大局有它的一套做法。工会要从自身的性质、特点、职能出发来维护大局。都是维护大局,但不同行业、不同单位和部门,应该从自己的性质、特点、职能出发,来选择自己服务大局的渠道和突破口。工会就是从两个方面:一是把调动起来的职工积极性,通过劳动竞赛,通过各种方式,把这种积极性引导好、组织好,把这种积极性凝聚到能够完成改革和经济建设任务上来。二是通过正确地调整劳动关系,维护职工的合法权益,来减少劳动关系方面的矛盾,有利于全国大局的稳定。我们主要是从这两个方面考虑问题。一方面就是深刻认识大局是什么;另一方面就是考虑我们的特点、我们的职能、我们的长处是什么,优势在哪里,把两个方面很好地结合起来。如果没有一个明确目标,我们做这样那样的工作,最后无助于大局;或者大局明确了,但我们不是从工会自己的实际、特点、职能出发,这个抓一下,那个抓一下,抓一些自己力不胜任的事情,也无法服务好大局。所以,我们要把服务大局的目标与自己的职能统一起来。如果两个方面结合好了，我们的工作就有成绩了。希望大家在现有基础上，进一步地做好工作，在服务大局的过程中，既作出了贡献，又提高了自身工作的水平。

全心全意依靠工人阶级推进国有企业改革与发展*

（1999 年 3 月 4 日）

今天，我同全国政协和全总的领导同志一起，一是来看望大家，二是来听听大家的意见。刚才大家作了很好的发言。同志们的发言都涉及到全心全意依靠工人阶级、厂务公开等问题，谈得很生动，内容也很丰富，这确实是来自第一线的经验，听了以后很受启发。这里，我就全心全意依靠工人阶级推进国有企业改革与发展的问题，讲一点看法。

明天同志们要听取政府工作报告。1999 年我们国家各方面的任务都很艰巨、很繁重。稳定和发展农业、深化国有企业改革、搞好金融工作是对今年经济工作作出的三大部署，同时，要加大力度确保安定团结的政治局面。搞好国有企业的改革和发展，对于保证我们国家的经济在激烈的国际竞争和激烈的市场竞争中能够平稳健康地发展，对于建立社会主义市场经济体制，实现发展方式的两个根本性转变，促进安定团结的政治局面，坚持社会主义制度，都有十分重要的意义。

---

* 这是尉健行同志在与出席全国政协九届二次会议工会界委员座谈时讲话的主要部分。

党的十五大报告指出，要用三年左右的时间，通过改革、改组、改造和加强企业管理，使大多数国有大中型亏损企业摆脱困境，使大多数国有大中型骨干企业初步建立现代企业制度。任务很艰巨。要完成这样的任务，要从多方面采取措施来解决这个问题。但是，有一个基本点，那就是必须全心全意依靠工人阶级推进国有企业改革和发展。江泽民同志多次强调指出，我们党所领导的改革开放和社会主义现代化建设的全部活动与整个进程，都必须全心全意依靠工人阶级，工人阶级是我们国家的主人，也是企业的主人，工人阶级在国家和社会的领导地位和主人翁地位永远不能变，全心全意依靠工人阶级是我们党必须坚持的一项基本政治原则，任何时候任何情况下都不能有丝毫的含糊和动摇。同样，在推进国有企业改革和发展的过程中，也必须毫不动摇地坚持全心全意依靠工人阶级这一根本指导方针。

全心全意依靠工人阶级不是一个泛泛的口号，它有着实在的内容，而且需要做大量的工作才能实现。江泽民同志讲过，全心全意依靠工人阶级，必须在政治上保证，制度上落实，素质上提高，权益上维护。

对企业来讲，要使党的全心全意依靠工人阶级根本指导方针在制度上落实，最基本的一项制度就是企业的职工代表大会制度。职工代表大会制度的最基本点就是要广泛地吸收职工群众来参与企业的民主管理、民主监督。企业管理既有专业管理，也有民主管理，企业管理是专业管理和民主管理的统一。只有专业管理，没有民主管理，不是一个完整的企业管理。同样，我们要加强监督，既要有专业方面的监督，也要有来自群众方面的监督；既要有自上而下的监督，也要有自下而上的监督，没有群众监督，缺乏自下而上的监督，就不是完整的监督。这个问题应该说我们讲得已经很明确了，不是这几年才提出的，而是在长期的实践中形成的这套制度。应该说这几年来很多企业都重视职工代表大会制度，是能够认真地贯彻全心全意依靠工人阶级方针的。但是，我们也应该看到，这几年来，我们确有相当一部分企业没有认真贯彻全心全意依靠工人阶级的方针，有的企业虽然也搞了一些规定，搞了一些活动，但好多都是形式主义的，没有真正达到职工代表大会的要求。有些企业的领导同志错误地理解厂长负责制的精神，认为搞厂长负责制就是搞个人说了算，可以独断专行，不需要依靠工人阶级，不需要依靠职工，认为职工是听喝的，认为职工是改革的对象，而不是改革的动力，甚至做了很多损害职工利益的事情，使矛盾激化。这样的事情不乏其例。有的企业在作出重大决策时，包括企业改制、变卖、合资、搞股份制，甚至于破产等，在面临这样的重大决策时，不向职工代表大会报告，不跟职工群众商量。当企业要破产了，要关闭了，职工还不知道，这样做不可能不激化矛盾。这些年来，在企业出现决策失误，矛盾激化，很多都跟企业的领导干部在一些重大决策问题上，没有跟职工交底、不跟职工商量有关。在一些企业里，缺少监督，既缺少群众监督，也缺少党的监督，缺少专业监督。在这种情况下，导致了一部分企业领导干部走上了违法犯罪的道路。产生这些问题的原因固然很多，但其中一个很重要的原因就是企业的监督机制薄弱。本来加强监督是对企业领导干部的一种爱护和保护，放松了监督，削弱了监督，就会毁掉一大批干部。这样的教训是相当多的。因此，在当前的情况下，需要很好地研究，怎么样把职工代表大会制度建立健全起来，这是我们有中国特色的企业制度，这是我们共产党的优势所在。要通过职工代表大会这一基本形式，让职工群众参与企业民主管理和民主监督，审议企业的重大决策，审查同意或否决企业的重要规章制度，审议决定职工生活福利的重大事项，评议、监督企业的领导干部，根据政府主管部门的决定民主选举企业负责人。

建立健全职工代表大会制度是一项长期的、艰巨的任务，需要我们做大量的思想建设、组织建设、业务建设等工作。我们现在需要研究，找一些突破口来推动职工代表大会制度的建设。根据各地的经验来看，实行厂务公开是当前推进职代会制度建设的一个很好的突破口。厂务公开，正如同志们发言讲的，企业的重大决策必须向职工群众交底，经过职工讨论，凡是涉及到职工利益的重大问题必须经过职代会讨论通过。企业领导干部的廉洁情况必须向职代会报告，让职工代表来民主评议企业领导干部，搞民主测评，接受职工群众的监督。要监督首先要让职工群众知情，没有知情权就没有监督权，情况都不了解，你监督什么？没有知情权就没有管理权，不知情怎么能参加管理？知情是主人的权利。所以，实行厂务公开，落实职工群众的知情权，这是推动全心全意依靠工人阶级办企业的一个前提条件和基础。今年要在全国大力推行厂务公开这样一项制度。厂务公开不是在职工代表大会之外再搞一个什么制度，正如同志们所讲的，它是职工代表大会的题中应有之义，它本身就是职工代表大会的一个组成部分。当然，从各地经验来看，搞好厂务公开也有利于进一步充实、丰富、健全职工代表大会制度。搞厂务公开是不是又搞了一个新的提法？不是，它就是职代会的工作要求。但又要把它看成是在新的形势下，对全心全意依靠职工办企业，加强职工代表大会制度建设提出的一种新的思路。我们感到，每年都要根据当前的情况，围绕职代会制度建设，提出一项或者两项大家能看得见、摸得着、抓得住的问题抓实。看起来它是局部的，但抓起来能够抓得住，如果一步步地向前推进的话，就会逐步地把职代会制度全面地建立健全起来。厂务公开就是从这样一个角度提出问题的。刚才好多同志讲了这方面的意见和经验，我很赞成，我们准备今年召开一个经验交流会，在这个基础上在全国进一步推广。

全心全意依靠工人阶级的方针要在制度上落实，首先就是要把职代会这一基本制度落实好。同时，贯彻全心全意依靠工人阶级的方针，必须同建立健全现代企业制度结合起来，统一起来。职工代表大会制度，平等协商、集体合同制度也是现代企业制度的题中应有之义，不能离开这些东西去谈现代企业制度。

我们贯彻全心全意依靠工人阶级的方针，不仅要在政治上去维护和保证职工当家作主的政治权利，我们还要积极地维护职工合法的经济权益。在企业里，要有效地调整劳动关系、维护职工经济权益的一个重要手段就是开展平等协商和签订集体合同工作。现在这个机制还不健全。因此,现代企业制度应该包含平等协商和集体合同制度。签订集体合同的工作这几年有了很大的发展,也取得了很好的经验,但是发展不平衡。我们认为,像平等协商、签订集体合同这种调整劳动关系的办法,不仅经营好的企业可以用,经营不好的企业也可以用,而且经营不好的企业更应该用。为什么?因为经营不好、困难大的企业,劳动关系的矛盾也比较多,更应该很好地运用这样一种调整劳动关系的有效的手段和方法。不同企业的条件不同,对掌握劳动标准的分寸可以不同,不能搞一刀切,不能一蹴而就,不能一搞集体合同就必须完全达到劳动标准,要从实际出发,实事求是。有的条件可以相对低一点,低一点是为了将来把劳动标准搞得更高一点。在这些方面都要实事求是,从实际出发,来辩证地处理这些矛盾。

建立现代企业制度还有一个机制也是必须要建立的,这就是在成立董事会、监事会的企业里,必须有工会组织职工选举产生的职工代表参加企业的董事会、监事会,这也是在新的形势下必须贯彻的一个原则。

在建立现代企业制度过程中,一定要贯彻全心全意依靠工人阶级的方针,要体现我们社会主义国家加强社会主义民主、加强基层民主建设的要求。一个领导干部,能不能依靠职工群众,能不能关心职工群众的利益,是对一个领导干部的基本的政治检验。一个企业,要有一个好的领导班子,固然是综合性的要求,但很重要的一条,必须是一个能够全心全意依靠职工办企业的领导班子。

全心全意依靠工人阶级方针的落实，对工会工作也提出了要求。这就要求我们工会在履行各项职能时，进一步突出维护的职能，工会既要维护职工当家作主的政治方面的权利，又要维护职工的合法的经济权利，这与贯彻全心全意依靠工人阶级的方针是统一的、一致的。对工会来讲，这是责无旁贷的，你不搞好这两个维护，不突出这两个维护，你就是在贯彻全心全意依靠工人阶级这一方针上没有尽到责任。我们讲要维护职工的合法权益，这是维护全国人民的总体利益与维护职工群众的具体利益的统一，既要考虑到总体利益、长远利益，又要考虑到当前的职工的具体利益，怎么样把这两者统一起来，这是调整劳动关系一个十分重要的问题。要做好这方面的工作，就要求工会与党委和行政的有关部门配合，加强对职工群众的教育，增强全局意识、改革观念等，通过不断地提高职工的思想道德素质和科学文化技术素质来适应形势的要求。所以，在贯彻全心全意依靠工人阶级方针方面，工会也必须履行好教育职能。

积极推行厂务公开，促进国有企业改革、发展、稳定*

（1999年4月19日）

我们这次会议，是以邓小平理论为指导，认真贯彻落实党的十五大精神的一次重要会议。会议围绕积极推行厂务公开，促进国有企业改革、发展和稳定这个主题，广泛交流了经验。天津、河北、辽宁等省市和其他一些单位介绍了推行厂务公开的做法和体会，使大家深受启发。吴邦国同志发表了书面讲话，对推行厂务公开工作提出了要求，他的意见我都赞成。下面，我讲三点意见。

一、充分认识推行厂务公开的重要性和必要性

党的十五大深刻指出："扩大基层民主，保证人民群众直接行使民主权利，依法管理自己的事情，创造自己的幸福生活，是社会主义民主最广泛的实践。"[①]江泽民同志多次强调，在整个改革与发展的过程中，都要把人民群众的积极性引导好、保护好、发挥好，把人民群众的利益实现好、维护好、发展好，只有这样，我们的改革和建设，才能始终获得最广泛的群

---

* 这是尉健行同志在全国厂务公开经验交流会上的讲话。

① 《江泽民文选》第二卷第30页，人民出版社2006年8月第1版。

众基础和力量源泉。九届全国人大二次会议召开期间，江泽民同志在与天津代表座谈时强调指出，实行村务公开、厂务公开、民主监督，改善和密切了党群、干群关系，取得了好的效果，还要继续推进和完善。胡锦涛同志在对厂务公开经验材料的批示中明确指出，厂务公开不仅使企业基层民主政治建设上了新台阶，而且调动了广大职工当家作主的积极性，使企业的管理和效益达到了新水平。我们要认真学习和深刻领会江泽民等中央领导同志的重要指示精神，以邓小平理论为指导，站在进一步贯彻党的十五大精神，落实全心全意依靠工人阶级的根本指导方针，加强基层民主政治建设，促进国有企业改革、发展和稳定的高度，充分认识推行厂务公开的重要性和必要性。

国有企业改革是整个经济体制改革的中心环节。搞好国有企业特别是国有大中型企业，既是关系国民经济良好运行和长远发展的重大经济问题，也是关系社会主义制度前途命运的重大政治问题。围绕国有企业的改革、发展和稳定，中央制定了正确的方针政策，采取了一系列重大措施，强调要把握好的一个基本政治原则，就是必须全心全意依靠职工群众搞好国有企业。这既是由我们党和国家的性质及工人阶级的地位、作用所决定的，也是充分发挥我们的政治优势的必然要求。对此，各级党组织和领导同志，在任何时候任何情况下都不能有丝毫的含糊和动摇。

改革开放以来，随着社会主义市场经济体制的逐步建立，国有企业在深化改革中不断加快自身发展，扩大了自主权，逐步成为法人实体和市场主体，增强了活力和市场竞争能力，总体实力大大增强。但是也要看到，在新的形势下，随着企业自主权的扩大，有些企业的领导人依靠职工办企业的思想淡漠了，忽视职工的企业主人翁地位和权利，职工代表大会制度形同虚设，对企业改革与发展的重大问题搞少数人甚至个人说了算；有的企业管理混乱，领导人滥用职权，导致国有资产流失，企业严重亏损甚至破产；有的企业缺乏有效的监督制约机制，领导干部贪污腐化、行贿受贿，搞权钱交易，走上违法犯罪的道路。这些都严重地败坏了党风，挫伤了广大职工的积极性，影响了企业的改革、发展和稳定。针对这些问题，一些企业通过实行厂务公开，切实加强职工民主管理和民主监督，有效地调动了职工群众当家作主的积极性，凝聚了职工群众的智慧和力量，促进了企业的改革、发展和稳定。从这次会议介绍的经验和各地实践的情况来看，厂务公开的积极作用和现实意义是十分明显的。

其一，有利于扩大职工民主参与，加强企业的科学管理。国有企业的职工既是国家的主人，也是企业的主人。职工知厂情，是职工民主参与和民主管理的前提条件。职工没有知情权，就没有参与权和管理权，更谈不上行使当家作主的权利，依靠职工办企业就是一句空话。为什么一些企业未能做到依靠职工办企业，为什么一些企业职工代表大会走了过场，原因虽然是多方面的，但对企业的重大决策和涉及职工切身利益的重大事项，职工不知情，被蒙在鼓里，不能不说是一个重要的原因。厂务公开的重要作用就在于通过公开厂情，调动职工的积极性，使广大职工真正了解企业改革与发展的重大决策、涉及职工切身利益的重大事项和领导干部廉政勤政等情况，为广大职工通过职工代表大会等形式行使民主权利，提供了必不可少的条件，打下了好的基础。搞好国有企业必须加强科学管理，而实行厂务公开，恰恰有利于推动企业依靠职工民主管理，进一步搞好民主决策和科学管理。实践证明，厂务公开既有利于职工民主参与和民主管理权利的落实，又有利于企业科学管理获得广泛的群众基础，实现管理的科学化、民主化。

其二，有利于加强职工群众民主监督，推进企业的党风廉政建设。知厂情不仅是依靠职工搞好民主参与和民主管理的前提和基础，也是依靠职工加强民主监督的前提和基础。职工群众最关心企业，最有权参与监督。如果职工对企业的重大决策和经营管理等情况不知情，就谈不上发挥职工群众的民主监督作用。近些年来，一些企业的经营管理和领导干部中出现这样那样的不正之风和腐败问题，一个重要原因就是忽视包括职工群众监督在内的各种形式的监督。这方面的教训是极为深刻的。厂务公开的积极作用，就在于通过“公开”，把企业的经营管理和干部的廉政勤政情况置于广大职工群众的监督之下，并通过职工群众对领导干部的民主评议和民主测评等工作，使职工群众的监督权真正落到实处，形成自上而下和自下而上相结合的监督制约机制，推进企业的领导班子建设和党风廉政建设。实行厂务公开，加强群众监督，既是对企业领导干部的监督和制约，也是对企业领导干部的支持和爱护。

其三，有利于密切企业党群、干群关系，调动干部和职工两个积极性。搞好企业，必须充分发挥干部、职工两个积极性，以形成强大的合力。当前，影响企业党群、干群关系的原因很多，最根本的原因就是一些企业领导干部淡化了“一切为了群众，一切相信群众，一切依靠群众”的思想观念，遇事不与职工群众商量，听不进职工的批评意见，与职工的感情疏远了。在新的历史时期，尤其在深化国有企业改革的关键时刻，各级领导干部增强党的群众观点，坚持党的群众路线，进一步密切与职工群众的联系，是党中央一再强调和着力解决的一个重大问题。推行厂务公开为企业领导干部找到了一个密切与职工群众联系的新途径。通过厂务公开，加强企业领导干部与职工群众之间的双向沟通，架起相互理解、相互信任、相互支持的桥梁，使企业的重大决策和管理措施得到职工群众的理解和支持，就能够进一步密切党群、干群关系，有效地调动干部和职工的积极性，同时也有利于企业劳动关系的协调与稳定。

其四，有利于坚持和完善职工代表大会制度，加强企业民主建设。全心全意依靠职工办企业的一个基本要求，是必须建立健全职工代表大会制度。职工代表大会制度是有中国特色的企业职工民主管理的基本制度。国有企业不管怎样改革，也无论实行什么样的经营管理制度，只要是国有或国有控股企业，都要坚持实行这一基本制度，并且要适应形势任务的发展变化，不断探索职工民主管理、民主监督新的实现途径。推行厂务公开，为我们找到了一个在新形势下既坚持职代会制度，又促进职代会制度建设的有效形式。通过实行厂务公开，可以促使那些没有建立职代会制度或职代会制度不健全的企业，把职代会制度尽快建立健全起来，更好地发挥职代会的作用；对那些职代会制度比较健全、工作开展比较好的企业，实行厂务公开，能够进一步丰富、充实职代会的内容，促进职代会制度的巩固和提高，使职工代表大会制度更好地适应企业改革、改组、改造和加强管理的需要。推行厂务公开，还可以带动企业其他民主制度的建设。

其五，有利于促进现代企业制度的建立，推进企业制度的创新。国有企业改革的方向，是建立以“产权清晰、权责明确、政企分开、管理科学”为主要特征的现代企业制度，实现企业制度的创新。中央早就提出，现代企业制度这四个方面的基本要求是一个统一整体，不能只强调产权一个方面而忽略其他方面。实现这个基本要求，必须在理顺国家与企业关系的同时，同步理顺企业与职工的关系，明确所有者、经营管理者和职工的责、权、利，并切实在企业的管理体制、机制、制度等诸多方面充分体现出来，使国有企业真正成为法人实体和市场主体，做到自主经营、自负盈亏、自我发展、自我约束。为此，建立科学的企业领导体制和组织管理制度，调节所有者、经营管理者和职工之间的关系，形成激励和约束相结合的经营机制，就显得尤为重要。厂务公开正是从推动企业形成激励和约束相结合的体制、机制、制度等方面发挥作用的，它有利于促进企业制度的创新，增强企业内部的凝聚力和市场竞争力。

二、认真处理和解决好推行厂务公开中的几个问题

几年来，各地在推行厂务公开中进行了积极探索，取得了不少有益的经验。这次会议交流的经验充分反映了这项工作的成效。如何进一步推行厂务公开，需要我们在现有工作的基础上，结合各自实际，进一步处理和解决好以下几个问题。

一要着眼于促进国有企业的改革、发展和稳定。推行厂务公开本身不是目的，它是解决问题、推进工作的一种手段，目的在于贯彻落实党的全心全意依靠工人阶级的方针，保障职工当家作主的权利，调动包括经营管理者在内的全体职工的积极性和创造性，促进企业改革与脱困三年目标的实现，进一步推动企业的改革、发展和稳定。要达到这个目的，必须正确处理好国家、企业、职工三者之间的利益关系，处理好经营管理者与职工群众之间的利益关系。在社会主义中国，特别是在我们的国有企业，从根本上讲，全国人民的总体利益与职工群众的具体利益是一致的，经营管理者与职工群众的总体工作目标也是相同的，都是为了推进企业的改革、发展和稳定。要坚持总体利益与职工具体利益相一致、相统一的原则，努力做到在实现全国人民总体利益的同时，实现包括经营管理者在内的职工群众的具体利益。同时，要处理好维护职工物质利益与维护职工民主权利的关系，既要维护职工具体的物质利益，又要维护职工当家作主的民主权利，只维护物质利益不维护民主权利，或者只维护民主权利不维护物质利益，职工群众的积极性都难以充分调动起来。正如江泽民同志在安徽考察农业和农村工作时所强调指出的，必须在经济上充分关心农民的物质利益，在政治上切实保障农民的民主权利，把调动农民的积极性作为党制定农村政策的首要出发点。同样，必须在经济上充分关心职工的物质利益，在政治上切实保障职工的民主权利，把调动职工的积极性作为党制定国有企业改革与发展政策的首要出发点。我们还要处理好维护职工合法权益与尊重经营管理者管理权威的关系，既要实现好、维护好、发展好职工群众的合法权益，引导好、保护好、发挥好职工群众的积极性，又要引导职工尊重和支持经营管理者依法行使职权，自觉服从企业生产经营管理的统一指挥。我们维护职工合法权益的着眼点在于保护、调动和发挥职工群众的积极性，并把这种积极性引导到搞好企业、完成党和政府提出的各项任务上来。因此，必须把充分调动各方面的积极性，不断促进国有企业的改革、发展和稳定，作为我们推行厂务公开的目的和检验这项工作成效的根本标准。

二要坚持从实际出发突出重点。推行厂务公开，涉及企业生产经营管理、职工生活福利和廉政建设等许多方面的内容，除了国家法律规定的保密事项和企业的科技、商业秘密之外，企业的各项重大事项都可以公开。厂务公开要取得实效，达到目的，必须紧紧围绕企业改革、发展和稳定的任务，突出重点，加强针对性。从一些单位的实践情况来看，大家依据有关法律法规的规定，把企业的各项改革方案、发展规划、经营责任制、扭亏增盈方案等重大决策和生产经营管理问题，职工下岗分流和再就业、工资奖金分配、住房、保险福利等涉及职工切身利益的事项，企业业务招待费及领导干部执行廉政准则等情况，也就是把企业改革和发展的难点、职工群众关心的热点、企业廉政建设的关键点，作为厂务公开的重点，是值得学习和借鉴的。各个企业的实际情况不同，厂务公开的重点可以有所不同，就是同一个企业在不同时期，公开的具体内容也可以有所侧重。各个企业具体公开什么，要从自身实际情况特别是企业和职工最关心的问题出发，哪些问题最制约企业的改革、发展和稳定，哪些问题最影响职工群众的积极性，哪些问题最关联企业的廉政建设，公开就先从哪里入手。

三要坚持以职工代表大会为基本载体。职工代表大会制度是企业职工行使民主管理、民主监督权利的基本制度，既有明确的法律依据，又有长期的实践经验，在新形势下需要更好地加以坚持、完善和发展。建立健全职工代表大会制度，加强职工民主管理工作，需要加强思想、组织、业务等诸多方面的建设，这是一项长期的任务，但在一定时期又必须抓住一两个主要问题来加以推进。近几年来，我们先后提出企业业务招待费要向职代会报告，职代会每年民主评议一次企业领导干部，等等，都收到了比较好的效果。根据各地的经验，当前，通过实行厂务公开来推进职代会制度建设，无疑是一个很好的突破口。推行厂务公开不是在职代会制度之外再搞一个什么新的制度或新的办法，也不是在职代会职权之外又增加什么新的职权，厂务公开本身就是职代会制度题中应有之义，是新形势下更好地坚持职代会制度、落实职代会职权、发挥职代会作用的客观需要。职代会作为企业职工行使民主管理、民主监督权利的基本制度，任何时候都必须坚持。同时又要根据形势的发展变化，不断丰富、充实新的内容，以推进这一制度的完善和发展。从各地的实践经验来看，在坚持每年向职代会公开报告有关事项的同时，探索了许多新途径、新办法。有的将公开的内容在提交职代会之前，先通过党政工联席会或职代会专门委员会（小组）或职代会主席团会议等进行审议，形成预审制，加强公开前的监督，确保公开内容的真实性；有的通过职工民主议事会和厂情发布会、厂务扩大会等形式公布有关内容，听取职工群众的意见；有的采用公开栏、厂报、板报和企业的广播、电视等多种形式和手段，适时向职工群众公开有关事项；有的建立厂务公开监督评议小组，针对公开的内容是否真实、时间是否及时、程序是否合理等，广泛听取职工群众的意见，强化监督检查。这些做法，既坚持职代会的基本制度，又不拘泥于职代会原有的一些做法，注意探索新的途径，充实新的内容，采用灵活简便易行的方式，加强了职代会闭会期间的厂务公开工作，促进了职工民主管理、民主监督的经常化、制度化。

四要与建立现代企业制度相结合。厂务公开不是孤立的，是加强和改善企业整个管理的一个重要内容，不能就厂务公开抓厂务公开。厂务公开既涉及企业各个方面的工作，又需要各个方面的工作来推动。要确保厂务公开切实有效、持之以恒，必须有先进的企业体制、机制、制度和科学的管理作保证。推行厂务公开，一定要与深化企业改革、搞好“三改一加强”、建立现代企业制度和加强思想政治工作等结合起来抓。如果企业没有一套按照现代企业制度要求建立起来的决策、执行、监督体系，没有严密的科学管理，没有健全的劳动关系协调机制，没有强有力的思想政治工作，厂务公开就很难健康发展。企业管理混乱、基础工作薄弱、数据不准确，即使公开了，职工也难以监督，这种公开也就失去了意义。实行厂务公开，不少单位都从推动建立现代企业制度着眼，有的注意推动董事会、监事会中职工代表作用的发挥，有的注意推动平等协商和集体合同制度的建立，有的注意推动必须把职代会民主评议企业领导干部的结果作为组织部门考察、使用干部的重要依据，有的注意推动企业党风廉政建设、建立健全企业监督制约机制，有的注意推动整顿企业管理、加强基础工作、完善规章制度，等等。这些好的做法，既使厂务公开有了制度和业务的保证，又丰富、充实了企业管理的具体内容，推动了现代企业制度的建立。

三、切实加强对推行厂务公开工作的领导

实行厂务公开，在促进国有企业改革、发展和稳定中已经发挥了良好的作用。所有国有、集体企业和国家、集体控股的企业都应该大力推行，不断扩大厂务公开的覆盖面，努力提高这项工作的水平，求得更加积极的效果。

要狠抓认识的提高。要结合厂务公开工作的实际，加强理论学习，加强思想政治工作，努力搞好实行厂务公开的目的、意义和作用的宣传教育，使广大干部职工不断加深对实行厂务公开重要性、必要性的认识，进一步坚定信心，明确方向；要动员和组织广大职工积极参与，加强对职工的教育培训，努力提高整体素质，不断增强职工的民主参与意识和参与能力；要努力提高企业经营管理者的认识，取得他们的重视和支持，形成一种良好的舆论和工作氛围，不断把厂务公开工作推向深入。

要切实加强领导。党委要把推行厂务公开工作纳入重要议事日程，统一部署，统筹安排，认真组织，为这项工作的健康稳步发展把握方向，创造条件。行政和纪检、监察、组织部门及工会、共青团等，都要根据党委的统一安排，发挥自身优势，各司其职，各负其责。工会组织要积极主动地承担起推行厂务公开的日常工作。要逐步建立起党委统一领导、党政共同负责、有关方面齐抓共管、职工群众全员参与的工作体制和运行机制。

要加强研究与探讨，总结经验逐步推广。厂务公开虽然取得了比较好的效果，但不论是点上还是面上的工作，都有许多新情况新问题需要我们不断研究和探索。各地、各有关方面要坚持从实际出发，加强调查研究，因地制宜，分类指导，讲求实效，不搞一刀切，力戒形式主义。要结合各自实际，认真总结和借鉴先进经验，加大宣传工作的力度，发挥典型的示范作用，以点带面，逐步推广。要把总结推广实行厂务公开的经验与总结推广加强职代会制度建设和建立现代企业制度的经验结合起来。各地要在实践的基础上，积极探索形成适合各自特点的指导性意见，制定规划和实施方案，加强推行过程中的督促检查，努力把这项工作不断向前推进。

依靠职工群众解决国有企业面临的突出困难和问题*

（1999年6月21日）

打好国有企业改革和发展攻坚战，集中力量解决国有企业面临的突出困难和问题，是今年经济工作的重中之重。搞好国有企业，必须坚定不移地贯彻全心全意依靠工人阶级的方针。实现、维护、发展包括工人阶级在内的最广大人民群众的利益，是改革和建设的根本出发点，始终是我们最大最重要的政治。作为党联系职工群众桥梁纽带的工会组织，要在国有企业改革和发展攻坚战中更好地履行各项社会职能，就必须切实把维护职能进一步突出出来，维护好职工群众的经济利益和政治权利。一方面，要坚决贯彻《中华人民共和国劳动法》，继续大力推行平等协商、集体合同制度，并以集体合同规范劳动合同，进一步调整和理顺劳动关系，维护好职工群众的经济利益；另一方面，要继续大力推行厂务公开，坚持和发展职工代表大会制度，确保职工群众在企业的主人翁地位，维护好他们参与民主决策、民主管理、民主监督的政治权利。

关于厂务公开问题。这个问题似乎是一个具体工作方

* 这是尉健行同志在甘肃考察时与工会干部座谈时讲话的主要部分。

法、工作要求问题，但根本问题是在社会主义企业要不要全心全意依靠工人阶级，职工是不是企业的主人，搞好企业究竟依靠谁这样一些根本性问题。要在企业贯彻全心全意依靠工人阶级的根本指导方针，我们国家长期以来形成了一些基本的制度，其中一个重要制度就是职工代表大会。现在推行厂务公开，就是为了把体现这一根本指导方针的一个基本制度，在新的形势下往前推进一步。从这个意义上讲，就没有什么必要还是不必要推行的问题。这是搞社会主义企业的一个基本要求，是我们国家办好企业的一个重大优势。本来这不是一个新问题，是我们党历来强调和坚持的基本观点，但有的同志却接受不了。这些年来，有的同志强调办企业就得靠厂长，一切问题都应该由厂长一个人说了算，事实上，这就是把厂长负责制理解为少数人甚至一个人可以独断专行。在某些人的头脑里，实际上是把企业职工作为一种工具，是把职工作为雇佣劳动者来看待。我们要学习西方国家一些先进技术，也要学习他们好的管理经验，但绝不能学习资本主义的一些腐朽东西，不能把我们应该抵制和反对的资本主义企业中一些生产关系方面的东西也搬到我们社会主义的企业来实施。

有人提出，实行厂务公开，那还要我厂长干什么？我这个厂长还起什么作用？这些思想认识归根到底是在社会主义国家办企业究竟依靠谁这样一个根本问题。当然，依靠谁这个问题也不是、更不能简单理解为，强调要全心全意依靠职工群众，就把它跟依靠厂长的努力割裂开来、对立起来。这两者是一致的、统一的。在社会主义企业里，厂长也好，经营管理者也好，工人也好，都是职工，都是工人阶级的一部分。我们讲全心全意依靠工人阶级、依靠职工，当然包括厂长在内，而且厂长、厂的领导干部、经营管理者是一支十分重要的力量。为什么我们强调要选配好一个企业领导班子，就是因为领导班子、一个好的厂长非常重要。我们不能因为搞厂务公开就又忽视这个方面的问题。恰恰相反，我们必须加强企业领导班子建设，注意选配一个好的厂长、好的领导班子。搞厂务公开，在强调加强领导班子建设的同时，还要强调加强职工队伍建设。这些问题，就是在搞厂务公开以后也会有一些不同的认识，这是难免的，各种不同的认识，一下子把它统一起来也很难。

从更广义来讲，这项工作也涉及到在加强社会主义民主法制建设中，怎么样加强基层民主建设，发扬社会主义民主的问题。因此，各级党组织也好、工会也好、经济管理部门也好，都应该坚决地推行这项工作。厂务公开不是单独作为一个问题提出来的，它是跟政务公开、村务公开一起并列提出来的。这是加强社会主义民主政治建设的一个重要组成部分。如果再扩展一点讲，这也是加强党风廉政建设、反腐败斗争和发挥广大群众监督作用的一个很重要的措施。这些道理很多同志是理解的，但也不是所有的人都这么认识、都这么理解。要搞好这项工作，一方面要针对这样那样的不同看法，积极做工作，从理论上、道理上讲清楚，逐步提高这些同志的认识，统一思想。这是很重要的。另一方面，就是要靠在实践中，通过开展这项工作带来的好处、成果、效益，来进一步解决这些思想认识问题。这就是说，我们既要宣传，而且更重要的还要通过实践来显示抓厂务公开的必要性、优越性。这是一个需要我们认真注意的问题。

为了搞好厂务公开这个实践，一方面要有些规范、有些制度，总结概括一些共性的问题，这是必要的。没有这样一些规范和制度，就很难去指导各个方面的工作。另一方面，很重要的一点，就是要力求实效。要从各地、各个企业、各个时期的实际出发，来研究处理厂务公开方面的问题，使这项工作能更有实效。实行厂务公开，当然应该指出哪些问题应该公开，既不能任意扩大内容，也不能任意缩小内容。这是必要的。但在这样一个大框框下，对一个企业的一定时期来讲，确实还应该抓住当时的要害、关键，抓住群众最关心、最担心的问题实行公开，不苛求面面俱到。否则，会冲淡应该着重解决的问题。因此，要坚持从实际出发，突出重点。如果说有的企业工作处理得很好了，当然公开也好，但群众会感到公开不公开差不多。但反过来，有的企业工作处理得不怎么好，群众在这个时期最关心、议论最多的问题，大家最希望能够了解的问题，如果得不到公开，他就会感到这种公开也不解决问题，认为我不太关心的问题你倒面面俱到地公开，搞得很完整，形式也很丰富，而最关心的问题反而未涉及到。所以，公开的内容一定要从实际出发，要抓住要害。这确确实实是一个需要我们很好研究的问题。公开的内容不要求全面，不要求完整，但要求必须解决问题。从一些单位的实践经验来看，厂务公开要以职代会为基本载体，这是重要的。但又不能仅固定、限制在职代会期间搞公开，它应该是一个经常性的工作，做到及时公开。所谓及时，就是不能仅固定在一年两次职代会上。有的问题今天发生了，恐怕这一两天内就应该及时通报情况，让大家知道。这很重要。突出重点，做到及时，一个根本的问题就是要讲求实效，要及时满足职工群众了解最关心问题的要求。要真正做到这点，确实有大量工作要做。我们总结经验，需要从这些方面好好去总结。

为什么在今年突出地提出厂务公开，主要是考虑到现在有不少中小企业，也有一部分新的企业，当然也包括一些老企业，领导班子在不断调整，有些领导同志对于民主管理、民主监督缺少明确的认识，工作上也有疏漏，职代会的工作也开展不了。所以，我们提出抓住厂务公开这个环节，来进一步提高大家的认识，推进民主管理、民主监督，推进企业职代会制度的建设。从全国来讲有必要提出这样一个要求。但对于一些国有大企业来讲，工作基础比较好，原来已经有一套依靠职工办企业的体系和路子，不要因为提出厂务公开，打乱了原来的一些工作布局。厂务公开作为一个名词好像是个新的东西，但从实质上讲不是一个新的东西，过去我们很多企业实际上已经体现了它的要求。对于基础比较好、工作也搞得比较好的大企业，不要因为我们提出厂务公开，打乱了原来的一套工作程序，好像为了体现重视、响应号召，又单独再布置一套，这没有必要。大家就是按照中央这样的精神，结合过去的工作基础和工作路数，把它进一步贯彻下去、提高一步就可以了。至于说是不是一定要开一个什么会，是不是另外做一个什么安排，这都不是主要的，还是看工作的实质，是不是进一步体现了全心全意依靠职工办企业这样一个精神。

搞厂务公开，搞民主管理、民主监督，一个很重要的条件，就是要提高职工的素质。既要提高领导者的素质，提高他们在这方面接受群众监督的自觉性，依靠职工办企业的主动性，也要提高职工群众参与民主决策、民主管理、民主监督的自觉性和积极性，还要提高职工群众参与的能力和水平。这当然需要党委加强这方面的领导和教育，对工会来讲也有一个教育职工的问题。检查、考核某个企业贯彻天津厂务公开会议精神了没有，不要去看形式，开过什么会，搞过几条规定，而要看实质、看效果，看他们整个工作的指导思想和路数。不要因为全国开了这个会，又在原来已经搞得很有条理的基础上另外搞一套办法。要实实在在地去提出要求，实实在在地去考核这项工作的效果。如果有的方面需要补充当然可以，就是不要搞形式主义。我们不讲究开了多少会，写了几个新的规定。这方面的问题已经解决了，开会干什么？这方面已经有规定了，你再搞什么规定？搞不好职工都搞不清楚了，又来新的一套了，有职代会怎么还有个厂务公开，是不是又有新的提法。不要这么搞。不要让一些大企业、工作好的企业，由于这种部署打乱了他们原来的部署，给他们增加一些不必要的形式主义的工作。从我们工会来讲要注意这个问题。有的企业尽管说开了几个会，也写了简报，但也不能认为这项工作就一定是搞好了，现在都可以把简报写得很好。

搞厂务公开，所有国有和国有控股企业都要搞，但现在看来，工作的重点还是要放到中小企业去。真正违反劳动法律法规，破坏劳动合同，使职工在经济上甚至人身、人格上受到迫害和欺凌的，更多的是中小企业、外商投资企业、私营企业。当然，外商投资企业、私营企业能不能搞厂务公开是另外一回事。总的意见是国有和国有控股企业都要抓，但更要把精力放到中小企业去。大企业要抓，通过他们的工作更好地总结和积累经验，以利于我们指导其他企业。当然，中小企业也不能照搬大企业的办法，但依靠职工办企业的这种精神都是一样的。有些同志提出，厂务公开中小企业还搞不搞，特别是困难企业工资都发不出去，还搞什么厂务公开。事实上，越是困难的地方，越是需要发扬民主，越是需要跟职工沟通，越是需要搞厂务公开，而且应是重点。困难企业很多，但是出问题较多的企业有一个特点，就是企业领导班子作风不好，有的是民主作风不好，遇事不跟群众商量，因不沟通而造成误解、造成矛盾，重大问题迟迟不决定，结果造成矛盾激化；有的是搞不正之风，以权谋私，甚至是腐败。这样的企业就更需要搞厂务公开。职工要跟企业共渡难关，你又不跟职工交底，你少数人能渡得了难关吗？

我们推行厂务公开的着眼点，是通过厂务公开进一步搞好民主管理、民主监督，发挥职工群众当家作主的作用，进一步建立和健全职工代表大会制度，推进企业的党风廉政建设。所以，在实践中不能孤立地抓厂务公开，也不能静止地抓厂务公开。我们既要抓厂务公开，又不能停留在或者满足于搞公开。公开不是目的，公开的目的是让职工群众知情，便于民主管理，便于民主监督。厂务公开开始时，当然要着重研究公开的一些内容、形式、方法，但是作为企业总体安排和考虑来讲，不要把它作为一项单独的、孤立的工作来抓，它是整个企业民主管理、民主监督中的一个重要组成部分，是当前从这里抓起来，推进民主管理、民主监督，是作为一个契机。

搞厂务公开，有的同志赞成，有的同志还有一些怀疑，或有不同意见，这是正常的。解决这个认识问题，要从两方面抓。一方面，认识问题要从认识上去解决，包括学习、宣传。要学习邓小平理论，学习中央的方针、政策，学习江泽民同志的一系列讲话精神，包括中央今年 9 月份要召开的四中全会精神，等等。要通过学习宣传党的理论、路线、方针、政策，去解决认识问题。另一方面，认识问题还要靠在实践中去不断地解决。因为有的认识问题光讲道理是不行的，必须在实践中用实际效果来说服、来证明这项工作的必要性、有效性，让一些同志能够逐步地接受。在实践中，就是要确确实实切合职工的需要，及时地、有针对性地搞好厂务公开。

总之，当前要继续加大对厂务公开的宣传，不断提高认识；厂务公开必须以企业职工最关心的问题为重点；在坚持以职代会为基本载体的同时，要采用各种灵活多样的形式向广大职工通报厂情；要注意公开的及时性，有些问题必须事前公开，以利于搞好事前监督。

关于平等协商、签订集体合同问题。这也是我们当前的一项重点工作。对这项工作，有的同志感到好，抓了也有效果，也有的可能认为有点走形式，也有的同志感到没有必要，甚至有的感到不应该这样干。这里同样有个认识问题,也有一个实践问题。实践问题就是怎么样使这项工作能够有更多的实效,使这项工作确实能够起到调整劳动关系和维护职工合法权益的作用,确实有利于企业的改革、发展、稳定。集体合同涉及的内容是广泛的,但要抓重点,要抓这个企业最要害的问题,要抓这个企业职工群众最关心的问题,厂领导最关心的问题,对企业的改革、发展、稳定最关切的问题。这里重要的问题就是要坚持从实际出发。过去历史上我们也搞过一些合同,一般比较多的是注意一些经济指标,是法定的、常规的、传统的经济指标,比如对职工来讲,有什么责任,今年要完成什么任务;对企业来讲,要承担什么责任,要保证做到什么,等等。常规的要不要?要。常规的、传统的指标,说明这些东西还是很主要的。但企业的情况也在发生变化,不能千篇一律地搞一套法定的指标放到集体合同里。比如,有的企业有职工下岗问题,有再就业问题,有的企业要破产,或者快要倒闭了,你说这些企业要不要搞集体合同,当然也要搞集体合同,问题是它的集体合同的内容是什么,你就是要把职工下岗问题纳入到集体合同中去,把再就业问题纳入到集体合同中去,也就是把职工最关心、企业最要害问题纳入到集体合同中去。我们不要拘泥于集体合同一般应该包括这个、那个,那是一般情况下讲的,你现在这个企业碰到特殊情况了,你就要把这个特殊问题作为集体合同的主要内容,甚至于全部内容。所以,不要强求完整,不要强求过去怎么干、平时怎么干,还是应该针对当时企业的实际情况,针对当时的需要,来很好地处理集体合同的内容。不然的话职工也不会关心。现在有好多企业,个人的劳动合同有的是很不合理,尤其是一些私营企业。怎么办?如果我们有一个好的集体合同,针对这些问题规定几条,你可以用集体合同去规范每个工人的劳动合同,这样就不容易让老板任意搞一些不合理的、不平等的劳动合同。有的集体合同可能一定时期一条就够了,不求全,不要面面俱到。集体合同大企业要搞,但中小企业是重点,外商投资企业、私营企业更是重点;经营状况好的企业要搞,困难企业更要搞。困难企业同样涉及到这个问题。有的都不生产了,也没有这个指标那个指标了,搞什么?就是在不生产的情况下,企业职工最关心、最需要解决什么问题,就把它纳入到集体合同里去。

总之,认识问题既要从认识上去解决,还要靠实践去解决。要强调从实际出发,针对职工群众最关心的、最不满意的问题,抓住重点把它纳入平等协商、集体合同这个制度里去。也就是说,所有企业都必须把职工群众最关心的劳动权利问题作为集体合同的重点。对困难企业来讲,必须把在兼并破产、下岗分流、减员增效过程中分离出来人员的生活和工作安置问题作为集体合同的重要内容。

搞平等协商的时候,上级工会的参与,这在当前尤其是刚开始推行的时候很有必要。我们应该体谅基层工会搞平等协商的一些难处,如果有上级工会参与,有些问题就比较好办。不能要求私营企业工会建得像国有企业工会那样,这不可能、也不必要。我们宁可在私营企业的行业工会上加强力量,让这个私营企业的行业工会去做一些本来应该由私营企业工会做的事情。为什么呢？因为现在你要私营企业的工会主席或者工会代表，完全按原则据理力争，是有难度的。如果他上面有一个上级工会，可以代替他做一点工作就好多了。深圳蛇口工业区工会就是这样开展工作的。蛇口有好多外商投资企业，也都成立了企业工会，但要求这些企业的工会主席都像我们国有企业工会主席那样去工作不可能，要求外商投资企业工会主席的素质都像我们国有企业工会主席那样也办不到。怎么办？上级工会要支持他。他开展工作遇到一些难题时，比如签订集体合同有了矛盾，就由工业区的工会出面去处理，这样既有利于促进工作，也分担了基层工会的一些困难，支持了基层工会的工作。所以，在这种情况下，体制上要灵活，我们不能拿国有企业那一套要求，放到外商投资企业、私营企业里去。这种情况下上级工会代表的参与，是一种支持，会使平等协商能够比较有效地开展起来。这些看来是一些具体做法，但它都是在实践里面摸索出来的一些新的东西。当然，这些问题一下要实现也不是很容易的，要一步一步地来。作为一个方向，一定要坚持，作为一项工作，要一步一步去推进。

关于加快新经济组织工会组建问题。现在看来，我们的工作路数要在实践中摸索。要根据新的形势，不断地提出一些新的要求。经过一段实践，确实是行之有效、也是应该的，然后争取纳入到党的有关决定、文件和国家的有关法律法规中去。从推动工作的角度来看，今后的工作程序大概就是这样，包括工会自身的改革。究竟工会内部的机构怎么能够适应新形势的要求？现在我们的机构跟我们抓的这些工作就不适应。比如市区里边那些街道企业、私营企业、小饭店，那里边都有雇工，一个小饭店才三两个工人，你要他成立工会小组都很难，成立了也不起作用，但是街道可以把几个小饭店的工人组织起来，成立一个联合工会为职工说话。像这样一些问题如果不从组织形式上去解决是不行的。我们要维护工人利益，你组织上都不解决，工会都没有，怎么维护呀？这就有个加快新经济组织工会组建的问题。同时，就是在我国境内的外商投资企业，尽管有的企业现在还没有建立工会，但如果企业里面违法乱纪、迫害工人，当地工会也有责任、有权利来干预，要出来说话，不能眼看着我们自己的工人遭受他人的欺凌。能不能搞个外商投资企业工会联合会，搞个私营企业工会联合会？这个工会联合会专门管这项工作。一方面去组建工会，一方面去了解情况，替工人说话。这些都涉及到工会自身的改革，包括内部的机构，包括我们产业工会的机构。

新经济组织工会组建工作一定要加强。一方面，这是为了更好地维护职工群众的利益，总得有工会组织去代表和维护。另一方面，从政治上讲，也有一个跟境内外敌对势力作斗争的问题。现在，敌对势力就是企图在中国成立“独立工会”，打着关心下岗职工、关心一些困难企业职工等名义煽动成立“独立工会”。利用一些企业的矛盾，或者矛盾激化时的一些群体事件，千方百计地想插手和参与这些事情，目的是为了成立脱离中华全国总工会的另外一个“独立工会”。所以，如果有些行业、有些企业不去及时地组建工会，很容易给他们以可乘之机，尤其是沿海地区。我们要注意，有的倒不一定是敌对势力直接操纵，但企业如果没有工会，出了矛盾他们也会自发地组织起来，有的以“同乡会”的组织形式，这都不利于处理好矛盾。所以，工会组建工作还是当前应该抓的一个重点。我们把这些小企业工作的着力点放在上面那个行业性的工会上，而对于企业工会总的要求是要建起来，但对建起来的要求和标准不要太高，不要求非得有脱产的工会干部，也不要求必须有什么这样、那样的分工，完全可能都没有脱产的。但只要有这样一种组织形式成立起来了，有些工作我们上面可以帮助它、支持它，甚至也可以代替它干一些，恐怕一下子要求它很完整、很健全也不可能。在外商投资企业，加强工会工作也有助于加强党的建设。因为有的企业成立党的组织难度可能更大一些。这样的企业可以先成立工会，我们工会可以在党的直接领导下开展工作。我们的工会主席有的还可能是支部书记，这都是可以的。这有利于工会工作的发展，有利于加强这些企业党的工作。

关于处理好几个关系问题。厂务公开问题，集体合同问题，下岗职工问题，新经济组织工会组建问题等，都是互相联系的，它们不是孤立的。比如，搞厂务公开，我们不是孤立地抓厂务公开，抓厂务公开的目的是为了更好地推进职工的民主管理、民主监督，推进全心全意依靠工人阶级这样一个根本指导方针的贯彻落实，加强群众对干部的监督，等等。所以它是维护职工政治方面权益的一种体现。这些关系都是联系在一起的。又比如，集体合同好像是在生产经济领域，或者是在劳动权利方面的问题，但把平等协商、集体合同制度抓起来，也有助于推进职工代表大会制度的建立。要搞集体合同，就得开职工代表大会来讨论通过，这本身就是对职工代表大会的一种促进，对它的内容的一个充实。搞集体合同更多的是侧重在维护上，但另一方面，它也有助于在企业进行群众监督、民主监督。因此，这些工作都是互相联系的。在处理这些问题的时候，既要一个一个问题很好地去处理，又要看到它们之间是互相联系、互相促进的，因而不能孤立地就事论事地去抓。

如果把这几件事情更放大一点来讲，我们抓厂务公开、抓集体合同、抓送温暖工程、抓促进下岗职工再就业等，这些问题看上去都是一件一件的工作，一件一件的事情，但它离不开我们工会工作总的指导思想和工作方针。这些问题都是在这个总的指导思想和工作方针下形成的一些做法和要求。江泽民同志多次强调，实现、维护和发展人民群众的利益，始终是我们最大最重要的政治。这不是对哪一个领域、哪一个部门讲的，这也可以说是我们党一个总的指导思想，因为我们党的根本宗旨就是全心全意为人民服务，我们没有别的目的、别的利益。这是从全党来讲的。联系到我们工会来讲，为什么要组织工会？当然工会有很多工作、很多职能，但是最突出的一个问题，就是工会要维护职工的合法权益。维护职工合法权益，这是对我们工会最基本的一个要求。所以，我们强调要突出维护职能。当然，我们不是说单打一就是一个维护，但是维护是突出的。工会不搞维护，工人参加工会有什么用、干什么？

在强调突出维护时，我们一再强调要处理好两个关系。第一个关系，我们讲的维护是在维护全国人民总体利益的同时，更好地表达和维护职工群众的具体利益。我们要把两者很好地统一起来，既要维护我们整个国家的总体利益，又要维护职工的合法权益，不能搞单打一。我们不能因为是工会，只讲维护职工的利益、当前的利益、具体的利益，不考虑整个国家的利益、长远的利益、企业发展的利益，这是我们要强调的一个关系。这也是在搞厂务公开、搞集体合同等工作时都要认真把握的原则。第二个关系，就是既要维护职工群众经济方面的权益，又要维护职工群众政治方面的权益。我们工会不是为维护而维护，我们跟资本主义国家工会不一样。我们维护职工的合法权益，着眼点是为了保护、引导、发挥好职工的积极性。如果经济利益没有保障，要损害职工的积极性；如果不保障政治权益，也要损害职工的积极性，职工也不是简单地就靠几块钱就来了积极性的。职工最根本的积极性，还是因为他们是我们国家的主人、企业的主人。因此，我们强调要调动职工政治上的积极性，要维护职工政治上的权益。我们维护职工群众的利益，目的是为了更好地保护职工的积极性、调动职工的积极性。积极性调动起来干什么？是为了更好地完成党和国家提出的任务，完成企业的任务，完成改革、发展、稳定这方面的要求。因此，中国的工会不是一个行会组织，单纯地维护我们会员的局部利益。我们不是为维护而维护，我们是中国共产党领导下的一个工会组织。我们必须服从大局。大局是什么？就是改革、发展、稳定。这是全党的大局，同时也是我们工会的大局。我们维护也好，调动积极性也好，最后都不能离开服从服务于这个大局。从更大的方面来讲，我们抓厂务公开，抓职工代表大会制度建设，抓平等协商、集体合同，抓送温暖，抓下岗职工再就业，抓新经济组织组建工会，等等，在抓的过程中，一定要看到这些工作的地位是处于这样一个格局下的。不是离开这样一个大局来就事论事，孤立地、片面地去处理问题。工作是要一项一项地去抓，但在抓每一项工作的时候，我们心中一定要装着大局，要从全局出发来处理各种矛盾，这样就会使得我们更好地掌握政策、掌握分寸，能够更好地使这些具体工作一步一步地发展。

总之，我们必须看到工会各项工作之间是互相联系的。我们务必要把这些关系搞清楚，把这些工作跟我们工会的职能，把这些工作跟我们工会要服务的大局联系起来。如果这些思想明确了，那么工作中遇到矛盾，处理问题时怎么掌握分寸，具体问题怎么解决，就容易把握了。

建立更加稳定协调的劳动关系*

（1999 年 7 月 5 日）

《中华人民共和国劳动法》是新中国成立以来第一部以保护劳动者合法权益为宗旨，全面规范调整劳动关系的基本法律。它的颁布实施，标志着我国劳动法制建设进入了一个新的阶段。5 年来，各级党委、人大、政府及劳动和社会保障、经贸委等有关部门和工会组织，以党的基本理论、基本路线和十五大精神为指导，从坚持党的全心全意为人民服务的宗旨和贯彻落实全心全意依靠工人阶级方针的根本要求出发，紧紧地与深化企业改革、建立现代企业制度相结合，积极推进《劳动法》的贯彻实施，取得了很大的成绩。围绕贯彻实施《劳动法》，各地广泛深入地开展《劳动法》的宣传教育活动，增强广大干部职工和企业经营者的劳动法律意识；积极研究和制定与《劳动法》相配套的法律法规，推进劳动法律体系建设；普遍实行劳动合同制度，规范企业的用工行为；大力推行平等协商、集体合同制度，努力落实劳动标准，维护职工的劳动权利和经济利益；坚持以职工代表大会为基本形式的职工民主参与、民主管理和民主监督制度，民主评议企业领导人员，实行

* 这是尉健行同志在纪念《中华人民共和国劳动法》颁布 5 周年座谈会上的讲话。

厂务公开，维护职工的主人翁地位和政治权利；初步建立养老、医疗、失业等劳动保险制度，逐步形成社会保障体系；加快新经济组织组建工会步伐，维护职工参加和组织工会的权利；建立健全企业劳动安全管理制度，保护职工身体健康和生命安全；加强行政执法和法律监督，积极调处劳动争议，等等。这些工作的有效开展，对于保护劳动者的合法权益，调整劳动关系，建立和完善适应社会主义市场经济的劳动制度，促进经济发展和社会进步，都发挥了重要作用。同时，我们也要清醒地看到，《劳动法》的宣传教育还不够深入，与《劳动法》相配套的法律法规还不完备，劳动关系的协调机制尚不健全，在有些地方和单位有法不依、执法不严和严重侵犯职工合法权益的现象还时有发生。特别是一些非公有制企业，不与职工签订劳动合同，或虽然签订了合同，但内容明显违反国家的法律法规；阻挠职工参加和组织工会；任意延长工作时间，压低、克扣或无故拖欠工人工资；以野蛮手段对待工人，甚至侮辱、体罚工人；漠视劳动安全卫生，工伤事故频繁，以致不断发生重大伤亡事故。对这些严重的违法行为，必须坚决依法处理和纠正。可以看出，贯彻实施《劳动法》的任务仍然十分艰巨。我们必须从实际出发，进一步加大贯彻实施力度，努力把这项工作推向前进。

当前，我国改革进入攻坚阶段，发展处于关键时期。党的十五大提出，公有制为主体、多种所有制经济共同发展，是我国社会主义初级阶段的一项基本经济制度；要用 3 年左右的时间，使大多数国有大中型亏损企业摆脱困境，大多数国有大中型骨干企业初步建立现代企业制度；到2010年，要建立比较完善的社会主义市场经济体制，保持国民经济持续、快速、健康发展。随着社会主义市场经济的发展，所有制结构的调整和完善，公有制实现形式的多样化和非公有制经济的迅速发展，给经济关系特别是劳动关系带来深刻的变化。深化国有企业改革，对国有经济进行战略性调整和对国有企业进行战略性改组，建立现代企业制度，要求在理顺国家与企业关系的同时，必须理顺企业与职工的关系，建立适应社会主义市场经济要求的新型劳动关系。实施依法治国方略，建设社会主义法治国家，必然要求进一步健全和完善社会主义劳动法律体系，依法规范和调整劳动关系。所有这些，既给贯彻实施《劳动法》的工作带来新的机遇，也带来许多新情况和新问题，提出了新的更高的要求。我们必须站在全局的高度，迎难而上，开拓前进，进一步推动《劳动法》的贯彻实施，建立更加稳定协调的劳动关系，更好地为深化改革、促进发展、维护稳定服务。

进一步贯彻实施《劳动法》，就必须不断提高对其重要性的认识，切实加强领导。江泽民同志最近反复强调，实现、维护和发展最广大人民群众的利益，是改革和建设的根本出发点，始终是我们最大最重要的政治。我们一定要按照江泽民同志的指示精神，坚持党的全心全意为人民服务的宗旨，努力推动全心全意依靠工人阶级方针落实到基层。必须看到，贯彻实施《劳动法》，是切实维护职工的劳动权利、经济利益和政治权利，调动广大职工群众的积极性和创造性，投身改革开放和现代化建设的重要措施，是在劳动领域贯彻实施依法治国方略的重要方面。各级党委、人大和政府要高度重视，纳入重要议事日程，切实加强领导。各级劳动和社会保障部门、经贸委、工会等有关方面要各司其职，密切配合，相互支持，形成合力。企业经营者要进一步增强法律意识，严格依法办事。要引导广大职工学法、守法、用法，依法规范自己的行为，保护自身的合法权益，不断增强主人翁意识，充分发挥主力军作用。

进一步贯彻实施《劳动法》，就必须与当前的改革特别是国有企业改革紧密结合，从体制、机制、制度等方面解决维护职工合法权益存在的现实问题。要通过贯彻实施《劳动法》，推动企业深化改革，建立现代企业制度，建立健全劳动用工、工资分配、劳动保险和劳动安全等制度，建立和完善调整劳动关系的有效机制。这些都应该是现代企业制度的题中应有之义和内在要求。贯彻实施《劳动法》，首先要在解决职工群众最关心的问题上下功夫，努力做好下岗职工基本生活保障和再就业工作。各级党政工领导同志要站在讲政治的高度，充分认识这项工作直接关系到职工的切身利益，直接关系到党的全心全意依靠工人阶级方针的贯彻落实，直接关系到国有企业改革的成败，直接关系到社会政治的稳定，一定要认真负责、满腔热情地做好工作。要落实好国有企业下岗职工基本生活保障、失业保险和城镇居民最低生活保障“三条保障线”的要求，确保下岗职工基本生活，确保企业离退休人员养老金按时足额发放。要加强职工的职业培训，广开就业门路，引导职工转变择业观念，千方百计地帮助下岗职工实现再就业。

要深化养老、失业、医疗等保险制度改革，扩大社会保险覆盖范围。

进一步贯彻实施《劳动法》，就必须采取有力措施，切实维护好职工群众的劳动权利、经济利益和政治权利。实现好、维护好、发展好职工群众的合法权益，引导好、保护好、发挥好职工群众的积极性，并把这种积极性引导到搞好企业的改革、发展和稳定上来，努力完成党和政府提出的各项任务，是我们贯彻实施《劳动法》的根本目的所在。要继续大力推行平等协商、集体合同制度，并以集体合同规范劳动合同，进一步调整和理顺劳动关系，维护好职工群众的劳动权利和经济利益。困难企业必须把兼并破产、下岗分流、减员增效过程中分离出来人员的生活和工作安置好作为集体合同的重要内容。所有企业都必须把职工群众最关心的劳动权利问题作为集体合同的重点。要继续大力推行厂务公开，坚持和发展职工代表大会制度，以此保证职工群众在企业的主人翁地位，维护好他们民主参与、民主管理、民主监督的政治权利。要进一步建立健全劳动争议调解、仲裁组织和制度，积极有效地开展劳动争议的预防和处理工作，努力把矛盾解决在基层，化解在萌芽状态，防止并妥善处理各种群体性事件，维护社会政治的稳定。

进一步贯彻实施《劳动法》，就必须切实加强行政执法和法律监督工作。加强行政执法和法律监督工作，是《劳动法》有效贯彻实施的重要手段和保证。必须坚持立法与监督并重的指导原则，从体制、机制、制度等方面研究解决加强行政执法和法律监督方面的问题。要把人大监督、司法监督、行政监督、职工群众监督和社会舆论监督等很好地结合起来，建立和完善多层次的劳动法律监督体系，形成相互配合、优势互补的工作格局。其中，政府部门的行政执法和劳动监察至关重要，它是国家行政机关的监督检查，是劳动者合法权益最直接最有效的法律保障手段，必须采取有效措施，使这项工作真正得到加强；工会劳动法律监督是最广泛的群众性监督，是工会代表和维护职工合法权益的一个重要途径和手段，它能够及时发现和反映违反劳动法律法规的行为，有利于把问题解决在基层和萌芽状态，同样必须进一步得到加强。各级行政执法部门和司法机关，对那些严重侵犯职工合法权益，侵犯职工人身权利和危及职工生命安全的行为和责任者，必须严肃查处，依法追究其责任。

进一步贯彻实施《劳动法》，就必须加快劳动和社会保障法律体系的配套与完善，把劳动与社会保障工作逐步纳入法制化的轨道。随着社会主义市场经济体制的建立和企业改革步伐的加快，迫切需要建立一套具有中国特色的比较完备的劳动和社会保障法律体系。要加快与《劳动法》相配套的《劳动合同法》、《社会保险法》、《集体合同法》及劳动安全卫生等其他方面法律法规的立法进程。要积极推进建立由政府有关部门、工会和企业方面的代表组成的劳动关系三方协调机制，协商解决劳动关系方面的重要问题。

以学习贯彻党的十五届四中全会精神统揽和带动工会各项工作*

（1999年10月20日至30日）

党的十五届四中全会是我们党在世纪之交召开的一次十分重要的会议。会议通过的决定和江泽民同志的重要讲话，总结了改革开放以来国有企业改革和发展的重要经验，明确提出了推进国有企业改革和发展的方针政策和目标任务，为进一步搞好国有企业指明了方向。各级工会一定要按照同级党委（党组）的统一部署，组织和引导广大职工努力学好文件，把思想统一到党的十五大和十五届四中全会精神上来，充分发挥工人阶级在推进国有企业改革和发展中的主力军作用。党的十五届四中全会的决定，回答了在发展社会主义市场经济条件下工会工作遇到的诸多理论和实践问题，既为工会工作指明了方向，提出了新的更高的要求，又为工会工作创造了更为有利的条件，提供了难得的机遇。现在，工会一个很重要的任务就是要以党的十五大和十五届四中全会精神为指导，认真研究国有经济战略性调整、国有企业战略性改组以及企业内部体制改革、机制转换、制度创新和技术进步等给工会工

* 这是尉健行同志在山东考察期间关于工会工作多次讲话的要点。

作带来的新情况新问题，以改革和创新的精神，改革工会领导机关的机构设置、工作机制和活动方式，调整工作内容，进一步突出和履行维护职能，把工会工作提高到一个新水平。

应当说，党的十五届四中全会把全心全意依靠工人阶级办企业，维护职工的合法权益，以及工会在企业的地位、作用，职工代表在董事会、监事会中的地位和作用等，第一次如此全面、系统地作为党中央的决定写到文件里，这是多年来没有的。好多工作尽管前些年我们也在干，但在党中央的决定中体现出来，这还是第一次。包括集体合同，虽然《中华人民共和国劳动法》中有规定，但是现在更不一样，这次在党中央的决定中明确提出来，要求我们进一步理顺劳动关系，依法进行平等协商，认真执行集体合同制度。这是党的决定，不是哪一个部门、哪一方面的经验。比如前些年我们工会对贯彻党的全心全意依靠工人阶级的指导方针，归纳了“六个必须”，这在我们工会内部意见是一致的，当然工会之外不少部门也是赞成的，但这毕竟是我们工会自己提出来的，也不是大家都响应。所以四中全会对工会工作来讲，确实是一个很好的机遇，比 1994 年《劳动法》颁布时我们遇到的机遇大得多。如果不抓住这个机遇，把工会工作大大向前推进一步，那我们就失去了时机，很难再有这么好的机会了。四中全会的决定，就工会工作来讲是相当完整的，非同小可。这等于把我们的理论基础大大提高了一步。在这个基础上，我们再干几年，把这套理论巩固下来，然后在此基础上继续向前推进。也像过去搞“六个必须”那样，今后很可能搞成“十个必须”，这样一步一步地搞，经过一段时间，我们整个工会工作水平将会大大提高。这不仅是工会工作摸索前进的问题，而是整个工会的理论基础、工作基础大大加强的问题。

我们在全总十三届三次主席团会议上提出，要实现工会工作的“五突破一加强”。“五突破”就是：积极协助党政做好国有企业减员增效、下岗职工基本生活保障和再就业工作，深入实施送温暖工程，对特困职工承担“第一责任人”职责的工作要有新的突破；坚决维护职工的经济利益，进一步理顺劳动关系，推行平等协商和集体合同制度的工作要有新的突破；切实保障职工的民主权利，坚持和完善以职工代表大会为基本形式的企业民主管理制度，实行厂务公开和民主评议企业领导人的工作要有新的突破；推动国有独资和国有控股公司的董事会、监事会中都要有职工代表参加的工作要有新的突破；加快新经济组织和改制企业工会组建步伐，最大限度地把职工组织到工会中来的工作要有新的突破。“一加强”就是：必须以改革的精神加强工会自身建设，主要是认真研究解决工会领导机关的体制、机制、机构、管理、作风、方法和人员素质等方面不适应形势任务要求的突出问题。

我们之所以强调“五突破一加强”，总的是基于这样一个指导思想。江泽民同志最近多次强调，实现、维护、发展人民群众的利益，始终是我们最大最重要的政治。我们感到江泽民同志是讲到根本上了。我们无论做什么事情，最终都是为了更好地维护人民群众的利益。从工会来讲，按照工会的性质，工会之所以要存在，一个很重要的原因，就是需要维护职工的合法权益，既要维护职工的经济利益，又要保障职工的政治权利。当然，我们讲的维护，是维护全国人民总体利益与维护职工群众具体利益的统一，它不是简单地只是维护职工的具体利益。这是工会很重要的一个职能。因此，我们从1994年就提出来工会要进一步突出维护的职能。我们维护职工的利益，不是为维护而维护，是为了保护、调动、发挥职工的积极性。积极性调动起来干什么？通过组织工作，包括劳动竞赛、合理化建议、群众性技术革新等，把这种积极性引导到发展生产，完成党和国家的任务，落到改革、发展、稳定上来。维护不是我们的根本目的，维护也是一种手段、一种措施，根本的着眼点、根本的目的还是为了大局。所以，"维护职工利益"与"服从服务于大局"这两者是丝毫都不矛盾的。只是不同的组织在维护大局上，它通过不同的渠道、不同的方式去达到同一个目的。如果我们工会跟党的工作一样地干，我们的工会工作跟行政工作一样地干，就没有自己的特色，也没有存在的必要。但是我们不是离开大局去谈自己的特色，发挥特色跟维护大局是一致的，发挥工会作用跟加强党对工会组织的领导是统一的，是为了更好地实施我们党对工会组织的领导。所以，这个关系就是这样，作为工作来讲，一方面，如果工会不突出维护职能，不能维护职工利益，就没有存在的必要，那工人加入工会干啥？因此，你首先还是要维护职工的利益，如果不维护，你就不称其为工会。但另一方面，你只是为维护而维护，就维护抓维护，你就不是一个社会主义国家的工会。我们的工会不是一个行帮组织，不是只维护这个行帮的利益就行了。维护的着眼点是保护、调动、发挥职工的积极性，并把这个积极性引导到完成党和国家的任务上来。这是社会主义国家工会的本质特征。如果没有把这样一个积极性很好地引导到完成全局任务上去，那就不是一个社会主义国家的工会。因此，这个指导思想总的就是这样一句话，既要考虑到工会的性质和特点，这是共性的；又要考虑到社会主义国家的性质，这是个性的。把这个共性、个性统一起来，作为社会主义国家工会的一个职能。所以，“五突破一加强”正是从这样一个指导思想出发提出来的。

从根本上讲，我们社会主义企业的党委、行政、工会都是一个立场，都是为职工谋利益的，这个是一致的。但由于岗位不同，职能不同，看问题的角度也不一样。为什么要成立工会？就因为需要有这样一个组织来更好地反映和代表职工的利益。如果说大家意见都是一致的，那成立一个党委就行了，党委下面设一个生产部、一个群工部就完了，没有必要再搞工会、搞行政。所以，工会代表职工利益并没有说党委不代表职工利益，并没有说厂长、经理不代表职工利益，不是这个意思，大家都代表职工利益。各自从不同的角度来抓这个事情，这样就能更好地反映、代表职工的利益。厂长、经理也是代表职工利益的，但他作为一个经营者，看问题、处理问题跟职工还是有不一样的地方。尤其是现在劳动关系日趋复杂、多元，这跟过去计划经济时不一样，计划经济条件下，大量要处理的关系是国家与职工的劳动关系，在发展社会主义市场经济条件下，大量要处理的关系是企业与职工的劳动关系。

关于对特困职工工会是“第一责任人”的问题。对困难职工面上的问题应按政策来处理，大量是由政府来解决，但工会也要关心，也要积极参与。工会作为一个群众组织，对碰到特殊困难的职工，工会必须承担更多的责任。作为群众组织，工会天天与群众打交道，比党委和政府更有条件来了解掌握这方面的情况。如果这些特困职工遇到一时的天灾人祸，由于工会组织照顾不到或不及时，造成一些不幸后果，工会要负第一责任。我们工会就要主动承担这样一种责任。有些职工因为患病或其他问题碰到困难，甚至搞不好有个别职工走向绝路了，像这些情况，工会有责任掌握信息，及时向党委、政府有关部门反映并帮助解决，这个责任应压到工会身上，不要贻误时机，造成不幸后果。至于说怎么处理，工会不一定处理得了，有的需要政府来出钱，有的需要企业来承担，但工会要保证不出问题，不要出现家破人亡、造成不幸后果的问题。这个问题的提出，第一是要加重工会的责任，第二也不能理解成工会要对特困职工都大包大揽下来，实际上也包不下来。所以有的地方在看到这个提法后，也提出了一些问题，就是“第一责任人”是否意味着要工会都包下来。不是这个意思。所谓“第一责任人”，就是青岛市总工会提出的工会要做好三个方面的工作。一是第一知情人。谁是特困职工要清楚，首先得知情，如果连情况都不了解，出了事情工会要负责。作为一个基层的群众组织，连突出问题的情况都不知道，这是失职。二是第一报告人。光知情不行，我们知情以后如果不能直接处理，就要报告党委和政府及有关部门，一起来研究解决。三是第一帮助人。我们尽管不能包下来，但要力所能及地帮助他们解决困难。我们讲的“第一责任人”就是这个含义。也就是说，做到“三个第一”，但是又不是大包大揽。做到这“三个第一”，我认为作为基层工会就尽到了“第一责任人”的职责。这“三个第一”很形象，很具体，提出来以后大家在理解上也容易统一认识。当然从总体上说，如何帮扶特困职工，从政策、法律、发展经济等方面怎么处理，那就是工会上级领导部门要参与的事情。总之，解决问题的渠道可以是多方面的，但是工会作为“第一责任人”的政治责任一定要挑起来。

关于平等协商和签订集体合同的问题。首先要把集体合同签起来，要形成一种机制，要有一些规范。但现在我们不要去求全，还是要抓住劳动关系中最主要的问题，抓它一个问题也行，首先从这个问题抓起，抓好了再扩大。反过来，一下子搞得面面俱到，都是“夹生饭”，什么都没有好好解决，到头来搞一阵子，坚持不下去。抓集体合同是一种形式、一种手段，它的着眼点还是维护职工合法权益。所以不要图形式，不要求全，不要面面俱到。签订集体合同的关键还是要讲实效，不要讲工作场面是否铺开了。正因为它是要维护职工合法权益，所以越是困难的企业，越是职工权益受侵犯的企业，越是要作为重点工作去抓。有的企业发展很好，福利也很高，当然也应搞集体合同，但是相对一些困难企业来说，它还不是很急迫的。不要形成一种误解，好像集体合同是一种企业管理水平的反映，而不是一种“雪中送炭”的办法。越是濒临破产的企业，越要进行平等协商，签订集体合同。快要破产的企业可能生产任务都没有了，但需要把职工最关心的问题搞到集体合同里，越是这样的企业，越要搞集体合同。可能这样的集体合同摆在桌面上不像样，没有这个指标、那个数据，但却把最要害的写上去了，职工是关心的。就是有了规范，但还没有完全达到要求，还得实事求是地处理。比如讲，有些要求困难的企业办不到，办不到要协商，这个本身就是一个规范。过去办不到就不办了，现在能够作为一个问题互相协商，虽然不一定全部解决问题，但总是可以实事求是地解决一点问题了，这就是进步。所以，对集体合同的要求，有的地方、有的企业还不能完全按照国外或者制度上规定的那样，把它搞得很完整、很理想，还是要一步一步地来。有的虽然完成不了，但能够做到及时协商，说明在观念上已经树立了一个平等协商的意识，这就是进步。以后大家再一起研究怎么样创造条件执行，质量搞得更高一点。抓集体合同，重点是抓外商投资企业、私营企业，当然国有企业不是不需要抓，相对来讲，那些企业维护职工合法权益的问题更突出。对集体合同，当前关键还是抓实效，这个指导思想是对的。对实效也得实事求是地来要求。所谓实效也不是指标定的百分之百完成就好，打了折扣就一定不好。我认为只要是经过协商实事求是地去解决问题，应该说基本上达到了集体合同想解决问题的目的。就是将来，集体合同也很难百分之百地兑现。问题的关键是要树立一种观念，建立一种机制。树立一种观念，就是在企业，涉及职工利益的问题不能厂长个人说了算，还要跟职工商量，跟工会商量，要树立这个观念；建立一种机制，就是有问题不是个人拍板，不是决定了再宣告，要互相协商，商量在前。能够树立这样一种观念，建立这样一种机制，从某种意义上来讲，比有几个指标、百分比提高一点更可贵。所以抓实效，这个效果也还得实事求是地来看待。在当前这种情况下，很难规定几个指标都能达到。比如说，加班加点问题，应该作为一个问题提出来，让大家有一个观念，不能随便老让职工加班加点。但是对加班加点又不能不问具体情况。外商加工企业赶订货，老板很着急，工人也愿意加点班，工人还有个提高实际收入的问题。像这种情况，就不能把超过多少小时作为一个绝对的杠杠。要掌握一个精神，依法实事求是地跟外商商量，太过分了的就要有个说法，然后是加班后加班费怎么支付。首先是要有一个观念，就是不能乱加班加点，不能外商随便确定加班，几天不休息，谁也没有这个权力。如果确实要加班，要跟工会商量，要听取职工意见。这种观念、这种机制比我们加班费多加一点意义更大。因为有了这种观念和这种机制以后，今后就不难做到按规定办。就怕签订了集体合同后都忘了，工会不去问，老板也不管了，加班照加，这就坏了。如果大家都能把这类事情作为一个问题，工会注意，外商也注意，而且都能采取一些措施，研究处理这个问题的办法，我认为基本达到了平等协商、签订集体合同的要求。所以，我赞成一方面要看效果，另一方面看效果也得从发展来看，比较来看，与过去没办到这个事相比，现在当作一个问题提出来研究了，这个效果就值得肯定。

关于职工民主管理的问题。厂务公开由纪委牵头，对提出这个问题、推进这项工作比较顺当一些，但工作还得我们工会来做。近些年有些企业职工不认为自己是企业的主人，这不能怪职工。这些年确实在一些实际工作中给职工造成一些误解，认为现在不是主人了，就是厂长说了算，我就是被雇佣的，要我干我就干，要辞退我就辞退，要我下岗就下岗，什么主人不主人，那都是空的，全心全意依靠工人阶级那是口号。这些看法在职工里面是不少的。为什么会造成这样呢？不是他不想作主人，而是感到他不像是主人了。我们的报纸也有一些议论和提法，论调也不少。有的人对工人是不是主人不说，就是反对搞职代会。他认为现代企业制度就不应该搞职代会。分析一下，这个论调只是个具体办法问题吗？从根本来讲，他认为工人阶级领导只是一句空话。有的人讲职工没有实际的资产，怎么领导，怎么当家作主，只有把资产落实到每个人头上，才能当家作主，现在讲当家作主是句空话。有的领导干部也有这样的论调，至于说这个学者、那个经济学家，这种论调很多。有次在某省的一个党校开研讨会，有的专家发言，说现在还讲什么职代会，职代会是一种腐朽的、没落的制度。讲这话的也不是他一个。有这种思想的比有这种论调的还多。我们的一些报刊，老是散布这些东西，而且更重要的是在实际工作上，好多企业根本就不把工人当作主人。工人也看实际，认为说是说，口号上提，而实际上没有这个感受，当然会有想法。所以，这个问题不怪工人，还是怪我们的工作，怪我们对党的全心全意依靠工人阶级的方针，没有从制度上、工作上、实际问题上很好地贯彻落实，这恐怕是一个长期的过程。越是这样,越要抓住职代会不放。职代会已经搞了多年了,这个制度不像现在有的人讲的,计划经济合适,现在不合适了,不是这样。现在劳动关系更复杂了,更需要建立这样的制度。这是我们的看法,实际情况也是这样。过去开职代会对厂长提意见,厂长也没有多少权,职工的工资都是国家规定的,意见提不到厂长头上。为什么?厂长没有权涨工资,要涨一起涨。我们好多人都在企业待过,大到工资、企业劳保,小到手套,比如钳工一个月是两副手套还是一副手套,厂长都没有权决定,得由市劳动局来定。厂长也感到不合理,但是厂长没权。所以,当时的劳动关系大量的是工人跟国家之间的关系。在那种情况下,大家都体谅国家的困难,这个矛盾不尖锐。现在劳动关系中很多利益问题都是企业跟工人的关系,如工资问题、奖金问题、房子问题、劳保问题、福利问题包括手套多少等等,都是企业、厂长定的,所以大量的矛盾是企业跟职工的关系。在这种情况下,召开职代会,加强民主管理、民主监督比过去任何时候都迫切,都需要。我们这些年虽然做了大量工作,但在这方面我们工会做得不够,有的职工感到心已经凉了。不管他们这种理解对不对,我们不能只怪他们,因为他们通过所见所闻,不断地归纳、总结,什么主人?主人是个口号。现在对职代会,有的企业领导认识上不去,对这个问题还有一些不同看法,甚至有些抵触情绪,这是一方面。但是职工也感到职代会可有可无,搞这个没用,还不是厂长说了算,也不想搞这个。所以对职代会的思想阻力不完全来自领导,从工会来讲也感到信心不足。思想问题要从思想上解决,也要从实际问题上去解决。光从道理上讲不行,还要从实践上,实际处理矛盾的方法、效果上,来改变人们对这些问题的认识。目前职代会就处于这种情况。回顾一下这几年,职代会一直是个老问题。我们仅仅强调职代会重要,是抓不起来的,要抓具体事。后来就规定,厂长的业务招待费使用情况必须向职代会报告,这就比较具体了,而且要报告就必须开职代会。看起来只是讲厂长的业务招待费使用情况要报告,实际上是借这件事情,加强一下职代会。后来又加了一条,企业职工每年要对领导干部评议一次,看起来是从干部工作、廉政建设来要求的,实际是用这样一种提法,把职代会地位再提高一步。现在又提出来搞厂务公开。厂务公开也不是新东西,职代会本来就有个公开问题。但是把厂务公开这样一个当前职工反映比较突出的问题提出来,着眼点还是加强职代会建设,说明我们当前搞职代会,不只是泛泛地提职工要当家作主,要参与民主管理、民主监督,不再这么笼统地提口号。笼统地提口号打动不了人心,推动不了这个工作。怎么办?把职代会的职权,一项一项地强调,加在一起就是为了进一步建立健全职代会制度。这就形成了十五届四中全会在《决定》上系统地加以强调的。现在中央已经要求我们了,党中央决定了,我们就要朝这个方向一步一步去攻。攻也不是一攻就灵的,不是说中央已经决定了,到处就畅通无阻了,不是那回事。还有个理解过程,有的还有个接受过程,不是那么简单的。但我们就是要看准这个方向,一步一步去攻,一年一年去攻,可能今年解决一点,明年再解决一点。只能这样,持之以恒地去搞这项工作。当然现在有四中全会决定，干起来更理直气壮了，而且党委很重视，很支持，好办一点。但也不是那么简单。

关于职工代表进董事会、监事会的问题。在这个问题上首先是坚持要进，国有独资、国有控股公司都没有例外。当然开始时进了也不一定起很大作用，这是下一步工作的问题。首先要把中央这个决定贯彻下去。职工代表进董事会、监事会，工会早就提了，过去有"六个必须"，工会根据有关法律法规考虑应该这样搞。"六个必须"有个很要害的问题，就是在公司制企业的董事会、监事会中都必须有职工代表大会选举的职工代表参加。但这个提法过去有人持怀疑态度，他们是反对的。职工代表还要进董事会？董事会应该是股东选出来的。中央在讨论这个问题的时候，都主张一定要加上这一条，《中华人民共和国公司法》中没有国有控股公司的规定，将来要按照中央全会的决定修改《公司法》。我们现在推进这项工作更应该理直气壮。现在在全国来讲已经开始推了，要在这个基础上按照中央决定再进一步推进。

关于加快新经济组织工会组建步伐的问题。这次全总在召开三次主席团会议时，大家提出了建会率的问题。过去，工会的考核办法不太科学，掩盖了我们工作中一些不足的地方。这次主席团会议上大家都同意，拿国家统计局的数据来作依据。现在全国职工有 2 亿多人，但是参加工会的才 9000 多万人，这个比例很小，参加工会组织的职工一半还不到。但是，如果说按有条件建立工会的来要求，这个比例就上来了。我们必须看到，加快新建企业工会组建步伐，最大限度地把职工组织到工会中来，是工会面临的一项重要而紧迫的任务。我们一定要迎难而上，认真研究新情况，切实解决各种实际问题；必须着力加强县（市、区）、乡镇、街道和经济技术开发区、工业区、高科技园区的工会组织建设，形成新建企业的工会领导体制，通过它们去抓工会的组建；必须在小企业比较集中的地方，大胆探索和建立工会联合会或联合工会，努力把分散的职工组织起来；必须充分发挥上一级工会组织的作用，由他们去承担基层工会一时难以承担的任务，帮助和指导基层工会依法调整劳动关系，维护职工合法权益，调动职工积极性，推进企业的改革、发展和稳定。要看到，外商投资企业工会组织的工作毕竟有其自身的特点和困难，维护职工合法权益是他们的主要职能，但履行起来又有一定的难度。因此，有的事情、有些矛盾我们上一级工会组织，如开发区工会应该多承担一点。

关于加强工会自身改革和建设的问题，主要是加强工会领导机关的改革和建设。一是加强源头参与。主要是立法参与和制定政策的参与。越往上面分量越重，责任越大。工会要维护职工的合法权益，固然要从基层着手，发扬民主，加强民主管理、民主监督，依照《劳动法》维护职工的合法权益，但这些问题大量是执行的问题，大量是已经有的法律法规怎么能够兑现的问题。现在有些问题，是在法律法规上没考虑到或不完善，甚至于不合理，这些问题要靠领导机关，就全国来讲，很重要的责任在全总，要加强源头参与、立法参与、制定政策参与。当然也包括加强工会领导机关和各级政府、有关部门的联系和协调，这些都是源头参与的重要内容。二是加强调查研究。现在经济关系、劳动关系变化很大，矛盾也很尖锐，许多新的问题提出来，特别是涉及职工权益的一些政策问题，我们或者不掌握或者掌握以后一知半解、似是而非，拿不出对策来。在这种情况下，如果不搞好调查研究，单靠我们的老观念、老经验处理这些问题，已经远远不适应了。所以，很需要加强调查研究。三是加强理论建设。要善于理论思考，把实践中的一些矛盾、问题上升到理论上研究思考。当然，不是各级工会都搞理论研究，但各级工会都有一个理论思考的问题，越往上责任越大，全总责任很大，我们这方面做得不够。省总工会也有这个任务，要做一些工会理论研究。在发展社会主义市场经济条件下，有好多工会理论问题。这几年我们抓的工作，大多数还是就事论事，还没有很好地上升到理论上来说清楚问题。所以，形势越发展，这个任务越重。过去的工会工作，搞的事情不少，好多是停留在搞活动上，一个活动接着一个活动，一年 365 天忙到头，没有少干，也很累、很辛苦，但是年终一总结，真正的收获不是很大。一年一年过去，都在搞消耗战，我们究竟有多少积累，我们的水平、我们的工作基础，究竟今年比去年更厚实了一些，还是进展不多，老是在这个水平上周而复始地忙。所以，不从这三个方面来加强领导机关的改革和建设，就难以适应新的形势。当然，我们搞源头参与、搞调查研究、搞理论建设，总的是要紧紧围绕加强基层工会建设中发生的一些矛盾和问题来开展工作，不要离开基层大量的实际矛盾和问题泛泛地去搞。从这个意义上讲，领导机关开展这方面的工作,是要为基层服务,要在加强基层建设上做文章。当然对工会领导机关的改革和建设,全总有责任拿出意见来,也请大家做些研究,提出意见。比如产业工会的问题,还有机关的机构问题等,全总机关“五突破”的工作中有 4 项按分工都集中在基层工作部,偌大的一个全总机关,怎么能够集中在一个部门?这显然不适应当前的形势。这方面的工作那么重,靠一个部门来抓是不行的。全总有 8、9 名副主席,书记处有 10 来个书记,真正抓重点工作的只有少数人,当然我不是说别的方面工作不重要,这么多重要的工作都集中在少数人身上,这从分工的角度上讲也是不合理的。体制、机构不合理是个很大的问题,首先是全总,也影响到各级工会。我们这几年提出总体思路之后,大家的思想认识逐步统一,都有很大的变化,工作有很大的发展,基层进步得快,全总作为领导机关,相对滞后。为什么?越往上离实际越远。省总在这个方面处理得比全总好。因为你们有实践、有感受,你们接触基层,这方面体会比较多,而且有长期基层工会工作的经验和思考。领导机关怎么适应新形势,在职能上、体制上、机构上、机制上、工作方法上以及工作作风等方面都需要改革。现在你们不适应,大概全总比你们更不适应。所以我跟张俊九同志讲,关键是机关要改啊!否则,“五突破一加强”也难以实现。

学习和缅怀李立三同志*

（1999 年 11 月 16 日）

今年 11 月 18 日是李立三同志诞辰 100 周年。今天，我们在这里举行座谈会，缅怀李立三同志为中国革命和建设事业，尤其是为中国工人运动的发展作出的积极贡献，学习他的革命精神和思想品格，努力把建设有中国特色社会主义的伟大事业不断推向前进。

李立三同志是我党的优秀党员、无产阶级革命家、我国工人运动的杰出领导人之一。他的一生是同中国工人运动紧密联系在一起的。他长期担任中国工人运动的领导工作，为中国人民的解放事业和伟大的共产主义事业贡献了自己的毕生精力。他的一生，是革命的一生，战斗的一生。

李立三同志是湖南醴陵县人，早年就献身于中国人民的伟大革命事业。1919 年赴法国勤工俭学，1920 年和赵世炎等同志一起组织了“劳动学会”，在旅法的中国学生和工人群众中开展革命活动。1921 年回国加入中国共产党。1922 年他和刘少奇同志受湖南党组织和毛泽东同志的委派，到安源从事工人运动，开办安源工人补习学校，成立安源路矿工人俱乐

---

* 这是尉健行同志在纪念李立三同志诞辰 100 周年座谈会上的讲话。

部，开展工人业余文化活动，运用马克思主义基本原理教育工人，发展党组织。同年 9 月，他同刘少奇等同志一起，领导著名的江西安源路矿工人大罢工，取得胜利，对推动当时江西、湖南和全国的工人运动，发挥了很大作用。

1923 年李立三同志任中共武汉区委书记，1924 年任上海区委职工运动委员会书记。1925 年他任上海总工会委员长，参加领导了震惊中外的“五卅”运动，为中国人民的反帝斗争作出了很大贡献。1925 年冬，他去苏联参加赤色职工国际大会。1926 年回国后，在第三次全国劳动大会上当选为中华全国总工会执行委员，任中华全国总工会组织部长、武汉办事处主任。在第四次全国劳动大会上，他再次当选为中华全国总工会执行委员，担任秘书长，积极领导了武汉和华中地区的工人运动。

1927 年蒋介石、汪精卫相继叛变革命后，经党中央决定，他跟随周恩来同志到江西，参加了八一南昌起义。1927 年 12 月以后，他在香港、广州坚持党的地下工作，任中共广东省委书记。1928 年冬到 1930 年，他到上海在党中央工作，担任中共中央政治局常委兼秘书长、宣传部长等职，是我党当时中央主要领导成员之一。在 1930 年犯过“左”倾冒险错误，不久就认识和改正了自己的错误。

1931 年党派他去苏联学习，1946 年春回国后，先后担任军调部东北三人小组成员、中共中央东北局委员、敌工部长、城工部长等职，为解放战争的胜利，为东北根据地的开辟和建设作出了积极贡献。

1948年上半年，他任中共中央东北局职工运动委员会书记。1948年8月在哈尔滨召开的第六次全国劳动大会上，他当选为中华全国总工会副主席，党中央任命他为全总党组书记，并负责主持全国总工会的日常工作。

新中国成立后，李立三同志继续主持全国总工会日常工作。他贯彻执行党中央的工运方针，主持制定《中华人民共和国工会法》和《中华人民共和国劳动保险条例》，在组织全国工人阶级为巩固新生的人民政权，恢复国民经济，开展劳动竞赛，提倡企业民主管理，建立劳动保险制度，以及在劳动保护、群众工资和劳动立法等方面都做了大量工作。在此期间，他历任中央人民政府委员、劳动部部长、中共中央书记处第三办公室副主任、中共中央工业交通工作部副部长、中共中央华北局书记处书记等职。在中国共产党第四、五、六、七、八次全国代表大会上，他均当选为中央委员，并曾当选为第五、六届中央政治局委员。1959年曾当选为政协第三届全国委员会常务委员。他在不同的领导岗位上，认真贯彻党中央的路线、方针、政策，为党做了许多工作，成绩是显著的。

几十年来，李立三同志始终忠于党、忠于人民。他在长期的白区工作和国外工作中，英勇奋战，探索革命真理；在社会主义革命和社会主义建设中，坚持学习马列著作和毛泽东同志的著作，努力钻研党的方针政策，朝气蓬勃，积极工作，任劳任怨，勤勤恳恳地为人民服务。在“文化大革命”中，他不顾林彪、“四人帮”一伙的诬陷迫害，坚持原则，顾全大局，尊重历史，实事求是，公正地为许多同志的历史作证，坚决抵制对党的老干部进行迫害，表现了一个共产党员的坚强党性。他对共同战斗的同志和朋友诚恳真挚、热情亲切，对待下级关怀爱护、平易近人。

我们缅怀李立三同志，就是要学习他对党对人民忠心耿耿，对敌斗争坚决勇敢、不畏艰险的革命精神；学习他服从真理，谦虚诚恳，勇于自我批评，注意吸取历史经验的高尚品质；学习他顾全大局，坚持原则，为人坦率的优良作风，在以江泽民同志为核心的党中央领导下，按照中央的统一部署，坚定不移地推进改革、促进发展、维护稳定，把各方面的工作做得更好。

当前，全党全国各族人民都在认真学习党的十五届四中全会精神，贯彻落实《中共中央关于国有企业改革和发展若干重大问题的决定》。国有企业是我国国民经济的支柱，是国家财政收入的主要来源，包括国有经济在内的社会主义公有制是我国社会主义制度的经济基础。搞好国有企业的改革和发展，既是关系到国民经济良好运行和长远发展的重大经济问题，也是关系到社会主义制度前途命运的重大政治问题。深入学习和贯彻四中全会精神，不失时机地推进国有企业的改革和发展，把富有生机和活力的国有企业带入21世纪，是全党重要而紧迫的任务。搞好国有企业的改革和发展，必须建立符合市场经济规律和我国国情的国有企业领导体制与组织管理制度，加强企业领导班子建设，发挥企业党组织的政治核心作用，坚持全心全意依靠工人阶级的指导方针。推进国有企业的改革和发展，工会肩负重要职责。各级工会要进一步动员和引导广大职工充分认识搞好国有企业改革和发展的重要性、紧迫性，积极支持从战略上调整国有经济布局，推进国有企业战略性改组；积极支持和主动参与现代企业制度建设，推动企业形成各负其责、协调运转、有效制衡的法人治理结构；发动和依靠职工群众加强和改善企业管理，搞好技术创新，为推进国有企业改革和发展建功立业。各级工会要协助党政做好减员增效、下岗职工基本生活保障和再就业工作，深入实施送温暖工程，对特困职工承担起“第一责任人”的职责；坚决维护职工的经济利益，积极推行平等协商和集体合同制度，推动企业建立稳定协调的劳动关系；切实保障职工的民主权利，坚持和发展以职工代表大会为基本形式的企业民主管理制度，实行厂务公开和民主评议企业领导人；推动国有独资和国有控股公司的董事会、监事会中都要有职工代表参加；加快新经济组织和改制企业工会组建步伐，最大限度地把广大职工组织到工会中来；以改革的精神加强工会自身建设，为工会工作的开展提供坚实的组织保证。要进一步加强职工队伍建设，不断提高职工队伍素质，努力建设一支跨世纪的“四有”职工队伍。广大职工要进一步发扬工人阶级的光荣传统，以高度的主人翁责任感积极投身国有企业的改革和发展，在搞好国有企业中充分发挥工人阶级的主力军作用。

同志们，纪念先辈，是为了激励我们更好地开创未来。让我们更加紧密地团结在以江泽民同志为核心的党中央周围，高举邓小平理论伟大旗帜，深入贯彻党的十五大和十五届四中全会精神，同心同德，奋力拼搏，扎实工作，为实现国有企业的改革和脱困目标，开创国有企业改革和发展的新局面，把建设有中国特色社会主义的伟大事业全面推向 21 世纪而努力奋斗！

团结动员广大职工为实现国有企业改革和发展三年目标作出新的贡献*

（1999年11月26日至29日）

一、关于当前工会组织的重要任务

当前，各级工会的重要任务，就是认真学习贯彻党的十五届四中全会和中央经济工作会议精神，团结动员广大职工为实现国有企业改革和发展三年目标作出新的贡献。在这方面，首要问题是怎样根据企业改革和发展的要求，运用我们的优势，采取多种方式和方法，把职工的积极性保护好、引导好、发挥好。天津市总提出的“百万职工技术创新工程”很好。各地的提法可以不一样，但总的精神就是要适应发展社会主义市场经济的新形势，来不断创新劳动竞赛等群众性经济技术活动。在这方面，我们确实还有一个不断总结经验、摸索创新的问题。当然，要完成这样一个任务，需要有一套抓好劳动竞赛的创新形式和办法。同时，很重要的一个问题，就是开展劳动竞赛也好，开展技术革新也好，首先还得调动起广大职工的积极性。而要把职工的积极性调动起来，从工会来讲，一个很重要的任务就是要保护好、维护好职工的合法权益。如果这

---

* 这是尉健行同志在天津考察期间关于工会工作多次讲话的要点。

个工作搞不好，职工参与竞赛的积极性也不会持久。

全总提出的“五突破一加强”，涉及内容很多，其中心思想就是坚定不移地推动党的全心全意依靠工人阶级指导方针在企业的贯彻落实，进一步突出和履行工会的维护职能。我们搞好维护的着眼点，是保护、调动职工的积极性，并且把这种积极性通过劳动竞赛、技术革新等形式，引导到推进国有企业的改革与发展上来，引导到更好地完成党和国家的任务上来。实际上，这些年来我们就是按照这个思路干的。不维护职工的利益，工会就没有履行自己的职责。但我们是社会主义国家的工会，我们不是为维护而维护，我们不是仅仅局限在维护职工的具体利益，搞好职工的福利上，我们维护的着眼点，还是为了维护我们改革、发展、稳定的大局。因此，我们不仅需要保护和调动好职工的积极性，而且还要把这种积极性通过劳动竞赛等方式，引导到更好地完成党和国家的任务上来。反过来，如果我们只讲组织竞赛，开展这样那样的活动，要求职工完成这样那样的任务，而不去注意维护他们的利益，包括政治权利、经济利益，也不能称其为工会。我们一定要把这些问题统一起来去认识和处理，按照这样的思路来处理好我们的工作。这里都不能单打一，既不能把组织完成当前的生产任务看成是工会唯一的任务，也不能把“五突破一加强”看成就是工会的全部工作。

我们为什么强调工会要抓协调劳动关系，要突出维护职能，这是工会性质所决定的。工会是社会经济矛盾的产物，是劳动关系矛盾的产物。如果我们不在这个方面去反映、代表和维护职工的利益，或者只是搞一些形式主义的东西，而不去解决职工关心的实际问题，职工群众就不会满意工会，也不会参加工会。各个组织、单位和部门，都要围绕经济建设这个中心开展工作，但不同的组织、单位和部门，围绕经济建设中心开展工作应有各自的特点，有自己的特色。目标一致，但方法是不一样的。如果工会跟党委一样干工作，跟行政一样干工作，没有自己的特色，工会就没有存在的必要。当然强调这一点不是离开大局，而是根据自己的特色去服务大局，这从根本上讲有利于加强党对工会工作的领导。

“五突破一加强”是工会当前的重点工作，这是从总体上提出的。但对于每一个地区、每一个行业、每一个企业来讲，还要结合实际，具体分析、具体对待。比如说，“五突破”都很重要，但作为一个单位、一个企业来讲，“五突破”也不是平均用力一起抓，还要考虑哪一个问题在我这个企业更突出，就应该先抓那个问题。另外，“五突破”通过什么渠道去抓，用什么方式抓，也很难在全国规定一个模式、一种办法，还需要结合各自实际，由大家去创新、去探索，不要拘泥于一种提法、一种办法、一种渠道。所以，就“五突破一加强”落实到每个单位来讲，可以用另外一种提法，只要他领会这个精神，也可以不叫“五突破”，也可以叫“三突破”。总之，思想要解放一点，要实事求是，不要搞一刀切，不要因为全总部署了，就不管什么情况，完全照抄一种提法、一种做法，这样搞也不会有生命力。落实全总的部署，思维方式要创新，创新要从实际出发，实现“五突破一加强”更是如此。

党的十五届四中全会决定中，涉及工人阶级、工会和维护职工权益等诸多问题，这是历史上第一次那么全、那么广泛地在党中央的决定里提出，我们应该很好地学习贯彻。其中一个重要思想，就是搞好国有企业改革和发展必须全心全意依靠工人阶级。这一条、那一条，都是从这样一个重要思想引申出来的。从全国总工会来讲，提出"五突破一加强"，是把中央文件中有些内容具体化了，但是总的思路也还是依靠和维护。依靠和维护是统一的，要依靠职工，发挥职工的作用，就必须尊重和维护职工的权益。"五突破一加强"就是这个意思。有的地方工会贯彻四中全会精神，贯彻全总"五突破一加强"，比较早地提出"依靠工程"，这是很有见解的，要坚持这样搞下去，不必要另搞一套。当然，应根据四中全会的精神，根据全国总工会的一些部署，看哪些方面还可以充实一点、加强一点。党的四中全会的决定，很重要的一点就是贯穿了全心全意依靠工人阶级推进国有企业的改革与发展的思想。同样，全总提出"五突破一加强"，看起来这个突破那个突破很多，涉及东西很多，但"五突破一加强"的中心思想也是体现全心全意依靠职工办企业，工会要进一步维护好职工的合法权益。所以，我们贯彻四中全会精神，贯彻全总"五突破一加强"，只要领会这样一个思想，至于采取什么方式，提什么口号，重点抓什么，完全可以因地制宜，不必强求一致。

二、关于"第一责任人"

山东和你们都有个提法，要做帮扶特困职工的"第一责任人"，就要做到第一知情人、第一报告人、第一帮助人，这个提法很好。这“三个第一”把什么叫“第一责任人”这个概念说清楚了，过去我们没说得那么清楚。“三个第一”的提法很中肯、确切，这样就不至于造成误解。一是不要大包大揽，二是不要感到我们无所作为，做到“三个第一”，就解决了当“第一责任人”的问题。

天津市总工会免费给劳模疗养，这一做法很好。全总的疗养院条件比较差，即使差我们也要有所表示，就是要在每年夏天，请一些劳模去疗养，人数少一点也可以表示一点心意嘛。天津市总办的这个实事是相当好的。你别看只有 700 多人去疗养，这可是反映我们党的政策、党的温暖啊！这些人过去几十年拼死拼活干，很少考虑自己。当时的想法就是为党干，就是发生火灾有可能发生爆炸，但为了保护国家的财产，大家也拼命往前冲，有牺牲的可能也不怕。为什么？除了有为党和人民的利益不怕牺牲的精神以外，还有一个想法，那就是我死了以后没有后顾之忧，我的老婆、小孩党一定会照顾的。现在有些地方，有的劳模不被人重视，也没有人管，好多工人都看在眼里，自然就会影响大家的积极性。如果我们能“雪中送炭”，尽管不能解决全部问题，但也会产生非常好的社会影响。工会的力量有限，也不能把所有困难职工的问题全部包下来，劳模也不能全包下来，但总是应该有所表示，至少体现一种心意、一种政策，说明党没有忘记他们。全国都应这样。包括对年轻的劳模，将来还要考虑给他们深造的机会，提干部也应考虑在先进模范人物中选拔。如果有的劳模文化程度低一点，组织上应想办法保送他到一些学院去学习深造。

我们是社会主义国家，党的阶级基础是工人阶级，不依靠工人阶级我们党还有什么力量呢？这是一个根本问题。

三、关于集体合同

集体合同就是要解决企业职工关心的要害事。不这样，仅从表面上看合同搞得很全面很完整，但不起什么作用，又有什么意思？我们搞“五突破一加强”关键在实效。所谓实效就是在维护职工合法权益上，确确实实让职工感到工会是做了工作，是有用的。有一个地方的调查材料显示，职工在回答职代会起不起作用时，有60%的职工认为职代会可有可无。这不奇怪。有些企业职代会看起来也在开，但工人感到不起作用，是在走形式，这有啥意思。有问题不解决，职代会有什么用？关键是抓住职工最关心的要害问题，在集体合同里面要有一个说法，哪怕就一条也行。如远道职工上班乘车怎么办，合同能够解决这个问题，职工感到集体合同是起作用的就行。如有一个外资企业经营者擅自解除职工劳动合同，职工能够去找工会主席，说明工会是有存在价值的，就怕不找工会。我们协商谈判等工作搞好了，职工会切实感到工会是自己的组织。不然，职工就会认为工会是官办的，跟工会缺乏感情。要害就在这里。如果我们的工作没有做上去，没有解决职工最关心的问题，就会失去职工群众的信任。工会不能平时搞这样那样的活动，一到出事了就没有工会了，一遇到困难就没有工会了，职工会把工会踢开，这是很危险的。

困难企业搞平等协商、签订集体合同，要与困难企业的实际结合起来，可以搞单项协议等，把职代会制度，把困难企业一些急需处理的问题统一起来，这比就事论事帮助几个职工更有意义。搞职代会也好，厂务公开也好，做好平等协商、集体合同工作也好，还是要从企业实际出发，讲求实效，要去解决职工群众最关心的问题。对困难企业来讲，这样做就抓住了要害。虽然有的集体合同也算不上什么标准的合同，就搞了一个协议，但有效就是好的，就是受欢迎的集体合同。建立平等协商、集体合同制度，要区别不同情况分类推进，不要搞一刀切，也不能苛求完整，不要强求一定都达到什么样的标准，不能脱离实际。有的可以订合同，有的可以订协议，有的还可以平等协商。协商中谈的问题可能是很要害的，谈的是大家最关心的问题，比泛泛的看起来很全面的合同可能还要管用得多。

平等协商和集体合同的内容，确实要随着企业情况变化不断调整、充实。一方面要按照《中华人民共和国劳动法》的要求坚持标准，但同时也要实事求是。有些问题要替企业设身处地地想一想，这样看起来好像是退了一点，但是可能这样更扎实一点。这个基础打好了，认识统一了，再往前推进也容易，切忌一开始调门过高，但又实现不了。不要急，要一步一步来，有些企业确实很困难，经营者也有很多难处，这就要根据实际情况来搞平等协商和集体合同。

从贯彻《劳动法》来讲，从我们工会的愿望来讲，希望集体合同都能达到《劳动法》的要求，但从实际情况来看不可能一下子达到标准。现在有些企业的劳动保护、环境污染等方面的现实情况和问题，不是一天两天、一年两年能完全解决的。

如果我们提出一些不切合实际的要求，等于出了一个难题，看起来好像标准很高，要求很严，最后什么问题也解决不了，还不如把要求放低一点，然后每年采取一些措施，每年有所改善。这样看起来可能慢一点，但最后问题可能都解决了。包括加班加点，有的企业现在的情况是一批订货突然来了，你不抢出来，过了这个时期就没有订单了，不仅厂长着急，工人也着急。在这种情况下，如果死搬《劳动法》的规定，说加班不能超过多少小时，要不然我们就不干，这是不行的。当然，我们也不能为了企业赚钱就不顾工人死活，要有一个大杠杠，但也不能死抠，总的讲都要实事求是。目标是统一的、明确的，但达到这个目标的步骤、时间可以一步一步来。欲速则不达。

困难企业签不了合同先签协议，先把行政领导请来，坐下来，先谈起来。行政领导只要能先坐下来谈，事情就好办了。要讲实效，确确实实给职工解决问题，这样一点一点地抓，然后再把工作铺开，再不断提高。重要的是把机制先建立起来，把一些观念先树立起来，要比当时谈成一件两件事情更重要。有了这样的机制，有了这样的规矩，将来就不难一步一步推进了。所以，对这个问题，既要有积极态度，又要实事求是，要扎扎实实地一步一步推进。

四、关于厂务公开

实际上这个问题已经涉及到企业整个民主管理和职代会的问题，已经不仅仅是厂务公开的问题了。任何事物如果没有需要就不会有生命力，也没有存在的价值。厂务公开也是这样。如果没有需要，就是再号召、再强调也是发展不起来的，即使搞了一阵子，也坚持不下去，巩固不了。这里有一个对需要怎么看的问题。对需要会有一些不同的认识，我们也不能因为有些同志有一些不同的认识，就认为没有需要。我们要研究，为什么有些同志对这个问题的重要性缺少认识，这就要求我们考虑一下厂务公开在推行中间有些内容和做法是不是切合实际。既不能因为有人不同意搞厂务公开，就动摇我们的信心；也不能因为需要搞厂务公开，对有些同志提出的不同意见，我们也不去认真思考，去反省我们在这个方面还有什么应该注意和解决的问题。现在问题的关键不在增加百分比，而是怎么样增强实效。实际上，也就是怎么样使厂务公开能够更好地切合当前国有企业改革和发展的需要，切合广大职工的需要，也包括切合企业领导同志的需要，党委行政的需要。就这个需要，我们应该很好地研究。

现在推行厂务公开，开始一般都是大家比较关心的问题，这些问题容易抓得住、看得见。比如说，企业领导干部是不是廉洁等，大家都很关心。这些现象容易抓住，也容易引起大家的注意。在当前来讲，必须抓好，因为这是职工最关心、也是最容易出问题的地方。这个问题必须摆到厂务公开、民主管理的日程上来。另一方面，我们对厂务公开的内容，要逐步扩大，逐步发展，不能光停留在原有的内容上。大家真正关心的内容是企业的效益和发展等问题，企业党委、行政也是关心的。厂务公开深入发展后，公开的内容、重点，就会涉及到企业管理上一些重要问题。比如说，可能涉及到产品品种、技术改造、提高效益、加强安全管理、防止事故的发生等等，应该说这些都是企业领导关心、职工关心的大问题。市场营销、产品质量和效率、效益、安全、节约等,是经久不衰的问题。一个企业要存在,就必然会涉及到这些问题。因此,厂务公开要想持久地发展,必须成为企业的一种内在需要,必须跟企业发展联系起来、结合起来。现在厂务公开有的已经延伸到了那些有较大权力的部门和岗位的工作,如原材料采购公开的问题。实行原材料采购的公开,实际上很重要的问题就是不能个人主观决定,要比较,要货比三家。有的企业的总成本中原材料是大头,大约占 60%到 70%,有百分之几的价格差就会对成本产生大的影响,这些问题看起来是管理上的,但如果处理不当,就会发生重大浪费和贪污现象。所以,廉政不廉政,不能只看吃了几顿饭。有的领导干部贪污受贿,他靠什么?靠权力。什么权?行政权。行政权是什么?是生产经营权,涉及到原材料供应问题、质量标准问题、产品销售问题,以及由于官僚主义作风造成重大事故,等等。把这个问题深入下去,厂务公开的内容就会越来越扩展,越来越深化,就必然会涉及到生产经营内部的问题。要把厂务公开和建立现代企业制度结合起来,真正变成现代企业制度中必要的内容,这是需要我们很好地研究的一个问题。这样搞下去,厂务公开就更带有实质性意义,企业党委和行政也会感到,搞厂务公开不是工会出难题来监督我,而是确实体现了民主决策、民主管理、民主监督这样的内容,是依靠大家一起来办好企业,使得大家都感到厂务公开是共同的需要,不单纯是工会的需要,不单纯是职工的需要,也不单纯是上面的需要,而是企业本身内在的需要。

没有需要的事情不可能长期存在。但任何事情有客观需要是一个方面,能不能自觉地意识到这种需要,这又是一方面,这个矛盾任何时候都存在。任何时候也会有人不愿意搞厂务公开、搞职代会等,这就需要有制度来保证,光靠自觉是不够的。就是说,要规定有哪些问题如果不公开,不跟群众商量,企业领导的决定就是无效的。如果没有这样一些制约性的规定,光靠大家都来重视是不行的。有些问题认准了,就要硬着头皮干,干几年以后,就被社会接受了,就会成为制度,甚至会成为法律,工会就应该有这种精神。前几年,我们在全总主席团和执委会议上提出全心全意依靠工人阶级要做到“六个必须”,大部分同志都赞成,但也有人不认账。比如说,对董事会、监事会必须有职工代表参加就有不同的看法,现在明确写到中央四中全会决定中去了,董事会、监事会中就是要有职工代表参加。说明这个问题是合乎客观规律和要求的。所以,厂务公开还是要有点制约措施,如果这方面工作不跟上来,光靠号召和宣传是不够的。

对实行领导干部廉洁自律、业务招待费使用情况公开的问题,一是要坚持,二是处理上要实事求是。我国从计划经济向社会主义市场经济发展,法律制度还不健全,有些地方政企不分,滥用权力,客观环境方面也还有些问题。在这种情况下,厂长请客多了一点,如果没有什么个人非法行为,不是太过分,也得具体情况具体分析,实事求是地看待和处理。有的问题也不一定都向全体职工公开,职代会可以搞一个财务核查小组,也可请几个有经验的老工人参加,有些事情厂长向这些人讲清楚，实事求是表态就行了。不要追究哪天吃饭请了哪些人，比过去多了多少人，超了多少标准等。我们要掌握的是搞没搞非法活动，是否挥霍浪费。比如，有的跑项目，钱也花了、礼也送了，但项目又没跑成，跟职工也不好讲，这种问题都要实事求是，跟核查小组说清楚就行了，这些问题不要离开现实情况。我们现在反对的是大搞铺张浪费、大肆挥霍，或者借机谋私，这个不能允许。厂务公开一定要搞，因为确实有少数领导干部存在违纪违法的问题，这要按法规办。但是有些问题是在合法范围内，只是过头一点，多了一点，指出来，将来注意就行了，不要作为一个问题抓住不放，还是要合情合理。对这类问题的公开方式可以灵活多样一些，也不是要求什么账都搞布告栏，对所有人公布。有的可以通过核查小组审查完以后，由核查小组来说。要掌握分寸，什么事情都不能搞极端，还是应该实事求是，但是有贪污腐化的问题就要抓住不放。有的问题看起来不那么厉害，就放一放，可能比一开始口子开得很大、调门很高效果要好。

我们也不主张搞平均主义。我们有好多国有大企业的一些领导干部很不错，拿的工资是不高的，拿的奖金是职工的平均水平，这些同志个人的姿态是很高的。但是，从组织上来讲，还应该让这些同志的工资再提高一些。但也不能像有人讲的，把工资差距拉得很大。这不符合我们的国情。解决分配问题不能仅解决企业领导的问题，职工也有分配问题。分配不公，不利于鼓励大家去搞好工作，提高积极性，两方面都要照顾到。厂长搞年薪制，差别也不能太大，你厂长工资拿得太多心里也不安，自己的发言权就小了，从政治上讲也是不利的。所以，什么问题都要注意一个分寸。

各方面工作都要为企业发展服务，紧紧围绕企业生产经营活动来开展工作。工会也是这样，搞民主管理、民主监督不能离开这一点。搞厂务公开，搞职工代表大会制度，都必须围绕生产经营来进行，包括“三改一加强”，就是说要跟企业改革、发展很好地结合，推动厂务公开能一步一步深入，越来越贴近企业的生产经营，贴近企业的要害问题。厂务公开是如此，职代会也是如此。要从需要出发，企业最大的需要是发展，具体来讲，就是怎么样提高产品质量，增加品种，搞好市场营销，加强技术改造，减少浪费，降低成本，加速资金周转，“三改一加强”，等等，这些都是要害问题。厂务公开的工作发展下去，这些问题各个企业迟早是要碰到的。

厂务公开谁是主体，应该是企业行政领导，而不应该是工会或其他。那么，为什么现在有的行政领导对搞厂务公开的自觉性不高呢？这里面既有认识问题，也确实有一个厂务公开深入发展的问题。发展下去，要使企业真正感到公开是自身发展的内在要求，不仅是职工的要求，也是企业领导搞好企业的一种需要。所以，要使推行厂务公开的主体更自觉、更主动，也不光是解决认识问题、思想问题，也还要解决实际问题，使大家在实际工作里面都感到搞厂务公开对企业很有好处，而不是仅仅满足职工的某种需要。目前，不同的企业，这方面工作发展的深度不一样，不同企业领导同志对这个问题的理解看法也不一样。搞得好的企业，已经领会到这个问题不是简单地就事论事，解决当前职工关心的某些敏感问题，从根本上讲，这是办好企业，推进民主管理、民主监督，建立现代企业制度的重要内容。不管这个企业的领导同志认识如何，但他们作为这项工作的主体是不能变的，工会也不能去代替。另一方面，要解决这个认识问题，也有待于进一步去拓展、去深化厂务公开的内容，跟企业的改革、发展紧紧结合起来，使大家都感到确实是一种需要。

厂务公开要进一步发展，必须结合职代会制度来进行。因为厂务公开和职代会总的来说是一个范畴的问题，当然我们不能说这两个完全是一回事。我们现在提出厂务公开，就是考虑当前在依靠职工办企业方面，怎么样把有关情况让群众知情，便于监督、便于参与，也便于理解，这是当前一个比较突出的问题。因此，需要把这个问题很好地抓一下。另一方面，通过抓这个问题也有助于推动企业职代会制度建设。实行厂务公开以后，它涉及到的一些内容、方法，比职代会原来的一些做法更丰富、更充实了。从这个意义上讲，抓了以后有助于进一步充实、丰富职代会的内容，加强职代会的制度建设。这些问题，不是靠过去那些做法，也不是靠原来那种路数所能够解决的。这项工作越发展，有关方面的工作结合得越紧，关系就越密切。要看到这些问题的内在联系，把它统一起来处理。怎么样统一起来处理，这是需要我们深入研究的问题。

五、关于职工董事、监事

处理企业中职工跟股东、职工代表大会跟股东大会的关系，总得有一个原则，这就是主要依靠企业职工，主要发挥职代会作用。真正关心企业发展的是职工，股东大多关心企业的红利。所以，在处理所谓“新三会”与“老三会”、职工代表大会与股东大会关系的时候，不能把两者并列，更不能倒置，主要应突出发挥职工代表大会的作用，这个指导思想要明确。四中全会的决定强调，董事会和监事会必须有职工代表参加。谁代表职工参加的决定权必须在职工代表大会，在职工自己，应由职工代表大会通过的方式产生职工代表，总的精神是职工代表必须由职工来推选，而不是董事会指定或由股东大会去推选。因此，我们在推进这项工作时，应该注意我们社会主义国家的性质和特点，不能照搬资本主义国家的办法。现在有一种论调，认为只有股东才是企业的主人，而职工不是企业的主人，这是错误的。我们在工作中还会不断碰到这些方面的思想阻力。对这些问题，我们自己首先要心里有数，全心全意依靠工人阶级这一方针不能动摇，必须坚持。

职代会在新的形势下，既要坚持也要创新。这里有一个问题很需要思考，具体说就是股东会和职代会的关系，看起来好像是两个组织的关系问题，从某些方面看是业务性的，但是，实际上这个问题比较复杂，是社会主义和市场经济的关系问题。比如，股东大会和相应的董事会、监事会等等这套东西，在国外搞了几百年了，应该说比较成熟了，有好多这方面的经验，它有一套在理论上、实践上、法律上自成体系的东西。我们现在也应学习借鉴这些做法，搞社会主义市场经济。但是要注意到，如果把资本主义国家的董事会、股东会那套办法全部照搬过来的话，有的是会跟职工代表大会碰车的，有的是有矛盾的，这两个东西不是简单地并存，不能简单地加在一起。因为按照外国的股东大会的做法，前提是重大问题由股东大会决定，还需要把一些小股东，就是股票不太多的股东选出来进到董事会，让他们也有发言权。他可没有考虑到怎么样还要把职工选出来。这个问题，有的国家有，有的国家没有，德国是选出职工代表进监事会，职工代表参与管理，也就到此为止。资本主义国家的工会是雇佣工人的组织，为了维护工人利益跟资方搞协商、搞谈判、搞斗争，它没有民主管理、民主监督的职能。如果完全按照资本主义国家搞股东大会那一套推论下来，结论就是职工代表大会可以不要了。所以，这两个关系，实际上涉及到社会主义市场经济既是市场经济，又有社会主义属性，这个关系怎么处理的问题，这个问题很复杂，我们需要认真研究。不能说你充分发挥股东大会的作用，我们来填空，那是不行的。完全按他们这一套搞，那么，职代会调整到后来就没有了。当然，反过来，如果我们职工代表大会不考虑新的情况，这个也不行。比如说，我们现在考虑是职代会选出职工代表进董事会，这是原来职工代表大会没有的东西，是适应这个情况搞的新东西。所以，这里面两者关系的处理不是简单地加在一起。这个问题的取舍也有一个分寸问题。我们既要学习借鉴资本主义国家搞市场经济的一些做法，包括董事会、股东大会的一些做法，但又必须坚持社会主义的性质，必须坚持贯彻全心全意依靠工人阶级办企业这样一个方针。这个方针不是一句简单的口号。要依靠工人阶级办企业，就必须让职工在企业里有更多的发言权。要实行民主决策、民主管理、民主监督。这个问题，无论怎么调整也是不能改变的。所以，从指导思想方面来处理这个关系，首先要坚持社会主义性质，坚持全心全意依靠工人阶级的方针，进一步加强职代会。同时，又要借鉴资本主义国家搞市场经济的经验，用股东大会、董事会这一套办法来实行股份制企业的管理。这个问题政策性很强，简单地相加是加不到一起的。在制度确立以后，我们去插缝，那等于就没有我们了。有些根本性的东西我们必须坚持，要改就改那个股东大会的制度。这就是说，要学习国外一些好的经验，但决不能照搬国外的一套办法，指的就是这个问题。

这个问题不光是职工代表大会，还有总经理怎么任命的问题。你完全按那一套办，党管干部的原则就没有了，党委会的领导就是空的。资本主义国家董事会是股东大会选的，不存在党委提名。另外，总经理是董事会决定，也不存在什么党委书记代表党委会提出推荐名单。但是，我们是社会主义国家，是共产党领导的国家，党管干部的原则必须坚持。在这种情况下，既要坚持党管干部的原则，又要适应新的情况。但首先要坚持这个原则，然后要考虑新情况，要作些改进。这个关系和道理是一样的，就是职代会与股东大会的关系，跟我们坚持党管干部原则、发挥企业党组织的政治核心作用与董事会决策、任免干部的关系和道理是一样的。这就是既要把它统一起来，但又不是简单地相加。简单地相加是加不到一起的。这就是说，要处理好分寸，原则就是既要有利于生产力的发展，又要很好地坚持共产党的领导和社会主义的性质。

六、关于新建企业工会组建工作

“五突破”中最后一个突破，就是新建企业工会组建工作要有新的突破，首先要有量的突破。凡是有职工的地方都必须建立工会，这是总的要求。组建工会是基础，如果连工会组织都没有，还谈什么维护，组织职工去开展活动就更谈不上了。建不建工会，不是工会的一个具体业务问题，应当提到执行国家的法律法规这样一个高度来认识，这是《中华人民共和国全民所有制工业企业法》、《中华人民共和国工会法》等法律规定的，你拒不建立工会实质是拒不执行法律的问题。我们在量上要有一个大的突破，首先要把工会建起来，然后再进一步发挥工会的作用。这必然会遇到很多阻力，不光有外商的阻力，还有我们有些领导的阻力。有的地方怕这怕那，是我们干部的思想认识有问题。另外，很要害的是小企业，怎么样解决小企业建工会的问题，怎么样解决乡镇工会干部的编制问题，作为一种法规一时不一定好定下来。要害是工会建起来要发挥作用，如果作用发挥不好，你建起来恐怕也很难巩固。要实实在在，不要要求太高，要逐步总结经验，形成规矩。

在企业建工会，要打破过去那种“有条件建会”的说法，凡是有职工的地方都应该建工会。什么叫职工，职工就是靠工资收入为主要生活来源的人。乡镇企业里亦工亦农的，以农为主的，把一些活儿分到家中去干的，对这样的劳动者就不要笼统地包括在职工的范围内。当然，乡镇企业从业人员中有些常年务工的人，就要把他们组织到工会中来。在这个问题上，既要打破框框，注意吸收会员的条件，也要注意不能把所有的打工者都看作是吸收入会的对象。

另外，“新经济组织”的提法不太确切。你是新经济组织，那么谁是“老经济组织”？不好理解。有人建议用“新建企业”的提法。这个“新建企业”包括很广，前几年新建的，这几年新建的，也就是改革开放以后新建的企业，包括外商投资企业、乡镇企业、私营企业等都可以涵盖在里面，也可以把改制企业包括进去。新建企业的工会工作，首先是建立工会，解决“有”的问题，然后再解决发挥作用的问题。

在县以下工会组织中，第一，关键是要加强乡镇、街道这一级工会组织的建设。第二，目前乡镇一级的工会既有工会领导机关的职能，也有基层工会本身的职能，这是这一级工会的一个特点。如果把乡镇一级工会搞成一个领导机关，它也起不了那么大的作用。把两种职能结合起来的做法是很好的。乡镇一级工会要抓协调劳动关系的工作，当前重点是要搞好平等协商、签订集体合同。搞平等协商、签订集体合同，要注意把劳动合同、企业的集体合同和区域性的集体合同三者统一起来、结合起来。第三，要想把集体合同工作搞好，单就集体合同抓集体合同不行，还需要把工会的其他工作一起协调起来。比如，职代会、厂务公开等，都要贯穿这个内容，都要互相结合、协调。所以，从这个意义上讲，“五突破一加强”不能孤立地、单一地抓。这就提出一个问题，“五突破一加强”之间是互相联系、互相协调配合的。总之，还是要着眼于发展，就是进一步扩大组建工会的步伐，这也是“五突破一加强”

中应有的精神。

在新建企业中组建工会,要从实际出发,不要强求一种统一的形式、规矩,可以因地制宜,因企制宜,不要照搬国有企业工会那一套办法。形式、机制和内容可以有所区别,总的是要组织起来,能够有助于调整劳动关系,有助于维护职工合法权益。建会形式也可以多种多样,有些条件差一点的,可能开始不太健全,以后一步一步来健全。所以,要区别对待,不强求统一的形式、统一的规范,也不要想一步到位,这也是一个发展的过程。我们讲"五突破一加强",不是一年就能全部实现突破和加强的,包括新建企业工会建设也不是一年就能搞好的。因此,既要积极地推进,也要稳扎稳打、讲求实效。

七、关于工会自身改革和建设

为了更好地完成党的中心任务,就当前工会工作来讲,需要搞好"五突破一加强",而"五突破一加强"里面,既有基层的,又有领导机关的不同侧重点,这上下两个方面要结合。突出工会的维护职能,实现"五突破",大量指的是基层工会怎么搞好维护的问题。但它没有解决从宏观上怎么维护,从源头上怎么维护的问题。"五突破"没有回答这个问题,这是各级工会领导机关要着重抓的问题。对下就要搞好服务,为企业工会工作"五突破一加强"服务,对同级政府就要注意从源头上参与,从法律法规和政策上来处理一些维护方面的问题。对这些问题,领导机关有领导机关的侧重点,基层有基层的侧重点,不同行业、不同企业工作基础不一样,都可以有不同的提法、不同的要求、不同的做法。"一加强"内容很多,但重要的一点就是，各级工会尤其是工会领导机关怎么样加强宏观上的维护、源头上的维护问题。这样把宏观与微观、源头与具体工作中的维护结合起来，来履行工会维护职工合法权益这样一个职能。尤其是工会的领导机关，一个是全总，还有一个就是省、自治区、直辖市总工会和一些大城市的总工会，我们要加强自身改革和建设。现在看来很突出的一点，就是工会的领导机关在源头参与上，在制定法律法规等方面要更多地发挥作用，要建立一套机制和制度。这个方面过去我们做得不够，抓维护只从微观上抓，是远远不够的。究竟怎样改进，怎么搞还要摸索。一个是在制定劳动法律法规时参与，另一个是在实施法律法规时也要参与，包括监督，工会领导机关也要加强监督。

企业结构调整、资产重组，也会使工会工作发生一些变化。但不管你怎么调整、重组，全心全意依靠工人阶级的方针不能变，这是第一。从工会来讲，凡是有职工的地方必须有工会，不管怎么调整，怎么变，不能没有工会组织。第二，凡是国有企业或国有控股的企业，必须坚持职代会制度。不能因为你是搞股份制，就用股东大会来代替职代会。在我们中国，主要是依靠职代会，而不是股东大会。不能把职工代表大会应该有的权利转移到股东大会，这个不行。第三，不管工会领导体制怎么变，总得有一条，属地原则不能变。无论你这个企业将来是哪里领导，我们不主张工会异地领导。企业工会在哪里，它必须受当地工会的领导，就是说无论企业组织结构怎么变化，工会属地领导的管理原则不能变。当前，在实施资产重组中，一些特大型企业，中央成立了中央企业工委来领导。但这些企业坐落在哪个地方，其工会组织必须属那里的地方工会领导，不能在中央企业工委中再成立一个工会来领导。

尉健行谈工会工作

（下）

中国工人出版社

目　录

大力推行平等协商和签订集体合同制度*

（1999 年 12 月 7 日）

今天到北京吉普汽车有限责任公司来，主要是来了解吉普公司推行平等协商、签订集体合同的情况和经验。自从 1994 年《中华人民共和国劳动法》颁布以后，全总提出工会要突出维护职工合法权益的职能，一个很重要的手段和途径就是要搞好平等协商、签订集体合同制度。这个工作在全国已经逐渐铺开。这次十五届四中全会作出的《中共中央关于国有企业改革和发展若干重大问题的决定》里面又明确提出要推行平等协商、签订集体合同制度。所以，全总在前一个时期召开的主席团会议上，把平等协商、签订集体合同制度作为明年工会要搞好“五突破一加强”的一项重要内容来要求。刚才听了吉普公司和北京市总的介绍，给我总的印象是北京吉普公司建立这项制度比较早，有 15 年了，相当长的一段时间。

你们在这 15 年里，在这方面做了大量的探索，做了大量的工作，积累了很多很好的经验，也取得了很明显的效果。我

* 这是尉健行同志在北京吉普汽车有限责任公司考察时讲话的要点。

感到你们这已经不是什么一般的推行方面的经验,是在怎样深入开展平等协商、签订集体合同方面有了很好的体会和经验,很深入的经验。吉普公司的经验说明了推行平等协商、签订集体合同制度有力地调节和稳定了企业的劳动关系,维护了职工的合法权益,促进了企业的改革、发展。吉普公司不仅在形势条件比较好的时候,而且在遇到困难的时候更显示出这样一个制度、这样一种机制的优越性。我感到吉普公司这方面的经验值得我们学习。刚才北京市总工会介绍的推行平等协商、签订集体合同的做法和经验搞得很好,也是很有成效的。我一边听、一边想,你们的经验很丰富,我听了以后感觉有三点值得我们思考、学习和进一步研究。

第一,怎样把平等协商、签订集体合同这两方面的工作结合起来、统一起来。这里面有两层意思:一层意思是只有搞好平等协商,才能把涉及到的问题和矛盾,在平等的基础上,大家互相沟通,互相研究协调,取得一致意见。只有这样,才能为签订集体合同创造条件。而集体合同又是平等协商的结果,这是一种关系。另一层意思或者说另一种关系是,平等协商跟集体合同又不完全是一种程序上的先后关系。它们有不同的基础和不同的要求,这个平等协商不是简单的签订集体合同的前奏,不是先谈后签,我感觉平等协商是当前协调劳动关系当中企业必须建立的一种机制。企业跟职工这两方有关劳动关系的问题应该建立平等协商的机制,建立一种相互沟通的机制,即在平等的条件下,共同研究问题、商量问题的一种机制,它涉及的范围和内容要超过集体合同文本的内容,它也不只是限于签订集体合同时才平等协商，平时都要保持和建立这样一种协商的机制。北京吉普公司行政和工会保持定期会晤制度，有些急的问题可以随时解决。协商的这种形式不是非得要对等的，你五个人，我五个人，可以灵活一些，但是要很实在，很解决问题。我感到可贵的是你们建立了这样一种机制，建立了一种工作秩序。在这种情况下，即使集体合同不很完整，也可以通过平等协商来弥补。集体合同签订后，可能发生新的情况，可以通过平等协商来解决。平等协商取得的协议，对双方都一样有效。这就超出了一般平等协商的含义和范围，这样协调劳动关系的内容就丰富了。这也提出了一个问题，就是看劳动关系协调工作做得怎么样，不能光看集体合同的条款怎么样、文本怎么样，要把平等协商和集体合同统一起来，从整体上看效果。从这一点说，我们希望集体合同能够更完整一些、更科学一些、更完善一些。但我们又不能苛求集体合同万无一失、面面俱到，什么问题都写得很具体，什么都有量化的指标，不能这样要求。要从实际出发，有的可以量化，有的可以原则一些。这里面就提出一个问题，我们搞平等协商、集体合同是一种手段，根本的目的就是协调好、处理好劳动关系，维护好职工利益，进而把职工的积极性调动起来，促进企业的发展。主要看效果，方法上还是要强调根据企业的实际情况，从实际出发，强调它的针对性，强调它的有效性。形式、方法、程序、内容固然重要，但是这不是根本的要求，根本的还是看效果，看劳动关系协调得怎样。我感到它们两个是互相联系的，又不完全是一回事。把这两项工作统一起来，协调起来，从整体上发挥协调劳动关系的作用。我认为这样一个指导思想、一个工作路数是很可贵的，这个经验是很好的。

第二，怎样把坚持劳动标准和适应企业实际统一起来。我看这是一个不太好处理的问题，但需要把它处理好。按照《劳动法》要求，我们的平等协商、集体合同都涉及到一个劳动条件、劳动标准问题。作为我们的努力方向，我们都力求使每一个企业都能够达到劳动标准，符合《劳动法》规定的劳动条件。这个是我们的目标，是我们的要求，凡是有条件做到的，都要求做到。但是我们又要看到，中国当前不同的企业要实现这个劳动标准，要完全满足这个劳动条件，需要一个过程。不是《劳动法》一颁布，就什么问题都能解决，这不现实。一些老企业，按环境保护的标准，严格讲，都要停产。但不能停产，还得要干，怎么办？烟尘多，我们要承认，企业应该注意这个烟尘是有害职工健康的，那么怎么办呢，根据现有条件，逐步地来降低烟尘的浓度。从工会来讲，从职工来讲，要从企业实际出发，不能要求企业一下子把烟尘问题解决，这个办不到。就像北京市的大气污染谁也没有本事一下子都达到二级标准。大家要实事求是，一个城市是这样，一个国家是这样，一个企业也是这样。要把企业实际和劳动标准结合起来，统一起来，把它协调好。这是搞好协调企业劳动关系很重要的一个指导思想。这是因为，我们协调劳动关系、维护职工权益的根本着眼点，还是要调动职工的积极性，并把这种积极性通过劳动竞赛等方式引导到实现企业经营目标上来，引导到企业的发展上来，引导到企业的稳定上来。我们是社会主义国家，我国的中外合资企业不能像资本主义国家那样，它毕竟是受我们社会主义国家的基本经济制度和我们的法律法规制约的。所以这个企业的发展对我们国家有利，对我们的职工有利，对企业方也有利。这个着眼点还是为了一个共同的目的。所以，在处理企业劳动关系上，要维护职工的利益，要保护他们的权利，又要考虑企业的实际情况，也要考虑企业的发展和企业的利益。对于企业合法的权益、合法的经营，我们必须支持。我们搞好劳动关系的根本目的，对企业来说是促进企业依法经营，而不仅是强调职工这一方面、那一方面的得失，因此要把它统一起来。在国有企业有这个问题，在中外合资企业也要处理好这个问题。所以把劳动标准跟企业实际统一起来的问题，就涉及到工会维护职工权益的根本着眼点是什么的问题，这就有一个总体利益和具体利益、全局利益跟局部利益这个关系怎么处理好的问题，要把它统一起来。我看在这样的思想基础上来搞平等协商、签订集体合同的工作，大家就容易接受。从工会来讲，就要处理好这个关系，也需要做好这方面的思想政治工作。怎样处理好在劳动关系上这样一个矛盾，恰当地掌握分寸。当然从企业来讲，要很好地保护职工的利益，注意职工的身体健康等问题，这也是为了企业更好地发展。你这支职工队伍利益得不到保障，身心健康得不到保证，就很难发挥他们的积极性。企业职工没有积极性，单靠一套行政办法很难把生产搞好。关键还是保护和调动好职工的积极性。从企业来讲，要从这个方面着手，来改善劳动条件，来提高职工群众的经济利益。你们刚才谈的这个问题，我感到很好。

第三，怎样把平等协商、签订集体合同中涉及到的劳动标准、劳动条件等要求与企业管理、企业规范统一起来。我感到你们在这个问题上处理得是很好的。因为维护职工群众的利益，不是任意提出来的，前提是依法维护。现在我们有《劳动法》等很多法，企业也要依法经营。企业依法经营一个很重要的方面就是要建立一套符合我们国家法律法规的规章制度、管理规范。依法经营跟维护职工合法权益是统一的。我们说平等协商、签订集体合同是维护职工合法权益一个主要的手段，但新的情况不断出现，那我们用什么方法把它固定下来呢？只有用集体合同来固定下来。从这个意义上讲，集体合同是一个动态过程，平等协商也是一个动态过程。它是没完没了的，也是不断发展的。情况不断变化，要不断协商，不断签订集体合同。但有些条款、有些要求、有些标准已经是正常化了，已经成为规律性的东西了，就不一定年年把它放在集体合同中，已经纳入到企业的规章制度中去了，纳入到企业日常管理中去了。比如你们讲的劳动保护，等等。集体合同只需写上当前一些特殊需要注意协调解决的问题，大量日常的问题应放到规章制度中去。从这个意义上讲，首先企业的经营管理者要树立一个思想，必须维护职工的合法权益，保证职工的合法权益。刚才讲，企业在发展，你怎么搞规章制度，也不可能十几年不变，怎么办呢？这种变化应该通过平等协商、集体合同来调整。从这个意义上来讲，集体合同又是规范企业管理的手段。如果说，企业管理有些规范、有些标准跟集体合同要求不符合，以谁为准？应该以集体合同为准。要不然集体合同就没有法律效力了。这个是少量的，不会是大量的。但每个时期总是有少量的问题需要通过集体合同来调整、修改和完善原有的规章制度。集体合同不仅规范职工个人的劳动合同，它还要规范企业的管理。反过来，我们企业管理规范了，集体合同就不必面面俱到协商所有的问题了。因为这已经成为正常的、法定的程序了，不需要在集体合同中再强调了。我看你们企业已经走上这条路了，你们集体合同条款不是很多，但是根据每个时期出现的问题，很有针对性地抓住几个问题，有的问题也已经成为规矩了。我联想到 1978 年，我在美国加利福尼亚的一个企业待了两个月，我当时很关心他们是怎样管理工厂的。我发现他们工厂墙上贴了州政府和工会共同搞的规章制度，搞得很细，规定了生活福利方面的许多内容，包括明确规定车间多少人必须拥有一个厕所，有几个位置，有几个水龙头，人均面积不少于多少平方米，吃饭、喝水的房间有多少把椅子，还规定要有微波炉，等等。他们已经把这些内容作为不可例外的规矩，凡是办企业，都必须遵守。他们签订集体合同，这些都不在里面。国外的集体合同大多是行业性的，整个行业都从宏观政策性的方面去签订集体合同。我们签订集体合同基本上还是以企业为单位，有好多问题还是微观性的。我从你们谈的情况看，工会工作搞得好，企业也搞得好。平等协商、集体合同的内容在不同的企业、在不同的管理水平情况下，要解决的问题与涉及的范围是不一样的。

你们的集体合同搞得比较完整，也有一定的深度，但目前在全国我们还不好这样要求，但是你们提出了一个方向，这些问题其他企业迟早要碰上。所以，今天听了你们的介绍，我很受启发，很好，很感谢你们。

按照四中全会精神，董事会、监事会要有职工代表。中央很明确地指出这个问题，必须要有。中央是考虑到了各种情况的。一方面要参照国外的情况，另一方面要根据社会主义国家本身的性质和特点，坚持我们的一些做法。都搞市场经济，资本主义这样搞，社会主义也这样搞，就没什么区别了。中央特别把这个问题作为一个内容，这也是我们工会“五突破一加强”中的一条，说明这个问题很关键。不光是几个职工代表参加的问题，反映了我们国家的性质，这也是政治上的一个要求。

在推进国有企业改革和发展中充分发挥工会组织的作用*

（1999年12月17日）

这次执委会议的主要任务是，以邓小平理论和党的基本路线为指导，深入学习贯彻党的十五大、十五届四中全会和中央经济工作会议精神，认真总结一年来的工会工作，研究确定明年和今后一个时期工作的指导思想和主要任务。在预备会议上，传达了中央书记处对工会工作的重要指示。会议期间，胡锦涛同志代表党中央就进一步学习贯彻党的十五届四中全会和中央经济工作会议精神，切实把工会工作放到全党全国工作的大局中去把握，充分发挥工人阶级在国有企业改革和发展中的主力军作用，加大工会维权工作力度，切实把广大职工群众的积极性引导好、保护好、发挥好，进一步加强和改进职工思想政治工作，努力建设“四有”职工队伍，全面加强工会自身建设等问题，发表了重要讲话。中央书记处的重要指示和胡锦涛同志的重要讲话，为我们做好当前和今后的工会工作进一步指明了方向，提出了新的更高的要求，使大家深受启发和鼓舞。我们一定要认真学习和领会，努力贯彻落实到工

* 这是尉健行同志在全总十三届二次执委会议上的讲话。

会各项工作中去。张俊九同志作的工作报告，就明年的工会工作作出了具体部署，大家也一致赞成。下面，我讲几点意见。

一

今年9月召开的党的十五届四中全会，站在跨世纪的高度，以邓小平理论和党的基本路线为指导，作出了《中共中央关于国有企业改革和发展若干重大问题的决定》，为推进国有企业改革和发展提供了行动指南。刚刚结束不久的中央经济工作会议，认真贯彻党的十五大和十五届三中、四中全会精神，深刻分析了当前国际国内形势，全面总结了今年的工作，提出了明年经济工作的指导思想、总体要求和主要任务。江泽民同志深刻指出，新世纪即将到来，我们正在进行建设有中国特色社会主义事业的新探索。我们一定要眼界开阔，用马克思主义的立场观点分析问题，对国际政治经济大背景、大格局、大趋势，有一个全面准确的认识。只有了解天下大势，才能谋好国内大局，集中力量把自己的事情办好。当前，世界多极化的趋势在继续发展，国际形势总体上仍然趋向缓和，和平与发展依然是时代的主题。尽管天下仍很不太平，但在较长时期内避免新的世界大战是可能的；多极化格局的最终形成将是一个充满复杂斗争的长期过程，但这一历史方向不可逆转。这是党中央在科学分析当代世界矛盾，全面审视和平力量和战争因素消长的基础上作出的重要判断。即将过去的1999年，是我国继续面对各种挑战，经受严峻考验并取得重大胜利的一年。在这一年里,我们对以美国为首的北约袭击我驻南使馆野蛮行径的斗争,维护了我国的尊严;对“法轮功”邪教组织的斗争,教育了广大党员、干部和群众;对李登辉搞分裂的斗争,有力地打击了台湾分裂势力的嚣张气焰。这些政治斗争的胜利,为我们集中精力抓经济建设创造了好的政治环境。在县级以上党政领导班子和领导干部中开展“三讲”教育,进一步提高了领导干部贯彻党的基本理论、基本路线和基本纲领的自觉性和坚定性。在错综复杂的局势面前,以江泽民同志为核心的党中央,高举邓小平理论伟大旗帜,坚定不移地以经济建设为中心,采取一系列正确的方针政策和重大举措,深化改革,扩大开放,促进发展,保持稳定,朝着党的十五大确定的跨世纪发展目标前进,改革和发展取得了重大进展。

综观国际国内形势,我国的经济发展既面临着重要机遇,也面临着困难和挑战。明年是新旧世纪交替之年,也是“九五”计划的最后一年。中央经济工作会议明确指出,做好明年的经济工作,对于实现我国现代化建设第二步战略目标,并向第三步战略目标迈进,具有重要意义。会议提出,明年的经济工作要以邓小平理论和党的基本路线为指导,认真贯彻党的十五大和十五届三中、四中全会精神,继续实行中央关于推动改革和发展的一系列政策措施,突出抓好国有企业改革和发展、经济结构调整、科技进步和扩大内需。正确处理改革、发展、稳定的关系,保证国民经济持续、快速、健康发展,促进社会全面进步,以优异成绩迎接新世纪。根据这些重要的指导思想，明年经济工作的主要任务是：继续实施促进经济发展的一系列政策措施，扩大国内需求；大力调整经济结构，促进产业优化升级；加快科技进步，提高技术创新能力；深化以国有企业改革为中心环节的经济体制改革；进一步改善人民生活。这五个方面密切联系，直接关系改革、发展、稳定的大局。江泽民同志要求各级领导从全局的高度认识这些工作的重要性，全面准确地理解中央的方针政策，用中央的精神指导本地区本部门的工作。这既是对全党全国的要求，也是对工会的要求；既是全党全国的任务，也是工会的任务。

国有企业是国民经济的支柱。搞好国有企业改革和发展，既是关系经济持续稳定发展的重大经济问题，也是关系巩固社会主义制度的重大政治问题。实现国有企业改革和发展三年目标，是明年经济工作的重中之重。当前各级工会的重要任务，就是认真学习贯彻党的十五届四中全会和中央经济工作会议精神，团结动员广大职工为做好明年经济工作特别是实现国有企业改革和发展三年目标作出新的贡献。为此，各级工会一定要积极配合党政，组织和引导广大职工努力学好文件，把思想统一到党的十五大、十五届四中全会和中央经济工作会议精神上来，积极推动中央关于搞好国有企业改革和发展一系列方针、政策、措施的贯彻落实，既充分看到成绩，增强信心，振奋精神，又冷静分析困难，知难而进，开拓进取，积极支持改革、投身改革，主动为搞好国有企业改革和发展献计出力。要帮助广大职工认识和理解从战略上调整国有经济布局，着眼于搞好整个国有经济，坚持有进有退、有所为有所不为，国有经济在国民经济中的主导作用主要体现在控制力上；引导广大职工支持对国有企业实行战略性改组，实施“抓大放小”的重大措施，着力培育实力雄厚、竞争力强的大型企业和企业集团，放开搞活国有中小企业，使其向“专、精、特、新”的方向发展；动员广大职工参与和推动国有大中型企业按照“产权清晰、权责明确、政企分开、管理科学”的要求，建立现代企业制度，实行规范的公司制改革，促进企业形成各负其责、协调运转、有效制衡的公司法人治理结构；依靠广大职工推动企业把改革、改组、改造和加强管理结合起来，改善企业的资产负债结构和减轻企业社会负担，做好减员增效、再就业和社会保障工作，加快企业技术进步和产业升级，不断提高企业的整体素质；教育广大职工识大体，顾大局，努力维护职工队伍和社会政治的稳定，为推进国有企业改革和发展创造良好的环境；引导广大职工坚持用邓小平理论和党的基本路线武装头脑，努力学习科学文化技术知识，不断提高自身素质；发动广大职工不断创新各种形式的群众性经济技术活动，把增强企业科技开发能力、市场竞争能力、抗御风险能力作为主攻方向，把解决影响企业发展的难点和帮扶困难企业扭亏增盈等问题作为重点，立足本职，通过创新技术、加强管理、增加品种、提高质量、降低成本、增进效益、搞好服务等，学赶先进，争创一流，争作贡献。

学习贯彻党的十五届四中全会和中央经济工作会议精神，工会组织面临着更加繁重和艰巨的任务。明年和今后一个时期工会工作的指导思想是：以邓小平理论和党的基本路线为指导，认真贯彻党的十五大、十五届四中全会和中央经济工作会议精神，抓住机遇，开拓创新，进一步突出和履行维护职能，实现工会重点工作的突破和自身改革与建设的加强，保护、调动、发挥广大职工的积极性和创造性，在改革、发展、稳定的大局中更好地发挥工人阶级的主力军作用。贯彻这一指导思想，各级工会要在党的领导下，高举邓小平理论伟大旗帜，坚持党的基本路线、基本纲领和基本方针，坚定不移地推动全心全意依靠工人阶级指导方针的贯彻落实；依法加大调整劳动关系的力度，坚决维护职工的经济利益，切实保障职工的民主权利；进一步加强和改进职工思想政治工作，抓好职工思想道德建设和技术业务培训，努力建设"四有"职工队伍；以改革的精神加强工会自身建设，推进工会工作的群众化、民主化、法制化；保护好、调动好、发挥好广大职工的主人翁积极性和创造性，并把这种积极性和创造性引导到为实现国有企业改革和发展三年目标建功立业上来，更好地维护改革、发展、稳定的大局。

二

党的十五届四中全会既为国有企业改革和发展提供了强大的思想武器和行动指南，也给工会工作提出了新的更高的要求，提供了难得的发展机遇。

深刻认识党的十五届四中全会为工会工作提供的机遇，对于我们统一思想、全面推进各项工作具有重要意义。四中全会以中央决定的形式和前所未有的篇幅，全面、系统、深刻地阐述了有关工人阶级和工会工作问题，强调必须坚持全心全意依靠工人阶级的指导方针，切实维护职工合法权益，尊重职工的主人翁地位，充分发挥职工群众的积极性、主动性和创造性；坚决维护职工的经济利益，保障职工的民主权利，满腔热情地帮助职工解决实际困难；规范职工下岗程序，认真办好企业再就业服务中心，切实做好下岗职工基本生活保障工作，维护社会稳定；进一步理顺劳动关系，依法进行平等协商，认真执行劳动合同和集体合同制度；坚持和完善以职工代表大会为基本形式的企业民主管理制度，实行民主评议企业领导人和厂务公开，企业改革无论采取哪种放开搞活的形式都必须听取职工的意见，发挥工会和职工代表大会在民主决策、民主管理、民主监督中的作用；国有独资和国有控股公司的董事会、监事会都要有职工代表参加；加强职工队伍建设，不断提高职工的思想道德和科学文化素质，努力建设有理想、有道德、有文化、有纪律的职工队伍；工会中的党员负责人可以依照党章及有关规定进入党委会；工会和职代会按照有关法律法规履行职责，等等。四中全会这些极为重要的论述，回答了在发展社会主义市场经济条件下工会工作遇到的诸多理论和实践问题，既为工会工作进一步指明了方向，也为工会工作创造了条件，提供了机遇。

抓住机遇，珍惜机遇，用好机遇，是做好各项工作、确保工作取得成功的重要前提和保证。邓小平同志历来十分重视机遇问题。他反复告诫我们，要利用机遇，把中国发展起来，要善于把握时机来解决我们的发展问题。江泽民同志也高度重视抓住机遇的问题，强调能否抓住机遇，历来是关系革命和建设兴衰成败的大问题，在新世纪将要到来的时刻，我们面对着严峻的挑战，更面对着前所未有的有利条件和大好机遇。机遇之所以如此重要，就在于它是事物发展过程中具有时间性的重要条件，常常是制胜的关键，同时又往往稍纵即逝，因而既十分珍贵又十分难得。在机遇到来之际，如果犹犹豫豫，徘徊观望，就会错过取胜的有利时机。机遇是客观的，但如何抓住机遇、用好机遇则取决于我们的主观努力。我们强调抓住机遇、用好机遇，就是要求在对形势任务作出正确分析判断的基础上，抓住各种有利条件，寻找突破口，争取和扩大优势，带动全面工作不断取得新的进展。这也就是人们经常讲的“时不我待”、“机不可失，时不再来”的道理所在。因此，善不善于抓住机遇，能不能够用好机遇，不是一般的工作方法问题，而是一个带有战略性的工作指导思想问题。

对于工会组织而言，能否善于抓住机遇、珍惜机遇、用好机遇，同样至关重要。1978 年召开工会九大时，邓小平同志代表党中央、国务院致词，为我国新时期工人运动和工会工作指明了方向。各级工会紧紧抓住这一机遇，系统地进行拨乱反正，全面恢复各项工作，很快打开了工作局面。1993 年召开工会十二大时，江泽民同志要求我们积极探索有中国特色社会主义工会工作新路子，努力开创工会工作的新局面。根据这一重要指示精神，全总十二届二次执委会议抓住以调整劳动关系、保护劳动者合法权益为宗旨的《中华人民共和国劳动法》颁布的机遇，鲜明地提出了“以贯彻实施《劳动法》为契机和突破口，带动工会各项工作，推动自身改革和建设，努力把工会工作提高到一个新水平，在改革、发展、稳定中更好地发挥作用”的工会工作总体思路，强调要抓住机遇，进一步突出维护职能，把平等协商和签订集体合同作为工会贯彻实施《劳动法》、调整企业劳动关系的主要手段，从而使工会组织在急剧变化的经济关系和劳动关系中，更加明确了自身的地位、作用和工作重点，在探索有中国特色社会主义工会工作新路子的过程中取得了积极进展，在改革、发展、稳定的大局中发挥了工会应有的作用。现在，四中全会就涉及工人阶级和工会工作的一系列重大问题作出决定，这是对全党提出的要求，更带有全局性和针对性。因此，我们现在面临的机遇与颁布实施《劳动法》时相比，更为重要、更为珍贵。如果我们不能紧紧抓住这一机遇、用好这一机遇，就会坐失良机，贻误工作，就会辜负党中央的要求和职工群众的期望。

三

抓住学习贯彻党的十五届四中全会精神的机遇，以此统揽和带动工会各项工作，我们要做的工作很多。为了更好地保护、调动和发挥广大职工投身国有企业改革和发展的积极性、创造性，各级工会必须从工会组织的性质、特点和优势出发，抓住机遇，乘势而上，开拓创新，努力实现工会重点工作的突破和自身改革与建设的加强，在党和国家的工作大局中更好地发挥工会应有的作用。

今年 10 月召开的全总十三届三次主席团会议，根据新的形势任务，明确提出要实现工会工作的“五突破一加强”，主要是：积极协助党政做好国有企业减员增效、下岗职工基本生活保障和再就业，深入实施送温暖工程，对特困职工承担“第一责任人”职责的工作有新的突破；坚决维护职工的经济利益，进一步理顺劳动关系，推行平等协商和集体合同制度的工作有新的突破；切实保障职工的民主权利，坚持和完善以职工代表大会为基本形式的企业民主管理制度，实行厂务公开和民主评议企业领导人的工作有新的突破；推动国有独资和国有控股公司不断完善法人治理结构，建设全心全意依靠职工办好企业的领导班子，董事会、监事会都要有职工代表参加的工作有新的突破；加快新建企业工会组建步伐，最大限度地把职工组织到工会中来的工作有新的突破；以改革的精神加强工会自身建设，认真解决工会领导机关的机构、机制、干部素质等方面不适应形势任务要求的突出问题。

“五突破一加强”涉及的工作内容很多，其中心思想就是坚定不移地推动党的全心全意依靠工人阶级指导方针在企业的贯彻落实，进一步突出和履行工会的维护职能。必须看到，在发展社会主义市场经济条件下，经济关系、劳动关系变得日益复杂、多元，工会更好地履行维护职工合法权益的神圣职责，比以往任何时候都更加突出和重要。江泽民同志反复强调：“实现、维护和发展人民群众的利益，始终是我们最大最重要的政治。”①“要赢得群众拥护，最根本的是要把实现和维护

① 《江泽民思想年编(1989—2008)》第371页，中央文献出版社2010年2月第1版。

最广大人民群众的利益作为我们一切工作的出发点和落脚点”①。我们提出要进一步突出和履行工会的维护职能，体现和贯彻了江泽民同志这一极为重要的思想。我们强调的维护，是维护全国人民总体利益与维护职工具体利益的统一，维护职工经济利益与维护职工民主权利的统一。其着眼点在于最大限度地保护、调动和发挥广大职工的积极性、创造性，并通过各种群众性经济技术活动，把这种积极性、创造性切实引导到搞好国有企业改革和发展上来，更好地完成党和政府提出的各项任务。“五突破一加强”具有紧密的内在联系，是一个有机的整体，它不是工会工作的全部，但只要我们从实际出发抓住它、抓好它，就一定能够把工会各个方面的工作都带动起来。实现“五突破一加强”，不是对以往工作的简单重复，而是面对新的形势任务，要在新的起点上，以新的思路、新的标准、新的要求去实现新的突破。如何做到这些，在全总关于学习贯彻党的十五届四中全会精神的决议和张俊九同志的工作报告中，都作了具体部署。

实现协助党政做好下岗职工基本生活保障工作，深入实施送温暖工程，对特困职工承担“第一责任人”职责的工作的突破。要站在讲政治和维护稳定的高度，以深厚的感情，关心职工的疾苦，倾听职工的呼声，反映职工的要求，实实在在地为职工说话办事、排忧解难，做好“雪中送炭”的工作。要积极协助政府加快社会保障体系建设，推动下岗职工基本生活保

① 《江泽民文选》第二卷第 444 页，人民出版社 2006 年 8 月第 1 版。

障、失业保险和城镇居民最低生活保障制度的进一步完善和落实，努力帮助职工提高再就业能力，组织职工集体创业，促进下岗职工再就业。要发挥工会自身优势，积极发展职工劳动福利事业，加快建立职工互助合作保障体系步伐，形成送温暖工程的工作网络和有效机制，实现送温暖活动的经常化、制度化、社会化。要着力抓好对特困职工的帮扶工作，形成对特困职工承担“第一责任人”职责的工作机制。对特困职工承担第一责任，不是要工会什么都包下来，而是要像不少地方在实践中总结出来的，工会要当好第一知情人、第一报告人、第一帮助人，也就是对特困职工，工会要及时发现问题，如实反映情况，力所能及地给予帮助，主动提出解决问题的意见，督促有关方面落实，不使一名特困职工因生活过不下去而发生意外。这个政治责任，工会无论如何都应该承担起来，否则就是我们工作的失职。

实现平等协商和签订集体合同工作的突破。要推动企业建立调整劳动关系、切实维护职工经济利益的有效机制，最大限度地覆盖职工，增强这一工作的实效。建立稳定协调的劳动关系，是企业改革、发展和稳定的重要保证。工会代表职工，就保护劳动者合法权益的问题，依法与用人单位进行平等协商和签订集体合同，是企业调整劳动关系的主要手段。要努力推动企业树立一种观念、建立一种机制，就是企业决定重大问题特别是涉及职工切身利益的问题时，一定要与职工群众和工会组织平等协商，充分听取他们的意见，做到商量在前，而不是经营者个人说了算。越是经营困难的企业，越是职工权益容易受侵犯的企业，越是要把平等协商和签订集体合同作为重点工作来抓。要把建立平等协商机制与签订集体合同制度相协调，把坚持劳动标准与适应企业实际发展情况相统一，把维护职工合法权益与推动企业依法经营、健全科学管理制度相结合，努力提高这项工作的针对性和有效性。要分层次、分对象、分问题加强指导。要紧贴企业改革和发展的实际，适时调整、充实平等协商和集体合同的具体内容，加强对集体合同的动态管理，建立和完善履约责任制和监督检查制度，不断提高履约率。

实现职工民主管理工作的突破。要着眼于切实保障职工的民主权利，坚持和完善以职工代表大会为基本形式的企业民主管理制度。在我们社会主义国家，办好企业的一个重要政治优势是全心全意依靠职工群众，公有制企业的民主管理制度主要是职工代表大会。职工代表大会制度是我国宪法明确规定的加强基层民主政治建设的一项重要制度，必须适应形势任务的要求，毫不动摇地加以坚持、完善和发展。几年来，我们先后提出企业业务招待费使用情况必须向职代会报告，职代会每年民主评议一次企业领导干部，现在又正在推行厂务公开，一个重要目的就是为了进一步推动企业建立和完善职工代表大会制度，更好地发挥工会和职工代表大会在民主决策、民主管理、民主监督中的作用。厂务公开是企业加强职代会制度建设，实行民主决策、民主管理、民主监督的题中应有之义。实行厂务公开，加强职代会制度建设要与建立现代企业制度，加强企业管理结合起来。越是经营困难的企业越要实行厂务公开。厂务公开的内容,必须突出企业改革、发展的难点和职工关心的热点问题,不要面面俱到、泛泛公开;要讲实情,真公开,尽可能事先公开,不能等时过境迁、既成事实后再去公开;要通过职工代表大会、厂务公开栏等多种形式向全体职工公开,不能只在部分人员或少数中层干部中半公开;要紧密结合企业改革和发展的实际,推动厂务公开不断向质量、品种、效率、效益、安全等生产经营领域延伸和发展。要继续实行职工代表大会民主评议企业领导干部制度,坚持企业领导干部廉洁自律和企业业务招待费使用情况等向职代会报告的制度。适应公有制实现形式多样化和非公有制经济迅速发展的形势,继续探索不同所有制和经营方式企业职工民主参与的途径和方法。

实现国有独资和国有控股公司的董事会、监事会都要有职工代表参加的工作的突破。要努力推动企业实行规范的公司制改革,完善公司法人治理结构,建立有中国特色的现代企业制度,全心全意依靠职工办好企业。国有独资和国有控股公司的董事会、监事会都要有职工代表参加,这不是一般的方法问题,而是建立有中国特色现代企业制度的根本原则问题。对此,党的十五届四中全会已经有了明确要求,现在的关键是要坚决贯彻,狠抓落实。全总和省级工会要加大参与立法和制定政策的力度,同党政一起,尽快提出职工代表参加董事会、监事会的具体实施意见。上级工会要指导和帮助企业工会建立健全职工董事、监事制度,注意做好对职工董事、监事的培训工作。

实现最大限度地把新建企业的职工组织到工会中来工作的突破。要加快工会组建步伐，把广大职工更加紧密地团结在党的周围，保持工人阶级队伍的团结、统一和稳定，巩固和加强党对工人运动的领导权。胡锦涛同志明确指出，这个问题要提到法制的高度来认识，《中华人民共和国工会法》、《中华人民共和国公司法》都有明确的规定，凡是有职工的地方都要建立工会组织，不管是什么所有制性质的企业，都应该依法办事。各级工会一定要按照中央的指示，积极争取党委的重视和行政的支持，提出计划，明确责任，采取具体有力、切实有效的措施和办法，深入扎实地开展工作，努力打开工作局面。首先要在量的方面有所突破，尽快改变目前新建企业的大多数职工没有被组织到工会中来的状况。要从实际出发，把新建企业职工较多的乡镇、街道工会组织建立起来，加强开发区、工业区和高新技术园区工会的建设，积极建立外商投资企业、私营企业工会联合会和小企业联合工会，通过他们去推动企业工会组建和组织职工入会，承担基层工会难以承担的工作。要搞好国有改制中小企业工会的重建工作，坚持企业改制到哪里，就把工会重建到哪里，防止会员流失。今后，无论企业是否建立了工会组织，只要发生严重侵犯职工合法权益的问题，当地工会都有责任、有权利进行干预，凡不知情、不调查、不报告、不处理的，要追究当地工会的责任。

实现以上五个方面重点工作的突破，各级工会领导机关必须切实加强自身改革和建设。工会领导机关的改革和建设，一定要有利于更好地为基层工会服务，为职工群众服务，为实现工会重点工作的突破服务，努力做好三个方面的工作。一是切实搞好源头参与，包括立法参与、制定政策参与和群众性执法监督等。这是从法律上、政策上、整体上对职工合法权益的维护，也是工会坚持依法治会和搞好依法维权的迫切要求。要努力把源头上的宏观维护与基层的具体维护很好地结合起来。二是大力加强调查研究，特别是涉及职工劳动权益问题的政策研究，为工会参政议政提供充分的依据。当前一个重要内容，就是加强对实现工会工作"五突破一加强"所涉及问题的调查研究。三是进一步加强工会理论建设。在新的形势下，工会工作面临的新情况新问题层出不穷，要求我们必须着眼于对实际问题的理论思考，努力把在发展社会主义市场经济过程中工会工作遇到的各种矛盾和问题上升到理论层面来认识，不断增强工作的主动性和预见性。工会领导机关的改革和建设，必须有利于加强这三个方面的工作，做到机构设置服从工作需要，工作分工服从工作任务，努力把工会建设成为党领导的深受职工群众信赖的"职工之家"。

在实现工会工作"五突破一加强"，保护、调动、发挥广大职工积极性和创造性的过程中，有大量的思想政治工作要做。各级工会要根据客观形势的发展和职工队伍变化的实际，积极配合党政把职工思想政治工作切实加强起来。这是工会义不容辞的责任。要认真贯彻《中共中央关于加强和改进思想政治工作的若干意见》，从全局和战略高度，充分认识做好这项工作的重要性和紧迫性。要深入到职工群众中去，了解职工的思想脉搏，教育广大职工正确对待改革过程中的利益关系调整，做到个人利益服从国家和集体利益，局部利益服从整体利益，眼前利益服从长远利益，采取有力措施，进一步增强工作的针对性和实效性。要把做好深入扎实的思想政治工作与帮助职工解决实际问题结合起来，既耐心细致地做好释疑解惑、提高认识的工作，又满腔热情地帮助职工群众解决实际困难。要主动配合党政有效预防和妥善处理职工群体性事件，妥善处理新形势下的人民内部矛盾，防止矛盾的激化和扩大。

在实现工会工作“五突破一加强”，保护、调动、发挥广大职工积极性和创造性的过程中，也有大量的具体组织工作要做。各级工会要从工会的特点和优势出发，努力把广大职工的积极性和创造性，通过不断创新的劳动竞赛、合理化建议、技术革新、技术协作、发明创造等群众性经济技术活动，更好地发挥出来。这次会议提出要面向新世纪，在全国亿万职工中广泛深入地开展群众性经济技术创新工程。这是一项非常重要的工作，我们务必精心设计、精心组织、精心实施。这项工程，应以适应社会主义市场经济要求为方向，以实现国有企业改革和发展目标为主要内容，以企业为主体，最大限度地吸引广大职工参与，并以此为龙头，带动各种群众性经济技术活动达到一个新的水平。要动员和组织广大职工，以高度的主人翁精神积极投身到这项活动中来，以新的观念、新的思路、新的举措，掀起一个群众性经济技术创新热潮，为推进企业技术进步和产业升级，搞好国有企业的改革和发展，充分展示工人阶级的伟大创造力量。

各级工会要在党委的领导和行政的支持下，按照这次会议的部署和要求，结合各自的实际，因地制宜，制定明确的工作规划、工作目标和进度要求，采取切实有效的措施加以落实。“五突破一加强”是根据全国工会工作情况提出的总体要求，但不同的地方、不同的单位有不同的实际，各级工会应本着这个总体要求，坚持从各自的实际出发，可以确定不同的重点，提出不同的口号，选择不同的突破口。凡重点工作尚未摆上议事日程的，务求提高认识，切实摆上议事日程；已经摆上议事日程的，要狠抓落实，集中力量实现突破；已经突破的，要注意总结经验，推动其向纵深发展。总之，哪个方面工作最薄弱、问题最突出，就首先突破哪里，不搞一刀切，不强求一律，关键是求得实实在在的效果。各级工会在抓好重点工作的同时，一定要把其他各个方面的工作都带动起来，推动工会整体工作上水平。

再过几天，澳门就要回归祖国了，这是中华民族历史上的又一件盛事，标志着我国人民为完成祖国统一大业又迈出了重要的一步，它必将进一步激发包括广大职工在内的全国各族人民的爱国热情和民族自豪感。我们坚信，澳门的明天会更加美好，祖国完全统一的目标一定能够实现！

百闻不如一见*

（2000 年 2 月 12 日）

欢迎比尔·乔丹[①]先生率国际自由工联代表团首次访华。昨天，张俊九先生与代表团进行了会谈，就双方共同关心的问题坦率地交换了意见。借此机会，我再简要介绍一下当前中国的政治经济和工会工作的有关情况。

从 19 世纪中叶到 20 世纪中叶，中国人民历经百年屈辱、百年抗争、百年奋斗，终于在中国共产党的领导下，实现了民族独立和人民解放，根本改变了国家命运。中华人民共和国成立 50 年特别是改革开放 20 年来，中国发生了翻天覆地的变化。近 20 年，中国的 GDP 以年均 9.7％的速度增长。当今的中国是政治稳定、经济发展、民族团结、社会进步、国泰民安。

1999 年是我国经济面对各种挑战、经受严峻考验并取得明显成效的一年。在以江泽民同志为核心的党中央领导下，我们继续全面贯彻扩大内需的方针，加强农业的基础地位，积极推进国有企业改革，继续扩大对外开放，努力克服亚洲金融

---

* 这是尉健行同志在会见比尔·乔丹率国际自由工联代表团首次访华时的讲话。

① 比尔·乔丹，时任国际自由工联总书记。

危机的影响，促进国民经济较快增长。农业获得较好收成，国有企业改革和发展取得重大进展，工业生产平稳增长，外贸出口转降为升，金融运行比较平稳，财政收入显著增加，人民生活继续改善，社会保持稳定。年初预期经济增长7%的目标已经实现。去年，我们进行了三场政治斗争，并取得了重大胜利。我们坚决反对美国主导的北约袭击我驻南使馆的野蛮行径，维护了国家的主权和尊严；我们开展了反对李登辉抛出的所谓“两国论”的斗争，有力地维护了祖国统一；我们果断处理了“法轮功”邪教组织，清除了这个危害人民利益和社会政治稳定的祸患。去年中国的喜事也比较多，我们成功举行了新中国成立50周年庆典，我国政府顺利地恢复对澳门行使主权，我国第一艘载人航天试验飞船飞行成功。当然，我国在前进道路上还面临着不少困难和问题。要建立起比较完善的社会主义市场经济体制，保持国民经济持续、快速、健康发展，任务还很艰巨繁重。

今年是新旧世纪交替之年，也是我国完成“九五”计划的最后一年。我们将继续以邓小平理论和党的基本路线为指导，认真贯彻中国共产党的十五大和十五届三中、四中全会精神，继续推进改革和发展的一系列政策和措施，突出抓好国有企业改革和发展、经济结构调整、科技进步和扩大内需。正确处理改革、发展、稳定的关系，保持国民经济持续、快速、健康发展，促进社会全面进步。综观国际国内形势，我国的经济发展既有重要的机遇，也面临着困难和挑战。我国工人阶级和各族人民，正以坚定的信心，抓住机遇，艰苦奋斗，开拓创新，把建设有中国特色社会主义的伟大事业不断推向前进。

在发展社会主义市场经济条件下，中国的经济关系、劳动关系变得日益复杂，中国工会更好地履行维护职工合法权益的神圣职责，比以往任何时候都更加突出和重要。必须依法把工会的维护职能进一步突出出来，同时履行好其他社会职能。我们强调的维护，是维护全国人民总体利益与维护职工具体利益的统一，维护职工经济利益与维护职工民主权利的统一。通过维护，最大限度地保护、调动和发挥广大职工的积极性，并把这种积极性通过劳动竞赛等形式更好地引导到推进改革、促进发展、维护稳定上来。当前和今后一个时期我们正在推动工会工作朝向“五突破一加强”的方向发展。包括：做好国有企业下岗职工基本生活保障和再就业工作，深入实施送温暖工程；大力推行平等协商和集体合同制度；坚持和完善以职工代表大会为基本形式的企业民主管理制度，实行厂务公开和民主评议企业领导人；推动国有独资和国有控股公司的董事会和监事会中都要有职工代表参加；加快新建企业工会组建步伐；加强工会自身的改革和建设等。

当前国际形势总体趋向缓和，世界多极化和经济全球化的趋势继续发展，和平与发展依然是时代的主题。但天下仍不太平，霸权主义和强权政治有新的发展。在这种情况下，进一步加强各国工会间的交流与合作，有着重要意义。我们认为，“和平、发展和维护工人权益”是当今世界各国工会面临的共同课题。中国工会主张，各国工会都有权根据本国国情和广大职工的意愿，选择自己的发展道路和确定自己的方针任务。各国工会不论大小，都有权平等参与协商解决国际劳工领域的重大问题。任何一个国家的工会或国际工会组织，都不应以任何借口干涉别国工会的内部事务，都不能垄断国际工会运动的事务。中国工会愿在“独立、平等、互相尊重、互不干涉内部事务”的原则基础上，同世界各国工人和工会组织一道，为维护工人的权益，促进世界的和平与发展，作出不懈的努力。

比尔·乔丹先生这次率团访华，已经参观访问了中国最大的工业城市上海，代表团还要赴天津参观访问。中国有句古话，叫作“百闻不如一见”。希望你们在中国多看看，通过亲身的感受，直接了解中国和中国工会。

让我再一次对代表团的来访表示欢迎，祝访问圆满顺利，祝大家在中国过得愉快，身体健康！

工会工作为什么提出“五突破一加强”*

（2000 年 3 月 4 日）

我受党中央的委托来看望大家，听听大家的意见。刚才几位委员的发言，介绍了很好的经验，同时提出了一些值得重视的问题和建议。我到这个组来，还有一个意思，作为全国总工会主席，借这个机会也向大家汇报一下工会工作的情况。

这次九届全国人大三次会议和全国政协九届三次会议要对政府工作报告和其他有关报告进行审议和提出意见，明确全国各方面的改革、发展任务。对工会组织来讲，我们的重要任务，就是要以邓小平理论和党的基本路线为指导，全面贯彻党的十五大和十五届四中全会精神，团结、动员广大职工共同为实现党中央提出的国有企业改革、发展三年目标，完成这次会议审议通过的各项任务，推动国民经济持续、快速、健康发展作出新贡献。这是工人阶级作为国家的领导阶级，作为改革与建设的主力军，完成党的中心任务应该承担的历史使命。中国工会作为共产党领导的工人阶级群众组织，应该服从服

* 这是尉健行同志在与出席全国政协九届三次会议工会界委员座谈时讲话的主要部分。

务于全党全国工作的大局，动员组织广大职工完成党的中心任务，这是工会组织必须承担的重要职责。

工会组织要完成党的中心任务，必须从自己的性质、地位、职能出发，通过各种手段、渠道、方式来实现这样一个任务。概括起来讲，工会要完成这样一个任务，就要推动党的全心全意依靠工人阶级根本指导方针的贯彻落实，进一步突出和履行工会依法维护职工合法权益的职能。我们就是要通过这样一个手段、渠道、方式来动员广大职工完成这样一个中心任务的。因为工会不是行政组织，不是一个经济职能部门，它是工人阶级的群众组织，工会服从经济建设这个中心，服从党的基本路线的要求，应有自己相应的措施、职能，应有自己的特色。

在当前来讲，要推动党的依靠工人阶级方针的贯彻落实，进一步突出和履行工会的维护职能，工会要抓什么工作呢？全总十三届二次执委会议明确提出，第一，要进一步实施送温暖工程，特别是要进一步做好对特困职工的送温暖工作。工会要当好特困职工解困的"第一责任人"。所谓"第一责任人"，应该是第一知情人、第一报告人、第一帮助人。因为工会是群众组织，与群众滚在一起。首先是知情，要了解职工有哪些困难，哪个职工遇到特殊困难得不到救助，很可能出问题、出现意外事故。工会作为群众组织有这个责任，也有这个条件。第二，是要把平等协商和签订集体合同这项工作进一步加强。这是工会维护职工经济利益的一个主要手段。第三，是要进一步加强职工代表大会制度建设，搞好民主管理、民主监督，抓好厂务公开，抓好民主评议企业领导干部等工作。这是工会组织保障职工当家作主政治权利的一个主要措施和渠道。第四，是要尽快地解决国有独资和国有控股公司的职工代表进董事会、监事会的问题。党的十五届四中全会已经作了明确的决定。这也是维护职工当家作主的民主权利很重要的一个组织手段。第五，是要把新建企业的工会组织尽快地建立健全起来。没有工会组织，就谈不上贯彻依靠工人阶级的方针，更谈不上维护职工的合法权益。工会完成党的中心任务，就是要从贯彻依靠工人阶级方针和履行维护职能着手，具体地讲，就是要在这五个方面实现突破。另一方面，还要进一步加强工会自身的改革和建设，主要是工会领导机关自身的改革和建设。“五突破”的工作大量涉及基层工会，涉及到基层工会依靠职工办好企业、维护职工合法权益的问题。加强各级工会领导机关自身的改革和建设，涉及到宏观的依靠和维护，就是从宏观上、全局上来保障工人阶级当家作主的政治权利，从参与法律法规制定、政策制定等源头上维护职工的合法权益。这就是我们完成党的中心任务，按照工会工作的路数开展的工作，概括地讲，就是“五突破一加强”。

搞好“五突破一加强”，可以比较好地贯彻党的全心全意依靠工人阶级的方针，能够落实工会组织的维护职能，有助于保护好、调动好、发挥好职工群众的积极性。如果职工的经济利益得不到维护，当家作主的权利得不到保障，哪里来的积极性？我们完成党的中心任务首先要调动职工的积极性。所以“五突破一加强”的着眼点或者说搞维护的着眼点，不是为维护而维护，而是通过维护，保护、调动和发挥职工的积极性。积极性调动起来以后，要很好地加以引导和组织。光有积极性，如果各级党组织、行政、工会不去很好地组织和引导，这个积极性也会受到挫伤。怎么引导呢？当前，工会就是要组织广大职工开展劳动竞赛、合理化建议、技术革新等群众性经济技术创新活动，把职工的积极性引导到推进国有企业改革和发展，更好地完成党和政府提出的各项任务上来。在维护的过程中，涉及到总体利益与具体利益的关系，涉及到既要维护职工政治方面的权益，又要维护职工经济方面的利益，这就需要做深入细致的思想政治工作。把劳动竞赛开展起来，也不简单的就是一个方法问题，也需要做大量的思想政治工作。要把职工的积极性引导到完成党和国家的各项任务上来，也不是自发的，同样需要做好职工的思想政治工作。所以，我们要突出维护，维护职工的经济利益和政治权利，但又不要认为，解决这些具体问题了，职工的积极性就调动起来了。还是要把做好思想政治工作与解决职工的实际问题统一起来、结合起来。这里又涉及到工会在整个工作过程中，如何做好思想政治工作，不断地提高职工的思想道德素质和科学文化素质的问题。我们就是要按照这样一个路数开展工会工作，来完成这次大会提出的各项任务。

这里，涉及到怎么处理中国工会的共性与特性问题。中国工会作为一个工会组织，与其他国家的工会一样，都是社会经济矛盾的产物。工人之所以参加工会，是希望有一个组织来代表和保障他的利益。如果工会不能代表维护工人利益，工人没有必要参加工会，也没有必要组织工会。这是工会都有的共性。但是，中国工会是社会主义国家的工会，又有不同于资本主义国家工会的特性。我们不同在哪里？资本主义国家的工会只强调维护职工的具体利益，我们社会主义国家的工会，强调既要维护职工的具体利益，又要维护全国人民的总体利益，这是不一样的；资本主义国家的工会只强调维护职工的经济利益，我们强调既要维护职工的经济利益，又要维护职工当家作主的政治权利和精神文化需求，这是我们国家的制度、国家的性质所决定的，与资本主义国家不一样；资本主义国家的工会是为维护而维护，我们是要维护，但维护的着眼点是要把职工的积极性保护、调动起来，引导到完成党和国家提出的各项任务上来。这是资本主义国家工会做不到，也不可能这样做的。正由于这样，资本主义国家的工会没有劳动竞赛这种活动，这是社会主义国家工会独有的，这是社会主义国家的性质所决定的。

在这些工作中，一个突出问题就是怎么样维护职工合法权益，这个是要害，是工会工作最基本的问题。这个方面的工作做到了，工人阶级就拥护你，如果这个做不到，不维护职工合法权益，职工就没有积极性，还搞什么劳动竞赛？劳动竞赛这个方法可能很科学、很合理，可是职工没有积极性怎么开展得起来？所以怎么样维护好职工的合法权益是工会工作的要害问题。

当前，一些职工的利益经常受到侵犯，得不到保障。为什么？由于少数企业领导干部中有官僚主义，有消极腐败现象，严重侵犯了职工的合法权益,挫伤了职工的积极性。现在的群体性突发事件逐年上升,涉及的职工人数也越来越多,而且不限于企业范围,到社会上阻挡铁路、冲击政府。造成这种情况的原因是复杂的,但归根结底是职工的合法权益受到严重侵犯,导致了矛盾的激化。解决这个问题是全党的事,需要各级党组织来共同关心解决这个问题。但作为工会组织,应该责无旁贷地把维护职工合法权益的责任和职能承担起来。工会不是行政机关,没有权没有钱,也不能作决策。怎么样来维护?主要是靠组织职工群众进行民主监督,行使民主监督的权利。工会组织职工进行民主监督的权利是法律明文规定的,《中华人民共和国工会法》、《中华人民共和国劳动法》等都有这个规定。工会组织职工搞好民主监督,很重要的一个问题,就是职工监督的权利怎么样得到保障,只有这样,才能调动职工搞好监督的积极性。现在问题的要害就在这个地方。大家都赞成工会应该维护职工的合法权益,也承认有这样那样的问题,但为什么解决得还不好呢?从工会组织来讲,就是要研究怎么样发挥群众监督的作用,来抵制部分企业领导干部严重官僚主义、消极腐败等侵犯职工合法权益的问题。

工会组织开展群众监督,一是要依法监督。当前主要是依据《劳动法》、《工会法》等国家有关的法律法规、政府的有关政策条令、企业的集体合同和规章制度、职代会的决议等,依据这些来进行监督,不是搞任意监督。二是要开辟多种方式、渠道进行监督。比如,召开职工代表大会,职代会就是民主管理、民主监督的机构,首先要经常开,按规定开。职代会都不开了还有什么群众监督？还有实行厂务公开。现在党中央已经明确了通过厂务公开来搞群众监督。厂务公开是让职工知情，但知情不是目的，知情的目的是为了监督。不知情谈不上监督，光知情不监督又有什么用？还有平等协商，这是一种机制，也可以说是沟通情况，相互协调，实际上是开展监督的一种很好的形式。又比如，企业领导干部每年向职代会报告一次企业业务招待费使用情况，这就是一种渠道，通过这个渠道监督企业廉政建设问题。再比如，每年民主评议一次企业领导干部，这也是一种监督。还比如，企业出现劳动争议，劳动争议调解委员会调处得怎么样？《劳动法》贯彻得怎么样？要开展群众性的执法检查，这也是一种监督。这只是举几个例子，各级工会还可以开辟更多的渠道，从多方面实施监督。这是要把监督搞好的一个必要条件。三是必须确保民主监督的实效。这是最要害的问题。你也监督了，通过职代会提了意见，但提了也白提，你提你的我干我的。如果这样，监督就流于形式，这种监督就是无效的、形式主义的、骗人的，职工慢慢地就没有积极性了，感到什么当家作主，说得好听，我们的意见没有人听，提出以后领导照样我行我素。所以，依法监督、通过各种渠道进行监督和确保民主监督实效这3条都要注意，但最要害的是要保证监督的实效，监督得有用。比如企业重大决策必须通过职代会审议，反过来，未通过职代会审议的企业重大决策就不能实施。如果没有这样的制约，职代会就没有用。职工生活福利或涉及职工切身利益的问题，如房子问题、奖金分配、待遇问题，没有提交职代会审议通过就不能执行。经过民主评议，绝大多数群众有意见的干部，上级主管部门就要采取相应的组织措施。如果评议管评议，任命管任命，照样升官、异地做官，那民主评议、民主监督还有什么用？企业的领导违反职代会职权和有关规定，独断专行，导致矛盾激化、影响社会稳定的，必须追究责任。不然他照样独断专行。我们一再讲，对企业矛盾要慎用警力，一般情况下公安部门不要去企业。但有的企业领导就是官僚主义严重，腐败严重，造成恶劣后果。企业出了事以后，领导都跑了，把矛盾交给地方党委、政府、公安、武警，对社会造成很大影响。这种情况屡见不鲜。对这样的领导干部不追究责任、严肃处理，监督还有什么用？要害是第 3 条，我们需要研究，以后提意见要在第 3 条上多下功夫。监督是对权力的监督，光是舆论监督不行，不强化制约机制，不用一种权力去监督另一种权力，就监督不了。各级工会要很好地研究。现在有关法律法规不少，关键是没有很好落实。

我们组织职工群众进行监督，不是仅仅监督职工的具体利益是不是受到侵犯。我们讲组织职工民主监督，既监督企业侵犯职工具体利益的行为，也监督企业侵犯国家利益的行为。这两者往往是联系在一起的。侵犯职工具体利益的，进一步查，也往往严重侵犯了国家利益。把一个好端端的企业搞倒闭了、破产了，职工失掉了工作，企业的国有资产也流失了，首先是给国家造成了严重损失。所以我们讲的监督，与坚持两个维护的统一相对应，也是两种监督的统一，既监督国家利益不遭受侵犯，也监督职工具体利益不遭受侵犯。工会只有很好地把职工民主监督组织起来，才能够避免职工合法权益受到侵犯，才能够防止矛盾激化，才能够保证社会政治稳定。这是大局。这个搞不好，职工投身改革、发展和稳定很难有积极性。

我今天发言的中心意思，是向大家汇报一下，工会为什么提出“五突破一加强”，“五突破一加强”的具体内容和实施，要害是推动党的全心全意依靠工人阶级方针的贯彻落实，进一步突出和履行工会的维护职能。提出了调动职工积极性以后，还要研究在新的形势下怎么改进劳动竞赛等群众性经济技术创新活动的方式方法。现在情况变了，过去老的办法不行了。各个企业都有各自的特点，这个需要适应形势要求不断创造新的经验。更重要的问题是要研究光讲维护不行，怎么能够保证维护，就是要在怎么样发挥职工民主监督作用方面去做文章。这里有法律上、体制上、机制上、管理上怎么来着手的问题。这个问题需要我们大家来共同研究。

村务公开要考虑外来务工人员的民主权利保障*

（2000 年 4 月 16 日）

我 1987 年曾来过南岭村，当时看了之后很受教育，现在又大不一样。你们发展很快，也为国家创造了财富，这是很好的。我很赞成你们的想法，你们富了，把外来工看成是自己的兄弟姐妹，把他们视为大家庭的一员，不仅在工作上为他们创造条件，而且在生活上给他们以保障，保护他们合法的劳动权益，在分配制度上尽管有差别，这都是政策允许的。我们的党组织、村委会要把外来工当作自己的兄弟姐妹，在政治上、生活上、工作上、感情上关心他们。另一方面，你们刚才提得很好，就是富起来之后，还要鼓励你们的村民很好地学习向上、进一步发展，不要因为富了，就小富则安。我去过一个国家，原来是一片沙漠，由于产石油，现在很富，城市建得很漂亮。但我看到一个情况，就是在那里工作的都是外来人，有印尼人、巴基斯坦人、印度人，还有中国人，包括一些上海的姑娘。就是说，实际干活的都是外国人，他们自己当警察或是主管。我看了之后很有感触，一个国家富了之后，就在那里管一管、说

---

* 这是尉健行同志在广东深圳南岭村考察时讲话的一部分。

说话，如果石油枯竭，那时生产资料没了，来源也没了，这个国家怎么办？所以我很赞成你们的想法。“致富思源，富而思进”，生活富了，要追求更高的目标；生活改善了，工作发展了，要有更高的要求；条件好了，越要严格要求村民。不要因为现在经济条件好了，而带来其他一些消极因素，这些都事在人为。如果我们自觉意识到这个问题，按照江泽民同志的指示去做，来开展工作，你们村就会越来越富，村民的文化水平越来越高，政治素质越来越好，对外来工的工作就会搞得越来越好。反之，就会带来一些其他消极因素。

我刚才来的时候看到你们的村务公开栏。穷有穷的矛盾，富有富的问题，你们这个村现在搞村务公开，效果如何？村民相信吗？你们公开的材料是不是村委会提供就公布？这些材料还有谁去审核？是不是真的？在北方的一些穷村，村里没有多少钱，老百姓关心的是计划生育指标分给谁了、电费情况等。在这里农民关心投资、分配。我们要看到，从道理上讲，村民是有权监督领导的，但实际上，村民在村委会和党支部领导下，有的人也怕得罪人，因此还得有套办法，怎么样从制度上真正制约理财小组。布吉镇要不要对村有个制约，就是理财小组同意了，镇里还要有制约，我的意见是我们要发扬社会主义民主，不要以为有了理财小组就起作用了，事情不那么简单。为什么有些干部一而再、再而三地出问题，就是因为监督制约机制没有真正起作用。理财小组有那个名义，但没有实权，是虚的，它不敢行使权力，老百姓意见很大，所以不要以为制度上墙就行了。有的地方借了钱搞吃喝，等村支书下台后，才发现他在位时借了几万元，村里财务小组就说，当时也没发现问题，他是怎么借的钱？所以，不要以为有财务小组、有理财小组就行了，要建立一套制度，不仅能在南岭村起作用，在村长霸道的地方也能起作用，否则就是搞形式主义。

你们村有村民800多名，外来工12000多人，村民的民主和外来工人的民主、权利保障，不能由800人决定12000多人的权利，应该一起决定。他们来打工，就是我们国家的工人，工会就要维护他们的权利和利益，所以民主决策一要考虑村民，还要考虑打工的。你们村很重视外来工，每年都拿出钱来奖励优秀外来工，还开座谈会等，都很好，但还不够，他们还有自己的权利。有些决策必须经过职工代表大会代表审议，有的必须经过职工代表大会通过，村里人不能决定外来工，800人不能决定12000人，这里还需要一系列的制度。你们也有这样的感受，几十年以前，你们也去香港谋生，背井离乡。现在，打工的虽然是在国内，也是这样，很需要党组织的关心，需要制度、机制、法制上的保障。

从“三个代表”的高度深刻认识和切实做好工会的维权工作*

（2000 年 4 月 13 日至 24 日）

一、从江泽民同志关于党要当好“三个代表”的高度深刻认识和切实做好工会的维权工作

这些年来，工会从实际出发逐渐形成了开展工作的总体思路，今年又提出“五突破一加强”的要求。这些新思路和新要求概括起来讲，一个基本的指导思想就是工会要坚定不移地推动党的全心全意依靠工人阶级根本指导方针的贯彻落实，进一步突出和履行工会的维护职能。现在，这样一个思路和要求越来越被广大工会干部所接受，同时也得到各级党政领导和有关部门的理解与支持。但我们在工作中仍然会遇到这样那样的问题。出现这些问题的原因是多方面的，但归根到底还是个认识问题，也就是对工会提出这个思路的理解问题。因此，我们需要进一步宣传工会为什么提出这样的工作方针和指导思想。要正确认识工会工作的方针和指导思想，离不开对新形势下党的指导思想和方针政策的理解和把握。中国工会是中国共产党领导的工人阶级群众组织，是党联系

---

* 这是尉健行同志在广东深圳考察期间关于工会工作多次讲话的要点。

职工群众的桥梁和纽带。这是历来都明确的，过去如此，现在如此，将来也是如此。这个原则是不能也不会改变的。因此，要统一对工会工作的认识，从根本上讲就是怎么样进一步认识我们党的性质和方针政策问题。只有从这个大局上、根本上来认识，才能更好地理解这些年来工会工作提出的方针和指导思想。

同志们都知道，江泽民同志在广东考察时发表了极其重要的论述，这就是中国共产党必须当好“三个代表”。这是一个新的、相当深刻而又高度概括的纲领性论断。他首先提出，中国共产党应该始终成为中国先进生产力发展要求的代表。一个政党能不能存在、老百姓拥不拥护，就看这个政党能不能推动社会向前发展。区别一个政党是革命的、先进的，还是反动的、落后的，关键就要看这个政党是推动社会历史向前发展，还是拖着社会发展的后腿或逆向而动。社会发展的根本问题是生产力的发展。一个政党是推动生产力发展还是阻碍生产力发展，是代表先进生产力还是代表落后生产力，这涉及到党的性质，而党的性质又是由它的阶级基础和它的纲领究竟代表哪个阶级所决定的。这里就提出了一个关键问题，就是一个政党能不能代表先进生产力，要害是要看这个政党的阶级基础和它的纲领是不是符合先进生产力发展的方向。历史早已证明，工人阶级是先进生产力和生产关系的代表。中国共产党的阶级基础是工人阶级，中国共产党是工人阶级的先锋队。这个阶级基础决定了我们党的性质，决定了我们党是先进生产力的代表。因此，党必须在任何时候都要全心全意依靠工人阶级，旗帜鲜明地依靠自己的阶级基础，坚定不移地贯彻全心全意依靠工人阶级的根本指导方针。由此可见，工会工作总体思路和“五突破一加强”所阐发和强调的最基本的指导思想，与我们党的性质、要求和江泽民同志关于“三个代表”的重要论述是完全一致的。工会提出这样的思路和要求，是新形势下工会工作更好地为全党全国工作大局服务的具体体现。

面对新的形势任务，在谁是先进生产力代表的问题上，社会上有各种各样的议论。有的说现在形势变了、社会变了，发展生产力不是靠工人阶级了，而是要靠高科技、靠知识分子、靠专家，工人只是干活的，是笨重的体力劳动者，代表不了先进生产力；也有的认为，现在代表先进生产力的是企业家、企业经营管理人员；甚至还有的认为，现在发展生产力要靠老板，老板应当成为劳动模范，因为他们推动了经济的发展。这些提法都是片面的，有的是完全错误的。我们要承认在新形势下知识分子和科技人员的重要作用，但任何高科技、新技术要真正转化为现实生产力，还必须依靠工人阶级和广大劳动群众的创造性劳动。而且在社会主义中国，知识分子本身就是工人阶级的组成部分，不能把依靠和发挥知识分子的作用与依靠和发挥广大工人群众的作用割裂开来、对立起来。我们应该重视企业经营管理人员、企业家、厂长、经理的作用，但在社会主义中国，公有制企业的经营管理者本身也是工人阶级的成员，同样不能把重视发挥他们的作用与重视发挥广大工人群众的作用割裂开来、对立起来。我们现在也要反对有些人从另一个角度提出，工会不应该包括企业家和经营管理者，主张要组建两个工会，一个是工人的工会，一个是经营管理者的工会。对此我们不能赞成。因为我们不是资本主义国家，作为社会主义国家，公有制企业的厂长也好，经理也好，都是工人阶级的一员，大家只是分工的不同。那种片面强调企业家的作用，忽视广大工人群众的作用，或者把工人阶级只局限在工人群众，而把企业经营管理者抛掉的观点和主张，都是与我们国家的性质和实际相悖的。我们要推动经济发展，要发挥全国人民的作用，但这与我们党所依靠的阶级基础是两回事，与谁代表先进生产力也是两回事。近年来工会提出的工作方针和指导思想，始终强调要贯彻党的全心全意依靠工人阶级的根本指导方针，根据和道理都在这里。所以，对依靠工人阶级的方针，我们一定要理直气壮、毫不动摇地加以坚持和强调。至于现实生活中有些工人对这个问题有意见或有误解，那是我们工作没有做好，是党的这一根本指导方针我们没有贯彻好，而不是党的这一方针本身有什么问题，更不是今后就不需要贯彻这个方针了。

江泽民同志又提出，中国共产党应该始终成为中国最广大人民根本利益的代表。这是我们党全心全意为人民服务的宗旨所决定的。我们党没有自己的私利，我们搞革命、搞建设，都是为了人民当家作主，进一步发展生产，使工人阶级和广大人民能够过上幸福的生活。江泽民同志再三强调，实现、维护、发展人民群众的利益，始终是我们最大最重要的政治。工会作为中国共产党领导的工人阶级的群众组织，我们的一个突出职能，就是要更好地维护职工的合法权益。如果我们连职工的利益都不关心、都不能保护、都不能代表，我们算什么工人阶级的群众组织？又怎么能够起到党联系职工群众的桥梁和纽带作用？因此，我们始终强调要进一步突出和履行工会的维护职能。当然，对这个问题有人也疑虑，有这样那样的模糊认识。但随着对江泽民同志一系列重要指示精神的学习和贯彻，认识越来越统一了。必须看到，工会如果不维护职工群众的利益，那要你工会干啥！

江泽民同志还提出，中国共产党应该始终成为中国先进文化前进方向的代表，这与我们工会工作的关系同样十分密切。江泽民同志在党的十五大报告中就明确提出，建设有中国特色社会主义的经济、政治和文化，并且已经成为党在社会主义初级阶段的基本纲领。党作为中国先进文化前进方向的代表，其实质是建设有中国特色的社会主义文化。建设有中国特色社会主义文化同建设社会主义精神文明是一致的。新中国成立 50 年，特别是改革开放 20 年来的实践充分证明，工人阶级不仅在经济建设中奋力拼搏，是社会主义物质文明建设的主力军，而且在创造和传播先进文化方面大胆开拓，也是社会主义精神文明建设的主力军。工人阶级在革命、建设和改革开放与社会主义现代化建设中所表现出来的崇高思想和模范行动，始终昭示着我们这个时代前进的方向。坚持先进文化的前进方向，就是要坚持用工人阶级身上所表现出来的思想道德、意志品格、理想信念和工人阶级所创造的科学技术文化武装广大职工和人民群众，造就宏大的“四有”职工队伍和社会主义公民，不断带动和影响整个社会。这也是工会维护和满足职工群众精神文化生活需求的必然要求。工会作为党的一个群众性组织，我们有责任通过加强职工思想政治工作和开展各种教育活动，来不断地提高职工群众的整体素质。工会的各种文化教育阵地，包括文化宫、俱乐部和职工学校等，也需要考虑怎么样做才能更好地服从和服务于我们党所代表的先进文化的前进方向。工会的各种文化教育阵地，决不能搞那些腐朽的东西，只是为了赚钱而不顾一切。

总之，江泽民同志提出的“三个代表”，哪个“代表”都与我们工会工作有关。我们应该充满信心地去坚定不移地推动党的全心全意依靠工人阶级根本指导方针的贯彻落实，进一步突出和履行维护职能，毫不动摇地去实现工会工作这个最基本的指导思想的要求。对各种闲言碎语和这样那样的杂言与干扰，我们应该注意分析，不要人云亦云，更不能影响我们开展工作的积极性和信心。

二、工会当前需要突出抓好的几个问题

第一，要进一步突出和履行工会的维护职能，首先必须最大限度地把新建企业的广大职工组织到工会中来。

工会要贯彻党的依靠方针，维护好职工的合法权益，首先是要把广大职工组织到工会中来。如果广大职工长期在工会组织之外，我们提出的指导思想再好也要落空。目前，全国以工资收入为主要生活来源的职工有 2.4 亿人左右。过去，工会会员基本上都是国有和集体单位的职工，有 1 亿多一点。现在，由于推进国有企业改革，许多企业实行减员增效、下岗分流，有的企业实行破产、合并，国有单位的职工只有8000多万人，集体单位的职工只有1000多万人，而外商投资、港澳台商投资、私营、混合所有制和乡镇企业等单位的职工有1.5亿人左右。我们现在的会员只有8400多万人。也就是说，现在还有1.6亿职工没有被组织到工会中来。依据我国的法律，中国只有一个工会，这就是中华全国总工会。而我们现在的会员只是全国职工总数的三分之一，还有三分之二的职工在我们的工会组织之外。现在敌对势力在香港整天扬言要在中华全国总工会之外，再搞一个什么“独立工会”、“团结工会”，并与西方敌对势力勾结在一起，攻击我们只是一个工会，经常抓住一些事端组织这、组织那，搞这个名义、那个名义，其根本目的都是要“西化”、“分化”我们，推翻中国共产党的领导，而工会则是他们想要打开的一个缺口。所以，从政治上讲，这是一场很严肃的斗争。对广大职工我们不去组织，社会上就有人打着这样那样的旗号去组织“第二工会”。对此，我们务必要有清醒的认识。

现在，由于企业改革的深化，国有企业也有一个维护职工权益的问题。有的国有企业改革方案不与职工商量，不提交职代会讨论，少数人甚至一个人说了算；有的企业破产也不跟职工打招呼；有的企业任意拖欠、停发职工的工资等，因而导致劳动关系矛盾激化。这确实反映出我们一些国有企业职工的权益没有得到尊重和保障。但从总体上讲，国有企业毕竟党组织和工会组织相对比较健全，而且老工人比较多，遇到问题时应该怎么处理，大家都有一个基本的认识。但诸多非公有制的新建企业，不仅没有党组织，而且多数企业尚未建立工会组织，依靠工会来维护职工的合法权益就没有组织保证。现在，有好多从农村到城市来工作的小伙子、小姑娘，他们来到这里，举目无亲、孤立无援，尤其是在外商投资和私营企业打工的，既没有什么健全的合同，又没有工会组织，遇到困难、出现问题，比如自己的权利受到侵犯，人格受到侮辱，人身受到伤害和摧残，都不知道去找谁来帮助。大家想一想，我们每个人都有自己的子女，都有兄弟姐妹，如果我们碰到这样的事会作何感想？我们总不能让国内其他地方到深圳、上海、北京打工的人，像中国人过去流落到国外打工的人那样，受屈辱、受压迫而无处申冤啊，我们绝不能允许在我们自己的国土上出现这样的情况！对这样的问题，谁应该帮他们说话？当然有我们的党和政府，有我们的各级行政组织，但很重要的就是靠党领导的工会替他们说话，替他们讨个公道，为他们作主。但现在的问题是许多企业没有工会，那就根本谈不上去维护工人的权益。全国现在还有三分之二的工人没有被组织到工会中来，我们又怎么能发挥作用？这个问题是全国性的，但对广东来说，也许更迫切地需要摆到重要议事日程上来解决。这不光是个维权问题，也是对敌斗争的需要。所以，当务之急就是要扩大工会组织，最大限度地把新建企业的广大职工组织到工会中来，使他们的情况能够及时被我们掌握，让我们有条件为他们说话。现在看来，如果我们按部就班来办，那 1.6 亿职工我看再有 5 年也组织不起来，因为我们已经过去 5 年了。希望大家采取各种办法，首先把广大职工组织起来，有的可以是直接的，有的可以是间接的，有的可能不那么完善，有的可能不那么合乎规矩，但总比没有组织起来和无人过问要好。这是全会上下今年首先要抓好并实现突破的一项重点工作。

第二，工会维护职工的合法权益要加大群众监督力度，当前要特别重视职工的生产安全。

“五突破一加强”中涉及的其他方面的工作，有两个问题值得重视。一方面是怎么样组织职工加强群众监督，努力取得维权工作实效的问题。像蛇口、宝安等一些搞得比较好的地方，“五突破一加强”的工作基本上开展起来了。这样的单位，希望能进一步提高工作质量，关键要在“五突破一加强”的实效上下功夫，不要满足于程序上做到了，更要看实际效果怎么样。实效如何，要害是看职工群众的反映。可以通过民意测验，看 100 名职工里面有多少名职工认为工会确实是代表自己利益的。如果有相当一部分职工认为工会是可有可无的，我们再好的经验，说这个会也开了，那项工作也做了，这个榜也公布了，但工人还是感到工会有没有一个样。所以，对这样的企业一定要在实效上下功夫。在实效上下功夫，关键是在实施“五突破一加强”的过程中，要在组织职工加强民主监督上下功夫。工会没有行政权、也没有多少钱，靠什么？就是靠工会组织和代表职工实施群众监督的威力。在这个方面可以大做文章。这是从全国来讲需要做好的，希望和相信你们在这方面也能有点办法。

另一方面，是维护职工权益，首先要保障职工的生产安全问题。“五突破一加强”当然包括职工经济利益和民主权利等方面的维权工作，但首先要保障职工的生产安全，这是最起码的。如果连职工的生产安全都得不到保障，说什么代表权啊、发言权啊、监督权啊等，都无从谈起。《工人日报》记者曾搞了个调查，写了个报告，说深圳的工人在外商投资企业的工伤事故很严重，一年断了一万多只手臂，我当时看了以后相当吃惊，还有点不太相信。后来派人来复查，结果单看数字基本上是对的，但是把手碰破了皮、断了手指头、断了手、断了胳膊等，全都统计在一万多只手臂里了，事实有点扩大。但不管怎么说，也得承认工伤事故是比较严重的。咱们从农村来打工的小伙子、小姑娘，尤其是在港商、台商投资企业打工的，许多人得不到任何制度保障，为了赚几个钱什么活都干，结果手指头也断了，手臂也断了，有的还得不到赔偿，有的还受到侮辱。我们想啊，过春节一个村外出打工的小伙子、小姑娘都回来了，但自己的儿子没有回来，你说那是个什么心情？如果我们自己的女儿回来了，断了一个手臂，我们又是什么心情？这个问题不光深圳有，现在全国的工伤事故太多了，动不动就死多少人、伤多少人。比如江西的爆竹厂炸死了几十个人，其中包括十几名学生，这个企业没有什么安全规定，也没有工会，加班加点让学生礼拜天也来，结果着火了，引起爆炸。维护生产安全是维护职工的基本权利。这项工作应该与组建工会结合起来抓，深圳可以超前抓一下。凡是发生严重工伤事故的企业，已组建工会的，企业工会和上级工会有权、有责任去监督处理；没有组建工会的，这个地方的工会组织也有权、有责任去查处和干预，不能说没有组织工会就不管了，企业没有工会上级工会照样要管，可由深圳市总工会出面去干预重大事故。不这么搞，没有一种监督制约机制，出了事仅经济赔偿，甚至连经济赔偿都没有，不了了之，这样下去影响太坏。敌对势力经常利用这个东西。尤其是深圳这里，信息灵通，上午发生的事，下午他就知道了，看你们怎么处理，然后就大做文章，说什么中国工会是个官办工会，要撇开全总搞“第二工会”。我们有的领导看不到这种斗争的严重性，为了这样那样的原因，甚至包庇、袒护外商，阻挠组建工会。这种问题一经发现，就不是工会一家的事了，包括纪委也要参与查处。有个城市的韩国商人，因为一个女工不如他意，就把她关到狗笼里去侮辱。我们的工会主席提出抗议，由于某市领导的干预，结果把我们工会主席撤职了。这个事我们批了几次叫他们查，最后工会主席虽没算撤职，但换了工作地方。为什么会这样呢？后来才发现，这个地方纵容走私，有几百个亿，几个副书记、副市长都被中纪委“双规”审查了。这些人中饱私囊，他能代表工人阶级的利益?！他不是为了我国的改革和发展，而是与外商勾结，收了好处，用各种办法来干扰组建工会，来抵制工会维权。包括深圳龙岗区某工艺玩具厂那把大火，也是由于有的消防人员接受吃请、收了人家的东西后，才违规发给消防合格证的。凡是发生这种问题的都要严肃查处。如果我们不在这些人们最痛恨、最关心的问题上伸出手来维护，只抓一些比较远的问题，我看就得不到老百姓和工人群众的拥护。当前还是要搞“雪中送炭”，不搞“锦上添花”，要在职工最关心的要害和关键问题上能够看到工会的维权作用。

第三，开展工会工作的思路需要不断创新。

几年来，深圳先后向全国提供了两个很好的经验，一个是蛇口工业区工会工作的经验，一个是宝安区工会工作的经验。这两个经验都是你们在实践中总结出来的，提出了一些带有规律性的认识和做法，在全国都有指导意义。比如说蛇口，经验很多，我就讲一点。那年我来蛇口召开座谈会听取经验介绍，一边听一边议论，如果按照传统的做法和规矩，蛇口工业区工会揽的权是很大的，把基层工会组织的一些权力都揽到蛇口工业区工会来了。从过去的职责分工来讲，好像没必要抓这么多工作，但我听了以后，经过议论，我是赞成蛇口工业区工会采取这样一种方针和体制的，这种做法更切合改革开放以后，在一个工业区、开发区对外商投资企业加强工会工作的实际需要，这是一条很好的经验。不要把我们过去对国有企业工会组织的一套体制、机制、做法生硬地照搬到外商投资企业、合资企业中来。要从实际出发，从实际效果着眼，采用新的体制、机制、方法来处理新的问题。这个思路我到处宣传。就是说，对外商投资企业的工会，不能像对国有企业的工会组织一样下任务、提要求，调处企业劳动关系的有些矛盾，上级工会组织应多揽一点，这样便于外商投资企业的工会更好地开展工作和发挥作用。看起来这是一个具体的体制、机制和工作方法问题，但实际上是提出了在新形势下如何加强外商投资企业工会工作的一个很好的思路问题。这个经验很可贵，大家现在基本上都是按照这个路数来做的。实践证明，这个思路不仅在蛇口、在深圳是适用的，在全国也都适用。又比如宝安的经验，我虽然没有机会去听介绍，但看了你们的材料。从宝安区的实践来看，随着外商投资企业的迅猛发展，工会工作单靠区一级、县一级工会来抓是不行了，必须加强乡镇、街道直到村一级工会组织的建设。这也是从实际出发，实事求是地总结出来的带规律性的经验和思路。现在全国经济比较发达的地方也都这么办了，不少地方还把它进一步具体化。尽管不同地区的提法可能各有侧重，但这种思路代表了一种规律、一种方向。当然，深圳的经验很多，从这两个经验来看，我认为对全国开展工会工作是很有借鉴意义的。这些经验还在发展，你们刚才又提出了一些新的问题、新的建议、新的做法和新的思路，这些都是合情合理的新探索，我感觉很好，也都赞成。比如对于一个村有成千上万人来打工的，要尽快地把企业和村一级工会建立起来，要把维护本村村民的利益与维护外来打工者的利益很好地统一起来，要把搞好本村村民的民主决策、民主监督和搞好外来打工者的民主参与、民主监督很好地统一起来，要从体制、机制、制度上去探讨和解决这个新的问题。

希望深圳要运用和发展蛇口工业区工会工作的一套思路，运用和发展宝安区组建工会工作的一套思路，发扬不断创新的精神，打破过去的一些框框，在最大限度地把广大职工组织到工会中来的问题上，早一点探索，大胆创造和总结经验，供我们借鉴、推广，也希望和相信深圳市委、市政府一定会大力支持这项工作。

进一步认识厂务公开的目的意义*

（2000 年 5 月 16 日）

一、关于筹备召开厂务公开电视电话会议问题

总结经验要注意对工作的指导作用。宣传典型不能搞机会均等。现在提出的单位，有的很一般，都是些程序性的。现在要研究的不是这些问题，程序性的工作好多单位都做到了。我们现在搞工作，通过发号召干一件事，那套程序性的东西，大家都很有办法。但那样做，一是不深入，最后效果也不一定很好。刚开始干得都轰轰烈烈，但到头来坚持不下去，问题就出在这里。这次总结经验，要有一点指导性。如何使厂务公开更深入地开展？要在这方面下功夫。对厂务公开问题，应该有新布置。开一个会不那么简单，关键是要解决问题。要让人们听了会后确实有新启发、有触动，而且明确下一步工作的方向。不是一般地介绍经验，不是很高度很抽象地概括经验。概括出一些原则都对，但对于进一步指导工作缺乏针对性、没有深入，就意义不大。当然，开会不开会，的确是不一样，但总要把这个会议开得好一点，使之作用更大一点。从这个意义上讲，有些问题恐怕还需要很好地研究，理清思路，通

---

* 这是尉健行同志在听取厂务公开电视电话会议准备情况汇报时谈话的要点。

过这个会,有新回答。

在准备材料的过程中,各地的经验也好,领导同志的讲话也好,有几个问题需要很好地研究研究。

第一个问题,如何进一步认识厂务公开的目的意义。

厂务公开是一种形式,是一种手段,它的目的是组织发动职工对企业进行民主决策、民主管理、民主监督。所以,厂务公开搞得好不好,效果怎么样,就看组织职工参与民主决策、民主管理、民主监督这些方面的作用怎么样,效果怎么样。恐怕要从这个方面来提出问题,来研究问题。公开是为了让大家知情,知情的目的是为了便于参与决策、管理和监督。所以,这里就有一个要从江泽民同志提出的党要当好"三个代表"的高度来认识当前开展厂务公开的作用。这是第一个层次。

这个问题我在深圳调研时谈到了。工会这些年来的指导思想、工作路数,总的说大家是认可的,但是也有不同程度的分歧。有的人对我们的有些做法多少还有些疑义,担心是不是符合我们党的要求。在这个问题上,我们要很好地学习领会江泽民同志关于党的建设、关于共产党要当好"三个代表"的重要论述。我当时简要讲了,党要代表先进生产力的发展要求。这个问题,从根本上讲,是党要体现工人阶级先锋队的性质。从另一方面讲,你要代表先进生产力的发展要求,你就必须全心全意依靠工人阶级,不然的话,就谈不上代表。谁代表先进生产力?工人阶级。党的阶级基础是工人阶级。因此,我们说我们党有条件、也应该代表先进生产力的发展要求。这个问题不是从技术上来论证,要从党的阶级性,从工人阶级的地位和作用来论述。结论归结起来就是,你要做先进生产力发展要求的代表,就必须坚定不移地贯彻全心全意依靠工人阶级的方针。我当时展开来讲了,这里就不讲了,你们已经整理成一个材料了,大家可以看看。

从工会来讲,我感到厂务公开要讲它的意义,应该结合"三个代表"的论述。厂务公开的作用就是要发动职工群众参与企业的民主决策、民主管理、民主监督,这与"三个代表"的论述是一致的。我们要从理论到实践好好地理一理,论证一下。要讲厂务公开的意义,有这么几条。首先要开宗明义从这个高度讲起。另一方面,职工参与民主决策、民主管理、民主监督不要仅仅看成是工人的权利问题,看成是工会的职能问题,而且必须看到这是推进国企改革和发展的一个重要条件。国企要加快改革和发展,光靠少数人,光靠经营者就可以了吗?必须依靠广大职工,必须让广大职工当家作主,没有这个,企业的改革、发展无从谈起。这个问题也要好好论证,不要把它看成仅是工会的事,仅是工人关心的事,首先是企业的事。这个问题不解决企业能搞好改革吗?能发展吗?不要把它看成仅是企业的某些人关心的事。现在这个问题很大,好多企业领导的群众观念、群众关系不像五六十年代那个时候的传统。现在也有一些文章谈起如何搞好国有企业这些事,根本不谈职工。他们的头脑里根本没有这个概念,一谈国有企业改革,一、二、三、四、五、六……很多办法,但就缺少一条,依靠职工办企业没有。这个问题不解决,搞厂务公开就只是做做样子。不能只是感到，既然中央这么要求，全国总工会这么强调，中纪委也这样重视，不得不做。我今天在这里把话说直一点，有的部门在这个问题上是不是很自觉？我看很难说。他们只是感到你们要这么干，我们只好配合，没办法，因为我们是管企业的。他们是不是看到了厂务公开是企业改革、发展的内在需要？我看还差得远。

当然，厂务公开的意义不光是这一点。还有加强社会主义民主政治建设等。我的意思是要从这样一些方面去理清思路。至于具体还包括哪些方面，请大家研究，要把这个问题说清楚，首先要从“三个代表”的高度说清楚。党要成为“三个代表”，工人阶级是党的阶级基础，工会是党领导的群众组织，是桥梁纽带，工会工作不体现党的“三个代表”的思想怎么行？所以，各个单位都要结合自己的实际情况，从“三个代表”的高度来认识问题。我在深圳调研时谈到了这个问题，但只是抛砖引玉。我感到这个问题值得我们大家好好学习和思考。包括共产党是最广大人民根本利益的代表。利益在哪里？利益是具体的，对职工来讲，既有政治上的利益，又有物质上的利益，还有精神上的利益。我们讲维护和代表就要从这三个方面代表。讲政治上的利益，就是要让职工当家作主，作主人翁。如果连这个都没有，叫什么代表？物质利益，大家比较清楚。精神上的利益，就是要以先进的文化来培育、引导、教育职工。

“三个代表”中最根本的一条就是共产党要代表中国最广大人民的根本利益。人民怎么看共产党是代表他们利益的，我看有三个问题是需要解决的。

第一，是看共产党的路线、重大决策对老百姓是不是有利，是不是把经济发展、生产发展、老百姓的生活改善作为出发点？我看老百姓首先看的是这个问题。这一点，老百姓对我们的满意程度是比较高的，因为20年来的改革开放政策，老百姓亲身感到了好处，老百姓确实得到了实惠。反过来，比如说像“文化大革命”期间那样，哪怕道理讲得再好，老百姓却越来越穷，那还能讲代表中国最广大人民的根本利益吗？

第二，你要说共产党代表中国最广大人民的根本利益，就要让老百姓感到，他们的利益没有受到侵犯。共产党的路线是好的，政策是好的，老百姓一天天在富起来，国家一天天在强起来，但是有一批腐败分子在侵吞国家财产、盘剥群众利益、侵犯群众利益。这个问题不解决，老百姓也不认为共产党是中国最广大人民根本利益的代表。就是说，我的利益我得不到，给贪官污吏侵犯了。因此，要维护人民群众的利益，不能仅看我们政策是好的，我们发展了，还要看发展的成果是不是真正落实在老百姓的身上了。这个问题解决不了，就是政策再好，也要亡党亡国。

第三，老百姓看共产党是不是代表中国最广大人民的根本利益，就看老百姓在这个社会里是不是真正作为国家的主人，老百姓应该享受的政治权利、民主权利是不是有保证。我们讲的厂务公开，加强基层民主政治建设、人民代表大会制度、进一步加快政治体制改革步伐、搞民主法制建设等，就是让老百姓更多地拥有参与决策权，要让老百姓真正感到是当家作主，而不仅仅是在道理上讲一讲。要让工人真正感到共产党是依靠工人阶级的，而不是仅在会上、逢年过节讲几句，那不行。让群众确实感到工会不是个官办组织，确实是为工人谋利益的，替他们说话的。没有这些东西，你所讲的利益都是不完整的。发展生产力是根本的、首位的，但是，不是说发展了生产力，一切问题都解决了，利益问题都解决了，代表问题都解决了。利益被人侵犯，我虽然工资涨了，但我不感到我是主人翁。因为人的积极性，老实说，在根本上是决定于他在劳动中的地位。这是第一位的。首先是人格问题，权利问题。积极性问题首先是一个地位问题。当然基本生活得到保障是前提。因此，利益再高，如果地位问题不解决，也不行。工资再高，但是总有一些贪官污吏几百万几千万地贪污，尽管抓一个就枪毙一个，但是，老百姓总感到有气。腐败就是剥削。

“三个代表”最根本的就是代表中国最广大人民的根本利益。那么如何代表中国最广大人民的利益？就是要从前面提到的三个方面来讲，这三个方面缺一不可。我这里讲得离主题远了一点。我的意思是说，对厂务公开意义的理解就是要从江泽民同志讲的“三个代表”的高度来提出问题，来认识问题。厂务公开是手段，要害是依靠职工群众搞好企业的民主决策、民主管理、民主监督。从根本上讲，是怎么样全心全意依靠工人阶级的问题。这个问题我想要说清楚。

第二个层次要说清楚的是，厂务公开是推进国有企业改革和发展的一个重要措施，不要只看成是工会的任务，纪委的任务，是中央这么要求的，是奉命照办。不是。这个道理也要说清楚。总的来讲，这也是第一个道理的推论。但这个道理也有它的特点，要好好论证一下，不搞好厂务公开，没有“三个民主”，企业是搞不好的。这方面的经验也可以介绍。

第二个问题，厂务公开的内容。

厂务公开既然不是一种目的，而是一种手段，目的是搞好“三个民主”。因此，厂务公开的内容应该是按照它的任务的需要来不断地充实丰富。这里就有一个层次问题。

第一个就是我们最早提出的厂务公开要针对群众最关心的切身利益的问题。改制都不跟职工打招呼，商量一下；不发工资也不讲清原因；房子该今年盖起来而没有盖好，也不跟大家说说；食堂搞不好被怀疑贪污，你也不说明一下，等等，这不行。群众最关心的切身利益问题，首先应该公开。这是咱们以前做的，当然这些问题也可以把它提到理性的高度再概括一下。

第二个就是把企业领导干部廉政建设的情况公开。这个与群众利益也有关系，尽管不那么贴近，但群众也很关心。有的是分配问题，有的是违法乱纪问题。职工的利益被侵犯，职工是不干的。一方面是该职工得到的利益要让职工得到，另一方面是职工的利益是不是被侵犯。

第三个就是要在企业管理问题上，即企业民主决策、民主管理、民主监督方面的问题要突出出来。包括企业发展、技术改造、投资方向，等等。管理不仅仅是廉政管理，如原材料采购、工艺上的改革等都需要向职工说清楚。

当然不同企业的层次也不一样，但发展的趋势是从切身利益得到落实，到利益不被侵犯，到企业发展，到维护国家和集体的利益，一步一步发展。所以，讲厂务公开的效果好不好，就要看这几个层次的问题是不是都解决了。当然不是说这三个层次的问题一起都解决，需要一个一个来，但第一、第二个层次的问题解决得好，就要向第三个层次发展。我在天津讲，任何一个事物要存在，必须有一种需要，没有需要，即使你再强调，到后来还是时过境迁、烟消云散。厂务公开也是这样。厂务公开能不能持久发展，有没有生命力，必须与职工的利益，与企业的发展紧紧联系在一起。如果老是局限于涉及职工的切身利益，当然这个也需要，而不与企业的发展联系起来，那厂务公开长不了。企业里的纪委与监察室不要学党委和政府的纪委、监察司，采取办案的方式。一个企业有多少案子要办？企业里大量的是生产经营问题，要从生产经营的角度，从产量、品种、效益、安全、节约等方面搞监察，从这些问题上，既改进管理，又揭露问题。只有从这样的角度去工作才能取得党委和厂长的支持与关心。如果天天想着去抓案件，一年下来也抓不出一两个案件，这就不行了。企业纪委的工作、工会的工作如果不能围绕企业的生产经营，单从某一个侧面去抓，是完全没有前途的。我赞成你们讲的“延伸”。怎么延伸，恐怕光举几个例子，什么物资采购呀，等等，这样还不行。要提出带方向性的问题，要概括地提出一些概念，要使大家思路开阔一点，指出一个方向，是发展的方向。这个问题恐怕需要很好地回答。我说得不太具体，大家要很好地研究研究。

第三个问题，厂务公开怎么搞。

这里各地有很多很好的经验，需要很好地理一理，概括一下。

第一，是把近期的一些做法理成几个方面，一些带有方针、政策性的问题。比如说厂务公开，发展正常的企业要搞，亏损的困难的企业也要搞，这个就是一种提法。看看还能提炼哪几条。

第二，厂务公开与职代会不一样，机制不一样，所以，有多种形式。有的可能是开会，有的是发文件，有的是企业的广播，有的是搞公告栏，有的企业上网了，搞企业网。我这次在深圳、东莞调研看到，有些村很有钱，有几千万、几个亿，老百姓的利益取决于这些钱怎么正确使用，所以老百姓搞村务公开，关心的就是村级经营的问题。投资投到哪里去了，工厂的效益怎么样，老百姓都很关心。情况如何，通过计算机打出来，一个月一份，一人一份，大家一看就明白了。就是说，厂务公开的形式究竟有哪些，可以总结几条。

第三，公开的类型。有的是结果要公开，有的是事情发展过程中间要公开，有的是事前要公开，比如有的企业把审批中层领导干部先公示，让大家提意见，然后再确定这个干部提拔不提拔。这种做法职工就比较欢迎。

第四，公开的机制。公开的东西首先要真实，这些事情产生的过程中是否建立了制约机制，是否是可信的、公正的。不仅要如实公开，而且要公正公开，光如实，不公正，也不行。账上是这个数，但这个数是怎么来的呢？有没有适当的机制、办法来确定、来处理这事？因为你公布的东西虽是真实的，但这个东西是不合理的，是不公正的。所以，现在的问题是要研究厂务公开的措施，在公开前应该有一套监督约束机制，应该尽量运用适当机制来处理这些问题，然后把经过这样的机制形成的材料向大家公开，让大家感到又有事实，又真实可信。要不然，你公布了，大家也有看法，大家不相信。我一路都举这个例子，就是讲农村电费问题。以前没有搞村务公开，老百姓讲，我每个月付的电费，把村支书的电费咱们也都负担了。你不管有没有这样，他都怀疑放在他们头上了，为什么电费收那么高？但后来搞村务公开，公布了村支书这个月用多少电，电管员用多少电，然后再公布其他家用多少电。村民们一看，这不错呀！看来支部书记也拿钱。但回头再想一想，他拿的这个钱对不对呀？因为这个电费是电管员一个人说了算，他看表、抄表，谁知道他看得对不对。他是不是把支部书记的电表数压缩了？因此，以后就提出来，看表的时候得有一个村民代表和电管员一起看。建立这个机制以后，再公布，老百姓就没有意见了。因为这个公开的东西是真实的、可信的、公正的。厂务公开也是这样。搞假公开那肯定不行了；搞含含糊糊的公开，把什么吃喝放在“其他”栏目里，工人们看了以后，一件都提不出来，那也不行；还有，真公开的基础是在不合理的机制上搞的，没有经过审核，没有经过监督制约机制，老百姓照样是不认的。因此，怎么搞厂务公开，这一年来的经验还得总结，还得提供一些方向性的东西。这个问题恐怕还得进一步探讨，不是一般的具体介绍一些经验，还要从理论上，至少要从理性上讲清几个概念、观点。

第四个问题，要讲清楚厂务公开跟职工代表大会制度的关系。

就是说，这里面要说明它们有共性，因为厂务公开的目的是为了民主决策、民主管理、民主监督，职工代表大会很大意义上也是这个东西，都是职工当家作主，大家一起来管理企业。从这方面讲，它们都有共性。那么既然都有共性，搞一个就行了，为什么还搞厂务公开呢？这里面还有它的特性。因为厂务公开在某些方面有自己的做法，它更充实丰富了职代会的一些内容和方式。我是这样看的，要好好讲一下。要讲一下为什么今年要开厂务公开会，不开一个职代会的经验交流会？这里要把共性、个性讲清楚。既不要一讲共性，就说两个东西是一回事，没有必要单独来搞，也不要过分强调厂务公开离开职代会总的制度，又发展成并列的一种制度。它们的共性、个性要从理论到实践上给自己说明白。不然的话，抓起来，也有困难。工会干部搞不清楚，这个与那个有什么关系，要理出相互关系，好多企业的经验都说明了这个问题，要把这些经验从理论上理一理。你们不能把那些先进省的经验随随便便就介绍了，好多经验带方向性的东西，比如到天津、河北、辽宁这些地方去研究、去分析，看出一点苗头，看出一点方向、趋势。要不然，恐怕我们也指不出来，其他人听了以后也有不同见解。

第五个问题，就是加强领导的问题。

加强党的建设的要求不是空的。一个外商投资企业没有工会组织，党的建设也就不完整。有的私营企业把工会先建起来，是有助于党的建设的。道理一个样，党的建设，党要当好“三个代表”，党的组织不抓这个，不重视这个不行。政府要发展经济，进行改革，不抓这个也不行，包括国有企业改革。现在咱们有的工作方案很糟糕，什么地方搞得好，搞几个典型材料，哗啦哗啦一写，然后领导堂而皇之一念就是报告。这种会谁都容易开，开了以后没什么作用。我是主张开会的，但是我把开会看成是很难的事情。我总感到开会你总得给别人一点东西。你要给别人一点东西，说服别人，总得先说服自己呀！就是我们自己看了以后，感到还能自圆其说。当然自圆其说也不是就已经做好了。至少有这一点，才敢跟别人说。如果自己都感到勉强，到头来为了应付差事，讲的话都是套话，加在一起几千字，一百字也没用，没有新话，没有新的含义。这样的会我说宁可不开。所以，加强领导也不是一句空话。第一要涉及到这一年来的成绩，要充分估计；第二是下一步的任务，至少是近期，今年到明年要干点什么，要提出一点看得见、摸得着的东西。

我赞成开这个会，但我感到开这个会如果这些问题不处理好，我是不想讲的。你讲那些自己都感到一般性的，我不想讲。我是这样，我自己都没有想通的，我不说，我没有发言权。我自己想通了，但不一定对，我敢说，有的时候可能还不太牢靠，但至少我自己感到我想通了，在这个问题上比原来认识有提高了。我长期在基层，也参加过好多会，有的时候感到听完就完了。领导讲话，表明领导对这个会议很重视，但听了这些话，对基层没有多少指导性。我在 101 厂工作，当时我就发表言论，说如果企业已经感到这个问题需要解决了，一般地讲，半年以内是上下都没有动静。到这个问题已经搞得差不多了，半年以后，《人民日报》有说法了，中央有点精神了。这说明，60年代、70年代你要讲的东西，企业感到是对的，但这已经不是问题的问题了，企业最关心的事情你没讲。这个问题现在也存在，咱们工会也是这样。我感到咱们要认真想一想，比如搞厂务公开，厂长、工会主席要把工作往下面推，他现在最关心的、最希望你回答说清楚的是什么问题，然后我们就要根据这个来回答。我的意见，你总得把先进地区给介绍了，走前一步呀。我倒想目前有机会能够到河北等一些地方看一看，找几个企业听一听，理出来的一套说法，找他们验证一下，他们听了以后，看看是不是有一点道理，要不然不敢说呀。我到下面去开座谈会，我总愿意听他们讲，他们讲的时候我也插几句，这样就完了，没有什么到最后再讲，领导真正作指示。我也从来没有到哪里去，开始就把干部召集起来，召集纪检监察干部作报告。有什么好作的，大的道理、大的概念，原来已经全部都讲了，有些新的东西你也不敢在那个会上讲。自己有些设想，敢在小会上讲，大会上你不能去作报告。那么我的有些设想为什么敢在小会上抛开来讲呢？就是验证一下。也就是这种设想下面接受不接受，开座谈会验证一下，他们在关心什么，他们在这个问题上怎么看，这样进行沟通以后，为开全委会做准备。

我的看法是这样，会议还要注意质量。咱们再看看，包括今天你们介绍的材料是不是合格，都得看看。报告更是要注意。我看有必要到河北去一次，找一些好的企业座谈座谈，要不然不行。

二、关于工会工作“五突破一加强”问题

说到五个突破问题，我感到今年五个突破都要讲，因为工作也不一样，但作为全总来讲，作为全国来讲，共性问题要强调。五个突破不是一年都要突破的，组建当然不是今年就能解决的，但组建率今年一定要有一个很明显的进展，这恐怕要有一个具体要求。我这次在深圳也讲，因为深圳有很好的经验，蛇口的经验、宝安的经验，但深圳组织程度很低呀。我们到一个叫南岭村的地方，800 名农民，村办的企业外来打工的 12000 名。我说，你这个地方是 12000 人创造价值，你得依靠这 12000 人，发挥这 12000 人积极性，你还得搞职代会。他这个村没有工会，他给打工者发工资就不错了。本村 800 人的生活、工作是很好的。打工者白天黑夜地干，我说得不客气一点，你这里有剥削。工伤，你们也就随便打发了。我讲得也动感情了，我说咱们都有儿女，都有兄弟姐妹，如果春节自己的女儿回来断了一只胳膊，咱们怎么办？所以，现在我们说维护，首先要维护职工的生命安全，如果生命安全都没有保障，还讲什么工资福利。深圳就存在这个问题。我说咱们总不能把打工者看成像过去的劳工，受尽压迫，我说我这个比喻也不太好，但要注意。我在南岭村讲，你们是富起来了，但要注意。举个例子，有个国家，现在因为卖石油富了，富得要命，老百姓不干活。我在那里看到卖东西、干苦力、搞商店的，全都是印度人、巴基斯坦人，干活的都是打工的，享福的都是他们的人。

我说这样的富裕长不了，石油没有了，这个国家怎么办？要富而思进呀。你不要认为，打工者就靠我来养活你，你还提什么要求。打工者也认为打工可以挣几百块钱，比我的老家好多了，就低三下四。不能这样干呀！

群众监督在政协会上我提出来了，我认为可以研究，应该引起大家注意。包括厂务公开，怎么样有实际的效果，也有这个问题。他不公开又怎么办，得有一套办法才行。资本主义国家最后一道防线是罢工，这是以权力制约权力的一种机制，我们不能这么做。他可以干也可以不干，可以干好也可以不干好，光靠道义上来承担和要求那不行，咱们得维护啊！我建议你们商量一下，主席团会要开，但是内容可以搞组建，因为组建我看比较成熟，我看过你们几个调查报告，搞得很好，还有一个小组写的报告也不错，那里面完全可以抽出几条说法，把这项工作大大推进。这是我的第一个想法。

第二个想法是“五突破”里面，第一个就是搞送温暖活动。这个工作全总搞了10多年了，搞得很好，很得人心，也很符合工会自身的条件，而且各地都比较认真，出了好多好的经验，而且在工会干部中比较深入人心。我看了一下天津关于送温暖活动的工作经验，我感到在现在这个条件下，送温暖活动能开展到这个程度，应该说基本上可以了，你再更多地承担什么责任，工会也难。关键是有些薄弱、落后的单位能够学习这种经验再进一步提高。但总体来讲，这项工作工会做得比较成熟。现在我思考一个问题，我们要关心少数特困职工的疾苦，送温暖实际上主要是对少数特困职工的，维护他们的经济利益。

我现在感到要注意建立和执行社会保障制度，当然也包括医疗保险，但大量还是离退休的、生老病死的、下岗的职工，这些问题的解决不光是靠送温暖，关键还要从法律上、制度上来保证这些人的利益。社会保障立法，工会怎么参与，怎么能够积极提出方案来促进这项工作的落实。对于有困难的职工来讲，工会应该把精力转到这个上面来。建立健全社会保障制度，是我国“十五”计划的一项重要任务，工会参与立法从源头上抓起，我看这是一项很重要的工作，我们这个方面参与得不够。50年代工人的劳动保险制度，当时是由劳动部和全国总工会一起制定的。虽然只是一个办法，但是这个参与权、决策权以及对社会保障制度的监督执行都有工会参与。所以，现在我们要加大参与这方面工作的力度。我也想了解一下法律部研究的参与计划，什么时候找他们听一次汇报，包括现在的情况、我们的打算等。整个工会要加大力度，参与社会保障法律的制定和监督，抓住这个问题就能抓住一大片。

我们现在送温暖活动搞得不错，但是现在罢工的、游行的每天都有一些。什么问题？就是必要的社会保障制度没有建立起来。对这个问题，工会不好办，我在中央常委会上也发表了意见。我说新中国成立前搞学生运动，三青团也参加我们的游行，为什么呢？因为他参加游行，能了解我们的动态，了解谁是骨干，可以去汇报。我说我们现在游行，工会干部一般不敢出来，党员也不敢出来。为什么？参加以后，即使你是为了了解情况、做工作，但说不清。将来戴了一个帽子，背了一个包袱，一辈子也洗不清。所以我说，越是这样艰难，越是需要党员、工会干部参加的时候，大家却都畏缩不前。为什么？多少年来咱们这个机制，造成大家都有一点畏惧心理。我不参加，可能还没有事；参加了，积极为党做工作，结果受苦受累，找了事，还出了问题。我觉得，如果党内养成这种风气，将来大家都明哲保身，碰到党内危难的事情，谁敢站出来？我们要看主流啊！现在的问题是发生群体性事件怎么办？我说应该参与，但现在很难讲。我说的意思是我们要在源头上参与，要在社会保障制度和法律制定上参与，避免发生类似事件。这一点我们可以做工作，你不能要求每一句都没有错误。你不能工人游行了，你去说你不能游行，你是错误的，你得先进去做工作，否则工人一脚就把你踢开了。咱们现在的问题是，要警惕"团结工会"的出现。社会保障问题要摆到议事日程上来。要维护职工利益，要从源头上抓起，从法律上抓起。

三、关于注意工会领域的思想动态问题

最近我看到一个材料，越看越感到他不是对一些具体的方针政策的争议，而是涉及到好多根本性问题和观点。所以我请书记处的同志好好看一看。这个问题提醒我们，在我们这个战线里面，思想上存在的问题也是不少的。他把通过劳动竞赛调动职工积极性发展经济都批判了。他的一些政治观点在工会问题上反映出来了。大家要好好看一看，注意一些思想动态，应该警觉。不过也是一个教训。怎么处理这个问题，要注意，不要急。要提高警惕，要警醒，要有明确态度。但对这个人，要进行教育，不一定要纪律处分。这个问题还是要从思想上解决，不光是对他的，还有整个思潮。目前经济界也有这个情况，有人赤裸裸地反对改革开放。从工会来讲，我们这个领域也有这方面的思想斗争。思想斗争主要还是靠做思想政治工作，靠总结教训、提高认识来解决。不要搞成好像出了什么问题，要从组织上处理似的。这个你们要注意。另外，这次优秀论文和调研报告评选也要总结教训。要从思想理论上多研究、总结教训，主要是思想上提高认识。我们的工作还是要扎实。你当评委，文章都不看怎么敢评呢？浙江省党校开一个研讨会，有一个人公开发言，说职工代表大会是过时的，是腐朽没落的制度。后来我写信给浙江省委，说在党校里面还允许发表这样言论？这是一个思潮，不是个别的，也不只是工会里面的。联系起来，是当前对整个理想信念的动摇。

这个事情得引起大家注意，提高警惕。我在深圳的讲话，报纸也登了，怎么样从机制、体制、制度、源头上消除腐败问题，现在需要改革，政府的审批不能搞个人审批。不管是批资金还是批材料，要靠市场机制的办法，搞招标的办法，决不能搞个人说了算。

总之，我们的会议要开，但准备工作要做好，时间服从准备工作。

厂务公开必须紧紧围绕企业改革、发展、稳定的大局来进行*

（2000年5月21日至24日）

一、关于厂务公开

（一）必须从学习贯彻江泽民同志“三个代表”重要思想的高度，进一步提高对推行厂务公开重要性、必要性的认识。最近，江泽民同志发表的“三个代表”的重要讲话，不仅对新形势下加强党的建设提出了新要求，也对包括厂务公开在内的方方面面的工作指明了方向。“三个代表”和厂务公开有着内在的联系。从本质上讲，厂务公开也反映和体现了党的性质和根本宗旨的要求。第一个“代表”是中国共产党代表中国先进生产力的发展要求。我们党为什么能够代表先进生产力的发展要求呢？那是因为我们党的阶级基础是工人阶级，工人阶级是先进生产力和生产关系的代表，我们党是工人阶级的先锋队。工人阶级既包括工人，也包括知识分子，还包括企业的经营管理者。在社会主义国家，这三个部分都是工人阶级的组成部分，工人阶级是一个整体。所以，尽管现代科学技术不断发展，经济日益全球化，以至于提出了知识经济等，这些发

---

* 这是尉健行同志在河北考察厂务公开工作期间多次讲话的要点。

展变化看起来是对科学技术、对知识的要求，同时，也引起劳动就业结构方面的变化，但是不管怎么变，也改变不了我国工人阶级的地位作用。正因为这样，所以学习贯彻江泽民同志“三个代表”的重要思想，就要求各级党组织、各级行政组织、各个企业必须坚定不移地贯彻党的全心全意依靠工人阶级的根本指导方针，充分尊重职工的主人翁地位，切实维护职工的经济利益，努力保障职工的民主权利，不断满足职工的精神文化需求，更好地调动和发挥广大职工投身改革开放和社会主义现代化建设的积极性、主动性和创造性，真心实意地依靠职工来办好企业。而厂务公开正是依靠工人阶级、依靠职工办好企业的一种很好的形式、方法和手段。第二个“代表”是中国共产党代表中国先进文化的前进方向。文化领域内容很广泛，也包括社会主义民主和法制建设、加强基层民主、进一步发扬社会主义民主等内容。我们推行厂务公开，正是在企业扩大基层民主、进一步发扬社会主义民主、加强民主法制建设的一个很重要的措施和手段。所以，我们应该更自觉地来开展这项工作。第三个“代表”是中国共产党代表中国最广大人民的根本利益。我领会江泽民同志讲的这个利益是全面的利益，既包括经济利益，也包括政治利益和精神方面的利益。江泽民同志一再强调，实现、维护、发展最广大人民的利益，始终是我们最大最重要的政治。这与“三个代表”的要求是完全一致的。对于工会来讲，我们既要维护职工的经济利益，比如分配问题、社会保障问题、职工福利问题等等，这些都直接关系到职工的切身利益，同时又要保障职工群众当家作主的政治权利。一个人的积极性能不能调动起来,作为一个劳动者关键看他在劳动中处于一个什么地位,是一个被雇佣的劳动者还是一个当家作主的社会主义劳动者。地位不同、处境不同,对人的积极性的影响是最明显、也是最大的。所以,我们要代表最广大人民的根本利益,就要保障职工群众政治方面的利益,保障他们当家作主和参与企业民主决策、民主管理、民主监督的权利,也就是说要真正体现主人翁地位,落实当家作主的要求。厂务公开确实是发挥工人阶级主人翁积极性,参与企业民主决策、民主管理、民主监督的一种很好的形式和手段。我们必须按照江泽民同志关于“三个代表”的要求,进一步提高对推行厂务公开重要性、必要性的认识,进一步增强抓好这项工作的自觉性和紧迫感。“三个代表”的要求,对搞好厂务公开是一个很大的推动,也使我们在认识上有了很大的提高。江泽民同志关于“三个代表”的重要论述,从理论和实践的结合上回答了这项工作的重要意义。

(二)厂务公开必须紧紧围绕企业改革、发展、稳定的大局来进行。厂务公开是一种让职工知情的手段,目的是发动和组织职工群众参与企业的民主决策、民主管理、民主监督,依靠职工搞好企业。不能就厂务公开抓厂务公开,要与企业党的建设、领导班子建设、职工队伍建设和深化改革、加强管理工作很好地结合起来,贯穿和体现到企业党的工作和各项行政业务工作中去。石家庄天同拖拉机有限责任公司的厂务公开是在企业遇到困难的时候开始的,由于注意依靠职工共渡难关,走出了困境。当企业生产经营比较正常的时候,又通过包括厂务公开等措施来进一步依靠职工群众谋求企业的改革和发展。他们在厂务公开问题上尝到了甜头。这说明任何一件事情，如果没有客观需要，是没有生命力的。仅仅依靠上面的部署和组织，搞起来也不可能巩固和持久。天同为什么能够在厂务公开方面早走一步，不仅积累了经验，而且取得了很好的效果，这是因为天同党的工作基础比较好，有一个能够勤奋工作、严格要求自己，同时又注意依靠职工来办企业的比较好的领导班子，有一支关心企业改革和发展、责任心强的职工队伍。这同时说明，搞厂务公开不能就事论事，不能只局限于抓一些具体的制度、办法。要真正使厂务公开搞起来，而且能够不断地发展提高，还必须着力健全企业的管理机制。我们不仅要抓厂务公开的有关制度建设，而且还应该把厂务公开这样一种原则、思想、精神、要求，体现到党的工作制度、行政工作制度中去，体现到企业各个业务处室的业务工作中去。如果只是孤零零地实行厂务公开，同整个企业管理脱节，没有把这项工作渗透到党的工作、思想政治工作、企业行政业务工作中去，这种公开很难持久，也很难继续发展。有的企业厂务公开为什么没有搞好？这里有一个很重要的问题，就是企业党政领导是不是真正重视、有没有自觉性，是奉命搞厂务公开，还是确实感到是自己企业的需要，进而积极地开展厂务公开。这实质上是对厂务公开在企业改革、发展、稳定大局中的意义和作用的认识问题。反过来讲，我们搞厂务公开，必须紧紧围绕企业改革、发展、稳定的大局来进行，不能离开这个大局搞一些形式主义的东西。否则，既不能持久，也得不到人们的认同。这就涉及到厂务公开的内容、任务及提法、要求等问题。

开始搞厂务公开的时候，更多的是涉及职工切身利益的问题要向职工公开，这个很有必要。接着又注意把涉及企业党风廉政建设的有关内容向职工群众公开，包括业务招待费使用情况、领导干部的工资收入、评议企业领导干部的结果等。职工很关心自己当前的切身利益有没有被侵占，腐败就是对广大职工已经创造价值的侵占。职工不仅关心创造了多少价值，还关心是不是用在国家和职工身上。如果有人搞贪污腐败，创造的价值被少数人拿去了，职工当然不满意。这两个方面的内容天同都搞了，搞得也不错，都有必要，以后还要搞。当然，不同的企业、不同的时期这两个方面的情况是不同的，各有特点，各有重点，不能搞一刀切。但是从天同和其他一些企业的实践经验来看，厂务公开需要公开这两个方面的内容，但又不能停留和局限于这两个方面，还要本着紧紧围绕企业改革、发展、稳定来开展的指导思想，不断充实、扩大厂务公开的内容。随着社会主义市场经济的深入发展，职工更关心企业的生产经营情况，更关心企业下一步的改革、发展。所以，要不断推动厂务公开向企业的物资采购、产品销售、产品质量、经济效益、劳动安全、新产品开发等企业经营管理领域延伸，使其真正成为包括经营管理者在内的企业全体职工的共同需要。这是个方向。

（三）厂务公开的内容要真实、可信，必须加强内部监督制约。厂务公开一个很重要的问题，就是公开的内容必须是真实的、可信的。现在有些搞政务公开、厂务公开、村务公开的单位，虽然也公布了有关情况，但是公布的东西有的不是事实。有的数据、项目虽然也是有的，但是数据、项目背后有一些不可告人的东西，使群众不敢相信，怀疑这里面还有什么问题。这个问题是很现实的。我们搞厂务公开，不能仅仅是公布一些数据、项目、结果，还要让群众感到这些数据、项目、结果是真实的、可信的。比如说物资供应，过去是个人说了算，拉关系、凭感情来确定。后来一般情况下是货比三家，目前已发展到主要物资采购搞招标、投标，这比货比三家又进了一步。因为货比三家还要有人来比，这个比的人有没有主观主义，有没有偏袒，很难说。搞招标、投标后，公布煤炭是哪个煤矿来的，钢材是哪个公司供应的，讲明是经过招标、投标、中标以后定的，职工看了以后就放心了。当然，就是搞了有形建筑市场、招投标以后，里边也会有腐败。这叫“道高一尺，魔高一丈”，还需要不断地总结经验。但不管怎么说，这么做总比少数人说了算有把握得多。我们既要公开，还要对公开的内容加强监督制约。这里有一个办法，就是凡是能够用市场机制来办的，就尽量用市场机制的办法，通过招标、投标、竞争来解决。在这个基础上公布的结果，职工群众就会认为是公正的、可信的。但也有些项目，不光是现在，以后也不能用市场机制的办法，仍然需要领导审批，需要企业内部来决定。对这种情况就要做到使权力不要过分集中，应该分散，应该建立内部监督制约机制，防止搞暗箱操作。一方面，厂务公开一定要拓展到企业管理方面来；另一方面，很重要的问题是对有关公开的内容要加强内部监督约束机制建设，确保公开内容真实、可信。不光厂务公开如此，村务公开、政务公开都应这样。

厂务公开要接受群众的有效监督，关键是要使群众监督的权利能够得到保证。厂务公开的目的是为了接受群众监督，如果监督无效的话，群众对厂务公开还会有什么兴趣，还有什么积极性呢？厂务公开是搞形式、走过场，还是真正想接受群众监督，关键要看职工群众民主监督的权利是否得到保证和兑现。比如对企业领导班子的评议，通过搞民主测评把群众反映大的干部相应作了处理。这样的事情搞它一两次，我看民主评议干部大家就会很自觉。要不然，评不评一个样，多数群众反对的干部你照样提拔，这种评议又有什么意思呢？这就是说，职工群众民主监督的权利得不到保障，厂务公开不可能持久，也不可能发展。我们不能把职工群众的意见仅仅看成一般的社会舆论，可听可不听，可办可不办，这样就会大大挫伤职工群众参与企业民主决策、民主管理、民主监督的积极性，也会挫伤大家开展厂务公开的积极性。从现在的情况来看，厂务公开总的发展趋势是好的，不少地方80%以上企业都开展了，但参差不齐。看厂务公开搞得怎么样，效果好不好，标准是职工群众满意不满意，是不是有利于企业的改革、发展和稳定。如果职工群众不满意，尽管这个程序也走了，那个形式也有了，还是说明厂务公开是不成功的。当然，我讲的群众满意不满意，是从整体上讲的，不是单指某一件事。在某一件事上，职工群众的意见也不一定符合企业发展的长远利益。我们也不能因为职工群众参与企业管理，群众怎么说就怎么办，那也是不行的。有了不同意见，企业党组织和工会就要出面做工作。厂务公开最怕就是搞形式主义。有些人搞厂务公开是奉命公开，而不是自觉地去公开，这样的厂务公开不可能搞好。

（四）加强学习宣传，不断提高企业领导干部对厂务公开的认识。对厂务公开，有些企业领导同志开始有这样那样的疑虑，这是正常的。真正解决这个问题，要从两个方面下功夫，既要讲道理，还要增加他们的实际感受。当前，一方面要认真学习江泽民同志关于“三个代表”的重要思想，充分认识实行厂务公开是由我们党的性质、我们党的根本宗旨、我们社会主义国有企业的性质所决定的。另一方面，如果我们的厂务公开只是搞点形式主义的东西，看不到对调动职工积极性，推动企业改革和发展有什么收益的话，这种厂务公开也很难得到广大职工和企业领导的认可。所以，要加强两个方面的工作，一方面要加强学习宣传，提高认识；另一方面要不断充实内容，使之真正成为推动企业改革、发展、稳定的内在需求。

厂务公开是依靠职工办好企业的重要措施，但有的同志却讲，职工懂得什么？他怎么能参与企业的管理？对这个问题怎么看？目前企业确实有一大批很有知识、很有才干的企业领导人员。但在现在的情况下，管理一个现代化的企业，个人的知识、能力毕竟是有限的。我自己就有这个体会。我在一个企业干了 30 年，当离开这个企业时，好多东西自己还是不懂。怎么能够想象一个人能够包揽一切、解决一切问题呢？我们有些领导同志确实应该注意这个问题。现在，有些宣传不切实际地强调企业家的作用，好像这一个人好了企业就搞好了。我们强调要全心全意依靠工人阶级，要求职工参与民主决策、民主管理、民主监督，但如果职工不了解企业的情况，不熟悉企业管理的内容，不知道党的方针政策和市场动向，要想很好地参与决策、管理和监督也难。从这个意义上讲，确实有一个怎么样更好地提高职工素质的问题。但如果只知道让职工干活，企业的管理也不让职工参与，企业的决策也不听职工的意见，这样就必然会影响职工学习企业管理、学习方针政策的积极性和动力。如果我们一心一意地依靠职工，让他们来参加一些会议，来研究一些企业经营管理的问题，在实践中职工确实感到好多东西还不懂，这样就能够激发他们学习的动力，自觉提高自己的素质。所以，这里既有一个职工不断提高自身素质的问题，也有一个为职工提高素质创造必要条件的问题。

厂务公开不光是对领导干部的一种要求，更重要的是对领导干部的一种爱护和支持。一个时期以来，有些企业由于各种原因出现很多矛盾，由于处置不当而使矛盾激化，有的罢工了，有的上街了，有的堵了高速公路，还有的拦截火车，把主要铁路干线堵塞了。事后分析，造成这些问题的原因是多方面的。有的是因为企业领导班子存在这样那样的问题，激化了矛盾，这是很大一部分。但也有的企业领导班子是好的、廉洁的，他们作出的一些决策也是正确的，但因为工作方式、方法不当，没有很好地跟职工群众商量、沟通，没有很好地发挥职工群众参与企业管理的作用，职工不了解，造成了误解，激化了矛盾。所以,不光是为了防止领导班子出现这样那样的问题、毛病需要公开,就是好的领导班子也需要采取这种制度、方法来开展工作。一种好的制度可以使坏人不敢做坏事,但如果制度不好也可能使好人做好事碰到很多困难,甚至逼着他干一些不好的事。这是邓小平同志讲的。现在搞厂务公开,对企业经营方面的问题,能够招标的就招标,能够公开的就公开,有了一套制度、机制,不但把问题处理好了,而且使企业领导同志少为难了。这种制度、机制是对企业领导的一种爱护和支持。所以,厂务公开真正实行以后大家尝到好处了,绝不光是职工有这个要求,作为一个企业的领导一定会感受更深。按照我们现在的一套规矩,提拔干部从程序上来看,都是合理合法的。但为什么按程序办还会把一些不应提拔的干部也提拔了呢?这说明我们的干部管理机制、制度上有毛病,需要改革。现在有一种做法,就是提拔以前必须征求有关部门与主管单位群众的意见,如果半数以上的人不赞成,对他的现状、表现不满意,就不能提交常委会讨论。这样可以让群众把关刹住不应该提拔的人。公示制也是一种好的机制。厂务公开就是从机制、制度上采取措施,爱护和支持领导同志能够作出正确决策,实事求是地处理问题,促进企业健康发展的一种保证。

(五)职工代表大会制度是我国企业民主管理的基本制度,推行厂务公开必须与坚持职代会制度很好地结合起来。作为社会主义国家,我们的企业管理不单纯是经营方面的管理、业务性的管理,还应该包括党的思想政治工作、厂务公开、职工代表大会制度等，这些都是企业管理的组成部分。改革开放和发展社会主义市场经济，我们需要学习国外一些先进的管理经验，但决不能扔掉我们的政治优势和优良传统，更不能把资本主义国家企业管理的办法简单照搬到我们的企业里来。我们应该坚持和发扬我们的优势和特点。我们的优势就在于企业有党的领导，有职工群众的参与和支持，大家一起共谋企业的发展。这在资本主义国家是办不到的。所以，在学习国外企业管理经验的时候，一定要结合实际，不能离开我们的基本政治制度、经济制度和企业的性质来研究处理管理上的问题，包括实行公司制改造的企业中股东会与职代会的关系。股东会按照《中华人民共和国公司法》来运作，也是一种企业体制，当然应该执行。但企业中还有职工代表大会制度。这两种制度哪一种是基本的、主要的？主要的、基本的是职工代表大会制度。这是必须明确的。我们不能照搬西方的办法，好像有了股东会，职工代表大会就无足轻重了。必须看到真正关心企业的还是职工群众。所以，我国企业民主管理的基本制度还是职工代表大会制度，这个不能动摇。在中国的企业中基本群众是谁？就是职工。职工最关心企业的改革和发展。在社会主义国家，不依靠职代会，不发挥本单位职工群众的作用，照搬资本主义国家的法律去强调股东会的作用，依靠工人阶级的方针怎么贯彻落实？我们的职代会制度、厂务公开办法、职工民主评议领导干部的办法等，就不能接受资本主义国家那个东西。这是我们党的传统，是我们社会主义国家的特点，也是我们办企业的一个优势。我们不能因为搞市场经济，就把这些东西都丢了。当然，职工代表大会制度也需要适应新的形势发展，不断地改革和充实内容，更好地发挥它的作用。厂务公开就是针对新形势下企业普遍存在的一些矛盾提出来的。现在的经验证明，搞好厂务公开，有利于更好地充实、丰富职代会的内容，推进职代会制度的建设。两者的根本依据和指导思想是一致的，不是两种不同的、并列的东西。在职代会基础上，进一步搞好厂务公开，总的着眼点都是把全心全意依靠工人阶级的根本指导方针在企业进一步落到实处。我们开展厂务公开，又不要受原来职代会职权的限制，要按照当前进一步拓展厂务公开作用的需要去研究。怎么样把厂务公开和职代会制度更好地结合起来，还需要不断地来探索。总的都是围绕一点，就是怎么样依靠职工来办好企业，充分发挥民主决策、民主管理、民主监督的作用。

二、关于工会工作

（一）要善于抓住机遇推动工会工作。1994年年底，全总提出以贯彻《中华人民共和国劳动法》为契机，进一步突出工会的维护职能，把工会工作推上一个新的水平这样一个思想路数、工作路数。这些年来，全国各地工会都在围绕这一要求开展工作，大家从实践中也感到确实有必要这么办，而且也积累了很多很好的经验。工会要做的工作很多，但概括起来说就是要把维护职工合法权益的职能进一步突出出来。维护职工合法权益，既包括经济方面的利益，也包括政治方面的权利，还包括精神文化方面的需求。我们不是为维护而维护。我们强调维护的着眼点是更好地保护、调动、发挥职工群众的积极性，并且通过劳动竞赛等各种形式，把这种积极性引导到推进国有企业改革和发展，完成党和政府提出的各项任务上去。也只有国家的总体任务完成了，改革、发展、稳定大局推进了，职工的权益也才能有根本的保障。当然，在这个过程中还需要做思想政治工作，还要不断地研究、创新在新形势下开展劳动竞赛的形式和方法，等等。现在回过头来看，这个路数还是对的，各级工会的同志、职工群众是赞成的，中央和各级党组织也是认可的。

从另一个方面看，这个问题也有其政治意义。现在，国内外的敌对势力攻击诬蔑我们的党，其中有一点就是诬蔑我们工会是一个官办工会。他们认为我们就是组织职工搞竞赛，今天提这个口号，明天提那个要求，就是要工人拼命干活。实际上根本不是这个情况。当然，我们在历史上也有一些曲折。但总的来讲，我们是按照党的性质、宗旨，作为党领导的工人阶级的群众组织，是按照全心全意为人民服务的要求，把实现、维护和发展职工的权益作为我们考虑各种问题的出发点和落脚点的。我们党是如此，工会也是如此。这几年来，我们加大了这方面工作的力度，统一了认识，有了很好的效果。我们接待外国工会、介绍我们工作的时候，也一再宣传发展社会主义市场经济以来，我们国家的经济关系、劳动关系发生了深刻的变化，要求中国工会进一步突出维护职能。应该说对外的影响也是好的。我们讲维护职工的合法权益，是在维护全国人民总体利益的同时，更好地维护职工群众的具体利益。实际上没有哪个国家的工会和国际工会组织，包括世界工联、世界劳联乃至国际自由工联，也不是只维护职工具体利益，它总的还是强调劳资合作，既要考虑职工利益，也要照顾资产阶级的利益。我讲的意思是，这几年来经过大家共同努力，我们逐步形成了在新的形势下开展工会工作的一套路数。

最近一个时期以来，有两个机遇是十分珍贵的。一个机遇就是贯彻落实党的十五届四中全会精神。十五届四中全会研究的是国有企业的改革和发展问题，作出了《中共中央关于国有企业改革和发展若干重大问题的决定》，《决定》中大量涉及到工会工作。这些年来，我们最关心的、作为重点工作来干的、作为重要思路来部署的东西，党的十五届四中全会的《决定》中把它都肯定下来、明确起来了。譬如说，要坚持全心全意依靠工人阶级的根本指导方针；要进一步坚持和发展职工代表大会制度；要开展厂务公开；要民主评议企业领导干部；要坚持平等协商和集体合同制度；职工代表要进国有独资和国有控股公司的董事会、监事会；要建立和完善社会保障制度，等等。这对我们加强工会工作是一个很大的机遇。前一段时间，我们通过学习贯彻党的十五届四中全会精神，把工会工作向前推进了一步。现在又有一个新的机遇，就是江泽民同志发表了“三个代表”的重要论述。“三个代表”的内容是很丰富的，哪一个“代表”都与工会工作有关。“三个代表”的重要论述，把全心全意依靠工人阶级，实现、维护、发展人民群众的根本利益等等，从我们党的性质、根本宗旨、基本任务上作了精辟论述。如果说党的十五届四中全会把对工会工作的任务、做法、要求在党中央的《决定》里面体现了、明确了，那么这次江泽民同志的重要论述，就是把这样一些任务、做法、要求，提高到理论高度来论证、来说明。这对我们提高认识，增强我们的信心和决心，进一步推进工会工作又是一个重大的机遇。所以，我们一定要善于抓住和珍惜这个机遇，很好地学习领会“三个代表”的重要思想，结合工会工作面临的形势、任务以及出现的矛盾，很好地贯彻这个重要思想，努力把工会工作再提高一步，再向前推进一步。

如何抓住机遇做好当前的工会工作，全总十三届二次执委会议都部署了。概括起来讲，就是要搞好“五突破一加强”。现在各地都在按照这样一个路数开展工作。我想，通过学习贯彻“三个代表”重要思想，大家一定会进一步加深对这些工作的认识和理解，我们的工作一定会有更大的起色。“五突破一加强”是今年的任务，在某种意义上讲，也不只是一年的任务。

（二）要把新建企业的工会组建工作作为当前工会工作的重中之重来抓。今年“五突破”的工作固然要全面推开，但重中之重是新建企业的工会组建工作要有一个明显的突破。我在广东深圳等地调研时也是强调这个问题。工会作为共产党领导的工人阶级群众组织，作为党联系职工群众的桥梁和纽带，就要全心全意依靠工人阶级、维护职工的合法权益。但工会没有组建起来，谈什么维护，谈什么发挥作用？所以，当前关键要把这个问题作为重中之重来抓好。这不光是一个组织问题，还涉及到一个政治斗争问题。国内外敌对势力跟我们争夺群众，在工会、在职工方面这是一个很重要的领域。他们千方百计地企图在中国、在中华全国总工会之外再成立一个所谓的“独立工会”。这个问题要引起我们的警觉，我们在思想领域要争夺阵地，在组织领域也要争夺阵地。加强新建企业工会组织建设也是我们党的基层组织建设的一个重要组成部分。有的新建企业可能党组织一下子建立不起来，但可以先建立工会组织，在党的领导下，在党的组织没有建立以前，可以先按照党的部署，替党做一些工作。从有关统计情况来看，现在全国 24000 万职工中只有 8000 多万会员，有近三分之二的职工不是会员。这在新中国成立后的历史上是惊人的。我们过去工会会员是 10300 万，国有企业、集体企业的职工基本上都加入工会了，而现在我们的会员只有 8000 多万。我们号称是世界上最大的工会，没想到还有近三分之二的职工没有加入工会。这个任务很艰巨。我现在提出这个问题，就是说仅靠我们传统的那一套组织原则、领导体制和工作方法去组建工会已经不行了，必须有创新精神和改革措施。我们不要把国有企业组建工会、开展工会工作的一套体制、机制，强加到现在新建企业工会组织上。方式要灵活，首先要把广大职工组织起来，哪怕以后再充实内容。现在经济发达的地方，村就是一个很大的经济实体。村下面可能有几十个企业，不可能一下子都把这些企业的工会组建起来，但首先要把村工会建起来，行使企业工会的职能，然后再研究进一步充实。有的街道要建立工会，有的几个企业可以成立一个工会联合会或联合工会。这些问题都要从实际出发，着眼于尽快地把职工组织起来这样一个精神来加强工会的组织建设。要打破一些框框，不能搞老一套。如果按老一套办法去干，我们5年、10年也组织不起来。这就是说按部就班不行。总的精神是大家一起来研究，今年“五突破”里面首先把这项工作搞好，率先实现突破。

（三）工会要更多地从立法、政策制定等源头上维护职工合法权益。工会组织尤其是各级工会领导机关要更多地从源头上、立法上来维护职工合法权益，要在这个方面多下功夫、多做工作。这些年来，我们“五突破”的第一项工作就是要把送温暖工作做好，着眼于极少数特别困难的职工和家属，工会应该当“第一责任人”，保证这些职工不因为一时的生活困难而出现一些意外的不幸事件。在这个基础上后来又提出“三个第一”。这项工作从全国来看普遍开展起来了，当然也不是很平衡，但总的来说，这一套体制、机制、制度已经比较健全了，积累了不少经验，也有很好的效果。这几年来，我们工会在党和政府的关心与支持下，开展的送温暖活动是得人心的，还没有发现哪一个地区由于我们工会组织工作不力造成困难职工发生意外事件。当然这个工作还要继续做，但不能够停留在这个层面上，要不断发展。这就是工会要关心社会保障的立法、执法，要把这项工作摆到我们的日程上来，要把精力朝这个方面去使劲。“五突破一加强”中的“五突破”，大量是基层工会的问题，可以说是微观的维护；“一加强”讲的是各级工会自身的问题。对各级工会尤其是工会领导机关来说，很重要的问题是源头上维护，宏观上维护，在立法上维护，在执法上维护。这项工作我们也做了，但总起来讲，在这个领域的工作开展得还不够好，也缺乏一套很明确的制度、程序。比如怎么样和政府有关部门协商、沟通，有的问题要一起研究，有的问题可能要一起制定一些办法，制定了办法要研究怎么共同监督执行，这一套东西我们还不健全。有的地方好一点，有的地方差一些。我们全总机关做得也很不够。最近翻了一下材料，50 年代全民企业职工的劳动保险条例，当时是由国家劳动部和全国总工会一起制定颁发的。这说明当时很重视工会在这方面的地位和作用。因为劳动保险涉及到大量职工切身利益。当然，改革以后，体制也在变化，像过去那样由工会来制定文件这倒不一定。但是参与立法、参与执法监督是必需的。当前来讲，特别是要把参与社会保障方面的立法和监督，摆到我们工作的重要日程上来。我们既要继续关心极少数十分困难的职工，还要关心不少职工由于社会保障制度和其他工作上的问题而造成困难，甚至激化了矛盾。这方面的工作工会是有责任的。同时，工会要组织职工加强民主监督，努力保证维权工作的实效。我提出这个问题，也是请大家注意研究。

工会领导机关要加强立法参与*

（2000 年 5 月 31 日）

《中华人民共和国工会法》修改中，总则部分有关劳模管理的条文得坚持。劳模管理不仅仅涉及一次表彰大会，还涉及大量日常管理工作，这是工会的优势和传统，别的部门很难代替。

有关工会干部编制问题，可以搞一些材料，包括一些国外的，说明我们提出的是可行的。

有人提出非公有制企业可以少拨缴工会经费，会员个人可以多交会费。这不行，这是没有站在职工群众的立场上说话。拨缴 2%的经费①必须坚持。

如果今年《工会法》修改完了而没有什么进步，有多大意义？党的十五届四中全会作出的《决定》，是从党中央的高度对工会明确了许多原则性要求，这个是一大进步。这次江泽民同志提出"三个代表"，从理论到实践上对工人阶级的地位作用、对工会的地位和作用作了明确的论述，这对工会是两个很好的机遇。大家都承认，十五届四中全会是党中央第一次

---

* 这是尉健行同志在全总研究《工会法》修改等问题时谈话的要点。

① 拨缴 2%的经费，指我国《工会法》规定的建立工会组织的企业、事业单位、机关按每月全部职工工资总额的 2%向工会拨缴的经费。

那么全面地汇集、反映依靠职工办企业的做法和经验，上升到中央的《决定》高度，这次“三个代表”又从理论上、从党的建设的高度来论证这个问题，这些都不是具体的一条一条就事论事。源头在哪里？在“三个代表”。在这样的情况下，怎么样把党的十五届四中全会的《决定》和江泽民同志“三个代表”重要思想在法律上巩固下来，这得靠我们做工作，体现在《工会法》中，抓住这两大契机，把有关问题、提法往前推进。无论如何不能后退。这个很重要。党中央对工会工作是非常重视、支持的，如果没有在立法上体现出来也是空的。《工会法》修改中间有什么大的困难要及时向张俊九同志报告，有些材料可以转给我。有些问题很大，像外派监事会要不要职工代表参加。这个必须坚持，不管是不是外派。

工会参与立法还有一个有利条件，就是人大内务司法委和法工委中有许多工会同志。这很好。有这么多同志在人大、政协担任常委、委员，这也是工会工作的机遇。

《工会法》应该是今年参与立法的重点。调门首先应定在《工会法》上。

前几天国务院召开社会保障问题会议，工会没有人参加。要给国务院写个报告，以后涉及这方面的会议，按照《工会法》等有关法律法规和政策，工会必须参加。我们主观上要有积极性，加大参与力度，客观上也要有条件，要有法规保证，没有工会参加、没有工会同意应该无效。有的同志好像对这些规定不太懂。要写个专门报告，不是就那次会议就事论事，而是关于工会参加有关会议、机构的报告，讲点道理，点明是哪些领域必须参加，要理直气壮地提出来。对这个问题领导是支持的，有时是有的部门疏忽，有的时候是有的部门认为自己说了算，用不着。不管什么原因，我们都得坚持。

集体合同单独立法要坚持。没有立法之前能不能与劳动部、经贸委等有关部门一起研究，搞一个暂行条例、行政规章。不能没有规矩，规矩档次低一点对基层都很重要，总得有个依据。搞一个过渡，有了过渡之后再搞法也更方便。一个是工作先开展起来，一个是搞一个暂行条例，在这个基础上再搞个集体合同法。地方先推行也可以，这个形式很好，从实践看大家是很赞成的。

烟台海难[①]特大事故，外面反响很大，涉及到安全责任制问题。如果出了几百条人命还没有人承担责任，这不行。这样的事情在外国，不用别人提出来，早就有人辞职了。工会要提意见。这样的问题不处理，就没有什么"重大责任事故"了。社会上已经有人在议论了，有看法了。工会要坚持自己的立场。

对人大、政协提案的处理问题工会主要是监督。不要把行政部门的事、企业的事让监督部门来办。这涉及观念问题。关心的单位不等于是责任单位。比如妇联应该关心妇女儿童被拐卖问题，但不能让妇联自己来解决，只能交给公安部门。我们不是职能部门。这要向提案处理部门讲点道理。向人大、政协提案委员会提交一个报告。这既然是一个常见现象，

① 烟台海难，指1999年11月24日山东烟大汽车轮渡股份有限公司的"大舜号"滚装船，在烟台附近海域发生的特大海难事件，造成282人死亡。

就不是一个技术问题，是一个观念问题，就是把工会维护权益跟政府要保障职工的权益混为一谈。江泽民同志讲要实现、维护、发展人民群众的利益。“实现”当然工会也有责任，但大量还是靠政府、靠企业，“发展”也是大量靠企业，“维护”当然不能都靠政府、企业，工会主要是维护，我们不是创造利益、保障利益的部门。我们得有一个态度，不然他们认为我们接受了，是理所当然。我们这不是不负责任，是门找错了。对此，一是要打报告，一是客客气气退回去。

贯彻《中华人民共和国公司法》，有一个观点要宣传。公司中有股东会与职代会，必须宣传职代会为主，职代会的权利必须保证。不能因为有股东会来削弱、减少职代会的权利。股东会的权利可以结合国情调整一下。我在天津已经讲了，这不是一加一调整的问题，一加一等不了二，加是加不到一块的。就得有主有次。不能把资本主义国家的法律照搬过来，这样职代会权利就没有了。我们是社会主义国家，学习借鉴国外资本主义一些做法，但要强调一点，就是必须与社会主义基本政治制度相适应。现在有一种倾向就是照搬，好像既然同意搞市场经济了，都可以照搬资本主义的。不一定。

现在有一种“新老三会”的提法。在处理“新老三会”问题上，要有指导思想，就是有主有次。党委会与董事会不能并列，党委会就要起政治核心作用，就要坚持党管干部的原则，不能把国外董事会的东西照搬过来，这样党委会就没有用了。职代会与股东会也有主有次，职代会的职能、权利不能削弱，股东会要结合中国国情调整。有人说要正确处理“新老三会”

关系,实际上说这个话时他就有一个底了,就是想以"新三会"为主,用"新三会"替代"老三会"。我们应该旗帜鲜明地讲"老三会"。"新老"概括本身不一定对。如果按照现在的习惯说法,我们就应该坚持以"老三会"为主。

不要把立法看成是业务上的,有的是根本思想上的分歧反映在立法上。我们不要看会上他们人多就胆怯,要理直气壮。你们有困难上报俊九同志,或向我报告。

全总成立立法领导小组,张俊九同志亲自抓,这很好。法律部具体负责,内部还要注意沟通协调,有些对外的基本观点要一致。将来可以召集有关专家开展依法治会等方面的座谈会,聘请他们为顾问或名誉顾问,加强沟通联系,请他们帮助我们出出主意。张俊九同志出面,一年请他们一次。我们需要他们的关心和支持,我们也要创造条件让他们了解工会。因为几十年来,他们可能对工会名字比较熟悉,但发展社会主义市场经济条件下,各方面发展变化很大,工会有些方面他们可能不太了解。有些法律专家对一些单位的工作可能不大了解。不要认为是专家、理论工作者,他们都应该知道,都应该正确理解,不一定。这需要沟通,让他们了解我们的主张。现在的全总法律顾问委员会是一个什么性质的机构?可以根据形势的变化适当调整,还可以聘请一两个从国外回来的博士,向他们做做工作。有人没有在工厂待过,对工会只有一个大概念,不了解按2%拨缴工会经费是怎么回事,这需要我们做工作。

世界劳联这次到中国来,也承认中国工会是为职工谋利益的。这是根本的一条。自由工联等来看看也有好处，可以具体了解中国工会，来了之后不一定就不反对中国工会，但来了以后毕竟也有好处，可以做做他们的工作，让他们了解中国工会是强大的，是维护职工利益的。我赞成张俊九同志的意见，可以邀请自由工联等工会组织来中国。同样在国内也要创造条件让大家了解工会，方式可以灵活。好多人是由于不了解、不理解工会，才造成不必要的阻力和困难。

这几年工会做了大量工作，"五突破"大量是在基层维护。"一加强"是源头维护。根据现在情况，不在基层做工作，职工合法权益得不到及时有效维护，这不行。基层维护是重点，以后也是。但现在单靠基层就事论事维护是不行的。要在立法上、执法监督上加强。"一加强"，就是要在工会领导机关加强宏观维护。要把宏观维护与微观维护结合起来。

资本主义国家的工会大量工作在宏观上，主要是参与立法、行业性劳资谈判等。基层也开展工作，但没有全国性的，如厂务公开、职代会等。他们侧重宏观上。他们经常一来就谈国际国内形势，WTO 对工会带来的影响等，了解比我们多，知识比我们丰富。我们谈起具体事可以，但谈起国际国内形势思路不够开阔。中央党校提出办学要增加领导干部了解大局、了解世界的能力，很有必要。我们干部包括我自己了解天下大事不够。现在经济全球化，加入 WTO 等，不了解国际国内形势是做不好工会工作的。了解自由工联、美国劳联-产联的动态等，对我们是有好处的。美国劳联-产联大量参与立法，然后把有关工人权益贴在墙上，违反的就反对。美国劳联-产联反对中国加入 WTO，说是增加工人失业，主要是从立法上反对。说明他们看到立法的重要性。他们的工作主要是资助民主党，认为民主党的政策有利于他们。他们把主要精力、注意力放在这方面，宏观参与立法。

在宏观参与方面我们确实缺乏经验。这与工会几十年的历史有关，工会地位作用的局限，使之难以有更大的作为。现在党中央很重视，在基层维护职工合法权益，各方面也有共识。“五突破”工会很重视，党政也很重视，我们实现“五突破”根本上是推动党的全心全意依靠工人阶级指导方针的贯彻落实，难度在于具体执行中。而在认识、观念上，对工会在宏观上维护、参与立法，并不是所有人都了解的。有的人是不了解，有的人则是认为工会手伸得太长。这比微观维护困难，阻力大得多。参与立法、宏观维护对工会干部的素质要求也是很高的。我们搞职代会等具体工作有一套一套的经验做法，相对而言，宏观维护能力要差一些，客观困难要大。

“五突破一加强”中，“一加强”首先是各级工会领导机关特别是全总在宏观上的立法参与。这不是说“五突破”不需要加强。在搞好“五突破”的同时，要加强领导机关建设。现在根据这个情况要有一步一步打算，立法参与要每年有一些具体工作。我赞成你们的建议，要搞个工作安排，包括向国务院报告，与职工有关的立法、会议应请工会参加，还有与有关部门如劳动部门等能不能开协调会，他们同意不同意我们都要提出。开始他们可能有些勉强，时间长了可能会尝到甜头。我们不是干预他们，对他们也有好处。按道理他们应该主动听取意见，使决策更加牢靠一些。我们可以提出计划。

我同意今年重点抓推动《工会法》修改，争取今年完成。另一个是社会保障。你们做了不少工作，也思考了一些问题。下面有人认为“五突破一加强”与加强立法参与、依法治会脱节，这个看法是不对的。“五突破一加强”哪项工作不需要法律？这个思想问题不难解决。关键看我们工作。要“五突破”并做好“一加强”，这要作为一个方针。要有个几年计划，包括与政府联席（联系）会议等，也不要泛泛而谈。

有的地方提出24个小时就能为下岗职工找到工作，应该实事求是。有的确实无法让工人去就业，我们可以积极为工人就业做工作，但不要把话说得这么满。

送温暖工程已经形成了比较好的格局、机制、秩序、做法，效果也比较好。对特困职工，还未发现更多的非正常死亡事件。当然不是说没有，也可能在一些地方出现而未报上来。总的来说这项工作比较有保障，也比较有经验。现在的问题是发不出工资、退休金、医疗费和职工下岗等，这个方面出现的问题相当大，出现罢工、围攻政府机关等事件。对特困职工帮扶的办法比较多，当然还需要进一步完善。但对面上的、还未达到特困程度的困难职工如何帮扶，它影响到社会稳定。这个问题涉及到社会保障问题。送温暖工程要从解决特困职工发展到关心、处理好与社会保障的关系。这是一个推进和提高。这就涉及到参与立法、参与执法监督。现在社会保障的钱一个是少，一个是使用不当。工会要参与监督，及时反映情况，不要报喜不报忧。不要等事情受不了才反映，这类事事发之前都有预兆。我们在中央有关会议上也反映了，决不能阻止工会向上反映情况。要参与立法和政策执行情况的监督，如实反映职工中存在的问题，重点抓好“三条保障线”。

我这次到河北去调研，河北省的领导同志也很赞成这个思路，也希望工会从这个方面入手抓这个问题。“五突破”中第一个突破，就是强调“送温暖工程”要扩大、充实内容，逐步转到社会保障方面。工会的社会保障工作部门要更加努力地开展工作。参与立法要搞点理论政策研究，加强调查研究，掌握情况，研究点政策，在这个基础上我们的发言权就大了。关于成立研究所问题，等下一步再说。总之要有具体做法，有点一、二、三，今年干什么，当前干什么，要有看得见、摸得着的办法。全总和省级工会都要把这些工作放在突出位置上。

努力实现新建企业工会组建工作的突破*

（2000 年 6 月 26 日）

这次主席团（扩大）会议的主要任务是，认真学习贯彻江泽民同志“三个代表”重要思想，深入研究如何抓住机遇，努力实现新建企业工会组建工作的突破，以进一步推动全总十三届二次执委会议提出的“五突破一加强”工作任务的落实，在党和国家的工作大局中更好地发挥工会组织的作用。

一

江泽民同志关于中国共产党始终代表中国先进生产力的发展要求、始终代表中国先进文化的前进方向、始终代表中国最广大人民的根本利益的重要论述，具有极为重大的现实意义和极其深远的历史意义。“三个代表”重要思想，从根本上进一步回答了在充满挑战和希望的 21 世纪，我们党要把自己建设成为一个什么样的党和怎样建设党的问题，是在新的历史条件下全面加强党的建设的伟大纲领。认真学习、深刻领会、全面贯彻“三个代表”重要思想，是我们面临的重大任务。

---

* 这是尉健行同志在全总十三届五次主席团（扩大）会议上的讲话。

“三个代表”重要思想，从我们党的性质、根本宗旨、基本任务的高度，深刻阐述了在建设有中国特色社会主义的整个历史进程中，为什么要始终不渝地全心全意依靠工人阶级，为什么要把实现、维护和发展最广大人民群众的利益始终作为我们最大最重要的政治等一系列重大问题。“三个代表”重要思想，是对马克思主义建党学说的新发展，也是对马克思主义工运理论的新发展，为推进我国工人运动和工会工作进一步指明了方向，提出了新的更高的要求。“三个代表”重要思想和工会工作之间有着极为紧密的内在联系。工会始终强调坚定不移地推动党的全心全意依靠工人阶级根本指导方针的贯彻落实，进一步突出和履行维护职能，体现了“三个代表”重要思想的内在要求。

学习贯彻“三个代表”重要思想，要求我们必须充分发挥工人阶级在解放和发展生产力中的主力军作用。社会发展的根本问题是生产力的发展。一个政党是否能够推动社会生产力的发展，是否能够代表先进生产力的发展要求，这关系到一个党的性质，而党的性质又是由它的阶级基础所决定的。历史已经证明，中国工人阶级是先进生产力和生产关系的代表。中国共产党的阶级基础是工人阶级，中国共产党是工人阶级的先锋队。这个阶级基础决定了我们党的性质，决定了我们党是中国先进生产力发展要求的代表。因此，党必须在任何时候都要旗帜鲜明地依靠自己的阶级基础，坚持全心全意依靠工人阶级的根本指导方针。

在发展社会主义市场经济的新形势下，对谁是中国先进生产力的代表，社会上有各种各样的议论。有人说，现在形势变了，发展生产力不靠工人了，工人只是干活的，是体力劳动者，代表不了先进生产力；也有人说，代表先进生产力的是知识分子和企业家与企业经营管理者。这些说法是片面的，有的甚至是错误的。在新的历史条件下，知识分子和科技人员在发展生产力中起着重要作用，但任何高新技术要转化成现实生产力，还必须依靠广大工人群众的创造性劳动。知识分子是工人阶级的组成部分，不能把依靠和发挥知识分子的作用与依靠和发挥广大工人群众的作用割裂开来，甚至对立起来。同样，我们应该重视企业经营管理者和企业家，他们在发展社会生产力中也起着重要的作用。公有制企业的经营管理者和企业家也是工人阶级的成员，我们也不能把重视发挥他们的作用与重视发挥广大工人群众的作用割裂开来、对立起来。在社会主义中国，工人阶级是一个统一的整体。那种片面强调企业经营管理者和企业家的作用，忽视广大工人群众的作用，或者把工人阶级只局限于工人群众，不包括企业经营管理者和企业家的观点和主张，都是与我们国家的性质和实际相悖的。尽管现代科学技术不断发展，知识经济初见端倪，经济关系和劳动关系正在经历前所未有的变化，但无论怎么变化，也改变不了我国工人阶级的主人翁地位和主力军作用。推动生产力的发展必须充分发挥全国人民的作用，包括重视发挥私营企业主的作用，但这与我们党所依靠的阶级基础是两回事，与谁是中国先进生产力发展要求的代表也是两回事。近些年来，工会提出的工作方针和指导思想，始终强调要坚定不移地推动党的全心全意依靠工人阶级根本指导方针的贯彻落实，根据和道理就在这里。所以，对党的这一根本指导方针，我们一定要理直气壮、毫不动摇地加以坚持和贯彻，更好地保护、调动和发挥广大职工投身改革和建设的积极性、主动性和创造性，充分发挥工人阶级的主力军作用。

学习贯彻“三个代表”重要思想，要求我们必须不断提高职工队伍的整体素质，坚持用工人阶级的先进思想影响带动全社会。党的十五大报告明确提出要建设有中国特色的社会主义文化，并把它作为党在社会主义初级阶段基本纲领的重要组成部分。党要成为中国先进文化前进方向的代表，其实质是创造和推进建设有中国特色的社会主义文化，使社会主义物质文明和精神文明协调发展，推动社会全面进步。建设有中国特色社会主义文化同建设社会主义精神文明是一致的。新中国成立50年特别是改革开放20多年的实践充分证明，工人阶级不仅在经济建设中奋力拼搏，是社会主义物质文明建设的主力军，而且在创造和传播先进文化中大胆开拓，也是社会主义精神文明建设的主力军。工人阶级在革命、建设和改革中所表现出来的崇高思想和模范行动，始终昭示着我们这个时代前进的方向。为了更好地发挥工人阶级在推进社会主义精神文明建设中的主力军作用，必须坚持用马克思主义、毛泽东思想、邓小平理论和“三个代表”重要思想武装广大职工，不断提高他们的思想道德和科学文化技术素质，切实加强职工队伍建设，努力造就宏大的“四有”职工队伍，用工人阶级的先进思想影响和带动整个社会不断前进。这本身也是对工会维护和满足职工群众精神文化需求的必然要求。

学习贯彻“三个代表”重要思想，要求我们必须进一步突出和履行工会的维护职能。我们党之所以能够成为全国最广大人民群众根本利益的代表，就是因为党把全心全意为人民服务作为自己的根本宗旨。我们党没有自己的私利，搞革命、搞建设、搞改革，都是为了领导工人阶级和广大人民群众当家作主，进一步解放和发展生产力，使工人阶级和广大人民群众过上幸福生活。江泽民同志一再强调：“必须把实现和维护最广大人民群众的利益作为改革和建设的根本出发点。”①“在任何时候任何情况下，党的一切工作和方针政策，都要以是否符合最广大人民群众的利益为最高衡量标准。这是我们观察和处理问题的一个根本原则。”②中国工会是党领导的工人阶级群众组织，是党联系职工群众的桥梁和纽带，维护职工合法权益是工会的神圣职责。学习贯彻“三个代表”重要思想，必然要求我们进一步突出和履行工会的维护职能，切实维护职工的经济利益，努力保障职工的民主权利，不断满足职工的精神文化需求，真正成为职工合法权益的代表者和维护者。

我们必须看到，党的十五届四中全会系统地把新时期工人阶级和工会组织面临的一系列重大问题，在党的《决定》中加以体现和明确，为我们加强工会工作提供了重要机遇。江泽民同志关于“三个代表”重要思想，又把这一系列重大问题提到理论的高度加以深刻阐述，无疑为我们统一思想，增强信

---

① 《江泽民文选》第二卷第261页，人民出版社2006年8月第1版。

② 《江泽民文选》第二卷第262页，人民出版社2006年8月第1版。

心，进一步推进工会工作，提供了一个新的更为难得的重大机遇。各级工会组织和广大工会干部一定要努力按照“三个代表”的要求，深入贯彻党的十五大和十五届四中全会精神，抓住机遇，开拓创新，以良好的精神状态，努力开创工会工作的新局面。

二

学习贯彻“三个代表”重要思想，各级工会一定要着眼于在工会工作中的运用，着眼于对工会工作的理论思考，着眼于工会工作新的实践和新的发展。实现全总十三届二次执委会议提出的工会工作“五突破一加强”，是工会组织今年乃至今后一个时期的重要任务。从工会当前面临的形势任务看，紧紧抓住学习贯彻“三个代表”重要思想的有利时机，推动新建企业工会组建工作的突破，最大限度地把广大职工组织到工会中来，是实现“五突破一加强”的重中之重。

江泽民同志指出：“各级党委特别是主要领导同志的思想认识要跟上客观形势的发展，抓紧在非公有制经济组织中开展党的工作，加强党的建设。这是我们党确立和巩固社会主义初级阶段基本经济制度、引导非公有制经济健康发展的需要，也是加强党同在非公有制企业劳动的广大职工群众的联系、巩固党在新形势下执政的阶级基础和群众基础的需要。”①江泽民同志这一重要指示，不仅是对全党的要求，也是

① 《江泽民文选》第三卷第20—21页，人民出版社2006年8月第1版。

对工会组织的要求。能否最大限度地把广大职工组织到工会中来，关系到密切党与职工群众的联系，巩固党的阶级基础和执政地位；关系到贯彻落实党的全心全意依靠工人阶级的根本指导方针，保护、调动和发挥广大职工投身改革和建设的积极性、创造性；关系到建立稳定协调的劳动关系，维护职工队伍的团结统一和社会政治的稳定；关系到提高企业的经济效益和促进社会经济的发展。改革开放特别是党的十五大以来，随着国有经济布局的战略性调整、国有企业的战略性改组和非公有制经济的迅速发展，包括改制企业在内的各种新建企业大量增加，职工队伍迅速发展壮大。这种飞速发展的形势，一方面为工会工作提供了广阔的空间和发展机遇，另一方面也向工会工作提出了新的要求和新的挑战。适应这种形势的变化，各级工会在党政的重视和支持下，及时调整工作格局，拓展工作领域，把加强新建企业工会组建工作提到重要议事日程，大胆探索，积极开展工作，取得了一定成效。

但我们也必须清醒地看到，新建企业工会组建工作远远落后于形势发展的要求，最大限度地把广大职工组织到工会中来的任务十分紧迫地摆在我们面前。一方面，在国有和集体企业改制的过程中，工会组织被撤并的现象未能得到有效遏制，工会会员大量减少。另一方面，新建企业工会的组建率和职工的入会率都比较低，大量职工没有被组织到工会中来。尤其值得我们重视的是，面对这么艰巨的任务，不少地方的工会组建工作底数不清不实，导致决策的盲目和实际工作的不力。

产生这些问题的原因是多方面的，主要是不少领导同志对为什么要最大限度地把广大职工组织到工会中来的极端重要性和现实紧迫性认识不足。在改革进入攻坚阶段、发展处于关键时期的新形势下，党更加需要工会更好地发挥密切联系职工群众的桥梁和纽带作用，政府更加需要工会更好地发挥国家政权的重要社会支柱作用，广大职工更加需要工会更好地发挥代表和维护他们合法权益的作用。工会要坚定不移地推动党的全心全意依靠工人阶级根本指导方针的贯彻落实，进一步突出和履行维护职能，更好地保护、调动和发挥广大职工投身改革和建设的积极性，就必须首先把广大职工组织到工会中来。如果广大职工长期在工会组织之外，我们提出的指导思想和工作要求再好也要落空。当前，许多新建企业不仅没有党组织，而且也没有工会组织，维护职工的合法权益缺乏组织保障。连工会组织都没有，谈什么工会维护职工的合法权益，谈什么工会发挥党联系职工群众的桥梁纽带作用和国家政权的重要社会支柱作用？改革开放以来，大量从农村到城镇特别是到新建企业来工作的劳动者，远离家乡，举目无亲，既没有健全的劳动合同保证，又没有工会组织的保护，遇到困难和出现问题，比如权利被侵犯、人格遭侮辱、人身受伤害等，都不知道去找谁帮助解决。大家想一想，我们每个人都有子女，都有兄弟姐妹，如果碰到这样的事情，我们作何感想？我们决不允许在自己的国土上出现这样的情况！一些新建企业，侵犯职工合法权益的现象屡屡发生，有的已经到了令人无法容忍的地步。各级党委和政府，当然应该重视解决这方面的问题，工会作为党领导的工人阶级群众组织，更有责任替他们说话，帮他们讨个公道，为他们作主。从国内外的复杂形势来看，这不仅是一个工会的组建问题，也是一场严肃的政治斗争。国内外敌对势力与我们争夺群众，工会和职工是他们的一个重要领域，是他们梦想打开的一个缺口。我国法律明确规定，全国建立统一的中华全国总工会。他们却妄图在中华全国总工会之外再成立一个什么“独立工会”，其根本目的就是企图“西化”、“分化”我们，推翻中国共产党的领导。对此，各级党政工领导同志务必要有清醒的认识。

三

这次主席团会议强调新建企业的工会组建问题，一方面是要大家提高在新的形势下，对新建企业工会组建工作重要性和紧迫性的认识；另一方面是我们要共同研究，如何采取坚决措施，最大限度地把广大职工组织到工会中来。现在仅靠我们一般的认识和传统的组建原则、领导体制、工作方法，按部就班地组建工会已经远远不够了。面对新的形势任务，各级工会必须站在“三个代表”的高度，进一步解放思想，提高认识，明确指导思想、组建原则和工作路数，迎难而进，切实把加强新建企业工会组建工作作为重大而紧迫的第一位任务来抓，到2002年年底以前，把绝大多数职工组织到工会中来。

实现新建企业工会组建工作的突破，必须确立哪里有职工哪里就要组建工会，这是一个依法组建的原则。我们的《中华人民共和国工会法》、《中华人民共和国劳动法》、《中华人民共和国公司法》等法律都明确规定，在中国境内的企业、事业单位、机关中以工资收入为主要生活来源的体力劳动者和脑力劳动者，不分民族、种族、性别、职业、宗教信仰、教育程度，都有依法参加和组织工会的权利。坚持哪里有职工哪里就要建立工会，维护和保障的就是广大职工这种参加和组织工会的权利。新建企业不管是什么所有制性质，都要依法办事，切实尊重和落实广大职工参加和组织工会的权利。对这个问题，我们必须提到依法治国、维护法律尊严的高度来认识和处理。实现新建企业工会组建工作的突破，一定要坚持面向本地区、本单位的全体职工，着眼于尽快把广大职工组织起来这样一种思路来开展工作。不仅要着眼于提高企业工会的组建率，更要着眼于提高面向全体职工的入会率。研究、部署、推进和考核这项工作，必须以该地区、该单位职工入会率为重要依据和标准。按照这样一个工作思路，我们必须改变原来确定的应建工会条件和只计算已建工会企业职工入会率的做法，坚持面向本地区、本单位全体职工推进工会组建工作。这是对原有工作思路的重要调整。只有首先在思路上进行这种调整，才可能做到最大限度地把广大职工组织到工会中来。

实现新建企业工会组建工作的突破，必须确立向乡镇（街道）一级延伸的工会组织领导体制。过去所说的工会领导机关，是指县以上各级工会，而新建企业大部分集中在经济技术开发区、工业区、高新技术园区、乡镇、街道和村。面对这种新的情况，仅靠县以上工会领导机关来抓新建企业工会的组建，已远远不能适应形势任务的要求。因此，要实现新建企业工会组建工作的突破，我们必须加快工会领导机关自身的体制、机构和工作机制的改革。当前首先要把乡镇、街道这一级工会组织建立起来，在企业比较多的村，也要同步把村工会建立起来，形成适应新建企业发展要求的工会组织领导体制和工作网络。新建企业工会组建工作能否突破，在很大程度上取决于这一级工会组织的建设和作用的发挥。要理顺新建企业工会与上一级工会的职责分工。乡镇、街道一级工会具有地方工会和基层工会的双重职能，要更多地发挥基层工会的职能作用，把新建企业工会遇到的一些矛盾和问题上升到这一级工会来处理，同时要不断为企业工会的组建和工作的开展创造条件。要积极争取县以上各级党委、政府对新建企业工会组建工作的重视和支持，帮助解决乡镇、街道一级工会的编制和干部的配备等实际问题，下力量把这一级工会组织先建立起来，从组织领导体制上为实现新建企业工会组建工作的突破提供有力的保证。

实现新建企业工会组建工作的突破，必须确立全会上下共同抓组建的工作机制。把工会建立起来是工会开展各项工作的前提和基础。组建工会不是工会某个部门的某项具体业务工作，而是全会上下的共同任务，只有形成强有力的共同抓组建的工作机制才能奏效。各级工会领导机关为基层和职工群众服务，当前就是要为新建企业的工会组建和职工入会服务。各级工会的主要领导同志要亲自抓，实行一把手负总责，各部门密切配合，既要有分工，又要有合作，从各自不同的角度共同推进组建任务的完成。要从基础工作抓起，加强调查研究，认真开展工会组织和会员基本状况的普查，摸清企业、职工和工会会员的底数，掌握实情，努力为领导决策和开展工作提供真实可靠的依据。要结合各自实际，制定组建规划，明确工作目标和进度要求，提出具体落实措施，有计划、有步骤地加以推进。要搞好分类指导，抓重点，攻难点，及时发现问题，有针对性地加以解决。要实行组建工作目标责任制，一级抓一级，一级对一级负责，加强督促检查，严格管理，建立通报制度，把组建工作作为考核工作业绩的重要内容。要及时总结和推广先进典型经验，加强对新建企业工会组建工作的理论政策研究，充分发挥理论政策研究对组建工作的指导和推动作用。

实现新建企业工会组建工作的突破，必须确立先组建再逐步规范的工作路数。各地各类新建企业的状况参差不齐，情况千差万别，我们不要把国有企业组建工会的一套办法简单地照搬到新建企业的工会组建工作中来。必须坚持一切从实际出发，因地制宜，因企制宜，跳出传统的框框和办法，不拘泥于一种形式，实现组建方式灵活多样，做到方式、程序、手段适应组建任务的要求，一切服从于最大限度地把广大职工组织到工会中来的需要。对规模较大、职工人数较多的新建企业，要指导和帮助他们尽快建立基层工会委员会，其中属于改制的国有、集体企业要随着企业的改制，同步把工会重建起来。对规模小、变化快、类型多、分布广的新建企业，要按照属地原则，指导和帮助他们采用建立工会小组、工会分会和行业与区域性联合工会、工会联合会等多种形式建会，有的可由上级工会直接发展会员。对那些经济比较发达的地方，村就是一个很大的经济实体，村里可能有几十家新建企业，一下子难以把这些企业的工会都建立起来，但应该首先把村工会建起来，由它去发展会员和开展工作，然后再去研究怎么样进一步建立和完善企业工会。对再就业职工和流动职工中的会员，要通过建立健全社区工会和探索流动会员会籍管理办法等，努力做到会员流动到哪里，会籍关系就及时接转到哪里，防止会员流失。在建会程序和职工入会手续上，要适应新建企业的特点，力求简便、灵活、易行，不强求一律，先组织起来再充实完善，逐步加以规范。总之，在法律和政策允许的范围内，形式可以多样，方式可以灵活，关键是力求实效。

实现新建企业工会组建工作的突破，必须确立主动争取党政领导支持和各方配合的工作格局。工会工作是党的群众工作的重要组成部分。实现工会组建工作的突破，不仅需要工会自身的努力，而且要善于取得党政领导的重视和社会有关方面的支持。党政领导的重视和社会有关方面的支持是新建企业工会组建工作取得成效的重要保证。各级工会要努力推动党委领导、政府支持、工会主抓、各方配合的新建企业工会组建工作格局的形成。要把工会组建与本地的改革、发展、稳定更好地结合与统一起来，争取把新建企业工会组建工作纳入党建工作的目标中去，以党建带工建。有些地方在党委的领导下，成立由工会、党委组织部门和政府的经贸、劳动保障、工商、税务等有关方面负责同志参加的新建企业组建工会工作协调领导机构，各方密切配合，形成合力，整体推进，这种做法值得借鉴。要坚持依法治会，加大源头参与力度，与人大、政协和政府的有关方面一起，积极推动国家和地方有关立法和政策的制定，加强对实施过程的监督检查，推动职工参加和组织工会权利的落实。要加强对新建企业工会组建工作的宣传，争取企业和社会各方面的理解与支持，形成良好的建会工作氛围。

实现新建企业工会组建工作的突破，是当前工会工作的重点，但它不是一项孤立的工作，而是与工会其他各项工作密切相关的。因此，我们不仅要坚决把新建企业工会组建工作作为“五突破一加强”的重中之重来抓，还要善于把这项工作与其他各项重点工作的开展很好地结合起来，推动工会工作整体水平的提高。在推进工会组建工作的过程中，广大工会干部一定要保持积极进取的精神状态和求真务实的工作作风，深入到企业，深入到职工群众中去，扎扎实实地开展工作。要做好对职工的宣传教育和发动工作，加强和改进职工思想政治工作，大力发展工会积极分子，同他们一起努力提高职工群众的工人阶级觉悟和工会意识，增强职工群众参加和组织工会的自觉性与主动性，为组建工作打下坚实的群众基础。在抓新建企业工会组建工作的同时，要同步加强新建企业工会女职工组织的建设。要一手抓组建，一手抓新建企业工会工作的开展，积极协调劳动关系，维护职工合法权益，保护和调动职工群众的积极性，并把这种积极性组织和引导到各种形式的群众性经济技术活动中来，为搞好企业献计出力，以不断增强工会组织的吸引力和凝聚力。

修改《工会法》要着重解决好的几个问题*

(2000 年 7 月 7 日)

《中华人民共和国工会法》的修改,各方面都做了大量工作,特别是全国人大的同志作了积极努力。我想,《工会法》的修改,要着重解决好以下五个方面的问题。

第一,关于工会的职能问题。工会维护职工合法权益的职能需要以法律的形式在《工会法》中很好地体现出来。我感到,现在的写法没有突出重点,也没有体现它们的内在联系。这些年来,我们发展社会主义市场经济,工会做了大量工作,很重要的一条,就是突出维护职工合法权益,这个问题不能避开。在社会主义市场经济条件下,工会必须突出维护职能。我们这些年来工作的进展,对国外宣传,中国工会在这方面做得是可以的。我看《工会法》应该体现这个问题,应该非常明确。妇联章程规定其基本职能就是代表和维护妇女权益,比较明确。《工会法》也应该开宗名义讲维护职工合法权益是工会的基本职责。而《工会法》现在这个修改稿,维护职工的合

---

* 这是尉健行同志在全总十三届五次主席办公会议讨论《中华人民共和国工会法修正案(草案)》时讲话的要点。

法权益写得比较含糊，不够明确。《工会法》的修改在这个问题上，必须明确。《工会法》第二条讲，工会是职工群众自愿结合的群众组织，下面应该写上是职工合法权益的代表者和维护者。因为这是由工会组织的性质所决定的。《工会法》将来公布了，要在国际上比较。有些国家不维护职工合法权益，却写得冠冕堂皇，讲得很漂亮。我们应该比他们做得更好。

第二，关于工会组织职工参与民主管理的问题。现在这稿子没有很好地体现党的十五届四中全会精神。职代会不光是一种形式，而是职工参与企业民主决策、民主管理、民主监督的一项基本制度。企事业单位有职代会，教育系统还有教代会。工会光有组织职工参与民主管理、民主监督的权力是不够的，还应组织职工参与民主决策。这是党的十五届四中全会的精神。修改《工会法》应该很好地体现四中全会的精神，但又不要局限于四中全会精神。因为四中全会《决定》是讲国有企业，而不是讲所有企事业单位。《工会法》不能只讲国有企业，把其他所有制的企业排除在外。否则好像其他企业可以不搞民主参与和民主监督，工会不能在国有企业以外的企业开展工作。如果这样，工会今后就难以在其他类型的企业行使职权。现在全国有 2.4 亿职工，只有少部分职工是工会会员，大部分还没有组织到工会中来，《工会法》不能只管少数职工。不管什么所有制企业，职工都是国家的主人。中国的私营企业也是社会主义条件下的私营企业。现在，资本主义国家的企业，像德国的一些企业，尽管是资本主义的，但在工人参与管理和监督方面，有很多是值得我们借鉴的。

第三，关于街道、乡镇、村工会的地位问题。现在这种写法，街道、乡镇、村工会没有地位了。这个稿子讲地方工会是指县和县以上工会，讲基层工会，是指企业事业单位的工会。那么街道一级、乡镇一级、村一级工会到哪里去了？街道、乡镇、村工会既有基层工会特点，又有地方工会的特点，这应该在《工会法》里说明白，要不工会基层组织很大一块没有了。

第四，关于工会参与立法、执法监督和制定政策问题。工会特别是工会领导机关一个很重要的职能，就是要通过参与立法、参与执法监督、参与制定政策，从源头上、宏观上维护职工合法权益。不能仅仅讲政府确定事情应征求工会意见，而应该倒过来说，工会必须参与有关立法，参与执法监督。应该通过一定的方式，比如与政府建立联席（联系）会议制度、协商制度，陕西等十几个省多年来都是这么搞的，有很好的经验。应该用法律的形式体现和保障工会立法参与、制定政策参与和执法监督的工作。我们的工作要一步一步往前推进，不能把中央已经明确的、我们已经这么做了的工作，法律还没有到位，更不能丢掉。我感到立法参与和政策参与要在《工会法》里得到明确。各级工会领导机关应该参与立法，参与执法监督，参与政策制定，而且要有一定的形式来保证，不能仅仅是政府部门向工会征求意见。

第五，关于工会代表职工进行民主监督问题。对于工会的监督权力，应该有比较硬性的规定。不能光是有权建议改正和有权要求改正，这种权老百姓都有。关键是你要求的东西他办不办？他不办怎么办？我倒认为福建省总工会对修改

《工会法》的意见，路子对。法律法规规定应当听取职工代表意见，应当由职工（代表）大会审议或者必须与工会协商的事项，有关单位应当依法执行，否则作出的决定无效。前几天，我在全总十三届五次主席团（扩大）会议上讲，职代会也开了，厂务公开也搞了，职工代表也参加董事会、监事会了，集体合同也签了，最后一场空，没用，怎么办？你合同规定的，我可以不执行，不执行就不执行，你拿它没办法；搞厂务公开，监督不起作用，那厂务公开又有什么用？职工代表参加董事会、监事会没有多少发言权，起不了多大作用。这样搞下去，就没有实效。要想见到实效，工会应当组织职工行使民主监督的权利。如果在法律上没有一定的制约，都是道义上的要求，那职工群众的民主监督就没有用。我们现在搞廉政建设，需要加强对权力的监督。舆论监督是一种监督，但光靠舆论监督不行。老百姓对某些领导者有意见可以骂街，但你骂你的，他的官可以照做照提升。如果提的一些要求都对，但都是道义上的，而没有法律上的规定，就没用，实际效果也不会好。光讲有权介入，有权要求改正，这种权等于没有权。对权力的制约必须靠权力，因为只有权力才能制约权力。如果你的权力仅仅是一个发言权、舆论权，这个权力监督、制约的效果就很有限。我想企业里面一些重大决策，没有经过职工代表大会讨论就应该宣布无效。当然，不能说讨论以后职工就都会赞成，但至少应该通过职工讨论。

现在我们工会的威信不高，职工认为工会不顶事。虽然工会干部工作很忙，做了很多很好的工作，但真正让职工感到满意的事，使职工感到工会确有存在价值的事并不是很多。有一点我赞同，职工对工会搞了十几年的送温暖活动，后来提出的当好帮扶特困职工“第一责任人”的工作，职工认为是有效的，大家知道找工会。但像集体合同、厂务公开等项工作，职工还在看效果。你说不对，也有道理；你说有道理，也没啥效果；搞得很热闹，但与我没多大关系。工会搞的这些，出发点都对，能不能有效果，关键在于工会有没有组织职工群众进行监督的权力。这个权力究竟有多大？工会没有决策权，也没有审计权，但我们有组织职工进行监督的权力。资本主义国家有罢工，这是工会的权力和手段。我们是社会主义国家，不能这样搞。在这种情况下，我们靠什么呢？如果连组织职工监督的权力都没有，工会能发挥什么作用？我们立这个法那个法，如果工会没有组织职工进行民主监督的权力，工会就不能发挥应有的作用。

我们作为领导干部，要有自知之明。我什么时候都不敢讲自己的工作已经做好了。什么时候都必须谦虚。我在中纪委“三讲”时，在基层考察工作时都反复讲我们工作没有做好。为什么呢？因为任何时候，不要光看到我们做了些什么，更要看到什么还没做。我们确有好多工作还没有落到实处。中纪委不要只看到办了多少案子，还要看到还有多少案子根本没有被揭露出来，或者揭露出来还没有办。如果从这方面看，我们就会感到自己的水平、能力、责任心、方法都有差距。工会也应该这么认识。总之，我们应该把工作做得更好一点。

《工会法》修改是个机遇。在《工会法》中，应该把工会这几年工作中已取得的经验吸收进去，把需要探索但有把握往前推进的东西写进去。当然这么搞可能不好写，也可能会遭到反对。我看不要紧。我们可不要拿出一个草案大家都点头，如果不能推进工作，那可就坏啦！最怕的就是你提出这些都是几十年不变的、没有任何风险的老话、套话，大家都能接受，我说那样的修改没有用。现在我们需要前进一步，把工会的职能、作用往前推进一步。从这个意义上讲，这个法既是对别人的，也是对我们自己的。要求我们在这方面做更大的努力。

工会仅仅有要求做什么的权力就不能很好地发挥作用。比如说，要求改正，这种权没用。如果只是要求，那么这种要求就变成了请求，而请求是可以答应也可以不答应的。工会不能仅仅讲有要求权，而要把代表职工群众进行监督的权力写进《工会法》。工会是群众组织，是代表职工群众说话的，要发挥群众监督的作用，这与一个普通职工的要求不一样，跟老百姓提意见不一样。如果企业经营者对职代会的意见不考虑，也照样作重大决策，一年开一两次职代会，你还得说他好，说领导上很重视，这样下去，职工群众对工会会怎么看？肯定有事不找工会。从调查材料看，职工有困难、有问题找谁？首先是找亲戚、找朋友，很少找党委、工会。我们要真心实意为职工说话办事，使职工有事找党委、有事找工会，就说明我们工会的工作有成效了，职工群众就会把工会看成是自己的组织。

国有企业改革是《工会法》修改一个很难得的机遇。工会工作的指导思想、工作路数应该创新。我们不要按过去的框框来搞,要看到发展。我们所进行的工作,应该是《工会法》要求的东西,即使我们现在有一些还没有做到,但如果《工会法》写上了,今后我们的工作就有法可依了。不要把我们已经做到的东西,在《工会法》里面还打折扣。现在不管有些人赞成与否,看准了就要干。前几年我们搞"六个必须",对"六个必须",工会内部赞成,但外部有的不认同,怎么办?不认同也要干。我们认为是对的就努力推进,最后大家也就认可了,四中全会《决定》把这些都写进去了。

我们的职代会制度,职工参与民主决策、民主管理、民主监督,一定要坚持。修改《工会法》,不要怕有人不赞成。如果大家都赞成,说明没有触及矛盾。我感到,尽管大家做了很多工作,但不应感到心安理得,应该感到坐卧不安,我们的工作做得很不够。我们应当这么看。

推动厂务公开工作深入发展*

（2000 年 7 月 12 日）

我们召开这次电视电话会议的目的，主要是认真学习贯彻江泽民同志“三个代表”重要思想，研究如何推动厂务公开工作不断向深入发展。刚才，几个单位从不同角度介绍了很好的经验和做法，充分反映了厂务公开工作取得的进展，也充分说明了这项工作符合“三个代表”重要思想的要求。最近，江泽民同志发表的中国共产党始终代表中国先进生产力的发展要求、始终代表中国先进文化的前进方向、始终代表中国最广大人民的根本利益的重要论述，具有极为重大的现实意义和长远的历史意义。认真学习贯彻“三个代表”重要思想，要求我们必须毫不动摇地贯彻党的全心全意依靠工人阶级的根本指导方针，进一步加强职工参与企业民主决策、民主管理和民主监督工作，推动厂务公开工作不断向深入发展。下面，我围绕会议主题讲几点意见。

第一，一定要站在“三个代表”的高度充分认识实行厂务公开的重要性和必要性。江泽民同志“三个代表”重要思想是一个紧密联系的统一整体，体现和贯穿于建设有中国特色社

* 这是尉健行同志在全国厂务公开工作电视电话会议上的讲话。

会主义的伟大实践之中。“三个代表”重要思想，不仅对新形势下加强党的建设提出了新的要求，也对包括厂务公开在内的各个方面工作指明了方向。“三个代表”重要思想与厂务公开有着内在的联系。

我们党之所以是中国先进生产力发展要求的代表，就是因为我们党是工人阶级的先锋队，工人阶级是党的阶级基础，工人阶级是先进生产力和生产关系的代表。在社会主义中国，工人阶级既包括工人，也包括知识分子，还包括领导干部和企业经营管理者，这三个部分都是工人阶级的组成部分，构成工人阶级的统一整体。随着现代科学技术和经济的不断发展，工人阶级的内部构成、文化层次、劳动和生活方式等都已经和将会发生很大的变化，但不管怎样变，都没有也不可能改变我国工人阶级的主人翁地位和主力军作用。学习贯彻“三个代表”重要思想，要求我们必须充分尊重职工的主人翁地位，依法维护职工的经济利益，切实保障职工的民主权利，不断满足职工的精神文化需求，更好地调动和发挥广大职工投身改革开放和社会主义现代化建设的积极性、主动性和创造性，真心实意地依靠职工办好企业。厂务公开正是贯彻落实党的全心全意依靠工人阶级的根本指导方针，保护、调动和发挥广大职工的积极性，发动和依靠职工群众办好企业的一种很好的形式、方法和手段。

我们党之所以是中国先进文化前进方向的代表，就是因为我们党始终坚持以马克思主义为指导，既继承发扬中华民族的优秀文化传统，又学习吸收世界各国优秀文化成果，紧紧依靠工人阶级和广大人民群众，不断创造、传播和发展有中国特色的社会主义文化。有中国特色的社会主义文化同社会主义精神文明是一致的，有着广泛的内容，包括发扬社会主义民主，加强民主法制教育，建设企业文化，搞好“四有”职工队伍建设等方面。厂务公开正是在企业发扬社会主义民主，保障和落实职工当家作主的民主权利，培育社会主义企业文化，提高职工队伍的整体素质，推进有中国特色社会主义文化建设的重要措施和手段。

我们党之所以是中国最广大人民根本利益的代表，就是因为我们党始终把全心全意为人民服务作为自己的唯一宗旨，把实现、维护和发展最广大人民群众的利益始终作为最大最重要的政治。广大职工和人民群众的利益，既包括经济利益，也包括政治利益和精神利益。我们既要维护职工的经济利益，包括劳动就业、工资分配、社会保障、生活福利、劳动安全等方面的切身利益，又要保障职工当家作主的政治权利，还要不断满足他们的精神文化需求。作为一个劳动者，积极性能不能调动起来，关键看他在劳动中处于什么样的地位。不同的地位和不同的处境，对人的积极性有不同的影响。厂务公开正是调动和发挥广大职工的主人翁积极性，发动和依靠职工群众参与民主决策、民主管理、民主监督，在推进企业改革、发展和稳定的过程中，去实现自身经济、政治和精神利益的一种很好的形式和手段。

第二，一定要紧紧围绕企业改革、发展、稳定的大局深化厂务公开。厂务公开是一种让职工知情的手段，目的是发动和组织职工群众参与企业的民主决策、民主管理和民主监督，依靠职工搞好企业。抓厂务公开，必须与企业党的建设、领导班子建设、职工队伍建设和深化改革、加强管理、提高效益等工作很好地结合起来，要把实行厂务公开所应坚持的原则和精神，贯穿和体现到党的工作中去，贯穿和体现到企业经营管理工作中去。厂务公开的主体是企业行政。厂务公开能不能搞好，关键在于企业党政领导要有自觉性，真正感到是企业发展的内在需要。

实行厂务公开不能仅仅看作是上级布置的工作，而应看成是推进国有企业改革、发展和稳定的内在要求，是建立现代企业制度的题中应有之义。职工群众固然关心当前的切身利益和企业领导干部的廉政情况，但在新的形势下，广大职工比以往任何时候都更加关心企业的改革、发展和稳定。因此，厂务公开必须主动按照企业发展的内在需要去不断充实和丰富内容。最初的厂务公开，是把职工群众最关心的切身利益问题首先公开，比如企业的改制方案、职工的工资奖金、生活福利等，使职工合法的经济利益得到切实保障。这是必要的。同时，把企业领导干部廉洁自律的情况予以公开，包括企业业务招待费使用情况，领导干部收入情况，以及对他们的民主评议结果等进行公开，防止腐败现象发生，保证国家、企业和职工群众的利益不受侵犯。这也是必要的。我们需要继续搞好这两个方面的公开，同时还必须紧紧围绕企业的改革、发展和稳定，不断拓展、充实新的内容。当前，要推动厂务公开不断向企业的物资采购、产品销售、劳动安全、新产品开发、投资决策等企业经营管理领域延伸，使厂务公开不仅成为职工群众的需要，维护职工合法权益的需要，加强党风廉政建设的需要，也是建立现代企业制度，搞好企业改革、发展和稳定的需要，使其真正成为包括经营管理者在内的企业全体职工的共同需要。这是厂务公开深入发展的方向和生命力之所在。只有这样，厂务公开才能坚持下去，路子才会越走越宽，作用也才能越来越大。

第三，一定要把厂务公开的要求融入依靠职工办企业的体制、机制和制度中去。邓小平同志曾讲过，组织制度、工作制度方面的问题更重要，这些方面的制度好，可以使坏人无法任意横行，制度不好可以使好人无法充分做好事，甚至会走向反面。一个时期以来，有些企业由于各种原因出现不少矛盾，仔细分析这些情况可以发现，出现这些矛盾固然是有些企业由于存在这样那样的问题，但也有很多企业的领导班子是好的，他们作出的一些决策也是正确的，就是因为方式方法不当，事前没有跟职工群众沟通和商量，没有很好地发挥职工群众参与企业管理的作用，职工群众不了解情况，造成了误解而激化了矛盾。所以，就是一个好的企业领导班子也需要采用这种方法来开展工作，发动和依靠职工群众来参与企业的民主决策、民主管理和民主监督。厂务公开既是对企业领导干部的一种监督，也是对他们的一种支持和爱护。一些国有企业由于长期失于严格监督，不仅造成大量国有资产流失，而且也毁掉了一批干部。企业只有建立起依靠职工办企业的体制、机制和制度，才能够推动和保证企业作出科学、民主的决策，实事求是地处理问题，群策群力地推进企业的改革、发展和稳定。

职工代表大会是我国职工参与企业民主决策、民主管理、民主监督的一项基本制度，是实行厂务公开的主要载体。因此，必须把实行厂务公开纳入职代会制度的建设之中。我国的企业管理，既包括生产经营方面的业务性管理，也包括加强党的领导、做好思想政治工作、坚持职工代表大会制度、实行厂务公开、协调劳动关系和签订集体合同等方面的工作。改革开放和发展社会主义市场经济，我们需要学习、借鉴国外一些先进的管理经验，但决不能丢掉我们的政治优势和优良传统，更不能把资本主义国家企业管理的一套办法不加分析地照搬到我们的企业里来。我们必须坚持和发扬党的领导和依靠职工办好企业的优势。学习借鉴国外先进的管理经验，不能离开我国的基本政治制度、经济制度和企业的社会主义性质。公有制企业实行公司制改造，必须处理好股东会与职代会的关系。股东会是现代企业制度的一种要求，当然应该实行，但在我国国有独资和国有控股的公司制企业里，职工代表大会是依靠职工办企业的基本制度。不能认为有了股东会，职代会就无足轻重、可有可无了，不能把股东会与职代会并列起来，更不能用股东会来替代职代会。当然，职代会也需要适应新的形势发展，不断地调整和充实新的内容，处理好与股东会的关系，更好地发挥应有的作用。厂务公开就是针对新形势下企业普遍存在的一些矛盾提出来的。实践证明，搞好厂务公开，有利于进一步充实、丰富职代会的内容，从体制、机制、制度上推进职代会制度建设。厂务公开和职代会的根本依据和指导思想是一致的，不是两项不同的、并列的工作，总的着眼点都是为了使党的全心全意依靠工人阶级的根本指导方针在企业得到进一步落实，充分发挥广大职工参与民主决策、民主管理和民主监督的作用。

第四，一定要在厂务公开内容的真实、可信上下功夫。实行厂务公开的一个重要问题，就是不仅要公开一些群众关心的热点问题及其处理结果，还必须让职工感到公开的这些问题及其处理结果是真实的、可信的。要做到这样，我们就必须既要重视公开的内容，还要对公开的这些内容事前加强监督制约。凡是能用市场机制的办法来办的事情，就尽量采用市场机制的办法，通过招标、投标、竞争来解决。比如企业的原材料采购，不仅采购的数据要公开，而且要把采购的程序、机制公开，搞公开操作，不搞暗箱作业。在这个基础上的公开，一般说来职工群众就会感到是公正的、真实的、可信的。对不能用市场机制的办法，仍然需要企业内部来决定和领导审批的事项，就要做到使这种决定和审批的权力，建立在企业内部健全的监督制约机制之上，防止搞暗箱操作和一个人说了算。

一项工作能不能深入持久地开展下去，关键在于它有没有实实在在的效果。厂务公开也毫不例外。所谓实效，就是适应客观需要，解决实际问题。实行厂务公开，归根到底是为了更好地推动关系企业职工群众切身利益，关系企业党风廉政建设，关系企业经营管理与改革、发展和稳定等问题的有效解决。厂务公开要想取得这种实实在在的效果，只有让职工群众知真情，并实施有效的监督。知真情是实施有效监督的根本前提。因此，既要重视公开的内容，更要重视内部监督制约机制的建设，确保公开的内容是在有效的监督制约机制下形成的。为了让职工群众知情和实施有效的监督，我们还必须采用各种形式加强宣传教育，使职工了解和掌握企业的经营管理知识，不断提高职工参与企业管理的素质。只有这样，才能不断增强厂务公开的实效。厂务公开工作搞得好不好，最终要看职工群众是不是满意，是否促进了企业的改革、发展和稳定。

第五，一定要抓好厂务公开中职工群众民主监督权利的落实。厂务公开的实质是加强职工群众的民主监督。厂务公开是搞形式、走过场，还是真正接受职工群众的监督，要害是职工群众民主监督的权利是否得到切实保障。比如，企业领导干部通过民主评议和测评后，对职工群众反映很大的干部作了相应处理，这样的事情办它一两件，民主评议干部的工作就会得到大家的认可，职工群众参与的积极性就会提高。要不然，评不评一个样，多数群众反对的干部照样提拔，这种评议又有什么作用？这就是说，职工群众民主监督的权利得不到保障，厂务公开不可能持久，也不可能有实效，更不可能深入发展。我们不能把职工群众对企业的民主监督意见看成是一种一般的社会舆论，可听可不听，可办可不办，而是必须细心研究、认真对待和妥善处理。

为了保证职工群众民主监督权利的落实，要在企业党委的领导下，充分发挥企业纪委、工会、监事会和职工代表的监督作用，监督检查公开事项的内容是否真实、全面，公开是否及时，程序是否合法，群众反映的问题是否得到解决等。比如，企业重大决策必须通过厂务公开听取职工的意见，并提交职代会审议，未经职代会审议的就不能实施；涉及职工切身利益的重大事项，更应该向职工群众公开，职代会有决定权和否决权，既未公开又未经职代会通过的有关决定，就应该宣布无效；经过民主评议和民主测评，大多数职工不拥护的干部，上级主管部门就要采取相应的组织措施；企业领导违反职代会决议和厂务公开的有关规定，导致矛盾激化，影响企业和社会稳定的，必须认真实行责任追究，等等。我们只有在这些方面制定具体有效的措施，并真正付诸实施，职工群众的民主监督权利才可能得到落实。

新建企业工会组建首先要解决领导干部的认识问题*

（2000年11月2日）

这个会议主要解决什么问题？浙江的经验你们看了没有？有哪些经验需要总结？

“面向本地区所有职工确定工作目标”是什么意思？不太通，太笼统，没有什么意思。要害是乡镇、街道一级工会组织体制保证。下面一个讲工作作风，不要搞一连串的形容词，类似的字重叠地搞在一起，这样容易冲淡意思，概括得要简短一点、原则一点、明确一点，文字要朴实一些。这里不要讲不换口号、不变镜头。

强调首先要解决认识问题特别是各级党委领导同志的认识问题，这个也对。但是工会开会，工会领导怎么办？还是要讲要解决各方面的领导同志包括工会领导同志的认识问题。说工会内外对工会组建工作的认识有很大提高，不能这么说，只能说有一定提高。

为什么对工会组建存在认识问题？关键是有利益问题。一些地方党政领导没有站在职工一边，怕影响投资。对职工

---

* 这是尉健行同志在讨论新建企业工会组建工作会议讲话稿时谈话的要点。

得有个感情问题。有的人缺乏阶级感情，一味考虑地区经济发展，对巩固党的阶级基础、全心全意依靠工人阶级、充分发挥工人阶级主力军作用等认识不清。要展开分析到底是哪些问题影响了认识问题。有个市委副书记对记者说：外地民工在厂里边实行封闭式管理，不出来可以少惹事。他们市近年来70%发案率都是民工引起的。解决稳定问题是靠压的办法还是靠别的办法？这个材料你们可以拿去看看。泛泛地讲，不痛不痒。要讲尖锐一点，也得刺疼一下，当然太尖锐也不必要。

为什么会出现这个情况，有个认识问题。反正是别人的子女，反正是外地的工人，只要不得罪老板，不影响经济发展就行了。所以有几百人卧轨，当地老百姓也同情工人。搞得太不像话了。有的干部怕老板，不怕工人，对工人没有感情，弄得民怨沸腾，这样很危险，我们党这样搞下去也要垮台的。江泽民同志指出："东欧剧变、苏联解体，国民党在大陆的失败和在台湾失去政权，以及印度尼西亚前总统苏哈托的下台、墨西哥革命制度党在选举中失败、秘鲁形势的突变和前总统藤森逗留日本不归、菲律宾当前政局的动荡等等，尽管各自的原因很复杂，但人心向背的变化都是其中很重要的一个原因。"①所以，你得不到群众的拥护，群众不感到党是为自己说话谋利益的，就不要你了，垮起来是很容易的。工会不是为组建而组建，而是为了把职工组织起来，保护、调动他们的积极

---

① 《江泽民论加强和改进执政党建设(专题摘编)》第495页，中央文献出版社、研究出版社2004年12月第1版。

性。不要使他们在新的体制下受违法的剥削、盘剥。材料上反映的一家工厂把工人关在厂里,不让工人出来买东西,不发工资,买东西必须买老板的,外面"雪碧"6块钱一瓶,老板8块钱一瓶,不买不行,然后动不动就打人,打耳光,比国民党的私营企业主还厉害。你想一想,这么搞,这个社会还会有什么可爱的地方?工会组建不光是工会的问题,还是共产党的问题。出了问题,大家有怨气,账最后都算到共产党头上。这次开会,胡锦涛同志很支持,同意省委分管书记参加这个会议,站的角度是很高的,就是看到了这个问题的严重性。不是一个简单的工会组建问题。如果两亿多职工未被组织起来,党要当好"三个代表"就是空话。严重性在这里。解决认识也是在这些地方来提高。认识问题解决了就好办了,做法基本都有了。得挑出一点认识方面的要害问题,有点针对性,让人听了有点刺耳才好。当然也不要太过分。可以再翻翻会议上介绍的经验,看看有什么认识问题,加以总结概括。

工会组建问题关键在领导,领导主要是认识问题。认识问题根本的还不是对工会的态度问题,主要还是对社会主义的理解有偏差。我们搞社会主义,是不是就是单纯地把经济搞上去了,利润增加了,财政增加了,这就是一切?江泽民同志指出,搞社会主义的根本出发点还是提高人民的生活水平,实现经济和社会的协调发展。有人把以经济建设为中心,变成经济建设就是唯一的,什么党的建设、精神文明建设、民主法制建设等,统统都不在话下。现在私营企业、外商投资企业建立党组织,只有百分之十几,有党员的也没有党组织。党的领导怎么体现？咱们不能像国外那样，不在基层建立党组织，选举时是党员，不选举时不是党员。咱们不能这么干。所以，不仅仅是工会建设问题，工会组建没有搞好，党的基层组织也有问题。现在我们有 6300 万党员，看起来数量很多，但分布很不均衡，在新建企业里面党员很少，而且还组织不起来，有的即使组织起来也不一定起作用。为什么把工会组建作为重中之重来提出，不要看作是工会的问题，更不是为了多收经费，而是涉及改革、发展和稳定的大局。职工不组织起来，就不可能有很好的发展。像有个企业那样，把工人当奴隶一样关起来，做了一个城。老板用对付劳改犯人的做法对待工人。他有钱，办工厂，给地方交一些钱。现在好多干部见钱眼开，有了钱就可以为所欲为。讲认识问题，光讲对工会组建的认识问题不够，要从实质上去讲，讲清根本、要害是什么认识问题。要学习了解胡锦涛同志关于党建方面的讲话和提法。

工会组建起来后重点抓什么？当前首先要按照《中华人民共和国劳动法》的规定，确保职工有基本的劳动权利。集体合同和职代会可能一下子搞不起来，以后再说。首先要解决职工被侮辱、剥削，严重侵犯职工合法权益的问题，看得见摸得着。要讲职工最关心的、最需要解决的问题。这个容易做到、也很明确，如不能拖欠工资、不能打人、保证劳动安全卫生等。

在谈到良好的精神状态和工作作风时，现在不是口号多了，而是没有口号，没有干，要讲就讲工作中的官僚主义，一布置工作就完了，碰到困难就退缩等，要有针对性。

这个讲话不那么简单，把省委分管书记请来参加会议，不能简单地讲。现在高度不够，思想性、指导性都不够，没有什么新意。在全总十三届五次主席团会议上，结合江泽民同志“三个代表”重要思想讲了一些观点，能否重复一下。有的省委领导同志可能过去没有听过。因为是对各级党组织讲的，要形成一个比较完整的观念、认识，哪怕主席团会议上已经讲过的。这是要向全党发的，要给人比较完整的观念、认识，包括谈“五突破一加强”的认识问题，五次主席团会议上一些基本观点、提法可以放到这里再讲。现在感到讲话稿内容都对，但很平常，还有一些套话。需要下点功夫。

建立健全调整劳动关系的有效机制*

（2000 年 11 月 11 日）

参加这次会议，我有三点体会：

一是争取党委高度重视和强有力的领导，是这次会议交流的共同经验。

二是工会要尽职尽责地做好日常工作，工会组建工作在新形势下要发扬创新精神，这也是各地的共同经验。用国有企业工会组建那一套显然是不行的。新建企业工会组建工作在思想观念、组织领导体制、活动方式等方面，都要结合实际创新。从现在的经验来看，大家都进行了很好的探索，对今后工作有很好的借鉴意义。但在大的方面，要坚持党确定的一些基本原则，坚持依法建会。比如一些地方提出对困难企业拨缴工会经费可以照顾，这种想法是有一定道理的，但不能这么提，不能随便改变法律明确的按职工工资总额 2%的比例拨缴工会经费的规定。这涉及遵守法律规定问题。还比如，不能照顾企业主情绪，不能让老板娘、二老板、三老板当工会主席。浙江省明确提出了这个问题。这也是一个原则问题。

三是建会不是目的，形成协调劳动关系机制才是目的。

---

* 这是尉健行同志在浙江宁波与出席全国新建企业工会组建工作会议副省级以上领导干部座谈时讲话的主要部分。

当前要坚持哪里有职工哪里就要建立工会组织的原则，这是大家形成的共识。在座的省级领导干部要清醒地认识到，组建工会不是目的，在企业建立科学完善的机制调整劳动关系、共谋企业健康发展、推动社会进步才是目的。现在经济基础、管理体制都发生了很大变化，劳动关系也发生了深刻变化，计划经济时代的劳动关系实际上是职工与国家的关系，工会没有多少可以做的事；现在变成职工与企业的关系，如果劳动关系双方缺了工会一方，就有了缺陷。所以当务之急是要在新建企业组建工会。但我们不是为组建而组建，而是组建后工会要参与企业劳动关系的调整，组建的着眼点是建立协调劳动关系的机制。为什么中央这么重视这样一个很专门的工会组建工作会议，同意省委副书记参加这次会议？这次会议是中国工运史上的第一次。现在劳动关系复杂了，变得尖锐了，群体性突发事件经常发生。是什么原因呢？是劳动关系没有处理好。事后处理结果表明，这些群体性事件涉及的矛盾双方都不是根本的利害冲突。之所以发生这种事件，说明企业内部还没有建立完善的劳动关系协调机制，以致造成群体性事件不断，政治影响很坏，经济损失也很大。从实践来看，有些企业建立了这种机制，矛盾即使很大，也没有发展到社会上去。相反，有些企业劳动关系矛盾不大，却发生群体性事件，把矛盾激化了。这说明如果不建立这种机制，就很难有社会政治的稳定，也很容易被国内外敌对势力所利用。

为什么资本主义国家现在罢工少了？有很多原因，原因之一就是资本主义学习了社会主义国家的做法，形成了调整劳资关系的机制，把矛盾在爆发之前处理了。我这次与张俊九同志到德国去考察，了解他们的共决制。从他们角度来说，这个制度主要就是调和阶级矛盾，与我们的出发点根本不一样，但他们处理劳资关系的方法、机制不是没有可以参照的。我国有些企业有些事情不该发生的发生了，原因固然很多，其中就有企业没有建立党组织和工会组织这个原因。当然，如果有党组织和工会组织而没有协调劳动关系的机制也不行。无论从发展经济还是从维护社会稳定的角度来看，都有必要建立这种机制。

我讲过多次，资本主义国家和社会主义国家都有工会，工会都有共性，就是都是社会经济矛盾、主要是劳动关系矛盾的产物，工会不维护职工合法权益，就没有存在的必要。我们要承认，我国企业的劳动关系是有矛盾的，但我们与资本主义国家不同的是，我们的劳动关系矛盾是根本利益一致前提下的矛盾，所以工会维护职工合法权益，要在维护全国人民总体利益的同时，更好地维护职工的具体利益。这是一个不同。其次，我们工会不仅维护职工的经济利益，而且要维护职工的民主权利和精神文化需求。这是第二点不同。第三点不同，资本主义国家工会是为维护而维护，我们是通过维护，保护、调动和发挥职工的积极性、创造性，并把这种积极性和创造性通过劳动竞赛等多种形式，组织引导到促进经济发展和社会进步上来。总之，我们的领导同志要明确，组建工会是当务之急，但不是为组建而组建，而是为了建立调整劳动关系的机制。

进一步加快新建企业工会组建步伐*

（2000 年 11 月 12 日）

我们这次会议，以邓小平理论和党的基本路线为指导，认真学习贯彻党的十五届五中全会精神，按照“三个代表”的要求，围绕如何进一步加快新建企业工会组建步伐，最大限度地把广大职工组织到工会中来，充分发挥工人阶级和工会组织在实现“十五”计划中的作用等问题，进行了深入的交流和研讨，对下一步的工作进行了部署。浙江省委、宁波市总等许多单位介绍了很好的经验，我们还参观了宁波中华纸业有限公司等企业，中组部、国家经贸委和全总的领导同志也讲了很好的意见，会议圆满完成了预定的各项任务。下面，我围绕会议主题，讲几点意见。

一

不久前召开的党的十五届五中全会，是在我国即将进入全面建设小康社会并加快推进社会主义现代化的新的发展阶段召开的一次极为重要的会议。会议审议通过的《中共中央

---

* 这是尉健行同志在全国新建企业工会组建工作会议上的讲话。

关于制定国民经济和社会发展第十个五年计划的建议》和江泽民同志在会议上发表的重要讲话，以邓小平理论和党的基本路线为指导，深入贯彻党的十五大精神，认真总结十一届三中全会以来我国改革开放和现代化建设的经验，全面审视世纪之交国际政治、经济、科技发展带来的机遇和挑战，对我国新世纪初的发展作出了重大部署，提出了“十五”期间我国经济和社会发展的奋斗目标、指导方针和重要任务，回答了在改革开放和现代化建设新阶段我们面临的一系列重大的战略性、宏观性、政策性问题，强调必须以发展为主题，以结构调整为主线，以改革开放和科技进步为动力，以提高人民生活水平为根本出发点，全面推进经济发展和社会进步。中央的建议和江泽民同志的重要讲话，充分反映了包括工人阶级在内的全国各族人民的根本利益和共同愿望，是指导我们各项工作的行动纲领。我们一定要认真学习贯彻党的十五届五中全会精神，把思想统一到全会精神上来，把力量凝聚到实现“十五”计划上来，为建设富强民主文明的社会主义现代化国家而努力奋斗。

今后5到10年是我国经济和社会发展的重要时期，是进行经济结构战略性调整的重要时期，也是完善社会主义市场经济体制和扩大对外开放的重要时期。这个时期发展得怎么样，对于我国新世纪的发展至关重要。五中全会强调指出，实现“十五”计划，夺取建设有中国特色社会主义事业的新胜利，关键在党，要按照“三个代表”的要求，全面加强党的建设。江泽民同志明确指出：“我们开展的各项工作，都要贯彻落实‘三个代表'要求，看看我们所采取的措施、所做的工作，是不是符合'三个代表'要求，符合的就毫不动摇地坚持，不符合的就勇于实事求是地纠正。"①"三个代表"的重要思想深刻揭示了在建设有中国特色社会主义的整个历史进程中，我们党为什么要始终不渝地全心全意依靠工人阶级，为什么要始终把实现、维护、发展最广大人民群众的利益作为我们最大最重要的政治等一系列重大问题。实践"三个代表"的重要思想与中国工人阶级和工会的历史使命之间有着紧密的内在联系。

中国共产党是工人阶级的先锋队，中国工人阶级是先进生产力和生产关系的代表，是党的阶级基础。这个阶级基础决定了我们党的性质，决定了我们党是中国先进生产力发展要求的代表。历史已经证明，在中国的革命、建设和改革中，工人阶级作出了不可磨灭的重大贡献。据统计，新中国成立50多年来，工人阶级创造的GDP占全国的比重，从1952年的26.2%上升到1978年的57.3%，直至1999年的72.1%，就充分说明了这一点。在发展社会主义市场经济的新形势下，对谁是中国先进生产力的代表，社会上有各种各样的议论。有人说，现在形势变了，发展生产力不靠工人了，工人只是体力劳动者，代表不了先进生产力；也有人说，代表先进生产力的是知识分子和企业经营管理者。这些说法是片面的，有的甚至是错误的。我们必须充分认识到，知识分子在发展生产力中起着重要作用，但任何高新技术要转化成现实生产力，还

① 《江泽民文选》第三卷第129页，人民出版社2006年8月第1版。

必须依靠广大工人群众的创造性劳动，而且知识分子本身就是工人阶级的组成部分。不能把依靠和发挥知识分子的作用与依靠和发挥广大工人群众的作用割裂开来、对立起来。我们应该重视企业经营管理者，他们在发展生产力中同样起着重要的作用。公有制企业的经营管理者也是工人阶级的成员，我们也不能把重视发挥他们的作用与重视发挥广大工人群众的作用割裂开来、对立起来。在社会主义中国，工人阶级是统一的整体。那种片面强调企业经营管理者的作用，忽视广大工人群众的作用，或者认为工人阶级仅仅指的是工人群众，不包括知识分子和公有制企业的经营管理者，都是与我们国家的性质和客观实际相悖的。推动生产力的发展必须充分发挥工人阶级和广大人民群众的作用，重视发挥私营企业主的作用，但这与我们党所依靠的阶级基础是两回事，与谁是中国先进生产力的代表也是两回事。正如江泽民同志深刻指出的，我们党所领导的改革和社会主义现代化建设的全部活动与整个历史进程，都必须全心全意地依靠工人阶级，这在任何时候、任何情况下都不能动摇。

我们党要成为中国先进文化前进方向的代表，其实质是创造和推进建设有中国特色社会主义的文化，使社会主义物质文明和精神文明协调发展，推动社会全面进步。建设有中国特色社会主义文化同建设社会主义精神文明是一致的。新中国成立 50 多年特别是改革开放 20 多年的实践充分证明，工人阶级不仅在经济建设中奋力拼搏，是社会主义物质文明建设的主力军，而且在创造和传播先进文化中大胆开拓，也是社会主义精神文明建设的主力军。工人阶级的崇高思想和模范行动,始终昭示着我们这个时代前进的方向。为了更好地发挥工人阶级在推进社会主义精神文明建设中的主力军作用,必须坚持用马克思列宁主义、毛泽东思想和邓小平理论武装广大职工,不断提高他们的思想道德和科学文化技术素质,努力造就宏大的"四有"职工队伍,坚持用工人阶级的先进思想影响和带动整个社会不断前进。

我们党之所以能够成为中国最广大人民群众根本利益的代表,就是因为党把全心全意为人民服务作为自己的唯一宗旨。我们党没有自己的私利,搞革命、搞建设、搞改革,都是为了领导工人阶级和广大人民群众当家作主,进一步解放和发展生产力,使工人阶级和广大人民群众过上幸福生活。江泽民同志一再强调:"必须把实现和维护最广大人民群众的利益作为改革和建设的根本出发点。"①"在任何时候任何情况下,党的一切工作和方针政策,都要以是否符合最广大人民群众的利益为最高衡量标准。这是我们观察和处理问题的一个根本原则。"②中国工会是党领导的工人阶级群众组织,是党联系职工群众的桥梁和纽带,是国家政权的重要社会支柱,是职工合法权益的代表者和维护者。工会必须从自身的性质和特点出发,按照江泽民同志"三个代表"的要求,坚定不移地推动党的全心全意依靠工人阶级根本指导方针的贯彻落实,进一步突出和履行维护职能,努力实现工会重点工作的突破和自

① 《江泽民文选》第二卷第 261 页,人民出版社 2006 年 8 月第 1 版。
② 《江泽民文选》第二卷第 262 页,人民出版社 2006 年 8 月第 1 版。

身改革与建设的加强，切实维护职工的经济利益，努力保障职工的民主权利，不断满足职工的精神文化需求，保护好、调动好、发挥好广大职工的积极性，并把这种积极性通过实施经济技术创新工程、开展劳动竞赛等多种形式，组织和引导到完成党的十五届五中全会提出的各项目标任务上来。

要更好地发挥工会组织的作用，就必须首先把广大职工组织到工会中来。改革开放以来，随着我国经济的发展，特别是国有经济布局的战略性调整、国有企业的战略性改组和非公有制经济的迅速发展，新建企业越来越多，职工队伍不断发展壮大。最大限度地把广大职工组织到工会中来，最大限度地维护广大职工的合法权益，最大限度地调动和发挥广大职工的积极性，是摆在我们面前艰巨而紧迫的任务。江泽民同志最近指出："各级党委特别是主要领导同志的思想认识要跟上客观形势的发展，抓紧在非公有制经济组织中开展党的工作，加强党的建设。这是我们党确立和巩固社会主义初级阶段基本经济制度、引导非公有制经济健康发展的需要，也是加强党同在非公有制企业劳动的广大职工群众的联系、巩固党在新形势下执政的阶级基础和群众基础的需要。"①这既是对加强党的建设提出的要求，也是对加强工会建设提出的要求。加快新建企业工会的组建步伐，最大限度地把广大职工组织到工会中来，不仅关系到工会组织的健全、职工群众合法权益的维护和积极性的调动与发挥，更关系到党的群众基础、阶级基础和执政地位的

① 《江泽民文选》第三卷第 20—21 页，人民出版社 2006 年 8 月第 1 版。

巩固。对于这样一个重大而严肃的政治问题,各级党政领导同志和工会组织务必要有清醒而深刻的认识。

二

适应客观形势的发展,全总十三届二次执委会议明确作出实现工会工作"五突破一加强"的工作部署,今年召开的全总十三届五次主席团(扩大)会议,又紧紧抓住学习贯彻江泽民同志"三个代表"重要思想的难得机遇,进一步提出把新建企业工会组建工作作为"五突破一加强"重中之重的工作来抓。在各级党委的领导、行政的支持和工会的努力下,这项工作取得了积极进展。会议介绍的经验和不少地方的发展充分说明了这一点。这些成功的经验和有效的做法,值得认真总结和推广。为什么这些地方和单位能取得积极的进展,究其原因概括起来主要有:在思想认识上,各级党组织高度重视,认真解决各种模糊和错误认识,把思想统一到中央的精神上来,从讲政治、讲大局的高度认识和把握新建企业工会组建工作的重要性、紧迫性,主要领导同志亲自抓,把新建企业工会组建工作与加强党的建设和推动改革、促进发展、维护稳定紧密结合起来,坚持以党建带工建,统一部署、要求、检查和考核。不少地方成立了由党委领导同志参加的新建企业工会组建工作领导小组,形成了党委领导、政府支持、工会运作、各方配合的工作格局。党委的重视支持是新建企业工会组建工作取得突破的根本保证,是值得总结推广的最重要、最关键的经验。在组织体制上,注意集中力量,形成合力,重视加强乡镇、街道和开发区、工业区乃至行政村工会组织的建立和干部的配备，着力突破这个薄弱环节，形成新建企业工会工作的领导体制和组织网络。乡镇、街道一级工会组织的建立和工作的开展，是实现新建企业工会组建工作突破的组织保证。在工作路数上，既研究制定长远的规划，又明确提出阶段性目标，分步实施；既重视抓面上的工作，又注意分类指导，突破重点和难点，打开工作局面；坚持从实际出发，采用灵活多样的方式，着眼于最大限度地把广大职工组织起来。在工作作风上，重视调查研究，敢于正视存在的问题，不掩盖、不回避矛盾，及时解决工作中遇到的各种困难和问题，扎扎实实地开展工作。这些宝贵的经验和做法，需要我们在今后的工作中继续坚持和发扬光大。

经过大家的共同努力，新建企业工会组建工作已经取得了积极进展。但是，面对新的形势任务，我们必须清醒地看到，最大限度地把新建企业的广大职工组织到工会中来，任务还非常艰巨，我们的工作远远落后于形势发展的要求，新建企业工会组建率低、职工入会率低的状况没有根本改变，问题依然严峻而尖锐地摆在我们面前。我们召开这次会议，中央同意请各省、自治区和直辖市党委的分管领导同志出席，这么多单位在会议上介绍经验，主要目的就是请各级党委一定要把这项工作作为加强党的建设、推动经济发展和社会进步、维护社会政治稳定的重要任务来抓，切实摆上党委工作的重要议事日程，认真研究并采取有效措施，努力把新建企业的广大职工组织到工会中来。

三

实现新建企业工会组建工作的突破,必须首先解决好认识问题特别是各级领导同志的认识问题。这项工作不少地方之所以还抓不上去,有各种各样的原因,但关键在领导,领导的关键问题又是认识跟不上去。应该说,全总十三届五次主席团(扩大)会议之后,工会内外对这项工作的认识有了一定的提高,但问题依然存在,远未得到很好的解决。

改革开放以来,随着我国经济的发展,劳动力就业结构发生了历史性变化。据统计,我国 7 亿劳动力中已有 3.5 亿人在从事第二、第三产业,其中以工资收入为主要生活来源的职工已达 2 亿多人。现在的问题是,一方面,随着结构调整和国有、集体企业的改制,不少工会组织被撤并,工会会员大量流失;另一方面,众多新建企业工会组建工作跟不上,尚有大量职工没有加入到工会组织中来。连工会组织都没有,谈什么工会维护职工的合法权益,谈什么工会发挥党联系职工群众的桥梁纽带作用和国家政权的重要社会支柱作用?!在大量既无党组织又无工会组织的新建企业中,劳动关系矛盾突出,侵犯职工合法权益的现象和重大伤亡事故屡屡发生。工会是社会经济矛盾、具体讲是劳动关系矛盾的产物,是企业劳动关系中职工一方的代表。实践充分证明,企业没有工会组织,就无法形成健全有效的劳动关系调整机制。一旦发生劳动关系矛盾,开始可能并不严重,但就是因为没有这种机制,矛盾难以化解在基层,解决在萌芽状态,最后造成群体性事件的发生。这种状况若不及时扭转，不仅于改革、发展、稳定的大局极为不利，而且也会给国内外敌对势力“分化”我国工人阶级队伍以可乘之机。国内外敌对势力与我们争夺群众，工会就是他们妄图打开的一个缺口，其目的就是要在中华全国总工会之外再成立一个什么“独立工会”，企图“西化”、“分化”我们，推翻中国共产党的领导，颠覆社会主义制度。

为什么如此突出的问题、如此严峻的形势、如此紧迫的任务，我们有些领导同志就是认识上不去呢？说到底是个政治敏感性问题、大局意识问题和对职工群众的阶级感情问题。改革开放以来，大量从农村到城镇特别是到新建企业来工作的劳动者，远离家乡，举目无亲，既没有健全的合同保障，又没有工会组织的保护，遇到困难和出现问题，比如权利被侵犯、人格遭侮辱、人身受伤害等，为了保住饭碗，只好忍气吞声，更不知道去找谁帮助解决。大家设身处地想一想，我们每个人都有子女，都有兄弟姐妹，如果也碰到这种事情，我们作何感想？当前，侵犯职工合法权益的问题屡屡发生，有的随意扣发、停发工人工资，有的任意打骂、侮辱工人，有的劳动安全条件很差，职业危害严重，重大伤亡事故频频发生，已经到了令人无法容忍的地步。对这样一些问题，谁应该为他们说话？当然有我们的党组织，有我们的政府和行政组织，但很重要的是党领导的工会有责任替他们说话，帮他们讨个公道，为他们作主。现在的问题是，有的领导干部把组建工会与吸引投资对立起来，怕组建工会吓跑投资者，看不到建立工会对调整劳动关系、维护职工队伍和社会政治的稳定、推动企业发展的重要作用。在他们看来，只要能把投资者留住，只要不得罪老板，只要能增加地方财政收入，只要当地经济一时发展了，什么加强精神文明建设、民主法制建设，什么全心全意依靠工人阶级、巩固党的阶级基础和执政地位，什么全心全意为人民服务、为人民谋利益，等等，都可以抛到脑后。连起码的阶级感情都没有，何谈维护广大职工的合法权益，何谈巩固党的阶级基础。我们一定要从讲政治的高度，充分认识新建企业工会组建工作的重要性和紧迫性。我们务必深刻认识到，最大限度地把广大职工组织到工会中来，是贯彻落实“三个代表”重要思想的迫切要求，它关系到密切党与职工群众的联系，巩固党的阶级基础和执政地位；关系到贯彻落实党的全心全意依靠工人阶级的根本指导方针，保护、调动和发挥广大职工投身改革和建设的积极性、创造性，顺利实施第三步战略部署；关系到粉碎国内外敌对势力“西化”、“分化”我们的图谋，维护工人阶级队伍的团结统一、社会政治的稳定和国家的长治久安。各级领导尤其是党委的主要领导同志，一定要深入了解和掌握本地区、本单位新建企业工会组建工作中存在的各种思想认识，自觉地抓好认识问题。与此同时，要开展深入扎实的宣传教育和组织发动工作，营造良好的建会氛围，让更多的人特别是新建企业的经营管理者了解组建工会的目的和意义，知法、懂法、守法，使依法建会成为企业和有关各方的共识。

实现新建企业工会组建工作的突破，必须形成党委统一领导、各方配合的工作格局。各地的经验充分说明，这是实现新建企业工会组建工作突破的根本保证。各级党委务必把这项工作作为党委工作的重要组成部分，加强领导，统一研究和部署，建立和完善新建企业工会组建工作领导机构。要把工会组建率、职工入会率纳入党的工作考核目标，落实责任，严格检查，及时研究解决新建企业工会组建工作中遇到的各种困难和问题，坚持做到以党建带工建，通过工建为党建创造条件，打下群众基础。与此同时，要高度重视国有、集体企业改制过程中的工会组织建设，坚持企业改制到哪里，工会组织就要重建、整顿和巩固到哪里，坚决制止和纠正把工会组织的机构撤销、合并或归属于其他工作部门的现象。各级政府及有关部门要充分认识工会组织的作用，自觉地把推动新建企业组建工会、建立稳定协调的劳动关系和维护职工队伍的团结统一，作为推进改革、促进发展、维护稳定的重要任务来抓，积极研究、制定与实施有关法律法规和政策，加强督促检查，大力支持工会组建工作。各级工会领导机关要进一步加强源头参与，从法律法规和政策的制定上来推动新建企业工会组建工作的开展，使之进一步纳入法制化轨道。要积极会同同级人大、政协及政府有关部门，对新建企业工会组建情况进行执法监督检查，督促企业依法建立工会组织和支持工会开展工作。

实现新建企业工会组建工作的突破，必须有明确的工作目标和要求。根据当前的形势，全总提出到 2002 年年底，全国新建企业工会组织数要达到 100 万家，比 1999 年年底增加 75 万家；新建企业工会会员数要达到 3600 万人，比 1999 年年底增加 2300 万人，加上必须重新组织起来的流失会员数，届时全国将有工会会员1.3亿人，占职工总数的65%左右。要实现这一目标，根据各地的实践经验和形势任务的要求，一是必须确立哪里有职工哪里就要建立工会组织的组建原则。这是一个依法治会的原则问题。我国的法律明确规定，在中国境内的企业、事业单位、机关中，以工资收入为主要生活来源的体力劳动者和脑力劳动者，不分民族、种族、性别、职业、宗教信仰、教育程度，都有依法参加和组织工会的权利。我们必须明确，不论企业所有制性质如何、企业规模大小、职工人数多少，只要开业投产就要依法建立工会组织；不管职工在企业工作的时间长短，都有加入工会的资格，都应及时把他们吸收到工会中来。不同企业的建会方式可以探索，不同就业形式的职工入会办法可以研究，但所有企业都必须依法组建工会，所有职工参加和组织工会的权利都必须依法得到尊重和落实。二是必须建立向乡镇、街道一级延伸的工会组织领导体制。随着新建企业的迅速发展，许多地方的县级工会工作任务越来越重，难以适应加快新建企业工会组建步伐和开展工作的要求。新建企业大都集中在经济技术开发区、工业区、高新技术园区、乡镇、街道和经济发达地方的行政村。这一级工会组织不首先建立起来，新建企业工会组建工作的突破就很难实现。新建企业工会工作不能简单地照搬国有企业工会工作的方式方法，企业工会自身一时难以解决的矛盾和问题，有些可以由上一级工会来处理。乡镇、街道一级工会具有地方工会和基层工会的双重职能，当前要更多地发挥基层工会的职能作用。各级党委和政府要高度重视并切实帮助解决乡镇、街道工会的编制和干部配备方面的实际问题，下大气力首先把这一级工会建立起来。当前，不少城市重视加强对社区内两个文明建设的管理和服务，我们要同步探索社区工会组织的建设和工作的开展。三是必须形成工会上下共同抓组建的工作网络。加快新建企业工会组建步伐，不是工会哪个部门的工作，而是工会上下的共同任务。各级地方工会的主要领导同志要亲自抓，实行一把手负责制，要有专门的工作机构，调配和充实精干的力量。同时，要进一步加强调查研究，摸清职工和工会组织的底数，制定组建规划，确定工作重点，建立明确的目标责任制，加强分类指导和督促检查，一级抓一级，一级对一级负责，形成工会上下和各部门之间的工作合力，共同完成新建企业工会组建任务。四是必须坚持边组建、边巩固、边规范、边发挥作用的工作要求。新建企业情况千差万别，推进这项工作必须因地、因企制宜，实行组建方式的灵活多样，入会手续的简便易行，只要是在法律和政策允许的范围之内，一切要服从最大限度地把广大职工组织起来的迫切需要。同时，要重视已建工会作用的发挥。当前，要按照《中华人民共和国劳动法》的规定，首先确保职工基本的劳动权利和人身权利不受侵犯。要针对严重侵犯职工合法权益的现象和职工群众最关心、最需要解决的问题，积极主动地开展工作，努力为职工群众办一些看得见、摸得着的实事、好事，显示工会组织存在的价值，逐步增强凝聚力和吸引力，以不断巩固和发展工会组建工作的成果。对工作基础较好的单位，要逐步推动和指导他们重点推行协商谈判、集体合同制度和多种形式的职工民主参与制度，建立健全劳动关系调整机制。

实现新建企业工会组建工作的突破，必须发扬真抓实干的工作作风。江泽民同志最近强调指出："党的作风问题，也是党的形象问题。作风不正，形象好不了，必然脱离群众、脱离实际。切不可小看了作风问题。"①现在有些干部习惯于做表面文章，喊口号。"工作部署了，没有抓到底，口号提出来了，没有落实，结果流于形式，浮于表面，没有实效。"②江泽民同志指出的作风问题，有很强的针对性和普遍性。新建企业工会组建是十分复杂、艰巨、具体、实在的工作，没有认真扎实的工作作风，无论如何是做不好的。一些地方组建工作之所以滞后，一个重要原因就是作风不扎实，工作只停留在一般性的部署和要求上，把工会组建工作简单当成上级工会布置的一项任务，敷衍应付。实现新建企业工会组建工作的突破，从认识问题的解决到领导工作的加强，从目标任务的确定到实际工作的开展，都需要各级领导干部真抓实干，大力发扬脚踏实地、埋头苦干的工作作风，时时处处坚持重实际、说实话、务实事、求实效。

同志们，这次会议是一次非常重要的会议。我们相信，通过这次会议，全国新建企业工会组建工作一定会跃上一个新台阶。让我们更加紧密地团结在以江泽民同志为核心的党中央周围，高举邓小平理论伟大旗帜，认真学习贯彻党的十五届五中全会精神，按照"三个代表"重要思想的要求，同心协力，

① 《江泽民文选》第三卷第 130 页，人民出版社 2006 年 8 月第 1 版。

② 《江泽民文选》第三卷第 133 页，人民出版社 2006 年 8 月第 1 版。

扎实工作，努力开创新建企业工会组建工作的新局面，组织和动员全国各族职工，为胜利实现“十五”计划作出新的更大的贡献！

既要突出重点，又要狠抓落实*

（2000年11月21日至30日）

“提纲”这个路数可以，总的要讲点思想，讲点路数。

突出维护与工会其他职能不排斥，但也不是并列的。不然没有重点，工会与其他部门没有区别。有些道理讲过的还要讲。有的人只要看下去就理解了，就怕有人没有好好理解、又想不通。

“五突破一加强”每年应有不同的侧重、进展和落实的要求。它是一个总的提法。

工会服从服务于大局，从突出维护入手，也不是就只讲维护，这是文章结构问题。

“五突破一加强”不要分开讲，都是相互联系的。维护中也有思想政治工作，比如怎么样处理好几种关系，这中间当然也有思想政治工作。比如他过分强调维护自己的当前利益、具体利益也不行，那就需要做思想政治工作。调动职工积极性中也有思想政治工作。思想政治工作不是孤立的东西，而是结合重点工作渗透到工会各项工作中去的。从这个意义上讲，全过程都要做思想政治工作。维护本身不是工会简单的

---

* 这是尉健行同志在讨论全总十三届三次执委会讲话稿时3次谈话的要点。

业务性工作，平等协商、签订集体合同中也有思想政治工作，认识总是不一样，需要教育、提高职工素质的问题等，不要把这些工作并列起来。要把它们看成一起，为重点工作服务。

工会自身改革和建设包括改革体制、机构等，也包括建设“职工之家”。

职工董事、监事问题，不要理解为职工个人的问题，而是职工的代表、职代会选举的代表。职工代表在董事会、监事会上不是信口开河。他有一种责任，传递职代会的意见。有一个职工代表提高素质和纪律要求问题。就像一些资本主义国家议会的党团组织一样，不允许党员发表个人意见，只能发表党团意见。同样的，职工董事、监事不是个人问题，不能发表个人意见。

宁波会议效果不错，中央也重视，一些省委副书记参加，工作推动起来了。

作为第一稿，就写到这个程度，不容易啦，我看问题都涉及到了。现在是结构怎么组织，使之更加精练、简洁。

第一个问题，是讲大的方面，讲“三个代表”，讲五中全会精神，讲认清形势、明确任务、统一思想等，都是对的。讲学习贯彻五中全会精神，又联系到工会工作总体思路，讲与“三个代表”的要求是一致的，放在这里讲也好。这主要是涉及这几年来工会干得是不是符合“三个代表”和五中全会精神的要求，放在一起回答都很好。这里有一个问题不好处理，放到后面了，今天向中央书记处汇报时也是这样的，就是对五中全会精神，不光是思想统一的问题，也还有一个贯彻落实的问题，主要是动员全国各族职工发挥主力军作用，为完成“十五”计划作贡献。现在这部分内容放在第二部分了，这也是一个写法。放到后面又有一点不太顺。还有一个办法是在第一部分讲认清形势，统一认识，认清工会的性质和地位，然后是组织动员广大职工为完成五中全会提出的目标任务建功立业。这个问题怎么处理可以研究。第一部分讲认识统一了，得落到哪儿，现在缺少落到哪儿。是先讲最终落到哪还是先讲原因，两种写法。一个就是现在这种写法放到后面，一个就是先讲保护积极性，完成任务，然后再回过头来讲，这种积极性怎么调动起来？关键是要贯彻全心全意依靠工人阶级方针，进一步突出维护职能，工会工作“五突破一加强”等。因为有些人对工会不大了解，了解的会觉得讲得都对，不大了解的会认为讲了半天都讲工会工作，对“十五”目标任务怎么办，要不要完成，难道就只是维护？我倾向于，在第一部分都把它搞掉，以后不用再讲群众性经济技术创新工程等。这是一个结构上的问题。

提法上的问题，“这个总体思路的要害在于，打破工会四项社会职能并列的格局”，这个话也对。但这么讲太厉害了，等于把原来的四项社会职能批判了一下，“打破了”也就是“否定了”。要正面讲，不一定反面去讲。讲“这个总体思路的要害是突出了维护职能，揭示了工会是社会经济矛盾、具体讲是劳动关系矛盾的产物，其基本问题是维护职工的合法权益，阐明了维护是工会的基本职责”等。

讲"'五突破一加强'是从工会的性质和特点出发，实践'三个代表'的具体体现"，太高了，只能说是符合"三个代表"的要求，不然有人会认为你们早就在贯彻"三个代表"了，讲是符合"三个代表"的要求就行了。

还有，"职工群众并不满意"。这个"不满意"在讲反腐败时我经常提，在工会内部讲"不满意"大家不一定能够接受。还是讲与中央的要求、职工群众的要求还有较大差距。我在纪委内部讲过，有的纪委书记不大接受，认为工作取得了成绩，不要检讨。在工会内部可能更难以被接受。

"提出一个好的工作思路和工作框架不易，实践一个好的工作思路和工作框架更难"，这话也没有错，但这样相对都把总体思路说得高了一些，不要这么讲。就讲它是符合实际的，但未能很好地落实。不要过多地形容总体思路"好"什么的。

第二部分，题目很好，我原来也这么考虑过。一个是"突出重点"，一个是"狠抓落实"，很好。

现在我离开稿子讲。这里面要回答什么问题？中心思想就是，贯彻全心全意依靠工人阶级方针，进一步突出维护职能，狠抓"五突破一加强"工作的落实。当前来讲，贯彻全心全意依靠工人阶级方针就是要抓"五突破一加强"。去年就是这么部署工作的，大家也是按照这个路子干的，证明是切合实际的。现在看来，这样一个要求，不是一年能完成的。这些问题，现在稿子中内容都有了，思路、写法上需要研究一下。首先，肯定去年提出的"五突破一加强"是合乎实际的，大家也做了一些工作，但"五突破一加强"不是一年的工作，而是长期的任务。其次，在不同时期，“五突破一加强”应该有不同的侧重点，要突出重点，不是泛泛地推着干，年年如此。每年应该有自己的特点和重点，每年都应该有抓落实的要害。这里要讲两个观点：一是实现“五突破一加强”是长期的，明年还要抓，明年搞与今年搞不一样，明年有明年的要求，应该根据明年的情况突出重点，来更好地落实“五突破一加强”；二是要回答“五突破一加强”明年怎么抓，重点是什么，怎么落实。这些内容后面都有。

第一个问题，关于明年的重点工作，我赞成第一个就是抓新建企业工会组建。“第一是必须把加快新建企业工会组建步伐，尽快地把广大职工组织到工会中来，作为重中之重的任务来抓”，题目也是很好的。这里要讲一下，为什么要把它作为重中之重来抓，要讲得适当。中间一段话，“因为它是工会开展一切工作的前提和组织保证，这项工作不首先突破，其他工作的突破就无从谈起”，笼统讲可以，但在这里讲不合适。因为工会会员不到 1 亿人，还有 1 亿多职工未组织起来。对未组织起来的职工来讲，关键是抓组建，工会组织都没有，一切都无从谈起，维护也无从谈起。从这个方面讲，是开展一切工作的前提，但对整个工会工作领域来讲，不能说工会组建是开展一切工作的前提。因为国有、集体企业还有工会，它的重点就不是组建问题。因此这句话不要放在全局角度来讲。对大批新建企业来讲，组建是重要问题，是工会开展其他工作的前提和组织保证。对新建企业来讲，要讲它的重要性。然后呢？新建企业工会组建工作会议刚刚开完。会议开得还可以，反映还可以吧？我念起来能够自圆其说，能说服自己，不感到是念一篇文章，感到还是有道理的。因此，把会议的要点还要强调一下，但是不展开了。要害在哪里？那天我在与省委副书记座谈时讲了，首先还是要取得各级党委的领导和重视。我当时提了这个要求，要把工会组建作为党建的一个重要组成部分来认识、来抓，对党委我这么要求。第一是要加强党的领导。第二是要有创新精神。在新建企业工会的组织体制、运行机制、工作机构、活动方式、职能等方面都要有创新精神，绝不能照搬国有企业那一套做法。既要创新又要依法办事，不是创新没有边。比如，不能工会经费不交，暂时不交可以，但是2%可不能随便调整；老板娘不能当工会主席，等等。当然这里不展开。要害是工会组织领导体制要创新，把工会组织领导体制延伸到乡镇、街道一级。这是最关键的组织保障。没有这个，新建企业工会就难以组建。第三是工会组建不是目的，目的是为了建立一种调整劳动关系的机制，因此要从组建着手，着眼于建立健全新建企业调整劳动关系的机制。要注意这个问题。不然一下子就都建立起来了，搞得半生不熟，然后用3年时间整顿。村务公开也是一下子都可以建起来，但建起来没有多大用。所以，工会又要组建又要建立机制，真正达到65%，就相当不简单了。第一项工作是组建，它是新建企业工会工作的关键，但不是所有企业工会工作的关键。

第二个问题，与现在顺序、结构不大一样。要把维护困难职工群体合法权益放到一个什么地位来抓。对老企业首先是要解决这个问题。新建企业还谈不上这个问题。这里需要讲几个问题：一是充分肯定这几年来送温暖工程，重点抓特困职工，取得了成绩和经验，效果是很好的，这个工作还要继续抓。但现在看，我们有条件也有必要扩大我们的视野与工作对象，要放到困难职工群体上来。这几个困难职工群体概括得挺好，今天向中央的汇报也用了。然后讲为什么要放到这些群体上来。因为这些问题最尖锐、最现实，而且最影响积极性，最影响稳定。当然要解决这些人的问题，不是工会一家能够解决的，但是工会要责无旁贷，要对这些困难职工群体的问题，掌握情况，及时向党政领导反映，一起来好好解决，防止矛盾激化，造成不应有的影响和损失，也就是我们经常讲的把矛盾解决在萌芽状态。这个问题要多讲，就讲为什么不能限于特困职工。要考核我们维护效果怎么样，就要看这部分人的问题解决得怎么样。你总不能说这个地方经常、大量地发生群体性事件，你能够说我们的维护工作就做好了？这应该说是一个很重要的标准。过去我们的标准是什么，是不能让特困职工因生活过不下去而发生非正常死亡和不幸事件，来考核工会的工作。现在就要看你这个地区、行业，这方面突发性事件怎么样。把这种道理、关系讲一讲。这是第二个工作。对没有工会组织的，第一位的工作是组建，对已建立起工会的企业，首先是要维护好这些困难职工群体的利益，把它作为考核的一个指标。

第三个问题，要解决困难职工群体问题，关键是抓好两个环节、两个机制，一个就是抓好平等协商、集体合同，一个就是抓好职工代表大会。这两个都在抓，要点一下，“五突破”关键要抓这两个。把职工董事、监事问题放在这两个里面来讲，都是与职工代表大会有机联系的，厂务公开，民主评议企业领导干部，都点一下。这些工作不开展就没有抓头。这两个机制也是相互联系的。没有职代会制度，平等协商、集体合同很难全面展开，反过来，没有平等协商、集体合同，职代会也是空的。这里包括平等协商、集体合同，要突出抓工资集体协商问题。今天公布了劳动和社会保障部发布的《工资集体协商试行办法》，写得不错，工会参加了吗？这就更明确了，集体合同要突出工资问题，当然有些企业要害不是这个，但首先得解决这个问题。可以把《办法》中一些提法用一下。第三个问题就是讲抓这两个手段，“五突破一加强”中工会组建、送温暖工程，在第一、第二个问题中已经讲了，“五突破”中剩下三条合起来讲。而且讲职工董事、监事，要强调关键是发挥职代会的作用，要经过职代会选举，必须反映职工的要求和意见，必须向职代会述职和报告，等等，把厂务公开都写到职代会里面去。当然，这看起来是老的，但把集体合同和职代会都点了一下，又放进了新的内容，把这个内在的联系又讲了，比过去的“五突破一加强”的提法又更充实了。

第四个问题，就是维护困难职工利益要抓好这两个机制，关键是要抓落实。落实的要害是建立一种强化监督制约机制。现在的稿子里面都有了，讲话要把问题一步步地深入一下。落实是要建立健全一种机制，要依法发挥群众监督的作用。不然职代会也开了，职工也提了意见，如果仅当成一种社会舆论，可以听可以不听，可以干可以不干，职代会讨论也行，不讨论也照样干，这样不行。要讲抓落实的要害。要把在政协会议上讲的几个观点，捏在一起讲，现在稿子中都有了。

第五个问题，宏观参与。明年要突出领导机关的宏观参与问题，包括参与立法、与政府有关部门的协商、社会保障立法和政策参与、工会法的修改落实等，这些都是明年应该突出抓的。现在这里都讲了。“一加强”里面明年主要就是加强这个。今天上午胡锦涛同志在听取全总党组汇报时，很理解工会宏观参与这个问题，他说工会提出与有关部门协商，劳动部也作不了主，国务院副秘书长也作不了主，准备责成主管工业的副总理来抓。这很好，哪怕一年召集一次会议。所以宏观参与问题要强调。

把“五突破一加强”进一步抓好落实，就讲这五点。这里面都有新意，提法上比过去更深入了一些。就是讲做好这五项工作。

这五项工作也不是全的。下面要讲一段话，还有大量的思想政治工作要跟上去。因为调整劳动关系大量涉及利益问题，新建企业工会组建也涉及企业方好多思想认识问题，实施送温暖工程、宏观参与等都涉及思想问题，需要做很好的思想政治工作。不要讲太多，点出来工会要按照中央思想政治工作会议精神，做好工会的思想政治工作。这是第一点。第二点，不仅强调要维护职工合法权益，还有一个提高职工自身的思想道德和技术业务素质问题，要加强培训。只有这样，职工群众才能更好地参与、更好地监督。这两点要强调一下。

第三个部分，加强工会自身改革和建设。当然严格讲，建设包括前面讲的。要精简一些，提到就行了。首先要强调学习，提高；第二是工会领导机关体制、机构要改革，要适应工作任务的需要；第三是讲作风、方法要改进，要面向基层。不分一、二、三，一段话一段话讲，点一点就行了。

工会其他工作都要围绕中心工作开展，要渗透到中心工作中去。不要离开中心各搞各的，不要认为“五突破一加强”与自己没有关系，都有关系。不抓组建抓什么女职工工作，不搞维护抓什么女职工工作？都要紧紧围绕上面的工作来抓，都要做思想政治工作，提高素质等。写一段，点一点。

在自身建设中，要研究产业工会在新形势下的工作方式、体制、任务、作用。现在感到产业工会压力不太大，日子好过。“五突破一加强”都压到地方工会上了。在第一部分讲群众性经济技术创新工程时，既要讲统一部署，又要提出不同产业的不同要求，应该提出各自方案，给产业工会加一些任务。

维护职工合法权益，如果天天都有群体性事件，还叫什么维护？一个是组建，一个是困难职工群体。实际上是两大领域，新建的主要抓工会组建，已经建立的，就是重点抓困难职工群体。困难职工群体要抓好，关键是抓好两个机制。两个机制要抓好，关键要研究用什么机制来落实，使得真正发挥作用。然后讲“一加强”要害是宏观参与。现在也是好时候。

“五突破一加强”这个口号不要丢。大的方面是两句话，全心全意依靠工人阶级，进一步突出和履行维护职能，办法就是搞好“五突破一加强”。我跟张俊九同志讲，张俊九同志也同意，我们这一届就这样，还能抓什么？抓好这个就不容易了。“五突破一加强”的概括，现在看来还没有什么大的漏项。每个突破中都有各个部门的工作，各个部门的工作都不能离开“五突破一加强”来开展，不能使人觉得自己未被提到“五突破一加强”中去。要提一下，讲几句道理。

这个报告可以，第一稿写成这样不容易，内容不错。结构、层次要调整一下，使人感到这是贯彻“五突破一加强”，但又不是去年讲“五突破一加强”的简单重复。就按照这样一个路数来写。

今天汇报会上，中央书记处的书记们讲得很好，很切合工会工作的实际，抓住了要害。把讲话整理出来，对工会干部是一个很大的鼓舞，大家可以放心大胆地干，抓好落实。

礼拜五我们再碰一下。

第二部分中的第二、第三个问题是相互联系的，但又有不同的侧重。合在一起讲，就是要建立调整劳动关系、维护职工合法权益、防止矛盾激化、维护社会稳定的有效机制。分开写是有不同的侧重和不同的要求。

第三个问题，首先是要讲，就是在企业里面，工会要调节劳动关系，维护职工合法权益，主要是运用两种制度、两种手段。一个是在维护职工经济利益上，就是平等协商和签订集体合同；一个是在维护职工政治权利上，就是职工代表大会。在“五突破一加强”中都有了。“五突破一加强”中的其他问题也纳入了这两个手段。职工董事、职工监事制度也纳入职代会范畴中了，厂务公开、民主评议企业领导干部等都纳入进去。职工代表大会是综合的，不完全是政治权利。也要说它与平等协商和集体合同制度是互相联系的，你中有我，我中有你。

这里，一要强调已建工会的，包括新建企业的工会，工作重点是利用这两个手段、建立两个制度来调整劳动关系，维护职工合法权益。这是一个意思。然后讲与去年有什么不一样的。一个是平等协商和集体合同制度在已建工会的地方，要好好抓一抓，总结已有的经验不断加以推进，明年要作为一个重点摆到议事日程上来。以前是一般号召，没有作为一个重点来抓。因为抓新建企业涉及不到老企业，涉及不到集体合同。明年要摆到议事日程上来突出抓一下。二是贯彻《工资集体协商试行办法》，纳入到平等协商和集体合同，作为一个重要内容。然后看这里还有什么突出的需要强调，如果没有，就不一定展开了。至于说集体合同怎么搞好，怎么健全，就不放到这里讲。这里就讲“五突破一加强”中，平等协商和集体合同制度要作为一个重点来抓，老的提法一带而过。

职工代表大会制度要进一步健全，与去年比有什么新提法。一是职工董事、职工监事的选举要通过职代会，要反映职代会和职工群众的意见，要建立向职代会报告的制度。因为他不是代表个人。这个要概括几句。二是股东会与职代会的关系要讲几句，股东会主要是解决产权关系，职代会是职工行使民主管理权利的机构。这两个是不同范畴的。企业里面职工参与民主管理主要是通过职代会。两个不仅不能代替、不能混淆，而且必须突出职代会。另外，应把厂务公开、民主评议企业领导干部、企业业务招待费使用情况向职代会报告等，也概括讲一句，综合地发挥职代会的作用。

中心意思就是，明年继续搞“五突破一加强”，这两件事要有新的进展，提出一点新的要求，把制度建立起来，讲到这里就行了。制度的效果怎么样，是下面的一个问题。现在讲调整劳动关系机制、群体性事件等，是把第四个问题放第三个问题了。题目也不用现在这个。“建立……机制”，还有健全，讲两个环节好像轻了一些。可改为“维护职工合法权益，要进一步建立健全平等协商和集体合同制度与职工代表大会制度”。开门见山。

“当前，改革进入攻坚阶段，发展处于关键时期，劳动关系矛盾易发和多发。作为劳动关系矛盾产物的工会，越是劳动关系变化急剧，参与调整劳动关系、维护职工合法权益的任务就越是繁重艰巨”，都是老话，没有新意。就讲调节劳动关系，就抓两手，一个是平等协商和集体合同制度，一个是职工代表大会制度。当然，讲计划经济时期劳动关系怎么样也可以，因为我发现也不是所有人都明白这个关系。然后讲经济关系、劳动关系矛盾突出，与计划经济相比变了。在这种情况下怎么样处理好劳动关系问题，就是两手，一个是平等协商和集体合同制度，一个是职工代表大会制度。至于“个人说了算”等，都不要说了。

就是点明从两个方面来抓，每个方面有什么新的内容、新的要求，效果先不讲，首先得有制度。然后在第四个问题，讲有了制度之后怎么取得实效，关键是建立健全一种机制。把这两个问题分开。第三个问题，是讲经济关系、劳动关系复杂，首先抓两个制度，是明年的工作重点和工作路数。对已建工会的企业，就是抓这两手。把两个制度内涵讲一讲。开始也可以讲为什么说劳动关系复杂、突出，怎么办，调整劳动关系手段就是两个。严格地讲，职代会不完全是劳动关系，还有政治方面的，劳动关系主要是劳动权益、劳动标准、劳动条件等方面，职代会已经超越了劳动关系，但也包括劳动关系。可以笼统地提，就讲在已经建立工会的企业，贯彻全心全意依靠工人阶级的方针，调整劳动关系，维护职工合法权益，还要继续抓好两手，都要建立起来。然后对非公有制企业讲几句，强调是在社会主义国家的企业，职工是国家的主人，同样要签订集体合同，都要参与民主管理。当然根据情况不同，可以有所不同，需要进一步摸索。非公有制企业同样需要民主管理、民主监督。有职工持股的，可以建立职工持股会，它与全体股东大会不一样，是讲这个企业职工持股的，但要由工会组织，不要搞两套，不必要再增加机构。这些都是新的提法、新的要求。在第三个问题中，开始讲当前市场经济条件下企业劳动关系矛盾突出复杂，因此必须强化调节劳动关系的手段和机制，搞什么，就是这两个制度，明年要进一步建立健全，总结经验，充实点新的内容、提法，不断提高。

第四个问题，一个提法是“五突破一加强”要求得实效，但这个太大了。讲工会调整劳动关系、维护职工合法权益的机制要力求实效。但这是从工会角度讲的。从另一个角度讲，企业调节劳动关系、维护职工合法权益的工作必须取得实效，关键就是要建立一种有效的机制。就是说，职代会也开了，但走形式，集体合同也签订了，可以执行也可以不执行，最后流于形式，说明我们搞了一套花架子，没有实效。实效看什么，一看职工合法权益是不是得到保障，职工是否满意，这套机制是否有利于企业改革、发展和稳定。如果说什么都搞了，但职工觉得没有意思，企业也觉得是一种负担，对企业的改革、发展和稳定也不起作用。那就不行了。说明"五突破一加强"关键是要有实效，而要防止不起作用这种现象，关键是要建立调整劳动关系、维护职工合法权益的强有力监督机制。

这里包括，一是对已经建立的制度如集体合同、职工代表大会、厂务公开、职工董事监事、民主评议企业领导干部等，首先是干了没有，这个需要监督。二是对承诺的东西兑现了没有。如果干了，签订了集体合同，但是未兑现，工资没有照发，民主评议领导干部评归评，官照升，职工董事、监事没有多大发言权，对职工代表大会有意见的问题也照样办了，这就没有用。要监督两个方面，一是干了没有，二是兑现了没有。这些方面，如果没有一套有效的监督机制，调节劳动关系的一套东西就不起作用。要害是工会发动职工进行群众监督，不能干了就干了，没干就算了，那这样工会、职代会就没有起作用。要把这种东西建立起来，很重要的是建立群众监督机制，群众监督都是法律规定的，实际上是组织职工对法律执行情况的执法监督。这是职工的合法权益，工会有责任组织职工进行群众监督。如果干了工会高兴，不干工会也不管，也不提意见，也不了解，那这个机制是不行的。如果承诺了不兑现，工会也不说话，不提意见，那这个机制还有啥用？这是监督的一方面，也就是监督制约机制，组织职工群众监督调整劳动关系有关制度、规定、合同条件的执行情况，干了没有，兑现了没有，从两个方面来监督，包括职代会闭会期间，应该组织常设的职工代表，对职代会决定的问题，进行日常监督等。就是说要有一套监督机制。同时，要监督一种劳动关系矛盾的调节机制，就是说监督以后，职工和工会也提了意见，没有兑现，对企业破产没有经过职代会讨论是不合法的，也都提出来了，但照样破产了，那怎么办？现在就是上街。为什么这些问题要上街？这些矛盾没有一种机制、一种机构、一种办法来调节。这里就有一个问题，有的劳动关系矛盾、职工个人的问题，应该由企业劳动争议调解委员会来解决。如果这个机构不解决，工会有权出面。企业里面工会与职工跟行政有矛盾，首先党委有责任来调解，加强领导。企业党委调解不了的，这个地区的劳动行政部门的劳动争议仲裁委员会应该来调解，上级工会要参与，上级政府要参与，就是说要有一套机构、机制来调解纠纷。现在没有。现在，要么大家都不吱声，要么大家提意见没有用。怎么办？最后走极端，走出厂外去罢工。现在我们建立调节劳动关系机制，要从两个方面进行，一个是职工群众的合法权益不至于受到侵犯，必须加强监督，干了没有，兑现了没有，应该进行监督，工会有这个责任进行监督。如果不了解、不反映，这个工会有责任。但是发生了矛盾，工会也提出来了，顶牛了，或者被置之不理，必须有相应的调节劳动关系的机构、机制来解决。如果没有这些东西跟上去，非闹事不可。第四个问题就讲这两点。现在要注意这个问题。不然“五突破一加强”都开展了，工会法也修改了，将来集体合同法也通过了，工会65％也组建了，职代会一检查，90％以上都在开了，集体合同85％以上都签订了，厂务公开92％都干了，民主评议干部也都干了，但是一问职工，不起作用，搞形式，不解决什么问题，既不能维护职工的合法权益，也无利于促进企业的改革和发展，该闹事的照样闹事，群体性事件照样发生。这说明“五突破一加强”工作虽然开展了，机制也建立了，但还不行，还需要另一套机制来保障这套调节劳动关系的机制能够实行。现在资本主义国家都有这套办法，德国有共决制、企业管理委员会来处理企业内部各种矛盾，使得工人不罢工。现在我们罢工的数量可能反而比资本主义国家的还要多。资本主义国家法律上允许罢工，但实际罢工越来越少。它总结了几百年的教训，吸取社会主义国家的经验，有一套调和劳资关系矛盾的机制，把矛盾处理在萌芽状态。我们本来是发明人，现在丢了。稳定要有机制来维护，咱们这套机制不足以维护企业的稳定。

第三个问题是说推动工会工作“五突破一加强”，已经建立工会的企业重点是抓两手，要有新含义、新要求。第四个问题是讲虽然已经搞“五突破一加强”，已经建立机制，但关键是要有实效。要有实效，关键要有一套健全的强有力的维护职工合法权益、调节劳动关系的机制。一是干了没有；二是承诺的东西兑现了没有；三是没有兑现承诺，矛盾激化了，有没有调节矛盾的机制；上级怎么办，党委怎么办，上级工会怎么办？

这些问题不建立一套机制不行。它是有重复的,但在步骤上又不要重复。所以,第三个问题是解决要干,要建起来;第四个问题是解决建立起来,干了之后要有实效,真正发挥作用,要有调节矛盾的机制。有这么一个区别。

“五突破一加强”的目的是推动全心全意依靠工人阶级方针的贯彻落实,进一步突出和履行维护职能。这个是没有问题的,现在看来只能是这个办法。问题是怎么能够有实效,确实维护了职工当家作主的权利,维护了职工的合法权益。当前,首先是维护困难职工群体。当然这些现在只是我们在强调,还没有健全的法律法规。搞“五突破一加强”,法律法规要跟上去。大到工会法、集体合同法,这与第五个问题相联系。这个内容不在这里写。有了法律法规以后,要加强执法监督,这个与第三个问题联系起来,首先得干了。干了有没有实效,这就要监督承诺是否兑现。这是第四个问题。这里有几个问题,一是要有法可依;二是是否依法办事;三是办了的东西是否兑现;四是没有兑现,出了矛盾,谁来调解,怎么处理?处理劳动关系就这么几个步骤。一个是有法,二个是执法,三个是办了得有效果,四个是办了没有效果,有矛盾怎么来处理。总不能去罢工。实际上调节劳动关系有这么“四步曲”。现在把第一步放在第五个问题去说,首先是宏观立法参与;第二步放在第三个问题去,干了没有;第三、第四步放在第四个问题中,一个要求实效,一个有了矛盾怎么建立机制来处理好。

监督也是多方面的,是上下两方面的,不光是群众监督。如果群众监督没有实效,不光是工会组织职工进行群众监督,劳动行政部门也要监督，集体合同签订了以后劳动行政部门要审批，要检查有没有兑现。上级工会也要监督。但很重要的是企业内部的群众监督。上下都要监督，但工会组织职工进行群众监督是主体。用什么方法监督？包括职代会闭会期间职工代表组成一些专业的检查小组进行监督等，工会要研究一套办法，监督要有效，工会要出来说话。然后出来说话还不行，矛盾激化以后要有处理矛盾的机制，包括上级党委、政府、劳动部门、工会干啥，民主权利得有法制的办法来解决，要有一套法律规定的程序和办法，不能没有人管。“五突破一加强”具有协调劳动关系的作用，但不等于“五突破一加强”一搞就不存在了争议。争议是什么时候都会有的，争议是不可避免的，机制很重要的是怎么处理争议。而我们现在的问题是平常没有争议，一到有争议就质变了。没有法律约束力的集体合同也不行。

“五突破一加强”去年是提出从5个方面来建立调节劳动关系的机制。现在要提出建立之后能不能发挥作用，能不能收到实效，关键是要有一套处理劳动关系矛盾的机制。不能停留在建立起来就完了。村务公开、厂务公开大都走形式，职代会搞了几十年，也是没有起多大作用。这说明仅有职代会不够，还要有与职代会相配套的机制来确保其执行。

腐败问题是相当严重的。腐败分子是少数，但不廉洁的人是相当数量。光有要求，没有另外一套强有力的制约，是不行的。工会也是这样。制度好定，第一条总则是什么，都对，第二条到第十条，要怎么样，必须怎么样。正面提都好提，道理都对。工会工作也面临这个问题,有的问题还不如反腐败,许多工会该建起来的还未建起来。建起来怎么样,可能会一个样。如果照样,该把工人关起来还是关起来,该不发工资还是不发工资,那工会有啥用?咱们工会几十年就这么过来了。咱们以后不能那么干。这不光是工会尽到责任的问题,都这么搞下去,咱们国家就不行了。把工人阶级都脱离了,职工群众对共产党也缺乏感情,党的阶级基础、执政地位就会动摇。也不是工人阶级天生的就是拥护共产党的,还要看共产党究竟怎么样。如果看到共产党也不解决我的问题,那共产党有什么用。名称解决不了什么。说穿了就是这个问题。为人民服务,谁说不对?怎么样为人民服务,可以搞 8 条,第 1 条,急群众所急,想群众所想,第 2 条,要先人后己……8 条、100 条都可以制定出来。但那是说法,做得到做不到是另外一回事。现在要解决这个问题,他不这么办,你怎么办?

咱们现在是推进阶段,大家一股劲地干。到推进到一定程度以后,他不干了,包括一些老企业,再进一步搞就难了。难在哪里?不是怎么召开大会,是作了决定不兑现怎么办?冲突了以后由谁来解决这个矛盾?这些工作不跟上去,“五突破一加强”老停留在“五突破一加强”阶段,完了。我们的职代会搞了 30 年,为什么还是现在这个样子。咱们一强调职代会就灵了?照样不灵。开了又怎么样?不起多大作用。德国的共决制搞了 30 多年,发展到今天这个地步,也是曲折的,也有反复,有的想搞,有的不想搞,企业发展也不均衡。我这次到德国,他们一些微电子、高新技术产业,一些老板也不想搞,职工也不想搞。这说明一个新的情况，工会也有危机，地位、作用与过去相比也有下降。我们在内部搞得还热乎乎的，但如果没有新的机制、新的内容跟上去，也持久不了。

所以，第三个问题，就讲把两个手段干起来，要赋予新的要求、内容，别的话不要说，文字不要太多。第四个问题，我们搞“五突破一加强”，搞调节劳动关系，关键是要看实效。要取得实效，关键有一条，要探索建立一套能够有效调节劳动关系矛盾的机制。前面可以讲一段话，这个也建立起来了，那个也建立起来，但是如果职代会报告归报告，讨论归讨论，我该怎么样还是怎么样，反对我也照样办，这样搞，算啥？厂务公开也搞，但走形式，职工关心的问题不公开，或者公开了的问题不解决，照样我行我素怎么办？集体合同签订了，不兑现怎么办？平等协商讲得很好，过两天就变了怎么办？在这种情况下怎么办？一是要敢于监督，要组织职工群众行使依法监督的权利。工会有这个责任，要通过多种形式来发现揭露这些问题，然后就按照职代会有关条款去反映和提出意见。二是有了矛盾怎么办？要建立健全一套调节劳动关系矛盾的机构、机制，包括企业里面怎么办，要依靠党委，要依靠上级劳动行政部门，仲裁委员会也要搞。上级工会要说话，与政府搞联席（联系）会议，研究这些问题。要有这些办法。然后就讲，这种做法，使得劳动关系矛盾和争议化解在萌芽状态，解决在基层、在企业内部，而不至于激化到闹事地步，影响改革、发展和稳定。把这个道理讲一讲。

当然这个难以说清楚，要提出这个问题和指导方向。不能说“五突破一加强”也搞了，照样发生群体性事件，你能说工作搞好了？“五突破一加强”搞得好不好，关键看职工是否满意，合法权益能否得到维护，是否推动了企业的改革、发展和稳定。关键看这个，如果这个没有，说明我们搞的就是不符合要求的。建立工会要看实效，建立职工董事、监事制度要看实效，职代会要看实效，厂务公开要看实效，集体合同要看实效。这些都要看实效。“五突破一加强”不要只注意在程序上下功夫，当然程序也重要，但更重要的是看效果，看解决问题。而看效果现在的关键，是及时地监督和发现影响劳动关系、影响职工合法权益的一些问题，及时监督检查。企业里面的工会要组织职工群众检查，及时反映，上级工会也要检查，劳动行政部门也有权检查。出了劳动关系矛盾以后，要有一种调节机制、途径和程序。

群众监督只能是揭露矛盾，反映问题，但是群众没有办法要求你一定得解决问题。职工要求撤这个干部，他不撤你怎么办？法律地位是平等的，总不能说我一定得按照你的意见办。总得有上面、有一套机制来解决。不能两个顶在一起各干各的。当然，工会组织群众监督也要依法进行，要实事求是，多反映、多协商，这个道理也可以说几句，也不能搞片面性。要处理好总体利益与具体利益的关系，对职工也不光是这套制度、机构，也需要做思想政治工作，等等。甚至于这里也可以讲思想政治工作问题，不讲这套机制也不健全。

第三个问题的两个机制延伸下来，包括第四个问题，但为了突出强调这两个问题，所以把它们分开了。

努力做好新世纪第一年的工会工作*

（2000 年 12 月 13 日）

这次会议的主要任务是，以邓小平理论和党的基本路线为指导，按照江泽民同志“三个代表”的要求，深入学习贯彻党的十五大和十五届四中、五中全会及中央经济工作会议精神，认真总结一年来的工会工作，研究确定明年的工作任务。会议传达了中央书记处对工会工作的重要指示，胡锦涛同志代表党中央就进一步做好新形势下的工会工作发表了重要讲话，我们一定要认真学习，深刻领会，切实贯彻落实到工会各项工作中去。下面，我就深入学习贯彻党的十五届五中全会精神，努力做好新世纪第一年的工会工作，讲几点意见。

一、认清形势，明确任务，把智慧和力量进一步凝聚到实现五中全会提出的目标任务上来

党的十五届五中全会是在世纪之交，我国改革开放和现代化建设即将进入新的发展阶段的历史时刻召开的一次极为重要的会议。会议审议通过的《中共中央关于制定国民经济和社会发展第十个五年计划的建议》和江泽民同志在会议上发表的重要讲话，以邓小平理论和党的基本路线为指导，深入

---

* 这是尉健行同志在全总十三届三次执委会议上的讲话。

贯彻党的十五大精神，认真总结十一届三中全会以来我国改革开放和现代化建设的实践经验，全面审视世纪之交国际政治、经济、科技发展带来的机遇和挑战，对我国新世纪初的发展作出了重大部署，提出了“十五”期间我国经济和社会发展的奋斗目标、指导方针和重要任务，强调必须以发展为主题，以结构调整为主线，以改革开放和科技进步为动力，以提高人民生活水平为根本出发点，全面推进经济发展和社会进步。这充分反映了包括工人阶级在内的全国各族人民的根本利益和共同愿望。深入学习贯彻党的十五届五中全会精神，把思想和认识进一步统一到五中全会精神上来，把智慧和力量进一步凝聚到实现五中全会提出的目标任务上来，是摆在我们面前一项重要而紧迫的任务。

学习贯彻五中全会精神，我们要深刻认识会议的重大意义，努力把握会议的精神实质。通过学习，要认清当今世界大格局、大变化、大趋势带来的机遇和挑战，充分认识“发展是硬道理”是我们必须始终坚持的一个战略思想，解决中国所有问题的关键在于发展，自觉坚持以经济建设为中心不动摇，不断增强抓住机遇、加快发展的紧迫感；充分认识实行经济结构的战略性调整，推动两个根本性转变，保持国民经济持续、快速、健康发展，是新世纪之初我国经济发展的大思路，以实际行动支持党和政府采取的一系列重大措施，积极推动结构调整取得明显进展；充分认识改革是社会主义实现自我完善和发展的根本途径与动力，旗帜鲜明地支持和推动各项改革，完善公有制为主体、多种所有制经济共同发展的基本经济制度；充分认识实现我国跨世纪发展的目标，必须大力依靠科技进步和创新，积极参与和推进科技进步，加快我国国民经济和社会信息化，以信息化带动工业化，推动社会生产力的跨越式发展；充分认识提高人民生活水平是我们一切工作的根本出发点和归宿点，心中要始终装着职工群众，满腔热情地关心职工群众，千方百计地为职工群众谋利益，团结和引导职工群众艰苦奋斗，创造幸福生活。

江泽民同志在五中全会上的重要讲话中明确指出，我们开展各项工作，都要贯彻落实“三个代表”的要求。“三个代表”重要思想与我国工人阶级和工会组织的性质、地位及其肩负的历史使命之间有着紧密的内在联系，它深刻揭示了在建设有中国特色社会主义的整个历史进程中，我们党为什么要始终把实现、维护、发展最广大人民群众的利益作为我们最大最重要的政治，为什么要毫不动摇地全心全意依靠工人阶级，党领导的工会为什么要把维护职工合法权益作为自己的神圣职责等一系列重大问题，为做好新时期的工会工作，探索有中国特色社会主义工会工作的新路子，进一步奠定了理论基础，指明了前进的方向，提出了更高的要求。因此，学习贯彻五中全会精神，我们必须按照“三个代表”的要求，坚定不移地推动党的全心全意依靠工人阶级根本指导方针的贯彻落实，进一步突出和履行维护职能，保护、调动广大职工的积极性和创造性，充分发挥工人阶级在推进经济发展和社会全面进步中的主力军作用。要动员和组织广大职工以群众性“经济技术创新工程”为重要载体，坚持以市场为导向，以企业为主体，以最大限度地吸引广大职工参与为基础，把增强企业科技开发能力、市场竞争能力和抗御风险能力作为主攻方向，把解决企业发展的难点和实现扭亏增盈作为重点，紧紧围绕创新技术、加强管理、提高质量、降低成本、增进效益、搞好服务等，广泛开展多种形式的群众性经济技术活动，鼓励广大职工立足本职，学赶先进，争创一流，多作贡献。要教育和引导广大职工发扬工人阶级识大体、顾大局的优良传统，以主人翁的态度正确对待改革过程中的利益关系调整，自觉做到眼前利益服从长远利益，局部利益服从整体利益，努力维护职工队伍和社会政治的稳定。

学习贯彻五中全会精神，工会面临着新的形势任务。今后 5 到 10 年是我国经济和社会发展的重要时期，是进行经济结构战略性调整的重要时期，也是完善社会主义市场经济体制和扩大对外开放的重要时期。随着改革力度的加大，经济结构的调整和完善，公有制实现形式的多样化和非公有制经济的迅速发展，特别是社会经济成分、组织形式、物质利益、就业方式的日益多样化，在经济发展和社会进步的同时，劳动关系矛盾变得更加复杂，工会工作的领域、重点、对象、方式等也随之发生更加深刻的变化，工会既面临着更加难得的发展机遇，也面临着更为严峻的挑战。明年是进入新世纪、实施“十五”计划的第一年，也是中国共产党成立 80 周年，各级工会要以邓小平理论和党的基本路线为指导，按照“三个代表”的要求，深入贯彻党的十五大和十五届四中、五中全会及中央经济工作会议精神，狠抓“五突破一加强”工作的落实，最大限度地把广大职工组织到工会中来，最大限度地维护广大职工的合法权益，最大限度地保护、调动和发挥广大职工的积极性、创造性，在实现“十五”计划中充分发挥工人阶级的主力军作用。

我们为什么提出这样的总体要求？说到底是实践“三个代表”重要思想对我们的要求，是广大职工对我们的要求，同时也是工会的性质、职能所决定的。全总十二届二次执委会议适应形势任务的发展变化，抓住机遇，提出了新时期的工会工作总体思路。这个总体思路的基本精神是，坚定不移地推动党的全心全意依靠工人阶级根本指导方针的贯彻落实，进一步突出工会的维护职能。它阐明了工会是社会经济矛盾、具体讲是劳动关系矛盾的产物，维护是工会的基本职责，是工会服务于党的中心任务的主要手段。我们强调的维护，是在维护全国人民总体利益的同时，更好地代表和维护职工群众的具体利益；既维护职工群众的经济利益，又维护职工群众的民主权利和精神文化需求；通过维护，更好地保护、调动和发挥广大职工的积极性、创造性，并把这种积极性和创造性通过各种形式，组织和引导到推进改革、促进发展、维护稳定上来，努力完成党和政府提出的各项任务。去年召开的全总十三届二次执委会议，根据新的形势任务，提出了继续坚定不移地推动党的全心全意依靠工人阶级根本指导方针的贯彻落实，进一步突出和履行维护职能，实现工会工作“五突破一加强”的基本要求。这是对总体思路的坚持和发展。“五突破一加强”抓住了工会维护职工合法权益这个基本问题，强调了要最大限度地把广大职工组织到工会中来，明确了调整劳动关系是工会维护职工合法权益的基本途径，指出了平等协商、签订集体合同制度和职工代表大会制度是工会维护职工经济利益和民主权利的两个主要手段，阐明了维护职工合法权益要从微观与宏观两个方面结合进行。这些都是对工会的基本要求，是我们必须长期坚持的。实践证明，从总体思路的明确，到“五突破一加强”的提出，都符合“三个代表”的要求，符合工会工作的实际。只要我们从实际出发，按照这样的路数坚持不懈地抓下去，取得实实在在的效果，就一定能进一步保护、调动和发挥广大职工的积极性、创造性，在党和国家工作的大局中更有作为。面对新的形势任务，我们一定要以新的认识、新的举措，去实现新的突破，打开新的局面。

二、突出重点，狠抓落实，努力做好明年的工会工作

一年来，各级工会围绕“五突破一加强”做了大量工作，也取得了一定成效。但我们也要看到，实现“五突破一加强”不是工会一年的工作，而是一项长期艰巨的任务，每年都应该根据形势任务的发展变化，确定不同的重点，提出不同的要求。从全国来看，明年推进“五突破一加强”，要在新建企业工会组建、维护困难职工群体合法权益、建立调整劳动关系有效机制等方面取得较大进展，在参与涉及职工和工会权益的立法与政策制定上取得明显成效，努力实现微观维护和宏观维护的紧密结合。各级工会要从实际出发，明确各自的重点，采取切实有效的措施，认真抓好落实。

第一，继续把新建企业工会组建作为重中之重的工作来抓，尽快把广大职工组织到工会中来。近些年来，随着形势的发展，一方面职工队伍在不断发展壮大，一方面工会会员人数在不断减少。到去年年底，全国有1亿多职工还没有被组织到工会中来，新建企业工会组建工作远远落后于形势任务的要求。新建企业的广大职工参加和组织工会的权利都得不到落实，在这些企业连工会组织都没有建立，企业调整劳动关系的机制都不存在，我们谈什么工会进一步突出和履行维护职能？谈什么工会推动建立稳定协调的劳动关系？谈什么工会发挥党联系职工群众的桥梁纽带作用和国家政权的重要社会支柱作用？这种状况如果不迅速改变，于改革、发展、稳定的大局极为不利，也容易给国内外敌对势力“西化”、“分化”职工队伍以可乘之机。为了加快新建企业工会组建步伐，全总十三届五次主席团（扩大）会议和全国新建企业工会组建工作会议已经作出部署。由于大家的共同努力，到今年9月底，全国工会会员人数已恢复性增长到1亿，初步抑制了几年来连续下降的趋势。但形势依然不容乐观。“十五”期间，新建企业的数量会进一步增加，在新建企业就业的职工人数会不断增多，新建企业工会组建的任务将越来越重。我们一定要从维护职工合法权益、调整劳动关系、促进改革、发展、稳定和巩固党的阶级基础、执政地位的高度，充分认识加快新建企业工会组建步伐的重要性和紧迫性，增强危机感、责任感，切实把这项工作摆到重中之重的位置，按照我们已经作出的部署，继续扎扎实实地抓好落实。

我们提出，力争到明年年底，全国工会会员人数达到1.2亿，到2002年年底，全国工会会员人数达到1.3亿。实现这个目标，任务异常艰巨。首先要努力取得各级党委的高度重视。党委的支持和领导是实现新建企业工会组建工作突破的根本保证。要积极争取各级党委把工会组建工作作为党的工作的重要组成部分，把工会组建率、职工入会率纳入党的工作的考核目标，以党建带工建。二要发扬创新精神。在新建企业组建工会，不能照搬国有企业的方式方法，必须坚持从实际出发，在组织体制、工作机制、活动方式、职责履行等方面大胆创新，尤其要建立健全延伸到乡镇、街道、经济技术开发区、工业区、高新技术园区的工会组织领导体制，依靠乡镇、街道这一级工会组织推进工会组建工作。在大胆创新的同时，要坚持依法办事，严格执行国家的有关法律法规和政策。三要着眼于建立调整劳动关系的有效机制。组建工会不是最终目的，不是为组建而组建，主要是为了在企业建立调整劳动关系的有效机制，维护职工合法权益，共谋企业健康发展。因此，在抓工会组建工作中，要重视和同步考虑企业调整劳动关系机制的建立和工会作用的发挥。在推进非公有制企业工会组建工作的同时，一定要抓好国有和集体改制企业工会组织的整顿、重建和巩固工作，加强会籍管理，防止会员流失，坚决制止和纠正随意撤并工会组织机构的现象。

第二，把维护困难职工群体合法权益作为重点工作来抓，努力维护社会政治稳定。近些年来，我们在实施送温暖工程，履行帮扶特困职工“第一责任人”职责等方面，做了大量工作，取得了很好的效果。明年，要在继续抓好这些工作，推动把帮扶特困职工的工作纳入社会保障体系的同时，把工作的重点放到合法权益容易受到损害的困难职工群体上。困难职工群体包括:生产经营困难的企业和破产企业中基本生活缺乏保障的职工群体,下岗、失业职工中再就业难的职工群体,被长期拖欠工资、医疗费的职工群体,劳动安全卫生无保障的职工群体,人身权利、民主权利受到严重侵犯的职工群体,等等。这些困难职工群体最需要关心和帮助,他们的问题解决得不好,最容易影响积极性,也最容易引发群体性事件,影响社会政治稳定。

当前职工中发生的群体性事件,绝大多数是由于困难职工群体的合法权益受到损害而引起的。为此,各级工会要高度重视困难职工群体合法权益的维护工作,切实摆上重要位置。广大工会干部特别是领导干部,要深入实际,加强调查研究,及时了解和努力掌握本地区、本单位困难职工群体的真实情况;敢于实事求是地向党政领导和上级工会反映他们的要求;积极配合党政和有关方面解决他们的实际困难和问题,耐心细致地做好职工群众的思想教育工作,防止矛盾激化而引发群体性事件。各级工会要力所能及地为困难职工群体办实事、好事。工会各种层次的参政议政,兴办的职工劳动福利事业,举办的职业介绍和培训,对职工的法律援助和服务,开展的群众性执法监督检查等,都要把为困难职工群体说话办事作为重点。当然,解决困难职工群体的问题,需要依靠各级党委和政府(行政)来共同关心和解决,但工会组织责无旁贷。

党中央一再强调,各级党委、政府和各部门要高度重视、正确处理新时期的人民内部矛盾,大力开展矛盾纠纷的排查调处工作，把各种矛盾化解在萌芽状态，解决在基层；群体性事件一旦发生，当地的党政领导和主管部门的主要领导要及时赶赴现场，面对面地做好职工群众的工作，认真负责地解决职工群众提出的问题，化解矛盾，平息事态，决不能动不动就简单地把公安干警推向一线，把矛盾交给政法部门了事；要按照中央综治委、中央纪委、中组部、监察部、人事部联合下发的《关于对发生严重危害社会稳定重大问题的地方实施领导责任查究的通知》的要求，对于发生严重影响社会稳定、造成恶劣影响的重大群体性事件和重大伤亡事故的地方、部门和单位，严肃追究有关领导的党纪政纪直至法律责任，坚决行使一票否决权，决不姑息迁就。同样，对于工会组织来讲，也要把能否主动协助党政预防和处理好群体性事件，维护社会政治稳定，作为衡量一个地方、产业和企业工会推进“五突破一加强”工作效果的重要标准。如果发生群体性事件，工会不了解、不报告、不调处，就是失职，也要追究有关工会领导的责任。只要我们把这项工作真正摆上重要位置，切实重视起来，我们维护职工合法权益的工作就抓住了当前的主要矛盾，就能做到为职工解难，为党和政府分忧，也就能更好地为大局服务。

第三，进一步建立健全平等协商、集体合同制度和职工代表大会制度，加大调整劳动关系的力度。发展社会主义市场经济以来，劳动关系由主要是职工与国家的关系变为主要是职工与企业的关系，劳动关系矛盾越来越突出，工会参与调整劳动关系的任务日益繁重。平等协商、集体合同制度和职工代表大会制度，是工会调整企业劳动关系、维护职工合法权益的主要手段。在已经建立工会的企业里，工会调整劳动关系，维护职工特别是困难职工群体的合法权益，关键是要抓好这两个制度的建设。这两个制度是相互联系的。没有职代会制度，平等协商、签订集体合同的工作很难全面、有效地开展；反过来，没有平等协商、集体合同制度，职代会职权也容易落空。明年，我们要把进一步抓好这两个制度的工作，切实摆上重要议事日程，认真总结经验，积极加以推进，力求取得新的进展。

建立和完善平等协商、集体合同制度，要推动企业把建立平等协商机制与签订集体合同相协调，重在平等协商；把坚持劳动标准与适应企业发展实际情况相统一，注意实事求是；把维护职工合法权益与推动企业依法经营、建立现代企业制度相结合，关键要使之体现到企业各项管理制度之中。建立调整劳动关系的有效机制，企业决定涉及职工切身利益的重大问题时，一定要由工会或职工代表与用人单位进行平等协商，充分听取职工群众的意见；把企业劳动关系中最要害、职工群众最关心的问题作为平等协商解决的重点问题；按照《工资集体协商试行办法》，把工资集体协商作为实行这项制度的重要内容，坚持由工会代表职工就企业的工资分配制度、工资分配形式、工资收入水平等工资事项与企业进行平等协商，签订专项集体合同。要把新建企业和生产经营困难的企业作为推行平等协商和集体合同制度的重点。

坚持和发展职工代表大会制度，使其真正成为企业民主决策、民主管理、民主监督的基本制度。我们实行职代会制度，不能仅仅停留在职代会的召开上，关键是要适应新的形势发展，不断充实、丰富职代会的内容，发挥职代会的作用。当前，要深入搞好厂务公开，推动厂务公开向生产经营管理领域拓展；继续搞好民主评议企业领导干部和企业业务招待费使用情况、企业领导干部廉洁自律情况及集体合同草案向职代会报告等各项工作，不断增强职代会实效。要坚持职工董事、职工监事由职代会选举产生；凡涉及企业和职工切身利益的重大问题，职工董事、职工监事必须按照职代会的要求在董事会、监事会上发表意见，并形成制度；建立健全职工董事、职工监事向职代会报告工作、接受职工群众监督的制度；加强对职工董事、职工监事的培训，提高其参与决策、管理和监督的能力。要正确处理职代会与股东会的关系。两者性质不同，既不能混淆，更不能用股东会代替职代会。凡涉及企业和职工切身利益的重大问题，必须提交职代会审议或讨论决定，坚持把职代会作为企业职工行使民主权利的基本制度。非公有制企业的职工同样是国家的主人，他们参与企业管理的民主权利同样需要依法得到尊重和保护。要积极探索非公有制企业职工民主参与的途径和方法，支持和指导非公有制企业探索和实行职代会制度。在有内部职工持股的企业，可以经职代会同意由工会出面来组织成立职工持股会，并代表职工参与企业有关产权问题的管理。

第四，建立健全监督制约和保证机制，力求维权工作取得实效。推进工会工作“五突破一加强”，不能仅仅满足于这些工作是否按程序开展了，关键要看这些工作是否取得实效，也就是职工群众的合法权益是否得到维护，职工群众是否认可，是否有利于企业的改革、发展和稳定。当前，一些企业虽然集体合同签了，职代会开了，厂务公开搞了，企业领导干部评议了，职工代表也参加了董事会、监事会，但劳动关系矛盾依然突出，侵犯职工合法权益的现象仍旧严重，劳动争议和群体性事件屡屡发生。造成这种状况的原因是多方面的，其中一个重要原因就是这些维护职工合法权益的工作，缺乏强有力的监督制约和保证机制。

建立健全监督制约和保证机制，当前关键要重视三个方面的工作。一是监督平等协商、集体合同制度和职代会制度等实行了没有；二是监督有关决议、合同条款和承诺等兑现了没有；三是调处劳动争议是否有相应的组织机构和机制作保证。

工会搞好第一、第二两个方面的监督制约，关键是要发动和组织职工进行群众监督，保障职工民主监督权利的落实。工会组织职工进行群众监督，是《中华人民共和国工会法》、《中华人民共和国劳动法》等法律法规赋予工会的权利，也是工会坚持依法治会的必然要求。因此，工会要理直气壮地依法代表和组织职工行使好群众监督的权利，依法落实职代会的各项职权，督促平等协商与集体合同有关事项的执行。比如，职代会有权“听取和审议厂长关于企业的经营方针、长远规划、年度计划、基本建设方案、重大技术改造方案、职工培训计划、留用资金分配和使用方案、承包和租赁经营责任制方案的报告，提出意见和建议”；“审查同意或者否决企业的工资调整方案、奖金分配方案、劳动保护措施、奖惩办法以及其他重要的规章制度”;“审议决定职工福利基金使用方案、职工住宅分配方案和其他有关职工生活福利的重大事项”;“评议、监督企业各级行政领导干部,提出奖惩和任免的建议”,等等。如果企业不依照法律规定建立职代会制度和平等协商、集体合同制度,开展相应的工作,或者虽然建立了制度和开展了工作,但决议、合同条款和承诺的事项不兑现,而工会听之任之,不予监督,那就是工会的失职,就要追究工会领导的责任。工会组织职工开展群众监督可以采取多种形式,但很重要的一种就是在职代会闭会期间,依法组织职工代表定期不定期地对职代会的有关决议事项、集体合同条款的执行情况等进行监督检查。

要建立健全调整劳动关系矛盾的保证机制。如果工会组织职工进行监督和反映问题,而问题仍得不到有效解决,以致发生劳动争议,就要发挥保证机制的作用,及时调处劳动关系矛盾。在企业内部,要充分发挥企业劳动争议调解委员会在调解劳动关系矛盾中的作用;建立健全劳动关系矛盾的预防预警机制,着重在“预”字上下功夫;依靠企业党委及时做好协调工作,督促有关问题的解决;及时向上级反映情况和问题。在企业外部,要依靠上级党委、政府及劳动行政部门,建立健全必要的组织机构和机制,及时调处企业自身难以解决的劳动争议和劳动关系矛盾;充分发挥地方、产业工会与政府及有关部门的联席(联系)会议制度,劳动关系三方协调机制和劳动争议仲裁机构的作用;加强对企业执法情况和侵犯职工合法权益问题的监督检查;严肃查处阻挠工会及时真实向上级报送信息和反映问题的行为;实行调处劳动关系矛盾的领导责任制和责任追究制度,以保证各项监督制约制度的有效实行。

我们强调建立健全监督制约和保证机制,是自下而上的群众监督和自上而下的组织监督的统一,既监督职工群众的具体利益不受侵犯,又监督国家的利益不受侵犯。如何更好地建立健全监督制约和保证机制,确保维护职工合法权益的工作取得实效,是工会推进"五突破一加强"工作中一个十分重要的问题,需要各级工会认真研究,积极探索,不断总结和推广各地已经取得的经验,努力加以推进。

第五,加强源头参与,加大宏观维护力度。"五突破"主要指的是微观维护的工作,更多的是对基层工会提出的要求;"一加强"主要强调的是宏观维护的工作,更多的是对各级工会领导机关提出的要求。如果宏观维护工作上不去,微观维护工作就很难开展。在宏观维护上,我们做了不少工作,但总体上还不适应形势任务的要求。随着改革力度的加大和社会经济发展速度的加快,工会源头参与的任务更加繁重和突出。明年,各级工会领导机关特别是全总,要在参与涉及职工和工会权益的立法与政策制定上取得明显成效。在参与立法方面,要集中力量参与和推动《工会法》的修改工作,把发展社会主义市场经济以来我们积累的成功经验在《工会法》中加以体现。积极参与《社会保险法》、《社会救济法》、《集体合同法》等涉及职工与工会权益的法律法规和实施办法的制定,加强对企业职工代表大会条例和学校教职工代表大会条例的研究，积极推动修改工作。在参与政策制定方面，要积极参与社会保障制度改革，推动建立统一、规范、完善的社会保障体系，不仅要代表职工参与有关社会保障政策的制定，而且要对社会保障制度的执行及社会保障基金的管理、使用等情况进行监督。同时，要积极参与国家扩大就业、建立市场导向的就业机制和调控社会分配政策的研究与相关措施的制定。

推进“五突破一加强”，工会有大量的思想教育工作要做。比如，推进新建企业工会组建，维护特困职工和困难职工群体合法权益，进行平等协商和签订集体合同，实行职代会制度，等等，都涉及大量的利益关系和思想认识问题，都需要我们全过程地做好职工的思想政治工作，引导和帮助广大职工加强学习，转变观念，提高素质，正确处理各种利益矛盾和关系。明年，各级工会要继续深入贯彻中央思想政治工作会议精神，结合纪念中国共产党成立80周年，协助党政广泛开展各种形式的群众性宣传教育活动，坚持对职工进行党的基本理论、基本路线和基本纲领教育，引导广大职工弘扬爱国主义、集体主义、社会主义精神，树立正确的世界观、人生观和价值观，使广大职工进一步坚定对马克思主义的信仰，对建设有中国特色社会主义的信念，对改革开放和现代化建设的信心，对党和政府的信任。要加强职业道德建设，提倡爱岗敬业、诚实守信、奉献社会的良好职业风尚，广泛开展创建文明行业、文明企业、文明班组和争当文明职工活动。要帮助广大职工学习掌握现代科学知识和高新技术，鼓励他们岗位成才和自学成才，不断增强参与竞争的能力。这也是对职工合法权益的维护。要充分发挥工会优势，办好工会各级各类学校和文化技术教育阵地，为造就宏大的“四有”职工队伍，推进社会主义精神文明建设，努力尽到工会的责任。各级工会要适应形势任务的要求，大胆探索和创新把广大职工的积极性、创造性更好地发挥出来的途径和方法，赋予劳动竞赛、合理化建议、技术革新、技术协作、发明创造等群众性经济技术活动以新的内容，提出新的要求，使新时期的群众性经济技术活动充满时代气息，保持旺盛的生命力，激励广大职工为实现五中全会提出的目标任务建功立业。

工会工作是一个统一整体，各项重点工作之间、重点工作与其他工作之间都有着紧密的内在联系。工会的财务和经审工作、女职工工作、港澳台工作、国际工作等，都要紧紧围绕重点工作来开展，努力在新的一年里取得新的成绩。

三、加强学习，转变作风，不断提高工会工作水平

做好明年的工会工作，任务极其繁重艰巨。各级工会干部要认真学习、深刻领会江泽民同志“三个代表”重要思想和党的十五届五中全会精神，讲学习，讲政治，讲正气，进一步增强大局意识、责任意识，着眼于马克思主义理论在工会工作中的运用，着眼于工会工作实际问题的理论思考，着眼于工会工作新的实践和新的发展，在理论与实践的结合上大胆创新。要加强社会主义市场经济知识、法律知识、经济管理知识和高新科技知识的学习，不断提高认识问题、分析问题和解决问题的能力。

各级工会要在党委的统一领导和部署下，积极推进工会自身改革和建设。工会领导机关的机构设置必须适应新的工作任务的需要。要通过改革，使机构设置科学、职能配置合理、关系协调顺畅、人员编制精干、工作规范高效，以利于突出工作重点，形成工作合力，更好地担负起工会领导机关的职责。根据产业结构调整及企业改制带来的变化，理顺产业工会、集团工会与地方工会的关系。产业工会要研究新形势下的组织体制、工作重点、活动方式和本产业劳动关系的突出问题，加大源头参与力度，做好本产业的工会工作。要继续开展建设“职工之家”活动，把“五突破一加强”作为当前开展创建“职工之家”活动新的内容和要求，进一步推进工会组织的群众化、民主化、法制化，把工会真正建设成为职工群众信赖的“职工之家”。

广大工会干部尤其是领导干部要切实转变工作作风，改进工作方式，密切与职工群众的联系，带着对职工群众深厚的感情，深入职工群众之中，倾听他们的呼声，反映他们的意愿和要求，重实际、说实话、务实事、求实效，发扬脚踏实地、埋头苦干的工作作风，反对和克服官僚主义、形式主义，更加勤奋地工作，更好地发挥工会组织在党和国家工作大局中的积极作用。

维护职工合法权益要务求实效*

(2001 年 1 月 15 日)

维护职工合法权益要力求实效。从基层工会来讲，主要是运用两个手段：一个是建立和完善平等协商、集体合同制度，这是《中华人民共和国劳动法》规定的，是处理劳动关系一个很重要的方面，包括劳动标准等都在这里面。这是我们调整劳动关系一个很重要的手段。另一个是坚持和发展职工代表大会制度。

第一个手段，平等协商、签订集体合同，关键在平等协商，集体合同只是一个结果。当然，集体合同是企业一个有法律效力的文件，它跟平等协商不完全一样，但是要有一个好的集体合同，平等协商是前提。当前，我们不要求企业把劳动关系的所有问题都得放到集体合同中去，因为有的问题在平等协商的过程中就可以解决。所以，平等协商是关键。我们要着眼于把这个机制用起来。建立这种机制，对企业工会是平等协商，对各级工会领导机关来讲，就是建立工会与政府的联席(联系)会议制度，定期不定期向政府通报、沟通情况，共同协商解决有关劳动关系的一些重大问题。现在全国有 10 多个

* 这是尉健行同志在山西送温暖期间与工会干部座谈时讲话的一部分。

省已经做到了。我看各地都可以推行。平等协商涉及的劳动关系问题，最要害的是工资问题。最近劳动和社会保障部已经下发了《工资集体协商试行办法》，为我们开展这方面的工作创造了条件。

第二个手段，坚持和发展职工代表大会制度。为了建立健全这个制度，最近几年我们不断提出一些要求，进一步充实了职工代表大会的内容。开始时，我们提出企业的业务招待费使用情况要向职工代表大会报告；接着提出企业领导干部每年必须由职代会进行一次民主评议；后来又提出推行厂务公开；现在又提出国有独资和国有控股的企业，凡是实行公司制的，其董事会、监事会中都要有职工代表参加，这里包括职工代表要由职代会选举产生，职工代表要对职代会负责，要积极反映职工群众的意见，要向职代会报告工作，当然还包括对职工代表搞好授权和培训等。这些年来开展的这些工作，都是互相联系的，都有助于进一步发挥新形势下职工代表大会的作用。工作可以一项一项地做，但要把这些工作看成是一个相互有内在联系的整体，根本着眼点是进一步坚持和发展职工代表大会制度。职工代表大会制度在我国很早就建立起来了，现在的问题，一是必须坚持，二是必须适应新的形势要求不断发展。因为现在的劳动关系发生了很大变化，完全按照过去的办法搞也不行，必须不断充实新的内容。从广义上来讲，签订集体合同也可以纳入职工代表大会的工作中去，因为集体合同草案必须经过职工代表大会审议通过后才能生效。

从全国来讲也好，从山西来讲也好，下一步的重点都要强调注重工作实效。任何工作总有一个发展过程，如果工作制度没有建立起来，那么首先应该先抓制度的建立。厂务公开没搞，首先搞起来；职代会没开，首先开起来；集体合同没签，首先签起来。工作首先就得做这一步。从全国来看，多数国有、集体企业都已经建立起这些制度，开展了有关工作。所以，今年我们提出了一个新的要求，就是调整劳动关系要抓上述两个手段，并且要注重实效。所谓注重实效，实际上也就是说这两个手段不要光建立起来，不要光追求形式、场面，注意程序性的问题，更要注重实质性的效果。从这个意义上讲，注重实效也可以说是当前工会工作的重点。

现在的问题是，虽然多数企业职代会都开了，厂务公开都搞了，但反映很不一样，效果差别很大。有的企业厂务公开是在真搞，经过公开以后，误解消除了，矛盾也化解了。有的虽然也搞厂务公开，但恰恰是职工群众最注意、最想知道的事情不公开，或者假公开，出现企业一边搞厂务公开，职工一边到市委去请愿的情况。这说明有些问题没有真正向职工群众公开，搞的是假公开，是形式。比如企业明天要破产、合并了，可事前不告诉职工群众，不与大家商量，到第二天要破产、合并了才向职工宣布，职工当然恼火了，可能当天就会去围堵市委、市政府大楼。有的企业集体合同也签了，项目也比较齐全，但就是承诺的事项不兑现，最后职工还可能会上街游行。有的企业也评议了领导干部，但评议时多数职工认为根本不行的领导干部却照样当，那职工当然有意见。有的企业每年都郑重其事地让职工提提案，可提归提，最后还是领导说了算。这么搞下去，职工群众对这些工作就没有兴趣了。我们到企业问问职工，厂务公开怎么样？职工就会说我不看，没用，是装样子的；评议干部也不想参加了，评有啥用，职工群众的正确意见不采纳，最后还是领导一句话；对集体合同大家开始还感到新奇，可到后来集体合同承诺的东西不兑现，群众感到没什么意思，等等。所以，我们强调运用这两种手段，目的是为了有效地调整劳动关系，但究竟搞得怎么样，不能只看是不是搞了，最终还是要看职工群众是不是满意，是不是有利于企业的改革、发展和稳定。如果离开这点，搞花架子，就没有任何意义，最终会挫伤职工群众的积极性，职工群众会感到你是在讲空话，什么全心全意依靠工人阶级，只是在“五一”劳动节时讲讲，平常根本没有实实在在的体现。

现在，职工群众对当家作主这个问题想得很多。对这个问题，党中央是很重视的。工人阶级是我们党的阶级基础。江泽民同志作过多次重要讲话，强调我们不依靠工人阶级将一事无成。江泽民同志的重要讲话精神，具体就要我们各级党政领导和工会来贯彻。对中央这些精神，职工群众也知道，但如果一看企业做的不是那么回事，职工群众怎么能有积极性？如果企业遇到困难，职工群众又怎么能有战胜困难的信心？职工群众会感到厂长不听我们的意见，工会又不起作用，当然会去找市委、市政府。为什么现在群体性事件这么多，很多都是因为这种原因。这说明，企业调整劳动关系这两种制度虽然建立起来了，有些程序性的工作也做了，但是实质性的问题没有解决好。如果不改变这种状况，职工群众就不会满意，群体性事件就难以避免。因此，必须建立起一套机制，不仅要监督应该做的工作做了没有，还要监督承诺的事项兑现了没有。如果该做的工作没有做或承诺的事项不兑现，就必须处理和解决。要形成这样一套监督制约和保证机制。

所谓监督制约机制，从工会来讲，要监督的内容很多。比如，企业集体合同有没有签订。因为《劳动法》有明确规定，如果企业的集体合同没签订，工会不说话，上级工会知道了也不管，那就没有尽到工会监督的责任。如果签订了集体合同，合同条款不兑现，工会也不力争，就没有尽到自己应尽的监督责任。当然，有的条款兑现起来确实有困难，工会应该实事求是地向职工解释，不能苛求。又比如，职代会评议企业领导干部，评了以后多数职工都有意见的干部，工会应该提出意见，如果连意见都不提，那工会就没有尽到监督责任。还比如，企业的重大问题应该向职工代表大会报告，如果不报告，或者报告了，但对职工代表提出的很多正确意见，企业不去很好地研究，也不向职工代表大会解释，工会就应该提出意见，尽到监督的责任。我们强调工会的这种监督责任，就是看工会组织应该反映的问题反映了没有，应该提出的意见提了没有，当然问题能不能最终得到解决，不能苛求工会，工会没有那么大的权力。为了加强这种群众监督制约，职工代表大会应该让职工代表充分表达意见，宁可会议开得很激烈，甚至开不下去，也总比职工代表大会表面上开得“顺顺当当”、“和和平平”、“高高兴兴”，但不解决问题，结果仍然发生群体性事件要好得多。所以，我们宁可把矛盾揭露在前面，宁可在平时多暴露些问题，也不要平时不触及矛盾，到后来酿成大问题。现在看来，我们许多企业缺乏这套机制，或者建立了一些制度但不起作用。我们现在已经制定了好多法律法规和制度，许多问题规定得也比较全面，但往往是对出现不执行的问题就没有办法了。现在发生的许多问题，查查原因，就是因为没有一套有效的机制来制约。这种教训够多够大的了。包括这次洛阳烧死几百人①，你去查，原因都不大，就是不合格的电焊工在作业时把电火花掉到楼下了，着火后肇事者跑了，一把火烧死300多人。焦作大火②也是这样。还有屡屡发生的鞭炮厂爆炸事故问题。江泽民同志几次批示，大家也几次作出保证，但是保证归保证，问题还是照出。为什么？就是没有一套有效的管理、技术、业务和思想政治工作的机制作保证。讲道理都会讲，但是安全工作需要做扎扎实实、艰苦细致的工作，需要做“笨”的基础工作。安全工作不怕一万就怕万一。有的制度看起来好像有点不近情理，有点不必要，可能违反这项制度几年也不出事，但如果某一次碰上了，就会发生重大伤亡事故。所以，无论如何不能掉以轻心。我们为了社会稳定，防止一些群体性事件和重大伤亡事故发生，必须努力把矛盾化解在萌芽状态，解决在基层。

---

① 洛阳烧死几百人，指2000年12月25日发生在河南省洛阳市老城区东都商厦的特大火灾事故，造成309人死亡。

② 焦作大火，指2000年3月29日发生在河南省焦作市天堂录像厅的特大火灾事故，造成74人死亡。

工会工作发展到现在,一定要注意抓实效。如果我们只满足于制度建立起来没有,职代会开了没有,集体合同签订了没有,厂务公开搞了没有,前两年还是可以的,现在还满足于这个,就很容易搞形式、走过场,职工就会对工会工作失去信心,对工会组织失去信任。对工会工作的“五突破一加强”,大家都是赞成的,但“五突破一加强”如果不注重实效,职工群众就不满意,就不利于企业的改革、发展、稳定,那就不能说我们的工作做好了。工会虽然是群众组织,但也要有责任制。如果上面讲的这些工作,企业干了也就干了,不干工会也不吭声,只是背后发发牢骚,这不是我们应有的态度。我们强调建立监督制约机制,首先应该对工会有这个要求,当然对各级党组织、政府、企业也应该有要求。比如,企业行政与职工代表有矛盾,有些问题协商解决不了,就要向企业党委反映,请企业党委来协调处理,有的可以向上级党组织、上级政府和上级工会反映。我们总不能有意见也不说,听之任之,到最后发生重大伤亡事故或群体性事件。这样,不仅损失大,影响坏,也极易被国内外敌对势力所利用。

所以,维护职工合法权益,调整劳动关系,建立这两个机制,推进“五突破一加强”,都不要光看这些工作按程序做了没有,必须注重效果。要取得实效,关键是要建立一套监督制约和保证机制。这里包括企业内部党的工作、行政工作、工会工作,包括上级党委、上级政府、上级工会的工作,从工会来讲当然也包括各级产业工会的工作,都要建立这套机制。这就是我们今年部署“五突破一加强”工作时提出的一个新要求。这个问题比较复杂，大家都在思考，但这个问题不解决不行。无论搞什么工作，开始都还好搞，难就难在搞起来以后怎么能够深入持久地发展下去，真正取得实效。工会组建也是这样，要把一亿多职工组织起来也很难，但从某种意义上讲，真正使这些工会组织发挥应有的作用，那就更难。所以，工会维护职工合法权益，推进“五突破一加强”，建立两个机制，必须在注重实效上下更大的功夫。

工会工作要做到“三个最大限度”*

（2001 年 3 月 4 日）

刚才，几位委员就加强基层民主、调整劳动关系、加强劳动立法和群众监督工作等作了很好的发言，提出了许多很好的意见和建议。这对于我们党政机关特别是工会来讲，进一步推进和加强今后的工作很有帮助。

这次“两会”是在新世纪之初召开的一次重要会议。“两会”将要审议通过我们国家的“十五”计划。对于工会来讲，要按照“两会”精神，紧紧围绕实现“十五”计划的大局来开展工作。去年年底全总召开了十三届三次执委会，提出今年的工会工作要以邓小平理论和党的基本路线为指导，按照“三个代表”的要求，进一步深入贯彻党的十五大和十五届五中全会精神，坚定不移地推动党的全心全意依靠工人阶级根本指导方针的贯彻落实，进一步突出和履行工会的维护职能，最大限度地把广大职工组织到工会中来，最大限度地维护广大职工的合法权益，最大限度地保护、调动和发挥广大职工的积极性、创造性，充分发挥工人阶级在实现“十五”计划中的主力军作用。按照这样一个总体要求，工会要做的工作很多。从现在

* 这是尉健行同志在与出席全国政协九届四次会议工会界委员座谈时讲话的主要部分。

的情况来看，要实现这样的要求，一个是要突出重点，一个是要注意实效。这是各级工会组织完成今年工作任务需要很好解决的问题。

突出重点，主要是两个：一个是把没有组织到工会中来的职工，最大限度地组织到工会中来。现在全国以工资收入为主要生活来源的职工已有2亿多人，但现在参加工会的也就是1亿多一点。前几年工会会员的人数是减少的，经过近一两年的努力，又有所回升，达到1亿零几百万。就是这样，会员也仅仅是职工人数的一半。作为社会主义国家，这样一个比例很难适应当前形势任务的要求。一个企业，没有工会组织来代表维护职工的合法权益，就很难建立调整劳动关系的机制，也缺乏一个党联系职工群众的桥梁和纽带。现在还没有组织到工会中来的职工，最需要工会来维护他们的合法权益。因此，当务之急是首先要最大限度地把还没有组织到工会中来的职工组织到工会中来。通过全国各地的努力，力求在现在基础上有所前进，到明年年底会员人数达到1.3亿。这是今年各级工会工作的一个重点。第二个重点，就是工会要最大限度地维护职工的合法权益，在当前形势下要重点维护困难职工群体的合法权益。

刚才很多同志发言都谈到了这个问题，我很赞成。因为大家都有实践经验，而且讲到要害处，并提出了一些很中肯的意见。工会作为党领导的工人阶级的群众组织，它的最基本的职责就是要代表和维护职工的合法权益，如果做不到这一点，工会没有存在的必要。但是，要做到这一点，任务相当艰巨。所以，我们在前几年强调，维护职工合法权益，重点要解决特困职工利益的维护问题。当时我们提出，工会要做帮扶特困职工的“第一责任人”，具体讲是第一知情人、第一报告人、第一帮助人。工会是职工群众自己的组织，如果有的职工生活过不下去了，工会不知情、不报告，不首先伸出手来去帮助，那要我们工会干什么?! 这项工作，几年来经过各级工会组织的努力，应该说做得是好的。在各级党委、政府和企业行政的支持、帮助下，大家建立了档案，把特困职工放在工会工作的视野之内，及时掌握情况，不断帮助解决一些困难。总的来说，这几年基本上还没有出现因为我们没有及时帮助而发生职工家庭、个人的不幸事件。应该说这项工作已经打下了一定的工作基础，形成了一些经验。

现在看来，我们要在继续抓好维护特困职工利益工作的同时，有条件、有必要、也有能力把工作重点扩展到维护困难职工群体上来。这是对今年工会工作提出的新的要求。什么叫困难职工群体？刚才几个同志都作了一些说明，我看都有道理。因为不同的地区、不同的领域，困难职工群体的状况是不同的，大家讲的不管是 5 类也好、4 类也好，都符合全国总工会提出的困难职工群体的基本含义。这些职工最需要我们关心。工会要在党委的领导下，跟其他部门密切协作，做好这个方面的工作。维护困难职工群体的合法权益，这是一个很现实的问题。如果困难职工群体的合法权益得不到维护，就很难维护职工队伍和社会政治的稳定。当前群体性事件不断发生，规模也逐步增大，造成的影响和损失也越来越大。分析一下这些群体性事件，一大半都是来自企业，绝大多数都是人民内部矛盾，绝大多数都是因为这些职工的切身利益受到侵害、得不到保障引起的。回过头来看，按照我们国家现行的法律法规、政策和制度，按照我们现在的经济条件和实力，本来可以在事先得到解决的，不致使矛盾激化，变成群体性事件。问题的关键是我们的维护工作没有做好。当然，困难职工群体的问题是很复杂的，不是工会一家能解决的，就是特困职工的问题也不是工会一家能够包办的。困难职工群体的问题涉及到国有企业深化改革和发展的问题，涉及到进一步扩大社会就业问题，涉及到进一步建立健全社会保障制度问题，也涉及到怎么样处理好收入分配不公和解决某些领导干部的作风和腐败问题。这是一个很复杂的问题，涉及面很广，不是工会一家能解决好的，但工会作为中国共产党领导的工人阶级自己的群众组织，在维护困难职工群体合法权益上，是责无旁贷的。要像维护特困职工利益那样，责无旁贷地把工会的责任承担起来，替党分忧。这就是为什么今年我们要把工会维护职工合法权益的重点，转到维护困难职工群体合法权益上来的原因所在。这是我讲的工会今年的工作要突出的两个重点：没有组建工会的把工会组建起来；已经组建起工会的，把重点放到维护困难职工群体的合法权益上。

第二，要注意实效。工会工作不能只在程序上、形式上做文章，要在提高实际效果上做文章。工会要维护职工的合法权益，靠什么？工会既没有钱，也没有行政的决定权，工会维护职工合法权益，维护困难职工群体的合法权益，靠的是建立起调整劳动关系的机制。工会调整劳动关系的机制从哪里来的？是国家法律明文规定的，是《中华人民共和国劳动法》明确规定的。概括起来就是两大机制，一个是建立和完善平等协商、集体合同制度，这是《劳动法》赋予的权利；一个是坚持和发展职工代表大会制度，这是我们党和国家早就有规定的。我们就是靠这两个机制来调整企业劳动关系矛盾，维护职工的经济利益，维护职工的民主权利。因此，工会工作要讲求实效，就是运用这两种调整劳动关系的机制要收到实效。这是今年工会工作强调的第二个重点。

经过这几年的努力，运用这两种机制，各级工会做了大量工作，很多企业都已经把这两种机制逐步建立起来了，有的企业工作开展得比较好，也取得了经验。但应该看到，还有相当一部分企业到现在为止没有建立这种机制；而且更多的企业虽然开展了这方面的工作，但搞了形式，走了过场，没有真正发挥调整劳动关系机制的作用。现在强调要讲求实效，就是要解决这个问题。我们现在搞工作，把过去没有的制度、办法建立起来，把架子搭起来，把工作干起来，按程序办起来，当然要做很多的工作，也很不容易，但是可以做到的。现在最难办的是干起来的工作、搭起来的架子，是不是有真正的内容，是不是有真正的效果，这是很难的。这不光是工会，其他工作也是这样。一声号召有些工作不难开展，但是好多是形式，做给上面看，装样子，群众是不满意的。我们现在到有的企业去看，厂务公开搞了，但职工群众不感兴趣，认为厂务公开没用，职工希望公开的没公开。有的企业职工代表大会也开了，你去问一下职工，他们认为没起作用，是走形式，搞得很热闹，又是鼓掌，又是报告，就是不认真听取职工的意见，企业领导想怎么做就怎么做。因此，企业的劳动关系矛盾不断产生。为什么群体性事件绝大多数都是人民内部矛盾，绝大多数都是在现行的法律法规、政策、制度和现在的经济条件下事先可以解决的，却没解决？说明企业调整劳动关系的机制或者没有建立，或者是建立了没有起作用。因此，这些人民内部矛盾，就不能按党中央要求的那样，解决在萌芽状态，解决在基层。如果我们的工作走形式，走过场，不解决问题，群众意见一大堆，没地方去说，慢慢积累积累，不知等到哪一天，当党委书记、厂长、工会主席发现时，职工已经把队伍拉出去，包围了市委、市政府。这种教训太多了。这里提出了一个很重要的问题，就是我们这些调整劳动关系的制度、机制，一定要认真落实。社会主义国家的企业应该发扬社会主义民主，让工人群众真正能够行使民主决策、民主管理、民主监督的权利。现在问题是，在不少企业里职工群众的这种权利受到了侵犯，这是我们不允许的。

发扬社会主义民主，在当前来讲很重要的领域，就是要大大加强基层民主，加强企业民主，加强农村基层民主。加强企业民主建设，从当前来讲，在保证企业职工民主权利方面，很重要的就是职工代表大会制度。但是，这方面的工作恰恰是很弱的。所以，我们不要只满足于职工代表大会开了没有，厂务公开了没有，对领导干部民主评议了没有。当然，职代会都不开，什么都谈不上。如果职代会开了，但职工群众的意见提出来你也不听，照样我行我素，厂长一个人说了算，这样的职工代表大会有什么意义?! 如果厂务公开搞了，假东西公开了，职工提意见也不听，这种厂务公开又有什么意义?! 如果年年对领导干部评议，但大多数职工都有意见的领导干部，照样做官，职工群众还有什么评议的积极性?! 这种现象，就是在社会主义制度下，法律保障的职工民主权利受到了侵犯。这说明工会调整劳动关系的两个制度缺乏监督制约和保证机制。工作做了也就做了，不做也就这样；承诺也行，不承诺或承诺不兑现也没办法。如果这样的话，平等协商、签订集体合同有什么用？召开职工代表大会有什么用？这就向我们提出一个问题，我们不仅要号召干这个干那个，而且必须要注意干的工作有没有效果？如果没有效果，为什么没有效果？当然，我们也有一部分好企业，这些企业继承了我们党的好传统、好作风，又考虑了发展社会主义市场经济、建立现代企业制度的要求。这样做，企业职工的积极性就高，凝聚力就大，企业发展也快。我刚才讲的，是请大家考虑一下，工作中确实有我们应该严肃对待的问题。

去年，我们应德国社会民主党的邀请出访德国，曾专门到德国大众汽车公司参观，了解大众汽车公司是怎么实行共决制的。在大众公司董事会中有劳工董事，监事会中有一半是工人代表，一半是管理方代表，企业里面是企业管理委员会组织职工代表参加，共同研究处理企业的一些问题。当然，这跟我们企业民主管理的性质是不同的。但有一点，就是大众汽车公司这几年没有发生过罢工，这是事实。资本主义发展了几百年，他们也在总结经验教训，工会也不希望更多的罢工，因为对企业没好处，对职工也没好处。他们也认真学习、研究了社会主义国家的办法，把我们一些民主管理的东西吸收过去。他们搞这套东西的根本出发点跟我们不一样，他们要解决的矛盾跟我们也不一样的。从根本上说，他们是资产阶级和工人阶级的矛盾，这么做的目的是为了缓和阶级矛盾，来发展经济。这跟我们完全是不一样的。但问题是，我们是社会主义国家，工人阶级是党的阶级基础，是领导阶级，我们是全心全意依靠工人阶级，在这样的情况下，怎么不少地方矛盾反而会激化呢？我们是完全有条件、有能力解决这方面问题的，但我们有些同志在发展社会主义市场经济中，把我们党的一些好传统给忘掉了，把我们党的一些政治优势忽略了，现在反而我们的群体性事件不断发生。这很值得总结，很值得深思。

因此，对工会来讲，要很好地研究这两种机制怎么样建立。我们强调，工会要代表和维护职工群众的合法权益，首先就要敢提意见，敢监督。如果企业老不召开职代会，工会就要提出意见；平等协商，签订了集体合同，承诺事项不兑现，工会就要反映情况；如果企业的重大问题没有向职代会报告，职工提的重要意见没有被采纳，工会就要提出意见，就要向党委和上级反映。这是工会应该做到的。工会代表职工进行群众监督、民主监督，这是党给我们的权利。当然，这样做难度很大。难度来自多方面，但是从工会自己来讲，作为工会领导干部来讲，应该反问自己尽到工会责任没有？有没有达到党对我们工会组织的要求？这方面我们大有文章可做。当职工群众的合法权益受到侵犯，工会也不说话，也不提意见，那要工会有什么用？我感到这几个方面大家要好好总结经验，尽管我们有很多困难，但党把我们放到这样一个岗位上，我们应该承担起这样的责任。对遇到的困难，有的我们可以自己解决，有的我们可以向各级党委汇报。这种调整劳动关系矛盾的机制，一方面要加强群众监督；另一方面，如果发生矛盾解决不了，要有一套解决矛盾的保证机制。如果企业签订集体合同，不兑现，工会要监督，要提出意见，如果发生矛盾谁来协调？企业党委要协调，要依靠党委的领导，如果企业党委也协调不了，我们要按照《劳动法》的规定，发挥企业劳动争议调解委员会的作用，发挥地方劳动争议仲裁机构的作用。解决这样的矛盾，有个立法问题。要进一步健全劳动争议调解委员会和劳动争议仲裁机构这种保障机制。既要使这种调解有法律保障，也要为调解这种矛盾提供法律依据。这里面包括上级工会、产业工会、上级党委和政府在处理这种矛盾中间的分工和责任。要建立一套维护社会政治稳定的责任制。如果本来可以解决的矛盾，党组织、政府、工会、企业处置不当，造成群体性事件，要追究责任，严重的要依法处理。建立健全这套机制、这套法律保障，需要我们共同研究。作为工会来讲，首先要敢于监督。调整劳动关系的机制要发挥实效，在当前来讲怎么衡量？如果一个企业、一个地区老发生群体性事件，总不能说你这个地区、你这个企业调整劳动关系的机制已经建立健全了。

我想和大家一起来沟通和研究这个问题。在当前这种情况下，工会工作要搞上去，前几年号召建立平等协商、集体合同制度，把职工代表大会制度建立起来，把厂务公开、民主评议企业领导干部等工作开展起来，如果到今年还停留在这个水平上已经不够了。从实效上提出要求，就会使我们的工作更加深入。我刚才讲的这些问题，都是一些有待探索的问题。今天借这个机会提出来，请大家集思广益，帮助我们出主意、想办法，共同把工会工作搞好，把劳动关系矛盾调整好，推进企业的改革，促进企业的发展，维护企业的稳定。

《工会法》必须考虑社会主义国家的性质*

（2001 年 3 月 16 日）

《中华人民共和国工会法》修改不考虑社会主义国家的性质不行。重大问题需要统一认识。前一段认可的问题，也可能过一段又搬出来作为问题议论。现在剩下的几个问题，要下点功夫做些工作，同时我们也要采取对策。一方面要坚持，另一方面也要根据实际情况做些调整、说明。

第一，关于职工代表大会的问题。这个问题的要害，是在我们社会主义的国家里，仅仅是国有企业、集体企业要搞民主管理、民主监督呢，还是所有的企事业单位都应该依靠职工群众，开展民主管理、民主监督的问题。在这个问题上必须坚持。我认为，职工代表大会不仅适合国有企业、集体企业，外商投资企业、私营企业不搞这个也不行。因为，在资本主义国家，比如德国大多是私营企业，他们都知道利用这个对调解劳资矛盾和劳资关系有好处，更不要说我们社会主义国家了。现在，职代会只有关于国有企业、集体企业的法规，是因为过去那个时候我们没有外商投资企业和私营企业。这个问题，

---

* 这是尉健行同志在出席全总书记处会议讨论《工会法》修改时讲话的一部分。

我们必须坚持。至于把职工代表大会表述为一种基本制度，还是一种基本形式，这个倒不是问题的要害。制度是我们后来提出来的，为了提得更高一点。但是，所有企事业都必须搞民主管理、民主监督，这个一定要坚持。要从我们社会主义国家的特点和当前企业劳动关系矛盾等方面来论证。尽管是私营企业，但职工还是国家的主人。国家的主人怎么体现？在社会上是主人，在企业里就体现不了?！其实，这也是党中央强调的扩大基层民主的重要内容。另外，要论证一下资本主义国家是怎么搞的。如果我们中国连这个都没有，将来怎么交代。什么社会主义优越性，什么工人阶级是领导阶级，都是空话。别人看，你是社会主义国家，还不如资本主义国家呢，资本主义国家他们还知道搞一种机制来调解矛盾。我们天天有罢工的，天天有游行的，出现这种问题，原因当然是多方面的。但是，发生这种问题，说明我们还没有建立一种适应社会主义市场经济要求的调解劳动关系矛盾的机制。江泽民同志最近强调，要发展社会主义民主，当前很重要的是扩大基层民主。基层民主是什么？一个是农村，一个是企业。按照这种精神，我们搞政治体制改革，很重要的是发扬民主。发扬民主确实是我们的一个目标、一个方向。但民主这个问题很复杂。如果搞过头，搞不得当，就自己搞乱了自己。像有的国家，先搞政治体制改革，搞什么“新思维”，最后搞得亡党亡国啦！这个教训我们要吸取。但是，我们现在搞厂务公开，坚持和发展职代会制度，是没有什么风险的。在基层扩大民主，只能是缓解矛盾，保持稳定，不会对我们起这样那样的副作用。国外敌对势力要想通过基层搞乱我们，现在他还没那个能耐。所以江泽民同志在“两会”党员召集人会上说，要加强和扩大基层民主。这不是一般的提法，这是一个方向，一个指导方针。我们要搞政治体制改革。同时，我们搞政治体制改革、发扬民主，要一步一步地来，首先扩大基层民主。为什么我们搞农村基层民主选举？为什么中央同意搞村务公开、厂务公开、政务公开？而且政务公开也搞到县一级，就是这个意思。现在，这个方面做得还远远不够。我们现在有些基层干部独断专行，不讲民主，这个问题相当严重。为什么现在有些地方出事？有的确实是因为民主太少啦，群众发言权太少啦，所以，这一点我认为必须要坚持。《工会法》修改不这么搞，职工群众也不能答应，在国际上也不好交代，我们这个理就输啦。人家会讲，你们什么社会主义，还不如我们社会民主党呢！现在，像德国社会民主党有些提法比我们还厉害呢。我们现在搞得有些不三不四。如果这个问题搞不了，宁可《工会法》修改 4 月份不通过。因为，这些都是原则问题，是要坚持的。

第二，关于职工代表进入董事会、监事会的问题。别看有些不同意《工会法》写上去的理由，好像是说这个跟工会没关系。要害不在这个地方，要害是不同意职工代表进入董事会、监事会。董事会、监事会连职工代表都没有，这叫什么社会主义？说明这个问题的理由多得很，一定要坚持。至于怎么个写法，怎么样把它联系到工会上来，这是个技术性问题。要害问题是职工代表要不要参与董事会、监事会。这个问题一定要坚持。

第三,关于街道工会的问题。这个问题跟前两个问题还不太一样。就是工会怎么适应新的形势,加强组织建设、加强领导、适应基层的要求。要求工会能够很好地维护职工权益,就需要有这样一个机构。实际上,目前它还不是工会的一级领导机构,是街道企业工会的一些职能搞到它里面去了。但这个问题跟前两个问题比较,又是不一样性质的。前两个问题,实际上是一个性质的问题,就是社会主义国家发展市场经济还要不要依靠群众。这个问题是属于组织体制变化以后,经济发展以后,工会的领导体制、机构怎么改革的问题。这个问题也要坚持。国家编委会是不考虑什么组织领导体制问题的,它主要是考虑编制,怕搞了以后有编制的问题。从他们的角度来考虑,也是可以理解的。如果我们做编委会主任,也会从这个角度提出问题。这里,怎么样既坚持这个原则,又稍微灵活一点。比如说我们的街道工会委员会,不能像县工会委员会那样有成套的机构和那么多脱产人员。根据现有的情况来看,有好多是兼职的,包括乡镇都是可以兼职的。虽然是兼职的,但这样工作就有人管了。这方面可以有点灵活。这一级只是考虑大城市,不是所有的县市都有。理由可以稍微变通一下。因为这个东西搞不好不光是编委会不赞成,有些领导也可能不赞成。为什么呢?因为现在强调要精简机构,等等,这个问题搞不好,连乡镇工会都给拿掉。为了建街道工会,结果把乡镇工会一下子也都给拿掉了。

我看这三个问题提得很好,这些问题要坚持,但要有所区别。第一、第二个问题要硬气一点,你不同意,我们也要坚持到底，一直到你最后通过，我们还可以保留意见。我们可以发信，一直到江泽民同志。至于第四、第五两个问题，如果他们认为可以考虑、协商解决，那就好。比如刚才讲的机关工会问题。这是没有知识，不但没法律知识，也不懂中国历史，从来不知道工会怎么过来的，根本不知道工会发展的历史。

要坚持在社会主义中国的企事业单位都要实行职代会制度，还有事业单位的职代会、学校的教代会问题，不要搞得将来学校没有了教代会，那就留下后患，那就往后退啦。

我看刚才讲的六项工作都很有必要。另外我们要搞点研究，出点比较有力的参考资料，多做这方面的工作。

老实说，这次能把维护作为工会的基本职责写进去，是很不容易的。还要考虑一个问题，就是国有企业职代会的职权，跟私营企业是不一样的，将来是不是应有所区别，是不是可以附带一些条款。

关于中央企业工委建工会的问题，讲的就是原来中央国家机关工会、中直机关工会管的那些单位归他们管。比如，北京东高地那边的有些大企业还归北京市总工会管，钢铁研究院、有色金属研究院，还有兵器的那些在京院所归中央企业工委工会管。形象地讲，是中央和国家机关工会管的不要超出原来中央和国家机关工会领导的范围，只是归属关系调了一些。我一直讲的就是这个意思。过去20世纪五六十年代，中央有工交政治部，它不管企业，它管工作，它不领导企业。

关于全总机关机构改革问题，要有点创新精神，有点改革精神。推出的方案我很赞成。机构体制确实应该适应当前形势任务需要，进行大的变动。我赞成这个方案。但是，我想问一下，这个方案现在在领导层里大家议了没有？在议论中有没有某些问题不太好定的，大家看法是不是统一？关于新设的部门叫什么名字等，我看这些意见都很正常。有些问题还可以再统一认识。你们估计往下传达，大概还会有哪些问题，你比如产业工会，这个变动是比较大的，对传统观念触动也比较大。搞不好，会有人认为你削弱产业工会。另外，我们强调产业工会的工作与部门和地方不要更多地交叉，产业工会重点是搞宏观参与。也有人认为，一个企业就是一个工会，产业工会怎么搞？总会有一些看法。

还有一个问题，就是什么时候开主席团会议？主席团会议是什么议题？4 月份开能来得及吗？主席团会议之前，至少我们内部对全总机关机构改革方案要统一认识。因为这个问题地方工会一直是有看法的，认为全国总工会应拿出一个方案。现在应该拿出来了。

维护职工合法权益要处理好三个关系*

（2001年3月27日）

刚才，几位同志的发言，反映了海南省各级工会在工作实践中贯彻“三个代表”重要思想的一些很好的感受和取得的一些成果。同志们的发言充分说明，这些年来，你们按照中央和全国总工会的一些工作要求，结合海南的实际，在海南省委和各级党委的领导下，各级工会做了大量的工作，而且取得了很多很好的经验。这些天，我到海南给我一个印象，这些年来在海南省委的领导下，坚持贯彻中央的有关方针和工作部署，经济取得了平稳的发展，社会政治稳定。我看，之所以能够取得这些成果，我们工会工作也应该说作出了自己应有的贡献。同志们在发言中也提出了一些问题、建议和要求，有些是涉及到今后的一些立法的问题，有的是涉及到将来全国总工会在一些工作上要加强工作指导，要解决一些实际问题这样一些意见。这些意见都很好，我们回去应该很好地研究，来处理这些问题。

刚才，同志们讲了这些年的工作，都是涉及到这些年来我

* 这是尉健行同志在海南考察期间与工会干部座谈时讲话的主要部分。

们工会工作的一些思路、路数，讲得都很好。我没有更多什么新的话要说，只是再重申一些看法。

我们国家改革开放、发展社会主义市场经济以后，经济基础，包括所有制，也包括分配制度，都发生了重大的变化。相应地，我们国家劳动关系也发生了深刻的变化，劳动关系方面的矛盾明显增加，有些地方、有些单位还很突出。考虑到这样一些变化，所以全国总工会跟大家一起研究，面对这样的形势，一方面尽管所有制、分配制度等等经济关系发生了那么大的变化，但是作为一个社会主义国家，全心全意依靠工人阶级这样一个根本指导方针不能变，必须坚定不移地继续贯彻这一方针。另一方面，我们又要适应新的形势变化，对工会工作的职能、方针、工作方法、内容等等，需要作相应的调整、相应的改革。在这方面，我们突出强调的就是在新的形势下，要进一步突出工会的维护职能。这些要求，一是要贯彻全心全意依靠工人阶级这样一个指导方针，一是要进一步突出工会维护职能。刚才同志们讲的一些理解、领会都很好，我看都是经验之谈。没有实践，没有扎扎实实抓工作，我看也谈不出来这样一些体会。工会作为中国共产党领导的工人阶级群众组织，它需要从事的工作很多，但正像同志们讲的当前一个最基本的职责，就是要维护职工群众利益。如果作为一个工人阶级的群众组织，不把这个维护职工群众利益放在一个特殊的地位，这个工会就没有存在的必要。如果我们工会不很好地维护职工的利益，关心群众的疾苦和呼声，积极地帮助他们反映和解决问题，那工会就是一个脱离群众的组织，就不是工人阶级自己的组织。这样的组织也起不到我们党要求工会要成为党联系职工群众的桥梁和纽带作用,更谈不上这个作用。现在我们很多事例都说明,由于我们有些地方在维护职工合法权益方面做得不好,造成矛盾激化,发生一些突发性事件。在发生这种事件的时候,一个共同的特点是职工群众把工会撇开了,把企业行政撇开了,把工厂党委也撇开了,直接去找市委市政府、省委省政府解决问题。有的甚至采取一些极端的手段,堵塞高速公路,堵塞我们一些主要的铁路干线,使铁路停运几十个小时。这个当然原因很多,但是,细细分析起来,绝大多数都是人民内部矛盾,绝大多数是因为我们有关方面损害了职工群众的切身利益,这个方面应该说教训是很多的。所以这些年来我们一再强调,工会必须进一步突出维护职能。

我们讲的维护,是维护职工的合法权益,在维护职工的合法权益上,从这几年来看,要处理好几个关系,我看有三个方面的关系我们要处理好。

第一个关系是既要维护职工的经济利益,还要维护职工当家作主的政治权利,也要维护职工精神方面的利益,也可以这样讲,既要维护物质利益,还要维护政治利益,还要维护精神利益。当然我们有的时候讲得比较客观一点,一般都是讲两方面:既要维护经济方面的利益,也要维护政治方面的权益。一般这样讲也是包含了三个关系。但细细分的话,也不完全是两个,应该把职工的精神利益也作为一个重要方面来维护。维护职工的精神利益,也就是我们经常讲的满足广大职工的精神文化需求。这就是说，我们必须把维护广大职工的精神文化需求，作为履行工会维护职能的一个重要内容来抓。广大职工的精神文化需求涉及的内容很多，包括享受先进文化的要求，也包括开展文化娱乐活动的要求，还包括接受职业技能培训的要求，等等。只有通过不断满足广大职工的这些精神文化需求，从而使他们能够不断提高自身的思想道德和科学文化技术素质，才能适应激烈市场竞争的需要。维护职工当前的一些福利、工资、劳保待遇等非常重要，但这是不够的，我们还必须从发展的角度，去维护广大职工适应今后发展需要的利益要求，去维护关系到他们长远的、根本的利益。这是工会必须承担的一种重要责任。所以我想，我们讲维护职工合法权益，这是要处理好的第一个关系。

第二个关系是要维护好国家的总体利益和职工的具体利益的关系。这个也是我们一直强调的。在发展社会主义市场经济条件下，我们讲要突出维护职能，但也仍然要坚持处理好这种关系。因为我们是社会主义国家，国家的总体利益和职工的具体利益，总的讲它是一致的，但具体在处理上有时候会是有矛盾的。怎么样把这个关系处理好，这是我们正确履行维护职能需要研究解决好的一个问题。我们有些突发性事件，有些矛盾也还是因为这两个方面的关系没有很好处理。像刚才邮政工会讲“双依靠”，我看实际就是一个全局利益跟职工的具体利益、长远利益和当前利益这样一种关系。刚才也有的同志讲，维护固然重要，但是最根本的维护，还是促进我们的经济发展，只有国家经济发展了、富强了，我们职工利益也才能有更好的保障，更好的提高。所以这个也是我们在履行维护职能时需要处理好的一个关系。

第三个关系就是维护职工的具体利益和加强对职工的思想教育工作这个关系。我们说职工的利益很多，但是很重要的是物质利益，应该这样说，这个应该肯定。过去我们不太强调这个问题，只是强调一种精神方面的利益，思想政治上的一些要求。推进社会发展，归根到底，还是为了更好地为广大人民获取更多的利益，改善人民的生活。干革命也好，我们党的宗旨也好，离开这个那都是脱离实际的。但是，我们又不能强调这个重点是应该解决好物质方面的利益，而放松我们党历来的好传统，就是要同时加强思想教育，要加强思想政治工作，要保持我们党光荣传统的优势。因为对这个利益的认识，不同的群体、不同的同志也有不同的认识。所以，我们讲主观上要维护职工的利益，但是，如果你的认识不一致，你说是维护，有的认为是违反了他的利益。所以这里面就需要我们注意，还要做思想教育工作，还要注意学习，讲道理，只有这样，我们主观要求和客观的效果才能够统一起来。我们现在很多地方，就是比较注意利用一些行政的手段、经济的手段、法律的手段，这个当然是需要的。但是，我们还是要坚持我们党历来的好传统，要坚持我们的思想政治工作，要做好思想教育工作。这是我们这些年来强调要维护职工利益，同时我们也不断强调要处理好这些方面的关系。

刚才几个同志的发言，实际涉及到很多这方面的问题，我看你们对这些问题的理解、认识、处理都是很好的，有的经验也是很好的。现在看来，要维护职工的合法权益，大致上从两个层次上来解决问题。一个是在基层，在企业怎么维护职工合法权益，这个大量是反映在基层工会的工作上，这个应该说是基本的、主要的、大量的。我们各级工会领导机关要为基层工会做好这方面的维护工作创造条件。另一方面，我们要维护职工合法权益，还要注意宏观上的维护，特别是各级工会领导机关要注意从宏观上、源头上，在立法和政策制定以及实施过程中的监督上，来很好地维护职工的合法权益。有的问题如果不从源头上，在立法和政策制定以及实施过程中的监督上来很好地维护职工的合法权益，有的问题如果不从源头抓起，如果法律不完善，或者法律有些规定不得当，到具体维护的时候就很困难。所以我们讲就是要求两个方面，一个要加强基层的维护工作，一个要加重各级工会领导机关从宏观上、源头上维护的责任。

现在我们在基层讲维护，根据这几年的实践，我们可以应用的手段也就是两个。一个就是平等协商、签订集体合同制度，这个主要是根据《中华人民共和国劳动法》赋予工会的权力，从劳动条件、劳动标准这些方面来更好地维护职工权益。第二个手段就是进一步建立健全职工代表大会制度，维护职工群众参与民主决策、民主管理、民主监督这样一个权利，也就是我们经常讲的，要维护职工在企业当家作主的权利。在基层，我们强调的就这两个。对国有企业、集体企业的职代会，是有章可循的，有法可依的，但是对于私营企业、合资企业、独资企业，我们现在的做法是不一样的，有的地方参照国有企业的办法，在一些合资企业也照办了，也有开职工代表大会、搞厂务公开，等等，充分发挥工会的维护作用，有的做得是很好的，也有的地方不是太明确。在私营企业、合资企业、独资企业怎么样依靠职工参与管理，这个问题还不是很明确。这个问题，我们总的指导思想是，在社会主义国家，不管职工是在国有企业、集体企业还是外资企业、私营企业工作，职工都是国家的主人。他们不仅要参与管理我们国家的整个宏观上政府方面的事务，在企业里面，他们也应该享受到作为国家主人应该有的政治权利。因为我们总的指导思想是，这些企业也一样要把职工群众组织起来，参与企业的各种管理。但是国有企业跟私营企业、外资企业毕竟它的所有制不一样，它的一些机制也不一样，所以现在也不好说就把国有企业的那一套都照样地搬到这些企业。所以同志们刚才提的这个问题很好，需要我们大家一起来探索。从海南这样一个特点出发，到包括我们在座的一些工会主席等等，我们大家一起来探索。但总的一个指导思想，就是像职工代表大会这样一种机制，原则上讲应该适合国内企业，只是在某些职能、某些规定上可以有差别。因为这个问题，不管是作为一个社会主义国家应该如此，就是刚才大家讲的有些资本主义国家，它现在已经不像是一二百年以前刚开始搞的时候那样一种办法。因为他们多少年来实践表明了一个企业单靠几个行政领导是搞不好的，必须依靠和发挥职工的积极性。他们强调怎么样解决好劳资调和，缓和这些劳资矛盾，这个是资本主义国家很注意的一个问题，他们也注意学习、借鉴这些年来社会主义国家管理企业、依靠职工办企业的一些经验。大家到一些资本主义国家去看，它有一套办法，也是各有特色的，有的应该说在某些方面比我们还强。我 1978 年到日本去，当时我在企业工作，我就注意到它的小组去看，它搞合理化建议比我们搞得还科学，想法调动职工提合理化建议的积极性，又是搞图表，又是搞资料分析，比我们的效果好得多。德国，它这个资本主义发展跟美国不一样，它开始搞资本主义，后来希特勒独裁，二次世界大战打败了。它意识到完全搞资本主义原始积累那一套不行，所以在具体做法上有它的特点。它的监事会，如果有 11 个监事的话，有 5 个是工人代表，5 个是资方代表，还有 1 个就是资本家。当然，它有一个制约，最后，如果一半对一半，他那一票就决定了。但是从形式上看，大家感到也不错，11 个代表里有 5 个是工人了。应该说他那一票在关键的时候，他肯定是要起作用的，但是在一般的情况下，他不会随便轻易去动，如果老是这么动的话，大家对这个监事会也会失掉信任了。在企业里，它还成立企业管理委员会，这个企业管理委员会里有很多都是职工代表，企业内部有些劳资关系，如涉及到劳动标准、生活福利，它都是在企业管理委员会来商量，来确定。咱们现在有些同志那个脑瓜反而搞的是一百年二百年前资本家管理的那一套办法，认为自己做了厂长、做了总经理，就可以我今天要把你辞退就辞退，我要你怎么样就怎么样，就可以个人随意说了算，那是一种已经相当陈旧的资本主义发展初期的管理。现在的资本主义，它不是这样。它的一些分配办法、包括股份制等，也是在不断地调整。我们反而去学了它那一套资本主义初期野蛮剥削的办法。我讲的这个意思就是我们应该理直气壮地提出来,在社会主义国家,即使是私营企业、外商独资企业,我们也不能说职代会这一套就不起作用了,不能办了。我们需要摸索,需要坚持这样一个总的指导思想,但是又要具体探讨一些具体的办法、机制来很好执行。这个问题,靠你们在座的各位,咱们大家一起来探索。这两种机制对国有企业是没有问题的,但是怎么样推广到全国,还需要做好多工作。

各级总工会,现在看来要从源头上维护,要做的事情很多,现在有一件事情一定要坚持推广,就是各级工会跟政府应该建立一种联席(联系)会议制度,不定期地就当前的劳动关系、劳动政策、社会保障等等方面,沟通情况,共同研究问题。这个对政府是有好处的,它可以及时听到职工群众的反映、他们的难处、要求,政府的有些决定也可以通过工会向职工做一些解释工作,让大家理解政府为什么作这个决定。这样一种制度开始是在陕西省搞起来的,现在已经有十几个省搞了。海南也搞了是吧,那很好。一些这方面工作比较落后的省份今年也开始搞了。我看省长也在这儿,这个恐怕要探索一下,把这个制度搞得更健全一些。现在是好多事情,突发性事件一发生了,大家都不知道是怎么回事。工人拉起队伍离开厂了,党委书记不知道,厂长不知道,工会也不知道,瞒着我们了。我们脱离了群众。市委市政府更不知道。然后把马路堵了,铁路堵了,中央也惊动了,才感到压力大了,但这个时候有的就简单化了,动不动就请公安出面了,这是一条教训啊。企业内部的问题不能去请公安的。突发事件到了一定的程度，公安是有责任的。但我们总的精神是慎用警力，人民内部矛盾切忌简单化，是不能用专政手段的。这说明，建立这样一种机制应该说也是弥补当前一些问题的一种办法。现在省里这样搞了，恐怕各级政府都要注意这样做。在这方面，你们做得是不错的。但是在这样新的形势下，你说要一个省一点事没有也难。怎么样做到党中央一直强调的未雨绸缪，把这些矛盾制止在萌芽状态，能够处理在基层。这个指导思想是很正确的，但贯彻这个指导思想是很难的。我们要求企业不能动不动就把矛盾推向社会，推向政府，就是这个道理。企业怎么能够做好这个，现在来看，这些问题多数是影响到职工的切身利益。对工会来讲，是怎么样更好地维护职工的合法权益。当前来讲，怎么样利用好这两个手段，充分发挥维护社会政治稳定的作用，正确处理企业内部劳动关系矛盾，这是当前一个很大的问题，是工会的责任，是党委对我们的要求，也是全党现在需要很好注意的问题。我们现在应该说是困难很多，内忧外患很多。在这种情况下，某一个特定情况，一个偶然问题，可以激发矛盾，变成大事，所以说需要很谨慎地处理这些矛盾。那么现在这两种手段，多数企业都在搞，但效果很不一样。有的企业效果好，即使企业困难很大，但领导和职工能够同舟共济，共渡难关，也没有什么矛盾。春节前我到山西去送温暖，到一个军工厂去看生产子弹，原来在太行山，后来搬到平原上来了，相当困难。因为子弹的生产设备是搞不了民用的，它只能封起来，将来一旦有用，还可以生产子弹，平常没法使用。它只能依靠机修车间、工具车间的那些机床到外面搞点协作件，那个产值也低，精度也不高。他们就靠那个维持，相当困难，但是1500名职工精神状态很好。为什么？因为厂领导跟大家一起心连心。那个厂长本来以他的职级来讲，他一个月可以拿到1000多块钱，而他一个月仅拿400块钱，但确保把那些老军工、退下来的工人工资，全厂职工工资维持在200至400块钱，很困难。但困难是大家都困难，没有埋怨，没有到上面告状的。我当时看了以后很感动，我对那个厂长讲，感谢你们，我们党就是靠你们这样一大批同志在基层兢兢业业，跟群众共患难，自己以身作则，带头保持了我们国家的稳定。那样的企业要闹事，找市委市政府，天天有理由。大家想，200块钱一个月怎么办，你问他的小孩念高中，一年要花多少钱？费用相当高，但是大家都是千方百计想办法，大家充满信心，有这样一个厂领导班子，相信一步步会好起来的。我们现在讲困难很多，有的完全按制度是解决不了的，就得要靠这样一种精神。现在来看，这两种手段有的企业用得很好，有的企业完全搞形式主义，走过场。平常可能很热闹，职代会也开，上面讲话，下面鼓掌，也不提什么意见，提了意见你提你的，我干我的，职工也感到反正提了也没有用。会开得很好，你不能说他不开会，每年两次，一次也不少，大会也是张灯结彩，也不错，但矛盾掩盖了，这边开大会，3个月以后可能到市委，把市委包围起来。说明什么呢？就是职代会不起作用，包括厂务公开。现在的问题，我们强调怎么样把这两种机制能够很好地建立健全起来，要使这两种机制能有实际效果，而不是搞形式。这个问题，大家都知道全国总工会讲了，我今天还是再强调一下。我们现在就是碰到这种情况，大家共同努力，是不是在这些方面咱们进一步研究，比如刚才有的同志讲，这两种机制要搞好，很重要的一个是监督机制要把它建立起来。这两种机制要搞好，单靠工会也不行，因为有的矛盾也不是靠这个协商完全能解决的，如果协商不成，上面的调解委员会怎么起作用？调解委员会现在有的没有啊，《劳动法》说的仲裁委员会，实际也没有啊，这就不起作用了。到这个时候，如果仲裁也不行，要依法办事，由法院处理，而法院又怎么处理啊？这套机制、法规都不健全，都需要我们共同来努力。从工会来讲，我们应该责无旁贷，身体力行，搞好两种机制。总体来讲，工会单打一也不行，必须党委、政府、企业大家一起动手，来建立这种机制。我们是社会主义国家，我们有矛盾不怕，但我们应该有更好的机制，比资本主义国家有更好的机制，来防止人民内部矛盾激化。

德国的大众汽车厂，刚才讲它实行了这种制度，他们多少年来没有罢工。资本家不希望罢工，现在工会也不希望罢工。因为罢了工以后，搞不好两败俱伤。资本主义国家还能够总结经验教训，搞这套机制，尽管它的出发点跟我们不一样，它是为了调和矛盾，掩盖矛盾，维护它的统治。我们作为社会主义国家，这是我们党根本的主张，依靠工人阶级是根本指导方针，是为工人谋福利，这个出发点和他们不一样。但是有些做法并不是不可以借鉴的。而我们在这些方面做得不够好，这就是为什么天天发生问题啊。当然原因很多，但很重要的是，我们缺乏一套自己的调解劳动关系矛盾的机制，这个问题也希望在海南省，大家一起很好地探讨研究。总的讲，工会这几年来大家上下一起努力，在贯彻全心全意依靠工人阶级根本指导方针，进一步突出维护职能方面，做了很多工作，积累了很多经验，应该说也是有效果的。总的讲，中央和各级党委是支持的、理解的，但是真正使这项工作收到实效，我们工会内部还有很多工作要做，还有很多法规、制度、问题需要研究和参与解决。在这方面，全国总工会尤其要很好地来研究，处理好这些问题，也希望大家一起，来很好地研究解决这些问题。

加强工会自身改革和建设要重视的问题*

（2001 年 4 月 15 日）

上午看了社区的工会组织，下午听了同志们的工作汇报和发言，对于我来说是很有意义的，感到很高兴。对江苏的工作过去也有所了解，今天对几个问题比较系统地听了介绍，我总的印象是，这些年来江苏省总工会在省委的领导下，对党中央和江泽民同志关于工会工作的有关重要指示，以及中华全国总工会这些年来的工作部署和一些提法，能够很好地正确领会，又能够结合江苏的实际创造性地开展工作，各方面的工作都取得了很明显的成绩，不管在工作的进度上和深度上我看都处于全国的前列。你们不仅积累了一些成功的经验，而且对我们正在探索中的一些问题，你们也都提出了一些思路、想法，在摸索中有了一定的感受和体会，这些对我们全国总工会思考今后的工作很有帮助，很有得益。刚才你们讲了三个方面的工作，我听了感到做得都很好；提出两方面思考的问题，这些问题也是大家都在探索研究的问题，你们不仅在探索，而且也有了具体的做法。汇报中你们也提出了一些需要

---

* 这是尉健行同志在江苏考察期间与工会干部座谈时讲话的主要部分。

进一步研究和解决的问题。

第一个问题，是说全国总工会要很好地关注社区工会工作，希望在《中华人民共和国工会法》修改中明确社区工会的地位，这个意见是很好的。全国总工会也有这样的看法，因为实践证明，随着经济的快速发展，企业的结构、数量都发生了很大的变化。现在乡镇甚至村一级已经拥有一批以工资收入为主要生活来源的劳动者，如何把他们组织起来，发挥工会的作用，这对进一步发展经济，维护社会政治稳定都有重大的意义。江苏省总工会现在这方面的一些提法、做法很好。从全国来讲，因为各地区经济发展不平衡，人们对有些问题的感受、观念也不完全一致，对接受这样一个新的事物还有一定差距。从这个意义上讲，全国总工会有责任做好宣传，争取在有关法律法规上能够明确作出规定，这是我们的责任。希望你们能够沿着这个路子继续开展工作。这个没有错，因为这不是一种为建立组织而建立组织，它是实践中的一种客观需要，而且这个组织成立以后，它的作用就明显体现出来，不仅维护了职工权益，而且对我们整个政权建设都有很重要的意义，今天早上在参观社区工会中也看到这一点。这次石家庄发生的“3·16”严重爆炸事件①，当然有好多这样那样的原因，但很重要的一点说明我们有些地区有些部门基层工作薄弱，掌握不了这些情况，不仅没有预见，事件发生以后也不知道过程。我们党的政权建设，也需要加强对这一级的指导。

---

① “3·16”严重爆炸事件，指 2001 年 3 月 16 日凌晨发生在河北省石家庄市的连续特大爆炸刑事案，造成 108 人死亡。

工会要从自己的工作特点、职能出发，为社会政治稳定尽到我们应尽的责任，从某种意义上讲，也是工会为党分忧应该有的态度。总之，不管有什么样的说法，我希望江苏省坚持不懈地抓下去。

第二个问题，关于维护职工合法权益，调整劳动关系，建立两个机制。一个是建立以职工代表大会为基本形式的职工民主管理机制，一个是建立以平等协商、集体合同为主要形式的劳动关系协调机制。在这个问题上，主要是非公有制企业要不要搞职代会，要在《工会法》修改中有所规定，这也是一个很重要的问题。过去在计划经济条件下，我们的职代会条例大多是在公有制基础上的一些提法和标准，现在人们提出来非公有制企业要不要依靠职工，外资企业能不能搞民主管理。我们党一贯坚持全心全意依靠工人阶级，工人阶级是我们国家的主人，不管在什么企业，这个国家主人的地位不能变。社会主义国家必须依靠职工群众办好企业，这个大原则适合各种企业。国有企业要加强职代会制度建设，其他企业也要加强民主管理。依靠职工办企业，这个方向、这个原则一定要坚持。我看江苏这方面认识很明确，而且已经摸索了一些经验。当然在不同所有制企业职代会的权利、机制应有所调整，但是依靠职工办企业，要维护职工国家主人地位这一点，应该说没有什么区别。因为整个世界经济发展到今天，不仅是我们社会主义国家，就是资本主义国家它也总结了几百年来资本主义发展的经验教训，感到要办好企业，单靠几个人不行，不把职工的积极性解决好，这个企业就办不好。他们也观察借鉴社会主义国家的经验，感到社会主义国家有些办企业的制度、方法，尽管和他们的出发点不一样，但是他们感到有利于企业发展，也应该这样做。同志们都了解，各个资本主义国家企业内部制度不完全一样，但有相当多国家不同程度上都在企业建立了职工参与企业管理的制度。资本主义国家工会现在也不是动不动就罢工，它看到闹罢工搞不好两败俱伤，也希望建立一种机制来缓冲劳资矛盾。不同国家有不同的办法，德国有德国的办法，北欧有北欧的办法，日本有日本的办法。总之，出发点不一样。我们作为社会主义国家，搞职代会等这样那样的机制，因为工人阶级是我们党的阶级基础，是国家的主人，我们必须依靠，这是我们国家的性质决定的，而且有我们这样一个根本利益一致的大前提。资本主义国家的阶级矛盾很尖锐，但是它考虑到资产阶级根本利益，尽量缓冲这些矛盾，当然资本主义这样搞是为了更好地剥削。我们和资本主义出发点不一样，作为社会主义国家，有更大的条件来建立调解劳动关系的机制，体现社会主义制度的优越性。但是，由于我们刚进入社会主义市场经济，老的一套用不上了，新的东西又没有跟上来，我们有的企业、有的同志存在官僚主义，还有个别的有腐败现象，等等。因此，一些企业不想也不愿意建立这个机制来化解矛盾。对此中央的要求是明确的。这次全国社会治安工作会议上江泽民同志的报告里提出，社会治安问题也要从体制机制上想办法，其中也包括调节劳动关系的问题。我们现在经常发生一些群体性事件，差不多每天都有，有的几百人，有的上千人，有的把铁路中断，有的把市政府包围了，我每天上班，首先看公安部的简报。江苏还是不错的，江苏这几年最大的一次是镇江，镇江是集资问题，不是企业问题，平常我还没有看到有反映江苏这方面情况的，有的地方是一而再、再而三地发生。原因在哪里？事件处理完了回过头来看，没有根本利益的矛盾，后来通过协商都解决了。没有根本利益的矛盾，后来也都能够解决，但是为什么要发展到这样一个严重的程度，带来很坏的政治影响和经济损失？这就说明我们还没有、也不善于或者不能很好地运用调整劳动关系的机制。当然这种机制，我们还在摸索中，现在来看，平等协商、签订集体合同和职代会制度可以说是比较成熟的，对我们是行之有效的机制。平等协商和集体合同任何企业都要搞，职代会这个机制的具体职能、方法根据不同性质的企业可以有所不同，我希望江苏再进一步摸索，能够有些说法，为我们将来修改《工会法》做些参照。因为如果我们现在说只有国有企业、公有制企业才能够搞职代会，非公有制企业不能搞职代会，那就连资本主义国家都不如，别人就会笑话，说我们都这样，你们还限于国有企业。现在我们接待各个国家的工会，讲到我们突出维护职工的合法权益，而且我们讲维护职工权益既包括经济利益也包括政治权益，等等，尽管他脑子里也可能打几个问号，但是在嘴上他也不得不承认，因为我们有维权的机制在。过去他们认为共产党的工会根本就不是维护职工权益的，是个官僚主义的机构，现在德国就是这么宣传的。我到德国去，德国的工会就讲，东德的工会过去就是剥削工人的，不搞维护。现在每个代表团来华访问，包括德国代表团来、自由工联代表团来，我们就讲我们适应社会主义市场经济发展的需要，我们工会一个基本职能就是维护职工的合法权益，他们也不能不认账，至少在这个问题上，他们不好说什么话。如果像这样一种机制在将来越来越多的私营企业、外商投资企业不能用的话，这个也不符合我们社会主义国家性质。对于这一点，我感到，你们这样做的方向是对的，要坚持下去，理出一些好的经验。这个方面当然从全国总工会来讲也应该很好地努力来解决这个问题。

第三个问题，要使调整劳动关系的机制能够很好地发挥作用，还需要解决很多问题。这里包括工会代表职工群众的监督权利和监督机制，包括一旦在基层劳动关系矛盾激化，企业党委要做什么工作，上一级劳动争议仲裁委员会应该发挥什么样的职能，一直到法院应该怎么处理，如果没有这样一套法律保证，单靠工会也是无能为力的。这些也需要将来在法规上、制度上进一步明确，但是究竟怎么明确，也需要我们进一步探索。这些问题，你们都已经在认真探索、施行，而且有你们的看法，有你们的经验。解决这三个问题，责任在我们这里，但是希望你们努力去做，将来我们来请教你们。

大家刚才提出对两个问题的思考，一个是关于分配不公的问题，一个是关于机构改革的问题，这两个问题提得很好。现在确实存在分配不公，有的还很严重。这个既影响职工的积极性，也造成了有些干部的心理不平衡，客观上助长了腐败。刚才你们有些数据说明，我看都很好。这个情况中央是知道的，也很重视这个问题，这次江泽民同志在人代会上作为一个很重要的问题提出来，在常委会上也多次讨论过这个问题，相信全党上下大家一起动手会逐步处理好这个问题。

关于机构改革问题，提出的意见都很好。这里我想谈谈我的一些想法。我们这几年的工会工作，在各级党委的领导、支持下，各级工会组织共同努力，顺利发展。但是从我们全国总工会来讲，有些工作不如地方基层发展得好。如果说有些问题上有影响的话，往往发生在全国总工会。作为这样一个工会的领导机关，有思想作风问题，但也有机构体制问题。社会主义市场经济发展过程中，我们工会的职能作用、工作方法正在不断地改革和调整。但是全国总工会作为一个领导机关，它很多重要的体制机构仍然保持计划经济体系的一些传统，也包括有些作风，所以大家有意见，我都听到大家这方面的意见。这个问题涉及机构改革，全总首先要以身作则，带头做好机构改革。我想有几个问题要处理好：

首先，工会领导机关的体制机构改革，要有利于加强党对工会工作的领导。这是党中央对这次群众团体领导机关机构改革提出的明确要求，是一个很重要的原则。总体来说，我们工会干部在思想上是明确的，在行动上是自觉的，现在的体制机构也是适应的。但是，发展社会主义市场经济以后，我们工会的体制机构也需要作一些调整，更有利于党加强对工会工作的领导。比如，关于大企业工会的领导关系问题。现在有很多单位行政上是中央直接管理，有的单位希望工会也直接管理，把这些单位的工会工作统起来。像这样的体制问题，我们的意见是：为了加强党对工会的领导，工会不管行政上是不是属于直接领导，总的应该属地管理。因此中央企业工委分管很多大企业，我们的意见，大企业在哪里，它的工会就要接受当地党的领导，接受当地总工会的领导。从工会内部的领导关系来讲，这些大企业工会实行产业和地方工会双重领导以地方工会领导为主的领导体制，也就是坚持属地管理的原则。这样，更有利于加强党对这些工会的领导，也有利于工会工作的开展。这不是一个地方总工会要收点经费的问题，而是要更加有利于在党的领导下开展企业工会工作的问题。又比如，关于产业工会的设置问题，要适应经济结构调整和政府机构改革的需要。原来的化工部、冶金部在政府机构中已经没有了，我们的产业工会就必须适应这种变化作适当的调整，与现在的政府机构改革相协调，以利于党的领导的加强。还比如，关于改进产业工会的领导方式和工作方式问题。从适应形势任务发展变化的需要来看，产业工会应强调主要抓宏观问题，特别是涉及本产业系统的法律法规和政策性问题的调研与参与，多研究本产业本行业的一些共性问题，像产业劳动标准的确定与调整、劳动关系的协调与矛盾处理等，不要过多地去抓企业工会的具体工作，过多地去搞一些活动。这些活动谁来搞？让地方工会和企业工会去搞。总之，工会领导机关的体制机制改革，一定要有利于加强党对工会工作的领导，同时也要有利于工会依照法律和工会章程独立自主地创造性地开展工作。

第二，体制机构改革要有利于突出工会的维护职能。在当前的形势下，改革开放和发展社会主义市场经济以后，我们的经济关系、经济体制、经济结构发生了深刻的变化，劳动关系也发生了深刻的变化，矛盾明显增加。我们工会的职能、工作对象、工作方法等等都需要调整。其中很突出一条，就是要进一步突出维护职工合法权益这样一个职能，这是大家都赞成的。我们维护职工合法权益，作为社会主义国家有社会主义的特色，我们感到在维护上要处理好三个关系：一是维护职工合法权益要正确处理好维护职工的经济利益、政治权利和精神权益的关系。因为职工的权益无非三个方面：一个经济方面，一个政治方面，一个精神利益方面，包括享受文化、接受教育的权益等等，这个也是职工群众应该有的权益。当然，我们平常把它说成两种，一是经济利益，一是政治权利，严格讲也可以说三个，要处理好维护三个权益的关系。在资本主义它只强调维护经济利益，谈不上也不敢谈维护政治权利，它也维护不了。这个我们跟它不同。二是维护职工合法权益要正确处理好总体利益与职工具体利益的关系。这是我们大家都很明确的。这也是社会主义国家工会维护职工权益的一个特点。因为我们是社会主义国家，总体利益和根本利益是一致的，因此必须处理好总体利益与职工具体利益的关系。三是维护职工合法权益要处理好职工的具体利益和加强对职工的思想教育的关系。具体利益有不同的层次、不同的要求。有的可能本身是应该的，但从总体来讲是不合理的。有的要求是合理的，但现在条件还达不到，也不能苛求。不管你怎么处理，在不同的人员中间有不同的看法、不同的要求。有些也不是单纯给利益就能解决矛盾，如果没有必要的思想政治教育工作跟上去，也很难正确处理好这种矛盾，维护好职工的合法权益。这是我们这些年来一直强调的，作为社会主义国家的工会，要正确处理好这三个关系。这是我们大家都能理解的。因此，我们机构体制改革也要符合维护职工合法权益这个要求。那么，要维护这样一个权益，对于我们工会来讲要抓住两个环节：一是基层工会从微观上维护职工合法权益，一是工会各级领导机关从宏观上来维护职工合法权益，把宏观和微观统一起来，更好地维护职工的合法权益。这也是我们几年来着重抓的。因此，作为工会领导机关来讲，它搞体制机构改革必须有利于加强基层的维护工作，有利于加强宏观的维护工作。而且基层的维护工作主要通过两个手段：一个是平等协商、签订集体合同，一个是建立健全职工代表大会制度。那么，一方面，工会领导机关机构体制改革要有利于基层加强平等协商、签订集体合同，有利于加强职工代表大会的工作。按照这个要求，现在全国总工会机构不适应，基层部既抓集体合同，又抓职工代表大会制度，现在大家都明显看到，把总工会的主要工作都放在基层部，而有的部门工作不多，显然机构体制要服从任务的需要，不是任务去服从机构体制。这次大家提到的要成立民主管理部、集体合同部，集体合同部这个名称当然还可斟酌。另一方面，宏观上看，工会领导机关在法律法规制定、政策研究上要加强。多年来工会有一个特点，搞活动太多，今天这个竞赛，明天这个比赛，后天那个评比，一个阶段一个活动，活动就是工作，活动就是一切，过去计划经济条件下你不搞这个搞什么。在市场经济条件下搞些活动也是必要的，可以让企业去开展。全国总工会不要总是去组织这些活动，忙了一年，大家都没有闲着，都感到问心无愧，但加在一起看工作究竟怎么样，在职工群众中影响也不大。现在领导机关要注意加强政策性研究，要注意研究法律法规，要研究掌握经济形势。这一点我们要研究资本主义国家的工会，资本主义国家工会领导机关不搞这些活动，也没有钱去搞活动，但它对掌握国家经济的发展状况非常重视，知识非常丰富，不光对国家，而且对世界经济形势都了解很多，然后怎么样从法律上去研究解决职工利益问题，他们在这方面很在行，而我们在这方面既缺乏知识也不注意，这样不能适应形势和发展的需要。对机构体制改革，要维护职工合法权益，要加强法规制度建设，要加强政策研究方面的机构和力量。

第三，体制机构改革要有利于加强工会的自身建设。因为要承担这样的责任，真正起到我们党联系职工群众的桥梁纽带作用，我们需要抓好维护、调动积极性，把积极性引导到完成党和国家的中心任务上来。这个任务很重。关键要提高我们队伍素质，提高我们的工作效率，至于机构改革怎么精简，首先要加强干部队伍建设。干部队伍管理原来那一套不行，要按照民主、竞争、公开的机制，来不断改革我们的干部体制。这方面中央已经提出了新的要求，也同样适应我们工会自身改革。这就要求工会干部队伍要流动，要有进有出，这些问题长期没有解决。要不然我们这样一个队伍、这样一个结构也适应不了新形势的发展。再就是工会自身要加强监督。工会内部需要加强干部党风廉政建设，不然要出问题。一是要加强纪检组的工作,二是要加强工会经费审查工作。我总感到总工会的经费要加强监督。经审会光是在大会上作作报告不行,我很希望审计署对工会几年来的经费情况进行审计。因为他们有这个能力和水平,也不怕得罪人。靠外部是一个方面,我们内部的法律监督机制为什么不能很好地发挥作用,这个需要改革,需要加强。工会有好大一部分事业,党政机关不准经商,工会是允许的,这是从工会的性质、特点来考虑的。这样一个条件、一个权力,如果我们用不好,将来搞不好会辜负党中央对我们的信任,辜负上亿职工对我们的信任。因为我们好多经费,都是按职工工资总额2%拨缴的工会经费和职工交的会费,如果在这个方面搞贪污,那你将来怎么向工人交代?! 所以,必须加强队伍建设,干部管理制度要改革。

以上三点是我们这次机构改革要注意的。当然,作为江苏省可以参照全总的做法,我们不要求上下对口。

江苏省的工会工作搞得很好,江苏省的改革开放走在全国前列,经济发展相当快,在发展市场经济和改革开放情况下,你们碰到的矛盾比别的省要多、要早,因为省委在指导思想上明确,碰到的问题虽然多、早,但是要比别的单位早接触、早解决,这些方面的工作发展得快,经验也丰富。我看你们的工会也是处于这个位置。省委对工会工作很重视,省委领导的几次讲话都讲得很到位,希望你们在省委的领导下、省政府的支持下,在这个基础上再接再厉,创造新的经验给全国借鉴。

更好地关心劳模的生活和困难*

（2001 年 4 月 20 日）

今天，邀请全国劳模代表和著名全国劳模的遗属代表进京参加民政部和全国总工会联合举办的爱心献劳模活动捐赠仪式。借此机会，向大家致以“五一”国际劳动节的亲切问候！

劳动模范是工人阶级和广大劳动群众的杰出代表。大家以自己的聪明才智和辛勤劳动为我国改革开放和社会主义现代化建设作出了突出贡献。劳模身上所表现出来的爱岗敬业、无私奉献、艰苦奋斗、勇于创新的优秀品质和时代精神，激励和带动着全国各族劳动群众为祖国的繁荣富强，不屈不挠地奋斗。劳动模范不愧是民族的精英、国家的脊梁、社会的中坚和人民的楷模。党、政府和人民永远不会忘记你们作出的巨大贡献。

目前，由于种种原因，部分职工和有些全国劳模的生活遇到了一些困难。对此，党和政府十分关心。今天的活动就是这种关心的具体体现。我们一定要在全社会形成关心劳模、爱护劳模、学习劳模，努力为他们办实事、好事的良好风气。工会作为职工合法权益的代表者和维护者，更要采取多种措

* 这是尉健行同志在会见参加爱心献劳模活动进京劳模代表时讲话的要点。

施，更好地关心劳模的生活和困难。全国各行各业的广大职工要以劳模为榜样，按照江泽民同志“三个代表”的要求，振奋精神，扎实工作，为把我国建设成为富强民主文明的社会主义现代化国家而努力奋斗！

新世纪新征程，中国工人阶级和广大劳动群众任重道远*

（2001 年 4 月 29 日）

今天，我们隆重集会，庆祝全世界工人阶级和劳动群众的光辉节日——“五一”国际劳动节。我代表党中央、国务院，向全国各族工人、农民、知识分子和全体劳动群众，向中国人民解放军指战员、武警部队官兵和公安干警，向香港特别行政区同胞、澳门特别行政区同胞和台湾同胞、海外侨胞，致以节日的问候！向为我国改革开放和社会主义现代化建设作出突出贡献的劳动模范和先进工作者，向荣获全国“五一”劳动奖状、奖章的先进集体和个人，表示崇高的敬意！

昨天，在庆祝“五一”国际劳动节劳模座谈会上，江泽民同志发表了重要讲话，充分表达了党中央、国务院对工人阶级和广大劳动群众的亲切关怀，高度评价了工人阶级和广大劳动群众为实现“九五”计划作出的巨大贡献，深刻概括了劳动模范身上集中表现出来的工人阶级主人翁精神，明确指出了在新形势下贯彻落实全心全意依靠工人阶级方针的极端重要性，强调保障工人阶级和广大劳动群众的经济、政治和文化权

* 这是尉健行同志在首都庆祝“五一”国际劳动节大会上的讲话。

益，是党和国家一切工作的根本基点，也是发挥工人阶级和广大劳动群众积极性、创造性的根本途径。江泽民同志在讲话中，要求各级领导机关和领导干部要坚持贯彻全心全意依靠工人阶级的方针，切实加强同广大职工群众的联系，关心他们的疾苦，倾听他们的呼声，实实在在地为他们说话办事，尤其要千方百计地为遇到困难的职工排忧解难，努力把工人阶级和广大劳动群众的物质文化利益实现好、维护好、发展好，把他们的积极性和创造性引导好、保护好、发挥好；要求各级党委和政府要高度重视工会组织的工作，为它们履行维护职工合法权益的基本职责创造条件。我们要认真学习贯彻江泽民同志的重要讲话精神，切实落实到各自的工作中去，为深化改革、促进发展、维护稳定创造更加辉煌的业绩。

新世纪的第一个“五一”国际劳动节即将到来。过去的一个世纪，中国发生了翻天覆地的历史性变化。中国工人阶级在中国共产党的领导下，始终坚定地走在时代的前列，以彻底的革命精神和伟大的创造力量，为中华民族的独立、解放和振兴，为社会主义制度的建立、巩固和发展，为改革开放和社会主义现代化建设，作出了不可磨灭的重大贡献，立下了不朽的功勋。中国工人阶级不愧是先进生产力和生产关系的代表，不愧是推动社会发展和历史前进的基本动力，不愧是社会主义物质文明和精神文明建设的主力军，不愧是我们人民共和国的领导阶级。

面向新的世纪，我国已经胜利完成国民经济和社会发展第九个五年计划，开始实施第十个五年计划，进入了全面建设小康社会，加快推进现代化的新的发展阶段。顺利完成“十五”计划，努力实现第三步战略目标，到本世纪中叶基本实现社会主义现代化，是我国工人阶级和广大劳动群众光荣而艰巨的历史使命。完成这一历史使命，必须毫不动摇地坚持以邓小平理论和党的基本路线为指导，按照“三个代表”的要求，认真贯彻党的十五大和十五届五中全会精神，坚持以发展为主题，以结构调整为主线，以改革开放和科技进步为动力，以提高人民生活水平为根本出发点，全面推进经济发展和社会进步，扎扎实实地实施九届全国人大四次会议通过的“十五”计划纲要。

在新的形势和任务面前，工人阶级和广大劳动群众要把思想和认识进一步统一到中央的部署上来，把智慧和力量进一步凝聚到实现“十五”计划确定的目标任务上来。一定要以高度的主人翁责任感，坚定不移地支持党和政府提出的各项政策措施，积极参与和推进改革，正确对待改革过程中的利益关系调整，自觉做到个人利益服从国家和集体利益，局部利益服从整体利益，眼前利益服从长远利益，为搞好经济结构的战略性调整，推进国有企业的改革和发展，作出不懈的努力。一定要以强烈的历史使命感，积极投身社会主义现代化建设的伟大实践，紧紧围绕“十五”时期国家发展的重点任务，充分发挥主动性、积极性和创造性。要着眼于推动科技进步和产业升级，坚持以市场为导向，以企业为主体，把增强企业科技开发能力、市场竞争能力和抗御风险能力作为主攻方向，把解决企业发展的难点和实现企业扭亏增盈作为重点，紧紧围绕促进技术创新、加强内部管理、提高质量、降低成本、增进效益、搞好服务等，广泛开展劳动竞赛、合理化建议、技术革新、技术协作、发明创造等多种形式的群众性经济技术活动，立足本职、学赶先进、争创一流、多作贡献，推动国民经济持续、快速、健康发展。一定要进一步增强政治意识、责任意识、大局意识，在思想上政治上同党中央保持高度一致，不断巩固和加强工人阶级队伍的团结统一，同一切危害国家统一、民族团结、国家安全和社会政治稳定的行为，同“法轮功”等邪教组织，同各种消极腐败现象作坚决的斗争，自觉维护安定团结的社会政治局面。劳动模范是工人阶级和广大劳动群众的杰出代表，是民族的精英、国家的脊梁、社会的中坚和人民的楷模。要在全社会进一步形成关心劳模、爱护劳模、尊重劳模、学习劳模、争当劳模的良好风气，以先进模范人物为榜样，大力弘扬劳模身上所表现出来的爱岗敬业、无私奉献、艰苦奋斗、勇于创新的优秀品质和时代精神，坚持把依法治国与以德治国紧密结合起来，不断推进社会主义物质文明和精神文明建设。

我国是工人阶级领导的以工农联盟为基础的人民民主专政的社会主义国家。工人阶级是我们国家的领导阶级，是国家和企业的主人，工人阶级在国家和社会的领导地位和主人翁地位永远不能变，这是根本的政治原则问题，任何时候都不能有丝毫动摇。我们要始终坚持马克思主义的唯物史观，牢固树立只有人民才是创造历史动力的基本观点；要进一步加强对工人阶级地位和作用的宣传，大力弘扬工人阶级的伟大时代精神，用工人阶级的先进思想和模范行为影响和带动全社会;要不断巩固和加强广大职工群众的主人翁地位。各级领导机关和领导干部要更加密切与工人阶级和广大劳动群众的联系,把他们满意不满意、高兴不高兴、答应不答应作为评判和检验我们工作的根本尺度。

在改革开放和社会主义现代化建设的全部活动与整个进程中,我们都必须全心全意依靠工人阶级。全心全意依靠工人阶级是我们党的根本指导方针。贯彻执行这一方针,必须从政治上保证、制度上落实、素质上提高、权益上维护这四个方面狠下功夫,努力把这一方针落到实处。在政治上,要保证职工群众的主人翁地位,尊重职工群众当家作主的政治权利,在立法和重大政策制定上广泛听取职工群众的意见,充分体现职工群众的意愿和要求,最大限度地保护、调动和发挥广大职工的积极性、创造性;在制度上,要通过制定和完善有关法律法规和政策,建立健全职工代表大会制度和平等协商、集体合同制度,大力推行政务公开、厂务公开,保障职工的知情权、参与权、监督权,保证广大职工了解和参与国家和社会事务管理,了解和参与企事业单位的民主决策、民主管理和民主监督,实现职工群众对党、政府、企事业工作和领导干部的有效监督;在素质上,要坚持用马列主义、毛泽东思想、邓小平理论和党的基本路线武装广大职工,加强对他们进行爱国主义、集体主义、社会主义教育,引导和帮助他们努力学习和掌握经济、政治和文化知识与现代科学技术,不断提高职工队伍的整体素质,造就宏大的“四有”职工队伍;在权益上,要依法调整劳动关系,维护职工合法权益,关心他们的生活和福利,改善他们的劳动环境和工作条件，努力为职工群众办实事、办好事，坚决同一切漠视职工困难和侵犯职工合法权益的行为作斗争。

工会是中国共产党领导的工人阶级的群众组织，是职工群众合法权益的代表者、维护者，是党联系职工群众的桥梁和纽带，是国家政权的重要社会支柱。各级工会一定要按照“三个代表”的要求，坚定不移地推动党的全心全意依靠工人阶级根本指导方针的贯彻落实，进一步突出和履行工会的维护职能。履行工会的维护职能，要注意处理好三个关系：一是要在维护全国人民总体利益的同时，更好地代表和维护职工的具体利益；二是既要维护职工的经济利益，又要维护职工当家作主的政治权利和精神文化需求；三是既要维护职工的合法权益，又要引导和帮助职工不断提高思想道德和科学文化技术素质。通过维护，更好地保护、调动和发挥广大职工的积极性、创造性，并通过多种形式的群众性经济技术活动，把这种积极性、创造性组织和引导到完成党和政府提出的各项任务上来。实现这样一个要求，当前要突出做好两个方面的工作：一方面，要努力增强工会组织的吸引力和凝聚力，最大限度地把新建企业的广大职工吸引和组织到工会中来；另一方面，要把维护的重点放到困难职工群体上，与党委、政府和社会有关方面一起，帮助困难职工解决实际困难与问题，特别要确保下岗职工的基本生活，促进下岗职工再就业。

完成祖国统一大业，是全中国人民的共同心愿。“一国两制”的基本方针在香港、澳门的实践已经取得成功。我们要继续全力支持香港特别行政区政府和澳门特别行政区政府依法施政，保持香港、澳门的长期繁荣稳定。我们要继续坚持贯彻“和平统一、一国两制”的基本方针和江泽民同志提出的8项主张，与广大台湾同胞一道，坚决反对任何分裂祖国的图谋，为促进祖国的完全统一作出新的贡献。

进入新世纪，世界多极化和经济全球化的趋势继续发展，和平与发展依然是时代的主题。但天下并不太平，霸权主义和强权政治仍然是威胁世界和平与稳定的主要根源。我们要始终不渝地奉行独立自主的和平外交政策，坚持在和平共处五项原则的基础上，进一步发展同世界各国的友好合作关系，不断加强与世界各国工人阶级和广大劳动人民的团结，坚决反对霸权主义和强权政治，不屈从于任何外来压力，坚决捍卫国家主权和民族尊严，坚决反对一切危害他国利益和威胁世界和平的行径，努力推动建立和平稳定、公正合理的国际政治经济新秩序。

同志们，新的世纪，新的征程，中国工人阶级和广大劳动群众任重道远。我们一定要高举马列主义、毛泽东思想、邓小平理论伟大旗帜，紧密团结在以江泽民同志为核心的党中央周围，按照“三个代表”的要求，坚定信心，埋头苦干，排除万难，拼搏奋进，努力实现“十五”计划，为建设富强民主文明的社会主义现代化国家，为早日完成祖国统一大业，为维护世界和平与促进共同发展而努力奋斗！让我们以优异成绩迎接中国共产党成立80周年！

坚持和加强党对工会工作的领导，支持工会依法行使自己的职权*

（2001 年 5 月 16 日）

今年 1 月份，我跟张俊九同志到山西省给困难职工送温暖时，参观访问了一些企业，开了一些座谈会，给我一个总的印象，山西省委十分注意在各个方面工作中，坚持全心全意依靠工人阶级根本指导方针，加强和支持工会工作。山西省工会工作的基础也比较好。我在太原的大街上，看到大街两边立了装潢很好的劳动模范的肖像，这个跟很多城市大街两边都是这样的广告和那样的广告，形成了鲜明的对比。这不是立几个镜框肖像问题，这反映一种观念，反映一种气氛。这次省委按照中央关于各级党组织要加强对工会工作的领导，要了解工会工作的一些方针政策，因此决定组织 100 多位市（地）、县主管工会工作的党委领导同志到中国工运学院来学习，而且由省委领导亲自主持协调这个工作。对各位领导同志关心工运事业，热心学习掌握工运方面的知识，从山西到我们工运学院来，我们表示十分欢迎，十分感谢。

---

* 这是尉健行同志在与山西市（地）、县分管工会工作党委副书记培训班学员座谈时讲话的主要部分。

刚才，几位领导同志作了很好的发言，谈了对工运方面一些问题的认识，介绍了你们各自在工会方面的一些好的经验和做法，同时也提出了一些问题、建议和要求，谈得都很好，对于我们了解这方面情况，对于我们思考今后工会有关问题很有帮助。今天，我想也就这方面问题作一个发言。

我们国家实行改革开放、发展社会主义市场经济以后，劳动关系发生了深刻的变化，劳动关系方面的矛盾日益增加，而且突出。面对这样的形势，中华全国总工会跟各级工会一起，以邓小平理论和党的基本路线为指导，按照江泽民同志提出的“三个代表”的要求，认真研究在这样的情况下，我们工会应该按照什么样的路数来开展工作，以便更好地适应新形势的发展。这些年来，通过我们逐步实践总结，明确提出来在新的形势下，各级工会要进一步坚持贯彻党的全心全意依靠工人阶级根本指导方针，进一步突出工会维护的职能。我们强调工会要维护职工的合法权益，根本的着眼点是在于保护好、调动好、发挥好职工的积极性，同时要求工会组织通过开展群众性的经济技术创新活动这样一些形式，把职工群众发挥出来的积极性、创造性引导到更好地完成党和政府提出的任务上来。我们这些年来就是按照这样一个指导思想，或者按照这样一个思想路数和工作路数来开展工会工作的。现在还是处在进一步不断探索实践、总结经验这样一个过程中间，现在还谈不上我们对这个问题已经很有把握了，或者是各方面的一些提法、做法比较成熟了。在开展这样的工作中间，我们也碰到了不少困难和问题。刚才同志们发言也谈到这些问题，也还有许多问题需要我们进一步去研究解决。这方面应该说存在问题很多,需要我们解决的问题还很多,原因也很多,但是有一个很重要的原因,还是由于对一些重大的问题认识上不够统一,或者说在这个方面的认识还不够高,不够自觉,或者还有些不同的看法。这个在工会内部有,在我们党内也有,社会上也有。所以要按照这样一个路数,面对新的形势进一步推进工会工作,把工作做得更好一点,现在也还有一个怎么样进一步提高和统一认识的问题。要解决认识问题,我们也需要做很多工作。在当前来讲,我想强调一个问题,就是为了解决这方面问题,我们应该注意很好地学习、领会江泽民同志在“五一”劳动节前夕召开的全国劳模座谈会上的重要讲话精神。江泽民同志的讲话,篇幅不是很长,但是他提到有几个方面的问题都是一些十分重要的问题,或者说是一些根本性的观点。所以,我想今天借这个座谈会机会,我们一起来研究学习江泽民同志这个讲话精神。学习江泽民同志讲话,我想从几个方面来讲。

第一点,江泽民同志讲到,全心全意依靠工人阶级,是我们党和国家的政治优势,也是我们从胜利走向胜利的重要保证。江泽民同志在座谈会上的讲话中有这么一段话,刚才同志们也讲了,工人阶级是中国共产党的阶级基础,中国的工人阶级是先进生产力和先进生产关系的代表,任何时候我们对于这样一个依靠方针决不能动摇。江泽民同志强调,对这个问题要从坚持党的全心全意为人民服务的宗旨、巩固党的执政地位、维护国家长治久安的高度来认识。对此,我们应该很好地领会。因为这个问题也并不是所有同志都认识一致，各种各样议论都有。有的主张现在要淡化工人阶级，有的还提出工人现在不能作为依靠的对象，应该依靠这样那样的人，各种议论都有，再加上我们在实际工作里边，由于工作做得不够，确实也有些问题让职工感到全心全意依靠工人阶级方针是不是还要坚持执行，也产生一些疑虑。这个问题虽然是个老问题，但是在当前新的形势下，很有必要强调提出这个问题，进一步重申，而且要很好地贯彻。我们讲的工人阶级，在社会主义国家，它的含义跟资本主义国家是不一样的，因为我们是社会主义国家，生产资料公有制占主导地位，所以我们的国家机关工作人员，包括各级领导、企业的经营管理者、企业的领导干部、我们的知识分子，包括各种科研工程技术人员等等专家，都属于工人阶级。有的同志讲，现在高新技术发展了，大量的科技工作还要依靠知识分子、工程技术人员去承担，你工人能起什么作用？我们说，任何高新技术的出现，最后要能够贯彻实施，收到经济效果，离不开广大工人的创造性劳动。而另一方面，知识分子在我们中国是当然的工人阶级一个重要的组成部分，不能把知识分子和工人隔离起来、孤立起来，他们是整个工人阶级的一个重要的组成部分，这是我们国家社会主义制度性质决定的。在工会工作里面，我们处理劳动关系，现在提倡要建立三方格局，我们提倡在企业里面处理劳动关系，主要是要解决好企业的领导和企业的职工的关系问题。从劳动关系的角度来看，是这样一个关系，这边是用工的企业领导人，这边是被企业用工的职工，因此有好多劳动关系的矛盾都需要通过双方来协商,来协调,来处理。从这个意义上讲,是两个不同的部分,这是从处理劳动关系来讲的。从广义来讲,我们的工人阶级既包括工人,也包括企业领导干部。江泽民同志为什么这次特别又强调这个问题,因为这是个根本性的问题。这是我想要讲的第一点。

第二点,江泽民同志这次讲话里强调,保障工人阶级和广大劳动群众的经济、政治、文化权益是党和国家一切工作的根本基点,也是发挥工人阶级和广大劳动群众积极性和创造性的根本途径。一个是根本基点,一个是根本途径。我们工会作为工人阶级的群众组织,维护职工的合法权益是我们的基本职责,这个跟我们党的提法是完全一致的。根本基点,根本途径,作为工会群众组织来讲,更需要贯彻这样一个指导思想和方针,因此我们强调工会基本职责是维护职工的合法权益。开始有的同志有些疑虑,为什么你工会这么个提法呢?怎么你维护职工合法权益呢?你应该搞劳动竞赛呀?怎么这样一个提法呢?这就是从工会的性质、职能出发提出来的,也是中国共产党的根本宗旨上要求我们需要履行这样一个基本职责。我们强调工会要维护职工的合法权益,要很好地处理三个方面的关系。

一是要正确处理好维护全国人民的总体利益和维护职工的具体利益的关系。这个同志们都知道,因为我们是社会主义国家,我们不能像资本主义国家的工会那样,把维护工人的利益和国家的利益分开。因为我们是社会主义国家,我们在根本利益上,全国人民的利益是一致的,但是在具体利益上确实是有所不同的。工会作为工人阶级的群众组织，从工人群众这个角度来看待一些问题，往往有时跟企业的领导人员看待一些问题有的地方不完全是一致的，大家考虑问题的出发点、着眼点尽管根本上是一致的，但具体问题上还是会出现差别的。更不要说，由于我们有些领导人员存在官僚主义，极少数人甚至搞腐败，更是容易在利益问题上跟工人群众相冲突。在这种情况下，由于在发展社会主义市场经济条件下，工人群众需要有自己的组织来代表和维护自己的利益。那么有的人说，那党委不维护职工利益？行政就不维护职工利益？政府就不维护职工利益？我们说都维护职工利益，但是不同的组织和不同的岗位，在领会、感受代表职工利益问题上，应该承认还是有所不同的。所以我们这些年来一再强调，要进一步突出维护职能。反过来，如果你工会不搞维护，你工会就没有存在的必要。这在资本主义国家也是如此，他们为了反对资产阶级的压迫，单靠职工个人没办法跟资产阶级对抗，只能组织起来，团结起来，组织工会。到社会主义社会以后，我们总体利益是一致的，但是刚才讲，由于多种原因在具体利益上也是有矛盾的，仍然有组织工会的必要，工会仍然要把维护职工合法权益作为自己的基本职责，尤其是发展社会主义市场经济以后，这个矛盾更突出了。

二是要正确处理好既要维护职工的经济利益，还要维护职工当家作主的政治权利和精神文化需求的问题。我们讲维护职工合法权益是三个方面内容，经济的、政治的、精神文化的，需要把这个关系处理好。这个跟资本主义国家不同，资本主义国家不存在工会维护职工的政治权益问题，它不这么提，也不能这么提，这个是我们跟它不一样的。

三是要正确处理好在维护职工合法权益的同时，要引导、组织职工不断地提高自己的思想道德和文化科技素质，这个关系要处理好。这里有两个含义，一个是我们现在这个劳动关系很复杂，劳动关系本质上讲是个经济利益关系，你要处理好劳动关系的矛盾，协调好劳动关系，不同的人，他对某一个问题会有这样的要求、那样的看法。所以，我们既要代表维护职工的合法权益，也不能这个人这样说就这样办，那个人那样说就那样办。工会应该从大局出发，来代表职工的总体要求，职工队伍内部也会有不同看法，也会有分歧，有的要求过高，有的要求有片面性，等等。这就需要做好思想政治工作。经济利益的调整单靠物质利益也是解决不好的，单靠思想政治工作不从物质利益上去调解，这种关系也是调解不好的。但是也不能转到只要把物质利益解决好了，矛盾就解决了，也不是那样，这就需要加强思想政治工作，加强党的工作，这就需要在维护职工权益的同时注意提高职工的思想道德素质，党组织有这个任务，工会也有这个任务。第二个含义，我们维护职工合法权益不能只停留在就事论事维护今天的利益，还要从发展来看，不断提高职工的文化素质、科技素质、技术水平，使他们能够不断地提高自己的素质，不断地增强在市场竞争方面的竞争能力。这也是当前发展社会主义市场经济、高科技日新月异情况下，真正维护广大职工群众的利益。不提高他们的素质，不增强他们的竞争能力，这种利益也只能是暂时的。

所以我们说维护职工合法权益，要正确处理好三个方面的关系。当前来讲，我们维护职工合法权益，从总体上都要维护，根据我们现在的实际情况和我们的能力，我们强调当前要突出维护困难职工群体的合法权益。不是说大家的利益不要维护，而是这部分人更需要工会去加强维护工作。这个跟我们前几年的提法不同，前几年我们强调要突出解决特困职工的困难问题，工会要做“第一责任人”，也就是要做第一知情人、第一报告人、第一帮助人。不要因为我们工作没有做到，导致个别特困职工一些不幸事件的发生。这几年这个工作通过送温暖活动，在各级党委、政府支持下，工会做了大量的工作，做得是好的。应该说这个问题基本上已经有了一套秩序，有了一套办法，当然还需要进一步完善。但是作为一个重点现在可以转移了，从特困职工转移到困难职工群体，就像刚才有的同志发言讲了，比如下岗职工的问题，比如说山西省有些个体煤矿事故不断，应该是我们工会注意的重点。有些私营企业不遵守劳动合同，不签订劳动合同，侮辱工人的人格，在经济上盘剥工人，这些职工应该是我们重点维护对象，包括有些破产企业的职工等等。我们要维护，从三个方面解决问题，当前从对象来讲，重点是要维护困难职工群体。

江泽民同志讲话还阐述了一个意思，我们工会不是为维护而维护，我们维护的根本着眼点是通过在经济上、政治上、文化权益上的维护，保护、调动、发挥职工的积极性。这个是我们的着眼点，这个是我们社会主义国家工会的一个特点，不同于资本主义国家的，就是调动职工积极性。而职工积极性调动起来以后，还有一个怎样引导好这个积极性，也就是更好地、更合理地、科学地去发挥这种积极性，这也是工会需要解决的问题，这就是过去我们经常讲的搞劳动竞赛。在当前来讲，我们正在开展群众性的经济技术创新活动，当然这个提法各地可以不一样，总的是这个积极性调动起来以后，要通过一定的组织形式把这个积极性引导到完成党和政府、企业当前的任务上去，这是工会的一个重要任务。这里面就要处理好一个关系。有的同志还是过去老观念，好像工会不去动员完成任务，不去搞劳动竞赛，怎么突出维护职能呢？我们说工会是要关心生产，要动员组织职工去搞好生产。但是，搞好生产，搞劳动竞赛那是个技术性问题，劳动竞赛的前提和基础必须有这个积极性。如果工人没有这个积极性，尽管你搞出这套办法，那套办法，他没劲呀，那怎么能够调动组织好呢？所以，搞劳动竞赛前提条件还是要充分地调动职工积极性，保护职工的积极性。从这个意义上讲，我们维护职工的权益，最后着眼于调动积极性。把积极性调动起来以后，通过组织引导到完成党和国家任务上来，最后还是落到经济建设中心上来。我们说不同的行业、不同的部门，它服务基本路线的途径、方式、方法是不一样的。都要为基本路线服务，服从服务于基本路线，但是服务的方法、途径是不一样的。工会在当前来讲，就是要坚定贯彻党的全心全意依靠工人阶级根本方针，进一步突出维护职能。按照这样一个路数来开展工作，最后把效果落到服从服务于党的基本路线上去、经济建设这个中心上去。所以，江泽民同志的讲话我们要很好地学习领会，这对于我们更好地了解掌握工会工作的一些思路，增强自觉性很有好处。现在不能说这些问题大家都已经清楚了，这是我想讲的第二点。

第三点，江泽民同志这次讲话中强调，各级领导机关和领导干部必须懂得，保证工人阶级和广大劳动群众行使管理国家事务、经济和文化事业、社会事务的权利，是社会主义民主的根本要求。首先必须保证他们在基层的经济、政治、文化和其他社会事务当中当好家、作好主，这是实现工人阶级和广大劳动群众政治、经济、文化权利的一个基础。这个问题涉及到工会的一个提法问题，工会在企业调节劳动关系有两种机制，一个是实行平等协商、签订集体合同制度，一个是建立健全职工代表大会制度。这可以说是调整劳动关系的两种有效机制，实质上也是职工参与经济、政治、文化方面权利的办法、途径。江泽民同志强调，工人阶级参与国家社会事务、政治、经济、文化方面的管理，是社会主义民主的根本要求，这个提得是相当突出的。我们现在强调要加强社会主义民主法制建设，首先得保障工人阶级和广大劳动群众能够行使管理国家、管理经济和管理社会事务的权利，而我们要做到这个根本要求，首先是要让职工群众能够参与基层社会、经济、政治方面的管理，这是基础。如果只讲参与国家事务管理，而在企业职工的基本权利都没有，或者不能参与，那么整个社会主义民主就没有基础。所以江泽民同志讲的这两点，对于我们领会并自觉地坚持，非常重要。参与国家管理首先要参与基层管理，要搞好当家作主的基础。所以这两种机制，根本上讲，也是为了扩大基层民主，是职工参与管理的两种很好的渠道，不光是调节劳动关系问题。也可以这样说，只有在充分发扬民主的基础上，我们才能够更好地调节企业的劳动关系。如果职工在企业都没什么发言权，没有什么民主，光靠行政，光靠工会，就关在机关里搞，不可能调节什么劳动关系。因为工人在劳动过程中的权利，不可能像有的人讲的那样，你就是出卖劳动力，你干了活，我给了你工资，你的权利就保障了。参与劳动当然应该给予必要的工资，这是权利。但在社会主义国家，工人还要直接参与并影响整个劳动过程的性质和发展。看你的劳动是社会主义劳动还是资本主义劳动，很重要的一点就是看你工人是不是能在整个的劳动过程中间参与。这是决定你这种劳动的性质和发展方向问题。所以，江泽民同志这一段讲话，对于我们很好地理解在基层实行这两种机制是很有力的支持。我们要理直气壮、大胆地执行这方面的一些规定和办法。对这个问题认识也不都是一致的，在平等协商、签订集体合同上有的是不赞成的。我记得 1995 年我们刚开始提出的时候，很多部门都认为不行。现在 80％以上的在干，但干得好的不多。这不只是个方法问题，是认识问题。认为市场经济了，还搞什么职工代表大会，早就过时了。有人给我反映，在浙江省党校开研讨会，有人公开发言说，现在是什么时候，还搞什么职代会，早就过时了。我听了很生气，一个是观点不对，一个是怎么在党校发表这样的言论？党校是什么态度？我给省委打了个招呼，我说这个要查，从纪委的角度也要查，这是政治纪律。现在的问题是，有这样想法、有这样论点的不是个别人，相当多的干部认为，企业只要有一个好厂长，一个人独断专行，才能把企业搞好，要职代会，要民主管理，碍手碍脚，不利于集中统一领导，对企业发展不利，这个论调相当普遍。所以有些问题贯彻不好，归根结底还是认识问题。江泽民同志这次的讲话回答了这些问题。

第四点，江泽民同志讲各级党委和政府要高度重视工会组织的工作，为它们履行职能创造条件，通过它们把广大职工群众更加紧密地团结在党的周围。这是江泽民同志在座谈会上讲的一段话。我理解，有这样几个方面需要我们很好注意。

一是必须坚持和加强党对工会工作的领导。这是我们国家的特点和优势，对于工会来讲，要在思想上、政治上、组织上接受党的领导。我们工会具体工作可能这样那样，但归根结底，工会总的目标都是为了实现党的政治路线、任务而奋斗的，这一点全党是一致的。尽管我们途径、方法、渠道不一样，目标都是一样的。工会干部考虑问题的一个根本的出发点，就是这样做对我们党是不是有利。而在企业里，要加强党对企业的领导，要发挥工会的作用，很重要的一点，它必须充分发挥企业党组织的政治核心作用，这是党的基层组织建设一个很需要注意的问题。企业党委能不能发挥政治核心作用，有的人说企业党组织的任务就是保证企业生产经营任务的完成。我当时提出来，企业党组织是要保证企业生产经营任务的完成，但是它首先是中国共产党的组织，它首先要服从党的中心任务，服从党的政治任务，如果企业党组织只是保证完成生产任务，就变成了厂长的助手。怎么样发挥企业党组织的政治核心作用，是加强党对企业工会领导很重要的环节。企业工会要接受党的领导，依靠党的领导，党委要加强对工会的领导。

二是各级党委要为工会独立负责地行使自己的职能创造条件。江泽民同志讲话提到，各级党委要高度重视工会工作，为它们履行职能创造条件。工会的职能有很多，但工会很重要的一个职能，在发展社会主义市场经济条件下，是参与调节劳动关系，通过参与调节劳动关系来实现维护职工合法权益。所以我们讲工会的基本职责是维护职工合法权益。但是作为工会来讲，靠什么来维护呢？工会是通过协调劳动关系来发挥作用的，来履行自己的职能。因此，党委支持工会工作，在当前来讲，就要支持、帮助工会履行协调劳动关系的职能。而且在当前来讲，这个问题已经十分关键了，因为在发展社会主义市场经济条件下，劳动关系好不好直接影响到广大职工群众的积极性，影响经济持续的发展，影响职工对改革政策的拥护程度，影响党同职工群众的关系，影响社会政治稳定这个大局。这不仅是工会的一个重要职能，也是各级党组织极为关心的一个问题。这不是工会一个组织的问题，劳动关系处理不好，影响改革、发展、稳定的大局。劳动关系处理不好，会给职工造成疑虑，怎么越改革，这个也没有了，那个也没有了，影响他参与改革的积极性。劳动关系处理不好，影响职工积极性，影响经济发展。矛盾激化，造成突发事件，带来社会不稳定，这种现象现在屡见不鲜。现在企业里边由于劳动关系矛盾激化造成突发的群体事件每年都在增长，而且人数越来越多，采取的手段越来越激烈。

为此，如何在企业里边调节好劳动关系，是当前全党都要十分注意的问题。按理说，作为社会主义国家，我们的根本利益是一致的，我们没有什么根本的利害冲突，从这些年发生的群体事件来看，绝大多数都是人民内部矛盾，绝大多数都是因为影响、损害了职工的切身利益，绝大多数最后都得到比较好的处理。这说明在我们现在法规制度的情况下，现在的经济条件下，如果及早处理，本来都可以解决的。但是因为我们的官僚主义，这些矛盾不能及时处理，加上有些领导人搞腐败，矛盾激化了。我经常讲，资本主义国家它是有根本阶级矛盾的，它过去经常罢工，工会最后调节劳资关系的手段就是罢工。但资本主义国家它也总结吸取一百多年来的经验教训，借鉴社会主义国家的一些做法，想尽办法把矛盾解决在萌芽状态。它就是通过加强企业内部工人参与管理，加强集体协商签订合同的制度，吸收职工参加董事会、监事会，有的在企业成立企业管理委员会来处理日常职工与企业的矛盾，它把大量的矛盾都在日常的工作中缓解了。现在，资本主义国家的资产阶级不希望罢工，工会也不希望动不动就罢工，强调劳资调和，它采取其他办法解决了。我跟张俊九同志去年到德国的大众汽车厂，主要了解他们调节劳资关系的问题，他们说我们现在没有罢工，多年来没有罢工，不是没有矛盾，而是通过各种机制解决了。当然，这里有个根本问题，资本主义国家现在提倡阶级调和等，但不能不说它有些机制确实值得我们借鉴。我们社会主义国家没有根本利益的矛盾，但为什么动不动就矛盾激化呢？这说明我们调节劳动关系的机制还不健全，或者说虽然《中华人民共和国劳动法》明确了两种机制，但没有很好地利用，没有很好地发挥作用。尽管看起来也干了，好多是走形式，没有实效，是做给上面看的。因此，党委支持工会履行维护职能，在当前来讲，就要支持帮助工会行使调节劳动关系的职能，而调节劳动关系好不好最后的标准，要看职工群众是不是满意，要看调节后是不是有利于企业的改革、发展、稳定。反过来，如果你这个企业发生群体性事件，怎么调解也不行，说明你这个企业的劳动关系没有处理好。这个矛盾是避不开的。工会工作搞好没有，劳动关系调节好没有，党委在这个问题上支持工会处理好没有？一有发生群体性事件就说明没有搞好。要搞一个统计，每个省今年发生了多少次事件，那个县多少，那个市多少，用这个来考核工会工作的情况。刚才有几位同志的发言里也讲到这个问题，要很好地研究。我们明确了两种调节劳动关系的机制，很多企业也干了，但为什么还不断有矛盾？这里边有工会的原因，有行政的原因，有党组织的原因，也有地方政府的原因，劳动部门的原因。从工会来讲，刚才有位同志讲得很好，工会是代表职工来行使监督权的，工会是职代会的日常工作机构，它是职工利益的维护者、代表者，它背后是群众，是有这个权利的，有这个后盾的。但现在有的订了合同不执行，工会也不敢提意见，不执行也就不执行；协商好的问题不照办，不照办也就不照办了；职工代表大会开了也行，不开也没办法；职工代表大会讨论大家意见很强烈的问题，照样我行我素，企业就办了，管你职工什么意见；企业破产了这么重大的问题，也不召开职工代表大会，就宣布了，工会事先知道，也不提出什么意见。工会应该尽到监督的责任，这是工会应该做到、也可以做到的，但我们好多工会组织没有很好解决这个问题，这是从基层工会本身来讲。

另一方面，工会提了意见，企业领导不考虑，这是可能的，这种矛盾始终存在。在这种情况下，企业党组织应该出面来协调、来做工作。不能两家发生矛盾了，企业党委也不去处理，不去协调。现在好多企业职工代表讨论不同意的问题，他照样干；干部民主评议多数职工不赞成，照样提拔，照样做厂长。最后怎么办？最后就是哪一天一下子都拉到市政府去包围市政府，党委书记不知道，厂长不知道，工会也不知道。为什么都踢开了？因为你们都不关心我们死活，党委不要了，企业行政不要了，工会也不要了。工会作为群众组织在这种紧要关头给踢开了，是很值得我们深思的，说明我们以前严重脱离群众了。那么，产生这个问题的原因很多，工会不提意见，工会有失职的地方，提了意见没有执行，企业党委有责任，企业党委协调不好，上级党组织还有责任，政府劳动行政部门也有责任，包括上级工会也有责任。尤其现在私营企业不能强调像国有企业一样，靠私营企业的工会主席去更多的监督，是有困难的。怎么办？上升一级，上级的工会去出面监督，上级工会就有责任。而现在这个方面机制很不完善，所以要实行平等协商、签订集体合同和职工代表大会制度。这两种机制本身需要健全，同时与这两种机制配套的一些法规制度也需要进一步建立健全。现在都不健全，如集体合同制度有一个立法的问题，一个要全国立法，好多省通过人大也可以地方立法。这都是可以的。比如劳动关系矛盾不是一提意见就可以解决的，有争议是正常的，这就要建立一种处理劳动争议的机制和办法、程序。现在这个还不完整。劳动争议仲裁委员会机构不全，人员也不齐全，工作也不得力，也缺少一套程序、法规、制度，因此很少有出现劳动争议由仲裁委员会去仲裁决断的，一下子就到市委去了，到省委去了。为什么？他感到不解决问题，找市委去一包围，市委也不行了，一包围从后门走了。现在最有效的所谓“办法”是什么？堵铁路，尤其是把到北京的客运列车堵了，火车开不到了，中央也坐不住了，然后在这个情况下，大家去研究怎么办。这个问题说明，当前劳动关系矛盾日益增多和突出，但调节劳动关系的机制有的没有建立起来，有的还不健全。

我不展开讲。我领会江泽民同志讲话，一个是要坚持和加强党组织对工会的领导，一个是支持工会行使自己的职权。这不仅是工会，这事关大局，事关改革、发展、稳定的大局，我们这方面教训太多了。所以，从这个意义上讲，将来从党组织、政府来讲，也还要有个责任制。对于所属部门和地区不应该有的一些群体性事件造成重大损失的，不仅要追究当事人的责任，还要追究当地党委、政府主要领导的责任，这个道理就在这里。

当然，工会存在的问题很多，需要采取的措施很多，请大家注意学习领会江泽民同志“五一”国际劳动节在劳模座谈会上的讲话。讲话不长，但这些话切中要害，跟我们工会当前的工作关系十分密切。关键是解决一个认识问题、一个态度问题。

处理好职代会和股东会之间关系等问题*

（2001年6月5日）

处理好职代会和股东会之间的关系是新的课题，需要大家一起研究。但是，有一个基本原则，在企业里面依靠职工民主管理企业，主要的形式是职工代表大会，而不是股东大会，这是我们社会主义国家企业的性质、制度决定的。在这个问题上不能简单地照搬资本主义国家的那套办法，要从政治上看问题。有一次我在向中央领导同志谈到这个问题时，江泽民同志明确表示，不能照搬资本主义国家的那一套。有的专家讲课，讲企业怎么样建立法制，就是从产权到企业管理那一套，都应该照搬资本主义董事会那套办法，这个是不行的。这个问题不光是社会主义国家的问题，有些资本主义国家也意识到要搞好企业，关键要处理好与职工的关系。因此，有好多资本主义国家的企业建立职工监事、职工董事，或者企业管理委员会，等等。当然，资本主义国家所谓依靠职工搞好企业，跟我们全心全意依靠工人阶级来办好企业的出发点是不一样的。资本主义国家从它阶级利益出发，总结资本主义国家发

---

* 这是尉健行同志在宁夏考察时关于工会工作讲话的主要部分。

展一二百年来的教训，借鉴社会主义国家的经验，也意识到劳资双方的对抗对资本家是不利的，所以千方百计搞一套机制来减少矛盾，缓和阶级矛盾，搞劳资协调，减少罢工。其中有一个办法，就是吸收职工参加企业的董事会、监事会，经常听取职工对企业管理方面的意见，及早地缓解一些矛盾，防止事态激化，造成罢工等一些问题。因此，对我们社会主义国家来讲更是理所当然的，搞好企业就必须依靠职工，就必须发挥职工代表大会的作用。对这个问题有些不同的看法，但作为我们工会，作为我们各级党组织，这个指导思想应该是明确的。股东关心企业就是分红，什么企业长远发展对他来讲，不是他主要关心的问题。企业尤其在发展社会主义市场经济以后，职工最关心企业的生存和发展。所以，企业撇开职工代表大会完全依赖董事会来解决企业管理问题，肯定是行不通的。当然，我们也不反对在企业成立职工持股会，因为职工将来也有买股票的，那个持股会也应该由工会来组织，是作为工会的一项工作。我们依靠职工办企业，主要的形式、制度是职工代表大会，这个要坚定不移。可以有不同的声音，但是我们应该有一个基本的观点，这个必须坚定，不能迁就，更不能颠倒，这就是必须坚持以职工代表大会来作为依靠职工民主决策、民主管理、民主监督的一种基本形式、基本制度，而不是董事会、股东会。这一点请大家研究，这是一个社会主义办企业的方向性问题，这个不能马虎。因为我们搞的是社会主义市场经济，我们要学习借鉴市场经济的一些手段方法，有利于促进生产力发展，我们应该学习，但我们不能照搬。我们市场经济的大前提是社会主义基本制度下的市场经济，不能把社会主义市场经济看成单纯就是搞市场经济，就是照搬资本主义市场经济的办法，这个是不行的。

厂务公开怎么进一步深入发展，能够坚持下去，这是一个当前大家需要很好研究探讨的问题。这几年厂务公开开展以来，作为这样一种形式，在全国应该说基本上都铺开了。刚才我看了你们的百分比都是很高的，做得还是不错的。但是，任何事物能不能有生命力，能不能坚持下去，关键是看这样一种制度，这样一种办法，客观上是不是有需要。如果有需要，这个事物它就有生命力，能够坚持下去，能够不断发展。如果这个制度、这个机制它脱离实际的需要，搞形式，它就可能热闹一阵，过一阵以后就烟消云散，就慢慢地丢了。任何一种事物都会遇到这样一个选择，厂务公开也不例外。厂务公开原来是作为基层发扬社会主义民主的一种方法提出来的，你要让职工参与管理、监督企业你必须让他知情，没有知情权，谈不上监督权、管理权。我们企业有些矛盾所以发生或者激化，有很多问题就是沟通不够，造成一些误解，或者确实有矛盾，但是没有很好地沟通，结果矛盾激化，是在这样一个历史背景下提出来的。大家总的来讲，还是赞成在当前形势下需要采取这样一种办法，来加强企业的基层民主建设，包括农村也包括政权建设。当时提出了厂务公开、村务公开、政务公开，中央很多文件现在已经明确，这是当前发扬社会主义民主，加强基层民主建设行之有效的途径和方法。但是尽管如此，如果我们厂务公开的方式方法、内容处置不当，不能根据形势发展需要不断创新，这个厂务公开也会变成形式，职工不感兴趣，厂长感到是一种麻烦。如果一个不感兴趣，一个感到麻烦，工会再强调，各级党委再抓，也抓不出效果。那么当前客观上是不是人们不需要厂务公开呢？不是。关键是厂务公开能解决什么问题。从职工来讲，希望能够把职工最关心的、最迫切需要了解的情况能够如实向职工公开、发布。现在的问题是这样，如果你光公开一些不痛不痒的东西，而职工最关心的问题你回避，或者搞假情况，这种厂务公开职工是不感兴趣的。所以，你问有些企业的职工厂务公开搞得怎么样？他就说我不知道，我也不关心，或者听说搞了，我也去看了，但没什么意思。为什么？这都是形式，我们真正关心的问题没有公开。如果这个问题不解决，职工本身他就不感兴趣、不欢迎，你再出力也不讨好。这是现在需要解决好的一个问题。

搞厂务公开也不能只发挥一个方面的积极性，光是职工关心，还要使得厂领导、行政上也感到搞了厂务公开以后，确实对企业的发展、对企业的管理、对企业的工作有好处。所以，就要研究厂务公开不能只停留在职工关心的一些一般的生活福利问题上，真正要解决职工的利益问题，根本问题还是要促进企业的发展。厂务公开如果能从当前一般的、职工关心的一些福利问题、生活问题着手，一步一步深化，深入到企业管理方面的一些业务的公开，包括采购问题，包括企业管理上的一些问题，通过公开让大家来关心、参与、监督这些工作，那这个厂务公开不仅职工感到有兴趣，企业也感到有需要。所以，这个问题需要很好地进一步研究，光是搞起来是容易的，一般性的把几个基本的东西公布，这个也不难。但要做到既要职工感兴趣，解决问题，又能够使厂的领导感到搞了厂务公开以后，有利于工厂的发展，这才真正是解决厂务公开发展的一个根本途径。所以，厂务公开搞得好不好，根本上要看一个是职工满意不满意，一个是是不是有利于企业改革、发展和稳定。如果离开这两个要求、两个标准，只满足了这个或者忽视了那个，厂务公开不可能持久，不可能发展。怎么样把这种要求能够具体化到每个企业，以各种的形式，不同的内容，每个时期又有不同的重点，确实需要很好地解决。厂务公开是如此，村务公开、政务公开都有这个问题。方向是肯定的，但是方向正确你如果是措施不当也会影响效果。

我们搞厂务公开，不是在企业里面又搞了什么另外一套办法，厂务公开也好，企业招待费使用情况向职工报告也好，每年职工评议企业领导干部也好，职代会选举职工董事、职工监事也好，以及企业职工代表大会讨论审议集体合同的条款等等，我们这几年搞这些东西一个根本的着眼点，就是进一步充实、强化职工代表大会制度，或者说进一步改革我们的职工代表大会制度，来适应当前发展社会主义市场经济的需要。所以，看起来我们提了好多要求，但是概括起来，搞到现在还是两个东西，一个是维护职工的经济利益，通过建立健全平等协商、签订集体合同制度；一个是维护职工的政治权益，通过进一步健全职工代表大会制度。所以，厂务公开等，都是围绕职工代表大会在当前新形势下的需要，不断地提出和充实一些新的内容、新的办法，目的就是使职工代表大会制度能够更好地适应形势的发展。因为职工代表大会是我们党多年来形成的一套制度，也应该说是我们国家办企业的一个重要制度、一种优势，但是这个职工代表大会制度毕竟是三四十年以前提出的一种制度，从根本上讲是适应社会主义企业需要的，但从具体的方法、内容、方式上讲，有的也不一定适应新的市场经济的需要，需要改革，如果不改革，还是照老一套办法搞，职代会制度也不可能有好的效果。所以，从这个意义上讲，不要把厂务公开、民主评议干部等等，看成是在职代会外面又搞了一套东西，都可以和职代会联系起来，包括刚才讲的集体合同也可以跟职代会联系起来。如果在新形势下，我们搞职代会不研究、不充实集体合同这个内容，这种职代会职工不可能关心，因为离开企业发展的一些大事，离开了职工关心的一些利益，来搞职代会没什么意义。反过来，集体合同、平等协商如果不依托于职工代表大会这样一套制度和形式，集体合同也不可能健康发展。所以，从这个意义上讲，你也可以讲职代会不仅是维护职工的政治权益问题，包括维护职工的经济利益等等，都需要通过采取职代会这样的形式和制度。这个问题上，厂务公开又不等于原来的职代会一些制度，但是厂务公开又是职代会在当前新形势下一种发展、内容的充实。就是刚才讲的包括民主评议企业领导干部、职工董事、监事、集体合同，都把它纳入到职代会这个制度内容里去。这样不断充实职代会的内容，不断改革职代会的制度，职代会才有生命力。不然的话，你完全把上世纪 60 年代职代会一套原封不动地搬过来搞，也不可能有新的发展，不可能受到大家欢迎。这个都需要强调，要坚持我们国家办企业的一些根本性的制度，不能因为现在搞市场经济而废弃了。我们要坚决反对有些人所公开表示的，认为职代会制度已经不适合社会主义市场经济需要了，甚至有人在党校提出来职代会制度是一种老掉牙的制度，是腐朽的制度，这是坚决不能答应的。我们不能把我们党自己几十年总结积累起来办企业的一套根本性制度否定掉，然后去照搬资本主义国家的那一套。同时，我们又不能停留，不能满足于过去我们这一套制度，必须适应市场经济的需要，不断地充实，不断地改革、发展职代会这一基本制度。这是摆在各级党政和工会面前的一个任务。

你们开展群众性经济技术创新活动搞了很多形式，搞得很好。这项工作也可以说是工会最拿手的本领，这个本领、这个传统现在还要继续坚持，但同时要改革并赋予新的内容。我们总的路数是这样的：就是工会作为共产党领导的工人阶级的群众组织，它的基本职责是维护职工的合法权益，这是这些年来我们大家都知道的一个基本提法，江泽民同志在这次“五一”劳模座谈会上很明确地提出，工会的基本职责就是维护职工的合法权益。本来这是一个最基本的要求，如果工会不是为了维护职工权益，要你工会干什么?! 从这个意义上讲，资本主义国家为什么产生工会呢? 就是在工人阶级和资产阶级作斗争中，为了维护自己的利益，他们意识到单靠工人个人活动是解决不了问题的，必须组织起来，后来成立了工会组织，通过工会组织跟资产阶级进行斗争，来保护和获取自己的利益。我们国家革命胜利以后，建立了社会主义制度，整个社会的性质跟资本主义国家有了根本的不同。在我们国家，工人阶级、全国人民总体利益、根本利益是一致的，在企业工作，企业的领导人员以及我们国家的政府跟我们职工总体利益是一致的，没有根本的矛盾。但是也得承认在社会主义国家，由于我们存在官僚主义等问题，企业的领导包括政府机关跟职工在具体问题上还会有这样那样的矛盾，如果处理不当就会损害职工的合法利益。因此，在社会主义国家仍然有组织工会的必要，这个是我们工会今天所以存在的一个根本依据。因此，我们这些年来提出适应我们国家劳动关系的变化，必须坚持全心全意依靠工人阶级这样一个根本指导方针，进一步突出维护职工合法权益职能。同时，我们强调在社会主义国家我们不是为维护而维护，我们维护职工合法权益根本的着眼点是为了保护调动职工的积极性。共产党维护工人阶级和广大劳动群众的经济、政治、文化权益，是调动积极性的根本途径，是我们共产党处理一切问题的根本出发点和着眼点。党是如此，我们工会更应该如此，因为我们是工人阶级群众组织。所以，从这个意义上讲，我们同资本主义国家不同，资本主义国家工会讲维护就是维护我这个行业，维护我这个群体的利益，为维护而维护。我们维护的着眼点是为了保护、调动职工的积极性，积极性调动起来干什么？就是把这个积极性合理地组织起来、发挥起来，去完成党和政府提出的各项任务。我们多年来的经验就是通过劳动竞赛，现在就是通过经济技术创新活动，把调动出来的职工积极性引导到完成我们党和政府提出的任务上来。这个是跟资本主义国家不一样的，在资本主义国家不承认组织劳动竞赛、完成任务。所以，我们这些年来，工会工作总的路数是坚持全心全意依靠工人阶级根本指导方针，进一步突出工会的维护职能，着眼点是在于更好地保护调动职工的积极性，通过开展群众性的经济技术创新活动，把这种积极性引导到完成党和政府提出的任务上来。我们工会就是这样一个指导思想。不履行维护这个职能，就谈不上引导调动积极性，完成党和政府的任务。

过去我们比较强调劳动竞赛，这个对不对？对，是要搞劳动竞赛，但是如果不去很好地维护职工利益，职工的积极性调动不起来，抓技术性的劳动竞赛不可能有好的效果。我们现在搞劳动竞赛，首先要调动职工的积极性，你要调动职工的积极性，就要维护职工经济、政治、文化权益，这就是我们讲的突出维护职能。但另一方面，我们也不能因为在社会主义市场经济条件下，要突出搞好维护，又把我们过去多少年来工会的一套好办法丢了。如果不搞好劳动竞赛，不把这种积极性引导到完成党和国家的任务上来，那我们的工会就不是社会主义国家的工会。所以，要处理好这个关系。现在，有的一搞就强调劳动竞赛，有的又不太注意搞好劳动竞赛，我们这些年来就是要求处理好这两个关系。这是什么关系呢？就是维护职工具体利益跟维护全国改革、发展和稳定大局的关系，从根本上讲也是处理好维护职工具体利益跟维护全国人民总体利益的关系。我们常讲，这个关系体现到我们工作路数上，就是从维护着手，着眼于调动积极性，通过劳动竞赛把积极性组织起来，很好地完成党和政府的任务。这样就能够体现我们社会主义国家的工会，既有跟资本主义国家的工会相同的一方面，都是要维护职工利益，要不然工会就没有存在的必要，但又有很大不同的地方，我们组织起来的目的还是为了我们国家的发展。只有这样，才能从根本上来自觉地维护职工的利益。这些年来，我们讲工会工作总体思路等等，就是这么一个构想。所以，这里面既要有因有果，又要全面地来考虑这些问题。我们不能笼统讲维护职工利益要与维护全国人民总体利益一致，这句话应该讲，但这句话有很丰富的内涵。现在经济技术创新活动与维护职工利益的关系，实际上就是这两个利益关系结合的一个具体的办法。这是一个问题，单纯强调哪个方面也不行。另一方面，我们坚持劳动竞赛，但方法形式要革新。现在我们叫经济技术创新工程。当然，更重要的是要在内容上有创新，现在实际上竞赛的内容有很大的变化。现在，我们不再强调全国一个口号、一个省一个口号，只强调不同的企业、不同的单位，根据自己不同的情况来提出自己的口号、任务和办法。我看你们现在就是这样搞的，劳动竞赛不仅坚持，而且发展了。当然，这个方面从全国来讲，现在还没有进行很好的总结，形成一套适应新形势下开展这个活动的一套经验和办法，这个我们大家还需要共同努力。

加强工会改革和建设，切实提高工会工作水平，这是当前各级工会面临的自身建设一个很重要的任务。首先，我们要加强工会自身建设，提高自身素质，提高自己的工作水平，这是当前工会面临的一个很大的问题。但是把工会建设成一个什么样的组织，这个当然要求很多，比如说工会应该是中国共产党领导的、联系职工群众的桥梁和纽带，这是我们党历来的提法，现在我们要仍然坚持这个提法。这是一个很要害的问题，要成为党和群众联系的桥梁和纽带，工会首先要密切联系职工群众，得受到群众的支持和欢迎，如果你工作本身脱离了群众，你这个桥梁纽带也搞不成了，也形不成了。这里面当然因素很多，很重要一个就看你工会能不能够很好地代表和维护职工的合法权益，使职工群众感到工会确实是自己的工会，有问题、有话找工会反映，找工会说，工会也能够帮助自己解决问题，这样我们工会才能成为桥梁和纽带。现在好多地方由于劳动关系矛盾激化，最后形成群体性的突发事件，在发生突发事件时，职工把工会抛开了。这种事件现在是不断发生，反思起来是很值得我们警惕的。我们是社会主义国家，社会主义国家的工会为什么职工一有矛盾，便把工会抛开了。当然这里有很多原因、也很复杂。但是，即使有些职工群众包括少数人，可能从中闹事是不合理的，我们至少要掌握信息，我们为什么事先都不知道呢？说明我们在这方面严重脱离了群众。我们要成为中国共产党联系职工群众的桥梁和纽带，这是我们自身建设需要解决的重要问题。因此，这里就有个问题，我们工会要做的工作很多，但在当前情况下，很突出的一个问题就是要善于调解劳动关系，更好地维护职工群众的合法权益，这是工会现在的主要工作。因为我们讲要突出维护职能，你工会怎么突出维护职能，怎么维护职工合法权益，工会也没有钱，说职工困难了，我们工会有钱可以给困难职工，我们也没有什么审批权来解决房子、解决什么问题。工会维护职工合法权益，主要的办法就是参与调节劳动关系。因此，我们要加强工会自身建设，要提高我们的工作水平，也就是要加强工会调节劳动关系职能，提高调节劳动关系、维护职工合法权益的本领。我们搞自身建设不能离开这样一个基本任务和要求，来搞这样的建设、搞那样的建设，要看我们实质性的职能是不是充分发挥了。在搞计划经济时代，维护职工合法权益的任务不重，因为当时强调国家来代表和维护整个工人阶级的总体利益，不要说工会没有维护利益的工作，企业的厂长也没有什么好维护的，你到我这个厂里来不来，厂长说了不算，来了以后厂长也不能解雇，你 1958 年进来的工人到 1964 年，就是三级工，厂长没有权力说你变四级，那是国家规定的，就是三级工。搞冶炼工人 1 个月 3 条毛巾，或者 5 副手套，厂长都没有决定权，是劳动局决定的。因此，职工的利益都是国家确定的，当时不存在工会去维护职工合法权益，最多是哪个职工出了点事，工厂发生事故，工会参加了，家属怎么照顾，是发 3 个月工资，还是发半年，下葬费用怎么报销，这个工会它有，但是很少一点，然后工会维护什么权益呢？组织职工可以到北戴河休假，这个工会有，还有搞点活动，开运动会、搞点表演、组织文工团等。当然这些也很好，但毕竟是最基本的东西。现在变了，现在劳动关系不是国家与职工的关系，大量的是企业与职工的关系。这个两者之间的矛盾跟关系的处理，要求我们要加强工会自身建设，必须紧紧围绕当前工会的主要职能来加强工会建设。如果还是根据我们长时期以来工会更多的是搞活动，3 年或者 5 年组织一次劳模大会，全国要搞了，省也要搞，地市也要搞，县也要搞，工会要忙半年；过几年工会要组织运动会，这个活动是很多的，工会好多工作就是活动加活动，一年到头搞得很热闹，活动完了任务也完了，一算账也没有多少东西。在当时来讲看工会搞得好不好，职工也好，党委也好，看你工会活动热闹不热闹，如果搞得热闹，这个工会主席不错，很活跃，很有号召力，大家也感到这个工会干部多才多艺。当初搞工会自身建设，选拔干部，提高素质，我看就是围绕这个要求搞。现在我也认为工会干部要多才多艺，还应该成为活动家，但是单靠这个不行。如果在维护职工合法权益、调节劳动关系上你没有一套业务建设，没有一套制度，没有一套本领和知识，签订集体合同你都不知道各项经济指标是什么含义，你怎么维护，你怎么签订集体合同。所以当前来讲，工会的建设必须紧紧围绕发展社会主义市场经济情况下工会的基本职能、基本工作，来搞好建设。老的那种概念不断地搞活动，活动加活动，不行了，光热闹不行了，得扎扎实实坐下来，运用法律手段，参与管理，研究经济问题、实际问题，掌握职工的思想动态等问题，然后能善于跟企业平等协商搞集体合同，通过职工代表大会这一套机制来开展自己的工作。不学会这套东西，不建立这套业务，不培养这样的干部，工会承担不了现在这样的任务。

工会要加强建设，要改革体制、机制，就必须紧紧围绕新形势下工会这些基本职能来开展和加强这方面的工作。我看了一个社区建设，社区是社会的一个基层组织，现在社区里面也有工会，在过去不可想象，过去工会哪有到社区街道的，到市里、到区里就完了。我们现在要组织的不仅是大型企业的职工，当保姆的、临时打工的都要把他们组织起来，维护他们的权益。保姆他一方面要你帮助找职业，找了职业以后，还要防止受人欺负，这种情况也不少。这说明我们工会的体制机构，不能像过去那样到县工会就为止了，现在有的需要到乡了，有的需要到村了。工会整个一套体制的概念都在变，往下延伸，如果你不改革，还是停留在过去的老概念，加强原来的体制机构建设，就适应不了。

刚才提到产业工会，你们产业工会还不少，产业工会究竟怎么开展工作也要很好地研究，如果产业工会也都是把大量工作放到直接抓到企业去搞竞赛，那地方工会干什么？现在全国总工会研究，在新的形势下，产业工会还需要，但不要那么多了，因为政府都改革了，煤炭部也没有了，轻工业部也没有了，你那个产业工会，跟谁去对口?！另一方面，产业工会也不要什么都抓。产业工会将来更多地要从宏观上研究一些产业政策，研究一些维护职工合法权益的法规政策，研究社会保障和劳动保护方面的一些特殊问题。基层工会按照我们国家现在的体制主要靠地方工会。总的讲，工会自身搞改革、搞建设，不能为改革、建设而搞改革、建设，必须适应新的经济形势，适应我们现在的主要职能、主要任务来加强建设，加快改革，来提高素质。不然的话，任务和体制机构就脱节了，体制机构是服从任务需要的，任务都变了，体制机构还能保持原状吗？你一套业务、一套体制不适应新的任务，能有生命力吗？现在，从工会来讲不是说一般地加强思想政治教育、提高政治素质，这当然很重要。而是讲面对一系列的改革，而且是很深入的改革，这些问题如果不研究透，我们提出的改革方案也是事倍功半的。首先，全国总工会要解决这个问题，体制机构的改革，工作方式、方法的改革，领导方法的改革，分工的改革，业务的改革，不改革总工会适应不了这种情况，也包括怎么样指导基层工会很好地利用调整劳动关系两种机制，一个是平等协商、签订集体合同制度，一个是进一步建立健全职工代表大会制度。对于工会的领导机关怎么适应新的形势，既能够为基层服务，又能够加强宏观参与，跟政府采取联席(联系)会议的制度，跟政府的劳动部门、经济部门加强联系，来了解、研究有关职工切身利益的法规制度建设。因为只有从法律上明确下来，才能从源头上保障职工的利益。如果法律定得不健全，甚至有出入，你在基层怎么维护也不行，因为源头上法律就没有这一条。所以，对领导机关怎么样加强参与法律法规和政策制定，这个方面的工作要大大加强。反过来，领导机关抓日常企业的事要减少，让基层工会、企业工会自己去搞，领导机关不要热衷于去搞这些活动。否则，看起来 365 天都没有闲着，但是最后算起账来年年周而复始，在一个水平基础上，年年打消耗战，我们的有生力量积累不起来，我们的水平不能一步一步提高，这样工会工作也发展不到哪里去，最后职工也是不会欢迎的。政府机构改革了，工会的产业部门怎么对口、怎么办？一方面要适应改革，另一方面不能完全按照政府部门来设置产业工会。你不能说有些产业部门都取消了，这些产业工会都不要了。我们总工会采取的方针是这样的，又要考虑适应政府机构改革的情况，同时又要考虑工会特点，归并为若干个产业工会，来更好地调查研究有关产业改革、发展涉及职工权益法规政策维护等方面的情况。

你们讲全总下发的建会企业数字比实际开工数大，影响全总下达新建企业组建工会任务的完成，这是实事求是的。如果原来的数字不确实，按照调整以后的数字，你们再改过来。还有非公有制企业要不要坚持开展民主管理的问题，这个我们的态度是肯定的。非公有制企业也需要职工参与企业的管理，这不存在问题。我前面讲了，不光社会主义国家应该坚持，很多资本主义国家现在已经总结经验教训，也很注意吸收职工参加企业管理，尽管出发点是不一样的，但应该承认这方面他们做的工作比我们要强，如日本的班组管理，我们现在根本达不到这个水平，当然也有它的职工素质问题，它知道如果班组搞不好企业是搞不好的。我们现在有些人只注意研究企业的产权管理、经营权、支配权，这个议论比较多，这个当然很重要。但有了经营权以后，资产的使用权属于谁的？使用权是属于工人的。你所有权是国家的，支配权是董事会的，经营权是厂长的，但设备的使用权是工人的。如果你光注意研究产权的一些矛盾，不注意企业使用权，这个企业是搞不好的。所以中央过去讲企业改革要解决两个关系问题，一个是国家和企业的关系，改变过去政企不分等等，要让企业成为市场竞争的独立主体；还有一个是正确处理企业和职工的关系，这个关系处理不好，企业也搞不好。所以，职工和企业的关系当然有利益关系，这种关系有经济利益，也有政治权利。政治权利就是职工有没有参与企业管理的权利，如果你给了他使用权，不给他参与权，这种使用权的积极性也调动不起来。企业不是靠厂长能干就解决问题的，国有企业是如此，私有企业也是如此，我们的意见是也要加强民主管理。当然考虑到非公有制企业的情况，是不是把国有企业职代会一套都搬到私有企业，这个问题要研究。但是作为一个方向、一个原则必须坚持，也同样要搞民主管理，更何况我们还是社会主义国家。

积极参与劳动争议调处和加强法律监督*

（2001 年 6 月 14 日）

召开这样一个会议，沟通情况，表明党中央和国务院对加强劳动管理，维护职工的合法权益十分重视。新中国成立以来、尤其是 1994 年第一部《中华人民共和国劳动法》正式颁布以后，这方面有了很大的改进。从劳动部门来讲，围绕这个问题进行了大量的工作，包括宣传贯彻《劳动法》，制定与《劳动法》有关的一些法律法规，出台一些社会保障制度方案，有的已经取得了明显的效果。在《劳动法》的执法监督以及在处理劳动争议等方面，也都做了大量的工作。

从工会方面讲，当时抓住贯彻《劳动法》这样一个契机，提出工会要利用这样一个机会来改进自己的工作，把工会工作提高到一个新的水平。当时一个突出的要求，就是要结合贯彻《劳动法》，进一步突出工会的维护职能，同时按照这样一个要求，也提出了一些实施办法，就是在基层企业怎样更好地利用平等协商、签订集体合同这样一个机制或者制度，怎样进一

---

* 这是尉健行同志在全国总工会与劳动部召开的劳动争议法律监督问题联席会议上讲话的主要部分。

步建立健全职工代表大会制度这样一个调解劳动关系的机制，也就是说怎样在企业里善于利用这两种机制来调解劳动关系，更好地维护职工的合法权益。从各级工会领导机关来讲，我们提出要注意宏观方面的参与，要注意参与劳动方面以及其他方面的立法和政策制定的工作，积极地实行三方协商机制，配合劳动部门一起来处理一些劳动争议，这些工作应该说都有成效。因为我们毕竟是在社会主义市场经济条件下来处理这些问题的，很难设想这些问题一抓就能处理好、解决好，而且有些问题不是由于做了工作怎么还有那么多矛盾，而是因为我们进入了这样一个新的历史阶段，它本来就有大量的矛盾。但由于我们做了工作，有些矛盾得到了及时的缓解。所以，总的来说，我感到这几年这方面工作取得的一些成效，应该充分肯定。

但是，由于各种原因，现在劳动关系方面的矛盾还比较突出。从社会上来看，一些突发性事件、群体性事件比较多，有的性质比较严重，危害也比较严重。在企业里，由于劳动关系产生的矛盾没有得到及时解决，也经常发生一些问题，尽管没有变成突发性事件，但是影响了职工的积极性，危害还是比较大的。

我是一方面抓工会工作，另一方面还分工抓社会稳定，这两个事情都是连在一起的。我总想，为什么在我们这样一个社会主义国家，劳动关系矛盾那么多？而且出现了一些不应有的突发性事件。我们也经常研究这些问题，按理来讲，社会主义国家没有根本的利害冲突，应该是能比较容易或者比较好地解决矛盾。但是事实上我们的矛盾确实还不少，有的还很突出、很激烈。反过来，资本主义国家劳资矛盾应该说是对抗性的矛盾，是根本利益上的矛盾，但由于资产阶级注意总结几百年来资本主义发展的一些情况、矛盾、经验、教训，同时也注意去借鉴社会主义国家处理这样一些问题的经验，他们采取了好多对策和办法，所以他们现在总的趋势是，虽然根本矛盾没有解决，但是在具体处理矛盾时，由于注意在方式方法上采取一些劳资调和措施，总体来讲现在劳资矛盾激化的事件不是越来越多，很多国家很多地区还在逐步减少，而我们这些年来这个方面的问题比较突出。所以我想，一个有对抗性矛盾的国家，有些劳资关系的矛盾采取一些调和的办法得到了缓解，尽管它没有解决根本性的矛盾，而我们却经常出现一些不应该发生的事情。

我总讲，我们的《劳动法》颁布以后，在处理劳动关系矛盾的一些机制方面，应该说框架大致上是建立起来了。比如企业搞平等协商、签订集体合同制度，这是《劳动法》规定的；企业要进一步建立健全职工代表大会制度，吸收广大职工参与民主决策、民主管理、民主监督，这也是《劳动法》规定的。从多年的经验来看，这些是处理企业内部劳动关系矛盾很好的机制，是法律已经明确规定可以运作的，而且有好多企业由于很好地运用了这些机制，有些矛盾得到及时处理，没有激化，大家同舟共济，共同克服困难，使企业发展了。这就说明这些机制是合理的，而在调解、仲裁劳动关系矛盾方面，我们在不同层次上都有一套制度和机制。在企业内部有劳动争议调解组织，在社会上我们有劳动争议仲裁组织，而且最终还有法律手段，再加上我们还有各级党委、政府都在关心。应该说我们这套机制、制度现在尽管还不完善，但基本的框架现在看来还是构建起来了。如果很好地发挥这些机制的作用，就不至于使得当前有些矛盾不断激化，造成一些不应有的事件。

大家都感到，为什么我们国家这些问题总是不断地发生呢？当然，现在看来发生这样一些群体性事件，原因是很复杂的，也不光是一个劳动方面，也不光是把劳动关系矛盾调解了，这些问题就解决了，有的还有更广泛的原因。但是劳动关系矛盾的调解，一个很基本的东西，就是回过头来看现在出现的这些事件，绝大多数都是人民内部矛盾，尽管有个别事件我们也发现有敌对分子插手，但是这是个别的，就是有插手问题，问题本身的性质还是人民内部矛盾，他们是想通过利用人民内部矛盾来挑起事端、激化矛盾。为什么职工要上街，要包围省委、省政府，要把铁路堵了？大量的问题是因为损害了职工的切身利益。这些问题回过头来看，按照我们现在的法律、政策，一些有关劳动方面的法律制度，都是有明确说法的。就我们当前的经济条件来讲，这些问题大致上也是可以得到解决的，不至于聚集起来使矛盾变得这么激化。究其原因，还是主要由于我们在处理过程中，在领导部门、在企业里存在官僚主义，再加上我们少数领导干部搞腐败，使一些矛盾得不到及时发现和及时调解，慢慢积累，越来越突出，越来越激化。所以，回过头来看，本来都是不应该发生的问题，但是现在一件件发生了。

这个问题是相当复杂的。一是从企业来讲，从工会来讲，尽管这几年我们一再要求实行这两种机制，也做了不少工作，但是好多工作还是在程序上做，还是在形式上做，没有很好地解决实质问题。从工会来讲也就是没有很好地作为一个群众组织来监督这两种机制的兑现。有的不敢说话，有的说了话以后企业不理也就不敢再吱声等等，工会这方面的工作还是薄弱的，更不要说有好些企业我们还没有建立工会，这都是工会工作存在的问题。但是，处理劳动关系问题的也不光是工会，还有行政提高对贯彻《劳动法》的认识问题，也涉及到我们企业党组织的政治核心作用很好地发挥没有。劳动合同不执行，职代会不开、开了不算数等等，这些谁来协调？谁来处理？应该是党委呀。现在我们有的企业党委发挥不了政治核心作用，在企业里面也没有应有的地位和发言权。当然，如果企业党的组织不健全，处理劳动关系矛盾的机制也就很难健全。

最近我到宁夏去了一个企业，这个企业的老板人很能干，这几年建起一个很大的化工企业。他是一个工人出身，还是一个党员，也汇报了党的工作和工会工作。他讲党组织的工作讲了一条，党委的任务就是围绕企业的生产经营开展工作。我讲了，我说这句话没有错，一个企业的党组织，如果不关心、不注意企业的生产经营，孤立地搞党的工作，这是不行的。因为你尽管是私人企业，我们还要共同发展呢。但是有一点，我说如果中国共产党的组织仅仅是围绕你这个企业的生产经营来开展工作，那是不行的。中国共产党是个政治组织，不管哪一级基层组织，它首先要服从党中央的中心任务，要服从党的基本路线,并贯彻到群众中去,而不能光是保证完成企业的任务。你如果把企业党组织的任务变成就是单纯地保证完成企业任务的话,你还有多少监督权,搞不好,就变成老板的助手。老板就是靠党委书记,今天这个人调皮捣蛋,党组织去做工作,明天那个人思想不通,没有执行我老板的命令,你支部书记去批评他,然后我任务完不成,你工会开展劳动竞赛,保证任务完成。这样的党组织、工会本质上是不存在的,为谁服务啊?! 这个不光是私营企业,我们国有企业也如此。只要是企业的利益,为了企业的利益,党委就要服务、就要服从,但是它可能违背了整体利益,违背了党的利益。所以,企业里的劳动关系矛盾能不能正确处理,党政工都有责任,单靠工会组织也不行。但是企业有些矛盾解决不了,也难怪党委,因为有些劳动关系矛盾即使加强领导和协调也可能解决不了,这是可能的。那就要靠上级。

上一级现在看来也存在一些问题。现在我们的情况是这样,企业劳动关系矛盾激化,大概就要找市委、市政府,找省委、省政府,一般不去找劳动争议仲裁委员会。企业一出事,把党委踢开了,把行政踢开了,把工会也踢开了,全都不要了。因为你不解决问题,你工会是官办的,你不是给我们办事的,都踢开了。同样,在他们的印象里,什么处理劳动争议,全没有,一下子就到省委去了,或者现在有的跑到北京来了,现在有组织地串通了要到北京见,省委解决都不行了,矛盾一下子就找到上面去,这是一方面。我感到我们正常的应该有的一种机制,现在由于各种原因没有很好地建立健全起来,也没有一定的法律保障、机构人员的保障、权利的保障，搞久了以后他就感到这些都不起作用。最起作用的是什么呢？堵铁路，包围市委、市政府。他认为你坐着不动，那就把铁路堵了，使上海到北京的客车停了好多车次，他知道中央着急了，问题还真都解决了。原来解决不了的都解决了，而且比原来他们想象得还好。这种东西传得相当快，杨家杖子问题解决以后本溪也堵，因为堵铁路要惊动中央。

所以这个问题对照起来看，资本主义国家宪法上允许搞罢工，而我们是没有规定，没有罢工这一说，但资本主义有一整套对付罢工的办法，因为它知道罢工的厉害。他说你可以罢工，但是罢工不许这样，不能那样，必须这样，必须那样，制定了一系列的法规。德国有一些规定，就是劳动争议矛盾问题如果在集体合同里面已经签订好，在执行过程出现的问题没有理由来答复你。比如集体合同规定工资调到某个水平，你不能离开这个水平，你说没有实现这个水平，可我在执行中间呢，我不能答复你。还有一个劳动争议在处理过程中间，你不能搞另外的行为，你就得服从处理。比如像国家仲裁委员会正在审议，我也没有耽误，你在这个期间是不能罢工的，罢工是犯法的。你看他们罢工是允许的，但是他们有好多又都否了，实际上是大量的罢工是办不到的。我讲一个例子，1978年我到华盛顿，华盛顿的广场里有几个人挂个牌子在那里走，我说这是怎么回事，他们说是抗议、罢工。但是他们有一条，就是在华盛顿广场你可以挂牌来抗议，但你不能坐下来，你必须站着，你必须来回走，你有本事你走两天。我们呢，我们罢工是不提倡的，也正因为这样，我们一旦出了这样的事，没有其他法律规定。我们现在的情况是，找了一大批家属老太太坐在市委门口，带了凳子，带了坐垫，然后轮流换班。你看，我们没有规定呀，我们没有法律呀，你逮捕不了他。睡觉也行，反正是不断换班。我们是不允许，正因为这个不允许，我们没有对策，没有其他办法。另外，哪一个国家罢工可以把铁路堵掉？吉林把一个飞机场的航班都减下来了。资本主义国家在宪法里面允许罢工，但又有一系列的法律规定都是禁止罢工的。

我们现在是这样，在正常的机制运用方面，我们也缺乏一套健全的法规、制度、程序、条件，反过来出了问题，激化以后，也没有保证。所以现在动不动就是公安局，动不动就是中央。我们一再强调公安不能进企业，一般情况下公安不能进去，就是处理群体性事件，公安也不能进入企业，这都有规定，作为一个方针也很明确。要把问题处理在萌芽状态，处理在基层。这两句话确实是经验，是很好的。但我们怎样来实践这些东西，缺乏一套机制、政策、法律。结果呢，都这么说，但最后都不是在萌芽状态，都是在铁路堵了、高速公路断了以后来处理，发现问题也都不在企业。他知道在企业里面怎么闹都没什么影响，他至少要跑到大门口，把大门口那个路堵了，这还算好的呢；再就是到市委、市政府；再就是堵高速公路；再就是堵铁路，最近堵铁路很平常啊。我讲我们在发展社会主义市场经济条件下，劳动关系矛盾比过去增加，有些比过去突出，这个情况我看在相当一个时期是不可避免的。但是针对这样一个情况，怎样采取一些对策，这个确实需要我们很好研究。我们要制定一套法规，比如在铁路问题上，高速公路问题上，包围市委、市政府的问题上，规定在什么情况下就不允许你来闹。这里我们还真得学习借鉴资本主义国家有的一些办法，要根据我们国家的情况，制定一套法律法规。这些问题如果不配套，我们再讲要健全劳动争议仲裁委员会，他也不来。为什么呢？他要走那条路，他知道这条路不是那么好解决的，他一下子就走那个“捷径”。如果你不把那个“捷径”在法律上堵死，正常的轨道就运转不起来。从这个问题讲，这不是简单的我们两家就可以研究的问题，这要从宏观上、总体上来考虑，我们国家当前处于这种情况，不是上世纪50年代60年代的问题。从宏观上，我们既要允许反映、处理一些矛盾，又要禁止一些违规违法的，借劳动关系矛盾来闹事也是不行的。这是一个方面。

在处理劳动关系上，我总感到，我们《劳动法》和劳动部门规定的这套程序、这套机制，现在看来是适合我们国家的，只是需要进一步充实内容，建立健全机制，在法律上有强有力的保障，在这方面需要建立些东西。但这个方面问题也很多，恐怕一下子也不可能都解决。根据同志们谈的问题，我看好多都是共同的，大家看法都一样，都认识到有哪些问题当前是需要着重解决的，而且都提到有些地方的劳动部门提出希望工会配合，工会也提出希望劳动部门支持。我看，这些问题好多都碰到一起，所以，我想今天我们可以围绕大家谈的当前比较亟须、也有条件、双方感到都有必要的问题，在大家发言的基础上，进一步说一说。当然我们今天的会也不可能有结论，说哪个问题怎么解决，这不可能。建立起这样一种沟通以后，我们今天理出几条，大家认为下一步应怎样进一步互相配合去做。我刚才讲的只是大而广之的问题，而理论问题不是我们现在能够做好的，我们只能解决有限的问题，就是围绕处理企业劳动关系矛盾的一些有限的、现在又很急迫的、又有条件的、我们双方认识又比较统一的问题，先着手做起，我希望两家来共同研究。

劳动关系问题涉及面比较广，超越了劳动部门和工会的范围，有些问题是需要全党来考虑的。首先我们可以根据与两个单位工作有关的问题，选择一些重点一起来研究。刚才劳动部提出了一些很好的建议，工会也提出了一些想法，我看这两方意见都是比较接近的。我想围绕我们两个单位力所能及的、当前需要比较快地解决的一些劳动关系问题提几点看法。

第一，调解劳动关系要明确一个标准问题，就是围绕什么样的标准来调解、处理劳动关系矛盾，分清是非。这个标准广义上讲就是我们的《劳动法》，当然大到《宪法》。从这个意义上讲，《劳动法》以及这些年来国务院、劳动部陆陆续续颁布的一些法律法规和制度，应该作为我们调解处理劳动关系标准的依据。但是具体到一个企业来讲，我们需要依据的标准是企业经过平等协商所签订的集体合同和职工个人与企业签订的劳动合同，这是我们调解劳动关系的一个具体标准和依据。集体合同和劳动合同有不同的要求和内容，但是集体合同如果抓好了的话，有利于更好地规范劳动合同。所以，从当前来讲，怎样把平等协商、签订集体合同这个制度、这个机制更进一步建立起来，这是涉及调解劳动关系的一个明确标准，一个基准线。我看，双方都谈到了签订集体合同有一个立法的程序。劳动部今年下半年要对签订集体合同的问题进行立法。但是立法有一个过程，在立法没有搞出来之前，两家也可以研究搞一些共同的规定。比如，可以总结一下这几年来推行平等协商、签订集体合同的经验，共同召开推行签订集体合同工作会议等，这些都可以考虑。当然今天不定，因为我感到这是一个基本的标准问题。如果你没有这个标准，调解、处理就没有依据。集体合同不仅是规定一些具体标准、劳动标准、劳动条件的，它主要是用人单位和劳动者互相协商一些条件，而且集体合同对企业的职工来讲不仅是一种权益，也包括一种责任，这对企业、个人双方都有利。这是一个问题。评价劳动关系各地如果没有一个基准线，你说是，他说不是，你根据什么？因为《劳动法》的执行是很原则的，具体到企业，实际上是《劳动法》的有关规定、标准在集体合同里的体现。

第二，有了标准以后，有一个怎样监督、监察贯彻执行情况的问题。从劳动部门来讲，就是怎么样加强对劳动标准、《劳动法》执行情况的监督；从工会来说，就是怎么样代表职工加强对劳动标准、《劳动法》执行情况的监督。这两个工作分别怎么加强，又怎么协调起来，更好地配合协作，来加强《劳动法》的执行，这个问题两边都谈到了。恐怕要进一步有一套办法，在这个基础上使之进一步健全起来。

第三，监督、监察以后必然会发生一些问题，必然会发现一些违反政策的情况，在执行《劳动法》中也会存在不同意见，这就要协调处理，这就涉及到劳动调解的问题，涉及到劳动争议仲裁的问题，这是现在亟须很好处理的问题。这个问题两家都提到了。怎么样在现在的基础上，在机构、法规、人员、工作程序上做些调整、充实、加强，还是可以研究的。

我想，劳动关系的矛盾涉及面很广，我们两家首先围绕这样几个问题来进一步研究，处理一些问题。刚才大家谈到，因为劳动关系问题已经不仅是我们两家的事，许多单位包括公安部门都要参加。政法部门如何更好地处理劳动关系矛盾，我一直跟他们讲，首先就事论事，比如关于堵铁路这个问题，不能总堵，在这个问题上颁布一点政策、法规，谁堵就是犯法，不管有多大理由，那是不行的。动不动就可以这样干、那样干，那怎么行。还有，比如劳动部门已经接受你的控告了，正在协商调查之中，你不能再抓住这个问题来采取其他手段。这些问题先放一放，另外再研究，看采取什么办法。

刚才讲的，一个是调解劳动关系的标准问题，一个是对调解劳动关系的标准、法规贯彻执行的监督，第三个是在贯彻之中劳动关系矛盾的调解、仲裁处理问题。这三个方面，今后请劳动部、全国总工会同志协商处理好。

指导工会工作的强大思想武器*

（2001年6月24日）

在中国共产党成立80周年的前夕，我们召开这次主席团（扩大）会议，主要任务是，以邓小平理论和党的基本路线为指导，按照“三个代表”的要求，深入学习贯彻江泽民同志在今年庆祝“五一”国际劳动节劳模座谈会上的重要讲话精神，抓住机遇，开拓创新，研究和推进工会领导机关的机构改革，抓好今年的各项重点工作，努力把工会工作提高到一个新水平。

一、深入学习领会江泽民同志的重要讲话精神，进一步提高认识，统一思想

江泽民同志在劳模座谈会上发表的重要讲话，高度赞扬了工人阶级的伟大时代精神，充分肯定了他们的历史地位和重大贡献，并提出了殷切期望；再次重申了新形势下坚持贯彻党的全心全意依靠工人阶级根本指导方针的极端重要性；深刻阐明了党和国家一切工作的根本基点、发挥工人阶级和广大劳动群众积极性创造性的根本途径与发扬社会主义民主的根本要求；明确指出了工会肩负着维护职工合法权益的基本职责，要求各级党委和政府高度重视工会组织的工作，为工会

---

* 这是尉健行同志在全总十三届七次主席团（扩大）会议上的讲话。

履行职能创造条件。江泽民同志这一重要讲话，为我们做好新形势下的工会工作，探索有中国特色社会主义工会工作的新路子，进一步指明了方向，是指导工会工作的强大思想武器。我们一定要抓住机遇，认真学习，深刻领会，坚决贯彻落实。

深入学习领会《讲话》精神，就要进一步认识坚持贯彻党的全心全意依靠工人阶级根本指导方针的极端重要性。江泽民同志深刻指出："全心全意依靠工人阶级，是我们党和国家的政治优势，也是我们从胜利走向胜利的重要保证。"①长期以来，我们党的三代领导集体始终把全心全意依靠工人阶级作为我们党的根本指导方针。早在新中国成立前夕召开的党的七届二中全会上，毛泽东同志就明确提出："我们必须全心全意地依靠工人阶级"。② 邓小平同志在新中国成立初期也指出："依靠工人阶级必须成为党的指导思想"。③ 改革开放以后又一再强调要依靠工人阶级，工人阶级靠得住。党的十三届四中全会以来，江泽民同志多次强调："我们党所领导的改革和社会主义现代化建设的全部活动与整个进程，都必须全心全意地依靠工人阶级，这在任何时候、任何情况下都不能动摇。"④"离开他们的积极性、创造性和主人翁责任感，一切都无从谈起。"⑤工人阶级在国家和社会的领导地位和主人翁

① 《江泽民文选》第三卷第 244 页，人民出版社 2006 年 8 月第 1 版。

② 《毛泽东选集》第四卷第 1427—1428 页，人民出版社 1991 年 6 月第 2 版。

③ 《邓小平文选》第一卷第 176 页，人民出版社 1994 年 10 月第 2 版。

④ 《毛泽东邓小平江泽民论工人阶级和工会工作》第 183 页，中央文献出版社 2002 年 6 月第 1 版。

⑤ 《江泽民文选》第一卷第 59 页，人民出版社 2006 年 8 月第 1 版。

地位永远不能变。这是根本的政治原则问题,任何时候都不能有丝毫动摇。

工人阶级是党的阶级基础,是国家的领导阶级,是先进生产力和生产关系的代表,是社会主义物质文明和精神文明建设的主力军。我们党之所以能够领导全国各族人民不断取得革命、建设和改革的胜利,一个重要原因就是始终坚持了全心全意依靠工人阶级的根本指导方针。历史和现实都反复证明,搞革命要依靠工人阶级,推进改革开放和社会主义现代化建设同样要依靠工人阶级。只有充分相信和紧紧依靠工人阶级,建设有中国特色社会主义的伟大事业才有最牢固的基础和最可靠的保证。

坚持贯彻党的全心全意依靠工人阶级的根本指导方针,必须澄清一些模糊认识。在改革开放和发展社会主义市场经济的过程中,有人主张要淡化工人阶级的地位作用;有的提出工人阶级已不是先进生产力和生产关系的代表;有的认为现在发展高新技术,主要应依靠知识分子和经营管理者,工人起不了什么作用,等等。这些观点是片面的,有的甚至是错误的。我国的改革是社会主义制度的自我完善和发展,我们发展的是社会主义市场经济,在这个历史进程中,全心全意依靠工人阶级是我们必须始终坚持的根本政治原则,任何时候都不能有丝毫的含糊和动摇。正如江泽民同志深刻指出的,社会主义市场经济中的“社会主义”4 个字,是画龙点睛而不是画蛇添足。我国的工人阶级是一个包括普通工人、知识分子和经营管理者在内的统一整体,知识分子和经营管理者本身也是工人阶级的重要组成部分，我们不能把知识分子和经营管理者同广大工人群众割裂开来、对立起来。随着知识经济的发展，知识分子和经营管理者在发展社会生产力中起着十分重要的作用，但任何知识和高新技术要转化为现实生产力，都离不开广大工人群众的创造性劳动。为此，我们一定要用江泽民同志的重要讲话精神统一思想，从坚持党的全心全意为人民服务宗旨、巩固党的执政地位、维护国家长治久安的高度，充分认识坚持贯彻全心全意依靠工人阶级方针的极端重要性，并切实在政治上保证、制度上落实、素质上提高、权益上维护这四个方面狠下功夫，努力把这一方针贯彻落实到经济、政治、文化和社会生活的各个方面。

深入学习领会《讲话》精神，就要进一步认识工会组织的性质和基本职责。江泽民同志强调指出："工会是党领导的工人阶级群众组织，是党联系职工群众的桥梁和纽带，肩负着维护职工群众合法权益的基本职责。要切实维护职工群众的具体利益，真心诚意为职工群众服务。"[①]这一重要论断，明确指出了工会的基本职责和主要任务。工会是社会经济矛盾、主要是劳动关系矛盾的产物，从它诞生的那天起，就是代表和维护职工群众利益的。我国工会作为党领导的工人阶级群众组织，是党联系职工群众的桥梁和纽带。工会不维护职工的合法权益，就会严重脱离职工群众，发挥党联系职工群众的桥梁纽带作用也就成为一句空话。学习领会《讲话》精神，更好地

① 《江泽民文选》第三卷第245—246页，人民出版社2006年8月第1版。

发挥工会组织的作用，必须坚持党对工会工作的领导。这是我们的政治优势和优良传统，也是工会履行维护的基本职责，搞好各项工作的根本保证。各级工会一定要在思想上、政治上、组织上自觉接受党的领导，认真贯彻党的路线方针政策，紧紧围绕全党全国工作的大局，认真履行自己的职责，通过维护职工合法权益，保护、调动、发挥好职工群众的积极性、创造性，团结和动员广大职工为实现党的目标任务而不懈努力。

工会在突出和履行维护职能的过程中，要注意处理好三个关系：一是要在维护全国人民总体利益的同时，更好地代表和维护职工群众的具体利益；二是既要维护职工群众的经济利益，又要维护职工群众当家作主的民主权利和精神文化利益；三是既要维护职工群众的合法权益，又要引导和帮助职工群众不断提高思想道德和科学文化技术素质。

深入学习领会《讲话》精神，就要进一步认识我们一切工作的根本基点和根本途径，增强工会维护职工合法权益的自觉性。江泽民同志强调："保障工人阶级和广大劳动群众的经济、政治、文化权益，是党和国家一切工作的根本基点，也是发挥工人阶级和广大劳动群众积极性和创造性的根本途径。"①这一重要论断，充分体现了"三个代表"重要思想，使工会工作的方向更加明确。"三个代表"重要思想是党的建设的指导思想，也是工会工作的指导思想。我们党和国家的全部任务，说到底就是为人民谋利益，团结带领工人阶级和广大劳动群众

① 《江泽民文选》第三卷第245页，人民出版社2006年8月第1版。

为实现自己的利益而奋斗。党最深厚的基础在群众，密切党与群众联系的关键是要为群众办事。只有把最广大人民的根本利益维护好、实现好、发展好，党才能始终保持同人民群众的血肉联系。因此，党和国家的一切工作，都要以是否符合工人阶级和广大劳动群众的利益为最高衡量标准。这是我们观察和处理一切问题的一个根本原则。要把工人阶级和广大劳动群众的积极性、智慧和力量凝聚到建设有中国特色社会主义的伟大实践中来，就必须从维护他们的合法权益入手，既要使他们的合法权益得到保障和免受侵犯，又要使他们的合法权益随着经济的发展和社会的进步不断得以发展。只有这样，才能把他们的积极性、创造性保护好、调动好、发挥好，也才能更好地带领他们去实现和发展自己的长远利益与根本利益。

党和国家一切工作的根本基点和根本途径，当然也是工会工作的根本基点和根本途径。这些年来，我们强调要进一步突出工会维护职工合法权益的职能，正是从工会组织的性质出发，立足这个根本基点和沿着这个根本途径开展工作的，目的在于通过维护职工合法权益，更好地保护和调动广大职工的积极性、创造性，并通过各种形式的群众性经济技术活动，把这种积极性和创造性，组织和引导到完成党与政府提出的各项任务上来。为此，我们要以江泽民同志的讲话精神为指导，进一步提高维护职工合法权益的自觉性和坚定性，努力把工会工作做得更好。

深入学习领会《讲话》精神，就要进一步认识社会主义民主的根本要求，切实保障职工当家作主的民主权利。江泽民同志指出："保证工人阶级和广大劳动群众行使管理国家事务、经济和文化事业、社会事务的权利，是社会主义民主的根本要求。首先必须保证他们在基层的经济、政治、文化和其他社会事务中当好家作好主，这是实现工人阶级和广大劳动群众在整个国家经济、政治、文化和社会生活中当家作主的基础。"[①]人民群众当家作主是我们党为之奋斗的目标，是社会主义民主的本质要求。能否保证工人阶级和广大劳动群众行使好管理国家、管理经济和社会事务的权利，是关系到工人阶级作为国家领导阶级的地位与权利能否有效落实，社会主义国家的性质能否切实体现，社会主义制度的优越性能否充分发挥的重大政治问题。我国推进政治体制改革的一个重要目标，就是在中国共产党的领导下，依照宪法和法律规定，通过各种途径和形式，组织、依靠工人阶级和广大劳动群众管理国家、管理经济和社会事务。保证工人阶级和广大劳动群众当家作主的权利，首先要保证他们在基层当家作主权利的落实，实现他们在基层的民主选举、民主决策、民主管理和民主监督的权利。否则，社会主义民主也就失去了实现的基础。

维护职工群众当家作主的政治权利，不断推进基层的民主政治建设，是工会的重要任务。这些年来，我们坚持与发展的职工代表大会制度，就是落实职工群众在基层当家作主政治权利的基本形式。学习领会江泽民同志这一重要论断，对

① 《江泽民文选》第三卷第245页，人民出版社2006年8月第1版。

于我们更加自觉地坚持与发展职工代表大会制度有着非常重要的现实意义。推进职工代表大会制度建设,我们必须按照党的十五大提出的“坚持和完善以职工代表大会为基本形式的企事业民主管理制度”的要求,处理好职工代表大会与股东大会的关系。有人认为职工代表大会过时了,有的把股东大会与职工代表大会对立起来,甚至主张用股东大会代替职工代表大会,这些都是错误的。职工代表大会是企事业单位职工依法参与民主选举、民主决策、民主管理、民主监督的基本制度,体现了社会主义企事业的性质。不管企业怎么改革,实行什么样的经营管理方式,都不能用股东大会代替职工代表大会。近几年来,我们先后提出,企业业务招待费使用情况向职代会报告,职代会民主评议企业领导干部,实行厂务公开,职代会民主选举职工董事和职工监事,集体合同草案提请职代会审议通过,等等,目的都在于不断充实、丰富和完善职代会制度,使其更富有实效性和生命力,以更好地落实职工群众在基层当家作主的权利。我们强调,工会在企业维护职工的合法权益,主要是通过加强职工代表大会制度和平等协商、集体合同制度的建设来保证的。这两个制度是有紧密的内在联系的。实际上,工会代表职工与用人单位进行平等协商、签订集体合同本身,也体现了职工民主参与的权利和要求。集体合同草案提请职工代表大会审议通过,不仅使平等协商、签订集体合同的工作有职代会制度的保证,而且也充实、丰富了职代会的内容。

深入学习领会《讲话》精神,就要进一步引导和帮助广大职工认清自己的历史责任。江泽民同志在讲话中，对劳动模范和广大职工群众提出了四点希望：一是希望大家积极支持党和国家为发展社会主义市场经济而采取的各项政策措施，正确对待改革过程中的利益关系调整；二是希望大家立足本职，学赶先进，积极参加各种形式的群众性经济技术活动，充分发挥自己的聪明才智；三是希望大家增强政治意识、责任意识、大局意识，坚决同一切危害祖国和人民利益的行为和现象作斗争，自觉维护安定团结的社会政治局面；四是希望大家大力弘扬解放思想、实事求是的精神，紧跟时代、勇于创新的精神，知难而进、一往无前的精神，艰苦奋斗、务求实效的精神，淡泊名利、无私奉献的精神，不断提高自己的思想道德和科学文化技术素质，努力成为有理想、有道德、有文化、有纪律的劳动者。这四点希望是对工人阶级的极大信任，是对全国亿万职工的巨大鼓舞与鞭策，也是工会维护职工合法权益，保护、调动和发挥职工群众积极性、创造性的工作方向。

江泽民同志的重要讲话，是对全党提出的要求。学习领会《讲话》精神，对包括工会干部在内的各级党员领导干部来说，就是要按照“三个代表”的要求，坚持马克思主义的唯物史观，牢固树立只有人民才是推动历史前进的决定力量的观点，始终坚持党的群众路线和群众观点，相信和依靠工人阶级和广大劳动群众，在推进改革、促进发展、维护稳定中，充分发挥工人阶级的主力军作用；就是要进一步加大对工人阶级地位、作用的宣传，弘扬工人阶级的伟大时代精神，用工人阶级的先进思想和模范行为影响和带动全社会。对广大职工群众来说，就是要把江泽民同志提出的四点希望作为自己肩负的历史使命和进一步发挥主力军作用的强大动力，坚持用马列主义、毛泽东思想、邓小平理论武装头脑，努力学习和掌握社会主义市场经济知识和现代科学技术，不断提高自身素质，为建设富强民主文明的社会主义现代化国家而努力奋斗。

二、以江泽民同志的重要讲话精神为指导，认真抓好工会领导机关的机构改革，切实加强工会自身建设

学习贯彻江泽民同志的重要讲话精神，努力推进工会工作，当前一项十分重要而紧迫的任务，就是按照“三个代表”的要求和中央的部署，认真抓好工会领导机关的机构改革，进一步加强工会自身改革和建设。

工会领导机关的内设机构是其履行职责、完成任务的重要载体，在工会整个组织体系中处于十分重要的位置。全国总工会是全国工会组织的最高领导机关，它的体制机构设置是否科学合理，对全国工会工作有着重要的影响。全总机关目前的体制机构设置，是在计划经济条件下形成并沿袭下来的，改革开放和发展社会主义市场经济以来，进行过一些调整和改革，为全总更好地履行职责起到了积极的作用。但由于历史条件的限制和宏观环境的制约，全总机关的体制机构设置不适应形势任务要求的问题仍然存在。主要是：进一步突出工会的维护职能，加强源头参与、宏观维护和推进重点工作，没有有力的体制机构作保证；部门之间工作重复，影响工作质量与效率；全国产业工会与职能部门和地方工会之间职责交叉；不同程度地存在着人浮于事和作风不深入的现象；领导方式和领导方法不适应变化了的形势任务要求，干部整体素质还不高，结构也不尽合理，等等。这些问题严重影响和制约着全总乃至整个工会组织作用的发挥。如果不能及时地调整和改革工会领导机关现行的机构设置，并相应地转变领导方式和领导方法，我们就不能有效地履行好自己的职责，完成自己的任务。

目前，推进工会领导机关机构改革的条件业已成熟。以江泽民同志为核心的党中央对工会工作作出了一系列重要指示，中共中央办公厅和国务院办公厅专门发出通知，明确提出了群众团体领导机关机构改革的目标原则、主要内容和方法要求，为搞好工会领导机关机构改革指明了方向；这些年来，工会工作的指导思想和职责任务比较明确，各地工会在实践中也积累了不少经验，使机构改革有了比较清晰的目标要求；党政机关的机构改革，为工会领导机关的机构改革提供了有益的借鉴，也创造了有利的外部环境；广大工会干部和职工群众的迫切要求，为工会领导机关机构改革打下了良好的群众基础。我们一定要以高度的责任感和紧迫感，抓住有利时机，积极稳妥地推进。

首先，工会领导机关的机构改革，要有利于工会在党的领导下依照法律和工会章程独立自主地开展工作。这是党中央对这次群众团体领导机关机构改革提出的明确要求。有利于加强党对工会工作的领导，是这次机构改革必须坚持的一条重要原则。长期以来，在这个重大的政治原则问题上，广大工会干部在思想上是明确的，在行动上是自觉的，现行的体制机构总的说也是适应的。但在发展社会主义市场经济过程中，工会工作面临着一系列新情况新问题，对于坚持党的领导不仅需要重申和强调，而且要通过机构改革，使其得到进一步加强。比如，随着经济的发展，大量新建企业在乡镇、街道、社区以至村里落户，过去只到县（区）总工会一级的工会组织领导体制，显然是不适应了。面对形势任务的要求，我们必须使工会领导机关的体制机构设置，有助于推动工会的组织领导体制向乡镇、街道、社区延伸，以利于当地党组织加强对工会工作的领导。又比如，这次机构改革要有利于党组织加强对工会干部特别是党员领导干部的监督。在发展社会主义市场经济的新形势下，从严治党、增强党员干部的拒腐防变能力显得尤为重要。全总这次机构改革增设党组纪检组，是完全必要的。目前，全总机关和直属单位有 2000 多名党员，其中机关就有 620 多名党员干部职工，进一步加强对全总机关党员干部特别是领导干部的监督，搞好党风廉政建设，是形势任务的要求。加之，工会系统每年有 80 多亿元的经费、近 300 亿元的劳动福利事业营业收入和 210 多亿元的净资产。要搞好工会系统经费、收入、资产的管理和使用，也必须加强党内监督，强化审计监督和民主监督，保证工会经费、收入和资产的依法运作。还比如，在国家经济结构调整和政府机构改革中，一些企业的隶属关系发生了变化。这次工会领导机关的机构改革，要继续坚持产业和地方相结合以地方工会领导为主的原则，也就是坚持属地管理的原则，企业坐落在哪里，其工会组织就要接受当地地方党委的领导，同时接受地方工会的领导。

这样做，既有利于地方党委对工会工作的领导，也有利于企业工会工作的开展。同时，这次机构改革，也要有利于工会依照法律和工会章程独立自主地开展工作。

第二，工会领导机关的机构改革，要有利于突出工会的维护职能，形成集中力量抓好重点工作的格局。这个问题的要害是，必须通过改革，把维护职工合法权益的机构切实加强起来。因此，工会领导机关的体制机构设置必须服从任务的需要，工作分工必须服从工作的要求，坚持精简、统一、效能的原则。工会维护职工合法权益，主要是通过调整劳动关系来实现的。而要调整劳动关系，必须在宏观和微观两个方面下功夫。在宏观方面，重要的是在涉及职工权益的立法和政策制定上，工会组织要能够有效参与，充分反映广大职工的意愿和要求，并在实施过程中能积极地参与监督；在微观方面，重要的是在基层依法坚持和发展职工代表大会制度，建立和完善平等协商、集体合同制度，逐步形成推行这两个制度的监督制约和保证机制。适应这两个方面任务的需要，这次机构改革，必须把全总机关参与涉及职工权益的立法和政策制定的机构加强起来，把涉及职工和工会工作的理论、政策、法律研究的机构加强起来，把服务基层实行两个制度的机构加强起来，把服务基层加强组织建设的机构加强起来，也就是说，把工会领导机关搞好源头参与和宏观维护的机构与服务基层搞好微观维护的机构真正加强起来。只有这样，才有可能形成集中力量抓好重点工作的格局，也才能使工会领导机关更好地履行职责和做好必须做的工作。

第三，推进工会领导机关的机构改革，要同步改进领导方式和领导方法。要真正履行好工会领导机关的职责，不仅需要改革机构设置，而且需要改进领导方式和领导方法。改进领导方式和领导方法，这不仅是工作方法问题，也是思想方法和世界观问题。这个问题的要害，是克服官僚主义和形式主义倾向，使工会领导机关的干部能够真正集中力量，搞好涉及职工权益的法律法规、宏观经济政策、劳动政策、工运理论等问题的调查研究，切实加强源头参与和宏观维护的工作。为此，要进一步加强与党政有关部门和社会有关方面的联系与合作，特别是加强与政府劳动部门和经济部门的联系与合作；要通过与政府及有关部门召开联席（联系）会议等方式，主动沟通、了解、研究和参与解决涉及职工权益的重大问题，特别是参与有关法律法规和政策的制定与实施监督；要进一步强化涉及职工合法权益的法律法规、劳动经济政策、工运理论和国际工运等有关问题的研究；要进一步深入基层和职工群众之中，加强调查研究，了解、掌握和及时反映职工群众的真实情况，总结先进典型经验，剖析侵犯职工合法权益的重大事件，扎扎实实地为职工群众说话办事；要进一步转变单纯靠会议和活动指导工作的方式，提倡深入实际研究问题、讲求实效的作风，努力提高工作质量和水平。

第四，推进工会领导机关的机构改革，要与干部人事制度改革结合起来。这个问题的实质是解决工会领导机关干部的素质问题，使其适应形势任务的要求。按照中央的指示，改革机关干部人事制度，也是这次机构改革的一项重要任务。要按照“公开、公平、竞争、择优”的原则，实行竞争上岗和干部聘任制，建立干部能上能下、人员能进能出的激励和约束机制，创造优秀人才脱颖而出的良好环境，不断优化工会干部队伍结构。要进一步建立健全干部培训制度，努力帮助机关干部不断提高理论政策水平和实际工作能力。要进一步加强对机关干部的严格管理和监督，建立健全管理和监督制度，促其严格自律，勤政廉洁。要进一步转变机关干部的作风，密切与职工群众的联系，做职工群众的贴心人。

搞好工会领导机关机构改革，加强工会自身建设，事关工会工作全局。各级工会领导机关要认真组织干部职工学习江泽民同志重要讲话精神和中央关于机构改革的指示，充分认识搞好机构改革的重要性、必要性。要切实加强领导，深入调查研究，认真设计方案，精心组织实施，及时解决遇到的困难和问题，确保改革顺利进行。要耐心细致地做好思想政治工作，广泛发动和依靠广大干部职工，切实搞好机构改革。这次会议我们研究的是全总机关的机构改革，但我们面临的是全国各级工会领导机关的机构改革问题。因此，全总在抓好自身机构改革的同时，要重视和加强对地方工会机构改革的指导。地方工会领导机关的机构改革，要在同级党委的统一领导和部署下，从各自的实际出发，因地制宜，积极稳妥地推进。

三、突出重点，讲求实效，推动工会工作取得新进展

学习贯彻江泽民同志的重要讲话精神，目的在于更好地推进工会工作。去年年底召开的全总十三届三次执委会议，按照“三个代表”的要求，对今年的工作作出了全面部署，强调要狠抓“五突破一加强”工作的落实，最大限度地把广大职工组织到工会中来，最大限度地维护广大职工的合法权益，最大限度地保护、调动和发挥广大职工的积极性、创造性，在实现“十五”计划中充分发挥工人阶级的主力军作用。今年以来，各级工会根据三次执委会议精神，从各自实际出发，扎实开展工作，取得了积极进展。我们要紧紧抓住学习贯彻江泽民同志重要讲话精神的机遇，按照已经作出的部署，突出重点，讲求实效，努力推动全年工作取得更大的进展。

突出重点，当前主要是突出抓好两个方面的工作：

一是还没有组建起工会的企业，要尽快把工会组织建立起来。要做到江泽民同志对工会组织提出的把广大职工更加紧密地团结在党的周围，更好地完成党和政府提出的各项任务的要求，就必须首先最大限度地把广大职工组织到工会中来。企业不建立工会组织，缺少职工利益一方的代表，调整劳动关系的机制就不可能健全，也就谈不上工会参与调整劳动关系和维护职工合法权益。去年，全总召开的五次主席团（扩大）会议和全国新建企业工会组建工作会议，已就新建企业工会组建工作进行了专题研究和部署。经过大家的共同努力，工会组建工作有了一定的进展，但与我们确定的目标还有不小的距离。为此，一方面，我们要继续努力取得各级党委的重视和政府（行政）的支持，争取把工会组建率、职工入会率纳入党建工作的考核目标，以党建带工建，为新建企业工会组建工作提供根本保证。另一方面，工会自身要充分发挥主观能动性，开拓创新，锲而不舍，扎实工作。既要重视工会组建的数量，也要重视工会组建之后作用的发挥，特别是调整劳动关系机制的建立，以不断增强工会组织的吸引力和凝聚力。

二是已经组建起来的工会，要在继续协助党政做好特困职工工作的同时，逐步把维护工作重点扩展到困难职工群体上来。工会维护职工合法权益，当然包括所有的职工，但根据不同时期职工面临的突出问题，需要集中力量抓住重点。前几年，我们强调要突出抓好维护特困职工合法权益的工作，做帮扶特困职工"第一责任人"，在大家的努力下取得了较好的效果。现在，按照江泽民同志关于"要千方百计为遇到困难的职工排忧解难"①的要求，我们要在继续抓好维护特困职工合法权益工作的同时，有条件、有能力、也需要把维护的重点逐步扩展到困难职工群体上来。困难职工群体的问题，涉及面广，影响大，解决不好对职工群众会带来严重影响，挫伤他们的积极性，也会影响职工队伍和社会政治的稳定。解决困难职工群体的问题，需要各级党政和社会各个方面的共同努力，但工会作为工人阶级的群众组织更是责无旁贷。各级工会要加强领导，建立责任制，把能否协助党政维护好困难职工群体的合法权益，预防和处理好群体性事件，维护职工队伍和社会政治的稳定，作为衡量工会履行基本职责的重要标准。

讲求实效，关键是要确保调整劳动关系的两个机制真正发挥作用。也就是职工代表大会和平等协商、签订集体合同等方面的工作，不仅要看程序、形式上的要求是不是都做了，

---

① 《江泽民文选》第三卷第 245 页，人民出版社 2006 年 8 月第 1 版。

而且要看这些工作是不是真正取得了实实在在的效果。检验这些工作的效果，最终要看职工群众是不是满意，是不是有利于企业的改革、发展、稳定。确保工作取得实效，要求我们不仅要抓好职工代表大会制度和平等协商、集体合同制度这两个调整劳动关系机制的建立，而且要建立一套有效的监督制约和保证机制。工会不仅要监督企业该做的工作做了没有，还要监督其承诺的事项兑现了没有。如果该做的工作没有做或承诺的事项没有兑现，就必须强化监督制约，采取切实有效的措施，促其及时处理和解决。建立监督制约和保证机制，首先要对工会提出要求，当然对各级党组织、政府及企业行政也应该提出要求。比如，工会代表职工与企业行政在调整劳动关系过程中发生矛盾，有些问题协商解决不了，就要向企业党委反映，请企业党委来协调处理；如果在企业内协调解决不了，就应该向上级党组织、政府和工会反映，由他们出面来协调解决。有的要通过劳动争议仲裁机构，直至通过司法程序来处理。各级工会领导机关要努力推动党委、人大、政府，在制定和实施法律法规、制度等方面为调整劳动关系创造条件。当前，尤其要与劳动行政部门配合，加快集体合同和劳动合同的立法，制定有关标准，用集体合同规范劳动合同；加强劳动执法的行政监察和工会监督，并把两者很好地协调与结合起来；对监察监督中发现的问题，要及时协调处理，包括加强对劳动争议的调解和仲裁工作等，保证有关制度和机制有效发挥作用。要推动建立工会与政府的联席（联系）会议制度，政府、企业、工会参加的劳动关系三方协调机制，健全处理劳动争议方面的法规与制度，为调整劳动关系提供有力的保障，以更好地维护职工群众的合法权益。

调整劳动关系，防范群体性突发事件*

（2001 年 7 月 6 日）

有些问题是很值得研究的。陕西有一个钢厂，有近万名职工，经营也不好，去年破产了，破产没跟任何人商量，没召开职代会。更值得注意的是，破产就是厂长一个人决定的，党委书记都不知道，工会当然就更不要说了。因此，工厂职工请愿，用各种方式包括堵路等，也形成了几个带头人。最近，我们也调查了，这几个发起人都是普通工人，他们没有任何其他意图，更没有什么政治背景，就是感到企业这样处理太不公正，他们应该仗义执言，这样陆陆续续地持续了一年，矛盾越来越大。回过头来看，这个教训在什么地方？这个厂长是冶金局的一个副局长兼任的，这个人很霸道，一个人作主，因为他身份是副局长，他一个人就决定了。这个人官僚主义作风相当严重，兼了几年厂长，职工算了一下账，大约去过几次，和大多数工人都不认识。这个企业党委的政治核心作用实际上是一句空话。因为党委没地位，像这样重大破产问题，党委书记都不知道。我看了一下他的情况，党委书记我认为还是不错的同志。尽管他处于这样的处境，企业出了矛盾以后，他还

---

* 这是尉健行同志在天津考察时关于工会工作讲话的主要部分。

是抓党的工作，要求党员做思想政治工作，维护稳定，做了不少工作，但这些工作已经无济于事了，厂长已经闯了祸了。工会也做了些工作，工会当然力量更有限了。这个事情闹久以后，陕西省总工会去了，陕西省总工会当然不好直接处理，他们做了一些调查研究工作，听了工会、工人的意见，等等，回去向省委作了个反映，引起省委重视，后来比较当作一回事，但到现在也没有解决好。

我看了这个材料以后很有感触，这样的劳动关系矛盾，完全是由于个人的独断专行造成的，他不依靠党委，更不依靠工会。我当时在报告里批了一下，我说，陕西省总工会在这个事件发生以后做了力所能及的工作，值得肯定。你也不能要求陕西省总工会到那里去拍板，这不是工会能够解决的。但是，他们能够听到反映后派人去调查，如实地向省委反映情况，我感到他们应该是做了力所能及的工作，我说应该肯定。但是我说，请陕西省总工会转有关方面，认真总结这次事件的经验教训，为什么这么大一个企业，这些矛盾会发展到这种程度，这说明我们现在企业内部，领导体制、机制存在很多问题。一个企业如果党的组织发挥不了政治核心作用，工会根本就难以成为职工合法权益代表者、维护者的角色，这些矛盾也不可能处理好，这涉及到企业内部的领导体制问题。我经常讲，一个企业搞好，因素当然很多，但作为我们党的工作来讲，第一，必须很好地发挥党组织的政治核心作用；第二，必须要实践全心全意依靠职工办企业。如果这两条没有了，什么劳动关系保障、什么发展生产、什么稳定，都谈不上。所以，从这个意义上讲，我们说，调节劳动关系，要维护职工合法权益，解决一些矛盾，从我们工会来讲，我们是强调我们要做好工作，充分运用两种机制。但是，这两种机制能不能够运用得好，运用了以后能不能起作用，还要有一个大环境的保证。从企业来讲，如果没有建立一套健全的法人治理结构，企业没有真正成为市场竞争的主体，企业也难以成为劳动关系的一方；党组织如果没有很好地发挥政治核心作用，企业内部，企业跟职工的一些矛盾如果发生了，谁来调解、谁来处理？反过来，如果工会不能很好地代表职工的合法权益，不能够在发挥两个机制上做好自己的工作，也谈不上是代表劳动关系一方。我们提出这个问题，在企业里面强调工会要抓好两种机制，当然不仅仅是工会要抓，行政、党组织都要抓，这两种机制不是孤立存在的，也不是就事论事抓好两个机制就能够起作用的。它涉及到整个企业的领导体制和机制，涉及到我们整个宏观上一套处理劳动关系的体制、机制，如果这些问题不从总体上来考虑、来处理，单纯地抓微观维护已经不行了。作为问题的提出，是从这样的角度。但是，你在微观基础上都不能很好地运行这两种机制，都不能很好地去维护，那当然职工的切身利益就要受到侵害，就谈不上维护了。但是，光靠这两种机制，没有其他配套的一套体制、机制、法规来配合不行。我们对面临的这个问题要进行深入的研究。

你们去年全市发生的 50 几件群体性突发事件也是值得分析的，当然你们这里不算多，也不算大。总的讲，你们的工作做得是不错的，但越是这样你们越要从这 50 几件中，一件一件地解剖，也还可以回过头来看，我们现在的这一套做法还有哪些不尽完善的地方。比如说，你们刚才讲的这两个做法我看都是很好的，一个就是要从维护个别特困职工转到维护困难职工群体，我看天津是摆到日程上了，我们这样一个要求也符合江泽民同志这次讲话的要求，就是要特别注意困难职工，这是一致的。你们做得好在哪里呢？我看，你们做得好就好在比较细，困难职工群体不是一个原则概念，对天津来讲，就要具体化到天津在当前有多少个类型的困难职工群体，是我们应该着力注意和研究解决问题的。刚才你们讲，你们已经至少把118户困难企业放到自己的眼皮底下，作为重点研究了，这个比泛泛地讲我们要注意困难职工群体更具体化了，更有针对性了，这个是很好的。我看这一点，全国都应该这样做。你们特困职工工作为什么做得好呢？就是把特困职工一个一个都经过分析研究，建立了档案，都有名有姓、有帮扶对象，因此工作做得比较细，效果也比较好。维护困难职工群体需要像你们这样做。我们不要求天津118个企业是不是一个都不漏了，不是，至少这118个重点企业应该注意维护的问题已经列入到你们的工作对象里面去了，这样工作就具体了，就看得见、摸得着了，就好考核了，也好落实责任了，也好检查了，也见到效果了。我看这一点，你们做得很好。同时，对118个单位要建立一套预防、预报、预警机制，这“三预”也是很好的。对这118个单位，你们可能也分工，都是哪个工会管的，但是你管还得有管的办法，不能完全靠责任人自己天天去了解，要在那个单位建立一套信息系统，能够掌握动态，矛盾的变化情况，你们叫预防、预报、预警，上海机电工会叫预警机制。当然，叫法可能不一样，但是指导思想是一样的，这就说明要把困难职工群体作为重点，你就要有重点抓的一套办法、一套路子、一套机制。你们“三预”的提法，还有你们一套具体办法，这都很好。现在看来，要把落实维护困难职工群体作为重点，就必须抓得这么细，这样叫真抓了，要不还停留在口号上、说法上，落实不了。

当然，这样抓不等于这个问题一下子就解决了，这个办不到。我经常讲，我每天上班，首先看公安部给我的报告，哪里堵铁路了，哪里市政府被围住了，我印象天津没有，这是不错的。但从天津来讲，对你们的工作应该要求得更高一点。我倒建议你们对 50 几件包括围过你们劳动局的，围过市政府但围得不大后来就散了的，回过头很好地研究一下，这些单位能够上 100 人说明是个群体了，要研究这 100 个人的这起是不是在你们 118 个企业里面，如果在 118 个里面，说明你们还是有预见性的。另外，你们的预防、预报、预警在这些单位建了没有，或者说有没有机制虽然建了，但是信息不灵，或者中间给堵了，或者他们想报被别人卡住了的情况。现在有的人不让报，我们现在好多事情，有的中央也不知道，到死了人了，出了问题了，才知道原来着了一把火。因为现在好多都是报喜不报忧，就是报好事，坏事都压在那里，这个风气是很坏的。我们工会一般来讲还是比较好的，能够仗义执言。但是工会也很难，它报到省委办公厅，办公厅把它扣住了，不让报，或者你要给全国总工会报，必须先给省委报，要省委表态后你才能够向全国总工会报。所以，全国总工会拿到的信息，比各地工会掌握的信息大大打了折扣，这是很危险的。我们现在矛盾多，又未能像天津这样预先研究、解决，有些矛盾大量是可以预先处理的。又有矛盾，又没有能力去解决，又不让报，又搞官僚主义，最后这些矛盾激化以后变成了大事情。好多问题你回过头来分析，也不是什么了不起的，绝大多数都是人民内部矛盾，绝大多数都是职工群众的切身利益受到损害，绝大多数都是按照我们现在的法规、制度、政策，以及按照我们现有的经济能力，不是不可以解决的，但有的就是置之不理，官僚主义，拖拖拉拉，或者是领导搞腐败，最后矛盾日积月累。平常大家不吱声，职工代表大会你光听到鼓掌，提了意见也不管，最后矛盾积累到一定程度，说不定哪天上班，党委书记、厂长都不知道，工人已经到市政府去了，不在车间了，前一天晚上都得不到信息，严重脱离群众。所以，这些问题教训是相当大的。我的意见，你们做得很好，但你们不妨把这 50 几件，一件一件地作个分析，对照你们采取的一套机制措施，看看哪些是得当的，哪些还有不完善的地方，这样你们的工作还可以大大提高。你们刚才讲得很多，还有好多很好的，就是从这两点来讲，我感到全国需要向你们学习，也需要建立这套机制，要不然都是停留在报告、号召、空话上。

天津市总工会和劳动部门协调、协作搞得比较好，反映了天津市委、市政府对劳动关系问题的处理和维护职工合法权益还是很重视的。要不然也不会做到这一步。我们工会工作过去强调基础在企业，这个是对的，今后仍然是这样，主要活动基础在企业，因为我们的工作对象、职工群众在企业。多年来的实践表明，要很好维护职工的合法权益，只靠微观维护还是不够的，很多问题还要从宏观上创造条件，来更好地支持微观组织维护职工的合法权益。这些年来，我们在维护职工合法权益方面，比较多的是在研究企业的维护上做文章，我们的“五突破一加强”，“五突破”基本上都是企业的微观维护，“一加强”涉及到工会领导机关职能建设、工作加强。现在看来，工作发展也是这样一个关系，先把这个基础搞好，在微观上、也就是在企业维护好职工合法权益。

根据这几年来的实践，天津体会更深了，因为你们这方面出了很多经验。概括起来，就是我们很好地运用了两个机制，一个是平等协商、签订集体合同制度，一个是建立健全职工代表大会制度。这两种是维护职工合法权益的机制，也是调解劳动关系的机制。因为我们工会的基本职责是维护职工合法权益，但是我们工会维护职工合法权益靠的是什么？什么样的职能才能够达到维护职工合法权益的目的？我们没有别的手段，我们不是行政机关，我们不能做这样的决定、发那样的命令。我们也不是一个经济实力雄厚的部门，用我们自己的力量解决职工的困难。工会维护职工合法权益的手段，主要是协调劳动关系，参与协调劳动关系。当然协调劳动关系不只是工会一家，劳动部门等都有协调劳动关系的职能。通过协调劳动关系更好地维护职工合法权益，这是工会工作的基本途径和手段。

因此，我们强调企业要搞好两种机制。当然，刚才讲的企业要建立劳动争议调解委员会，这也是调解劳动关系的机制。但是，我们没有把它作为一个单独的机制来提，没有作为三种机制，而是作为两种机制。不是说劳动争议调解委员会不重要，而是考虑劳动争议调解委员会的好多机制与我们刚才强调的两种机制是直接相关的，因为企业调整劳动关系的许多矛盾问题好多是可以通过平等协商去处理，不要单独放到劳动争议调解委员会，要由平等协商去处理，还有劳动争议调解委员会好多涉及到职工个人的劳动合同问题，职工个人劳动合同有很多不合理，要用集体合同去规范劳动合同，去纠正劳动合同中间一些不适当的东西。从这个意义上讲，要用集体合同来实施这个职能。另一方面，企业的劳动争议调解委员会是工会为主，工会主席是主任，那么，参加人选也是要职工代表推选，所以从组织上讲，与职工代表大会有密切联系，一般提两种机制，但不是说劳动争议调解委员会不重要。

应该说，我们企业调整劳动关系机制包括劳动争议调解委员会，我们概括的提法提两种机制。这两种机制建立以后，怎么样能很好地起作用，这个因素是多方面的。作为我们工会来讲，首先强调的是工会，工会要在建立两种机制上很好地发挥作用，尽到责任。所谓发挥作用、尽到责任，一个是要把这两种机制建立起来，建都没建起来，谈不上发挥作用，这是工会的责任。但是建起来，也不是工会一家能够说了算的，但工会应该要责无旁贷创造条件，推进这两种机制的建立。两种机制建立以后，不等于两种机制能够很好地发挥作用，一个是尽管建立了，大家都赞成了，但他不办，你要搞集体合同，他不签订，你要开职代会，他两年也不开。那么在这种情况下，工会的职责是什么？一个要推动把两种机制建立起来，第二个建立起来以后，你没按照两种机制的要求来行事，工会就应该监督，应该提意见。职工代表大会开了，你报告归报告，意见归意见，我行我素，什么职工意见，职代会可以开得很热闹，张灯结彩的，但没有解决问题，一些职工反映很强烈的问题，照样干，这个工会有责任提出监督意见。集体合同签订了，承诺不兑现，工会有责任要督促、要检查。工会不仅要建立两种机制，而且要监督这两种机制的兑现，这是工会的责任。这方面我们工会还有很多工作要做，好多工会没有很好地发挥这方面的作用。当然还有很多的难处，有的可以理解，但是不管怎么说，你作为工会不提意见、不监督，总是一种失职的表现，不能总强调客观。

但另一方面，在企业里面这两种机制要很好地执行，也不是工会一家的问题。首先是行政，你搞市场经济、建立现代企业制度，这些都是现代企业制度题中的应有之义。你要建立一个好班子，这个班子如果不是一个能够注意依靠职工群众办企业的，就不是一个好班子，不能仅说这个人魄力大、有知识、学问高，这是不行的。在社会主义国家办企业，如果这个领导独断专行，靠自己的本领、知识来干，把职工不放在眼里，就不是一个好的领导干部，这是我们党历来强调的。我们强调要有一个好班子很重要，但问题是什么叫好班子？好班子必须是一个注意全心全意依靠职工群众办企业的班子，要不然不是一个好班子。当然，这里面有很多工作要做，这不是工会的问题了,这是党委必须真正发挥政治核心作用。建立两种机制,不等于很多问题都能解决。因为现在劳动关系矛盾很多,企业和职工之间的矛盾有的是可以通过平等协商调解的,有的是可以通过发扬民主解决的,但也有的它确实解决不了。解决不了第一责任在党委,党委应该加强领导,出面调解,来排解这个矛盾,这个不是工会的问题,这是党委的问题。如果厂长说,要把这个钱花在这个上面,职工说现在当务之急要把钱花在那个上面,这样争论起来,党委要做工作,党委要发挥党委作用。如果党委也是置之不理,或者就听厂长的,也不秉公办事,那这两个机制怎么发挥作用?! 所以说,要建立两个机制,工会有十分重要的作用。应该说,我们这个作用没有很好地发挥,但这又不仅仅是工会的责任,要真正发挥这个作用,还要取决于企业行政、取决于党委。所以,建立协调劳动关系、维护职工合法权益的有效机制,这是一个全面的建设,而不是工会单独的任务。这是党的建设的重要组成部分,也是贯彻“三个代表”重要思想、维护最广大人民的根本利益,在企业里面的直接体现。企业职工的利益都维护不了,还怎么维护最广大人民的根本利益。所以,为什么江泽民同志讲,实现、维护、发展职工利益是党的一切工作的根本出发点。我们工会提出来的通过维护职工合法权益来调动职工积极性是符合江泽民同志讲话要求的。江泽民同志在庆祝“五一”国际劳动节劳模座谈会上的讲话,这些根本的问题都讲到了。全总主席团会议精神要很好地学习、传达并结合江泽民同志的讲话,这样能够更好地领会讲话的精神,更好地结合工会的实际，理直气壮地来开展工作，这是我讲的企业的一块。

现在，这几年的实践表明，光有企业这两种机制，没有从宏观上一系列的措施来配套，单靠微观的维护是不行的，尤其是在发展社会主义市场经济条件下，我们现在职工的劳动关系矛盾不仅是劳保用品，手套 1 个月 2 副、还是 3 副，奖金多少，不仅是这些问题了，涉及到企业的改制、破产、劳动保障等等，好多都是宏观上的问题，有的企业都解决不了。但是，这些问题又影响到企业内部的劳动关系矛盾。所以，现在越来越感到要更有效在企业里面维护职工合法权益，必须在宏观上建立一套维护职工合法权益的机制。最近，我会见越南总工会的主席，在讲我们这些年的经历时，也讲到这个问题。现在看来，在加强微观基层工作的同时，要加强宏观上的维护，加大各级工会领导机关维护职工合法权益的责任，要加重工会领导机关参与宏观维护的职能，这个问题不解决是不行的。我们讲领导机关要为基层服务，这个是广义的，不能说是为基层的工会开展日常工作服务就行了，不能说就是为建立两种机制服务就行了。这个服务，很重要的就是从源头上、宏观上为基层的工会工作创造条件。所以，我提出几条：

第一，各级工会的领导机关必须加强参与立法。如果在法律法规上不解决问题的话，单靠基层工会去争，不好搞。所以《中华人民共和国工会法》要修改，《中华人民共和国劳动法》将来还得完善，集体合同还得有立法，尽管我们天津做得比较好，因为市委、市政府重视，工会工作也搞得好，劳动部门也配合，这个集体合同大概各方面认为都应该这样办，但有的地方还在打问号，认为《劳动法》里面是可以签订集体合同，也可以理解成不签订集体合同也可以嘛，如果按照“可以”、也可以“不可以”这样去理解，那我们还不如资本主义国家的工会。资本主义国家的工会搞集体合同已经一百多年了，我们还在讨论集体合同要不要，那别人听了会当笑话讲，攻击我们更有说的了。这几年来，我接待外国代表团，还有点理直气壮，我们是突出维护职能，强调全心全意依靠工人阶级，既要在政治上维护，经济上维护，还有精神文化利益上维护，尽管我们有的做得还不够好，但我们是这么个方针，他们听了以后也不能不考虑中国共产党也不是像有的人讲的那样。这次我去德国访问，原西德就批判原东德工会是一种压制工人奴隶性劳动的工会。国外这样攻击我们，当然是诬蔑了。我们这样讲，让他们感到你们还能要我们怎么样，我们做得比你们还多，你们还没有职工代表大会，我们当家作主，你们敢提吗？这个至少政治上是主动的。但是，我们还有好多工作没有做到位。一个就是在立法和政策制定上一定要全。我们现在已经不是从理论上考虑了，都实际感受到的。在立法上不解决，下面是难的。有的国家可以立法，有的市里也可以搞若干制度，这个机动性还是有的。有的法一下子出不来，我们可以搞制度，我看可以考虑。这一点，资本主义国家的工会比较注意，比我们做得好，他们对法律研究得比较透，哪一条怎么改，形势变化了，什么问题应该怎么应付，加入WTO以后会带来什么问题，等等，这个方面的研究、知识见解比我们多。我们的工会长期不涉及到这些问题，我们搞一些具体活动，本来应该讲维护就是应该从大政方针政策上来分析，估计形势，来提出对策。我们这方面的知识是不够的，注意力也不够。

第二，各级工会领导机关必须参与各种劳动法律法规、政策的监督执行。我们要搞劳动监督，就是怎么样把政府劳动部门的劳动监督跟工会代表职工的监督结合起来，这个很重要。因为现在有了法不一定执行，所以这个监督就成为工会各级领导机关的一个很重要的任务。这个搞不好，基层工会的维护工作也搞不好。

第三，各级工会领导机关要参加三方协调机制，包括和政府的联席（联系）会议。如果这个方面不建立一套机制，及时地互相沟通情况，研究问题，处理问题，有些突发事件也是避免不了的。因为有的突发事件不是企业的，包括像陕西钢厂的问题，我看如果不是省政府跟总工会一起参与研究，单靠陕西钢厂党委是解决不了的。三方协调机制最关键是工会和劳动部部门，这是最密切的，这方面你们天津做得比较好。最近，我在全国总工会召开了一个请劳动部领导参加的会议，劳动部部长、副部长也都来了，开了一个联席会议。我们讲，我们工会希望双方加强协作要解决的几个问题，并能够达成协议。劳动部的领导都很重视。当时，我在会上提的第一个问题就是先确定一下今年下半年共同做好准备，能够召开一次全国集体合同会议，来交流经验，肯定这方面的工作，大家一起来讲。不要让别人感到集体合同可以抓也可以不抓，还没有什么说法，而是实际上已经铺开了，经验需要总结。还有第

二、第三问题等。这就是说执法监督我们要参加，劳动行政部门叫劳动监察，我们就叫代表职工群众来监督有关劳动法律法规执行，这个有的可以单独，有的可以配合起来，有的检查咱们两家可以合起来一起干，目标都是一致的。

第四，各级工会领导机关必须积极参与建立健全劳动争议仲裁委员会机构的工作。劳动部门为主，工会要积极参加，选派一些懂法律、政策，坚持原则和公平，能够全面考虑问题的同志参与。这个机构必须要加强。现在的问题，天津还比较好，好多地方劳动争议仲裁委员会还没有建立起来，没有这个机构。首先得建立起来，当然建立起来不等于解决问题，因为现在职工他总结出一条经验，什么劳动争议调解、仲裁，这些都没意思了，解决不了问题，最好的办法就是包围市政府，堵铁路。这个想法不对，但这个就怪我们了，没有树立起劳动争议仲裁委员会的威信、权威和公正性，他认为劳动争议仲裁委员会还是代表政府的，你们还是给工厂说话，我们跟你去仲裁还是不公正。这个就要靠我们的实际成果去取信于职工。首先是要建立起来，工会要积极参与，这个方面你们去年已经处理了好几百件，你们这里还是有一套程序的，怎么把它强化，让职工感到，这个是必经之路，不要一下上升到包围市政府。首先得走这一步，主要是把这套机制建立起来。这个机制不建设好，企业两个劳动关系调节机制就没有后盾，一有争议就垮了，双方就停摆了。所以，上面必须要很好地帮助建立起来，这也是我们和劳动部商量的重要的一点，这个天津做得比较好，希望你们能够出点经验。

第五,各级工会领导机关必须给予职工一些处理劳动纠纷矛盾的法律援助。因为按照我们的体制有的矛盾是要提交给法庭的,包括个人的劳动争议,包括集体劳动争议,最后要到法院去解决。但是工会有责任给职工、给一个群体在法律上提供支援,宣传劳动方面的法律知识,代写诉状。这个法律支援的意思,再进一步演化,就是我们还要跟法院研究,把法院在劳动领域的审判工作建立起来。矛盾是肯定有的,有两种调节处理矛盾的机制,不等于能够全部解决劳动关系矛盾,必然有的矛盾是基层解决不了的,需要到上面去解决。劳动法庭比一般民事法庭更复杂,要有一定的专业知识,这我们将来和高法要开会研究的,请他们一起来研究。这个机制不健全,处理劳动关系矛盾也是不完备的。

第六,各级工会领导机关的职能必须延伸到乡镇、街道和村。这个不仅是适应我们工人阶级队伍扩大,强化工人阶级基础的需要,也是很好地处理好劳动关系矛盾的需要。我们现在好多新建的私营企业、合资企业、外资企业的工会一方面要建立起来,一方面不能要求也不能期望这些企业的工会组织在维护职工权益、调节劳动关系矛盾方面能够像国有企业工会组织那么坚强,因为它有好多实际问题,动不动把你解雇了。当然,法律上讲也可以搞点规定,但这必定是一个现实问题。因此,要解决企业两种机制就不能照搬国有企业的办法,像这类企业处理这两种机制有的方面监督的工作,要由上一级工会来从事。比如饭店组织一个工会,你还能说让他们监督老板,不太好办,就是咱们街道工会出面来监督,代做一部分基层工会应该做的工作，所以这个体制必须延伸，不光适应队伍扩大的需要，也是适应当前基层维护职工合法权益实际困难的需要。

所以我想，我们过去着重加强基层工会工作，这是对的，今后还要这样。但是，要看到，要把基层的工会搞好，尤其是把维护工作搞好，各级工会领导机关不加重在宏观上的维护，基层的工作是搞不好的。从这个意义上讲，各级工会领导机关责任比过去大了，各级工会领导机关将来的领导方式、领导方法、工作内容，要有一个比较大的改革，原有的一套体制、机构、作风、方法不行了。这也就是这次全国总工会体制机构改革的指导思想。当然，全国总工会机构改革是不是完全适应，也还要在实践中看，现在形势发展变化很大，好多新问题需要探讨，老一套是不行了。

从某种意义上讲，发展社会主义市场经济条件下宏观维护的责任和任务，要比微观上还要重，还要难。而且，微观上好多问题取决于宏观上问题的解决。我刚才讲，因为过去我们在企业里面没有这种机制，企业工会平常遇到的矛盾，一个是劳动保护用品的问题，工作服怎么样，鞋子怎么样，毛巾怎么样，包括困难时期还有一个粮票，这个工种 48 斤，那个工种 36 斤，那里面问题也很多。另一个是福利方面的问题，分房、疗休养，也有工伤事故处理、对劳模的帮助，还有职工的文体活动。但这些问题都是具体的，不涉及党的大的政策，都是企业内部的具体问题。现在，我们说劳动关系主要是企业和职工的关系，这个是对的。但是，有些涉及到职工利益问题也还是涉及宏观政策问题。例如，下岗职工进“中心”[①]、出“中心”，不是企业的问题，像劳动保障、劳动保险还有大病医治，等等，这也不是企业问题。所以，要加强宏观上维护，从某种意义上讲，比微观上维护还重要，职工更关心，将来咱们的工会领导机关都要在这个方面下功夫。

还有一个问题请大家研究，就是企业要维护，要建立两种机制，宏观上要加强维护，开展6个方面的工作，当然也可以是7个、8个方面的工作，我只是抛砖引玉，提出对这个问题的思考，这几个方面都要立法，都要做一些政策规定。另一方面，现在看来还有个问题需要解决，就是劳动关系一旦发生矛盾的时候，我们还是强调按照法规程序办事。在这方面，要加强民主与法制建设，我们又要发扬民主，让大家能够反映问题，提出要求，但又要加强法制建设，不能一旦发生矛盾，我可以这样做也可以那样做，这个也不行。我经常讲，资本主义国家宪法规定是可以罢工的，我们宪法没有规定，也就是不提倡罢工的。这个是由国家的性质不一样所决定，因为他们好多矛盾关系是阶级矛盾，对抗性矛盾，我们劳动关系矛盾绝大多数是根本利益一致基础上的人民内部矛盾，不应该激化，不应该采取罢工这样一个手段，这个我们都要坚持。但现在实际情况经常出现这些问题，而且是逐年增加，有的比罢工还厉害，这里当然要总结教训。为什么会发生矛盾激化，要从领导机关、从工会来很好地总结教训，来避免这些问题。但另一方

① “中心”，指国有企业下岗职工管理和再就业服务中心。

面，也要研究一下，在社会主义国家处理劳动关系矛盾，提出要求，也要依法办事。这个方面，我们过去法制不健全，因为我们没有罢工，所以我们没有涉及到一旦要罢工应该怎么办，没有这套东西。资本主义国家允许罢工，但是它在罢工问题上有一系列的办法来限制、来制约，你看起来它允许罢工，但也不那么好罢工的。我们不提倡罢工，但很容易就罢工，大家一呼隆，白天就出去了。所以，这里面有些问题恐怕需要我们研究，当然不光是工会，但我们工会也有责任。你比如说，劳动关系问题已经在集体合同里有明确签订，正在执行中的问题，就不能以这些问题作为问题来提出新的要求，不能采取罢工。如果这样，就没什么机制了，平等协商也协商好了，合同也签订了，工资也定了，结果你又说工资不够，那么你这样讲就不行了。签订了集体合同，在这个时间界限内咱们是执行的，不能再采取其他手段。这样就要有一点限制，如果超出合同的界限去闹，那样就是非法的，工会要理直气壮，党委、行政都要理直气壮地制止，你不能今天不满意就推翻了，这个是不行的。劳动关系矛盾将来也会有的，但矛盾要经过一定的程序解决。比如说，有个别工人的矛盾应该通过调解，你不能不通过调解就个人上街抗议，这不行。集体合同里面企业的一些矛盾，如果将来解决不了，一个是通过党委，党委再解决不了，咱们还有劳动争议仲裁委员会，还有上级工会，你不能不经过这个程序，一下子就越级包围市政府，这个也是不行的。再比如说，不管怎么样，不允许去堵铁路、堵公路，这个不行的，不能因为一个单位的利益，为了解决问题把整个社会的利益都破坏了，这个不行。资本主义国家还规定了罢工、游行要经过哪条线路，一排排警察限制在那，不能越杠，我们呢，一上街到处都可以去，这里围不住了到那里围一下。过去，我们不太考虑这些问题，法律根本不涉及这些问题，现在对这个得有点规矩了。比如说，政府是不允许包围的，你可以去但不可堵门，不能影响办公。罢工不是劳动争议问题，是另外一个问题了，你堵铁路是违法的。不能好像我有理了，我什么办法都可以搞，就堵飞机场去了。我的意思，我们一方面要关心职工群众，发扬社会主义民主，让他们有表达意见的机会；另一方面在及时处理劳动争议矛盾上，必须要依法办事，要加强民主法制建设，不能动不动一个人、一个集体可以任意乱来，这个也不行。我们既要有维护职工权益的法律，也还要有维护整个社会稳定的一套办法，这个工会也要关心，这也需要我们工会来研究。

带着这些问题，来听听天津的意见，因为你们这方面还是搞得不错的。刚才你们讲的好多都涉及到这个问题，请大家一起来研究，因为现在我们已经到了这么一个阶段。我在执委会上讲，“五突破一加强”也好，两个机制也好，大家都接受，但是，关键不在于干，还要看效果，效果是什么，就是真正能够切实维护职工合法权益。现在看来，要达到这个效果光抓基层是不行的，但基层工会还有许多工作要做。宏观上，各级工会领导机关要加重这方面责任。天津比较早注意这个问题，跟劳动部门配合得也好，市委、市政府也很重视。所以，我希望，你们在这方面早走一步，能够多提供一些经验。

工会工作当前要重视的几个问题*

（2001 年 7 月 21 日）

一、关于维护困难职工群体利益的问题

本来有些职工生活还是可以的，可能遇到一些情况，他们就变成困难职工，我们讲的困难也就是这个含义。陕西一个很大的钢厂，拥有近万名职工，现在破产了，两年没有人管，搞得职工生活相当困难，从总体来说，这个企业的职工就是我们工会应该关心的困难职工。有些车间污染特别严重，影响身体的，也是我们应该关心的。包括民营的小煤矿，劳动条件很恶劣，很容易造成伤亡事故，也是我们应该关心的困难职工群体。对于这个概念我同意你们的理解，说困难职工形成群体，不是说是一种组织。就是一个发达地区也有这种情况，也不断发生群体性事件，造成政治上、经济上的影响，这是很严重的。仔细分析一下，为什么发生群体性事件，除了个别没有什么道理以外，多数是一个群体的利益受到损害。因此，从这个意义上讲，我们关心困难职工群体利益，在当前来讲就是政治大局，有利于政治稳定、社会稳定。

我们要把关心特困职工延伸到关心困难职工群体。关心

---

* 这是尉健行同志在黑龙江考察时关于工会工作讲话的要点。

特困职工应该首先搞好,但同时更要关心困难职工群体。像陕西那个企业已经停产,近万名工人工资也发不出来,这个工厂已经很不像样,厂长成了名义上的厂长,两年大概来了几次,职工都不认识他。他就决定把企业破产了,连党委书记都不知道,工会主席就更不知道了。一个社会主义国家的企业这么来管,这些人头脑中根本就没有什么群众,也没有什么党。

我们经常讲,现代企业要有自主权,这个是很需要的。这就需要很好地明确产权关系问题,要建立合理的法人治理结构,这个都是必要的。但是我们一再强调,要搞好企业就要处理好两个关系,一个是国家和企业的关系,一个是企业和职工的关系。现在你不能光停留在只是强调处理国家和企业的关系,如果你不注意处理企业和职工的关系,这个企业也是搞不好的。我们处理好国家和企业的关系,涉及到一个资产的所有权和经营权的关系问题,这个问题不处理好,社会主义市场经济的机制就不能很好地发挥作用,还会是政企不分,不能很好地发挥企业的积极性。这个是很重要的。这就是所有权和经营权的问题。企业有经营权,国有资产委托企业经营,企业的资产谁来使用?使用权是职工。企业领导有经营管理权,职工有资产的使用权,所以你经营得再好,关键最后要落到职工怎么来使用,如果职工的积极性高,他使用那是一种情况,如果职工的素质高,同样一个资产,他使用起来的效果就不一样。所以这是一个基本的道理。大家知道,“物”是要管,“物”本身谁在用,是职工在使用,你机床是职工在开动,轧机是职工在操纵，你不注意职工使用权的积极性，职工主人翁地位不保障，光去注意处理企业跟政府的关系，这是远远不够的。所以，我认为有些人号称企业家，实际他不懂企业，他也可能刚到企业一看，自己感到有知识、有文凭，如果真正在企业滚过来的人，就不会这样。像陕西钢厂的那个厂长，他是一面做厂长，一面兼陕西省冶金局的副局长，他根本就不去企业，我怀疑这个人在企业有没有干过，有没有跟工人滚在一起干过，我看既缺乏感情，也缺乏企业工作的感受，才会这样个人独断专行。我看，他真正在企业干过，就根本不会这样。职工的积极性调动不起来，光靠你厂长的天大本领也是不行的。所以我们感到，一定要注意正确解决企业的经营权，又要很好地解决国有资产的使用权，这个就是企业跟职工的关系问题，这个在广义上来讲，就是怎么样依靠职工办企业的问题。所以说这又是一个很大的道理，但又是一个很具体的实际问题。对困难职工群体这个提法我赞同，我们从正面提的。那么困难职工群体维护得好不好，当然要看工作，但最后要看效果。如果你这个地区，你说搞得很好，但最后老出问题，这个罢工，那个把市委、市政府包围了，说明困难职工群体维护工作没搞好，这个来不得虚假。

我看黑龙江省还不错，你黑龙江讲困难，那很困难，不光你们讲，中央都认可的，东北三个省是困难的，黑龙江省更困难，包袱是很大的，但能够做到这样，说明省委、省政府在处理一些问题的政策上，包括工会在维护困难职工群体的利益上，做的工作是有效的。我们讲维护好不好，两种机制好不好，最后要看一个是职工群众是否满意，一个是不是有助于企业发展稳定，离开这两个标准，什么经验，什么办法，那可能也就是一种文字上的游戏。这次江泽民同志的讲话，他也特别提到困难职工，他讲的困难职工不是个别特困职工，带有一定的量、一定的面。

二、关于企业党组织的地位作用问题

我到一个企业去参观，这个企业还是私营企业，它也有党组织，企业办得也不错，应该说党的工作、工会工作都是可以的。它在汇报的时候讲到党的工作，它说企业党组织的任务就是围绕企业的生产经营开展工作，保证企业完成任务。我说这个提法也没有错，如果你企业党委不围绕生产经营开展思想政治工作，你不去促进生产发展，这个党委的工作应该说不符合我们党的要求。但是，企业党委、党组织，只是围绕你这个企业的生产经营来工作，保证完成任务是远远不够的。因为，企业的党委是中国共产党的一个基层组织，任何一个基层组织它首先要服从全党的中心任务，要服从于中央的决策部署，要服从、服务于党的基本路线，而党的基本路线不只是一个经济建设问题，还有坚持四项基本原则，坚持改革开放。因此，企业党组织只是围绕这个单位生产来保证完成任务，这种保证是不行的。大方向首先是围绕服从党中央的要求，因为我们现在的问题不完全是天天完成生产问题。你想我南斯拉夫大使馆被炸你是什么态度，你当初是什么态度，你说我这个党委就是组织生产，对中央的号召、中央的态度，你就是不闻不问。企业党组织首先是个政治组织，是要保障经济任务完成，但是你首先要从政治着眼，首先得服从全党的统一领导、统一指挥，搞不好就使有的党组织变得服从于我这个企业完成任务，就变成厂长的副职。现在好多党委书记是副厂长，就是厂长来发号召、作决定，你来保证，工会来动员，这是不行的。这样就变得看起来他也很重视，一个党委、一个工会等于是他的两个翅膀，他要怎么飞，他自己定，然后你们要帮助、要保证我往那里飞，那你飞错了呢？所以，党组织首先要服从大局，大局是全党，全党要服从中央。党的领导不是虚无缥缈的，他有路线的领导、方针政策的领导，也还有组织的领导。有的人名义上讲党的领导，但是他只强调路线、方针的领导，不提组织领导。中国共产党作为一个执政党，如果离开组织领导，这个领导是空的。虚无缥缈地讲党的领导，实际上是没有用的，这个不行，党的领导是很具体的。

各个部门、各个方面它各有各的特点，都要独立自主地开展工作。对于工会来讲，就是各级党组织要支持工会履行自己的职能，支持工会独立自主地开展工作。而工会的职能是什么呢？很多，但基本的职能是维护职工的合法权益。但我们一再讲维护不是单纯地为维护而维护，我们不是资本主义国家工会，我们维护的目的是为了更好地保护、调动、发挥职工的积极性，有了积极性，还要很好地组织、引导，把这个积极性引导到去完成党和国家提出的任务。从工会来讲，如果你不维护职工合法权益，你脱离了群众，你也起不了桥梁、纽带作用。所以，这个职能跟桥梁、纽带作用是统一的。但是反过来你不能只强调自己的职能。你为什么有这个职能呢？只有行使这个职能，才能更好地起到党联系职工群众的桥梁、纽带作用，才能够协助党联系群众，反映群众的愿望，传达党的一些意图跟意志，这个就是我们的任务。任何国家的工会都是有政党背景的，现在公开讲工会是共产党领导下的，大概也不能说没有，可能还有几家，像越南都是这么讲的。资本主义国家是不讲的，都讲自己没有党派背景，但实质上没有哪一个国家工会没有党派背景。美国的劳联-产联它叫得凶，说中国工会不是一个独立的，那么它是什么呢？民主党克林顿竞选，它把工会经费几千万几千万给他们，为什么？它的政治背景就是民主党。我们去年到德国，我们代表团是德国社会民主党邀请去的，邀请去以后，活动都是由他们陪同的，后来我们说要会见一下德国的工会，我们明明知道，德国那个工会是社会民主党的工会，人事安排都是由它管，但我们去的时候，社会民主党陪同的人员撤走了，说我们这个不能去，因为我们跟他们没关系，这完全是做表面文章，实际上他们内在联系相当多的。至于说瑞典，有的时候还承认，瑞典的工会就是社会民主党。但不管你承认不承认，工会都是有政党背景的。我们不同于别人什么呢？我们是理直气壮地、很坦率地说我们在中国共产党领导下，他们是羞羞答答，还否认，但实际上是串通一气的。因为工会这个组织，它是个社会政治组织，不光是我们讲维护，维护当然还包括维护政治权益，可不能把工会看成是经济组织，就是维护工人经济利益，不是这个问题。任何一个工会离不开它的政治观点，像美国一些政策决定，有的工会它就反对，有的都涉及政治问题。所以工会要脱离党的领导，独树一帜，这个不要说在中国是不允许的，也是办不到的，全世界都是办不到的。你们“三讲”先来研究这个问题是很好的，这是一个根本的问题。当然我们强调党的领导，不要光强调共性，就是党说什么，我们怎么干，我们没有自己的、有特点的一套工作也不行。那样看起来好像是很尊重党的领导，实际上是个懒汉，不动脑筋，那还要我们这个工会干啥？党委成立一个群团工作部就行了，何必要搞什么工会！所以，这两方面都要注意。

三、关于工会主席是同级副职的问题

辽宁从省总工会到各地市总工会的工会主席都是同级党委常委，吉林也是。现在按同级党政副职配备工会主席的问题，各地发展很快。这不是工会干部个人的级别待遇问题，而是为工会组织更好地代表、维护职工的利益，搞好参政议政，更好地开展工作的问题。这个问题不要到换届以后再去研究，在换届前就要把这个问题解决好。如果换届都选举完了，再去研究，就涉及到或者没有位置，或者这个同志原来安排就不是这样考虑的。就像纪委书记担任党委副书记一样，这个不是简单提一个级别，解决一个待遇问题，主要是着眼于工作。因为当前需要有这样的同志抓党风廉政建设。所以，要在换届前按照中央的要求，推荐、选拔、考核、调配好工会主席的人选，不要总是“马后炮”。

刚才，同志们介绍的黑龙江工会工作的情况，对于怎么样正确地领会江泽民同志“七一”讲话，结合工会实际来贯彻的这个思路，我认为讲得都很好。这些年来，黑龙江省的工会工作按照全国工会工作的思路开展，而且能够结合黑龙江实际，有些创造性的发展。从工会工作来看，黑龙江省委、省政府是很重视、很支持的，而且有些重要问题都是亲自做指示、做安排，给予支持，我看这都是很好的。我赞成你们做的工作，你们对一些问题的见解，我都赞成。

适应社会主义市场经济的发展，适应劳动关系这个调整，我们强调工会工作的一些思路、工作方法、工作领域应该有比较大的改革。但是，怎么变化，全心全意依靠工人阶级这个根本指导方针不能变，要进一步坚持下去，这是我们这些年的一个指导思想。当然怎么样来贯彻体现依靠工人阶级，一些做法也可以做一些改革、创新。另一方面，要适应由计划经济到市场经济的变化，就是我们要进一步明确工会的基本职责就是维护职工合法权益，要理直气壮地提出这样一个主张和要求。也就是我们一再强调要进一步突出工会维护职工合法权益的职能，这个现在我看大家从总体上是接受的，各级党委、政府也很支持。依靠工人阶级办企业，维护职工合法权益，从工会的角度来讲，我们是从两个方面来开展工作的，一个是在微观上，一个是在宏观上。具体来讲，一个是在基层工会怎么贯彻这样一个方针，一个是在宏观上，在各级工会领导机关怎么贯彻这个方针，这几年我们主要是按这两个方面要求开展工作的。在基层企业来讲，我们逐步地概括起来，就是要很好地维护职工合法权益，手段是要通过调整劳动关系，而调整劳动关系关键要建立两种机制，一个要建立平等协商、签订集体合同这样一个机制，一个是要进一步建立健全职工代表大会这样一个机制。为了建立这样的机制，我们也提出过一些比较形象的提法，像“五突破一加强”，等等，实际上都还是紧紧围绕这样一个方针，围绕这样一些机制来提出的，只不过有的更具体一点，更形象一点。现在看来呢，在基层建立这两种机制这几年做的工作比较多。总体看，这两种机制基本上正在建立，有的好一点，有的可能刚刚建立。但作为一种程序，现在基本上这个架子搭起来了，现在的问题，就这两种机制建立起来以后，怎么样真正做到有效果，真正能够起作用，能够作为工会调解劳动关系的两种有效机制，能够真正维护职工合法权益。这个问题还需要做大量的工作。我们一再强调，这两种机制建立了没有，建立起来以后，效果怎么样，关键要看职工满意不满意，要看是否有利于企业的改革、发展和稳定，最后要从这个方面看效果。从这两个要求来看，我们的任务远远没有达到、没有完成。现在好多企业职工代表大会也开了，厂务公开也搞了，集体合同也签订了，但有的职工并不关心，认为没什么作用，只是形式。有的企业看来这个程序也在建立，但照样一些矛盾不能及时解决，最后引发了群体性、突发性事件，影响了稳定。所以，在基层我们要贯彻这样一个方针、搞好两个机制，一方面要肯定做了大量工作，另一方面要看到我们很多工作现在没有很好落实，这两种机制还没有很好发挥作用。这个需要基层进一步加强工会的建设，要围绕这两种机制进一步开展工作。但是从这几年情况看，要真正在基层把这两种机制建立起来，并很好地起到维护职工合法权益的作用，单靠基层抓是不行的。

现在很关键的，要看各级工会领导机关在宏观上维护工作做得怎么样，如果宏观方面的维护开展不起来，开展不好，基层的维护也难以起到真正的实效。而且从计划经济到市场经济发展的趋势，包括将来加入 WTO 以后的情况来看，怎么样从宏观上、从源头上维护职工合法权益，这个作用、这个意义要比基层企业维护职工合法权益要重要得多，关键还是在宏观上。尽管我们大量的日常工作，大量的人力是在基层，但是要真正起作用、起大作用的还是靠宏观维护得究竟怎么样。所以，从这个意义上讲，我们要在加强微观企业基层工会工作的同时，今后要逐步地把精力进一步转到加强各级工会领导机关的工作上。这个是需要大家很好认识的一个问题。因为基层企业是按照已经确定的法律法规，已经确定的一套办法，怎么进一步兑现的问题。但是如果有些法规政策处理不当，在基层是无能为力的。比如说怎么样处理所谓“买断工龄”[①]的问题，如果买断已经定了，企业无非就是安排买断的人。但如果“买断工龄”本身有些政策上处理不当，靠企业工会来做也很难。包括企业执行劳动保障问题，如果劳动保障的法规、政策已经定了，企业只是执行问题，谈不上别的问题。所以，企业要平等协商、签订集体合同，如果没有一定的法律法规作保障，在企业开展工作也难。这些都说明需要从宏观上来创

---

① “买断工龄”，指改革开放以后，我国一些国有企业在改革过程中裁减人员的一种办法，即参照员工在企业的工作年限、工资水平、工作岗位等条件，结合企业的实际情况，经企业与员工双方协调，报有关部门批准，由企业一次性支付给员工一定数额的货币，从而解除企业和员工之间的劳动关系。

造条件，来开展维护，为基层企业的维护创造条件，打好基础。所以请大家研究，注意这个问题。

四、关于如何从宏观上搞好维护的问题

第一，工会要积极参与立法、政策的制定工作，特别是涉及到职工切身利益、社会保障，等等。参与这些方面的立法和政策制定，要摆到工会领导机关重要的日程上。这是源头上维护的一个重要环节。所以，这次机构改革，我们强调从工会法律部门要加强，政策研究要加强，这个道理也就在这。

第二，从宏观上维护，各级工会领导机关要积极参与有关法律的执法监督，代表职工群众来参与法律执法情况的监督，包括一些政策执行情况的监督。我们的劳动部门是代表政府的劳动监察，我们也要代表职工开展执法监督，有的可以跟劳动部门配合协调，这套程序、这套机制要很好地建立起来。因为法律定了，能不能执行是个关键。

第三，要建立健全跟政府的联席（联系）会议制度、三方协商制度。这个问题，工会作为一个群众组织，它有责任向党委、政府，首先向政府反映群众的一些情况、要求，向政府提出一些建议，加强政府与工会之间的沟通和联系，便于政府更好地支持工会。这是个有效的办法，很多省都在做了，黑龙江我看也很重视，省长决心也很大，我感到很好。有的地方有一种思想障碍，你怎么跟我来开联席（联系）会议，好像联席（联系）会议在级别上应是对等的。我们说这个联席（联系）会议从法律意义上讲，都是平等的，当然从行政级别讲是两回事。这是一种工作方法，我看双方都有这个需要，这种机制还是应该建立起来。黑龙江已经搞了,当然能不能起作用,关键在工会。工会如果平常没有搞好调查研究,不太了解经济情况,开这种会也白开,提不出什么好的意见、问题来,最多就是讲鸡西煤矿那个事,小煤窑怎么样,那当然也好,但这可不是开联席(联系)会议的原因,那确实要站得高一点,视野宽一点,要研究得深一点,真正能帮助职工提供一些情况,提的建议让政府领导听了以后感觉是需要考虑的。这涉及到工会干部的素质问题。另外还要注意一个问题,联席(联系)会议要开,这个制度要建立,但是工作要灵活。因为政府的领导很忙,对工会来讲是很重要的,它要跟政府处理联系的事多了,但是不要苛求多少次数,还是根据实际需要,有些重大问题向政府汇报。另外跟政府联席(联系)会议也不一定非得要省长参加,有的要参加,有的可以请主管副省长参加,有的可以是劳动部门参加,有的可以是经委参加,这个要灵活,看问题的类型、性质,因为主要不是形式,主要是为了解决问题。所以作为一种程序、制度是要建立起来的,这个方式方法等等要讲求实效,不要搞形式,不要从工会单方面想当然提一些要求。

第四,工会领导机关要协同政府劳动部门建立健全劳动争议的仲裁机构,要建立一套程序,建立一套机制。我们现在企业有些劳动关系固然可以通过平等协商、集体合同或者职工代表大会去处理,但是客观上应该考虑也有些矛盾,光通过这两个机制是解决不了的。一旦企业有了争议怎么办?厂方跟工会有争议的话,企业党委应出面协调,这里很重要的一个问题是看企业党委能不能起到政治核心作用。即使能够发挥这个作用，也不等于企业的劳动关系矛盾都能在企业解决，很可能还有分歧，在这种情况下，就需要上一级来处理，这就是我们《中华人民共和国劳动法》规定的劳动纠纷仲裁机构。这个机制现在很不健全，没很好地建立起来或者建立起来也是形式，没有很好地发挥作用。现在有的职工还不知道有这个机构，有的知道他也不相信这个机构能够解决问题。现在这些职工的概念里面，最好的办法就是到市政府去，市政府解决不了到省政府去，认为这个最有效。省政府如果包围还包围不住，就到哈尔滨车站堵铁路去，使北京到哈尔滨的两趟客车一停，他知道中央也着急了，其实是跳过《劳动法》的正当程序去找行之有效的办法，这个当然不对。但是，我们要想想这是为什么，说明我们的仲裁机构没有很好地发挥作用。所以，依法建会等等，也就是依法来处理劳动关系矛盾，不能跳跃式地一下子就去堵铁路，现在搞到把飞机场跑道堵了，飞机都飞不出来。这个说明什么呢？我们是社会主义国家，我们跟职工没有根本利害冲突，有矛盾基本上都是人民内部矛盾，在现行的法律政策和我们现行的物质经济力量下面本来是可以处理好的，但是由于我们一些企业官僚主义，机关官僚主义，这些问题久拖不解，积累起来矛盾激化，或者是有些企业领导腐败，结果矛盾激化以后，就变成群体性事件，闹得不可收拾。

我经常讲，资本主义国家的工人阶级跟资产阶级是对抗性矛盾，但是资本主义发展一二百年以后，他们也不断地总结经验教训，知道那种简单的像资本主义初期那种剥削方式，不利于资产阶级的利益。所以，他们现在也是主张搞阶级调和，有些问题经过工人斗争也做些让步，他们在根本上还是维护资产阶级利益，但是在策略上，也还是在调整。另外，他们也总结、学习、借鉴社会主义国家一些经验，在企业管理、调整劳资关系方面跟资本主义初期有很大的变化。现在资本主义国家的罢工事件不是越来越多，而是越来越少，因为双方都感到，走这条路没有好处。我们是公开讲，在维护总体利益的同时维护职工的具体利益，有的人感到这句话不太硬气。你们先来个帽子——维护总体利益，实际上没有哪个国家的工会，不考虑全局利益，现在越来越感到这两个是紧密联系的，因此不仅资产阶级不愿意罢工，不愿意矛盾激化，资本主义国家的工会也不愿意罢工。现在好多矛盾都是在企业里通过企业管理委员会让工人参加管理，通过让工人代表参加董事会、监事会，大量的矛盾在这个程序上解决了。

这个很值得我们深思。在资本主义国家，阶级矛盾对立的情况下，他们还注意调和阶级矛盾，处理劳资关系，而我们社会主义国家职工与企业根本利益是一致的，我们动不动一点事就形成大问题，这个不能不说我们调解劳动关系机制很不健全。资本主义国家有一套说法，如果企业有矛盾，找哪一级，它不能到市政府去包围。他们允许罢工，但是他们很少罢工，就是罢工以后，制约的办法也很多。比如你必须走这条路，不能走那条路，不能到这个地方，只能到那个地方。他是名义上有罢工自由，实际上罢工是有很多限制的。另外他们有很多规定，如集体合同签订的条件还在执行中间，不能罢工，我在执行，你怎么知道我不执行，他们有好多限制。我们现在就是缺少这套机制，机制和程序没有建立起来。所以，劳动争议仲裁机构一定要大大加强。

第五，工会要建立健全法律机构，从法律上给予职工支持和支援，便于处理劳动关系矛盾。因为我们好多职工不太懂法，你叫他个人去处理一些问题有难处，工会要用法律支持帮助职工去维护他的权益，这里也包括我们中国也要建立劳动法庭，最后劳动争议仲裁处理不了，再由劳动法庭判。我们现在没有这套程序，你要很好发挥调整劳动关系机制作用不太可能，企业基层要很好发挥作用也难。所以我讲的这几条将来大家还可以摸索。我总的意思是，我们维护职工合法权益，既要在微观上下功夫，还要在宏观上作努力。从今后的发展来看，从当前的实际情况来看，在宏观上下功夫，这个工作越来越摆到日程上来，而且将来的任务相当艰巨。这个是谁的任务？是各级工会领导机关的任务，首先是全总的任务，全总这个方面也没有抓好。

五、关于怎样加强我们工会自身建设的问题

第一，要解放思想，转变观念，工作要创新。当前，我们各级工会干部要很好地学习江泽民同志“七一”讲话，要领会讲话的精神，与江泽民同志在庆祝“五一”国际劳动节前的劳模座谈会上的讲话结合起来，这对于很好领会讲话精神，对于我们更好地开展工会工作，是一个十分强大的思想武器。学习江泽民同志讲话精神，还有一个要注意的问题，就是贯彻党的解放思想、实事求是的思想路线，要进一步发扬创新精神。这个问题，我们工会更需要创新。我们工会有一大批很好的干部，长期在工会领域工作，但是我们也有一些观念，现在看来也不适应。我们有些思想认识也跟不上形势发展，我们要加强维护工作，要建立健全这些机制，包括宏观、微观，我们在摸索这些方面，确切地说没有一点创新精神、用老一套的办法是不行的，所以这个确实需要我们解放思想。我们现在的问题从全总来讲，主要不是什么思想解放，还是保守的，包括解放初期旧的东西太多，有的对处理问题、看到问题不敢发言，讲一个什么意见，都是比较谨慎，恰到好处。反过来，因循守旧的东西太多，不敢创新。如果我们在这个问题上不迈出一步，我们这套思路也很难得到很好的贯彻。就刚才讲的这些问题，都要我们创新，都没有现成的东西。

第二，工会干部要很好地学习。要学习经济方面知识，学习法律方面知识，学习科学技术，学习国际方面一些知识。现在我们越干越感到知道得太少，不懂的东西太多了。我自己很有感触，我在企业干了近 30 年，在过去来讲，我自信对企业还是了解的，但我现在离开企业快 20 年了，没有发言权，企业好多东西变化以后，企业有许多名词都不知道。有些厂长的发言中，有些指标我都不清楚，还得问一问都是什么含义，包括财务核算、管理体制都变了，你不很好学习没有发言权，没有资格领导，也更没有资格提这样那样的主张、意见。我也跟俊九同志、书记处同志讲，我有一个感触，有时接触到外国的工会，总的一个感觉，我们在国际政策、国际经济方面，知识太少，有些工会主席来访一谈到 WTO，那是一套一套的，WTO

将来给工会带来什么样影响等，而我们最多有个大轮廓、大概念，我们最后概括起来就是既是很好的机遇，也是严峻挑战。机遇在哪里？挑战又是什么？对工会又有什么问题？我们工会讲维护，那加入 WTO 你怎么维护，你可能在哪些方面受到损伤？我们不太清楚，懂得太少。咱们最强调讲政策，但真正政治方面、经济方面知识太少。所以，外国工会主席来，一论起来，海阔天空。这里我要提醒一点，外国工会它在维护上，重点是放在宏观上维护，所以国际经济形势变化，它很敏感，它看到会给工会工作带来什么问题。我们这方面知识太少，过去是封闭的，好办一点，现在一开放，将来加入 WTO 以后，这些问题越来越现实，不学习、不了解是不行的。

第三，要改革工会领导方式、领导方法和工作作风。过去在计划经济时期工会的一套办法，有些现在已经不合时宜了。工会领导机关应该多研究点政策，多研究点法律法规，多研究点形势，包括国际形势，不能只是停留在搞具体活动上。工会活动过去没少搞，也很重要，将来也要搞，但是单纯搞一些活动，这不是工会的主业。我的意思是说，工会机关是一个领导机关，领导机关要多出政策，多出思想，多出主意，在有些方面来看是虚的，但却是十分重要的。我这绝不是说不搞职工运动会，“五一”节也不搞活动，将来都要搞。但是我们不能局限于工会就是发电影票，组织劳模疗养，这个概括当然也不对，我是说确实应该注意一点，我们一年忙到头，但总结起来，也没有多少长进。所以，我们机构体制、领导方式、工作方法、工作作风、工作内容等都要改革。这些是我们感到要思考和研究的问题。只有这样，我们工会才能在新的世纪按照江泽民同志的要求打开新的局面。

依法推行集体合同和劳动合同制度*

（2001 年 11 月 20 日）

我们这次会议的主题是，以邓小平理论和党的基本路线为指导，深入学习贯彻江泽民同志“七一”重要讲话和党的十五届六中全会精神，按照“三个代表”要求，研究进一步贯彻实施《中华人民共和国劳动法》、《中华人民共和国工会法》，推进集体合同和劳动合同工作，维护职工合法权益，建立稳定协调的劳动关系，保护、调动和发挥广大职工的积极性、创造性，更好地为改革、发展、稳定的大局服务。会上，张俊九同志传达了吴邦国同志的书面讲话。江苏省委等单位介绍了很好的经验。劳动和社会保障部、国家经济贸易委员会、中华全国总工会、中国企业联合会/中国企业家协会的负责同志还要讲话。下面，我讲几点意见。

一、依法推行集体合同和劳动合同制度，是实践“三个代表”的重要措施

当前，全党和全国各族人民都在认真学习贯彻江泽民同志“七一”重要讲话和党的十五届六中全会精神，努力在各项工作中贯彻落实“三个代表”的重要思想。“三个代表”重要思

---

* 这是尉健行同志在全国贯彻实施《劳动法》、《工会法》，推进集体合同、劳动合同工作经验交流会上的讲话。

想有着丰富的科学内涵，但归根到底是我们党必须始终代表中国最广大人民的根本利益。党的十五届六中全会提出加强和改进党的作风建设，核心的问题是始终保持党同人民群众的血肉联系。1994 年颁布的《中华人民共和国劳动法》，其立法宗旨是保护劳动者合法权益，调整劳动关系。不久前召开的九届全国人大常委会第二十四次会议，作出了《关于修改〈中华人民共和国工会法〉的决定》，以法律形式进一步明确维护职工合法权益是工会的基本职责，并规定"工会通过平等协商和集体合同制度，协调劳动关系，维护企业职工劳动权益"，"工会帮助、指导职工与企业以及实行企业化管理的事业单位签订劳动合同"。我们依照《劳动法》和《工会法》，进一步推行集体合同和劳动合同制度，建立稳定协调的劳动关系，维护职工的合法权益，是学习贯彻江泽民同志"七一"重要讲话和党的十五届六中全会精神，实践"三个代表"重要思想的实际行动和具体步骤。

推行集体合同和劳动合同制度，建立稳定协调的劳动关系，充分体现了我们党推动先进生产力发展的要求。江泽民同志深刻指出："生产力是最活跃最革命的因素，是社会发展的最终决定力量。"[①]劳动者是生产力中最具有决定性的力量，解放和发展生产力，首先要保护、调动和发挥劳动者的积极性、创造性。在企业推行集体合同和劳动合同制度，维护职工合法权益，是保护、调动和发挥职工积极性、创造性的重要

① 《江泽民文选》第三卷第 273 页，人民出版社 2006 年 8 月第 1 版。

途径。生产力的发展必然要求有与之相适应的生产关系，并对不适应的生产关系进行调整。劳动关系是生产关系的重要组成部分。集体合同和劳动合同制度，就是调整劳动关系、促进生产力解放和发展的有效机制。

推行集体合同和劳动合同制度，建立稳定协调的劳动关系，充分体现了我们党代表先进文化前进方向的要求。江泽民同志明确指出："发展社会主义文化的根本任务，是培养一代又一代有理想、有道德、有文化、有纪律的公民。"①职工合法权益不仅包括经济利益，还包括民主权利和精神文化需求。作为维护职工合法权益的重要手段，集体合同和劳动合同制度不仅维护职工群众的经济利益，而且维护职工群众的精神文化需求，包括维护法律法规赋予职工接受职业技能培训的权利，帮助职工提高思想道德和科学文化技术素质等。推行集体合同和劳动合同制度，有利于把维护职工合法权益与帮助职工提高自身素质统一起来，不断满足职工日益增长的精神文化需求，建设一支宏大的"四有"职工队伍，推动社会主义文化的健康发展。

推行集体合同和劳动合同制度，建立稳定协调的劳动关系，充分体现了我们党代表中国最广大人民的根本利益的要求。江泽民同志强调指出："保障工人阶级和广大劳动群众的经济、政治、文化权益，是党和国家一切工作的根本基点，也是发挥工人阶级和广大劳动群众积极性和创造性的根本途

① 《江泽民文选》第三卷第 277 页，人民出版社 2006 年 8 月第 1 版。

径。”[①]我们党所进行的一切奋斗，都是为了最广大人民的根本利益，党的一切工作，都是以最广大人民的根本利益为最高标准的。广大职工的经济、政治和文化权益，是具体实在的，必须在各个方面、各个层次特别是在基层得到切实落实，并且要有体制、机制和制度的保证。推行集体合同和劳动合同制度，维护职工合法权益，就是我们党代表最广大人民根本利益在企业的具体体现。

二、积极推行集体合同和劳动合同制度，努力建立稳定协调的劳动关系

《劳动法》颁布实施以来，各级党政与工会组织把推行集体合同和劳动合同制度，作为调整劳动关系、维护职工合法权益的工作重点，在统一思想认识，建立齐抓共管的工作格局，加强劳动行政部门、经济综合管理部门、工会组织与企业联合会（协会）/企业家协会的密切合作，制定配套法规和政策，探索新的实现途径与办法等方面，扎实工作，大胆创新，积累了有益的经验，取得了可喜的成绩。目前，全国建立平等协商和集体合同制度的企业已达 40 多万家，覆盖职工 7600 多万人。城镇国有、集体、外商投资企业基本实行了劳动合同制度，劳动合同签订率达到 95％以上；私营企业和个体户从业人员中劳动合同签订率达到 60％以上；乡镇企业职工中近 3000 万人签订了劳动合同。各省（自治区、直辖市）都由政府或有关部门专门就做好这一工作下发了文件，有 13 个省（自治区、直辖

① 《江泽民文选》第三卷第 245 页，人民出版社 2006 年 8 月第 1 版。

市)颁布了地方性集体合同法规,19 个省(自治区、直辖市)出台了劳动合同管理条例或规章,28 个省(自治区、直辖市)开展了签订区域性、行业性集体合同工作。我国劳动关系调整制度基本建立,劳动关系基本稳定。实践证明,集体合同和劳动合同制度作为市场经济条件下调整劳动关系的主要手段和国际惯例,是职工和企业自主协商解决劳动关系问题的重要制度和有效机制,是加强企业法制建设的重要内容,它对于维护职工合法权益,促进企业改革、发展和稳定,起到了重要的作用。这次会议交流的经验也充分反映了这一点。

但同时我们也要看到,推进集体合同和劳动合同工作从认识到实践还存在不少问题。有的企业对其重要性和必要性缺乏正确的了解与认识,没有把它作为办好企业的一种内在需要,至今没有开展这一工作;有的企业虽然开展了,但仅仅停留在程序上,流于形式,没有发挥出应有的作用。有的工会组织在推进这一工作中有畏难情绪和懈怠思想,没有持之以恒地抓下去。一些职工由于我们宣传工作不到位和合同履约率不够高等原因,对这一工作的积极性不高、参与意识不强。更为严重的是,有的企业漠视职工群众利益,在涉及职工切身利益的重大问题上不与职工商量,少数人甚至一个人说了算;有的企业不与职工签订劳动合同,随意解除与职工的劳动关系;有的企业任意拖欠、克扣职工工资,随意延长职工劳动时间,不给职工缴纳社会保险费用;有的企业职业危害严重,重大伤亡事故不断发生,等等,导致劳动关系矛盾激化甚至发生群体性事件。从对一些群体性事件的分析中可以发现,这些问题绝大多数属于人民内部矛盾，都是在现有的条件和法律法规政策范围内可以解决的。但为什么矛盾激化甚至酿成群体性事件？原因是多方面的，其中一个十分重要的原因就是没有建立或有效运用集体合同和劳动合同制度等调整劳动关系的机制。

我们必须深刻认识到，推行集体合同和劳动合同制度，是为了建立稳定协调的企业劳动关系，维护劳动关系双方的合法权益，规范双方的行为，增进双方的合作，共谋企业的发展，实现维护全国人民总体利益与维护职工群众具体利益的统一。因此，推行集体合同和劳动合同制度，不仅要着力于建立调整劳动关系的机制，维护好劳动关系双方的合法权益，还要深入细致地做好职工的思想政治工作，教育和引导职工识大体、顾大局，自觉做到个人利益服从集体利益、局部利益服从整体利益、眼前利益服从长远利益，既要行使好《劳动法》、《工会法》等法律法规赋予的权利，又要承担相应的义务。推行集体合同和劳动合同制度，着眼点是更好地保护、调动和发挥广大职工的积极性、创造性，立足本职，扎实工作，并通过多种形式的群众性经济技术活动，促进企业的改革、发展和稳定。

根据这次会议交流的经验和各地的实践，按照上述要求，针对存在的问题，推行集体合同和劳动合同制度，当前应该着重注意以下几个方面：

一是坚持所有企业都要推行平等协商和集体合同制度。应该指出，所有企业都存在劳动关系问题。平等协商和集体合同制度作为调整劳动关系的重要手段和机制，所有企业都应该实行，不能例外。不能认为只有经营状况好的企业才可以实行这一制度，经营状况不好的企业就不能实行。事实上，越是生产经营困难的企业，涉及职工切身利益的问题越突出，遇到的劳动关系矛盾越尖锐，越需要通过平等协商和集体合同制度来调整劳动关系，化解矛盾，凝聚职工和经营者的力量，齐心协力搞好企业。当然，企业性质、规模和经营状况不同，平等协商和集体合同的具体内容、形式、范围和重点可以有所不同，适当灵活。在新建企业和小企业比较集中的地区、行业，可以推行区域性、行业性平等协商和集体合同制度。

二是坚持平等协商与签订集体合同相协调，重在平等协商。平等协商是工会代表职工与企业围绕劳动关系问题进行广泛讨论、沟通协商的重要机制。平等协商的过程，就是劳动关系双方求同存异、逐步达成共识的过程。劳动关系的许多矛盾，就是通过双方的平等协商来解决的。集体合同是平等协商的结果，平等协商是签订集体合同的前提和基础。平等协商的水平决定着集体合同的质量。如果平等协商机制不健全，协商不充分，就不可能有高质量的集体合同。平等协商不仅是签订集体合同必经的法定程序，也是履行集体合同过程中处理发生的矛盾和遇到的问题的重要手段。因此，要充分认识平等协商的重要性，在调整劳动关系的全过程抓好平等协商。必须明确：集体合同的条款，没有再经过平等协商，企业和职工都不能单方面修改或拒绝执行。

三是坚持把职工关心的热点、难点问题作为平等协商、集体合同的重点。这是推行平等协商和集体合同制度能否取得实效的关键。如果职工群众最关心的劳动关系问题，协商中没有提出，集体合同没有涉及，合同条款看起来很多，但大多无关痛痒，这种合同不会起到调整劳动关系和维护职工合法权益的作用，企业和职工都不会满意。因此，必须把坚持劳动标准与适应企业实际情况统一起来，立足企业的具体现实，把劳动关系中最要害、企业和职工最关心的问题，作为平等协商、集体合同的重点，并在协商过程中努力加以解决，在集体合同条款中具体加以体现，不断增强这一工作的针对性和实效性。对职工关心的热点、难点问题，在集体合同中应尽量量化，让职工看得见、摸得着，既便于操作和履行，也便于监督和考核，使企业和职工都能确确实实感到平等协商和集体合同制度是有用的、必要的，也是具体的、实在的。

四是坚持把工资集体协商作为推行集体合同制度的重要内容。工资收入是职工经济利益的核心内容，是职工最为关心的问题之一。工资集体协商是建立与市场经济体制相适应的“市场机制调节、企业自主分配、职工民主参与、政府监控指导”的企业工资分配新体制的重要环节，也是集体合同制度要突出解决的重要内容。因此，我们要根据国家有关工资分配的法律法规和政策，按照劳动和社会保障部颁布的《工资集体协商试行办法》，遵循按劳分配与按生产要素分配相结合、职工实际工资水平在企业发展基础上合理增长、公开公平公正等原则，坚持由工会或职工代表就企业的工资分配制度、工资分配形式、工资收入水平等事项，与企业进行平等协商，在协商一致的基础上签订工资协议，以落实职工参与工资分配的权利。要坚持由工会代表职工一方参加工资集体协商，尚未建立工会的企业由职工民主推举代表，并得到半数以上职工的同意。工资协商达成的协议，既可以作为集体合同的一项内容，也可以作为工资问题的专项合同。工资协议草案要提交职工代表大会或职工大会讨论通过。

五是坚持把推行集体合同制度与推行劳动合同制度有机衔接起来。集体合同是工会（或职工代表）代表全体职工与企业就劳动报酬、工作时间、休息休假、劳动安全卫生和保险福利等事项，经平等协商订立的书面协议；劳动合同是职工个人与企业确立劳动关系、明确双方权利和义务签订的协议。集体合同以职工个人劳动合同为基础，同时又规范着劳动合同，对企业和企业全体职工具有约束力。劳动合同制度的普遍实行，改变了我国传统的劳动用工制度，使劳动者的择业自主权与企业的用工自主权得到了充分体现，推动了劳动力资源的合理配置。但是也要看到，在一些企业特别是非公有制企业中，存在着不签订劳动合同或签订劳动合同不规范、劳动合同标准低于法定劳动标准等问题。因此，我们要在推行集体合同制度的同时，高度重视劳动合同制度建设。要按照《劳动法》、《工会法》等法律法规，督促企业认真执行劳动合同制度，加强劳动合同管理，从源头上规范各类企业的用工行为。要进一步推动各类企业特别是私营企业和有雇工的个体户依法与职工签订劳动合同，不断提高劳动合同签订率。要坚持在双方平等自愿、协商一致的基础上签订劳动合同。要在职工签订、续签、修订、变更、解除和终止劳动合同时，对他们提供帮助和指导。要规范职工下岗程序,妥善处理好下岗职工的劳动关系。要坚持劳动合同中的劳动报酬和其他劳动条件等标准不得低于集体合同的规定,在集体合同续签、修订和变更后,及时帮助职工与企业协商修订劳动合同的相关内容。

六是坚持把推行集体合同和劳动合同制度与建立现代企业制度相结合。现代企业制度不仅要理顺产权关系,而且要理顺劳动关系。正确处理经营者与劳动者之间的关系,确保劳动关系的和谐稳定,是建立现代企业制度的内在要求。推行集体合同和劳动合同制度与建立现代企业制度,目标与要求是一致的。建立现代企业制度要为推行集体合同和劳动合同制度提供依据,创造条件。同时,推行集体合同和劳动合同制度过程中积累的经验及取得的成果,有必要充实和纳入到现代企业制度的内容之中,使之成为企业经营管理的规章制度,体现到企业劳动用工、收入分配、社会保险和安全卫生等各项工作中去,不断推动现代企业制度的完善。推行集体合同和劳动合同制度与建立现代企业制度的结合,不仅能使企业劳动关系的稳定、职工合法权益的维护和企业的健康发展实现有机统一,而且能使这种统一具有体制、机制和制度的保证。

推行集体合同和劳动合同制度,不是一项孤立的工作,还必须建立健全相关的机制和制度。从当前情况来看,要特别注意抓好以下三个保证机制和制度的建设。

第一,必须有健全的企业民主管理制度作保证。企业民主管理是落实职工民主权利、依靠职工办好企业的重要保证。

国有、集体企业实行民主管理的基本形式是职工代表大会制度。它与集体合同、劳动合同制度，作为企业调整劳动关系的重要机制，都是维护职工合法权益、全心全意依靠职工办好企业的重要手段。两者是统一的，相互联系、相互促进的。职代会制度是推行集体合同和劳动合同制度的组织保证。集体合同草案要提交职代会讨论通过，履行情况要向职代会报告。没有职代会制度，推进集体合同、劳动合同的工作就会缺乏坚实的群众民主参与基础。反过来，集体合同和劳动合同制度又充实了职代会的职权和内容，没有集体合同和劳动合同制度，职代会也很难适应形势发展，保持旺盛的生命力。非公有制企业要按照《工会法》等法律法规，通过职代会等各种与本企业实际情况相适应的民主管理形式，落实职工民主权利，为推行集体合同和劳动合同制度提供保证与支持。各地要积极探索和建立非公有制企业的民主管理制度，认真总结经验，逐步加以推广。

第二，必须有严格的监督检查机制作保证。推行集体合同和劳动合同制度的关键在于狠抓落实。没有有效的监督检查机制，集体合同和劳动合同制度很难建立起来，即使建立起来，也很难发挥作用。企业党组织要发挥政治核心作用，加强领导，积极协调，妥善处理劳动关系双方在集体合同、劳动合同签订与执行过程中出现的突出矛盾和问题；企业行政要认真组织落实集体合同、劳动合同条款，及时解决执行过程中出现的困难；企业工会要教育职工认真履行集体合同、劳动合同规定的义务，组织职工对企业执行集体合同和劳动合同制度情况进行监督检查，并及时反映存在的问题。劳动行政部门、经济综合管理部门、基层以上的工会组织和企业联合会（协会）/企业家协会，要对企业实行集体合同、劳动合同制度的情况加强监督检查，搞好劳动保障监察与工会劳动法律监督的协调配合，及时解决监督检查中发现的矛盾和问题，坚决纠正和依法处理违反集体合同与劳动合同的行为。

第三，必须有强有力的劳动争议调解仲裁机制作保证。推行集体合同和劳动合同制度，可以有效减少和化解劳动关系矛盾。但也要看到，有些劳动关系矛盾通过集体合同和劳动合同制度仍然难以解决，集体合同和劳动合同制度在执行的过程中也会出现一些重大纠纷和争议。劳动争议发生后，有的要通过企业劳动争议调解委员会来调解，有的要提交到地方劳动争议仲裁机构进行仲裁，直至诉诸法律，通过司法程序来解决。当前的突出问题是，一些地方劳动争议仲裁机构还不健全，力量薄弱，没有很好地发挥作用。因此，劳动行政部门、经济综合管理部门、工会组织和企业联合会（协会）/企业家协会，要把巩固和健全劳动争议仲裁机构、加强仲裁员队伍建设作为一项重要的任务，认真抓紧抓好。要进一步建立和完善劳动争议仲裁的程序与办法，落实劳动争议三方仲裁原则，强化仲裁的效力与权威，充分发挥仲裁的作用。要坚持“预防为主、调解为主、基层为主”的方针，建立健全劳动关系矛盾的预测、预警、预报机制，变被动处理为主动预防，努力把矛盾化解在基层，消除在萌芽状态。在小企业比较集中的地区，要探索建立区域性劳动争议调解组织，形成多层次的劳动争议调解体系。与此同时，还要建立健全工会代表职工参与涉及职工权益的劳动立法和政策制定，工会与政府部门召开联席(联系)会议和工会与劳动行政部门、企业组织代表进行三方协商等机制，努力从源头上、从法律法规和政策上更好地协调劳动关系矛盾，维护职工队伍和社会政治的稳定。工会作为职工自愿结合的工人阶级群众组织，还要建立健全对职工特别是生活困难职工提供法律援助与服务的机制。

三、加强领导，积极推动集体合同和劳动合同工作取得新进展

贯彻实施《劳动法》、《工会法》，推行集体合同和劳动合同制度，建立稳定协调的劳动关系，涉及面广，政策性强，不是一两个单位或部门的事，而是各级党委、政府(行政)、工会组织和企业的共同任务，需要各方面密切配合，努力推进。要从实践“三个代表”重要思想、贯彻落实党的全心全意依靠工人阶级根本指导方针、维护社会政治稳定的高度，进一步提高认识，切实加强领导，建立健全有关制度，力求工作实效。

推动集体合同和劳动合同工作取得新进展，要建立责任制，严格检查考核，一级抓一级，一级对一级负责。当前要特别抓好三项工作：一是要下大气力共同抓好工会的组建工作。没有工会组织，就谈不上建立健全集体合同和劳动合同制度，谈不上调整好劳动关系。二是要努力提高集体合同和劳动合同的签订率，使之覆盖更多的企业和职工。三是要把劳动争议仲裁机构尽快健全起来并充分发挥其作用。各地要根据自身的实际，提出明确的目标，力争近期有一个明显的进展。要把能否积极预防和妥善处理群体性事件，作为衡量一个地区与单位推进集体合同和劳动合同工作成效的重要依据。考核这一工作的效果如何，最终要看职工群众是否满意，是否有利于企业的改革、发展和稳定。

推进集体合同和劳动合同工作，使其取得实实在在的效果，各级领导一定要按照党的十五届六中全会提出的“八个坚持、八个反对”[①]的要求，转变工作作风，说实话，办实事，深入基层，深入实际，脚踏实地地开展工作。要针对发展社会主义市场经济特别是我国加入 WTO 之后，经济关系和劳动关系矛盾更加复杂的实际，进一步加强理论政策研究，努力把握社会主义市场经济条件下劳动关系变化的特点与规律，大胆探索推行集体合同和劳动合同制度新的途径与方法。要结合我国国情，注意学习借鉴一些市场经济国家在调整劳动关系方面的有益经验。要及时总结推广在推进集体合同和劳动合同工作中的新鲜经验，加强对基层的指导和服务，努力推动企业劳动关系的协调稳定发展。

---

① “八个坚持、八个反对”，是中国共产党十五届六中全会 2001 年 9 月 26 日通过的《中共中央关于加强和改进党的作风建设的决定》提出的党的作风建设的主要任务。即：坚持解放思想、实事求是，反对因循守旧、不思进取；坚持理论联系实际，反对照抄照搬、本本主义；坚持密切联系群众，反对形式主义、官僚主义；坚持民主集中制原则，反对独断专行、软弱涣散；坚持党的纪律，反对自由主义；坚持清正廉洁，反对以权谋私；坚持艰苦奋斗，反对享乐主义；坚持任人唯贤，反对用人上的不正之风。

成立全总研究所是必要的*

（2002 年 1 月 9 日）

研究所可以挂牌子。可以有专职的，也可以有聘任的，包括中国工运学院的教授，包括关怀①教授，包括劳动和社会保障部研究所的专家。要广泛吸收人才。这项工作要很好地加强，这是我们各项工作发展的基础。工会如果这个方面研究不够，没有主见，是不行的。前几年我们工作之所以能够得到承认，一个重要方面就是，做了一些带有开创性质的工作，所以提出一些新的东西容易被人们接受。但如果架子搭起来了，没有新的东西充实，只维持局面不行。如果按照社会主义市场经济的格局开展工作以后，光有架子就不行了，得充实内容。没有大量的调查研究，没有一定的理论政策研究，没有相应的研究、情报、资料、信息等，提不出有见解的东西，工作也干不下来。所以研究所要尽早挂牌子。

研究所准备叫什么名字？叫“劳动关系研究所”，当然政策性更强一些，但与劳动部有没有交叉？我们不叫院，叫所也行。当然名称怎么叫不重要，关键是得有人才。可以一个单

---

* 这是尉健行同志在讨论全总实施送温暖工程 10 周年座谈会讲话稿及有关问题时谈话的一部分。

① 关怀，时任中国人民大学法学院教授，劳动法专家。

位两个牌子。具体的人不要搞得太多，否则以后不合适不好办。要以研究室为主体，还有中国工运学院，还有有关大学、研究院所，全总一些退下来的老同志等。当然也不是所有退下来的老同志都来。否则搞成安置型的，都要发一个证书，没有什么意思。人开始可以少一点，以后一点一点扩大。

中国工运学院那次座谈会不太成功。第一次见面，大家比较拘束，没有展开谈，完全是一种有组织的、有领导参加的、讲给领导听的研讨会。现在需要解放思想，包括一些大家不一定都同意的、没有定论的东西。变成政策当然要慎重，但内部研讨问题还是要放开。工会系统解放思想很不容易，思路并没有开阔。

关于职工队伍状况调查问题，工作量很大，也很有意义。但关键是要看调查结果用得怎么样。有的调查很好，用得怎么样，得看调查的范围、内容、深度怎么样。一定时期得有一定重点，得有针对性。如果泛泛地搞，作用很难说。前不久一个单位作了一个关于党组织状况的调查，也很好，但多数也都是面上的一些东西，我说你们了解的情况比实际情况要好。比如说对党的作用的估计，对理想、对信念等。现在不是搞全面的调查，否则就是搞出来，人们是否真正对它有兴趣、去应用，想从中发现和研究一点问题，也很难说。

研究所不要一开始就搞得机构很全，就是研究当前劳动关系问题，不要什么都研究。劳动关系题目也很大。如调整劳动关系，一个要从机制上着手，一个要从具体实事上着手，这两个方面的工作够干一阵子。胡锦涛同志对这个问题看得非常清楚。他对我在执委会议上讲话稿作的批改中,就专门提到机制创新问题,很重要,说明他对这个问题很理解。所以,我们又要抓机制,又要抓实事,怎么处理好这两个关系,抓好这两个方面的工作,不是一天两天的事。从这个意义上讲,工会工作现在还是处于探索、开创阶段,远远不是现在就对有些问题有想法、有答案。就是有了想法、有了答案,怎么实践,也还得干一阵子。应该说,现在连框架还没有搭起来。与过去比,我们是每年有所推进,一年抓一点,但这座房子还是没有搭起来。从这个意义上讲,工会工作很有干头。所以这个研究所很重要。研究所搞好了,可以进一步提出问题,推进一些问题的解决,对推进工作很有好处。一个要成立起来,一个不要求大、求全,要求实效。

今年一年可以把研究室工作搞得更充实一点。不要把精力放在搭架子上,不要研究是搞院还是搞所,这是次要的。要研究现在需要研究什么问题。比如说,非公有制企事业单位民主管理问题,这是相当现实的问题,理论性、政策性都相当强。就从这个问题开始,不管研究室也好,研究所也好,如果研究出来了,拿出好的文章,就立了一大功。现在,从认识上说,对非公有制企事业单位也要搞民主管理问题,尽管有的人也有不同看法,但总体看,党内都是赞成的,但究竟怎么搞,大家一时可能还拿不出具体办法,拿出一个东西也可能会有不同看法。所以得赶紧拿出一个东西,得有说法。

还有这几年,最高目标与最低目标不要一起来,可以设想最高目标,但对外提,调门可以低一点,提最低目标,让多数人都能接受，先干起来。到明年如果达到了再增加，一点一点来，需要做艰苦细致的工作。社会主义国家的民主管理，总应该比社会民主党执政的国家要搞得好。但现在有的地方可能还不如他们。这就需要我们从实际出发，一点一点地搞，逐步摸索，到最后超过他们。

抓机制、办实事、转作风、求实效、促发展*

（2002 年 1 月 12 日）

这次会议的主要任务是，以邓小平理论和党的十五大精神为指导，深入学习贯彻江泽民同志“七一”重要讲话、党的十五届六中全会和中央经济工作会议精神，按照“三个代表”的要求，认真总结去年的工会工作，研究确定今年的工作任务。刚才传达学习了中央书记处对工会工作的重要指示。中央书记处充分肯定了一年来工会工作取得的成绩，各位领导特别是胡锦涛同志对做好今年及今后的工会工作，进一步提出了要求，指明了方向。下面，我围绕会议主题，讲几点意见。

一、认清形势，明确任务，按照“三个代表”要求做好工会工作

去年是“十五”计划的起始之年。在世界经济增长明显减缓的情况下，我国经济仍然保持较好的发展势头，国民经济持续、快速、健康发展，各项改革不断深化，经济增长质量和效益继续提高，人民生活继续改善。我国正式成为世界贸易组织成员，全方位、多层次、宽领域的对外开放进一步推进。北京

* 这是尉健行同志在全总十三届四次执委会议上的讲话。

申办 2008 年奥运会获得成功，极大地激发了工人阶级和全国各族人民的爱国热情。亚太经合组织第九次领导人非正式会议等重要国际会议在我国成功举行，我国的国际地位和影响进一步提高。全国科教文卫体等各项事业不断推进，精神文明建设和民主法制建设取得新的进展。社会治安综合治理和反腐败斗争持续深入，社会保持稳定。所有这些，都是以江泽民同志为核心的党中央统揽全局，审时度势，正确决策，坚强领导的结果，是我国工人阶级和各族劳动群众以高度的主人翁责任感，充分发挥积极性、创造性，振奋精神，同心同德，迎难而上，努力奋斗的结果。

当前，国际形势跌宕起伏，复杂多变。总体来看，和平与发展仍然是时代的主题，世界多极化的发展趋势不会改变，我们面临的国际环境依然是机遇大于挑战。但天下并不太平。世界经济发展态势对我国经济发展的影响不可低估，我们将面临比亚洲金融危机更为严峻的国际经济形势。我们要密切关注和正确分析形势的发展变化，把困难估计得严重一点，把影响时间预想得长一点，把应对预案准备得充分一点，使各方面的工作建立在更加扎实可靠的基础之上。为此，中央明确指出，要正确把握复杂多变的国际政治经济形势，沉着应对，趋利避害，抵御和克服前进道路上的各种风险和困难，以保持经济的持续发展和社会政治的稳定；要坚持实施扩大国内需求的方针，继续深化改革，扩大开放，加快结构调整，整顿和规范市场经济秩序，提高经济增长质量和效益，促进国民经济持续、快速、健康发展和社会全面进步。

工会要在党和国家工作大局中发挥应有的作用，必须对新形势、新任务、新要求有一个清醒和深刻的认识。加入世界贸易组织，我国在更大范围、更深程度上参与经济全球化和激烈的国际竞争，职工队伍和工会组织将面临着更加开放的经济社会环境，了解世界贸易组织协定和我国的对外承诺，熟悉相关的国际规则和劳工公约，研究对职工队伍和工会工作带来的诸多新情况新问题，是我们面临的紧迫课题；经济结构战略性调整的进一步推进，国有企业战略性改组的继续深化，非公有制经济的不断发展，在经济和社会不断发展的同时，我国的社会经济成分、组织形式、就业方式、利益关系和分配方式进一步多样化，经济关系、劳动关系更加复杂，工会参与协调社会利益关系和劳动关系的责任加重，渠道需要进一步畅通，机制亟待建立健全；企业改革中许多深层次问题尚未解决，各种矛盾将进一步凸现，工会在积极推动有关方面扩大就业，搞好分配，认真贯彻落实中央现行的社会保障政策和措施，做好“两个确保”工作，把符合条件的特困职工全部纳入城镇居民最低生活保障范围等方面，有大量具体而艰巨的工作要做，广大职工特别是困难职工急切地希望工会为他们多办实事，帮助他们解决面临的各种实际困难；密切注意和防范国内外敌对势力分裂职工队伍的破坏活动，把影响职工队伍稳定的因素努力化解在基层、解决在萌芽状态，积极协助党政预防和减少群体性事件，维护职工队伍和社会政治稳定，工会承担着更加重要的责任；紧紧围绕中央提出的今年经济工作的总体要求和主要任务，进一步推动党的全心全意依靠工人阶级根本指导方针的贯彻落实，保护、调动、发挥好广大职工的积极性、创造性，并把这种积极性、创造性组织和引导到为经济建设多作贡献上来，工会肩负着繁重的任务。

面对新的形势任务，做好今年的工会工作，我们既面临严峻挑战，更面临着一系列难得而重大的机遇。江泽民同志在庆祝中国共产党成立80周年大会上发表的重要讲话，系统阐述了“三个代表”重要思想的科学内涵，“三个代表”归根到底都是为了不断满足人民群众日益增长的物质文化生活需要，不断实现中国最广大人民的根本利益。党的十五届六中全会作出加强和改进党的作风建设的决定，其核心是始终保持党同人民群众的血肉联系。中央经济工作会议深刻分析了当前国际国内形势，全面部署了今年的经济工作，使我们进一步明确了总体要求和改革、发展、稳定的主要任务。江泽民同志在庆祝“五一”国际劳动节劳模座谈会上提出的“三个根本、一个基本”(保障工人阶级和广大劳动群众的经济、政治、文化权益，是党和国家一切工作的根本基点，也是发挥工人阶级和广大劳动群众积极性和创造性的根本途径；保证工人阶级和广大劳动群众行使管理国家事务、经济和文化事业、社会事务的权利，是社会主义民主的根本要求；工会肩负着维护职工群众合法权益的基本职责)的科学论断，深刻揭示了工会工作服从服务于党和国家工作大局必须坚持的工作基点、途径、要求和职责。不久前修改颁布的《中华人民共和国工会法》，为保障工会在国家政治、经济和社会生活中的地位，以法律形式进一步明确了工会的权利、义务和职责，为工会工作的开展提供了有力的法律保障。今年，我们党还将召开第十六次全国代表大会，这是包括工人阶级在内的全国各族人民政治生活中的一件大事。所有这些，既为我们进一步做好工会工作提供了难得的机遇和坚强的保证，又对我们提出了新的更高的要求。

总之，今年的工会工作，面临着新的形势、新的任务、新的特点。概括起来就是，搞好工会工作面临的机遇难得，参与涉及职工切身利益改革的任务突出，依法维护职工合法权益的任务艰巨，保持职工队伍和社会政治稳定的任务紧迫，促进经济发展和社会进步的任务繁重。

适应新形势新任务的要求，各级工会必须以“抓机制、办实事、转作风、求实效、促发展”为思路，来研究确定和开展今年的工作。抓机制，就是从基层工会到各级工会领导机关，必须加大对中央一系列指示精神和《工会法》的学习宣传贯彻力度，以此为重要契机，把依法建立健全维护职工经济利益、民主权利与精神文化需求的有效机制，作为重点任务来抓，依法建会，依法治会，依法维权，努力推进工会工作的制度化、法制化。办实事，就是各级工会要把维护职工群众的经济、政治和文化权益作为工会工作的基本职责，按照《工会法》、《劳动法》和党的方针政策的要求，积极协助党政对职工、重点是困难职工，在就业、分配、保障、劳动保护和职业技能培训等方面遇到的各种实际困难和问题，首先关心，重点考虑，认真采取措施，努力加以解决。转作风，就是坚决贯彻党的十五届六中全会精神，加强思想作风、学风、工作作风、领导作风和干部生活作风建设，深刻认识工会的最大危险就是脱离职工群众，切实把今年作为转变作风年、调查研究年，以深厚的感情、满腔的热忱和强烈的忧患意识，深入到基层特别是困难职工群体中去，倾听他们的呼声，反映他们的意愿和要求，时刻把他们的冷暖放在心上，进一步密切与职工群众的联系。求实效，就是自觉防止和克服形式主义、官僚主义与机关化、行政化倾向，狠抓工会工作的落实，始终坚持以职工群众拥护不拥护、赞成不赞成、高兴不高兴、答应不答应作为检验工会工作好坏的根本标准，努力把维护职工合法权益的工作做深、做细，取得实实在在的效果。促发展，就是紧紧围绕党和国家的工作大局，通过履行维护职工合法权益的基本职责，更好地保护、调动和发挥广大职工的积极性、创造性，并把这种积极性、创造性组织和引导到立足本职、扎实工作和投身各种形式的群众性经济技术活动上来，为完成“十五”计划建功立业。

为此，今年工会工作的总体要求是：以邓小平理论和党的十五大精神为指导，进一步贯彻落实江泽民同志“七一”重要讲话、党的十五届六中全会和中央经济工作会议精神，按照“三个代表”的要求，以贯彻实施《工会法》为重要契机，坚决履行维护职工合法权益的基本职责，继续推进工会工作的“五突破一加强”，努力实现“三个最大限度”，一手抓调整劳动关系机制的建设，一手抓为职工群众办实事，保护、调动、发挥好广大职工的积极性、创造性，在改革、发展、稳定中充分发挥工人阶级的主力军作用，以优异成绩迎接党的十六大的召开。从这个总体要求出发，在新的一年里，我们要切实把加强调整劳动关系机制的建设和大力为职工群众办实事放到突出位置来抓，力求取得突破性进展，在党和国家的工作大局中更好地发挥工会组织的作用。

二、加强调整劳动关系的机制建设，促进劳动关系的和谐稳定

邓小平、江泽民同志都曾深刻指出，制度更带有根本性、全局性、稳定性和长期性。调整劳动关系的机制主要是以制度为载体的。加强调整劳动关系机制建设的目的，在于促进劳动关系的和谐稳定和良好发展。工会是社会经济矛盾、主要是劳动关系矛盾的产物，在调整劳动关系中处于重要位置。一般说来，职工群众的利益是在劳动关系的建立、协调、发展中不断实现的，离开参与劳动关系的调整，工会就谈不上对职工合法权益的维护。如何更好地调整劳动关系，各级工会依法进行了积极探索，其中一条重要的经验，就是建立健全调整劳动关系的有效机制。实践已经证明，建立健全调整劳动关系的机制，既可以有效地维护职工合法权益，预防劳动关系矛盾的发生，也可以使发生的劳动关系矛盾及时得到解决，防止矛盾扩大。《工会法》的修改和颁布实施，为我们进一步建立健全调整劳动关系的机制，提供了强有力的法律保障。我们必须抓住贯彻实施《工会法》的重要机遇，从基层和工会领导机关两个层次，着力加强工会调整劳动关系机制的建设。

从基层来看，加强调整劳动关系机制的建设，主要是依据《工会法》、《劳动法》，建立健全平等协商、集体合同制度和职工代表大会制度。平等协商和集体合同制度，是发展社会主义市场经济条件下职工和企业自主协商解决劳动关系问题的有效途径，是工会参与调整劳动关系、维护职工合法权益的重要手段。当前，各地推行这一制度，取得了很大进展，积累了有益的经验。但也存在一些问题，主要是集体合同的约束力较弱，实效性不强，一些新建企业的建制率还比较低。今年推进这项制度建设的主要任务，就是按照全国贯彻实施《劳动法》、《工会法》，落实集体合同和劳动合同工作经验交流会议的要求，坚持所有企业都要推行平等协商和集体合同制度，越是生产经营困难和劳动关系矛盾突出的企业，越要通过平等协商和集体合同制度来调整劳动关系；坚持平等协商与签订集体合同相协调，重在平等协商；坚持把职工关心的劳动关系方面的热点、难点问题作为平等协商、签订集体合同的重点，不断增强其针对性和实效性；坚持把工资集体协商作为推行这项制度的重要内容，由工会或职工代表与企业进行平等协商，在协商一致的基础上签订工资协议；坚持把推行集体合同制度与推行劳动合同制度有机结合起来，督促企业认真执行劳动合同制度，指导和帮助职工签订好劳动合同，劳动合同中的劳动报酬和其他劳动条件等标准，不得低于集体合同的规定；坚持把推行集体合同和劳动合同制度与建立现代企业制度相衔接，将推行这项制度过程中取得的成果，及时充实和纳入到现代企业制度的内容之中。推行这一制度，要在努力提高建制率的同时，把增强约束力、提高实效性放到突出位置来抓。

职工代表大会制度是企事业单位职工参与民主决策、民主管理、民主监督的基本制度，是实现工人阶级在国家经济、政治、文化和社会生活中当家作主的基础，是推进有中国特色社会主义民主政治建设的重要内容。经过多年的探索与实践，公有制企事业单位推行这一制度取得了重要进展。但同时也存在着形式主义、职工民主权利没有得到应有尊重和与建立现代企业制度结合得不够好等问题。今年的任务是，通过深入推行厂务公开，坚持职代会民主评议企业领导干部，坚持集体合同草案提交职代会讨论通过，企业业务招待费使用情况、企业领导干部廉洁自律情况、集体合同履行情况向职代会报告，国有及国有控股的公司制企业实行由职代会选举职工董事、职工监事等，不断充实和丰富职代会的内容，完善职代会制度，提高职代会的质量和实效，落实好职工群众的知情权、审议权、通过权、决定权和评议监督权，建立起适应现代企业制度要求的民主管理制度。要依法进一步推动集体企业“职工选举和罢免管理人员、决定经营管理的重大问题的权力”的落实。

适应新的形势，今年要集中力量抓好非公有制企事业单位职工参与民主管理的工作。修改后的《工会法》明确规定：“工会依照法律规定通过职工代表大会或者其他形式，组织职工参与本单位的民主决策、民主管理和民主监督。”公有制企事业单位以外的“其他企业、事业单位的工会委员会，依照法律规定组织职工采取与企业、事业单位相适应的形式，参与企业、事业单位民主管理”。必须明确，非公有制企事业单位的职工同样是国家的主人，是工人阶级的重要组成部分，其民主权利必须依法得到尊重和体现。所有企事业单位都要依法组织职工参与民主管理。当然，企事业单位的性质不同，职工参与民主管理的职权、形式和内容等可以有所不同。目前，全国建立职工代表大会制度的企事业单位有 31 万多家，其中非公有制企业单位已有 4.4 万多家；实行厂务公开的企业单位有 23 万多家，其中非公有制企业单位有 2.2 万多家。这说明，职工代表大会制度作为公有制企事业单位实行民主管理的基本形式，厂务公开作为公有制企业单位充实职代会内容、落实职工民主监督权利的有效办法，非公有制企事业单位也都可以结合自身实际加以借鉴和运用。公有制企事业单位的工会是职工代表大会的工作机构，非公有制企事业单位的工会同样承担着组织职工参与民主管理的职责。各级工会务必高度重视非公有制企事业单位职工参与民主管理的工作，深入调查研究，认真总结经验，指导和帮助他们按照《工会法》等法律法规，大胆探索和积极推行职工代表大会等各种与非公有制企事业单位相适应的民主管理形式，以更好地落实法律赋予职工的权利。

在基层推行平等协商、集体合同制度和职工代表大会制度的过程中，工会要依法组织职工代表定期或不定期开展监督检查活动，对发现的问题及时提出意见，同时结合做好劳动争议的调解工作。要坚持“预防为主、调解为主、基层为主”的方针，推动所有企业依法建立健全劳动争议调解委员会；企业工会负责人作为劳动争议调解委员会主任，要切实承担起应有的职责，积极主动地开展工作；企业党组织要加强协调，处理好劳动关系双方发生的矛盾与问题。要建立和发展区域性的劳动争议调解组织，及时把企业调解不了的劳动争议通过这一级组织来调处，形成多层次、广覆盖的劳动争议调解网络。要加强劳动关系矛盾的预测、预警、预报工作，建立和完善相应的工作制度，变被动处理为主动预防。

对领导机关来说，要保证基层有效地调整劳动关系，必须在宏观层次建立健全相应的监督制约和保证机制。这种监督制约和保证机制，涉及的方面很多，当前突出而紧迫的是，要依法把劳动争议仲裁机制建立健全起来，及时有效地调处劳动争议尤其是集体劳动争议，防止和减少群体性事件的发生。各级工会领导机关要积极支持地方劳动保障行政部门，尽快建立健全劳动争议仲裁机构，进一步落实三方仲裁原则，加强仲裁庭和仲裁员队伍建设，完善仲裁程序与办法，强化仲裁的及时性和效力，充分发挥仲裁作用，使劳动争议得到公正、合理的解决。与此同时，要加强其他监督制约和保证机制的建设，包括工会与政府召开联席（联系）会议，工会与劳动保障行政部门、企业代表组织进行三方协商的机制，劳动保障监察与工会劳动法律监督相互协调配合的机制等。要主动取得各级人大、政协和政府有关部门的支持，积极参与对有关问题的执法监督、检查和视察，及时解决发现的矛盾和问题。

加强调整劳动关系机制的建设，前提是每个企业必须有工会组织。否则，就谈不上建立健全调整劳动关系的有效机制，更谈不上调整好劳动关系。为此，我们必须继续抓好新建企业工会组建和改制企业工会的重建、整顿工作，防止和纠正随意撤并工会组织的现象，最大限度地把广大职工组织到工会中来。自 2000 年全国新建企业工会组建工作会议以来，在各级党委、政府的重视、支持和工会自身的努力下，工会组建工作取得了突破性进展，完成了 2001 年的组建目标，全国工会会员总数达到 1.2 亿。要使今年的工会会员数有更大的发展，任务十分艰巨，需要各级工会抓住贯彻实施新修改的《工会法》的有利时机，继续按照全国新建企业工会组建工作会议提出的要求，从各自的实际出发，采取多种措施加以推进。对已经组建起来的基层工会组织，要加强指导和服务，一方面帮助会员增强工人阶级意识和会员意识，一方面要通过建立健全调整劳动关系机制、建设“职工之家”、开展“双爱双评”活动[①]等，发挥工会在维护职工合法权益、共谋企业健康发展中的积极作用。要完成上述任务，必须依法强化县级工会工作，进一步加强乡镇、街道、社区一级工会组织的建设，依靠他们去推进基层工会的组建及工作的开展。

推进调整劳动关系机制建设，今年务必要在以下三个方面取得明显成效：一是确保今年工会组建任务的完成，使全国工会会员总数达到 1.3 亿，并力求有更大的突破和发展，同时积极发挥已建工会的作用。二是平等协商、集体合同制度的建制率、覆盖率和履约率有明显提高。在增强公有制企事业单位职工代表大会制度实效性的同时，非公有制企事业单位民主管理工作有大幅度进展。三是劳动争议仲裁机制依法得

① “双爱双评”活动，指中华全国总工会从 1995 年开始在非公有制企业里开展的活动。“双爱”即职工爱企业，企业爱职工；“双评”即评选爱企业的优秀职工，评选爱职工的优秀经理。

到建立健全，在解决劳动争议、防止和减少群体性事件中作用明显。

三、切实关心职工生活，努力为困难职工办实事

工会作为党联系职工群众的桥梁和纽带，作为国家政权的重要社会支柱，作为职工合法权益的代表者和维护者，其作用是在为职工群众说话办事中体现出来的。今年工会要为职工办的事情很多，但最为紧要的是帮助困难职工群体排忧解难。

江泽民同志强调指出："当前，尤其要关注下岗职工、困难企业职工、城市贫困人口、贫困地区群众、受灾地区群众、工资被长期拖欠的基层干部等困难群体，把他们的工作和生活切实安排好。关心群众，首先要关心困难群体的疾苦；为最广大人民谋利益，首先要为困难群体谋好利益，因为他们眼前最困难，最需要帮助。"①10 年来，各级工会在党委的领导和政府(行政)的支持下，深入开展送温暖活动，认真履行帮扶特困职工"第一责任人"的职责，取得了很好的成效。全总十三届三次执委会议根据中央的要求和工会工作的实际，明确提出有必要也有条件在继续做好帮扶特困职工工作的同时，把工会维护的重点扩展到困难职工群体上来。各级工会在工作中努力实践，不少单位已经取得新的进展。从当前困难职工群体遇到的问题来看，主要集中在失去劳动岗位而又一时找不到工作、不能及时足额领到劳动报酬、养老医疗失业等保障不到

① 江泽民：《论党的建设》第 544—545 页，中央文献出版社 2001 年 11 月第 1 版。

位、劳动安全卫生条件无保证、人身权利和民主权利遭侵犯等方面。这些困难职工群体最需要关心和帮助，他们的问题解决得不好，不仅会挫伤职工的积极性，而且容易引发群体性事件，影响党与人民群众的血肉联系，影响改革、发展、稳定的大局。工会维护职工合法权益，首先要维护困难职工群体的合法权益；工会为职工办实事，首先要帮助困难职工群体在解决上述问题上办实事。对此，广大工会干部务必增强紧迫感和责任感，把帮扶特困职工的工作精神、工作经验和工作机制，发扬光大到维护困难职工群体合法权益的工作上来。为职工办实事，要坚持和鼓励各地从实际出发，确定自己的重点。从全国来看，今年要协助党政着重帮助职工特别是困难职工群体解决好以下几个突出问题。

一是监督下岗职工出“中心”各项政策的落实。随着形势的发展，职工下岗分流的任务更加艰巨，就业压力会进一步加大。今年下岗职工出“中心”的任务很重。当前，下岗职工出“中心”与企业解除劳动关系，面临着一系列实际问题，包括支付经济补偿、债务处理、接续社会保险关系等。各级工会要支持和协助政府有关部门，认真贯彻落实中央有关政策和措施。在下岗职工出“中心”及基本生活保障向失业保险并轨中，要配合政府部门组织开展再就业援助行动，促进下岗职工再就业，接续好社会保险关系，对符合条件的失业人员，要按规定发放失业保险金，保障基本生活。要督促企业妥善处理经济补偿和债权债务问题，补发拖欠职工的工资、医疗费等。要监督存在这些拖欠的企业，严格按照中央的有关规定，不许建新办公楼、买小汽车和领导干部出国。要监督企业规范职工下岗程序，坚持下岗分流方案必须经过职代会（职工大会）讨论通过后才能实施，防止和克服少数人甚至一个人说了算。要支持各地政府把促进就业作为重要目标，纳入经济社会发展规划之中，大力发展劳动密集型产业和第三产业，充分发挥中小企业和非公有制经济在吸纳劳动力就业方面的重要作用。工会的文化教育阵地，要把搞好对下岗职工的职业培训、帮助他们实现再就业作为重要任务来抓。要引导职工转变择业观念，鼓励和支持下岗职工自谋职业，组织起来集体创业，走生产自救之路。要积极办好工会的职业介绍所和各种职工劳动福利事业，努力为下岗职工实现再就业提供服务和帮助。

二是监督职工尤其是困难职工社会保障政策的落实。今年，国家将进一步加强城镇社会保障体系建设。各级工会的重点任务是，支持和推动各地不折不扣地贯彻落实中央现行的社会保障政策和措施，继续做好“两个确保”工作，把符合条件的特困职工全部纳入城镇居民最低生活保障范围，努力做到应保尽保。要加强对国有企业下岗职工基本生活费和企业离退休人员基本养老金发放情况的群众性监督，任何地方都不得发生新的拖欠。要监督企业依法缴纳社会保险费，加强对社会保险基金管理和使用情况的社会监督。要努力掌握特困行业、企业和“漏保”职工的实际情况，及时向党政有关部门提出政策建议。要积极参与养老、医疗、失业、工伤、生育等各项保险制度的改革，主动参与《社会保险法》的制定，继续参与在辽宁省及其他部分城市进行的完善城镇社会保障体系试点工作。要推动有条件的企业建立企业年金和补充医疗保险。要发挥工会优势，继续抓好职工互助合作保险。要把工会的送温暖活动同各项社会保障制度紧密结合起来，继续做好今年春节期间的集中送温暖活动，进一步推动其经常化、制度化、社会化。劳动模范为我国的改革、发展、稳定作出了重大贡献，关心劳模和爱护劳模是工会的重要职责。要搞好劳模基本状况的调查，积极推动有关劳模政策的落实，并适应新的形势，研究提出新的政策措施建议。要坚持分级负责、分级管理的原则，切实关心劳模的生活、身体与工作，特别是对遇到特殊困难和离退休老劳模的实际问题，工会要主动协助有关方面及时加以解决。全国总工会要协助有关方面，切实把遇到困难的全国劳模的基本生活保障工作做好。

三是监督职工获得劳动报酬权利的落实。劳动报酬是职工最为关心的问题之一。工会要高度重视工资收入分配问题。当前，重点是协助政府和企事业单位努力解决拖欠、克扣职工工资问题，确保工资按时足额发放，尤其要防止出现新的拖欠。要协助有关部门，随着经济的不断发展，及时制定颁布工资指导线，发布不同职业、工种的工资指导价位和不同行业的人工成本水平。要监督企业认真贯彻执行最低工资保障制度，确保职工工资水平随着企业经济效益的提高和国民经济的发展而不断提高，共享改革、发展的成果。要按照《工资集体协商试行办法》，坚持由工会或职工代表与企业搞好工资集体协商，签订工资协议，落实职工参与工资分配的权利。要监督企业妥善处理按劳分配与按生产要素分配的关系，避免一些企业采取不正当手段降低职工工资正常增长的水平。

四是监督有关劳动安全卫生法律法规和政策措施的落实。为职工办实事，首先要确保职工的劳动安全。当前，一些地方重大伤亡事故频频发生，一些单位职业危害严重，威胁职工生命安全与身体健康。要抓紧修改和颁布关于劳动保护的三个《条例》[①]，把工会劳动保护监督检查员队伍、基层（车间）劳动保护监督检查委员会、班组劳动保护检查员队伍进一步健全起来，与行政的劳动保障监察紧密配合，积极推动劳动安全卫生监督检查体系的建立健全。要坚持“安全第一、预防为主、群防群治、依法监督”的原则，开展多种形式的安全生产监督检查活动，督促企业认真执行国家有关劳动保护的法律法规和政策，落实安全生产责任制，不断改善职工的劳动安全卫生条件，坚持把劳动保护措施落实到企业生产经营的各个环节中去，切实做到防患于未然。要教育职工增强安全生产的自我保护意识和能力，自觉遵守劳动安全卫生的各项规定。要加强对重点行业、重点地区和新建企业，特别是劳动密集型中小企业安全生产的监督检查，查找问题，督促整改。对存在安全生产隐患和发生伤亡事故的企业，无论是否建立了工会，上级工会都有权也有责任进行检查监督和反映情况。对不顾职工生命安全、强令职工冒险作业、严重危害职工安全与健康

① 三个《条例》，指中华全国总工会制定颁发的有关工会劳动保护监督检查的《条例》，即《工会劳动保护监督检查员工作条例》、《基层工会劳动保护监督检查委员会工作条例》、《工会小组劳动保护检查员工作条例》，简称三个《条例》。三个《条例》分别从县级以上工会领导机关、企业和班组三个层面对工会劳动保护监督检查工作提出了具体的规定和要求。

的行为，工会要依法采取措施予以制止。对造成重大伤亡事故的，工会不仅要参与事故的调查处理，而且要支持有关部门依法追究有关领导人和事故直接责任者的责任。

调整劳动关系机制的建设与为职工办实事，两者是相互联系、相互促进的，统一于维护职工合法权益的全过程。解决劳动关系矛盾，不能就事论事，必须重视从机制上抓起，这样才能使问题的解决带有根本性和长期性。但机制的建设往往需要一个过程，在这个过程中，对现实发生的劳动关系矛盾和问题，需要我们及时加以解决，不能置之不理。当前是劳动关系矛盾的多发期，有相当多的劳动关系矛盾需要我们及时处理，不能只注意抓机制建设而忽视现实问题的解决。同时，通过及时处理劳动关系矛盾，也有助于我们摸索、总结出一些带规律性的做法，充实、丰富有关机制和制度，使机制建设更加有的放矢，以达到标本兼治的效果。今后考核调整劳动关系工作的成效，既要看机制建设得怎么样，更要看困难职工群体的实际问题解决得怎么样，是否有效地防止和减少了群体性事件的发生。不能一方面说机制建立健全了，另一方面又不断发生职工群体性事件。

调整劳动关系，解决困难职工的问题，实际上是处理利益关系。在这一过程中，必然会有不同的认识和看法。因此，要调整好劳动关系，必须努力掌握职工队伍的思想状况，全过程地做好职工的思想政治工作。要坚持以科学的理论武装广大职工，教育引导职工识大体、顾大局，正确处理个人利益与集体利益、局部利益与整体利益、眼前利益与长远利益的关系。

要根据《公民道德建设实施纲要》，加强职业道德建设。要帮助职工努力掌握科学文化技术，不断提高整体素质。要认真探索和总结新形势下开展劳动竞赛、合理化建议、技术革新、技术协作、发明创造，实施群众性经济技术创新工程的新经验、新办法，把广大职工的积极性、创造性更好地组织和引导到推进改革、发展、稳定的大局上来。

在开展上述工作的过程中，要统筹安排，使各方面的工作都有新的进展。要适应形势任务和工会机构改革的要求，重视并充分发挥产业工会的作用。加强产业工会的工作，主要是加强涉及本产业职工合法权益方面的宏观产业政策和突出问题的调查与研究，搞好源头参与和宏观指导与维护工作。要加强工会女职工组织建设，维护好女职工的特殊权益。要依法加大收缴工会经费的力度，切实收好、管好、用好工会经费。要切实发挥工会经费审查委员会对工会经费使用情况的审查监督作用，进一步加大审查监督工作的力度。要重视工会的统计、信息、信访工作，不断提高工会领导机关工作的针对性、指导性、预见性。

四、加强领导，进一步提高工会领导机关的工作水平

做好今年的工作，各级工会领导机关责任重大。广大工会干部特别是领导干部一定要把党中央的要求和这次执委会议的精神与各单位的具体实际紧密结合起来，加强领导、分类指导，转变作风、扎实工作，努力把各项工作落到实处。

要紧紧抓住机遇，以奋发有为的精神状态开拓进取。江泽民同志在中央经济工作会议上强调指出，面对新形势、新任务、新挑战，各级干部一定要有一个奋发有为的精神状态，要有强烈的事业心、责任感，勇于迎难而上，开拓创新。江泽民同志“七一”重要讲话和在“五一”劳模座谈会上的重要讲话，党的十五届六中全会的决定，《工会法》的修改和颁布实施等，都为作好工会工作提供了极为有利的条件。各级工会特别是领导机关要十分珍惜并充分运用这些有利条件，依法坚决履行维护职工合法权益的基本职责，抓住事关全局和职工关心的热点、难点问题，不断创新和发展工会工作。要通过组织学习、搞好培训、加强宣传等多种方式，使广大工会干部、企事业单位的领导和职工群众都能了解中央对工会工作的要求，了解《工会法》赋予工会的权利和义务，在各自的工作中自觉体现中央的要求和贯彻执行《工会法》。要积极推动各地起草或修订贯彻实施《工会法》的细则或办法，协调解决贯彻实施《工会法》中遇到的各种问题。广大工会干部一定要以比 1994 年贯彻实施《劳动法》更好的精神状态，抓住机遇，乘势而上，进一步打开工作局面，推动工会工作取得突破性进展。

要开阔视野，善于从宏观上研究和把握问题。在新的形势下，职工合法权益的实现与宏观经济社会发展的联系越来越紧密。工会要履行好维护的基本职责，不能就工会谈工会，必须把工会工作放到党和国家的工作大局中去认识和把握，以全局和发展的眼光来认识和处理问题，不断增强宏观参与的能力。各级工会特别是工会领导机关的广大干部，要加强有关职工权益的宏观经济、社会、法律、政策问题的学习与研究，包括就业、分配、保障等问题的学习与研究，新形势下劳动和劳动价值论问题的学习与研究，我国加入世界贸易组织和经济全球化对职工和工会工作带来的影响与变化问题的学习与研究，我国工人阶级队伍的发展变化、特点及先进性问题的学习与研究，巩固党的阶级基础、扩大党的群众基础问题的学习与研究，等等。今年要精心设计，扎实搞好全国职工队伍状况的调查。工会宣传舆论部门要加大对工人阶级和工会工作的宣传力度。要密切与党政有关方面及社会各界的联系与沟通，积极取得他们的支持和帮助，善于借助社会力量推进工会工作。要注意学习借鉴境外和国外工会对我有益的经验，不断加强与港澳台工会和劳动界的交往与合作，进一步开展与国外工会和工会国际组织的交流交往。要进一步加强工会理论政策研究，不断进行观念创新、思路创新、机制创新、理论创新，努力改变工会理论政策研究相对滞后的状况，提高我们研究新情况、解决新问题、打开新局面的能力。

要切实转变作风，进一步密切与职工群众的联系。要按照党的十五届六中全会的要求，结合工会领导机关的机构改革，下大气力切实转变作风，有针对性地解决我们在作风方面存在的突出问题。各级工会领导机关和领导干部，首先是全总要起好带头和表率作用。要特别重视思想作风、领导作风和工作作风的建设。在思想作风上，主要是深入学习贯彻江泽民同志“七一”重要讲话精神，解放思想、实事求是，与时俱进、开拓创新，把思想真正统一到江泽民同志“七一”重要讲话精神上来。在领导作风上，主要是解决不同程度存在的形式主义、官僚主义和机关化、行政化倾向，把工作重点真正放到为基层和职工群众提供帮助与服务上。在工作作风上，主要是克服工会领导机关工作不深入、不扎实和单纯靠会议、文件指导工作等问题，切实把调查研究作为“谋事之基”和“成事之道”，领导干部要亲自深入到基层和职工群众特别是困难职工中去，了解他们的真实情况，扎扎实实地为他们说话办事，努力把工会建设成职工群众信赖的“职工之家”。

要努力学习，不断加强工会领导班子和干部队伍建设。这是完成新形势下工会工作任务的关键。各级工会领导班子要带头讲学习、讲政治、讲正气，加强对邓小平理论和江泽民同志“七一”重要讲话精神的学习，加深对“三个代表”重要思想的理解，把思想和行动统一到“七一”重要讲话精神上来。要加强对社会主义市场经济知识、科技知识、法律知识、管理知识以及工会基本理论和业务知识的学习，不断提高领导班子的整体工作水平。要在党委的统一领导和部署下，认真扎实地搞好工会领导机关的机构改革，努力推进自身建设。要进一步推动中央关于在提名党委常委候选人时，应考虑同级工会的党员主要负责人规定的落实，尚未解决的，要抓住换届的时机，推动其尽快解决。要认真贯彻全国工会干部教育培训工作会议精神，坚持以岗位培训为重点，按照理论联系实际、勇于改革创新、注重理性思考、讲求培训质量、培训与使用相结合和分级规划与培训等原则，搞好工会干部的教育培训工作，努力培养一支能贯彻党的路线方针政策、热爱党的工运事业、密切联系职工群众、敢于为职工群众说话办事、受到职工群众信赖的高素质的工会干部队伍，造就一大批熟悉劳动就业、劳动工资、社会保障、劳动保护和劳动法律等方面知识的工会工作专门家，为做好工会工作提供有力的组织保证。

以“三个代表”重要思想为指导，推动送温暖工程取得新进展*

（2002 年 1 月 18 日）

今天，我们在这里召开座谈会，认真回顾实施送温暖工程10 年来的工作，总结经验，研究工作，以进一步推动这项工作的深入开展，很有意义。借此机会，我向始终重视和关心送温暖工程的各级党政领导和社会各界的同志们表示衷心的感谢！向在实施送温暖工程工作中作出辛勤努力的工会干部和广大职工致以崇高的敬意！

党中央、国务院高度重视、十分关心这项工作。江泽民同志早在全总党组的报告上就明确批示：“送温暖是我们党的好传统，要发扬”；今天又亲笔为送温暖工程题词。这既是对这项工作的充分肯定和高度评价，更是对我们的极大鼓舞和殷切期望。我们一定要按照江泽民同志的要求，坚持以“三个代表”重要思想为指导，努力推动送温暖工程取得新的更大的进展。10 年来，在各级党政领导的关心重视、各级工会组织的积极努力和社会各界的广泛参与下，这项工作不断深入发展，取得了显著成绩，基本实现了经常化、制度化、社会化，受到广

* 这是尉健行同志在中华全国总工会实施送温暖工程 10 周年座谈会上的讲话。

大职工的欢迎和社会各界的赞誉，为推进改革、促进发展、维护稳定发挥了积极作用。

从 1992 年开始，全国总工会根据党中央的指示精神，组织各级工会与党政部门一道，于元旦、春节期间在全国范围内开展了“进万家门、知万家情、解万家难、暖万家心”的送温暖活动。1994 年，根据形势的发展和职工群众的意愿，将一年一度元旦、春节期间的送温暖活动拓展为送温暖工程，使之不断向经常化、制度化、社会化的方向发展。到 1998 年，为适应国有企业改革攻坚和实现三年脱困目标的需要，又提出要在积极协助党政妥善安排好下岗职工基本生活、帮助下岗职工实现再就业的同时，对帮扶特困职工承担起“第一责任人”（第一知情人、第一报告人、第一帮助人）的职责。现在，送温暖工程的重点已从帮扶特困职工向维护困难职工群体合法权益延伸，并努力推动其与完善社会保障制度相结合。据不完全统计，从 1992 年到 2001 年，各级工会同党政一起，通过各种渠道，累计筹集送温暖慰问款 104 亿多元，走访慰问了 48 万多户次困难企业和 3975 万多户次困难职工家庭；全国有 447 个地市工会、大多数县（市、区）工会及 18 万个基层工会建立了特困职工档案；有 80 多万名党政和工会领导干部，与近百万户困难职工家庭建立了包户帮困联系；工会举办的培训机构累计培训下岗职工 300 多万人次，职业介绍机构累计介绍下岗职工再就业达到 200 多万人次，参加职工互助补充保险的职工达到 2400 多万人。

回顾送温暖工程 10 年来的发展历程，我们深深体会到，这项工作之所以能够取得重大进展并产生广泛的社会影响，主要有以下几方面原因：一是党中央、国务院高度重视，始终把它作为保持党与人民群众血肉联系的重大问题来抓，这是这项工作深入开展的根本保证。江泽民等中央领导同志身体力行，深入基层，走访慰问困难企业和困难职工家庭，为各级领导干部密切联系群众、关心群众生活作出了表率，有力地带动了这项活动的深入开展。二是形成各级党政重视支持、各级工会积极努力、全社会广泛参与的工作格局，这是这项工作取得成效的关键。这种工作格局的不断建立和完善，不仅使这项活动有了财力、物力上的支持和保证，而且使它变成了全社会共同关注和参与的行为。三是推动送温暖活动向送温暖工程发展，逐步与建立完善各项社会保障制度紧密结合起来，实现这项工作的经常化、制度化、社会化。这样做，不仅使其内容、方式、途径逐步规范，而且逐步为社会保障制度所覆盖。四是实施送温暖工程由帮扶特困职工向维护困难职工群体合法权益扩展，这是当前推进这项工作的重点。把帮扶特困职工“第一责任人”的工作精神、工作机制，发扬光大到维护困难职工群体合法权益的工作上来，这是党和广大职工群众对工会的要求。五是从生活救济向生产自救发展，由送钱送物向送技术、送信息、送政策拓展，这是使困难职工脱贫带根本性的帮扶措施。通过帮助困难职工开办各种小规模生产经营项目，为下岗职工创办再就业基地、再就业市场，发展职工劳动福利事业等，努力帮助下岗职工实现再就业。实践充分证明，开展送温暖活动，实施送温暖工程，是贯彻落实“三个代表”重要思想的重要体现，是坚持党的全心全意为人民服务宗旨和全心全意依靠工人阶级根本指导方针的重要载体，是工会依法履行维护职工合法权益基本职责的重要途径，是进一步密切党与职工群众血肉联系、维护职工队伍和社会政治稳定的重要措施，是发扬工人阶级团结友爱、互助互济优良传统的重要内容。

当前，随着我国进一步推进经济结构的战略性调整和国有企业的战略性改组，特别是加入世界贸易组织、参与激烈的国际竞争，社会利益关系和劳动关系调整的力度将进一步加大，大量涉及职工切身利益的就业、分配、保障等方面的矛盾会不断出现，有些职工不可避免地会遇到一些实际困难。因此，继续深入实施送温暖工程，与党政和社会有关方面一起，更好地关心职工的生活，更多地为困难职工办实事，保护、调动和发挥好广大职工投身改革和建设的积极性、创造性，保持职工队伍和社会政治的稳定，是当前工会面临的一项繁重而紧迫的任务，也是工会服从服务于党和国家工作大局的紧要工作。做好这项工作，必须坚持做到：

一要从思想上进一步提高对深入实施送温暖工程重要性、紧迫性的认识。江泽民同志强调指出："当前，尤其要关注下岗职工、困难企业职工、城市贫困人口、贫困地区群众、受灾地区群众、工资被长期拖欠的基层干部等困难群体，把他们的工作和生活切实安排好。关心群众，首先要关心困难群体的疾苦；为最广大人民谋利益，首先要为困难群体谋好利益，因为他们眼前最困难，最需要帮助。"[①]工会是党联系职工群众

① 江泽民：《论党的建设》第544—545页，中央文献出版社2001年11月第1版。

的桥梁和纽带，是国家政权的重要社会支柱，是职工合法权益的代表者和维护者，其作用是在为职工说话办事中体现出来的。各级工会组织一定要按照“三个代表”的要求，切实把实施送温暖工程作为履行维护职工合法权益基本职责、推动改革、发展、稳定大局的大事来抓，在党委的领导和政府的支持下，加强与社会各方面的联系与合作，精心筹划，精心组织，进一步推动送温暖工程的经常化、制度化、社会化。

二要把送温暖工程的工作重点进一步扩展到困难职工群体上来。要根据不同地区和行业的具体实际，深入调查研究，认真摸清困难职工群体的工作、生活和思想状况，特别是失去劳动岗位而又一时找不到工作、不能及时足额领到劳动报酬、养老医疗失业等保障不到位、生活遇到困难的劳动模范和离退休老劳模的实际困难与问题，及时向党政和上级工会反映，引起全社会的关心和重视，支持地方政府把解决这些困难职工群体的问题，纳入经济和社会发展计划，制定相应的政策措施，工会要主动协助有关方面对这些问题认真加以解决。

三要努力推动实施送温暖工程与完善社会保障制度紧密结合。要积极协助各级地方政府，不折不扣地贯彻落实党中央、国务院确定的社会保障政策和措施，继续做好“两个确保”工作，把所有符合条件的特困职工全部纳入城镇居民最低生活保障范围，努力做到应保尽保。要针对下岗职工出“中心”任务艰巨繁重的实际情况，积极协助党政妥善处理好下岗职工与企业解除劳动关系的有关问题，推动下岗职工的基本生活保障向失业保险并轨，接续好社会保险关系，督促企事业单位偿还拖欠职工的工资、医疗费等债务，努力帮助下岗职工实现再就业。要切实关心劳动模范的工作、生活与身体健康，积极协助党政下大气力抓好现行有关政策的落实，并针对新情况积极推进新的政策措施的制定与实施，尽快使一些劳模的生活困难问题得到妥善解决。

四要大力发展职工劳动福利事业。各级工会要发挥自身优势，积极发展包括生活救助、再就业服务、职工互助补充保险和合作建房等职工互助合作事业，形成具有为会员服务特色的职工互助合作保障体系，为困难职工提供力所能及的帮助和服务。要把帮助困难职工解决基本生活问题与实现脱困结合起来，在大多数特困职工进入“低保”之后，把工作重点由生活救助转到帮助他们解决在就业、教育、医疗和住房等方面遇到的实际困难上来，做到标本兼治。

五要把帮扶困难职工与做好职工思想政治工作结合起来。要积极配合党政，教育和引导广大职工识大体、顾大局，正确对待改革过程中的利益关系调整，处理好个人与集体、局部与整体、眼前与长远利益的关系，坚定克服困难的信心。要在帮扶困难职工解决具体困难的同时，积极引导他们转变择业观念，努力提高自身的技术技能，敢于面对激烈的市场竞争，不断增强竞争能力。要组织职工广泛开展多种形式的群众性经济技术活动，推进企业技术进步，开拓新的生产经营门路，打开市场，推动企业努力提高经济效益，在发展经济的同时不断提高职工的生活水平。

春节将至，党中央、国务院对做好节日期间的工作极为关心和重视。中共中央办公厅、国务院办公厅日前发出通知，要求各地区、各部门按照“三个代表”的要求，切实做好工作，确保全国人民过一个欢乐、祥和、喜庆的节日，特别是要把安排好困难群众的基本生活作为当前的重要工作抓紧抓好，千方百计地帮助困难群众过好节日。中央明确要求各级工会要继续开展好各种形式的送温暖活动，把党和政府的关怀送到千家万户。各级工会组织和广大工会干部，一定要按照中央的要求，进一步取得党委的重视、政府（行政）的支持和社会的帮助，把今年春节期间的送温暖活动扎扎实实地搞好。

在新的一年里，我们面临着繁重而艰巨的任务。让我们更加紧密地团结在以江泽民同志为核心的党中央周围，按照“三个代表”的要求，以贯彻实施《工会法》为重要契机，坚决履行维护职工合法权益的基本职责，保护、调动、发挥好广大职工的积极性、创造性，努力为实现“十五”计划建功立业，以优异的成绩迎接党的十六大的胜利召开！

工会维护职工合法权益主要是通过参与调整劳动关系来实现*

（2002 年 3 月 4 日）

今天来看望大家，听取委员们的意见和建议。刚才几位委员的发言很好。借此机会，也向大家通报一下工会工作的有关情况。

今年 1 月召开的全总十三届四次执委会议，按照“三个代表”的要求，提出工会组织要一手抓调整劳动关系机制建设，一手抓解决职工群众在劳动关系方面遇到的矛盾与问题，特别是困难职工面临的一些问题，使我们工会切切实实为维护职工合法权益做一些实际工作，来保护、调动和发挥好广大职工的积极性、创造性，以优异的成绩迎接党的第十六次全国代表大会的胜利召开。这次执委会议就是按照这样一个路数来研究和部署工作的。

我们作出这样的工作部署，客观条件是很好的。去年，江泽民同志在庆祝中国共产党成立 80 周年大会上发表的重要讲话，对“三个代表”重要思想的科学内涵作了深刻的阐述。

---

* 这是尉健行同志在与出席全国政协九届五次会议工会界委员座谈时讲话的主要部分。

“三个代表”重要思想，归根到底是要求我们党能够始终不断满足人民群众日益增长的物质文化生活需要，实现中国最广大人民的根本利益。去年召开的党的十五届六中全会，就加强和改进党的作风建设作出了决定，这个决定关键是要求我们党始终保持同人民群众的血肉联系。去年全国人大常委会作出了修改《中华人民共和国工会法》的决定，新修改颁布的《工会法》，从法律上进一步明确了工会的基本职责是维护职工群众的合法权益。这些方面，都为我们贯彻执委会议精神创造了良好的条件，同时也给我们提出了更高的要求。

工会怎么样履行维护职工合法权益的基本职责？靠什么手段，利用什么权利来维护？对工会来讲，没有更多的手段，也没有什么行政的权力，工会维护职工合法权益，主要是通过参与调整劳动关系来实现的。这是工会的权利，也是工会的职能。

工会参与调整劳动关系，维护职工的合法权益，从当前来看，主要是要抓两手。一手是要把调整劳动关系的机制建立健全起来，使维护职工合法权益的工作有机制、制度的保证，有一套程序，有一个明确的工作格局。我们首先得把这一手抓好。第二手是及时地、认真地解决职工特别是困难职工群体在劳动关系方面碰到的矛盾、问题与困难。从大的路数上讲，就是要从这两个方面来做好调整劳动关系的工作。

第一，建立调整劳动关系机制要从两个层次来开展工作，也就是基层工会和工会领导机关。

一方面，在基层也就是企事业单位，工会要建立健全调整劳动关系的机制、制度，主要是建立健全两个制度，或者说两个机制，一个是建立平等协商和签订集体合同制度，一个是进一步建立健全职工代表大会制度。

现在平等协商和签订集体合同的机制或制度，在全国多数企业已经建立起来了，有的效果是比较好的，说明它是企业调整劳动关系一个十分重要的手段，或者说是工会调整劳动关系问题的“牛鼻子”。多年来的实践证明了这一点。但另一方面，有很多企业尽管也开展了平等协商，签订了集体合同，但流于形式。这里当然原因很多。从工会组织来讲，就是没有很好地代表职工群众加强监督。对这种情况，不能听之任之，订了集体合同就要执行，承诺的事项就要兑现。订了集体合同不执行，那叫什么集体合同?！所以，解决签订集体合同工作中的问题，工会要很好地总结研究，就是怎么样敢于很好地行使工会代表职工的监督权。如果没有监督权，这些制度都可能会流于形式。

要建立健全职工代表大会制度。这个制度，应该说在公有制企业已经普遍建立起来，这是一个老的制度。当然也有一些企业一改制、改组等，就把这个制度给扔掉了。不少企业也有这个制度，也选职工代表，一年也开两次会，开得也很热闹，但是没有实效，涉及职工合法权益的重大问题还是领导个人说了算，职代会搞这个讨论那个决定，看起来也很热闹，但讨论归讨论，领导不理你，这样的民主管理就是搞形式、摆样子、走过场。所以，怎么样坚持职工代表大会制度，要害就是加强职工的民主决策、民主管理、民主监督，特别是监督。如果这个问题不解决，职工代表大会也是一纸空文，群众对这种形式主义的做法很反感，觉得都是一场空。这是当前在职代会问题上需要很好解决的问题。这几年我们陆陆续续提出了很多要求，比如厂务公开等，目的都在于不断充实、丰富职代会的内容，增强职代会的实效。现在很关键的一点，是要落实职工代表每年民主评议领导干部这样一项工作，民主评议的结果应该由有关部门切实加以参照执行，不能评议归评议，任命归任命，多数职工反对这个厂长，但他照样做官。如果这个问题不解决，职代会制度也很难有发展。

今年一个更重要的问题，就是非公有制企业要不要搞民主管理。新修改颁布的《工会法》明确规定："工会依照法律规定通过职工代表大会或者其他形式，组织职工参与本单位的民主决策、民主管理和民主监督。"公有制企事业单位以外的"其他企业、事业单位的工会委员会，依照法律规定组织职工采取与企业、事业单位相适应的形式，参与企业、事业单位民主管理"。原来有种说法，就是公有制企业可以干，非公有制企业不存在民主管理问题，就是老板说了算。我们是社会主义国家，非公有制企业的职工也是国家的主人，是中国工人阶级的一个重要组成部分，他们的民主管理、民主监督的权利，同样必须依法得到尊重和保护。这一点，中央是很明确的。退一步讲，不要说社会主义国家，就是有些资本主义国家，它的私营企业也参照社会主义的一些做法，搞不同形式的职工参与管理，更何况我们是社会主义国家。

我前年去德国访问，专门到大众公司了解职工参与管理的情况。大众公司有企业管理委员会，有职工代表参加，企业中一些矛盾都通过企业管理委员会来解决。所以，大众公司这些年来没有罢工。它不是没有劳资关系矛盾，更不是根本性矛盾已经解决了，而是资本主义国家总结了教训，借鉴了社会主义国家的经验，搞了一套调和阶级矛盾的办法。我们与他们的出发点不一样，但为什么企业要不要搞民主管理还变成一个问题了呢？中央对这个问题是很明确的，《工会法》的规定也很明确，党的主张都是很明确的。我们国家推进政治体制改革，强调要加强党的领导，充分发扬社会主义民主，特别是要加强基层民主，包括政务公开、厂务公开、村务公开，包括职工代表大会制度。现在的问题是，各级工会组织要与各级党政一起，用相当大的气力，来探讨、摸索、总结非公有制企业搞民主管理的制度、形式、方法。目前，全国有 4 万多家非公有制企业建立了职工代表大会制度，有 2.2 万多家非公有制企业实行了厂务公开。当然数量还不大。但是说明，有了一个开端，这些企业都尝到了甜头。职工代表大会制度作为公有制企事业单位职工实行民主管理的基本形式，厂务公开作为公有制企业单位充实职代会内容、落实职工民主监督权利的有效办法，非公有制企事业单位也都可以结合自身实际加以借鉴和运用。今年要下大功夫，来总结这方面的经验，在这个基础上，开一次非公有制企业民主管理的经验交流会议。现在全国非公有制企业的职工超过了 1 个亿，我国的工人阶级当然应该包括这一部分。因此，必须高度重视非公有制企事业单位的职工民主管理问题。对国有企业、集体企业来说，是建立健全的问题，而大量精力要放在非公有制企事业单位上面。权利最容易受到侵犯、人格受到侮辱、经济上得不到保障的，主要是这些企事业单位的职工。如果工会不在这个问题上说话，就没有抓到问题的要害。

所以，在基层建立健全调整劳动关系的机制，一个是要坚持和发展平等协商和签订集体合同制度，一个是要建立健全职工代表大会制度。而要建立健全这两个制度，一个前提条件，是这个企业要建立工会组织。工会都没有，谈什么调整劳动关系？劳动关系的两方、三方中的一方都没有了，谁来代表职工一方？调整劳动关系的机制也就难以建立和健全。所以，建立健全这两个机制的前提条件，是要加快在新建企业组建工会的步伐。前年全国开了会议以后，这两年进展是快的，到去年年末，我们的工会会员由8000多万到了1.2亿，今年争取达到1.3亿。但就是这样，还有1亿左右的职工没有被组织到工会中来。

在组建工会工作中，有一些地方有一种观念，认为国有企业应该组建工会，有本地户口的企业职工，应该组织到工会中来，但外来打工的、没有本地户口的职工，就不应该加入工会。我们必须明确，加入工会的条件是看这个职工是不是以工资收入为主要生活来源，不管户口是本地还是外地的，不管工龄长短，凡是在一个企事业单位工作的、以工资收入为主要生活来源的，就有条件和资格加入工会，工会就有责任去组织他们。有的老同志说，他们楼里开电梯的开了8年，啥组织也没有参加，工会也不管他们，好像这些人不在工会视野中。这些职工也是工人阶级的一部分，也应该把他们组织起来。有的地方就把保姆也组织到工会中来了，因为保姆的合法权益也需要保护。因此，这就要求加强社区工会建设，通过社区工会把这些职工组织到工会中来。按照这样的要求，我们的工作量是很大的。所以，前提是要有工会组织，没有工会，集体合同谁去签，职代会谁去召开？这是一个方面的工作。

另一方面，调整劳动关系单靠基层是不行的，各级工会领导机关也应该建立相应的调整劳动关系的机制。当前一个很突出的问题，就是河北的经验所讲的，也就是要建立健全劳动争议仲裁的机制。因为任何一种调整劳动关系的机制，都很难设想能解决所有矛盾。召开职代会中争执不下的问题怎么办？签订集体合同中有争议的问题怎么办？要靠上面，靠上面去调解或仲裁。而现在这套机制还不健全，机构、人员也不健全，制度、办法也不健全。现在有了矛盾，不找劳动争议仲裁机构，要么不吱声，要么一下子就撇开党政闹到大街上，去围市委、市政府，堵火车和高速公路。因为我们调处劳动争议的机制不健全，没有引导他们通过这套程序去解决问题。我们经常讲要把矛盾化解在基层，解决在萌芽状态，这个方针是很正确的，但为什么还有这么多矛盾得不到解决？其中一个重要原因，就是缺乏调解、仲裁劳动争议的有效机制。所以从领导机关来讲，要建立健全劳动争议仲裁机构，放在劳动部门、经贸委还是工会，都可以，都需要摸索。但现在要想办法先建立起来。如果这个渠道不通，矛盾这么多，机制不健全，怎么办？就会出事。这是我们调整劳动关系矛盾所面临的一个方面的任务。

第二,要及时解决职工群众特别是困难职工群体在劳动关系方面遇到的矛盾与问题。

劳动关系的矛盾是不断发生的。不建立一套机制,不建立一套有效的工作格局、秩序与渠道,劳动关系矛盾就不好解决。从这个意义讲,我们要搞机制建设。但另一方面,机制建设又是一个过程,不是一下子就能完善的。我们不能说等机制健全了再去解决劳动关系矛盾。有的机制不健全,职工遇到的矛盾已经暴露出来了,有的职工生活不下去了,有的职工受到人格侮辱,怎么办?工会首先得解决。有没有机制,都首先要帮助职工解决现实遇到的问题。如果他连工会都找不到,找到工会又帮不了什么忙,会是什么结局?国外境外的一些敌对势力,他们的一个目标就是要打倒中华全国总工会,一个劲儿造谣说中国工会是官僚主义工会,不关心职工群众的死活,要推翻全总。当然这是诬蔑。但我们也不能不说,我们确实需要加强这方面的工作,使职工觉得工会是可以依靠的,是职工之家。所以,一方面要搞机制建设,一方面要及时认真地关心、了解、解决职工群众当前的问题,这是工会责无旁贷的。否则,要工会干什么?!如果职工参加工会只是交会费,搞搞活动,是不行的。职工需要一个组织来保护自己。当然,党也关心职工群众,但每个行业、每个领域,还需要有一些具体组织来更好地关心职工、维护职工的合法权益。如果我们这点都做不到,那要我们工会干什么?为什么有的地方职工一出事就把党委和工会抛开了?说明工会不起作用。所以,第二个方面，工会要切切实实地出面解决问题。天津的经验讲得很好。解决问题也得有一套办法、制度、机构，也不是就事论事。这个也需要我们大家摸索。

工会维护职工合法权益是在为职工说话办事中体现出来的。工会要为职工办的事情很多，当前，重点是为困难职工群体办实事。一要推动下岗职工出“中心”各项政策的落实。在下岗职工出“中心”及基本生活保障向失业保险并轨中，要积极配合政府部门组织开展再就业援助行动，促进下岗职工再就业，接续好社会保险关系，对符合条件的失业人员，要按规定发放失业保险金，保障其基本生活。要督促企业妥善处理经济补偿和债权债务问题，偿还拖欠职工的工资、医疗费等。二要支持和推动各地不折不扣地贯彻落实中央现行的社会保障政策和措施。要继续做好“两个确保”工作，协助政府有关部门，把符合条件的特困职工全部纳入城镇居民最低生活保障范围，努力做到应保尽保。要主动协助有关方面，做好遇到困难的以及离退休的劳动模范的基本生活保障工作。三要协助政府和企事业单位努力解决拖欠、克扣职工工资问题，确保工资按时足额发放，尤其要防止出现新的拖欠。要监督企业认真贯彻执行最低工资保障制度，确保职工工资水平随着企业经济效益的提高和国民经济的发展而不断提高，共享改革、发展的成果。四要坚持“安全第一、预防为主、群防群治、依法监督”的原则，开展多种形式的安全生产监督检查活动，积极推动劳动安全卫生监督检查体系的建立健全，确保职工的劳动安全。对造成重大伤亡事故的，工会不仅要参与事故的调查处理，而且要支持有关部门依法追究有关领导人和事故直接责任者的责任。五要维护职工的人身权利，对侮辱、打骂、体罚等严重侵犯职工人身权利的行为，要依法进行坚决的斗争。

在建立机制、解决实际问题中，我们要看到，劳动关系调整实际上是利益关系调整，劳动关系的矛盾实际是利益关系矛盾的表现。对利益关系矛盾，不同的人、不同的单位，会遇到不同的利益问题和思想问题，有不同的考虑，职工也会有不同的认识和看法。所以在调整劳动关系矛盾过程中，要加强思想政治工作，对企业有一个教育的问题，对职工也有一个教育的问题。从工会来讲，更有这个责任来引导广大职工正确处理利益关系的调整，识大体，顾大局，帮助职工不断提高思想道德和科学文化技术素质。对职工提出的一些要求，工会也不能不加分析，职工说啥就干啥。要站在党的立场、站在大局角度来看待问题，做好职工的思想政治工作，不是人云亦云。

最后还要强调，工会强调维护职工合法权益是对的，这是工会的基本职责。但我们又不同于资本主义国家的工会，我们不是为维护而维护，我们不是搞一个行帮组织，组织起来就是维护这一帮人的利益。我们是党领导的工人阶级群众组织，是党与职工群众之间联系的桥梁和纽带，我们要积极宣传党的路线方针政策，要引导广大职工按照党的要求去劳动和工作，完成党和国家提出的各项任务。从这个意义上讲，我们搞好维护的着眼点，是为了更好地保护、调动和发挥广大职工的积极性、创造性，并把这种积极性、创造性组织和引导到立足本职、干好工作，并通过劳动竞赛等多种形式，把这种积极性、创造性更好地发挥出去。这是我们的根本目的。有人说，你工会把维护作为基本职责，那与经济建设中心是什么关系？这是不矛盾的。所有部门都是坚持以经济建设为中心，这是我们党的基本路线，各行各业、各个部门都要服从服务于这个中心，但怎么样服从服务这个中心，把生产力搞上去，不同的部门、不同的行业、不同的领域，有不同的手段与侧重点。工会就是通过维护职工合法权益，保护、调动和发挥广大职工的积极性，引导大家更好地发展生产力，来服从服务于这个中心的。所以，今年工会的各项工作，最后还是要落到通过维护职工的合法权益，更好地保护、调动和发挥好广大职工的积极性，完成党和国家提出的各项任务，以优异的成绩迎接党的十六大的胜利召开上来。

工会工作要讲政治*

（2002年3月26日）

听了几个同志的情况介绍以及平时了解的情况，我们认为，广东省各级工会在省委的领导下，坚持以党的基本理论、基本路线为指导，按照有关部署和要求，在开展工会工作方面做了大量工作，也取得了很好的成绩，而且提供了很多很好的经验。比如蛇口的经验、宝安的经验都是很好的经验，还有其他方面一些好的做法，包括刚才几个同志的发言都讲到这些。总的来讲，工会工作做得很好。我想借这个机会谈几点看法。

一、工会工作要讲政治。要讲政治这个含义是很广泛的。我今天强调的是，西方敌对势力为了要“西化”、“分化”我们，具体到工会，就是千方百计想在中国成立一个“独立工会”。联合国有几个条约，其中就有关于工会问题的，他们寄希望中国既然同意这些条约，就有可能同意在中华全国总工会以外，成立另外一些工会。我们的态度很明确，整个的条约我们是赞成的，但有关规定违背中华人民共和国法律的，我们要根据自己国情来修正、更改。根据有关法律规定，我国全国建立统一的中华全国总工会。违背我们的法律，这些条约的有些条

* 这是尉健行同志在广东考察期间与工会干部座谈时讲话的主要部分。

款在中国就不能施行。当然他们也很恼火，他们也有思想准备，知道我们也不会答应他们这样的要求。所以，现在他们千方百计通过内部外部来搞些勾当。我为什么特别在广东讲这个问题呢？因为你们毗邻香港。香港就有他们一个阵地，天天在叫嚣，说中国工会是个官僚工会，是个不能代表中国工人利益的工会，然后借我们这样那样的所谓问题、劳动关系方面的问题大做文章，他们的这些活动都是敌意的。他们没有什么本领，他们的后台是国际自由工联，自由工联的支柱是美国的劳联-产联。现在他们为了发展这个方面的势力，最近决定要在香港设立一个自由工联办事处，就是要搞一个机构，专门来针对中国做文章。这个问题不能不引起我们的重视。所以，我们搞工会工作也不是个简单的业务工作。

从历史上来讲，工会运动历来是革命运动的一部分。那么，反过来他们要攻击我们、捣乱我们，就是通过工会来做文章，来发泄。有些群体性事件，固然有我们工作中存在一些这样那样的问题，也有敌对分子在后面捣乱。过去陆陆续续发现这些问题。我们怎么样才能处理好劳动关系，怎么样能够建立健全各种劳动关系协调机制，怎么样可以解决人民内部矛盾，能够通过各种机制及时地、科学地解决，能够把矛盾解决在基层、解决在萌芽状态，这是我们工会在党的领导下，为了维护改革、发展、稳定大局的一个很重要的责任。所以，我们讲一手抓劳动关系机制的建设，一手抓对困难职工困难问题的解决。这是当前工会面临的政治任务，不光是一些具体业务。刚才我们谈到的要加快工会组建步伐，意义很重要。

这个阵地如果我们不去占领，他们千方百计就要占领。为什么中央那么重视，同意总工会开一个新建企业工会组建工作会议，并请各地的党委副书记亲自参加，来部署这个工作，这个不简单。这是整个政治领域一个很重要的阵地，一项很重要的任务。这是长期的。从我们自己来讲，我们工会作为党联系职工群众的桥梁和纽带，《中华人民共和国工会法》明确规定工会的基本职责就是维护职工的合法权益。从这个意义上讲，我们应该看到，我们很多工作是做得不够的，应该维护的工作没有做到家，职工的有些困难问题我们没有及时发现、反映和帮助解决。职工群众的利益受到侵害的问题现在也不断地发生，这是事实，这确实是工作中的问题，是要进一步加强和完善我们工作的问题。但这些问题绝不涉及到我们的宗旨，更不涉及到我们共产党全心全意为人民服务的根本宗旨。所以，希望各级工会组织在党的领导下，能够真正成为职工群众之家，能够关心职工的疾苦。最近，江泽民同志主持召开中央政治局常委会专门研究困难农民、困难职工的生活问题。这个出发点在哪里？就是在形势比较好的时候，不要忘了我们还有一部分职工，现在处境还有困难。我们中国工会要名正言顺、理直气壮地维护职工合法权益。

这些年资本主义国家不断总结经验教训，它也参照借鉴社会主义的一些经验，也有一些搞调和阶级矛盾的办法，总的一个方针，资产阶级也好，资本主义国家的工会也好，不愿意劳资关系矛盾激化。他们都愿意也希望采取一些调和的办法，来缓和阶级矛盾，在某些方面进行让步。现在的资本主义国家，工人运动不是处于高潮，而是处于低潮，资本主义国家工会威信不高，资本主义国家工会入会率越来越低，日本的工会现在的入会率是20％，工人不愿意加入工会。为什么？因为工会没多大作为，不能够反映、代表工人的根本利益。我碰到一些熟悉美国情况的人，他们反映现在美国大量减员，我问减员的事找不找工会，工会说不说话，根本就没有。一是高新技术企业不组织工会，不光是美国，俄罗斯和日本都这样。二是工会对工人权益根本不过问。老板下午找你谈话，明天就把你解雇了，如果你要与老板争论一番，他就打电话叫警察来处理，说你违法了，没有什么丝毫的劳动关系平等协商，也看不到什么工会的作用。日本原来有一个口号，工人进到企业就以企业为家，搞年功序列工资制，采取了东方的一些办法。员工在企业时间越长工资越高，对增强企业凝聚力方面不能不说没有好处。日本也以这点自夸，认为比西欧国家高明。但现在怎么样呢？现在已经取消了。所以日本工会的人跟我们讲，现在没有这一点了，不是以企业为家了，现在我也要被解雇了。职工对企业的感情与过去比变化了。我问他们，你在这个企业干了几十年，过去以企业为家，现在不要你了，他给你什么补偿呢？他说有什么补偿啊，走就完了。当然也不是那么简单。工会是无能为力了。但是，资本主义国家解雇后还有一套社会保障，这点应该说是比较健全的。他们靠这个来消除一些矛盾。从工会角度来讲，工会在企业、在社会上的作用越来越薄弱，工会抗衡的作用也越来越薄弱。整个自由工联处于这么一个状态，但是他们却在国际上到处叫嚣，诬蔑我们中国。我们就是处在这样的情况下开展工会工作。

我们应该自信，我们中央对工会工作的一些方针、指导思想、政策、要求，以及新修改的《工会法》，同志们都看了，都学了，这完全体现了我们党的根本宗旨，体现了社会主义制度的优越性。对我们的《工会法》，很多国家都很重视，最近要在香港召开研讨会，研究中国的《工会法》。自由工联很难攻击中国的《工会法》的哪一条，没办法。中国《工会法》开宗明义讲，中国工会的基本职责是维护职工的合法权益。基层工会调节劳动关系的机制，一个是平等协商、签订集体合同，一个是职工代表大会。但现在他们却避开这些条款来攻击我们。当然我们不是为了跟他们较量来做工作，而是我们的党、我们的职工群众需要我们进一步搞好工会工作，来适应我们国家新的形势发展，为改革、发展、稳定大局服务。我们的工作有很现实的意义，如组建问题、加强机制建设问题、切实帮助困难职工解决实际问题等等，都有很现实的意义。所以我感到，工会工作要从政治的高度，来看我们所处的形势处境，来看我们的任务、工作性质，更好地把工作搞好。

二、工会工作从广东来讲，既要有全局安排，也要突出重点。工会工作面很广，要解决的问题很多。我看广东工会工作总的讲都是不错的。但现在来看，有几点从广东工会来讲，要花力气抓好。

一是进一步加强新建企业的工会组建。从广东来看，组建工会的工作任务还很繁重。没有工会，什么机制建设、帮助困难职工都谈不上。从这个意义上来讲，必须首先把工会组织建立起来，把工人组织到工会中来，这样才能更好地贯彻我们党的宗旨、意图。所以，组建是前提条件。工会工作“两手抓”，大前提是组建。一要更好地依靠各级党委和政府的重视、支持，二要进一步抓好街道、乡镇、村、开发区、工业区一级工会组建工作。现在，大量中小企业分布在街道、乡镇、村和开发区、工业区，过去那种中华全国总工会、省总工会、市总工会、县总工会、基层工会这样的领导体制，已经不适应当前工会工作的形势。我们要搞好工会组建工作，如果不把这一级工会组建和加强起来，组建工作就难以搞好。把这一级工会工作抓好，方式可以灵活多样。有的小企业可能是一个小组，有的可能是两个会员，然后那两个会员与另外两个会员一起建一个小组，这都可以灵活。有的企业可以是委员会，有的可以是小组。那么关键在哪里？关键在街道、乡镇、村和开发区、工业区这一级的工会怎么组建，组建起来以后怎么发挥作用。不能像要求国有企业那样开展工作，不能把国有企业那套办法强加给这些企业，要求这个工会主席干这个、干那个。从蛇口工会工作的经验来看，蛇口工业区工会既是一个领导工业区内各企业工会的领导机构，同时也做了大量的应该由企业工会来做的工作，这个作用很大。所以我们说应该加强这一级的工会，把这一级工会看成是双重身份的工会组织，既有基层工会的职能，又有地方工会的职能。从广东来讲，要抓好这一重点工作。

国外强调产业为主，大量日常问题都是产业工会来处理。我们强调以地方工会为主。全总机构改革时也有这个问题，当前还是强调以地方工会为主。我们不主张产业工会过多地去参与处理企业的劳动关系问题,而应该是企业在哪里,就由哪里的地方工会去处理。但是,涉及到整个产业行业政策性问题,产业工会有责任去调研,提出见解。将来要根据形势发展来研究,诸如包括一些劳动标准、工资、安全卫生等问题,产业工会是要注意研究的。但具体劳动关系协调,现阶段还是应当以地方工会为主。当然这个问题可以研究、探索。

二是抓机制建设。这有很多工作要做,但从广东来讲,这方面不是问题,你们很有经验,做得不错。我希望广东省工会在非公有制企业怎么样开展民主管理方面,能够加快步伐,摸索总结经验,供全国借鉴。因为你们非公有制企业多,发展也很早,在这方面碰到矛盾、问题也早。你们处理这些问题比别的地方更有条件。我看劳动关系机制建设要作为你们的重点,在一个时期能够探索一些经验。

三是解决职工特别是困难职工问题,如送温暖等,你们都是做得很好的,包括建立一些互助保障,这个都做得很好,都大有作为。但从广东来看,我们感到有两个方面要注意:一是怎么样维护小企业和外资企业职工的合法权益,特别是人格、人身权利方面,不受侮辱,不受侵权。这个我看在你们省需要加强。对此问题过去发生的也不少,有的是受了伤害也不敢讲话,也无处申诉,这个我们工会首先要仗义执言,帮助他们。二是注意企业的劳动保护环境和生产安全。广东这个问题也是比较突出,包括深圳,这个工伤那个工伤,发生工伤一脚踢开,这种情况我看我们首先要伸出手来,维护他们的权益。当然，我不是说在社会保障、工资、福利这些方面广东就没有问题，也有的，如刚才珠海工会的同志就讲了。就广东来讲，一个是人格人身权利，一个是人身安全，希望广东加强这方面的工作。

三、加强工会自身建设。我侧重提两点，一点是工会也要接受监督。这个问题展开讲很大，但我这里强调的是，工会的经济活动也要接受监督、加强监督。现在工会一样有实业，钱也不少，另外我们的钱有个特点，都是工人的血汗钱，钱多了怎么用，钱多了怎么投资，实业怎么经营，内部怎么管理，使得不要有什么贪污、腐化，使得不要瞎指挥、乱决策投资，把钱也丢了。这个问题，我感到各级工会要引起重视，工会的经审会是内部组织，对财务部来讲，都是在工会主席领导下的，尽管对代表大会负责。大家也知道在现在这个情况下，工会主席如果态度不明朗，处理不当，经审会要监督工会主席是很难的。如果工会主席不是那么清正廉洁、严格要求，经审会也严不起来，也硬不起来。因此，我们如果不加强工会内部经济上的监督约束机制，就可能会出大问题。所以，我在全总对俊九同志讲，我们不仅要加强内部监督约束机制，我们也不要拘泥于工会的有些制度。按照工会的章程来讲，工会的经费是独立的，工会的经费不受国家审计部门的审计。这个从法律来讲，是对的。从工会现在管理的水平、我们内部监督约束机制的情况以及我们现在存在的问题来看，我倒是主张邀请审计局来对工会审计。我们请他们来审计，也不是说以后就变成了一种制度。人家毕竟有经验，而且他是客观的，他不受我们什么制约，经过审计以后，可以清楚很多问题。尽管可能很难堪，但是对我们工会是有很大的帮助。所以，我感到工会也要接受监督，特别是当前经营的风险越来越大，工会经费更要接受监督。二是各级工会干部尤其是各级领导干部要多学习经济、法律方面知识，要多关心全国大局，关心国际形势的发展。我们有些工会领导干部，面对我国加入 WTO 以后即将带来的新变化，缺少知识，也缺少紧迫感、危机感。我们碰到的一些外国的工会主席，不管国家大小，都能纵论国际形势，对美国的一些政策会带来什么，发达国家会怎么样，发展中国家会怎么样，讲得头头是道，我们却知之甚少，这个不能不说是我们的一个弱点。我总感到我们各级工会领导干部抓微观的多，注意宏观的少。比如微观的某个活动怎么搞，他们可以得心应手，但涉及到宏观发展、职工利益等就不那么行了。当然这也不能全怪大家，我们过去封闭的计划经济的体制，造成工会干部抓微观多，注意宏观少。现在形势变了，处境变了，工会工作不能停留在只是搞好活动上。如果我们不从宏观上去考虑、学习、掌握这方面知识，没有这方面的观念和概念，我们的工会工作就难以很好地发展。

工人阶级和广大劳动群众一定要充分发挥主动性、积极性和创造性*

（2002 年 4 月 29 日）

今天，我们在这里隆重集会，庆祝全世界工人阶级和劳动群众的光辉节日——“五一”国际劳动节。我代表党中央、国务院，向全国各族工人、农民、知识分子和全体劳动群众，向中国人民解放军指战员、武警部队官兵和公安干警，向香港特别行政区同胞、澳门特别行政区同胞和台湾同胞、海外侨胞，致以节日的问候！向为我国改革开放和社会主义现代化建设作出突出贡献的劳动模范和先进工作者，向荣获全国“五一”劳动奖状、奖章的先进集体和先进个人，表示崇高的敬意！

实施国民经济和社会发展第十个五年计划一年多来，全国各族人民在中国共产党领导下，坚持以邓小平理论和党的基本路线为指导，按照“三个代表”的要求，面对复杂多变的国际形势，团结奋斗，开拓前进，取得了改革开放和社会主义现代化建设新的重大成就。在世界经济增长明显减缓的情况下，我们坚持扩大内需的方针，实施积极的财政政策和稳健的货币政策，国民经济仍然保持良好的发展势头，经济体制改革

* 这是尉健行同志在首都庆祝“五一”国际劳动节大会上的讲话。

进一步深化，科技、教育和社会事业全面发展，城乡人民生活继续改善。北京赢得了 2008 年奥运会举办权，我国成功举办了亚太经合组织第九次领导人非正式会议等重要国际会议，我国正式成为世界贸易组织成员。所有这些，都是以江泽民同志为核心的党中央统揽全局、审时度势、正确决策、坚强领导的结果，也是我国工人阶级和各族劳动群众以高度的主人翁责任感，充分发挥积极性、创造性，同心同德、努力奋斗的结果。实践充分证明，中国工人阶级始终是先进生产力和生产关系的代表，始终是推动经济发展、社会进步和历史前进的基本力量，始终是社会主义物质文明和精神文明建设的主力军。今天我们庆祝“五一”国际劳动节，就是要坚定不移地坚持党的全心全意依靠工人阶级的根本指导方针，进一步弘扬工人阶级的崇高思想和优良传统，并以此激励广大工人、农民、知识分子和其他劳动群众，为实现中华民族的伟大复兴而努力奋斗。

我国已进入全面建设小康社会、加快推进社会主义现代化的新的发展阶段。今年是我们党和国家历史上具有重要意义的一年，也是我们在严峻的国际形势下把改革开放和现代化建设继续推向前进的重要一年。当前，全党全国上下正在努力实践和贯彻落实党中央对今年工作的总体要求。这就是：以邓小平理论和党的十五大精神为指导，进一步贯彻落实江泽民同志“七一”重要讲话和党的十五届五中、六中全会精神，按照“三个代表”要求，正确把握复杂多变的国际政治经济形势，抵御和克服前进道路上的各种风险和困难，以保持经济的持续发展和社会的安定团结。坚持实施扩大国内需求的方针，继续深化改革，扩大开放，加快结构调整，整顿和规范市场经济秩序，提高经济增长的质量和效益。切实加强社会主义精神文明建设、民主法制建设和党的建设，进一步转变政府职能，团结奋斗，勤俭建国，以改革开放和现代化建设的新成就迎接党的十六大召开。

在新的形势和任务面前，我国工人阶级和广大劳动群众一定要充分发挥主动性、积极性和创造性，把思想和认识进一步统一到中央的部署上来，把智慧和力量进一步凝聚到实现党和国家确定的目标任务上来；一定要积极支持党和国家为发展社会主义市场经济而采取的各项政策措施，积极参与改革，正确对待和处理改革过程中的利益关系调整，为推进改革和发展作出不懈努力；一定要进一步增强政治意识、责任意识、大局意识和主人翁意识，在思想上政治上行动上同党中央保持高度一致，不断巩固和加强工人阶级队伍的团结统一，坚决同一切危害祖国和人民利益的行为作斗争，自觉维护安定团结的社会政治局面；一定要继承和发扬工人阶级的优良传统，不断提高自身的思想道德和科学文化技术素质，努力成为有理想、有道德、有文化、有纪律的社会主义劳动者。

江泽民同志在纪念中国共产党成立80周年大会上系统阐述的“三个代表”重要思想，归根到底是为了实现国家富强和全体人民的共同富裕。党的十五届六中全会作出的加强和改进党的作风建设的决定，其核心是始终保持党同人民群众的血肉联系。江泽民同志在去年庆祝“五一”国际劳动节劳模座谈会上的重要讲话中，提出“三个根本、一个基本”的科学论断，强调的是保障工人阶级和广大劳动群众的经济、政治、文化权益，是党和国家一切工作的根本基点，也是发挥工人阶级和广大劳动群众积极性和创造性的根本途径；保证工人阶级和广大劳动群众行使管理国家事务、经济和文化事业、社会事务的权利，是社会主义民主的根本要求；工会肩负着维护职工群众合法权益的基本职责。所有这些都明确要求我们，在任何时候任何情况下，观察和处理一切问题的根本原则，都要以是否符合工人阶级和广大人民群众的根本利益为最高衡量标准。既要锐意改革，大胆进取，又要注意使改革的力度、发展的速度和人民群众的承受程度相适应，把包括工人阶级在内的最广大人民群众的切身利益实现好、维护好、发展好，把他们的积极性引导好、保护好、发挥好。只有这样，我们的改革和建设才能始终获得最广泛、最可靠的群众基础和力量源泉。

江泽民同志反复强调，全心全意依靠工人阶级，是我们党和国家的政治优势，也是我们从胜利走向胜利的重要保证。全心全意依靠工人阶级是我们党的根本指导方针。长期以来，我们党始终坚定不移、旗帜鲜明地贯彻这一方针。在中国共产党的领导下，中国工人阶级以彻底的革命精神和伟大的创造力量，为中华民族的独立、解放和振兴，为社会主义制度的建立、巩固和发展，为改革开放和社会主义现代化建设，作出了不可磨灭的重大贡献，立下了不朽的功勋。在发展社会主义市场经济的新形势下，我国工人阶级在推动经济发展和社会进步的同时，自身也在不断发展壮大，不仅数量大幅度增加，思想道德和科学文化技术素质日益提高，而且其先进性也在与时俱进、不断发展，党的阶级基础不断增强，群众基础不断扩大。工人阶级在国家和社会的领导地位和主人翁地位没有变也不会变，任何时候任何情况下对此都不能有丝毫的含糊和动摇。越是在改革开放和发展社会主义市场经济的条件下，越要毫不动摇地贯彻落实党的全心全意依靠工人阶级的根本指导方针，尊重工人阶级的主人翁地位和首创精神，充分发挥工人阶级的主力军作用。我们要始终坚持马克思主义的唯物史观，牢固树立只有人民才是创造历史动力的基本观点，进一步加大对工人阶级地位作用的宣传，大力弘扬工人阶级的伟大时代精神，坚持用工人阶级的先进思想和模范行为影响和带动全社会。

工会是党领导的工人阶级群众组织，是党联系职工群众的桥梁和纽带。新修订颁布的《中华人民共和国工会法》，适应发展社会主义市场经济的要求，进一步确立工会在国家政治、经济和社会生活中的地位作用与权利义务，明确维护职工合法权益是工会的基本职责，为工会开展工作提供了有力的法律保障。各级工会组织和广大工会干部，要站在讲政治的高度，充分认识履行维护职工合法权益的基本职责，是党和广大职工群众对工会组织的要求，也是工会服从服务于党和国家工作大局的主要手段。工会履行维护职工合法权益的基本职责，就是要在维护全国人民总体利益的同时，更好地代表和维护职工群众的具体利益；既要维护职工群众的经济利益，又要维护职工群众当家作主的政治权利和精神文化需求；既要维护职工群众的合法权益，又要引导和帮助职工群众不断提高思想道德和科学文化技术素质，造就一支宏大的“四有”职工队伍。通过维护，保护、调动和发挥广大职工的积极性、创造性，并把这种积极性、创造性引导和凝聚到立足本职、干好工作和投身各种形式的群众性经济技术活动上来，更好地完成党和政府提出的各项任务。

维护职工的合法权益，各级工会当前要一手抓调整劳动关系机制的建设，一手抓为职工特别是困难职工群体办实事。加强调整劳动关系机制的建设，主要是依据《中华人民共和国工会法》、《中华人民共和国劳动法》，建立健全平等协商、集体合同制度及职工代表大会等与企业、事业单位相适应的民主管理制度，推动建立健全劳动争议仲裁机制、工会与政府召开联席（联系）会议和政府、企业代表组织、工会三方协商的机制。工会要为职工办的实事很多，当前最紧要的是协助政府做好下岗职工、特困职工的再就业和基本生活保障工作。同时，还要协助政府和用人单位努力解决拖欠、克扣职工工资问题，确保工资按时足额发放；搞好劳动保障监察与工会劳动法律监督的协调配合，开展多种形式的安全生产和职业安全卫生监督检查活动，积极推动监督检查体系的建立健全，确保职工的劳动安全和职业健康；支持有关部门依法严肃处理严重侵犯职工合法权益的行为。

劳动模范是工人阶级和广大劳动群众的杰出代表，是民族的精英、国家的脊梁、社会的中坚和人民的楷模。要在全社会进一步形成关心劳模、尊重劳模、学习劳模、争当劳模的良好风气，大力弘扬他们胸怀全局、目标远大，爱岗敬业、艰苦奋斗，刻苦学习、勇于创新，严于律己、弘扬正气的先进思想和优良作风，不断推进社会主义物质文明和精神文明建设。

实现祖国的完全统一，是全体中国人民的共同心愿。“一国两制”的基本方针在香港、澳门的成功实践，保持了香港和澳门的稳定和繁荣。我们要继续坚持贯彻“和平统一、一国两制”的基本方针和江泽民同志关于现阶段发展两岸关系、推进祖国和平统一进程的8项主张，与广大台湾同胞一道，坚决反对任何分裂祖国的图谋，为促进祖国的完全统一作出新的贡献。

当前，国际形势风云变幻，跌宕起伏。和平与发展依然是时代的主题。要和平、求合作、促发展是世界各国人民的共同愿望。我们始终不渝地奉行独立自主的和平外交政策，在和平共处五项原则的基础上，加强同发展中国家的团结与合作，进一步巩固和深化与周边国家的睦邻友好合作关系，继续改善和发展同发达国家的关系，不断加强与世界各国工人阶级和广大劳动人民的团结，坚决反对霸权主义和强权政治，反对一切形式的恐怖主义，坚决捍卫国家主权和民族尊严，努力推动建立和平稳定、公正合理的国际政治经济新秩序。

同志们、朋友们，夺取社会主义现代化建设的更大胜利，实现中华民族的伟大复兴，中国工人阶级和各族劳动群众任重道远。让我们高举马克思列宁主义、毛泽东思想、邓小平理论伟大旗帜，更加紧密地团结在以江泽民同志为核心的党中央周围，按照“三个代表”的要求，坚定信心，知难而进，开拓进取，扎实工作，为把建设有中国特色社会主义伟大事业不断推向前进而努力奋斗！

我国工运事业发展史上的一件大事*

（2002年7月15日）

在全党全国人民深入学习江泽民同志在中央党校省部级干部进修班毕业典礼上发表的重要讲话，庆祝中国共产党成立81周年，满怀激情迎接党的十六大召开的时候，由中华全国总工会和中央文献研究室编辑的《毛泽东邓小平江泽民论工人阶级和工会工作》一书出版发行了。这是我国工人阶级政治生活和我国工运事业发展史上的一件大事。

刚才，几位同志就如何深入学习毛泽东、邓小平、江泽民同志关于工人阶级和工会工作的重要思想，发表了很好的意见。大家一致认为，《毛泽东邓小平江泽民论工人阶级和工会工作》一书的出版，为我们坚持在党的领导下，进一步推动全心全意依靠工人阶级根本指导方针的贯彻落实，做好新时期的工会工作，充分发挥工人阶级在推进改革、促进发展、维护稳定中的主力军作用，提供了强大的思想理论武器。认真学习党的三代领导核心关于工人阶级和工会工作的重要思想，深刻领会其基本观点和精神实质，对于我们进一步认识20世纪中国共产党领导的我国工人运动和工会工作的发展历程，

* 这是尉健行同志在《毛泽东邓小平江泽民论工人阶级和工会工作》出版座谈会上的讲话。

更好地把握21世纪的前进方向，更好地贯彻落实党的全心全意依靠工人阶级的根本指导方针和履行工会维护职工合法权益的基本职责，更好地保护、调动和发挥广大职工投身改革和建设的积极性、创造性，把建设有中国特色社会主义伟大事业不断推向前进，具有重大的现实意义和深远的历史意义。

工人阶级是我们党的阶级基础，是社会主义国家的领导阶级，是我国先进生产力和生产关系的代表。在中国共产党的领导下，我国工人阶级以彻底的革命精神和伟大的创造力量，为中华民族的独立、解放和振兴，为社会主义制度的建立、巩固和发展，为改革开放和社会主义现代化建设，作出了不可磨灭的重大贡献，建立了不朽的功勋。我们党和国家的性质、我国工人阶级的历史地位和作用，决定了我们必须始终不渝地坚持全心全意依靠工人阶级的根本指导方针。

党的三代领导集体始终关注中国工人阶级的前途和命运，高度重视工会工作。毛泽东同志关于革命的领导阶级是工人阶级，工业无产阶级是中国新的生产力的代表者，没有近代工人阶级，革命就不能胜利的思想；关于必须全心全意地依靠工人阶级，人民民主专政需要工人阶级的领导的思想；关于建立无产阶级知识分子队伍的思想；关于必须注意职工的安全、健康和福利的思想；关于中国工人阶级要为中国的工业化而斗争的思想；关于工会是工人的团结体，是保护工人利益的堡垒的思想，等等，都是马克思主义关于工人阶级和工会理论在中国的运用与发展。邓小平同志继承和发展了毛泽东同志的工人阶级和工会工作思想，提出关于工人阶级是先进生产力和生产关系的代表，是久经考验的立场坚定的革命领导阶级的思想；关于依靠工人阶级必须成为党的指导思想，必须贯彻到各部门中去，不依靠工人阶级就不可能走向社会主义的思想；关于知识分子是工人阶级的一部分，科学技术是第一生产力，必须尊重知识、尊重人才的思想；关于工人阶级要努力掌握现代技术和管理知识，不断提高自身素质，为把我国建设成现代化的伟大的社会主义强国而努力奋斗的思想；关于工人阶级要在管理国家事务、管理经济和文化事业、管理社会事务中发挥民主参与和民主监督作用，企业重大问题要经过职工代表大会讨论或作出决定的思想；关于企事业行政和地方政府，要重视和保障职工的劳保和福利，努力改善职工的劳动和生活条件，重视安全生产的思想；关于工会是保护职工切身利益的组织，是职工信得过的、能替职工说话办事的组织，必须把职工的最大多数组织到工会中来，为维护职工的合法权益而奋斗的思想，等等，构成邓小平理论的有机组成部分。以江泽民同志为核心的党的第三代中央领导集体，坚持和发展毛泽东、邓小平同志的工人阶级和工会工作思想，作出了一系列重要的论述。江泽民同志反复强调的关于我们党所领导的改革开放和社会主义现代化建设的全部活动与整个进程，都必须全心全意依靠工人阶级，这是由我们党的性质和工人阶级的地位作用所决定的思想；关于工人阶级在国家和社会的领导地位和主人翁地位永远不能变的思想；关于始终坚持工人阶级的先锋队性质，为保持党的先进性奠定了坚实的阶级基础的思想；关于中国工人阶级始终是推动中国先进生产力发展的基本力量的思想；关于全心全意依靠工人阶级，就是要在政治上保证，制度上落实，素质上提高，权益上维护的思想；关于保障工人阶级和广大劳动群众的经济、政治和文化权益，是党和国家一切工作的根本基点，也是发挥工人阶级和广大劳动群众积极性、创造性的根本途径，保证工人阶级和广大劳动群众行使管理国家、管理经济和社会事务的权利，是社会主义民主的根本要求的思想；关于深化企业改革必须依靠工人阶级的思想；关于发挥工会和职工代表大会在民主决策、民主管理、民主监督中的作用的思想；关于工会是党领导的工人阶级群众组织，是党联系职工群众的桥梁和纽带，肩负着维护职工合法权益的基本职责，必须为职工说话办事的思想；关于各级党委要加强和改善对工会工作的领导，支持工会依照法律和自己的章程独立自主地开展工作，不能把工会看作党委的一个部门的思想，等等，是“三个代表”重要思想在当代中国工人运动和工会工作中的具体体现。党的三代领导核心关于工人阶级和工会工作的重要思想一脉相承，始终贯穿着全心全意依靠工人阶级、充分发挥工人阶级主力军作用这条主线，并与时俱进，不断发展。

当前，我国进入全面建设小康社会、加快推进社会主义现代化的新的发展阶段。随着改革的深入和社会主义市场经济体制的初步建立，我国社会的经济成分、组织形式、就业方式、利益关系和分配方式都发生了深刻的变化，工人阶级队伍呈现出许多新的特点。在推动经济发展和社会进步的同时，工人阶级自身也在不断发展壮大，不仅数量上有了大幅度增长，而且在内部结构、学历与经历、文化技术素质、思想观念、劳动方式等方面也发生了深刻变化。但这些变化，都没有改变中国工人阶级的历史地位和先进性，没有改变中国工人阶级作为国家和企业的主人翁地位。我们必须适应形势的发展，坚持以马克思列宁主义、毛泽东思想、邓小平理论为指导，全面贯彻"三个代表"重要思想，以党的三代领导核心关于工人阶级和工会工作重要思想为强大思想理论武器，以改革创新、与时俱进的精神，深入基层和职工群众之中，加强调查研究和理论思考，深入研究职工队伍和工会工作面临的新情况新变化，努力解决理论和实践中遇到的新问题，全面落实党的全心全意依靠工人阶级的根本指导方针，切实履行好工会维护职工合法权益的基本职责，一手抓调整劳动关系机制的建设，一手抓为职工群众特别是困难职工群体办实事，不断增强工会组织的吸引力和凝聚力，努力推动我国工运事业的新发展，更好地发挥工会组织作为党联系职工群众的桥梁纽带作用、国家政权的重要社会支柱作用和职工利益代表者维护者的作用。

各级党政领导同志和广大工会干部，一定要把学习宣传党的三代领导核心的工人阶级和工会工作思想，同学习贯彻江泽民同志"三个代表"重要思想结合起来，同学习贯彻江泽民同志"七一"和"5·31"重要讲话[①]精神结合起来，同学习贯彻即将召开的党的十六大精神结合起来，同各自工作的实际结合起来，指导我们新的实践，切实做好改革、发展、稳定各方

① "5·31"重要讲话，指2002年5月31日江泽民同志出席中央党校省部级干部进修班毕业典礼时发表的重要讲话。

面的工作。各级工会要把《毛泽东邓小平江泽民论工人阶级和工会工作》作为培训干部的重要教材，帮助大家努力掌握其基本观点和精神实质，自觉地坚持用科学的理论武装头脑。各级工会领导干部不仅要带头学好，而且要切实加强对学习宣传的组织领导，注意发挥工会宣传教育阵地的作用，并组织好职工群众的学习。

当前要特别注意维护困难职工群体的合法权益*

（2002 年 8 月 18 日）

发展社会主义市场经济以来，我国的经济关系、劳动关系发生了深刻的变化，劳动关系方面的矛盾十分突出和尖锐。工会是社会经济矛盾、主要是劳动关系矛盾的产物。在这种情况下，工会通过参与调整劳动关系维护职工合法权益的任务十分艰巨和繁重。对工会必须维护职工合法权益这样一个普通的道理，由于各种原因长期以来却是含混不清的。这些年来，在党的领导下，各级工会组织坚持以邓小平理论和党的基本路线为指导，认真贯彻“三个代表”重要思想，坚定不移地推动党的全心全意依靠工人阶级根本指导方针的贯彻落实，进一步突出和履行工会维护职工合法权益的职能，从而更好地保护、调动和发挥广大职工的积极性、创造性，并把这种积极性、创造性组织和引导到完成党和政府提出的各项任务上来，取得了明显实效。江泽民同志强调指出，工会肩负着维护职工合法权益的基本职责。《中华人民共和国工会法》也明确规定，工会的基本职责是维护职工的合法权益，从而为工会履

---

* 这是尉健行同志在新疆考察期间与工会干部座谈时讲话的主要部分。

行基本职责提供了有力的法律保障。

维护职工合法权益是一个总体任务。要做的工作很多，当前概括起来就是要抓两个方面，进一步建立健全调整劳动关系的机制与为职工特别是困难职工群体办实事，这两个方面不是孤立的、互不相关的。如果建立不起一套科学的、合理的调整劳动关系的机制，工会工作就形不成一套格局、一套制度，维护职工合法权益也就缺少规范和标准，工作就没有依据。这是一项长期的基础性建设，需要继续抓紧抓好。但另一方面，我们建立健全调整劳动关系机制的根本着眼点，还是为了更好地维护职工的合法权益，当前特别是要维护困难职工群体的合法权益。所以，抓这两个方面，最后还是要落到切切实实帮助职工特别是困难职工群体解决实际问题上。这里，我强调三点。

一、各级工会干部要以深厚的阶级感情去关心、维护、解决困难职工群体的实际问题

我国正在建立健全社会主义市场经济体制，推进经济体制改革和深化企业改革。必须看到，在这个过程中，国家采取一系列方针政策来调整经济关系、劳动关系，是正确的、完全必要的，这些方针政策是代表工人阶级根本利益的，各级工会组织必须坚决执行。但在贯彻涉及职工切身利益的方针政策时，不能简单从事。那种只考虑这个方针政策是国家颁布的，对提高企业效率、效益有好处，从而简单地去处理问题的做法，最终往往会造成矛盾激化，甚至引起很多不应该发生的群体性事件。我们必须坚持改革的方向，必须执行国家的有关方针政策。工会作为职工群众自己的组织，还要替职工设身处地地想一想，执行这些方针政策会涉及职工哪些切身利益，碰到哪些职工十分关心的利害问题，如果我们自己也碰到这种问题，会有什么困难，有什么想法。也就是说，在贯彻国家的方针政策时，对涉及职工切身利益的问题，必须怀着深厚的阶级感情去考虑、处理，决不能简单化。

这些年来，一些地方由于处理不当，发生了一些不该发生的职工群体性事件。处理这些问题，有认识问题，需要我们做解释工作，也有实际问题，需要我们帮助解决。但有些地方和单位执行中简单化，工作做得不当，伤害了职工群众的感情，结果把本来是可行的一些改革政策，却没有很好地贯彻执行下去，造成了不应该发生的事件。要把执行政策和带着感情做工作统一和结合起来。这个结合点在哪里？就在要有利于改革、发展、稳定的大局。有的同志只强调这个规定是正确的，那个办法是合理的，但不考虑最后的结果却是影响改革、发展、稳定的大局。如果出现这种情况，只能说明我们对政策没有执行好。

解决职工的实际困难问题，不是工会一家的事，主要是靠党委、政府，靠企业行政，但工会责无旁贷。工会要在党委的领导下，积极协助政府和企业行政来处理好这些问题。要善于发挥工会的长处，适合工会的特点去做好这方面的工作，不要满足于工作上一般的配合。对困难职工包括困难职工群体的困难、呼声和要求，我们虽然解决不了所有问题，但应该掌握情况，应该及时反映，应该进行力所能及的帮助，包括坚持和拓展送温暖工程，不断建立健全困难职工帮扶中心等有关工作。工会要做困难职工的第一知情人、第一报告人、第一帮助人。发生职工群体性事件的原因很复杂，但如果发生这种事件，工会事先一点都不知道，或者知道了也没有及时反映，那要工会干什么？这是工会的失职。

二、要从讲政治的高度做好工会工作

现在，西方敌对势力千方百计地采取不同手段来“西化”、“分化”我们。新疆更面临着特殊情况。这种“西化”、“分化”活动，手段当然是多种多样的，渠道也是多方面的，但很重要的一个渠道就是企图在中国成立“第二工会”、“独立工会”，分裂工人阶级队伍，跟共产党对抗。以美国为首的国际自由工联一再攻击我们，说什么中国工会是官办工会，是不顾工人死活的工会，真正要替工人解决问题就必须成立“第二工会”。西方敌对势力想以此为突破口，来分化、瓦解、分裂、颠覆中国。对这种企图，我们没有什么可怕的，但关键是我们的工作要做得细致一点、谨慎一点，不给他们以可乘之机。我们处理困难职工的问题，不仅仅是简单的业务工作，不仅只是在经济上给解决一些问题，如果处理不当就可能在政治上给别人以可乘之机。各级党组织、政府（行政）和工会都要有这个意识和责任。前一个时期，以美国为首的敌对势力，就曾借机编造谣言，大造舆论。这次国际劳工局理事会选举副理事，中国工会成功当选就大出国际自由工联的预料，也完全违背了美国的意图，选举结果既使他们无奈，又使他们暴跳如雷，大肆恶毒攻击。这说明一个问题，工会在国际领域的斗争是相当激烈的，是国际政治斗争中很重要的一个部分。现在，整个资本主义国家工会首先是国际自由工联，他们对资产阶级采取妥协的政策，工会的发言权越来越小，工人运动日益萎缩，很多工作开展不下去。相反，我国在发展社会主义市场经济以后，工会工作比以往任何时候都受到党政的重视，工作更加繁重。广大职工对工会也寄予了厚望。这个形势是很好的。我们要有充分自信。

这里我要提出几个问题：一是新疆要尽快地把新建企业的工会组建起来，这是《工会法》的要求。二是我国的《工会法》明确规定，我国只能有中华全国总工会领导下的统一的工会组织，不能在这个统一的工会系统之外成立任何一种事实上属于工会性质的组织。我不知道新疆有没有这种情况。如果有，要及时处理。三是工会有一个重要责任，就是如果发现有的地方有人试图在全国总工会领导下的统一的工会组织以外组建其他工会，各级工会组织和广大工会干部有责任及时向党委和政府反映、报告、处理，如果工会连这样的动态都不掌握，那还要工会干什么?!

三、工会工作要改革创新、与时俱进

现在，工会工作面临着许多新的情况、新的矛盾。这些问题很复杂，需要很好地调查研究，从理论和实践的结合上来思考和处理。工会工作不能停留在已有基础上。尽管《工会法》明确了维护职工合法权益是工会的基本职责，而且作出了很多很好的法律规定，提出了明确的要求，但我们工会内部的机构、机制，我们工会干部的素质，我们的工作方法、领导方法等，很多是不适应的，需要进一步改革。必须按照“三个代表”的要求，进一步改革创新、与时俱进，以适应新的形势任务的要求。在体制、机制、制度方面怎么改，请大家一起来研究、思考。

比如，发生职工群体性事件，当然有多方面原因。但从处理劳动关系矛盾的角度来看，说明我们还缺乏一套健全的、科学的机制。有的企业也开职工代表大会，开得也很热闹，场面也很大，会上也没有碰撞什么矛盾问题，但可能两个月以后突然发现没有人上班了。人呢？到市政府上访去了，因为一些职工认为职工代表大会不起作用。所以，只要遇到这类问题时，就把企业党委也踢开了，把企业行政也踢开了，把企业工会也踢开了。我们搞社会主义市场经济时间不长，过去实行计划经济时，没有什么劳动关系矛盾，劳动关系是工人与国家的关系，全国都一样，没有下岗，没有自由就业，一切问题国家都包下来了。但现在情况变了，劳动关系矛盾复杂化，我们处理劳动关系矛盾的机制、制度和办法还没有很好地建立健全起来。所以，我们要求在企业建立健全两种机制，一个是平等协商、签订集体合同的机制，通过这一机制，把劳动标准和条件等有关问题通过协商明确下来，并加以监督执行。再一个是职工代表大会制度，通过这一制度发挥职工当家作主的作用。在领导机关，要建立健全工会与政府召开联席（联系）会议制度，来反映职工的意见，提出政策建议，帮助政府思考和处理问题。再就是建立健全劳动关系的三方协商机制，即工会、企业和劳动行政部门定期协商解决带共性的劳动关系矛盾问题。还要建立健全劳动争议的仲裁机制,企业发生矛盾时,不能动不动就上街,可以找劳动仲裁机构,再不行还可以诉诸法律。应该有正常的渠道来处理劳动关系矛盾,不能简单地要么平安无事,要么就上街。现在许多资本主义国家经济很不景气,工会跟资本家搞妥协,很少组织罢工。工会知道动不动就组织罢工对双方都没有好处。资产阶级也总结多年来的经验,也借鉴社会主义国家的经验,建立了一套机制来缓和矛盾。比如德国搞的企业职工管理委员会,请工人参加这个委员会,一般管理问题都是大家讨论。当然,最要害的决策权是不在工会的,但对解决一般性的问题,也确实发挥了作用。我们在这方面还缺乏经验。因此,要把困难职工群体的问题解决好,减少群体性事件,还需要认真研究,与时俱进,把一系列的法规、制度、机制和秩序建立健全起来。

依法坚决履行维护职工合法权益的基本职责*

（2002 年 8 月）

中国工会是中国共产党领导的职工自愿结合的工人阶级群众组织，是党联系职工群众的桥梁和纽带，是国家政权的重要社会支柱，是职工群众合法权益的代表者和维护者。多年来，各级工会在中国共产党领导下，坚持以马克思列宁主义、毛泽东思想、邓小平理论和“三个代表”重要思想为指导，坚定不移地推动党的全心全意依靠工人阶级根本指导方针的贯彻落实，依法坚决履行维护职工合法权益的基本职责，最大限度地把广大职工组织到工会中来，最大限度地维护广大职工的合法权益，最大限度地保护、调动和发挥广大职工的积极性、创造性，并把这种积极性、创造性组织和引导到推进改革、促进发展、维护稳定上来，在党和国家的工作大局中发挥了重要作用。面对新的形势任务，各级工会要进一步明确肩负的历史重任，依法坚决履行基本职责，努力把工会工作提高到一个新水平，在改革、发展、稳定中更好地发挥工会组织应有的作用。

---

* 这是尉健行同志为中国工人出版社出版的《工会干部培训教程》所作的序。

一、进一步明确维护职工合法权益是工会的基本职责

履行维护职工合法权益的基本职责，是由工会的性质和特点所决定的。职工群众主要是为了自身利益不受侵犯而参加和组织工会的。维护职工合法权益是工会产生和发展的客观需要与根本依据。工会是社会经济矛盾、主要是劳动关系矛盾的产物。在社会化大生产条件下，无论国家的社会制度如何，只要存在劳动关系矛盾，就会存在工会，只是不同社会制度国家和不同历史时期劳动关系矛盾的性质和对抗程度不同，工会的性质、任务和特征有所差别而已。工会产生和发展的这一客观基础，决定了代表和维护职工群众的具体利益，始终是工会的基本属性。离开对职工群众合法权益的维护，工会就没有存在的必要，也存在不下去，职工群众更不可能参加和组织工会。列宁提出，工会的主要任务是维护劳动者最直接、最切身的利益。毛泽东指出，工会是保护工人利益的堡垒。刘少奇认为，要使工会成为保障工人日常切身利益的组织，如果不能实现这个目的，他们就会脱离工会。邓小平强调，工会是工人自己的组织，是工人信得过的、能替工人说话和办事的组织。江泽民指出，工会是党领导的工人阶级群众组织，是党联系职工群众的桥梁和纽带，肩负着维护职工群众合法权益的基本职责。胡锦涛强调，要切实把表达和维护广大职工群众的利益，作为一切工会工作的出发点和落脚点。这些深刻的论述，精辟地阐明和揭示了工会组织的性质与特点，是工会履行基本职责的重要理论基础。

履行维护职工合法权益的基本职责，是法律赋予工会组

织的基本权利。我国是工人阶级领导的、以工农联盟为基础的人民民主专政的社会主义国家。我国法律对工会的职责作了明确规定。1994 年颁布的《中华人民共和国劳动法》规定，工会代表和维护劳动者的合法权益，依法独立自主地开展活动。2001 年修改颁布的《中华人民共和国工会法》，其核心是突出和强化工会维护职工合法权益的职能，明确“中华全国总工会及其各工会组织代表职工的利益，依法维护职工的合法权益”，“维护职工合法权益是工会的基本职责”。这些都为工会履行维护职工合法权益的基本职责提供了有力的法律依据和保障。

履行维护职工合法权益的基本职责，是实践“三个代表”的重要体现。“三个代表”重要思想归根到底都是为了不断满足人民群众日益增长的物质文化生活需要，不断实现中国最广大人民的根本利益。我们党之所以能够成为中国最广大人民群众根本利益的代表，就是因为党始终坚持把全心全意为人民服务作为自己的唯一宗旨。我们党没有自己的私利，搞革命、搞建设、搞改革，都是为了领导工人阶级和广大人民群众当家作主，进一步解放和发展生产力，使工人阶级和广大人民群众过上幸福生活。江泽民同志一再强调，实现、维护和发展最广大人民群众的利益，始终是我们最大最重要的政治，是改革和建设的根本出发点；在任何时候任何情况下，党的一切工作和方针政策，都要以是否符合最广大人民群众的利益为最高衡量标准，这是我们观察和处理问题的一个根本原则。中国工会是党领导的工人阶级群众组织，是党联系职工群众的桥梁和纽带，坚持和发扬党的全心全意为人民服务的宗旨，要求我们必须依法坚决履行好维护职工合法权益的基本职责。

履行维护职工合法权益的基本职责，是工会服从服务于党和国家工作大局的根本基点与途径。江泽民同志深刻指出："保障工人阶级和广大劳动群众的经济、政治、文化权益，是党和国家一切工作的根本基点，也是发挥工人阶级和广大劳动群众积极性和创造性的根本途径。"[①]这一重要论断，深刻揭示了工会工作与党和国家工作大局之间的内在统一关系。工会工作必须服从服务于经济建设这个中心，这是贯彻党的基本路线的必然要求。各行各业、各个部门的工作，都必须坚持以经济建设为中心，都要服从服务于党和国家工作的大局，但其具体途径和手段是不一样的。工会通过履行维护职工群众合法权益的基本职责，保护、调动和发挥广大职工的积极性和创造性，并将其组织和引导到完成党和政府提出的各项任务上来，正是从工会自身性质和特点出发，适应大局要求并为大局服务的根本途径，是工会服从服务于党和国家工作大局的主要手段。

履行维护职工合法权益的基本职责，是我国劳动关系日益复杂多变的现实对工会提出的迫切要求。改革开放和发展社会主义市场经济以来，我国的社会经济成分、组织形式、就业方式、利益关系和分配方式日益多样化，经济关系和劳动关

---

① 《江泽民文选》第三卷第245页，人民出版社2006年8月第1版。

系发生了复杂深刻的变化，国家、企业、职工三者利益关系日益清晰，劳动关系企业化、契约化、社会化，工会参与调整劳动关系、维护职工合法权益的任务更加繁重突出。适应新的形势任务的要求，1994 年 12 月召开的全总十二届二次执委会议，以邓小平理论和党的基本路线为指导，抓住贯彻实施《劳动法》的有利时机，提出了新时期的工会工作总体思路，强调要坚定不移地推动党的全心全意依靠工人阶级根本指导方针的贯彻落实，进一步突出工会维护职工合法权益的职能，把工会履行好维护的基本职责，作为服从服务于党和国家工作大局的主要手段。1998 年 10 月召开的中国工会第十三次全国代表大会，提出了未来 5 年工会工作的指导方针和主要任务，进一步强调要坚持和发展工会工作总体思路。1999 年 12 月召开的全总十三届二次执委会议，强调不仅要突出工会的维护职能，而且要履行工会的维护职能，提出了贯彻工会工作总体思路，实现工会工作“五突破一加强”的基本框架。2000 年 12 月召开的全总十三届三次执委会议进一步提出，要通过扎实推进工会工作的“五突破一加强”，在工会组建、权益维护和作用发挥等方面，努力实现“三个最大限度”的目标。2002 年 1 月召开的全总十三届四次执委会议，提出“抓机制、办实事、转作风、求实效、促发展”的工作思路，强调要一手抓调整劳动关系机制的建设，一手抓为职工特别是困难职工群体办实事。所有这些，都是工会适应不断发展变化的经济关系与劳动关系，履行维护职工合法权益的基本职责的主要任务与根本要求。

履行维护职工合法权益的基本职责，是两个维护的统一，即在维护全国人民总体利益的同时，更好地代表和维护职工群众的具体利益。在我国，全国人民的总体利益与职工群众的具体利益，从根本上讲是统一的、一致的、有内在联系的。我们党领导的建设有中国特色社会主义的奋斗目标，集中代表着包括工人阶级在内的全国人民的总体利益。离开这个目标和全国人民的总体利益，职工群众的具体利益难以实现，也谈不上对职工群众具体利益的维护；同时，全国人民的总体利益是由各个方面的具体利益组成的，离开对各个方面具体利益的维护，也就谈不上对全国人民总体利益的维护。因此，我们不能把两者对立起来，一讲维护全国人民的总体利益就不敢维护职工群众的具体利益，或者一讲维护职工群众的具体利益就忽视维护全国人民的总体利益。

二、依法坚决履行维护职工合法权益的基本职责

依法履行维护职工合法权益的基本职责，工会要做的工作很多，主要是通过参与劳动关系的调整和为职工办实事来实现的。针对发展社会主义市场经济过程中面临的形势任务，工会需要在以下几个方面积极开展工作。

第一，依法维护广大职工参加和组织工会的权利。参加和组织工会的权利，是我国法律赋予职工的基本权利。维护职工参加和组织工会的权利，最大限度地把广大职工吸引和组织到工会中来，以组织的力量代表和维护职工的合法权益，是工会的天职，也是保持职工队伍的团结统一，不断增强党的阶级基础、扩大党的群众基础的迫切要求。

改革开放和发展社会主义市场经济以来，一方面，外商投资企业、私营企业和乡镇企业发展迅猛，职工队伍迅速发展壮大；一方面，国有企业、集体企业改制，一些职工下岗，工会会员不断流失，工会组织面临严峻挑战。没有工会组织，劳动关系双方中缺乏职工一方的代表，调整劳动关系的机制难以建立健全，党联系职工群众也就缺少相应的桥梁和纽带，增强党的阶级基础、扩大党的群众基础必然会受到影响，也会给国内外敌对势力以可乘之机，不利于增强工人阶级队伍的团结统一。因此，坚持哪里有职工哪里就要组建工会的原则，加快工会组建步伐，维护广大职工参加和组织工会的权利，是工会一项重要而紧迫的任务。要取得各级党委的高度重视，推动党委切实把工会组建工作摆上重要议事日程，把工会组建率、职工入会率作为党的工作的重要考核目标，以党建带工建。工会自身要发扬开拓创新精神，适应经济结构及所有制结构的变化，在重视做好公有制企事业单位工会工作的同时，进一步做好非公有制企事业单位的工会工作，在组织体制、工作机制、活动方式、职责履行等方面大胆创新。要明确，凡是以工资收入为主要生活来源的劳动者，不管户籍是否在本地区，也不论工作在什么所有制性质的企事业单位及其工作时间的长短，都有依法参加和组织工会的权利；要建立健全延伸到乡镇、街道、社区和经济技术开发区、工业区、高新技术园区直至村的工会组织领导体制，基层工会一时难以开展的工作，要提升到乡镇、街道这一级工会组织来开展，切实加强和发挥乡镇、街道这一级工会组织在推动新建企业工会组建和开展工作中的重要作用;要搞好国有和集体改制企业工会组织的整顿、重建和巩固工作,防止会员流失;要在重视和抓好工会组建工作的同时,重视其作用的发挥,做到边组建、边巩固、边提高、边发挥作用。

第二,依法维护广大职工的经济利益。经济利益是职工最基本的利益。工会维护职工的合法权益,首要的就是维护职工的经济利益。维护职工的经济利益,从基层来看,主要是依据《工会法》、《劳动法》,调整劳动关系,建立健全平等协商、集体合同制度和劳动合同制度,自觉做到"六个坚持",即:坚持所有企业都要推行平等协商和集体合同制度,越是生产经营困难和劳动关系矛盾突出的企业,越要通过平等协商和集体合同制度来调整劳动关系;坚持平等协商与签订集体合同相协调,重在平等协商;坚持把职工关心的劳动关系方面的热点、难点问题作为平等协商、签订集体合同的重点,不断增强其针对性和实效性;坚持把工资集体协商作为推行这项制度的重要内容,由工会或职工代表与企业进行平等协商,在协商一致的基础上签订工资协议;坚持把推行集体合同制度与推行劳动合同制度有机结合起来,督促企业认真执行劳动合同制度,指导和帮助职工签订好劳动合同,明确劳动合同中的劳动报酬和其他劳动条件等标准不得低于集体合同的规定;坚持把推行集体合同和劳动合同制度与建立现代企业制度相衔接,将推行这项制度取得的成果,及时充实和纳入到现代企业制度的内容之中。推行这一制度,要在努力提高建制率的同时,把增强约束力、提高实效性放到突出位置来抓。

维护职工经济利益的一项重点工作，就是维护特困职工和困难职工群体的合法权益，为他们在解决实际困难上办实事，努力承担起“第一责任人”(第一知情人、第一报告人、第一帮助人)的职责。从当前来看，困难职工群体遇到的实际问题，主要集中在失去劳动岗位而又一时找不到工作、不能及时足额领到劳动报酬、养老医疗失业等保障不到位、劳动安全卫生条件无保证、人身权利和民主权利遭侵犯等方面。这些困难职工群体最需要关心和帮助，他们的问题解决得不好，不仅会挫伤职工的积极性，而且容易引发劳动关系矛盾，影响党与人民群众的血肉联系，影响改革、发展、稳定的大局。

维护特困职工和困难职工群体的合法权益，要从自己的实际出发，确定自己的工作重点。从全国来看，工会组织要协助党政着重解决好以下几个突出问题。一是监督有关下岗职工政策的落实。支持各地政府把促进就业切实纳入经济社会发展规划，开展再就业援助行动，促进下岗职工再就业。督促企业妥善处理经济补偿和债权债务问题。监督企业规范职工下岗程序，坚持下岗分流方案必须经过职代会(职工大会)讨论通过后才能实施。积极办好工会的职业介绍所和各种职工劳动福利事业，努力为下岗职工实现再就业提供服务和帮助。二是监督有关社会保障政策的落实。支持和推动中央现行的社会保障政策措施不折不扣地贯彻落实，监督企业依法缴纳社会保险费，并加强对其管理和使用情况的社会监督。积极参与养老、失业、医疗、工伤、生育等各项保险制度的改革和有关法律的制定。发挥工会优势，继续抓好职工互助合作保险。

坚持把工会的送温暖活动同各项社会保障制度紧密结合起来，进一步推动其经常化、制度化、社会化。三是监督职工获得劳动报酬权利的落实。协助有关部门及时制定工资指导线，发布不同职业、工种的工资指导价位和不同行业的人工成本水平。监督企业认真贯彻执行最低工资保障制度，确保职工工资水平随着企业经济效益的提高和国民经济的发展而不断提高。监督企业落实职工参与工资分配的权利，积极推行工资集体协商。积极协助政府和企事业单位努力解决拖欠、克扣职工工资问题，确保工资按时足额发放。四是监督有关劳动安全卫生法律法规和政策措施的落实。坚持"安全第一、预防为主、群防群治、依法监督"的原则，开展多种形式的安全生产监督检查活动，督促企业认真执行国家有关劳动保护的法律法规和政策，落实安全生产责任制，不断改善职工的劳动安全卫生条件，把劳动保护措施落实到企业生产经营的各个环节中去。五是做好劳动模范的管理与服务工作。劳动模范为我国的改革、发展、稳定作出了不可磨灭的重大贡献。要坚持分级负责、分级管理的原则，切实关心劳模的生活、身体与工作状况，特别是对遇到特殊困难和离退休老劳模的实际问题，要积极推动有关方面加以解决，并适应新的形势，研究提出新的政策措施建议。

第三，依法维护广大职工的民主权利。保证工人阶级和广大劳动群众行使管理国家、管理经济与社会事务和参加企事业单位民主管理的权利，是社会主义民主的根本要求。职工代表大会制度是公有制企事业单位职工参与民主决策、民主管理、民主监督的基本制度，是实现工人阶级在国家经济、政治、文化和社会生活中当家作主的基础，是推进有中国特色社会主义民主政治建设的重要内容。经过多年的探索与实践，公有制企事业单位推行这一制度取得了重要进展。但同时也存在着形式主义、职工民主权利没有得到应有尊重以及与建立现代企业制度结合得不够好等问题。因此，要通过深入推行厂务公开，坚持职代会民主评议企业领导干部，坚持集体合同草案提交职代会讨论通过，企业业务招待费使用情况、企业领导干部廉洁自律情况、集体合同履行情况向职代会报告，国有及国有控股的公司制企业实行由职代会民主选举职工董事、职工监事等，不断充实和丰富职代会的内容，完善职代会制度，提高职代会的质量和实效，落实好职工群众的知情权、审议权、通过权、决定权和评议监督权，建立起适应现代企业制度要求的民主管理制度。要依法进一步推动集体企业"职工选举和罢免管理人员、决定经营管理的重大问题的权力"的落实。

所有企事业单位都要依法组织职工参与民主管理。在继续加强公有制企事业单位职工民主管理工作的同时，要适应新形势的要求，集中力量抓好非公有制企事业单位职工的民主管理工作。非公有制企事业单位的职工作为国家的主人和工人阶级的重要组成部分，其民主权利同样必须得到尊重和体现。《工会法》明确规定："工会依照法律规定通过职工代表大会或者其他形式，组织职工参与本单位的民主决策、民主管理和民主监督。"公有制企事业单位以外的"其他企业、事业单位的工会委员会，依照法律规定组织职工采取与企业、事业单位相适应的形式，参与企业、事业单位民主管理”。要深入调查研究，指导和帮助非公有制企事业单位按照《工会法》等法律法规，大胆探索和积极推行职工代表大会等各种与非公有制企事业单位相适应的民主管理形式，以更好地落实法律赋予职工的民主权利。职工代表大会制度作为公有制企事业单位职工实行民主管理的基本形式，厂务公开作为公有制企业单位充实职代会内容、落实职工民主监督权利的有效办法，非公有制企事业单位也都可以结合自身实际加以借鉴和运用。公有制企事业单位的工会是职工代表大会的工作机构，非公有制企事业单位的工会同样承担着组织职工参与民主管理的职责。当然，不同所有制企事业单位的具体情况不同，职工参与民主管理的职权、形式和内容等可以有所不同，应不断探索新的实现形式。

第四，依法维护广大职工的精神文化需求。职工合法权益不仅包括经济利益、民主权利，还包括精神文化需求。因此，工会维护职工合法权益，不仅要维护职工群众具体的经济利益和民主权利，而且要维护职工群众的精神文化需求，帮助职工不断提高思想道德和科学文化技术素质，增强竞争能力。这也是从根本上、长远上维护职工的利益。各级工会要积极协助党政，始终坚持用马克思列宁主义、毛泽东思想、邓小平理论和“三个代表”重要思想武装广大职工，引导他们牢固树立建设有中国特色社会主义的共同理想和科学的世界观、人生观、价值观。要依法维护和保障职工接受教育的权利，积极推动各级政府把职业培训纳入经济社会发展规划，督促企事业单位建立和完善职业技能培训制度，积极帮助职工掌握先进的科学文化技术和管理、法律等知识。要发挥工会自身优势，办好各级各类职工学校和文化宫、俱乐部等宣传教育阵地，努力满足不同层次和不同岗位职工的精神文化需求。要按照《公民道德建设实施纲要》的要求，加强职业道德建设，开展各种形式的精神文明创建活动，努力造就有理想、有道德、有文化、有纪律的“四有”职工队伍，推动社会主义物质文明和精神文明建设的健康发展。

工会依法履行维护职工合法权益的基本职责，不仅要重视基层工会的微观维护，而且要重视在工会领导机关建立健全相应的监督制约和保证机制，为基层有效调整劳动关系提供保证，达到对职工合法权益的宏观维护，实现微观维护与宏观维护的统一。工会宏观维护的途径和内容主要包括：立法参与和政策制定参与，与同级政府（行政）及有关部门召开联席（联系）会议，与政府、企业代表进行劳动关系三方协商，劳动保障监察与工会劳动法律监督相互协调配合等。其中最为突出而紧迫的是，要依法把劳动争议仲裁机制和三方协商机制与联席（联系）会议制度建立健全起来，加大调整劳动关系工作的力度，研究解决带有全局性的劳动关系问题，及时有效地调处劳动争议尤其是集体劳动争议，防止和减少群体性事件的发生。各级工会领导机关要积极支持地方劳动保障行政部门，尽快建立健全劳动争议仲裁机构，进一步落实三方仲裁原则，充分发挥仲裁作用，使劳动争议得到及时、公正、合理的解决。要主动取得各级人大、政协和政府有关部门的支持，积极参与对劳动关系有关问题的执法监督、检查和视察，及时解决发现的矛盾和问题。

在履行维护职工合法权益基本职责的过程中，涉及大量的利益关系。在这一过程中，必然会有不同的认识和看法。因此，要履行好维护的基本职责，必须深入细致地做好职工思想政治工作，教育引导职工识大体、顾大局，正确处理个人利益与集体利益、局部利益与整体利益、眼前利益与长远利益的关系。

工会履行维护职工合法权益的基本职责，目的在于最大限度地保护、调动和发挥广大职工的积极性、创造性，为推进改革、促进发展、维护稳定建功立业。各级工会要积极探索新形势下开展劳动竞赛、合理化建议、技术革新、技术协作、发明创造活动的途径和办法，广泛深入地实施群众性经济技术创新工程，并以此为龙头，带动各种形式的群众性经济技术活动的开展，引导广大职工立足本职、学赶先进、争创一流，为推动国民经济持续、快速、健康发展多作贡献。

工会工作是大量而繁重的，涉及方方面面。但是方方面面的工作，如工会女职工工作、工会财务工作和经审工作等，都要紧紧围绕履行维护职工合法权益的基本职责来开展。只有这样，我们的工作才能突出重点，带动整个工作上水平，取得更加实实在在的进展。

三、不断加强工会自身改革和建设

新的形势、新的任务，对工会更好地履行维护职工合法权益基本职责提出了新的更高的要求。适应这种新形势、新任务、新要求，各级工会必须不断加强自身改革和建设，努力提高工会工作整体水平。

一是工会工作要讲政治。中国工会是中国共产党领导的工人阶级群众组织。工会的性质和肩负的任务，决定了工会组织必须坚持党的领导，始终与党中央保持高度一致，自觉贯彻执行党的基本理论、基本路线、基本纲领和各项方针政策，自觉地把工会工作放到党和国家的工作大局中去把握，紧紧围绕党的中心任务开展工作。各级工会一定要按照“三个代表”重要思想的要求，站在壮大党的阶级基础、扩大党的群众基础、巩固党的执政地位的高度，依法坚决履行维护职工合法权益的基本职责，进一步密切与职工群众的联系，把抓好调整劳动关系机制建设和为职工特别是困难职工群体办实事作为政治任务来抓，坚决维护职工队伍和工会组织的团结统一，警惕和防范国内外敌对势力“西化”、“分化”职工队伍和工会组织的图谋。

二是要开拓创新、与时俱进。在各级党委的领导和政府（行政）的支持下，各级工会依法履行维护职工合法权益的基本职责，已经做了许多卓有成效的工作，取得了可喜的进展。但同时也要看到，面对新的形势任务，我们还有许多工作没有做，许多工作还没有做好，与党和职工群众对我们的要求及形势发展的需要还有很多差距。要充分认识到，完成新形势下的工会各项任务，没有现成的经验和范例，我们既要继承优良传统，更要与时俱进，抓住机遇，大胆探索。广大工会干部一定要始终保持奋发有为的精神状态，以强烈的事业心、责任感，不断进行观念创新、思路创新、机制创新、理论创新，提高我们解决新问题、打开新局面的能力，实现工会工作的突破和发展，努力拓展出一条有中国特色社会主义工会工作的新路子。

三是要坚持依法建会、依法治会、依法维权。邓小平、江泽民同志都曾深刻指出，制度建设更带有根本性、全局性、稳定性和长期性。依法治国，建设社会主义法治国家，是我国政治体制改革的重要内容，是党领导人民治理国家的基本方略。坚持依法建会、依法治会、依法维权，是依法治国方略对工会工作提出的必然要求。各级工会一定要深入学习、认真把握这一基本方略的精神实质，把依法治国的精神贯彻到工会全部工作中去。要在党的领导下，依照宪法、法律和工会章程开展工作，进一步规范工会的自身行为，努力维护职工和工会组织的权益。要积极参与立法，推进建立和完善以《劳动法》为龙头的职工权益法律保障体系，以《工会法》为龙头的工会工作法律保障体系，不断推进工会工作的法制化。

四是努力建设一支高素质的工会干部队伍。工会工作面临如此繁重的任务，没有一支高素质的工会干部队伍是无法胜任的。各级工会必须切实加强工会干部队伍建设，努力提高其整体素质。要提高工会干部的政治素质，加强对马克思列宁主义、毛泽东思想、邓小平理论和“三个代表”重要思想的学习，不断增强政治鉴别力、政治敏感性和贯彻执行党的路线方针政策的自觉性。要提高工会干部的业务素质，加强对社会主义市场经济和科技、法律、管理及工会基本理论和业务知识的学习，不断增强分析问题、研究问题和处理问题的能力。要积极争取党委的重视和支持，按照中央的要求和指示精神，配齐配强“一把手”，优化领导班子的整体结构，实现其优势互补和专业配套。要坚持以岗位培训为重点，按照理论联系实际、勇于改革创新、注重理性思考、讲求培训质量、培训与使用相结合和分级规划与培训等原则，搞好工会干部的教育培训工作。要加强工会干部的作风建设，努力解决不同程度存在的形式主义、官僚主义和机关化、行政化倾向。要怀着深厚的感情，深入基层和职工群众特别是困难职工中去，关心他们的疾苦，倾听他们的呼声，真心实意地为他们说话办事。要加强对工会干部特别是领导干部的群众监督，建立健全严格的管理和监督制度，搞好勤政廉政建设。考核工会干部和工会工作，要坚持以职工群众拥护不拥护、赞成不赞成、高兴不高兴、答应不答应为最高标准，努力把工会建设成职工群众信赖的“职工之家”。

面对新的形势、新的任务、新的要求，工会工作既充满挑战，也充满机遇，我们任重道远。各级工会组织和广大工会干部，一定要高举邓小平理论伟大旗帜，按照“三个代表”重要思想的要求，依法坚决履行维护职工合法权益的基本职责，保护、调动和发挥好广大职工的积极性、创造性，为推进改革、促进发展、维护稳定，把建设有中国特色社会主义的伟大事业不断推向前进，作出新的更大的贡献！

加强非公有制企业的民主管理工作*

（2002 年 9 月 19 日）

这些年来，河北省的非公有制经济有了很大发展。各级党组织、人大、政府、工会重视在这些企业开展民主管理工作，不断探索、总结和推广典型经验，适时制定了一些地方性法规、制度和办法，形成了比较清晰的思路，取得了较好的效果。

江泽民同志在今年 5 月 31 日出席中央党校省部级干部进修班毕业典礼时发表的重要讲话中强调，发展社会主义民主政治，建设社会主义政治文明，是社会主义现代化建设的重要目标；发展社会主义民主政治，最根本的是要坚持党的领导、人民当家作主和依法治国的有机结合和辩证统一。这一科学论断，深刻揭示了建设社会主义政治文明的极端重要性，为推进非公有制企业民主管理工作指明了方向。

坚持以公有制为主体、多种所有制经济共同发展，是我国社会主义初级阶段的基本经济制度。改革开放和发展社会主义市场经济以来，非公有制企业迅速发展，这些企业的劳动关系多元、复杂，出现了一系列新情况、新问题。如何从调整劳动关系入手，坚持在所有非公有制企业依法实行民主管理，维

---

* 这是尉健行同志在河北考察非公有制企业民主管理工作时讲话的要点。

护职工合法权益，调动和发挥各方面的积极性、创造性，促进非公有制经济的健康发展，更好地为改革、发展、稳定的大局服务，是我们面临的一个重大课题。

两天来，同志们都谈到了为什么要在非公有制企业实行民主管理的问题，认识也比较一致。概括起来，一是由我们党和国家的性质决定的；二是实践“三个代表”重要思想的要求；三是我国有关法律法规作出了明确规定；四是调整劳动关系、维护职工合法权益、促进非公有制经济健康发展的重要保证；五是建立现代企业制度的内在需要。

这里我想着重谈一谈建立现代企业制度内在需要的问题。国有企业改革的方向是建立现代企业制度，非公有制企业也要建立现代企业制度，只有这样才能适应发展社会主义市场经济的需要。现在在国有企业讨论比较多的是国有资产所有者与企业经营者之间的关系，在非公有制企业是董事会和受委托经营的企业经营者之间的关系。这些是企业法人治理结构中非常重要的关系，如果处理不好，责权不明晰，企业很难搞好。但企业的法人治理结构不只是这样一些关系。所有者授权经营的资产谁来使用？是企业的广大职工。所以，从企业管理来讲，不仅要处理好所有者与经营者的关系，还要处理好经营者与劳动者的关系，使广大职工把资产使用好。如果只注意经营者，不注意调动广大职工的积极性，很好地去使用各种资产，这个企业也很难有什么效益和发展。从这个意义上讲，民主管理实际上也是处理企业经营者与广大职工的关系。这是公有制企业和非公有制企业的共性问题。从企业管理来讲，民主管理是整个企业管理的有机组成部分。企业管理既有专业管理，也有民主管理，是这两种管理的统一。建立现代企业制度，不能只搞专业管理而忽视民主管理，否则，这样的现代企业制度是不健全的。有的人认为，民主管理是工会的事、党委的事，与企业行政关系不大，致使各种专业管理制度没有体现民主管理的要求。民主管理的各项要求只有体现到企业的生产管理制度、财务管理制度、质量管理制度、安全管理制度等各种专业管理制度之中，才是真正实现了民主管理。有的国有企业搞民主管理为什么感到是一种负担呢？就是因为有的厂长认为，民主管理是上面要搞的，并不感到有这种需要，认为没有民主管理自己可以照样工作和指挥，因而形成了在职代会召开的时候讲的是民主管理，而在企业的各种制度、各种基础工作中却没有民主管理，使专业管理和民主管理成了“两张皮”。所以，民主管理的生命力，在于企业发展的内在要求，必须渗透和体现到企业管理工作的各个环节、各项业务工作中去。

公有制企业也好，非公有制企业也好，上面讲的五个方面的要求都要贯彻和体现，但在其具体实施上还要注意是有区别的。这里有一个处理好共性和个性的关系问题。公有制企业和非公有制企业有什么区别？当然可以讲出好多条，但根本的区别是资产所有制性质的区别，一个是公有制，一个是非公有制。这种所有制方面的区别体现在企业的日常工作中，体现在职工和企业的关系上，主要是处理劳动关系问题上的差别。我们讲要注意区别，对工会来讲，研究民主管理，要着重从劳动关系的共性和个性上来考虑，哪些劳动关系的矛盾是共性的，处理劳动关系的机制、办法是一致的，哪些是有差异的，处理劳动关系的机制和办法是应该有所区别的。相应地就要考虑民主管理的任务、组织形式和职权等的区别问题。

推进非公有制企业民主管理工作，还要处理好当前与长远的关系。民主是社会主义中国的主要奋斗目标之一。实现社会主义民主，加强基层民主建设，是社会主义本身的题中应有之义。没有民主就没有社会主义。在这个问题上，国内外敌对势力攻击我们是没有任何道理的。真心实意发展民主的是我们共产党。但是，发展民主要考虑各方面的形势和条件，需要一个过程，要一步一步地开展。离开实际条件，想一蹴而就是欲速则不达的。民主管理同样是一个长期建设的过程。建立健全非公有制企业的民主管理制度，这是我们的目标。但是，我们现在对有些规律性的问题还没有看清楚，因为实践还没有发展到这一步，法律法规等有关方面的条件也还没有完全具备。因此，现在很难提出一个全国性的规范来。我们现在认识到的一些内容、范围、做法，应该说还是初步的。不同地区、不同企业还有不少差异，有的企业可能搞得好一些，走得快一些，有的可能起步晚一些，搞得差一些。这是一个当前和长远、现实与目标的关系问题。如果这个关系处理不好，尽管有的要求听起来很好、很可观，但却是现在办不到的。提出一些过高的、不切实际的要求，不仅无助于工作的开展，可能还会引来一些人的疑虑，带来工作的被动。

这个共性与个性、当前与长远关系的处理，实际上是怎么样既坚持依法办事，又要从实际出发、注重实效的问题。解决好这个问题，首先要依法办事。依法办事有两个含义：一是国家有关法律法规规定的非公有制企业应该做的，非公有制企业必须办。“组织职工采取与企业、事业单位相适应的形式，参与企业、事业单位民主管理”，这是法律的规定，依法办事就是说搞民主管理任何企业不能例外。二是具体怎么办，法律上又有区别。公有制企业必须实行职工代表大会制度，非公有制企业可以根据自己的实际采取相适应的形式，这也是法律规定的。所以，总的是要从这样一个路数出发，去考虑当前非公有制企业民主管理工作的任务、形式和职权等。

第一，关于当前非公有制企业民主管理的任务。概括起来就是，认真贯彻“三个代表”重要思想，依法建立健全调整劳动关系的机制，维护职工的合法权益，调动职工和企业两个积极性，共谋企业的健康发展。公有制企业和非公有制企业都要调整劳动关系，但在非公有制企业要更复杂一些。调整劳动关系本身包含两个方面的内容：既要维护职工的合法权益，也要尊重经营者的合法权益。企业劳动关系大量是处理企业和职工的关系。调整劳动关系就是处理这两方面的矛盾，目的是为了达到协商一致。协商就是要在现有的条件下，照顾到各方面的利益，也就是说，既要维护职工的合法权益，也要尊重经营者的合法权益。所以，调整劳动关系，实际上是调整职工与经营者双方的权利和利益关系，是保护和尊重双方的权益，调动双方的积极性，只有这样才能共谋企业发展。

我们为什么又要强调维护职工的合法权益呢？因为在这

两者关系中，一般容易受损害的是职工的合法权益。所以，我们不仅在非公有制企业，在公有制企业也都是强调要维护职工的合法权益。工会的基本职责就是维护职工的合法权益，如果连职工合法权益都维护不了，工会就没有必要存在。职工合法权益的内容很多，有经济方面的权益，还有政治方面的权益和精神文化方面的权益，公有制和非公有制企业的工会都应该从这三个方面来维护。但从当前非公有制企业的实际情况来看，现实存在的突出矛盾、大家比较容易接受和有充分法律依据的，首先是维护职工的劳动经济权益。这是当务之急，也是职工群众最关心、最迫切需要的。我们的《中华人民共和国劳动法》明确规定，所有企业都要实行平等协商、签订集体合同。要通过平等协商和签订集体合同，把劳动就业、工资分配、社会保障、劳动安全卫生、职业培训等职工最为关心的劳动经济权益方面的问题，作为民主管理的重点，努力实现职工的经济民主权利。平等协商、签订集体合同是工会参与调整企业劳动关系、维护职工合法权益的主要手段，是企业依法调整劳动关系的一种重要机制，不是说可以建也可以不建，任何企业都不能说集体合同可以不签，平等协商可以不搞，劳动条件、劳动标准等可以不通过协商就单方确定。这也是最起码的要求，是民主管理第一步入手必须做到的。对此，我们要依法坚决推行。在当前，如果这一步做到了，应该说民主管理就有了比较充实的内容，就不会是搞形式，而是抓住了职工最关心的切身利益问题，也就真正抓住了这个调动职工积极性的重要环节。

当然,维护职工合法权益也不仅仅是维护职工的经济利益,还要维护职工的政治权利和精神文化需求。明确而具体地规范维护职工精神文化需求,需要有一个过程。目前,在非公有制企业开展这项工作,发展也不平衡,有的企业已经注意到维护职工的精神文化需求,包括开展职业技能培训和文体活动等。接受职业技能培训是法律赋予职工的一项很重要的权利。职工如果只有维持一般劳动条件的权利,没有享受不断提高自己思想道德和科技文化技术素质的权利,从而不断增强竞争能力的话,职工的劳动权利将来也会丢掉。当前,从全国来讲,对已经注意维护职工精神文化需求的企业,要继续鼓励、支持和帮助他们搞得更好。同时,推动更多的企业朝这个方向不断努力。维护职工的政治权利也是这样。职工在企业中的政治权利有两个方面,一方面是属于职工与企业劳动关系方面有关的政治权利;另一方面是属于职工作为工人阶级的一员,作为国家的主人,在参与管理国家事务、管理经济和社会事务中的权利,虽然已经超出了企业劳动关系的范围,但也是必须维护的。现在的任务,就是先易后难,先搞大家都能接受的,法律有明确规定的,而且目前也有条件办到的,双方都有需要的,先从这些抓起。从实际出发,按照这样一个路子认真抓下去,注重实效,非公有制企业的民主管理工作就能够得到人们的支持和欢迎,也一定能有生命力,可以不断地健康向前发展。

第二,关于非公有制企业民主管理的组织形式。推行非公有制企业职工民主管理,我们要从维护职工的劳动经济权益入手，从抓平等协商、签订集体合同入手，这是我们的任务和工作手段。保证这个任务、手段的兑现，还需要一定的组织形式。从河北省和全国各地的实践情况来看，不少非公有制企业把职工代表大会作为主要形式，当然也有一些企业采取劳资协商会议等多种形式，我看都很好。可以采取职工代表大会的组织形式，也可以采取适应企业实际的其他组织形式，不苛求一律。但无论采用什么组织形式，有几点是都应该做到的：一是必须发扬社会主义民主，广泛吸收职工群众参加民主管理。具体来讲，就是参与民主管理的职工代表必须是经过职工群众民主选举产生的，而不是由老板指定的，或者是少数人确定的，否则就不能叫民主管理。二是涉及包括平等协商、签订集体合同在内的职工劳动经济权益方面的问题，必须发扬民主，听取广大职工的意见，而不是少数人搞了一个合同，老板同意、这些人也同意就完了，必须经过职工群众讨论，采取职工代表大会或其他形式通过。因为这不是企业的投资决策，而是涉及双方利益的集体合同方面的内容，理应取得职工的同意。三是参与民主管理的职工代表或者工会组织，与企业平等协商时，在法律上是处于平等地位的。四是凡是已成立工会的企业，必须把工会作为民主管理的日常工作机构，由工会出面来组织，而不能通过其他组织。

第三，关于当前非公有制企业民主管理的职权。这也是一个要害问题。因为民主管理、民主监督，如果没有一定的权力就是空的。监督是权力对权力的监督，没有权力的人去监督有权力的人，这种监督难以取得实效。

在职权上，提倡和鼓励各地大胆探索。从河北省和全国的实践经验来看，当前必须保证法律已经赋予职工的三项基本权利的落实。一是对涉及职工切身利益的劳动关系等方面问题的知情权。企业生产经营方面的重大问题职工十分关心，特别是涉及职工切身利益的问题，更应该让职工知情。至于说有些问题企业感到公开有困难，也不要勉强。把企业认为可以公开的问题先公开，能公开多少就公开多少，可以因企制宜，不强求一律。但对涉及职工切身利益的事情，必须公开。二是对涉及职工切身利益的劳动关系等方面问题的协商权。把企业重大问题向职工公开，征求职工的意见，听取职工的建议等，这是民主管理的题中应有之义。现在的问题是，对职工提出的意见和建议企业是否一定要执行，这就涉及到职工对这类问题有没有决策权、决定权的问题。这个问题现在可以先避开。我们先解决协商权。实践中，有些非公有制企业的经营者愿意将企业重大问题提交职工讨论决定，效果很好，应该鼓励和支持。三是对企业执行国家法律法规政策、企业规章制度和企业平等协商的协议、集体合同的条款等情况的监督权。这里还涉及到民主评议干部的问题。许多非公有制企业的经营者主动提出愿意接受评议，这很好，但也有些企业经营者不赞成评议。这就要从实际出发，赞成搞的就搞，不愿搞的也不苛求。在职权问题上现在也要一步一步来，也有一个当前和长远、共性和个性的问题。为此，应该规定一些最基本的、在法律上有依据的、经过努力也都可以行得通的东西，先这样做起来。民主管理不那么容易，不是抓一年两年就能完成的，而是一项长期的任务，要一步一步来。各企业应根据自身的实际和条件，逐步充实民主管理的内容，丰富民主管理的形式，探索民主管理的职权。检验非公有制企业民主管理工作的成效，主要看职工的合法权益是否得到了保障，是否促进了企业的发展。

推进非公有制企业民主管理工作，河北省和各地还总结了其他一些方面的经验。比如，需要各级党委加强领导，处理好党建和工建的关系。从民主管理的角度来讲，这一工作本身也是增强党的阶级基础、扩大党的群众基础的重要途径和措施，也是加强党的建设、加强党的领导的重要内容。又比如，形成工作合力的问题。民主管理工作涉及方方面面，包括劳动保障部门、经贸部门、工商部门、财政部门等等，确实需要把各方面的关系协调好，形成合力。还比如，加强非公有制企业的民主管理，当前大量的工作和责任是在各级工会领导机关，尤其是直接面对企业的工会领导机关。因为在劳动力供大于求的情况下，要使刚刚建立工会组织的基层工会干部敢于顶住各方面压力去开展工作和处理问题，是很难的。在这种情况下，工会领导机关的责任，就是要帮助基层工会去督促、协调和解决一些企业工会一时难以解决的问题，不要让这些矛盾都压在基层工会身上。有的地方企业民主管理工作搞得好，其中很重要的一条经验就是工会领导机关帮助企业做了大量的工作，上级工会起了重要作用，多承担了一些责任，多揽了一些矛盾。这也是推进这项工作开始总会经历的一个阶段。

充分发挥工会在促进再就业工作中的积极作用*

（2002年9月27日）

这次主席团（扩大）会议的主要任务是，认真学习贯彻全国再就业工作会议精神，研究确定工会组织在促进下岗失业人员再就业工作中的目标、任务与措施，充分发挥工会组织的积极作用，更好地为改革、发展、稳定的大局服务。下面，我围绕会议主题，讲几点意见。

一、认真学习贯彻全国再就业工作会议精神，进一步提高对就业和再就业工作极端重要性的认识

全国再就业工作会议是党中央、国务院在党的十六大前夕召开的一次极为重要的会议。江泽民同志在会上发表的重要讲话，从党和国家工作全局的战略高度，全面分析了当前我国面临的就业和再就业形势，深刻阐明了扩大就业和促进再就业对于深化改革、促进发展、维护稳定的极端重要性，明确提出了推进这项工作的指导思想、方针政策和基本要求，为我们做好新形势下的就业和再就业工作指明了方向。朱镕基同志作的重要总结讲话，进一步强调了做好下岗失业人员再就

* 这是尉健行同志在全总十三届九次主席团（扩大）会议上的讲话。

业工作的重大意义，着重阐述了促进再就业需要把握好的几个问题，并对继续加强社会保障工作提出了明确要求。吴邦国同志作的报告，对做好下岗失业人员再就业工作作了具体部署。中共中央、国务院将要下发的《关于进一步做好下岗失业人员再就业工作的通知》，出台了一系列重大政策，提出了促进下岗失业人员再就业的明确任务。这次会议对于全面推动就业和再就业工作，解决好困难群众的工作和生活问题，提高人民的生活水平，保持稳定的社会环境，推动经济持续、快速、健康发展，具有十分重要的意义。各级工会一定要认真学习、深刻领会、全面贯彻会议精神，把思想和行动统一到会议精神特别是江泽民同志的重要讲话精神上来。

学习贯彻会议精神，广大工会干部必须对我国的就业和再就业形势有一个清醒而深刻的认识。我国有近 13 亿人口，就业问题比任何一个国家都复杂，扩大就业的任务比任何一个国家都繁重。就业工作，历来受到党和政府的高度重视。改革开放 20 多年来，为解决好就业问题，党和政府采取了一系列行之有效的政策措施，取得了显著成绩。就业规模不断扩大，就业结构调整取得进展；市场导向的就业机制逐步形成，就业方式发生深刻变化；“两个确保”得到较好落实，社会保障体系建设取得重大进展。这些成绩，是在我国劳动力供求矛盾十分突出的情况下取得的，也是在世界经济起伏变化的情况下取得的，确实来之不易。但同时也必须看到，当前及今后一个较长时期内，我国就业形势仍十分严峻，其主要矛盾是劳动者充分就业的需求与劳动力总量过大、素质不相适应之间的矛盾。这将是一个长期存在的问题。当前，主要表现在劳动力供求总量矛盾和就业结构性矛盾同时并存，城镇就业压力加大和农村富余劳动力向非农领域转移速度加快同时出现，新成长劳动力就业和失业人员再就业问题相互交织。焦点集中在下岗失业人员再就业上，而且这个问题已经成为一个带有全局性影响的重大经济和社会问题。因此，扩大就业、促进再就业，关系改革、发展、稳定的大局，关系人民生活水平的提高，关系国家的长治久安，不仅是重大的经济问题，也是重大的政治问题。千方百计解决好群众的就业问题，就是为人民办实事，就是贯彻“三个代表”要求的重大实践。各级工会组织和广大工会干部必须站在党和国家工作大局的高度，认真学习全国再就业工作会议精神，充分认识就业和再就业工作的极端重要性。

学习贯彻会议精神，广大工会干部必须把促进下岗失业人员再就业作为当前工会工作的重要任务来抓。江泽民同志明确指出，解决好下岗失业人员的再就业问题，是整个就业工作的重中之重，是各级党委和政府以及全社会义不容辞的责任。工会作为党联系职工群众的桥梁和纽带，国家政权的重要社会支柱，职工利益的代表者和维护者，当前必须把推动下岗失业人员再就业作为服从服务于党和国家工作大局，履行维护职工合法权益基本职责的一项重大而紧迫的任务，切实摆上工会工作的重要议事日程，承担起应有的责任。工会关心职工，当前重点是关心下岗失业人员这个最集中、最突出的困难职工群体；工会抓调整劳动关系机制的建设，当前重点是进一步监督用人单位规范用工行为，对招用的下岗失业人员依法建立劳动关系；工会为职工群众办实事，当前重点是促进下岗失业人员再就业；检验工会履行基本职责的成效，当前重要的是看广大工会干部在促进下岗失业人员再就业工作中尽心尽力、尽职尽责的程度和效果。工会履行维护职工合法权益的基本职责，积极协助党政做好下岗失业人员再就业工作，就是当前重要而具体的实际行动。

学习贯彻会议精神，广大工会干部必须努力学习和把握促进下岗失业人员再就业的工作方向和方针政策。促进下岗失业人员再就业，事关改革、发展、稳定的大局，政策性极强。学习、理解和把握好中央关于做好下岗失业人员再就业的工作方向和方针政策，是工会积极协助党政做好这项工作的保证。江泽民同志提出的明确要求和中央《通知》中作出的具体规定，包括结合各地经济社会发展的需要和下岗失业人员的特点，有组织地开发一批适合下岗失业人员从事的就业岗位；有针对性地开展面对下岗失业人员的职业介绍和职业指导；充分重视职业培训在促进再就业中的重要作用；积极开展再就业援助；正确处理发展经济、经济结构调整、深化改革、城乡经济协调发展、完善社会保障体系与扩大就业之间的5个重要关系等，既是工会开展促进下岗失业人员再就业工作必须严格遵循的工作方向和方针政策，也是工会开展这项工作的具体领域和着力点。各级工会组织和广大工会干部首先是领导干部，务必带头学习好、理解好、把握好，并结合工会工作的实际切实加以贯彻和执行。

二、明确目标任务，切实发挥工会组织在促进下岗失业人员再就业工作中的积极作用

近些年来，各级工会认真贯彻江泽民同志“三个代表”重要思想，按照党中央、国务院的部署和要求，始终把协助党和政府做好下岗失业人员再就业和保障职工的基本生活，大力实施送温暖工程，对特困职工承担第一知情人、第一报告人、第一帮助人的职责，并逐步向帮助困难职工群体扩展等，作为履行基本职责的重点工作来抓。在加强对工会促进再就业工作的组织领导，促进再就业和保障职工基本生活问题的调查研究和源头参与，开展对贯彻执行党和政府有关促进下岗失业人员再就业方针政策情况的群众监督，为下岗失业人员实现再就业提供培训、咨询、服务和帮助，引导下岗职工树立正确的择业观念和增强再就业信心，力所能及地为下岗职工和困难职工送温暖，帮助他们克服暂时的困难等方面，各级工会都开展了富有成效的工作，积累了一定的经验。但也必须看到，我们的工作离中央的要求和广大职工的意愿，还有不少距离，贯彻全国再就业工作会议精神，工会肩负着繁重而艰巨的任务。

当前及今后一个时期，工会促进下岗失业人员再就业工作的总体要求是：提高思想认识，搞好源头参与，强化群众监督，办好工会实事。提高思想认识，主要是坚持以江泽民同志“三个代表”重要思想为指导，认真学习理解贯彻全国再就业工作会议精神，把促进下岗失业人员再就业切实作为工会履行维护职工合法权益基本职责的重要任务来抓，并以其实际效果作为检验工会维权工作水平的重要标志。搞好源头参与，主要是按照中央确定的促进下岗失业人员再就业的工作方向和方针政策，深入调查研究，掌握下岗失业人员的真实情况，充分利用联席（联系）会议、劳动关系三方协商机制等渠道，积极参与地方政府和企业贯彻《通知》的具体实施意见和办法措施的制定工作，充分反映广大职工特别是下岗失业人员的意愿和要求，推动其把中央的要求具体化。强化群众监督，主要是对执行中央提出的促进下岗失业人员再就业的各项政策规定，以及各地、各企业具体制定的实施意见和办法措施实施情况开展群众性监督检查，对不落实再就业政策和职工劳动权益等方面的问题，及时向有关方面反映，对其典型事件进行曝光批评，监督企业裁减人员和改制、破产企业安置职工的方案必须经过职工（代表）大会讨论，如果方案没有被通过，不能实施裁员或进入破产程序。办好工会实事，主要是发挥工会自身优势，在今后 3 年内，实现对 150 万下岗失业人员开展职业培训，为 150 万下岗失业人员提供职业介绍服务，依靠工会劳动福利事业和工会直接联系，帮助 150 万下岗失业人员实现再就业，同时，到今年年底，在全国 50 个大中城市建立和逐步规范困难职工帮扶中心，3 年内达到 200 个。

按照这个总体要求，各级工会要做的工作很多。从全国来看，主要是抓好以下几项工作。

第一，深入调查研究，积极参与贯彻《通知》具体办法和实施细则的制定。当前，各地都在传达贯彻全国再就业工作会议精神，研究提出具体的贯彻意见。中央明确要求，各地、各有关部门要结合实际，抓紧研究制定贯彻《通知》的具体办法和实施细则，确保《通知》精神落到实处。因此，积极主动地参与各地、各有关部门研究制定贯彻《通知》的具体办法和实施细则，是各级工会领导机关首先要抓好的源头参与工作。党中央、国务院为促进下岗失业人员再就业，加大了政策支持力度，在鼓励和支持下岗失业人员自谋职业和自主创业、鼓励服务型企业吸纳下岗失业人员、鼓励有条件的国有大中型企业主辅分离安置富余人员、对下岗失业人员中女40岁以上男50岁以上的就业困难对象实行特殊的就业援助、改进就业服务和强化再就业培训、加强社区建设、减免税费和加大再就业资金投入等诸多方面，都作出了十分明确而具体的政策规定。各级工会要加强学习，深刻理解和努力掌握中央的政策规定，深入基层和职工群众之中，切实加强对就业、再就业问题的调查研究，特别是深入了解和掌握本地区、本产业下岗失业人员的真实状况和他们的意愿、要求。注意研究宏观经济形势和国家经济政策对本地区、本产业就业的影响，针对存在的主要问题和突出矛盾，按照减员增效和促进再就业相结合、下岗分流和社会承受能力相适应的原则，提出工会的政策主张和建议。进一步发挥各级联席(联系)会议、劳动关系三方协商机制和工会参与再就业工作机构等渠道的作用，努力使工会的政策主张和建议在各自贯彻《通知》的具体办法和实施细则中得到充分体现。

第二，加强群众监督，确保促进下岗失业人员再就业各项政策措施的落实。工会的监督说到底是职工群众的监督。监督的重点，是党中央、国务院在《通知》中明确规定的有关政策措施在各地、各有关部门的贯彻落实情况。同时，要监督各地、各有关部门贯彻《通知》的具体办法和实施细则的执行，也包括对企业具体实施情况的监督。工会参与监督的渠道是多方面的。一是进一步建立健全上下结合的工会跟踪调查信息网络并发挥其监督作用，真实了解和尽快反映再就业政策的落实情况。二是积极参加党委、政府及人大、政协开展的有关监督检查和视察活动，推动再就业政策的落实。三是把促进再就业问题作为当前联席（联系）会议和三方协商会议的重要内容，督促有关方面把再就业政策真正落实到下岗失业人员身上。四是主动配合劳动保障部门搞好劳动保障监察。同时，要加强工会劳动法律监督，把再就业政策的执行与落实情况，尤其是下岗失业人员享有的优惠政策，作为监督检查的重点。五是通过企业民主管理，加大对企业裁员、关闭破产、主辅分离、职工分流安置及劳动关系处理等问题的民主监督力度。坚持把企业下岗职工基本生活保障、再就业政策落实、社会保险费缴纳、社会保险关系接续等劳动关系处理情况作为厂务公开的重要内容。涉及职工切身利益的重大事项，职工（代表）大会对其有决定权和否决权，既未公开又未经职工（代表）大会通过的有关决定视为无效。监督实施政策性关闭破产的企业，其职工安置方案经职工（代表）大会讨论通过后，要报当地政府审核批准。监督正常生产经营企业的裁减人员方案，必须经职工（代表）大会讨论，凡不能依法支付解除劳动合同的经济补偿金并妥善解决职工债务的，不得裁减人员。

第三，充分发挥工会自身优势，努力为职工办好 4 件实事。各级工会加强调整劳动关系机制建设、为职工特别是困难职工群体办实事，当前的重点就是要在帮助下岗失业人员进行职业培训、职业介绍、就业安置和救助困难职工等方面发挥积极作用。

搞好职业培训，实现 3 年内培训下岗失业人员 150 万人的目标。目前，各级工会自办的职业培训机构 6000 多个，在职业培训方面做了大量工作，积累了不少经验。现在的任务是，在推动各级政府加大培训投入、搞好下岗失业人员职业培训的同时，要进一步利用工会的职工学校、工会干校、文化宫、俱乐部等场所，更好地开展多层次、多形式的再就业培训。各地要从实际出发，办好工会培训基地，制定培训规划，量化目标要求，细化措施办法，确保培训任务的完成。工会的职业培训机构，要进一步加强基础设施建设，规范管理和增强服务功能，按照本地的就业需求和社会需要开展职业培训，努力增强针对性和实效性。加强与就业服务机构和用人单位的联系，努力实现定向培训。积极开展自谋职业培训和集体创业培训，把培训就业技能与提供就业信息和咨询服务更好地结合起来，使更多的受过培训的人员实现再就业。

进一步建立健全工会职业介绍机构和网络，确保 3 年内为 150 万下岗失业人员提供职业介绍服务。目前，各地工会兴办的 4000 多个职业介绍机构，已经累计为下岗失业人员提供了 300 多万人次的职业介绍服务，发挥了积极作用。现在的任务是，要根据新的目标要求，进一步健全工会职业介绍网络和工作制度，落实责任，改善和提高服务水平。要帮助下岗失业人员在求职登记、职业指导、职业介绍、培训申请、鉴定申报、社会保险关系接续等方面，提供“一站式”全程服务。要重视发挥街道、社区工会和基层工会在为下岗失业人员提供再就业服务工作中的重要作用，把工会职业介绍机构的工作与他们的信息收集和职业介绍服务很好地结合起来，充分发挥工会组织网络的整体优势和作用。

以工会创办再就业基地和组织下岗失业人员集体创业为重点，3 年内主要依靠工会劳动福利事业和工会直接联系，多渠道扶持 150 万下岗失业人员实现再就业。根据这一要求，各级工会要注意总结推广创办工会再就业基地、再就业市场和劳务派遣实体等方面的经验，努力开发一批新的就业岗位，吸纳下岗失业人员特别是男 50 岁以上、女 40 岁以上的大龄下岗失业人员再就业。创办工会再就业实体，要注意培养创业带头人，使其带领下岗失业人员集体创业。各级工会领导机关要帮助工会再就业实体享受《通知》规定的优惠政策待遇。工会兴办的职工劳动福利事业，要把安置下岗失业人员作为重要任务。要鼓励、支持和帮助下岗失业人员自谋职业，在实现再就业的资金、条件、信息、服务等方面给予有效的帮助。

以建立大中城市困难职工帮扶中心为龙头，带动对困难职工特别是下岗失业人员的帮扶工作，实现 3 年内在 200 个大中城市建立和规范工会困难职工帮扶中心的目标。在帮助下岗失业人员实现再就业的过程中，总会有一部分人一时难以实现再就业，也会有一部分人由于本人或家中有人患重病等原因，生活上遇到暂时困难。因此，继续做好这部分职工的基本生活保障和救助工作十分重要。近年来，不少地方工会建立了困难职工帮扶中心，对困难职工实施一定的生活救助，在职工中和社会上产生了积极反响。实践证明，推动工会送温暖活动经常化、制度化、社会化，困难职工帮扶中心是一种很好的载体。各地工会特别是大中城市工会，要从实际出发，借鉴一些城市工会的成功经验，努力把困难职工帮扶中心建立起来，首先实现今年全国建立和规范 50 个的目标。全总和各省级工会，要对困难职工较多和自身有困难的城市工会，提供必要的资金支持。继续推动符合条件的困难职工进入“低保”的工作，尽最大可能实现“应保尽保”。继续推进领导干部联系困难职工家庭的工作，把扶持困难职工家庭脱贫与促进再就业结合起来，与送技术、送信息、送岗位结合起来，积极探索具有中国工会特色、职工互助互济性质的促进下岗失业人员再就业的工作新路子。

第四，积极协助党政做好深入细致的思想政治工作，引导下岗失业人员转变择业观念，增强自主择业、竞争就业意识。促进下岗失业人员再就业是一项政策性强、涉及面广、具体细致的工作。下岗失业人员的具体情况各有不同，面临的困难和再就业的要求与能力存在差异，其思想认识状况也不相同。因此，工会在开展促进下岗失业人员再就业工作的全过程中，必须始终注意配合党委、政府做好深入细致的思想政治工作。要充分利用工会的宣传教育手段，加大对全国再就业工作会议精神宣传的力度，帮助广大职工特别是下岗失业人员认识到，实行减员增效、下岗分流，减轻国有企业负担，帮助下岗失业人员实现再就业，从根本上说都是为了把经济更快更好地搞上去，为最终实现包括职工群众在内的全国人民的共同富裕创造更为有利的条件。在这个过程中，不可避免地要影响一部分职工的眼前利益。对此，党和政府十分关心，正在采取积极措施帮助他们克服暂时困难。要引导下岗失业人员树立自主择业、竞争就业的观念，大力倡导诚实劳动光荣的社会风尚，激励他们自尊自信、自立自强，努力提高自身素质，在创业中实现再就业。要注意总结和大力宣传下岗失业人员再就业和热心扶持下岗失业人员实现再就业的先进典型，在全社会营造再就业的良好氛围。要把做好思想政治工作与解决下岗失业人员的实际困难结合起来。要注意掌握下岗失业人员的思想动态，在企业内部建立劳动关系预警机制，充分发挥劳动争议调解委员会的作用，对不稳定因素要及时与劳动保障部门等有关方面沟通和反映情况，努力把问题解决在基层和萌芽状态。一旦发生职工群体性事件，工会主要负责人应及时赶到现场，调查了解情况，积极协助党政疏导群众，协调有关方面采取措施，解决职工的实际问题，化解矛盾，平息事态，维护职工队伍和社会政治的稳定。

三、怀着深厚的阶级感情，把工会促进下岗失业人员再就业的工作做深做实

江泽民同志强调："要清醒地认识就业再就业工作的长期性、艰巨性、复杂性，坚决落实中央的方针政策。既要立足当前，明确工作重点，采取有效措施，集中人力、物力、财力，打好攻坚战，又要着眼长远，把就业再就业工作作为一项长期战略任务，制定中长期规划和政策，打好持久战。”①“要定期分析情况、研究对策，及时解决突出问题，做到工作责任到位、政策落实到位、资金投入到位、措施保证到位。各级领导干部要满腔热情地为下岗失业人员排忧解难，确保再就业各项政策措施落实到他们身上。”②各级工会组织和广大工会干部，一定要按照党中央要求，怀着深厚的阶级感情，努力把促进下岗失业人员再就业工作做深、做实、做出成效。

要怀着深厚的阶级感情去做好下岗失业人员再就业的各项工作。下岗失业人员是当前最集中的困难职工群体。他们过去为改革和建设作出过贡献，现在又是推动企业改革成本的主要承担者，理应得到各方面的理解、关心和帮助。他们当中，很多人上有老、下有小，在子女就业、生病就医、家庭生活等诸多方面，负担重、困难大，最需要关心和帮助。广大工会干部以深厚的阶级感情去关心和帮助下岗失业人员，就是要想他们之所想，急他们之所急，帮他们之所需。要像关心自己的父母、兄弟姐妹、子女那样，设身处地地去想一想，如果我们也碰到这种问题，会有什么困难，有什么想法。要满腔热情地关心他们，想方设法地帮助他们排忧解难。要深入到下岗失业人员家庭中去，把党和政府的关怀送到每个下岗失业人员的心坎上。

① 《江泽民文选》第三卷第 512 页，人民出版社 2006 年 8 月第 1 版。
② 《江泽民文选》第三卷第 513 页，人民出版社 2006 年 8 月第 1 版。

要以良好的精神状态和扎实的工作作风去做好下岗失业人员再就业的各项工作。协助党政做好下岗失业人员再就业工作，是一项艰巨、繁重、难度很大的工作，如果没有良好的精神状态和扎实的工作作风，是不可能做好的。广大工会干部务必振奋精神，以强烈的事业心、责任感，迎难而上，下更大的决心，花更大的气力，以锲而不舍的精神，去面对和克服遇到的各种困难。同时，帮助下岗失业人员实现再就业，又是一项非常具体、实在的工作，必须有深入细致、求真务实的作风作保证。在工作中，不仅要求我们善于摸清真实情况，敢于讲真话，而且要求我们认真细致地去把好事办实、实事办好。因此，始终保持良好的精神状态和扎实的工作作风，是工会把促进下岗失业人员再就业工作做深、做实、作出成效的关键。

要加强学习，努力提高做好下岗失业人员再就业工作的能力。在新的形势下，我们经常说工会是社会经济矛盾、主要是劳动关系矛盾的产物，职工的劳动经济权益是在劳动关系的建立、调整和发展中实现的。这就是说工会工作与经济工作是紧密联系在一起的。工会干部如果不熟悉宏观经济，特别是对经济社会发展政策、产业调整政策、劳动就业政策、收入分配政策、社会保障政策等不了解，是很难履行工会基本职责和胜任工会工作的。随着经济社会的飞速发展和我国加入世界贸易组织，职工合法权益的实现与经济社会发展的联系更加紧密。广大工会干部一定要抓住促进下岗失业人员再就业的契机，努力转变观念，加强对国内外宏观经济社会问题，特别是对有关职工就业、分配、保障等劳动经济权益问题和法律政策问题的学习与研究，努力了解和掌握国家的社会经济发展趋势、劳动就业和再就业工作的发展规律与特点，不断提高为职工群众说话办事的能力。

做好下岗失业人员再就业工作，关系党和国家工作的大局，连着亿万职工的心。检验工会开展这项工作成效的标准，只有也只能是广大职工是否认可，是否有利于改革、发展、稳定的大局。

难忘的回忆，衷心的感谢*

（2002年12月28日）

我完全拥护胡锦涛同志对工青妇工作的重要指示，拥护中央书记处对工会工作提出的要求，完全同意张俊九同志所作的工作报告。经过同志们的共同努力，这次执委会议开得很好，很成功。

自中国工会十二大以来，各级工会组织和广大工会干部在以江泽民同志为核心的党中央领导下，高举邓小平理论伟大旗帜，全面贯彻“三个代表”重要思想，坚定不移地推动党的全心全意依靠工人阶级根本指导方针的贯彻落实，依法坚决履行工会维护职工合法权益的基本职责，一手抓调整劳动关系机制的建设，一手抓为职工特别是困难职工群体办实事，努力保护、调动和发挥广大职工的积极性、创造性，并将其组织和引导到完成党和政府提出的各项任务上来。经过同志们的辛勤努力，工会工作取得了新的可喜的成绩，在党和国家的工作大局中发挥了积极作用。担任全总主席9年多来，大家对我的工作给予了热诚的支持和帮助，在工作中结下了真诚的友谊，留下了令我难以忘怀的回忆。借此机会，我向在座的同

* 这是尉健行同志在全总十三届五次执委会议上的讲话。

志们，并通过你们向广大工会干部多年来对我的工作给予的支持和帮助，表示衷心的感谢。

党的十六大之后，中央政治局决定由王兆国同志负责联系工青妇工作。在这次执委会议上，根据中央的提名，大家又选举王兆国同志担任中华全国总工会主席。在此，我向王兆国同志表示衷心的祝贺。正如胡锦涛同志所介绍的，王兆国同志曾在企业工作多年，1982 年以来先后在地方和中央的多个单位担任领导职务，有比较丰富的领导工作经验，对基层情况比较了解，对群众工作比较熟悉。我相信，在以胡锦涛同志为总书记的党中央领导下，在王兆国同志的具体领导下，各级工会组织和广大工会干部一定会坚持以邓小平理论和“三个代表”重要思想为指导，深入学习贯彻党的十六大精神，继往开来，与时俱进，不断开创工会工作的新局面，为实现党的十六大提出的目标任务，更好地发挥工会组织应有的作用！

后　记

《尉健行谈工会工作》是一部按时间顺序编辑的文集，真实记录了尉健行同志在党中央领导下，坚持以马克思列宁主义、毛泽东思想、邓小平理论和“三个代表”重要思想为指导，解放思想、实事求是、与时俱进，在领导中国工会工作过程中的调查研究、理论思考、大胆实践和开拓创新所走过的历程。

全书共收入作者1984年在担任中华全国总工会副主席时的2篇讲话和1993年至2002年担任中华全国总工会主席期间的各类文章、讲话、指示、批示等82篇，全书共84篇、约63万字，并分为上、下两卷。其中，公开发表的35篇、约29万字，占整部书稿的46%；未公开发表的49篇、约34万字，占整部书稿的54%。

全书对已公开发表的文稿仅作了少量的文字订正，对未公开发表的作了一些文字上的删节，其主要内容、基本观点、讲话语气等均未作调整。需要说明的是，在这个历史期间，由于国际形势、国内改革开放和经济社会发展及工人阶级与工会工作面临的任务等都不断发生急剧、深刻的变化，加之时间跨度较大，在编选材料的使用上，前后可能会有一些交叉。同时，对书稿中出现的人名，凡时任党和国家领导职务的均未作任何注释，其他均在书稿第一次出现时作了注释；对有些当时的概括提法，也加了必要的注释。

李永海、田裕琨、王持栋、李志培、刘鹏虎、李瑞、汤军、王东昱、牛晓天同志参加了本书的整理和编辑工作，吕国泉、蔡毅德同志参加了本书前期资料的搜集和整理工作。中共中央办公厅、中央文献研究室、中央党史研究室、全国人大法工委、中华全国总工会和中国工人出版社都给予了大力支持和帮助，在此谨表谢意。

由于编者水平所限，可能会有一些不尽合理之处，敬请读者批评指正。

编　者

2015年3月